HISTÓRIA DA AMÉRICA LATINA

VOLUME I

América Latina Colonial

HISTÓRIA DA AMÉRICA LATINA

VOLUME I

AMÉRICA LATINA COLONIAL

Leslie Bethell - organizador

Tradução
Maria Clara Cescato

edusp

FUNAG
FUNDAÇÃO
ALEXANDRE
DE GUSMÃO

Título do original em inglês:
The Cambridge History of Latin America

1ª edição 1997
2ª edição 1998

Dados Internacionais de Catalogação na Publicação (CIP)
(Câmara Brasileira do Livro, SP, Brasil)

História da América Latina: A América Latina Colonial I, volume 1 / Leslie Bethell (org.) ; (tradução Maria Clara Cescato). 2.ed. – São Paulo: Editora da Universidade de São Paulo ; Brasília, DF : Fundação Alexandre Gusmão, 1998.

Título original: The Cambridge History of Latin America.
Bibliografia.
ISBN: 85-314-0412-6

1. América Latina – História 2. América Latina – Período colonial I. Bethell, Leslie.

97–3864 CDD–980

Índice para catálogo sistemático:
1. América Latina : História 980

Edusp – Editora da Universidade de São Paulo
Av. Prof. Luciano Gualberto, Travessa J, 374
6º andar – Ed. da Antiga Reitoria – Cidade Universitária
05508-900 – São Paulo – SP – Brasil Fax (011) 818-4151
Tel. (011) 818-4008 ou 818-4150 – e-mail: edusp@edu.usp.br

Printed in Brazil 1998

Foi feito o depósito legal

SUMÁRIO

Lista de Mapas

ÍNDICE DE MAPAS

Nota sobre Moedas e Medidas

Nos capítulos seguintes são mencionadas várias unidades de valor e de medida. Não é possível fornecer equivalentes exatos em termos atuais, principalmente porque havia muitas variações locais. No entanto, as seguintes indicações podem ser úteis:

Peso O peso de prata do México, no final do século XVIII, era equivalente ao dólar americano ou 4 *shillings* e 8 *pence.*

Real O peso era dividido em oito *reales* de prata ou vinte *reales* de cobre (*reales de vellón*).

Maravedi O valor do maravedi variou bastante e muitas vezes não passava de uma divisão imaginária de moedas maiores, pois durante longos períodos não havia moedas de maravedi em circulação. As últimas a circular, provavelmente no final do século XVII e início do XVIII, foram moedas de cobre, muitas vezes falsificadas. Uma dessas moedas valia 1/34 de um *real de vellón.*

Réis (sing. *real*) A menor unidade monetária de Portugal; existia somente como moeda de cálculo.

Mil-réis 1 000 réis, escrito usualmente 1\$000; valia 12 *shillings* na metade do século XVII.

Cruzado O cruzado português equivalia a 400 réis (480 réis na primeira metade do século XVIII); originalmente era cunhada em ouro, e mais tarde em prata.

Conto Um conto equivalia a 1 000\$000 réis (1 000 mil-réis).

Fanega Medida para secos como cacau, trigo, milho etc. Usualmente equivalia a cerca de 5,5 litros, mas havia variações locais, por exemplo, no México, onde a *fanega* de milho podia ter 55 ou 90,8 litros.

Quintal Medida de peso que valia mais ou menos 4 arrobas, ou 58,78 kg.

Arroba A arroba espanhola pesava cerca de 11,5 kg. A arroba portuguesa pesava 14,5 kg.

ABREVIATURAS

ABNRJ	*Anais da Biblioteca Nacional do Rio de Janeiro*
AESC	*Annales, Économies, Societés, Civilizations*
BLAR	*Bulletin of Latin American Research*
HAHR	*Hispanic American Historical Review*
JGSWGL	*Jahrbuch für Geschichte von Staat, Wirtschaft, und Gesellschaft Lateinamerikas*
JLAS	*Journal of Latin American Studies*
LARR	*Latin American Research Review*
RIHGB	*Revista do Instituto Histórico e Geográfico Brasileiro*
TA	*The Americas*

PREFÁCIO GERAL

Desde que veio à luz, entre 1902 e 1912, a *Cambridge Modern History*, organizada por lorde Acton, em dezesseis volumes, as *Histórias de Cambridge*, publicadas em múltiplos volumes e editadas por historiadores de reputação comprovada, com os capítulos específicos escritos por eminentes especialistas em sua área, vêm estabelecendo os mais elevados padrões do conhecimento internacional cooperativo. À *Cambridge Modern History* seguiram-se a *Cambridge Ancient History*, a *Cambridge Medieval History* e outras. A *Modern History* foi substituída pela *New Cambridge Modern History*, em 14 volumes. Já foram publicadas ou estão em andamento as *Histórias* vistas por Cambridge do Irã, do Sudeste da Ásia, da África, da China, do Japão, da Índia e da América Latina.

No início da década de 1970, a Cambridge University Press decidiu que havia chegado o momento de enfrentar a tarefa de editar uma *História da América Latina* vista por Cambridge. Desde a Segunda Guerra Mundial e, em especial, desde 1960, vinham-se desenvolvendo e continuaram a desenvolver-se a uma velocidade sem precedentes as pesquisas e os escritos sobre a história da América Latina — nos Estados Unidos (da lavra de historiadores norte-americanos em particular, mas também de historiadores britânicos, europeus e latino-americanos residentes nos Estados Unidos), na Grã-Bretanha e na Europa continental, e cada vez mais na própria América Latina (onde uma nova geração de jovens historiadores profissionais, muitos deles formados nos Estados Unidos, na Grã-Bretanha ou na Europa, começou a surgir). As perspectivas tinham mudado na mesma proporção em que haviam mudado as realidades políticas, econômicas e sociais na América Latina — e o papel da América Latina no mundo. Os historiadores da América Latina estavam adotando em crescente medida inovações metodológicas e novos modelos conceituais extraídos das ciências sociais (economia, ciência política, demografia histórica, sociologia, antropologia), bem como de outras áreas da pesquisa histórica.

O Dr. Leslie Bethell, então Reader de História Hispano-americana e Brasileira no University College London e atualmente professor emérito de História Latino-americana na Universidade de Londres e Senior Research Fellow no St. Antony's College, Oxford, foi convidado a editar a *Cambridge History of Latin America*. A ele somente foi confiada a responsabilidade de planejar, coordenar e editar o que veio a tornar-se uma *História* em dez volumes, e começou a trabalhar no projeto no final da década de 1970. Os Volumes I–V foram publicados em 1984–1986 e os Volumes VI–VIII e o Volume X entre 1990 e 1995. Falta publicar apenas o Volume IX.

A *Cambridge History of Latin America* constitui uma discussão fundamentada, em grande escala, da experiência histórica singular que a América Latina viveu durante os cinco séculos que separam os primeiros contatos entre os índios americanos nativos e os europeus (e o início do comércio transatlântico de escravos africanos), no final do século XV e início do XVI, e os dias atuais. Parte-se do pressuposto de que a América Latina abrange as regiões da América continental ao sul dos Estados Unidos que falam predominantemente o espanhol e o português — México, América Central e América do Sul — juntamente com as ilhas do mar dos Caraíbas de língua espanhola e, por convenção, o Haiti. Foram excluídos em sua maioria os vastos territórios da América do Norte que, durante a primeira metade do século XIX, a Espanha e, mais tarde, o México perderam para os Estados Unidos por obra de tratados e de guerras. Tampouco foram incluídas as ilhas britânicas, francesas e holandesas do mar dos Caraíbas, ou as Guianas, ainda que a Jamaica e Trinidad, por exemplo, tenham antecedentes hispânicos em seus primórdios. O objetivo é produzir uma síntese de alto nível do conhecimento atual, que possa oferecer aos historiadores da América Latina uma base sólida para pesquisa futura, que possa ser de utilidade para os estudiosos da América Latina e de interesse para historiadores de outras regiões do mundo. Espera-se igualmente que esta *História* possa dar uma contribuição mais abrangente para que os Estados Unidos, a Europa e outras regiões adquiram um conhecimento mais aprofundado da América Latina através de sua história e, não menos importante, a América Latina obtenha maior consciência de sua própria história.

A tradução brasileira da *Cambridge History of Latin America*, publicada pela Editora da Universidade de São Paulo (com apoio financeiro da Fundação Alexandre de Gusmão — Funag), será publicada também em dez volumes, ainda que tenham sido omitidos alguns capítulos da edição inglesa original, principalmente os que tratam da história específica das repúblicas da América Central e do Caribe, e tenha sido dada uma nova ordenação aos capítulos dos diversos volumes, especialmente no período posterior a 1930.

Os Volumes I e II da *História da América Latina*, além de um estudo introdutório dos povos e civilizações americanas nativas às vésperas da "descoberta", conquista e colonização européias do "Novo Mundo", no final do século XV e início do XVI, apresentam primordialmente a história econômica, social, política, intelectual e cultural da América Latina sob o domínio colonial espanhol e português — no caso do Brasil — do século XVI ao XVIII.

O Volume III estuda o colapso e a derrocada do domínio colonial em toda a América Latina (com exceção de Cuba e Porto Rico), no início do século XIX, e traça a história econômica, social e política das repúblicas hispano-americanas independentes e do Império do Brasil independente durante o meio século que decorre entre *c*. 1820 e *c*. 1870–1880.

Os Volumes IV e V concentram-se no meio século que vai de *c*.1870–1880 a 1930 — para a maior parte da América Latina uma "Idade de Ouro" do crescimento econômico com base fundamentalmente na exportação, quando a região se incorporou de maneira mais completa à economia internacional em expansão e experimentou um período de prosperidade material (pelo menos para as classes dominantes), de mudanças sociais expressivas (tanto urbanas quanto rurais), de estabilidade política (com algumas notáveis exceções, como o México durante a revolução), de consenso ideológico (pelo menos até a década de 1920) e de significativas realizações na vida intelectual e cultural.

Os Volumes VI–X são dedicados às seis décadas vividas pela América Latina de 1930 a *c*. 1990. Os Volumes VI e VII reúnem ensaios gerais sobre temas importantes da história econômica, social e política do conjunto da região: a quadruplicação da população (de 110 para 450 milhões); o impacto da Depressão de 1929 e da Segunda Guerra Mundial sobre as economias latino-americanas; a segunda "Idade de Ouro" do crescimento econômico (1950–1980), desta vez baseado amplamente na ISI (industrialização para a substituição de importações), seguida, no entanto, pela chamada "década perdida" de 1980; a rápida urbanização (em 1930, menos de 20% da população da América Latina era classificada como urbana; em 1990, quase 70%) e a mudança social urbana; a transformação das estruturas agrárias; o desenvolvimento da organização do Estado e, na década de 1980, os primórdios da "redução do Estado"; o avanço da democracia na América Latina (bem como os revezes que ela sofreu); os (poucos) sucessos e os (muitos) fracassos da esquerda latino-americana, seja democrática ou não-democrática; os militares na política latino-americana; as intervenções e os golpes militares, os regimes militares e o problema da transição para o governo civil; a classe trabalhadora urbana e os movimentos trabalhistas urbanos; a mobilização rural e a violência rural; as mudanças no papel econômico, social e político das mulheres; a persistência da Igreja Católica como uma força importante não só na vida política mas também na vida religiosa e social de toda a região, e o rápido crescimento das Igrejas Protestantes; e, finalmente, as relações internacionais da América Latina, predominantemente com a Grã-Bretanha, com a Europa continental (sobretudo com a Alemanha) e, principalmente, com os Estados Unidos, e a história de conflito e cooperação entre os Estados latino-americanos. O Volume VIII é uma coletânea de ensaios gerais sobre as idéias e a cultura da América Latina: a questão da identidade (tanto nacional quanto regional) investigada através dos textos escritos de romancistas, ensaístas, filósofos, historiadores e sociólogos; as idéias e ideologias econômicas; a história da ciência; o romance; a poesia; as literaturas e culturas autóctones; a música; a arte e a arquitetura; o cinema; e os meios de comunicação de massa. O Volume IX estuda a história do México, da América Central, das ilhas do mar dos Caraíbas (Cuba, em especial) e das repúblicas andinas (Venezuela, Colômbia, Equador, Peru e Bolívia). O Volume X é a história das repúblicas do Cone Sul (Argentina, Uruguai, Paraguai e Chile) e do Brasil.

Assim, cada volume ou conjunto de volumes estuda um período da história econômica, social, política, intelectual e cultural da América Latina. A ênfase recai claramente sobre o período moderno, vale dizer, no período que se segue às primeiras décadas do século XIX, quando se estabeleceram todos os vinte Estados latino-americanos independentes, menos dois (Cuba e Panamá). Dos dez volumes desta *História*, oito são dedicados aos séculos XIX e XX. Tanto nos volumes que tratam do período colonial quanto nos que estudam o período moderno, o Brasil, que foi freqüentemente negligenciado nas histórias gerais da América Latina, escritas ou editadas, em sua maioria, por historiadores hispano-americanos ou por historiadores da América espanhola, recebe a atenção que merece em vista do seu tamanho, de sua população e de sua história e cultura peculiares. O próprio editor desta *História* é, acima de tudo, um especialista em Brasil.

Uma característica importante da *História* são os ensaios bibliográficos referentes a cada capítulo. Dão ênfase especial aos livros e artigos publicados desde o aparecimento, em 1971, de *Latin America: A Guide to the Historical Literature,* obra editada por Charles C. Griffin e publicada pela University of Texas Press para a Conference on Latin American History da American Historical Association. O indispensável *Guide* de Griffin incluiu poucos trabalhos publicados após 1966.

Prefácio aos Volumes I e II

Os dois primeiros volumes da *História da América Latina*, que formam uma unidade integrada, focalizam os três séculos de domínio colonial espanhol e português, desde os primeiros contatos entre os índios americanos nativos e os europeus, no final do século XV e início do século XVI, até às revoluções e guerras de independência, no começo do século XIX.

O homem entrou pela primeira vez no continente americano pelo estreito de Bering, talvez já em 35000 a.C. Existem testemunhos da possível presença do homem, já em 20000 a.C., na região que corresponde ao México atual; no entanto, os fósseis humanos mais antigos — encontrados, por exemplo, em Tepexpan, a nordeste de Cidade do México, e em Lagoa Santa, Minas Gerais (Brasil) — não datam de período anterior a 9000–8000 a.C. A agricultura na Mesoamérica data de cerca de 5000 a.C. e a produção de cerâmica, de mais ou menos 2300 a.C. Os primeiros testemunhos de sociedades dotadas de estruturas políticas e religiosas podem ser encontrados no México, nos sítios olmecas, principalmente em La Venta, e nos Andes, em Chavín, ambas datando de antes de 1000 a.C. Por volta de 1500 d.C. alguns Estados já mostravam economias e sociedades altamente estruturadas e culturas e religiões extremamente desenvolvidas, como o império asteca no México e o império inca nos Andes Centrais; além desses, aparecem "senhorias" mais ou menos estáveis de graus variados de complexidade, por exemplo, nas ilhas do mar dos Caraíbas e na região circunvizinha, e ainda as centenas de tribos nômades e seminômades na América do Norte, no sul da América do Sul e no Brasil. A pesquisa sobre a América pré-colombiana desenvolveu-se rapidamente nos últimos vinte ou trinta anos, especialmente com relação à Mesoamérica, e mais recentemente também com referência aos Andes — e a outras regiões. Importantes contribuições para esse conhecimento foram dadas não apenas pelos arqueólogos, mas também pelos lingüistas e paleógrafos, pelos geógrafos e botânicos e mesmo pelos matemáticos e astrônomos e, sobretudo, pelos antropólogos, etnólogos e especialistas em etnografia histórica.

A *História da América Latina* não tentou apresentar um relato completo da evolução das várias sociedades indígenas da América — enquanto segregadas do resto do mundo — durante os dois ou três mil anos antes da chegada dos europeus. Entretanto, os três capítulos que compõem a Parte I do primeiro destes dois volumes sobre a América Latina colonial estudam os povos e as civilizações nativas da América às vésperas da invasão européia. Embora não tenha sido deixada de lado totalmente, a expansão da Europa nos séculos XV e XVI, e principalmente a "descoberta" da América pela Europa foi em grande parte excluída desta história da América Latina colonial. São temas vinculados mais especificamente à história da Europa. De qualquer forma, existe uma vasta literatura sobre a expansão européia. Os três primeiros capítulos da Parte II do Volume I desta história da América Latina examinam a invasão, a subjugação e a colonização de partes do Novo Mundo pela Europa no período de 1492 a 1570/1580. No entanto, o enfoque não é exclusivamente europeu. É igualmente importante a "visão dos vencidos". E é dada atenção especial às relações de pós-conquista entre os espanhóis e portugueses e os americanos nativos. Os cinco capítulos seguintes, o núcleo central do volume, analisam as estruturas políticas e econômicas dos impérios espanhol e português na América e a integração da América espanhola e do Brasil ao sistema econômico mundial desde a metade do século XVI até o final do XVIII — em grande medida a partir de uma perspectiva metropolitana. São discutidas mais rapidamente as rivalidades imperiais. O Volume I se encerra com dois capítulos sobre a Igreja católica na América Latina colonial.

O segundo destes dois volumes sobre a América Latina colonial é dedicado em grande parte a estudar aspectos da história econômica e social interna da América espanhola colonial (sete capítulos) e do Brasil colonial (quatro capítulos), que nas últimas duas décadas atraíram atenção especial da pesquisa: por exemplo, a mudança demográfica; o desenvolvimento urbano; a mineração; a propriedade e a exploração da terra; os sistemas de trabalho, inclusive a escravidão africana; os índios sob o domínio colonial; as economias locais e o comércio intercolonial; a organização social e a mudança social. A América espanhola e o Brasil foram tratados separadamente. No conjunto, ambos têm duas histórias diferentes, duas historiografias distintas. De qualquer maneira, poucos são os historiadores capacitados e desejosos de abordar de modo comparativo a América espanhola e o Brasil no período colonial. O Volume II se encerra com quatro capítulos que examinam a vida intelectual e cultural — literatura e idéias, arquitetura e arte, e música — tanto da América espanhola colonial quanto do Brasil colonial.

1

A América às Vésperas da Conquista

A Mesoamérica Antes de 1519

OS PRIMEIROS capítulos de uma história da América Latina dizem respeito aos povos que nela habitavam antes do primeiro contato com os europeus. Isso é particularmente válido no caso da Mesoamérica[1]. O México, a Guatemala, El Salvador, Honduras e, em menor grau, a Nicarágua e a Costa Rica, assim como o Equador, o Peru e a Bolívia nos Andes centrais, têm suas raízes profundamente enterradas no subsolo de suas civilizações pré-colombianas. Este capítulo pretende, em primeiro lugar, delinear rapidamente o desenvolvimento dos povos e das altas culturas da Mesoamérica antes do estabelecimento dos mexicas (astecas) no vale do México (*c.* 1325); em segundo lugar, examinar as principais características da organização política e socioeconômica e as realizações intelectuais e artísticas durante o período de predominância (séculos XIV e XV) dos mexicas (astecas); e, em terceiro lugar, apresentar uma visão geral da situação reinante na Mesoamérica às vésperas da invasão européia (1519).

1. Alguns estudiosos alemães, particularmente Eduard Seler (1849-1922), introduziram há mais de setenta anos a expressão *Mittel America* para designar a região onde floresceu uma alta cultura indígena no México central e meridional e no território contíguo dos países do norte da América Central. Muitos anos depois, em 1943, Paul Kirchhoff, em seu "Mesoamérica: Sus Límites Geográficos, Composición Étnica y Caracteres Culturales", *Acta Anthropologica*, 1: 92-107 (Escuela Nacional de Antropología, México, 1943), focalizou sua atenção nos limites geográficos do que ele chamou Mesoamérica. Mesoamérica é mais que um termo geográfico: designa também a região em que altas culturas e civilizações nativas se desenvolveram e disseminaram sob várias formas e em épocas diferentes. No momento da invasão européia, em 1519, suas fronteiras ao norte eram o rio Sinaloa a noroeste e o Panuco a nordeste, enquanto que no centro-norte ela não se estendeu além da bacia do rio Lerma. Seus limites ao sul eram o rio Motagua, que desemboca no golfo de Honduras no mar dos Caraíbas, as praias meridionais do lago Nicarágua e a península de Nicoya na Costa Rica.

Situada entre as vastas massas de terra continental da América do Norte e da América do Sul, a Mesoamérica (uma área de 906 mil quilômetros quadrados) apresenta um aspecto nitidamente ístmico com várias características geográficas notáveis, como os golfos de Tehuantepec e de Fonseca do lado do Pacífico e a península de Yucatán e o golfo de Honduras do lado do mar dos Caraíbas. Essa região, onde se desenvolveram as altas culturas, revela talvez maior diversidade ecológica e geográfica do que qualquer outra de tamanho análogo no mundo. Tem uma história geológica complexa. Principalmente, o soerguimento de montanhas e a atividade vulcânica recentes — como a constituição de duas cadeias montanhosas de origem vulcânica (uma que corre de leste para oeste ao longo dos limites sul do vale do México e a outra na direção noroeste-sudeste através do México e da América Central) — foram responsáveis pela formação de regiões naturais distintas. Embora a Mesoamérica se localize nos trópicos, a complexidade de seu relevo e a variedade de suas formas de terreno, solos e sistemas de drenagem, aliadas aos efeitos dos ventos e das correntes marítimas, resultam numa diversidade de clima, de vegetação e de vida animal. Essa diversidade é bastante acentuada nas bacias fluviais, como as de Panuco, Coatzacoalcos, Grijalva, Usumacinta, Hondo, Motagua, Lerma-Santiago e Balsas, e nas áreas lacustres do vale do México ou Patzcuaro em Michoacán; e é significativo que as mais importantes mudanças culturais da Mesoamérica tenham ocorrido nessas regiões. As sub-regiões realmente tropicais da Mesoamérica compreendem as planícies bem irrigadas de Veracruz e Tabasco: a península de Yucatán, coberta por uma vegetação baixa; a área da floresta tropical das Antilhas na América Central; as planícies costeiras do México central e meridional do lado do Pacífico (Chiapas, Oaxaca, Guerrero, Michoacán, Colima) e da Guatemala, El Salvador, Honduras, Nicarágua, juntamente com a península de Nicoya e a província de Huanacazte na Costa Rica. As principais sub-regiões de montanha — as Sierras (as montanhas da América Central, o sul de Sierra Madre, bem como porções do oeste e do leste de Sierra Madre, e a cadeia vulcânica transversal) e as duas grandes *mesas*, ou planaltos, do centro e do sul — , embora se localizem na região tropical, têm clima e vegetação temperados. A vasta região ao norte da Mesoamérica, entre o planalto central e a atual fronteira México—Estados Unidos, é muito diferente em termos ecológicos e assemelha-se, sob muitos aspectos, aos grandes desertos norte-americanos. A vegetação limita-se em geral a uma diversidade de cactos e alguns capões de arbustos, iúcas ou *palmillas* e, perto dos rios periódicos, algarobos. Em alguma época, a alta cultura da Mesoamérica disseminou-se de forma atenuada para algumas das sub-regiões do planalto norte (como em La Quemada e em Calchihuites em Zacatecas). No entanto, de modo geral o norte árido sempre foi o lar permanente dos belicosos chichimecas que várias vezes ameaçaram a existência dos povoados mesoamericanos do norte.

AS CIVILIZAÇÕES PRIMITIVAS DA MESOAMÉRICA

A pré-história remota, no caso das Américas, tem início por volta de 35000 a.C., quando aparentemente o homem chegou pela primeira vez ao continente através do estreito de Bering. Existem alguns testemunhos da provável presença do homem, por volta de 20000 a.C., na região ocupada pelo México atual. No entanto, os fósseis humanos mais antigos, descobertos no sítio arqueológico de Tepexpan, cerca de 40 quilômetros a nordeste de Cidade do México, datam de no máximo 9000 a.C. Durante um longo período habitaram a terra apenas alguns bandos de caçadores e coletores de alimentos. Seriam necessários mais três ou talvez quatro milênios para que o homem da Mesoamérica iniciasse, por volta de 5000 a.C., o processo que veio desembocar na agricultura. Achados em várias cavernas de Sierra de Tamaulipas e em Cozcatlán (Puebla) mostram como pouco a pouco os antigos coletores iniciaram o cultivo da abóbora, da pimenta malagueta, do feijão e do milho. A produção de cerâmica teve início muito mais tarde, por volta de 2300 a.C. Em várias partes do México central e meridional e na América Central, começaram a proliferar aldeias de agricultores e artesãos de cerâmica. Algumas dessas aldeias, situadas provavelmente em ambientes mais adequados, como às margens de um curso d'água ou junto ao mar, experimentaram muito cedo um crescimento populacional. Muitas vezes os habitantes dessas aldeias espalhadas por um território tão vasto diferiam étnica e lingüisticamente. Dentre esses, cedo se destacou um grupo em particular. Achados arqueológicos revelam que uma série de mudanças extraordinárias começaram a surgir, a partir de mais ou menos 1300 a.C., numa região próxima ao golfo do México, ao sul de Veracruz e no estado vizinho de Tabasco. Essa região era conhecida desde os tempos pré-colombianos pelo nome de "Terra da Borracha", *Olman*, terra dos olmecas.

Escavações feitas em centros olmecas, como, por exemplo, Tres Zapotes, La Venta, San Lorenzo e outros, revelaram grandes transformações culturais. La Venta, o maior dos centros, foi erguido numa pequena ilha, a poucos metros acima do nível do mar, numa área pantanosa junto ao rio Tonalá, 16 quilômetros antes de sua foz no golfo do México. Embora só se encontrasse pedra disponível a 64 quilômetros do local, foram desenterradas na região uma série de colossais esculturas de pedra (algumas delas com três metros de altura) e outros monumentos.

Em La Venta, do mesmo modo que em outras localidades olmecas, começou a desenvolver-se uma espécie de proto-urbanismo. É provável que os povos agricultores que se fixaram nas proximidades de La Venta tenham experimentado, junto com o crescimento populacional, vários estímulos a abandonar seu antigo modo de subsistência. Suas realizações pressupõem mudanças em sua organização religiosa, política e socioeconômica.

Até onde sabemos, os olmecas foram os primeiros, na Mesoamérica, a erigir grandes complexos de construções, principalmente para fins religiosos. Desse modo, o centro de La Venta, habilidosamente planejado, incluía pirâmides rebocadas de barro, túmulos circulares e alongados, altares entalhados na pedra, grandes compartimentos de pedra, fileiras de colunas de basalto, tumbas, sarcófagos, estelas, colossais cabeças de basalto e outras esculturas menores. A existência de grandes praças públicas parece indicar que as cerimônias religiosas eram realizadas ao ar livre. Em alguns dos espaços abertos em frente dos edifícios religiosos foram encontradas sob o piso, formando como que um antigo pavimento, máscaras de jaguar, formadas de mosaicos verdes, provavelmente para servirem de oferendas e, portanto, revestidas de argila e adobe. Aquilo que denominaremos criações artísticas também compreendia muitas peças de jade, estatuetas, colares e outros objetos de quartzo talhado e polido, obsidiana, cristal de rocha e serpentina. É possível supor algum tipo de divisão de trabalho. Enquanto muitos indivíduos continuaram a trabalhar na agricultura e em outras atividades de subsistência, outros se especializaram em artes e ofícios diferentes, em garantir a defesa do grupo, em empreendimentos comerciais, no culto aos deuses e no governo, que estava provavelmente nas mãos dos chefes religiosos.

Os olmecas adoravam um deus-jaguar onipresente. Os elementos vinculados ao simbolismo do que seria mais tarde o deus-chuva da Mesoamérica derivaram provavelmente da máscara do deus-jaguar. Estelas e outros monumentos mostram diversas representações de pássaros fantásticos, muitas vezes em associação com jaguares, serpentes ou seres humanos. As oferendas encontradas em funerais são provas da existência de um culto aos mortos aliado a uma crença na vida após a morte. Deve-se provavelmente aos olmecas que viviam ao longo da costa do Golfo o início do calendário e da escrita na Mesoamérica, embora tenha sido em Oaxaca (em locais que sofreram influência dos olmecas) que se desenterraram os primeiros vestígios dessas obras.

Tudo isso, e a difusão precoce de elementos olmecas em localidades diferentes, muitas delas longe dos centros de origem, parecem confirmar o caráter de uma alta cultura-matriz. A influência olmeca — provavelmente através do comércio e talvez também de uma espécie de empenho religioso "missionário" — aparece manifesta em muitos sítios arqueológicos da região próxima ao golfo do México e no Planalto Central, em Oaxaca, na terra dos maias e no oeste do México (Guerrero e Michoacán). Aqui estavam os antecedentes do Período Clássico da Mesoamérica.

As extraordinárias inovações culturais dos olmecas não significaram o desaparecimento de algumas notórias limitações que continuavam a afetar o desenvolvimento dos vários povos mesoamericanos. Estas compreendem primeiramente a ausência permanente de qualquer uso prático da roda, com suas muitas conseqüências, como, por exemplo, no transporte e no artesanato de cerâmica; em segundo lugar, a ausência (até cerca de 950 d.C.) de um tipo mesmo que elementar de metalurgia, numa presunção de que essa tenha vindo talvez da região andina via América Central; finalmente, a ausência de animais passíveis de domesticação: não havia cavalos nem gado bovino e, com exceção dos perus (para alimentação), somente os cachorros mexicanos sem pêlos faziam companhia ao homem em sua vida quotidiana — e em sua vida no além, uma vez que eram sacrificados para acompanhar seus donos à Terra dos Mortos.

No entanto, essas e outras limitações não constituíram obstáculos insuperáveis ao desenvolvimento posterior dos grupos mesoamericanos. Por volta de 600 a.C., a influência da cultura olmeca começou a se fazer sentir em locais como Tlatilco, Zacatenco e outros, nas proximidades do que séculos mais tarde veio a ser Cidade do México. Processos paralelos desenvolveram-se em outras regiões da Mesoamérica central e meridional. A agricultura se expandiu e diversificou; entre outras culturas, o algodão foi cultivado com sucesso. As aldeias cresceram, dando lugar a centros maiores.

Teotihuacán, a "metrópole dos deuses", constitui o melhor exemplo do apogeu da civilização clássica no planalto central. Recentes achados arqueológicos no local revelaram não apenas a existência de um grande centro cerimonial, mas também tudo o que está implícito na idéia de uma cidade. Ela não se desenvolveu da noite para o dia. Vários séculos foram necessários para que gerações de sacerdotes e arquitetos planejassem e executassem, modificassem, ampliassem e aprimorassem o que talvez tenha sido concebido originalmente como uma entidade destinada a uma existência eterna. Além das duas grandes pirâmides e do Templo de Quetzalcóatl, foram descobertos outros recintos, palácios, escolas e diferentes tipos de construção. Extensos bairros, onde os membros da comunidade tinham suas residências, rodeavam o centro administrativo e religioso mais denso. As avenidas e ruas eram pavimentadas, e havia um sistema de drenagem bem planejado. As pirâmides, os templos, os palácios e a maioria das casas dos governantes ou dos membros da nobreza eram decorados com pinturas murais nas quais estavam representados deuses, pássaros fantásticos, serpentes, jaguares e várias plantas.

A metrópole de Teotihuacán, que em seu apogeu, por volta dos séculos V ou VI d.C., se estendia por cerca de vinte quilômetros quadrados, contava com uma população de pelo menos 50 mil habitantes. Diferenças de posição social vinculadas à divisão do trabalho, um exército eficiente, uma agricultura extensiva e um comércio bem organizado, em que os comerciantes atingiam localidades bastante distantes, são algumas das características que se pode talvez considerar atributos da estrutura socioeconômica do estado de Teotihuacán. Os muitos vestígios de sua influência, encontrados em várias sítios arqueológicos remotos, em Oaxaca, Chiapas e mesmo nas regiões montanhosas da Guatemala, parecem indicar que Teotihuacán foi o centro de um grande reino ou de uma confederação de diversos povos. Muitos dos membros da classe governante falavam provavelmente a língua nahuat, uma forma arcaica do náhuatl, que viria a ser, séculos mais tarde, a língua oficial dos astecas.

Os teotihuacanos cultuavam diversos deuses invocados posteriormente por outros povos de língua nahuat: Tlaloc e Chalchiuhtlicue, Senhor e Senhora das Águas; Quetzalcóatl, a Serpente Emplumada; Xiuhtecuhtli, Senhor do Fogo; Xochipilli, Príncipe das Flores. Como aconteceu com outras instituições, a arte que floresceu em Teotihuacán iria influenciar de várias formas outros povos mesoamericanos.

Paralelamente ao desenvolvimento de Teotihuacán, surgiu uma civilização em outras sub-regiões da Mesoamérica. Um dos primeiros exemplos foi Monte Albán, em Oaxaca central, cujo surgimento remonta a cerca de 600 d.C. Nesse local, além do centro religioso construído no topo de uma colina, a presença de numerosas estruturas em suas encostas sugere a existência de um núcleo urbano relativamente grande. Formas mais complexas de escrita, com datas, nomes de lugar e outros hieróglifos presentes em várias inscrições, são indícios igualmente do alto nível cultural atingido pelos zapotecas, que construíram Monte Albán e dominaram muitos outros grupos na região da atual Oaxaca.

Os maias se estenderam pela península de Yucatán e pelas planícies e montanhas dos estados mexicanos de Tabasco e Chiapas e pela Guatemala, Belize e partes de El Salvador e de Honduras. Graças à arqueologia, sabemos da existência de mais de cinqüenta centros maias de importância considerável, que foram ocupados durante todo o Período Clássico. Alguns dos mais famosos são Tikal, Uaxactún, Piedras Negras e Ouiriguá na Guatemala; Copán em Honduras; Nakum em Belize; Yaxchilán, Palenque e Bonampak em Chiapas; Dzibilchaltún, Cobá, Labná, Kabah e os primórdios de Uxmal e Chichén-Itzá na península de Yucatán.

Muitas teses foram levantadas pró ou contra a natureza urbana dos centros maias. Hoje admite-se de modo geral que as aldeias construídas às margens dos rios, como aquelas próximas do Usumacinta ou, em geral, dentro de uma densa floresta tropical, compreendiam não só santuários para os deuses e palácios para os líderes religiosos, como também bairros residenciais para o povo.

De um ponto de vista político, parece que alguns desses centros urbanos estavam associados em vários tipos de "confederações" ou "reinos". Na sociedade maia clássica coexistiam dois estratos sociais claramente distintos: o povo comum, ou plebeus (devotados, em sua maioria, à agricultura e à execução de vários serviços pessoais), e o grupo dominante, composto de governantes, sacerdotes e guerreiros de alta posição. Aos sacerdotes e aos sábios devem-se atribuir as extraordinárias criações artísticas. São dignas de nota a arquitetura, que produziu a abóbada guarnecida de modilhões, a escultura, particularmente os baixos-relevos, e as pinturas murais, como as famosas de Bonampak, em Chiapas. Milhares de textos hieroglíficos, inscritos em estelas de pedra, escadarias, lintéis, pinturas, artigos de cerâmica e livros ou códices confirmam que os sábios e sacerdotes maias estavam de posse de uma alta cultura extremamente sofisticada. Sabemos também que os maias do Período Clássico tinham vários calendários de altíssima precisão. Várias centenas de anos antes que os hindus desenvolvessem a idéia, possuíam igualmente um conceito do zero e um símbolo para denotá-lo, herdados talvez dos olmecas. Quem quer que consiga decifrar completamente a escrita maia irá descobrir um universo de idéias e símbolos, o núcleo do cosmo maia. Por enquanto podemos pelo menos afirmar que a civilização na Mesoamérica clássica, da qual derivou todo o desenvolvimento ulterior, alcançou seu apogeu com os maias.

Explicações sobre o que aconteceu aos maias, aos zapotecas, aos teotihuacanos e, de modo geral, aos que deram origem e sustentação à civilização em seu Período Clássico não passam até agora de meras hipóteses. O declínio e o abandono final das esplêndidas metrópoles antigas, entre os séculos VII e X, assumiram provavelmente diversas formas. Os testemunhos arqueológicos parecem indicar um colapso repentino no caso de Teotihuacán. Teria sido incendiada a cidade, como sugerem alguns restos de paredes, vigas e outras peças de madeira que remanesceram? Ou foi uma destruição causada por forças externas, que, percebendo talvez que já estava em marcha o declínio, decidiram apossar-se das terras férteis do vale? Ou a ruína da cidade foi o resultado de uma luta interna, política ou religiosa? Ou, de maneira mais simples, como insistiram alguns autores, a metrópole foi abandonada em decorrência de mudanças climáticas relacionadas com o desmatamento e o dessecamento dos lagos, em conseqüência de processos naturais ou talvez das próprias ações do homem?

Se, segundo parece, Teotihuacán teve um fim repentino por volta de 650 d.C., sabemos, por outro lado, que a cidade zapoteca erigida no Monte Albán experimentou um longo período de decadência antes de ser também finalmente abandonada. No caso dos centros maias é como se houvesse chegado um momento irreversível quando os sacerdotes deixaram de construir estelas. Depois, talvez durante um certo período, as velhas cidades começaram a ser gradativamente abandonadas. Não se encontraram vestígios de ataques externos, nem de destruição por fogo. Os centros foram apenas abandonados, quando seus habitantes procuraram outros locais onde se fixar. E seria difícil provar que foi isso o resultado de uma mudança climática violenta e generalizada, de uma catástrofe agrícola ou de uma epidemia geral.

Conjecturas à parte, permanece o fato de que o período entre 650 e 950 d.C. assistiu à queda das civilizações clássicas da Mesoamérica. No entanto, a ruína das cidades não significou a morte da alta cultura nessa parte do Novo Mundo. Sabemos agora que outros povos herdaram e desenvolveram muitas das realizações clássicas, e algumas delas merecem menção, posto que viriam a influenciar a evolução cultural futura dos mesoamericanos. Muitas delas sobreviveram à conquista espanhola e ainda hoje constituem elementos da cultura de muitos povos do México e da América Central.

Uma das principais características do legado clássico foi o urbanismo. Nenhuma cidade, por exemplo, podia ser construída sem um núcleo político-religioso estreitamente interligado. Os templos e os palácios eram circundados por espaços abertos. De vez que a tradição e o ensino formal eram da competência dos líderes religiosos, tiveram de ser construídas escolas comunais em diversos bairros da cidade. Uma outra instituição importante era a praça do mercado, um local onde não só se comerciava mas também onde as pessoas se encontravam. As habitações para os plebeus eram muito espalhadas e formavam grandes bairros ao redor da parte central da cidade. Além da casa de um pavimento, a maioria dos habitantes possuía um pequeno pedaço de terra onde plantavam alguns legumes. Os mesoamericanos gostavam de todos os tipos de planta. Assim, muitas de suas cidades, vistas de uma certa distância, pareciam uma mistura de pequenas florestas e jardins, com telhados cobertos de palha visíveis aqui e ali e os templos e palácios pintados emergindo por entre o verde em volta. Essa forma de urbanismo permaneceu típica da Mesoamérica. Um exemplo extraordinário apresentou-se aos conquistadores na metrópole asteca, Tenochtitlán-México.

Tanto quanto nos padrões da vida urbana, na esfera artística encontramos mais tarde a forte influência do Período Clássico, e o mesmo é válido no tocante às crenças básicas e às formas de culto. Pode-se buscar numa provável origem comum, parte do legado clássico, uma explicação satisfatória da semelhança e às vezes identidade entre os mitos, ritos e deuses de grupos diferentes do Período Pós-clássico (950-1519). Outros elementos culturais que fizeram parte da mesma herança foram o calendário, a escrita hieroglífica, o conhecimento astronômico e astrológico, uma visão de mundo, formas básicas de organização religiosa, política e socioeconômica, a instituição do mercado e um comércio que conseguia atingir regiões muito distantes.

Entre os povos que se beneficiaram desse legado cultural, alguns exerceram um poder considerável até a chegada dos espanhóis. Mencionem-se também os muitos grupos do Norte, localizados muito além dos territórios sujeitos a Teotihuacán. Alguns já praticavam a agricultura em grau limitado, como os atuais coras, huichols, tepehuanos, cahitas e pimas do noroeste do México. Adiante da região habitada por estes, são encontrados outros grupos, alguns particularmente primitivos, como os pertencentes à família lingüística hokan, além de outros que haviam alcançado níveis mais adiantados, como os chamados índios pueblos do atual Novo México e partes do Arizona.

A arqueologia revelou que os teotihuacanos haviam exercido, pelo menos indiretamente, alguma influência sobre alguns desses grupos. Isso parece ser particularmente verdadeiro no caso dos índios pueblos, os mais adiantados nos vastos territórios do norte do México. Há indícios igualmente da presença de alguns grupos relacionados culturalmente, e talvez também politicamente, com Teotihuacán, que se haviam fixado no Norte, em postos avançados, para proteger a fronteira contra as incursões dos chamados genericamente chichimecas, seminômades bárbaros, coletores e caçadores.

Os que viriam mais tarde a se chamar toltecas devem ser incluídos entre os colonizadores dos postos avançados. Ao que parece, quando tomaram conhecimento da ruína de Teotihuacán, decidiram "retornar", como narram os textos nativos, à terra de sua origem cultural, isto é, o México central. Vários relatos contam sua peregrinação antes de alcançarem as pequenas cidades ainda habitadas por povos de origem teotihuacana. Os toltecas finalmente se fixaram em Tula, um local a cerca de 80 quilômetros ao norte da atual Cidade do México. *Tula*, ou *Tollan*, na verdade significa metrópole; era isso precisamente que os toltecas estavam prestes a construir.

Uma figura central na história dos toltecas é o famoso Quetzalcóatl, uma espécie de herói cultural, que tirou seu nome de um deus (a Serpente Emplumada) cultuado desde os dias de Teotihuacán. Numerosos textos e livros nativos escritos em náhuatl falam de seu nascimento, vida e feitos prodigiosos. Conta-se que, ainda na juventude, Quetzalcóatl se retirou para Huapalcalco, uma antiga aldeia dos teotihuacanos, para dedicar-se à meditação. Lá foi convidado pelos toltecas a tornar-se seu governante e sumo-sacerdote. Palácios e templos foram construídos e muitas cidades e povos aceitaram o domínio de Quetzalcóatl (o deus e seu sacerdote). Não está totalmente claro o que teria provocado o fim da idade de ouro dos toltecas e a queda final de Tula por volta de 1150. Mas a ruína dos toltecas significou a difusão de sua cultura e sua penetração entre diversos povos distantes. A presença dos toltecas está registrada em anais, como os dos mixtecas de Oaxaca e os dos maias de Yucatán e da Guatemala.

Os mixtecas sucederam aos zapotecas no vale de Oaxaca depois do declínio político e cultural dos últimos. Podemos atribuir-lhes a fundação de novas cidades, como as de Tilantongo e Teozacualco, bem como a reconstrução parcial das famosas cidades e fortalezas zapotecas. Destacaram-se igualmente nas artes, especialmente como ourives. Por volta de 950, foi introduzido na Mesoamérica o trabalho com metais, ouro, prata, cobre e, em certa medida, o estanho. Os mixtecas são também conhecidos por seus livros de conteúdo histórico — alguns chegaram até nós com registros que remontam a 692 d.C.[2]

Os maias não haviam recuperado seu antigo esplendor. Não obstante, alguns pequenos reinos — Quiché e Cakchiquel nas montanhas da Guatemala, Uxmal e Chichén-Itzá, Mayapán e Tulum na península de Yucatán — revelaram alguns sinais de prosperidade. A chegada de grupos de origem tolteca a Yucatán e à Guatemala contribuiu para essa revivescência. Os que se dirigiram à Guatemala lá chegaram como seguidores de Gucumatz, a tradução do nome de Quetzalcóatl na língua de Quiché e de Cakchiquel. Em Yucatán, o guia dos invasores se chamava Kukulcán, uma palavra com idêntica conotação. Esses novos Quetzalcóatls tinham inclinações mais guerreiras que religiosas. Na Guatemala — segundo o Livro Sagrado dos quichés — Gucumatz e seus seguidores dominaram os maias. Dessa maneira, ocorreu uma nova mistura de povos e culturas. Os guatemaltecos foram "toltecizados" em diversos graus. Em Yucatán aconteceu algo muito parecido. Foi criada a chamada Liga de Mayapán, que abrangia esta cidade, Chichén-Itzá e Uxmal. A influência dos toltecas foi tão forte na região que as pirâmides e outros templos e palácios do Período Pós-clássico de Chichén-Itzá foram construídos à imitação dos da metrópole de Tula. No entanto, nem o novo sangue nem os elementos culturais que haviam chegado do planalto central do México produziram uma revivescência do mundo maia. Seu destino era sobreviver, mas sem esplendor, até a época da conquista espanhola, que foi concluída, em 1525, na Guatemala e em 1546 em Yucatán.

O abandono total de Tula, como havia acontecido com a ruína anterior de Teotihuacán, facilitou a entrada no vale do México de grupos provenientes de além-fronteira norte da Mesoamérica. Dessa vez, os bárbaros chichimecas foram os primeiros a penetrar no que havia sido o domínio dos toltecas. Diversos textos nativos descrevem o que aconteceu. Os chichimecas, ao

2. Numa publicação póstuma do estudioso mexicano Alfonso Caso, é oferecida uma análise dos conteúdos de vários livros nativos dos mixtecas, os quais apresentam biografias de um bom número de governantes e homens da nobreza, de 692 a 1515 d.C. Alfonso Caso, *Reyes y Reinos de la Mixteca*, México, 1977-1988, 2 vols. V. especialmente vol. II.

tentar apossar-se do rico território abandonado, se defrontaram com algumas famílias e grupos de toltecas que haviam ficado para trás. Embora os primeiros contatos estivessem longe de ser amistosos, aos poucos as relações foram melhorando. Diversas fontes documentam amplamente os processos de aculturação[3]. Os coletores de alimentos e caçadores começaram a fixar-se nas proximidades das antigas cidades toltecas. Os chichimecas dominaram de um ponto de vista político e militar. No entanto, aqueles que estavam de posse da alta cultura tolteca iriam influenciar profundamente os chichimecas. Esses, a princípio com relutância e depois voluntariamente, aceitaram a agricultura, a vida urbana, a religião tolteca, o calendário e a arte da escrita.

Assim, no final do século XIII, existiam no México central novos estados e "senhorias". Alguns eram o resultado de uma espécie de renascimento das cidades de origem tolteca, ou mesmo teotihuacana. Outros tinham entidades totalmente novas, resultantes da fusão entre as culturas dos toltecas e dos chichimecas. Era essa a situação no vale do México e na região circunvizinha quando chegaram outros grupos do Norte. Dessa vez, os recém-chegados não falavam uma língua chichimeca bárbara, mas o náhuatl, que fora a língua dos toltecas e de um grande número de teotihuacanos. Os vários grupos de língua náhuatl — as chamadas "Sete Tribos" — assemelhavam-se, em alguns aspectos, com os toltecas que haviam vivido anteriormente nos postos avançados do norte, na fronteira da Mesoamérica. Textos deixados por alguns deles, como os tlaxcalanos e os mexicas (astecas), repetem com freqüência: "Estamos retornando do norte, estamos voltando para o lugar onde vivíamos".

A penetração asteca, ou, como é freqüentemente descrita, sua "peregrinação", precisou superar diversos obstáculos. Muitas foram as adversidades, perseguições, ataques etc. que tiveram de enfrentar antes de finalmente se fixarem na ilha de Tenochtitlán, entre os lagos que cobriam uma grande parte do vale do México. Isso ocorreu, segundo várias fontes, no ano de 1325.

OS MEXICAS (ASTECAS)

Uma das realizações dos mexicas no apogeu de seu desenvolvimento político e cultural (mais ou menos os últimos sessenta anos antes do contato europeu) foi o forjamento de uma imagem de suas próprias origens, desen-

3. Cf. Miguel León-Portilla, "La Aculturación de los Chichimecas de Xótotl", *Estudios de Cultura Náhuatl*, Universidad Nacional de México, 1968, vol. VII, pp. 59-86.

volvimento e identidade. Por volta de 1430, seu governante Itzcoatl ordenou a queima dos livros antigos, tanto os anais quanto os de conteúdo religioso, sob a alegação de que: "O povo comum não precisa conhecer os escritos: o governo será difamado, e isso somente espalhará a feitiçaria pelas terras; pois eles contêm muitas falsidades"[4]. Em seu lugar foi desenvolvida e imposta uma nova tradição que transmitia uma imagem do passado adequada às exigências e ideais do grupo cuja dominação estava em processo de rápida expansão. Consultando fontes de proveniência mexica (asteca), é possível reconstituir a nova imagem produzida por sua elite.

Essas fontes são explícitas acerca do tipo de existência que os astecas tiveram de suportar em Aztlan Chicomoztoc, o lugar do qual diziam originar-se. Suas descrições revelam que, em Aztlan (ou, de qualquer modo, antes de ingressarem no vale do México), possuíam numerosos traços da cultura da Mesoamérica (uma afirmação confirmada por testemunhos arqueológicos). Um elemento importante é o fato de que, em seu lugar de origem, estavam subordinados a um grupo dominante. Chamam a esse grupo os *tlatoque* (governantes) e os *pipiltin* (nobres) de Aztlan Chicomoztoc. Dão-se a si mesmos o nome de *macehualtin* (plebeus, com uma conotação de "servos"). Eram obrigados a trabalhar para os *tlatoque* dessa localidade e a pagar-lhes tributo.

Deixaram Aztlan Chicomoztoc e seus antigos governantes porque se cansaram deles. Seu sacerdote, Huitzilopochtli, lhes havia dito que seu deus Tetzahuitl Teotl (uma manifestação de Tezcatlipoca, o Espelho Fumante) havia encontrado para eles um lugar privilegiado. A finalidade era libertar "seu povo" da sujeição e conduzi-los à prosperidade. O deus anunciara que "lá [no lugar prometido], farei de vocês *pipiltin* e *tlatoque* de todos os que habitam a terra. [...] Seus *macehualtin* lhes pagarão tributos"[5]. Por mais simplistas que pareçam, os relatos dos mexicas e as pinturas em seus livros contam passo a passo como se cumpriu essa profecia. O próprio sacerdote através do qual o deus falou foi deificado. Os atributos de Huitzilopochtli e Tezcatlipoca revelam uma notável semelhança na iconografia, como, por exemplo, nas representações encontradas nos códices *Borbonicus* e *Matritensis*. Desenvolveu-se todo um ciclo de poemas e mitos que rememoram os feitos de Huitzilopochtli

4. *Codex Matritensis*, ed. A. M. Garibay e M. León-Portilla, México, 1958-1969, 4 vols., f° 192v.

5. Cristóbal de Castillo, *Fragmentos de la Obra General sobre Historia de los Mexicanos*, Florencia, 1908.

(seu nascimento prodigioso, sua vitória sobre os Quatrocentos Guerreiros do Sul, a assunção por ele próprio do destino de seu povo, sua identificação com o Sol, Doador da Vida...)[6]. Todos esses acontecimentos cumprem profecias e, uma vez que o destino dos mexicas está intrinsecamente ligado ao de seu deus, prenunciam seu cumprimento final para o próprio povo.

Os mexicas contam como eram extremamente pobres em Aztlan Chicomoztoc e durante sua peregrinação em busca do lugar prometido. Em Aztlan praticaram a agricultura em benefício de outros. Mais tarde, viveram como coletores e caçadores. Só ocasionalmente interromperam sua jornada para cultivar alguma terra. Os mexicas seguiam seus guias (sacerdotes e capitães). Formaram grupos que receberam o nome de *calpulli* (*calli*: casa > *calpulli*: "grande casa", com o sentido de "pessoas pertencentes à mesma casa", talvez grupos de famílias ligadas por parentesco, embora não haja certeza quanto a isso). Uma das crônicas nativas relata que originalmente havia sete *calpulli* mexicas[7]. Uma outra afirma que todas juntas perfaziam um total de dez mil pessoas[8]. Suas lendas relatam que o deus Huitzilopochtli, quando lhes fez as promessas, deu sua palavra de que protegeria todos aqueles que pertenciam às "casas" (*calpulli*), os ligados pelo sangue: "seus filhos, netos, bisnetos, seus irmãos mais jovens, seus descendentes"[9]. Ao contrário do que indicam as dúvidas expressas por alguns estudiosos, as tradições insistem na idéia de que, tanto naquele passado remoto como no presente (logo após a conquista espanhola), os membros de um *calpulli* tinham um ancestral comum[10]. A tradição oral e os livros nativos coincidem totalmente nos inúmeros relatos sobre as muitas dificuldades enfrentadas pelos *calpulli* dos mexicas dirigidos por seus sacerdotes e guerreiros. Ocasionalmente, alguns dos mexicas desobedeceram às ordens de Huitzilopochtli, acarretando conseqüências desastrosas. A obediência aos conselhos do deus sempre resultava no cumprimento de suas promessas.

Os mexicas (em sua própria versão de seu passado) pareciam gostar de descrever-se como um povo que na época não era apreciado por ninguém.

6. Cf. *Florentine Codex* (doravante *FC*), 12 vols., Santa Fé, N.M., 1950-1982, livro III, cap. 1.

7. Fernando Alvarado Tezozómoc, *Crónica Mexicayotl*, México, 1972, pp. 22-27.

8. Diego Chimalpahin Cuauhtlehuanitzin, *Second Relation*, reprodução fac-similar em *Corpus Codicum Americanum Medii Aevi*, Ernst Mengin (ed.), Copenhagen, 1949, vol. III, f° 28r.

9. Castillo, *Fragmentos*, pp. 66-67.

10. Alonso de Zorita, *Breve y Sumaria Relación*, México, 1942, p. 36.

Já por si mesmos se colocavam à parte, por terem um destino singular. Entre outras coisas, diziam de si mesmos que reverenciavam aquelas formas de governo e organização de origem divina, diretamente vinculadas ao sumo-sacerdote dos toltecas, Quetzalcóatl. Outros grupos anteriores aos mexicas ou seus contemporâneos também haviam percebido o valor (religioso e político) que havia em afirmar ser investido de poder pela mesma fonte de origem tolteca. Assim, vários povos do México central e de localidades situadas em regiões distantes, como Oaxaca, Guatemala e Yucatán, haviam recebido a insígnia de governo do Senhor do Leste, um dos títulos de Quetzalcóatl[11]. Não é de admirar que os mexicas, já fixados em sua própria terra prometida, tenham decidido seguir o conselho de seus antigos guias e ligar-se a Quezalcóatl e à nobreza tolteca. O senhor de Acamapichtli, um descendente dos toltecas-culhuacanos que também tinham ancestrais mexicas, deu início a uma nobreza asteca. Ele e outros *pipiltin* culhuacanos casaram-se com as filhas dos antigos sacerdotes e guerreiros mexicas. Os membros das famílias daqueles que haviam guiado os mexicas também foram incorporados ao grupo escolhido. Quando aconselhavam seus filhos em suas conversas (*Huehuetlatolli*), os pais mexicas do estrato *pipiltin* lembravam-lhes repetidas vezes sua origem: eram descendentes dos toltecas e, em última análise, do próprio Quetzalcóatl.

Dessa maneira, as tradições e os livros dos mexicas disseminavam essa "imagem verdadeira". Na época, a vida inteira da nação asteca estava sendo transformada no seu caráter geral; muitas pessoas pagavam tributos aos *tlatoque* e *pipiltin* de Tenochtitlán; a profecia de Huitzilopochtli cumprira-se integralmente: dos descendentes daqueles *macehualtin*, que eram "plebeus e servos" em Aztlan Chicomoztoc, nasceram os *tlatoque* e os *pipiltin* mexicas. É o que ensinam os relatos orais, os livros, os poemas e as falas dos mais velhos.

Veremos agora como essa "imagem verdadeira" se assemelha ao que podemos descobrir, a partir de fontes arqueológicas, etno-históricas, lingüísticas e outras fontes documentais disponíveis, sobre a história, a política, a economia, a sociedade e a cultura dos mexicas (astecas) durante o último capítulo de sua existência autônoma.

11. Ver, entre outros, os casos registrados nos *Anales de Cuauhtitlan*, em *Codice Chimalpopoca*, México, 1975, f°s 10-11; *Popol Vuh*, trad. de A. Recinos, México, 1953, pp. 218-219; *Anales de los Cakchiqueles*, trad. de A. Recinos, México, 1950, pp. 67-68; Caso, *Reyes y Reinos de la Mixteca*, vol. I, pp. 81-82.

Por volta de 1390, morreu Acamapichtli, o primeiro governante (*huey tlatoani*) de linhagem tolteca e fundador da casa governante dos *tlazo-pipiltin*, "nobres ilustres". Ele e seus sucessores imediatos, Huitzililuitl (1390-1415) e Chimalpopoca (1415-1426), ainda eram sujeitos aos tecpanecas de Azcapotzalco, uma "senhoria" em que os povos de descendência teotihuacana, tolteca e chichimeca se haviam fundido e que nessa época exerceram hegemonia no planalto central. A ilha de Tenochtitlán, onde os mexicas se haviam fixado, era possessão dos tecpanecas. Desse modo, de fato, os mexicas, por mais de um século desde sua chegada em 1325, haviam pago tributos a Azcapotzalco e realizado serviços pessoais para ele.

Em 1426, Chimalpopoca morreu, provavelmente assassinado pelos tecpanecas. Algum tempo depois, irrompeu a guerra entre os tecpanecas e os mexicas. Estes conseguiram a ajuda de vários outros povos também sujeitos a Azcapotzalco. A "imagem verdadeira" destaca neste ponto um episódio extremamente significativo. Quando os tecpanecas estavam prestes a iniciar as hostilidades, a maioria do povo mexica, isto é, os *macehualtin*, ou plebeus, sustentaram que era melhor render-se. Em resposta, os *pipiltin* fizeram um trato: se não conseguissem derrotar Azcapotzalco, obedeceriam aos *macehualtin* para sempre. Todavia, se conseguissem derrotar os tecpanecas, os *macehualtin* deveriam total obediência aos *pipiltin*[12]. A vitória sobre os tecpanecas, por volta de 1430, estabeleceu a base da tão enfatizada situação política e socioeconômica dos *pipiltin* mexicas.

A vitória também significou a total independência da senhoria mexica e o ponto de partida de suas conquistas futuras. Itzcoatl (1426-1440), ajudado por seu sagaz conselheiro Tlacaelel, deu início a uma era de mudanças e conquistas. Moteuczoma Ilhuicamina, "O Velho" (1440-1469), consolidou o poder e a reputação do povo de Huitzilopochtli. Sob o governo de Axayacatl (1469-1481), de Tizoc (1481-1485), de Ahuitzotl (1486-1502) e de Moteuczoma II (1502-1520), o domínio asteca estendeu-se ainda mais. Um fortalecimento extraordinário de sua força militar, combinado com a confiança que tinham em seu próprio destino, resultou numa contínua expansão política e econômica. Numerosas senhorias habitadas por povos de muitas línguas diferentes, entre os quais os totonacas e os huaxtecas nos atuais estados de Puebla e de Veracruz, e os mixtecas e os zapotecas em Oaxaca, foram subjugadas de diver-

12. Diego Durán, *Historia de las Indias de Nueva España*, ed. A. M. Garibay, México, 1967, 2 vols. V. especialmente vol. I, pp. 65-75.

sas maneiras pelos mexicas. E formas organizadas de um comércio dilatado foram responsáveis pela crescente prosperidade do "império" mexica.

A sólida estrutura econômica da organização política dos mexicas, que já estava basicamente formada ao fim do governo de Moteuczoma I (por volta de 1469), foi objeto de muitas interpretações divergentes. A maioria dos cronistas espanhóis (e historiadores do século XIX, como Prescott, Bancroft, Ramírez e Orozco y Berra) haviam reconhecido que a sociedade mexica era, em muitos aspectos, semelhante à dos reinos feudais da Europa. Assim, para descrevê-la, não hesitaram em empregar termos semelhantes aos de reis e príncipes; corte real, *hidalgos* e cortesãos; magistrados, senadores, cônsules, sacerdotes e pontífices; membros da aristocracia, nobres de alta e baixa posição, proprietários rurais, plebeus, servos e escravos. O revisionismo crítico foi iniciado por Lewis H. Morgan, em termos das idéias expressas em seu famoso *Ancient Society* (1877). Ele escreveu:

> A organização asteca colocava-se claramente diante dos espanhóis como uma confederação de tribos indígenas. Nenhuma outra coisa, a não ser a mais grosseira distorção de fatos óbvios, poderia ter autorizado os escritores espanhóis a fabricar a monarquia asteca a partir de uma organização democrática.
>
> [...]
>
> eles [os cronistas espanhóis] temerariamente inventaram para os astecas uma monarquia com características acentuadamente feudais... Essa concepção incorreta já se manteve por mais tempo do que merece devido à indolência dos americanos[13].

As idéias de Morgan, aceitas e divulgadas por Adolph F. Bandelier (1878-1880), exerceram uma profunda influência. A maioria dos pesquisadores aceitaram a tese de que os mexicas e os outros povos que habitavam o sul do México e a América Central não tinham classes sociais diferenciadas e não haviam desenvolvido formas de organização política, como reinos ou outros tipos de Estado. Reconheciam que os povos mesoamericanos eram apenas grupos vinculados por sangue (vários tipos de "tribos" ou "clãs"), algumas vezes associados em confederações.

Meio século mais tarde, um estudo mais sério de fontes indígenas que muitas vezes foram ignoradas antes conduziu a um novo revisionismo. Manuel M. Moreno, Arturo Monzón, Paul Kirchhoff, Alfonso Caso, Friedrich

13. Lewis H. Morgan, "Montezuma's Dinner", *American Review*, abril, 1876, p. 308.

Katz e outros chegaram a conclusões que coincidiam nos seguintes pontos: os *macehualtin*, agrupados em *calpulli*, constituíram entidades sociais relacionadas por parentesco; sua posição socioeconômica diferia tão radicalmente da dos *pipiltin* que se foi forçado a aceitar a existência de classes sociais; entre as muitas distinções que prevaleciam entre os *macehualtin* e os *pipiltin* havia uma muito importante, relacionada com as formas de posse da terra; somente os *pipiltin* podiam possuir a propriedade privada da terra. Além disso, na organização política dos mexicas era reconhecida a existência de um Estado autêntico (um reino).

A aceitação geral dessas conclusões deu a impressão, durante algum tempo, de que se atingira um solo firme no que diz respeito ao caráter das estruturas sociais e econômicas dos mexicas. No entanto, recente pesquisa de Pedro Carrasco e outros, desenvolvida dentro de um arcabouço teórico marxista e usando como dispositivo analítico essencial o conceito de modo asiático de produção, contestou muitas conclusões aceitas de modo geral. Em suma, essa pesquisa defende a tese de que essas sociedades têm como base aldeias comunais primitivas que possuíam e trabalhavam coletivamente a terra. Periodicamente, essas entidades se organizavam sob o governo de um grupo dominante e despótico que se apropriava da mais-valia e arbitrariamente distribuía o usufruto da terra entre seus próprios membros, de acordo com sua função. (Uma vez que não possuíam a terra em caráter privado, há uma certa hesitação em usar o conceito de classe: preferem-se os termos "estratos", "estados", ou "setores".) O povo, ou o estrato dominado, continua a ser integrado em entidades comunais que trabalham a terra para subsistência e para atender às crescentes exigências do grupo dominante. Esse justifica sua existência mediante o governo e a liderança do povo e a direção das obras públicas imponentes, principalmente a fundação de centros urbanos, a construção de estradas e grandes obras de irrigação.

O ponto central do debate em torno da natureza e da estrutura da sociedade e da economia mexicas é a posição social e as realizações do grupo dominante, os *pipiltin*, uma vez que controlavam efetivamente não só Tenochtitlán como também uma vasta parte da Mesoamérica. Segundo sua própria opinião, os *pipiltin* estavam predestinados por seu deus a libertar seu povo (as entidades comunais dos aldeões submetidos aos *tlatoque* e outros *pipiltin* de Aztlan Chicomoztoc). Textos do *Huehuetlatolli* ("o Mundo Antigo") exemplificam isso. São as palavras de um velho dignitário que, falando para a cidade, responde a um discurso do dirigente supremo:

Ó mestre, ó soberano, ó senhor nosso, seu povo está aqui... [e também] os filhos, os nobres filhos, as pedras preciosas verdes, os preciosos braceletes, os filhos de nossos senhores, e os descendentes de Quetzalcóatl,

[...]

Assim vieram à vida, assim nasceram, assim foram criados, onde no início foi determinado, ordenado que deveriam comandar, reinar...[14].

Dentro do grupo dominante vários eram os níveis de hierarquia, posições e títulos: os *tlazo-pipiltin*, "nobres ilustres", eram os descendentes dos que haviam sido os governantes supremos. Dentro desse grupo seleto é que se escolhia o *huey tlatoani*. Os *pipiltin* (não como termo genérico, como era usado antes, mas como uma designação específica) eram aqueles que estavam vinculados de outras formas (não como descendentes diretos) ao mesmo grupo dirigente. Pretextavam também uma linhagem de origem tolteca. Os *cuauh-pipiltin*, "nobres-águia", eram indivíduos assimilados de algum modo pelo grupo dominante (uma indicação de "mobilidade social") em virtude de seus feitos, especialmente em combate. Os *tequihuaque* (traduzido por Alonso de Zorita por *hidalgos*) eram filhos daqueles que exerciam importantes funções administrativas, como os *teteuctin* (senhores), alguns deles *pipiltin* e outros membros ilustres de um *calpulli*.

Os *pipiltin* tinham extrema consciência dessas diferenças de hierarquia entre eles e das possíveis posições que lhes estavam abertas na administração política e econômica do Estado mexica. Isso se reflete no seguinte fragmento de uma conversa de um nobre com seu filho:

Você sabe, você se lembra de que há apenas um governante, o coração da cidade, e que existem dois grandes dignitários auxiliares, um dos guerreiros (*ce quappan*), outro da nobreza (*ce pil-pan*). O dos guerreiros é o *Tlacatecuhtli*. O da nobreza é o *Tlacochcalcatl*... E o guerreiro [...] será que nasceu para essa posição? Por acaso sua mãe, seu pai lha legaram? Não. Pois ele apenas foi eleito na terra, foi designado, dotado por Ele, o Supremo Doador da Vida[15].

Quando Moteuczoma I iniciou seu reinado, os mexicas e seus aliados já eram senhores de um vasto território que compreendia a maior parte do

14. *FC*, livro VI, cap. 16.

15. *FC*, livro VI, cap. 20.

Planalto Central. Para enfrentar a nova situação, sua organização política foi ampliada a fim de tornar-se mais eficiente. Muito mais que no passado, foi dado poder supremo e absoluto ao *huey tlatoani*. Embora fosse considerado um representante da divindade na terra, não era visto como uma encarnação nem como o filho de um deus. Era o comandante-chefe do exército e um dignitário religioso, bem como o juiz supremo e o senhor cuja vontade ninguém ousava contradizer. Detinha esse papel supremo, não por sucessão hereditária, mas por eleição. A eleição do *huey tlatoani* era dever e privilégio de um número limitado de *pipiltin*. Esse grupo representava a antiga nobreza a quem os plebeus prometeram obediência quando correram o risco de ser aniquilados pelos tecpanecas. Ser eleito governante supremo pressupunha fazer parte do grupo dos *tlazo-pipiltin*. As qualidades pessoais eram cuidadosamente examinadas pelos eleitores. Na verdade, não votavam, pois seu propósito era chegar a uma decisão unânime; assim, passavam vários dias a consultar pessoas diferentes e a deliberar entre si. Finalmente, chegavam a uma aceitação unânime de alguém que, embora pudesse ser superado por outros em alguns aspectos, por outro lado satisfizesse os vários interesses na maioria dos aspectos e fosse considerado suficientemente capaz para ser o líder de toda a nação[16]. Desde Moteuczoma I até a invasão espanhola, todos os *huey tlatoani* foram escolhidos por esse método, cujos vestígios, na opinião de alguns pesquisadores, ainda hoje sobrevivem nas eleições presidenciais do México atual.

Por acreditarem talvez num deus dual supremo, *Ometeotl*, o cargo de governante supremo era complementado por um assistente e conselheiro, o *cihuacoatl*. Embora o sentido mais imediato desse título seja "serpente fêmea", pode-se entendê-lo também como "gêmeo fêmea". Os deveres mais importantes do *cihuacoatl* eram substituir o governante supremo em sua ausência ou morte e presidir o conselho de eleitores e o tribunal supremo.

Outras autoridades proeminentes eram o *tlacochcalcatl* (senhor da casa das lanças) e o *tlacatecatl* (comandante dos homens). Atuavam também aos pares dois juízes principais, dois sumos sacerdotes e dois guardiães do tesouro da nação. Todos esses dignitários presidiam seus altos conselhos correspondentes e participavam do supremo conselho chefiado pelo *huey tlatoani* ou por seu substituto, o *cihuacoatl*.

Todas as cidades, quer as dos mexicas e de seus aliados (Tezcoco e Tlacopan), quer aquelas que foram conquistadas por eles, eram governadas

16. Cf. a descrição detalhada desse "processo eleitoral" em *FC*, livro VIII, cap. 18.

por indivíduos nomeados pelo governante supremo. Esses governadores eram os *tlatoque* (plural de *tlatoani*). Em algumas circunstâncias, o governante supremo enviava um dos *pipiltin* da metrópole asteca para governar um domínio subjugado. Em outros casos, era permitido que os membros do antigo grupo governante das cidades conquistadas permanecessem no cargo após um novo juramento de obediência.

Para a administração de alguns *calpulli*, o *tlatoani* supremo designava oficiais, chamados *teteuctin*. Como já se disse, muitas vezes eram *pipiltin*. Em outras ocasiões, não sendo eles próprios nobres, estavam a serviço de uma família de *pipiltin*. O grupo de unidades de produção administrado por um *teuctli* era chamado de *teccalli* (casa das pessoas do palácio), isto é, nomeados pelo *huey tlatoani*. Eram muito importantes os deveres dos *teteuctin*. Eram responsáveis pela produção na unidade socioeconômica que lhes era "confiada". Sua produção, além de sustentar os *macehualtin* que trabalhavam a terra, tinha de suprir os tributos aos *pipiltin* e, em última análise, também ao *huey tlatoani*.

Os cargos administrativos mais importantes estavam reservados aos *pipiltin*. Eram-lhes conferido os títulos que acompanhavam esse cargo, bem como a posse e o usufruto de terras. Os *pipiltin* não pagavam tributo. Podiam contratar tantos *mayeque* (trabalhadores) quanto fossem necessários para cultivar a terra. Alguns dos *pipiltin* também eram encarregados dos *tecalli*, que abrangiam tanto a terra quanto os *macehualtin* que nela trabalhavam. Os membros do grupo dominante podiam ter tantas esposas quantas pudessem sustentar e outros privilégios, como insígnias e vestes especiais, formas de entretenimento e mesmo alguns tipos de alimento e bebida. Além disso, estavam sujeitos somente à jurisdição de tribunais especiais.

Os filhos dos *pipiltin* freqüentavam os *calmecac*, ou centros de ensino elevado. Neles a sabedoria ancestral era cuidadosamente preservada, ampliada e transmitida. Os que ingressavam neles passavam um certo número de anos preparando-se para os cargos considerados apropriadas aos *pipiltin* como parte de seu destino. Os textos nativos contam o que era ensinado no *calmecac*. O jovem *pipiltin* aprendia formas elegantes de falar, hinos antigos, poemas e relatos históricos, doutrinas religiosas, o calendário, astronomia, astrologia, preceitos legais e a arte de governar. Quando os jovens nobres deixavam o *calmecac*, estavam preparados para exercer um papel ativo na administração pública.

A educação recebida em casa e no *calmecac*, bem como a experiência obtida como membros do grupo dominante, instilava nos *pipiltin* um senso de responsabilidade e de dignidade. Extratos de alguns *huehuetlatolli* revelam-nos o quanto os *pipiltin* estavam conscientes de sua posição. O pai diz ao filho:

> E quem é você? Você é de uma linhagem nobre; você é cabelo da gente, você é unha da gente, você é o filho de um governante, você é um nobre do palácio, você é alguém precioso, você é um nobre...[17].

Freqüentemente transparece nesses discursos a atitude dos *pipiltin* para com os *macehualtin*. Num relato sobre alguém que se excedeu na bebida encontramos o seguinte:

> Será dito: terá ele talvez feito o papel de um homem comum?

Ou, advertindo uma filha pertencente à nobreza, freqüentemente aparecem palavras como:

> Declaro-lhe especialmente que você é uma mulher da nobreza... Não cause nenhum embaraço a nossos senhores, os governantes... Não seja uma mulher comum (*maa timacehualti*), não se pareça com uma plebéia (*maa timomacehualquixti*).

Em quase todos os aspectos da expectativa de comportamento daqueles de linhagem nobre, a comparação é enfatizada:

> Você deve falar bem devagar, com muita ponderação... Não deve também gritar, a fim de que não seja visto como um imbecil, um desavergonhado, um rústico (cultivador da terra), um verdadeiro rústico...[18].

A questão dos *pipiltin* e da posse da terra é particularmente complexa e controversa. A primeira distribuição de terra feita pelos mexicas seguiu-se imediatamente a sua vitória sobre os tecpanecas de Azcapotzalco, por volta de 1430. O registro desse acontecimento é particularmente significativo:

> Os primeiros que receberam terras foram a casa reinante; as terras pertencentes à senhoria, para manutenção do governante supremo... Onze porções de terra foram

17. *FC*, livro VI, cap. 20.

18. *FC*, livro VI, cap. 14.

dadas depois ao conselheiro do governante, Tlacaelel; e também foram concedidas duas e três porções de terra a vários *pipiltin*, em proporção a seus méritos e funções...[19].

Conhecemos por outras fontes a designação náhuatl das terras distribuídas de modo variado: *tlatocatlalli*, "terras do governante", *pil+tlalli* (*pillalli*), "terra dos *pipiltin*". Estreitamente vinculadas às *tlatocatlalli*, outras terras eram reservadas especificamente para satisfazer as despesas do palácio (*tecpantlalli*), dos templos (*teopantlalli*) e das guerras (*yaotlalli*). As terras que os *calpulli* constituídos por *macehualtin* possuíam comunitariamente eram chamadas *calpul+tlalli* (*calpullalli*).

Será que o governante e os *pipiltin* teriam a propriedade privada da terra ou apenas privilégios pertinentes a funções particulares que eram exercidas pelos favorecidos? Os seguidores de Morgan e Bandelier afirmam que todas as terras pertenciam somente à "tribo" ou "confederação de tribos". Outros, como Alfonso Caso, Paul Kirchhoff e Friedrich Katz, admitem abertamente que os *huey tlatoani* e os *pipiltin* tinham a propriedade privada da terra.

As fontes existentes, embora nem sempre precisas quanto a esse ponto, parecem apoiar a idéia de que a posse da terra estava em relação direta com o cargo e a função administrativa dos indivíduos favorecidos:

> ... o senhor [*tlatoani*] possui terras em vários lugares anexados a sua senhoria, e os *macehualtin* as cultivam para ele, e o reverenciam como um senhor, e essas terras são de posse de quem o suceder como governante...[20]

Como, em alguns casos, o sucessor de um *tlatoani* não era um descendente direto, o sentido do texto parece ser o de que a posse e a transmissão da terra se faziam em função da posição hierárquica. Por outro lado, é verdade que alguns membros de determinadas famílias de *pipiltin* ocupavam o mesmo cargo administrativo por várias gerações. Desfrutavam, assim, de uma forma de posse contínua das terras distribuídas. Um acontecimento ocorrido na época do governante mexica Ahuitzotl é significativo a esse respeito. Os mexicas haviam conquistado a senhoria de Chalco e Ahuitzotl instalara um novo governante local. Esse novo governante destituiu muitos

19. Durán, *Historia de las Indias*, vol. I, p. 101.

20. Sebastián Ramírez de Fuenleal, "Carta al Emperador, de Fecha y de Noviembre de 1532", *Colección de Documentos Inéditos*, 42 vols., Madri, 1864-1884, vol. XIII, p. 254.

pipiltin locais de suas funções administrativas. Em conseqüência, tomou também as terras que possuíam. Os *pipiltin* despojados se queixaram ao governante mexica. A reação de Ahuitzotl foi ambivalente. Disse aos *pipiltin* despojados: "Tomem suas terras de volta". Mas, quando o senhor que ele designara para governar em Chalco explicou seu ponto de vista, Ahuitzotl lhe disse: "Você sabe o que fazer. Destrua-os, enforque-os [...] todos aqueles que querem viver como *pipiltin*..."[21].

No que se refere aos empreendimentos e realizações do grupo dominante no contexto da sociedade que governavam, Angel Palerm afirmou, dentro do arcabouço teórico desenvolvido por Karl A. Wittfogel, que "é suficientemente clara a relação causal entre o apoio oferecido a [uma] sociedade asiática e o despotismo resultante da agricultura hidráulica..."[22]. Pesquisando a existência de obras de irrigação economicamente relevantes na Mesoamérica, Palerm relacionou inúmeros locais onde existem indícios desse tipo de empreendimento.

No caso específico dos mexicas, Palerm reconhece que "a vida econômica dos tenochcas sob seus três primeiros governantes não sugere a existência de cultivo agrícola"[23]. Isso fora uma decorrência, entre outros motivos, do pequeno tamanho da ilha que os mexicas habitavam e das enchentes de água salgada a que estava sujeita. Em sua opinião, a situação mudou após a vitória sobre Azcapotzalco. Então, os governantes mexicas (por conselho de Nezahualcoyotl, o sábio senhor de Tezcoco) introduziram importantes obras hidráulicas. Foram construídos diques para separar a água doce da água salgada dos lagos e aquedutos para levar água potável para a cidade. Os *chinampas* — pequenas ilhas artificiais, construídas num processo de recuperação das terras, onde se cultivavam hortaliças e flores — receberam os benefícios da irrigação.

Mesmo aceitando tudo isso, ainda se indaga sobre a importância dos *chinampas* irrigados em comparação com a quantidade de recursos (milho, feijão, abóboras, hortaliças e outras espécies de produtos agrícolas) que Tenochtitlán recebia como tributo das muitas cidades e senhorias conquis-

21. *Anales de Cuauhtitlan*, f° 39.

22. Angel Palerm, "Teorías sobre la Evolución en Mesoamérica", em *Las Civilizaciones Antiguas del Viejo Mundo y de América*, Theo R. Crevenna (ed.), Washington, 1955, p. 79.

23. Palerm, "La Base Agrícola de la Civilización de Mesoamérica", *Las Civilizaciones Antiguas*, p. 177.

tadas. É verdade que a construção dos diques, aquedutos e caminhos elevados sobre os terrenos pantanosos facilitou enormemente o desenvolvimento da metrópole asteca. Mas poder-se-á dizer que essas obras constituíram uma das principais realizações do grupo dominante a justificar seu domínio despótico sobre o restante dos mexicas?

Se insistirmos em descobrir algo que (em termos do modo asiático de produção) pudesse ser descrito como um empreendimento imponente e impressionante, teremos de buscar em outra parte. Os *pipiltin*, como vimos, haviam forjado sua própria "imagem" que, acima de tudo, confirmava sua missão de manter a vida de sua própria era cósmica, do sol e da humanidade. A oferenda de sangue (renovando o sacrifício primevo dos deuses quando criaram essa era cósmica) ajudava a restaurar a energia divina, conciliando os deuses e obtendo deles o dom vital das águas. Para cumprir esse destino, as preocupações básicas do grupo dominante passaram a ser o culto dos deuses, o sacrifício humano e as guerras para obter cativos e impor o domínio asteca. Nessa perspectiva, a edificação e a restauração dos templos (especialmente o grande conjunto de edifícios sagrados em Tenochtitlán) e a organização e a eficiência do exército, sustentadas por uma ideologia complexa, eram as realizações mais impressionantes do grupo dominante dos mexicas. Outras realizações compreenderam a urbanização e o embelezamento de sua metrópole, a organização administrativa, o estabelecimento de rotas comerciais de longa distância, o funcionamento de mercados locais, a produção de produtos manufaturados (artes e ofícios), a manutenção de um sistema escolar e a propagação do náhuatl como *lingua franca* por toda a Mesoamérica.

Como já afirmamos, os *macehualtin* não eram apenas parte de famílias ampliadas, mas também formavam as unidades extremamente importantes chamadas *calpulli*. Essas entidades socioeconômicas eram comuns na Mesoamérica. Já citamos alguns indícios em apoio à idéia de que os membros de um *calpulli* eram ligados por parentesco, pelo menos originalmente. Embora alguns autores se tenham inclinado a considerar o *calpulli* uma espécie de guilda ou associação com finalidades econômicas específicas, os indícios disponíveis parecem indicar que nos *calpulli* mexicas predominavam tendências endogâmicas.

Alguns *calpulli* eram criados como parte integrante de grandes cidades. Foi o caso em cidades como Texcoco, Culhuacan e Tenochtitlán-México. Nessa última cidade, havia mais de cinqüenta *calpulli* na época da chegada dos espanhóis. Como veremos, os membros da maioria desses *calpulli* "urbanos" não cultivavam a terra. Dedicavam-se a outras formas de produção. Entre eles, grupos de artesãos, artistas e comerciantes haviam conquistado grande importância econômica. Existiam outros *calpulli* cujos membros constituíam a maioria da população de cidades menores e muitas aldeias dispersas. Algumas dessas cidades, rodeadas por grupos de aldeias dentro de territórios de extensão variada, constituíam uma senhoria. Essas comunidades políticas eram governadas por uma nobreza local (com seu aparelho administrativo correspondente). Na época da maior expansão dos mexicas, muitas dessas entidades situadas no planalto central e em outras áreas de Veracruz, Guerrero, Oaxaca e Chiapas, estavam submetidas de diversas formas, através do pagamento de tributos, aos governantes de Tenochtitlán-México. Em alguns casos, suas nobrezas locais haviam sido substituídas por *pipiltin* mexicas. Em outros, foram introduzidas diversas formas de compromisso. Muitas vezes, o soberano central enviava *teteuctin* (administradores oficiais) para as cidades e aldeias subjugadas a fim de controlar a produção local. Dessa forma, muitos *calpulli* de regiões controladas pelos astecas eram "outorgados" a um *teuctli* mexica. Esse tipo de unidade socioeconômica constituía um *teccalli.* Sua organização era estruturada de modo a facilitar a cobrança de tributos e a requisição de serviços pessoais diretamente dos *calpulli,* em vez de fazê-lo simplesmente através da senhoria conquistada a cuja jurisdição pertenciam esses *calpulli.*

Essa estrutura imposta não suprimiu as características socioeconômicas internas dos *calpulli.* Cada um tinha suas autoridades locais, sobre as quais escreve Alonso de Zorita:

> Dois *principales* em cada *calpulli* convocam o povo a providenciar o pagamento do tributo ou a obedecer ao que o governante (*teuctli*) ou outros funcionários tenham ordenado [...] e eles [os membros do *calpulli*] preferem que seus "cabeças" [os *principales*] pertençam ao mesmo grupo...[24].

Esses dois *calpulleque* (os encarregados dos *calpulli*), além de serem responsáveis pela subsistência de sua própria comunidade, tinham de agir como intermediários junto aos *teteuctin.* Os *calpulli,* segundo Zorita e outras fontes, tinham suas próprias instituições locais: um sacerdote (ou sacerdo-

24. Zorita, *Breve y Sumaria Relación*, p. 30.

tes) encarregado do templo local; um *tlahcuilo*, um "pintor de livros", ou escriba, cuja tarefa principal era manter os registros de suas propriedades fundiárias, dos tributos e outros dados relativos à história do grupo. Um tesoureiro local (*calpixqui*), os comandantes dos esquadrões do *calpulli* e o conselho dos anciãos também eram figuras de importância no *calpulli*.

A terra era de propriedade comum dos membros do *calpulli*. No entanto, deve-se ter em mente que o "proprietário final" dos recursos agrícolas, inclusive da terra e de tudo o que a ela estivesse vinculado, era a unidade política a que o *calpulli* estava submetido. Existiam também alguns *calpulli* sem terra. Com exceção daqueles que descrevemos como "*calpulli* urbanos", os que viviam nos *calpulli* desprovidos de terra tinham de trabalhar como *mayeque*, servos ou trabalhadores, cultivando a terra dos outros (especialmente dos *pipiltin* prósperos).

Quaisquer que fossem as circunstâncias específicas de vida dos indivíduos que não eram *pipiltin*, pode-se afirmar que faziam parte de um *calpulli* específico. A soma dos membros do *calpulli* (urbano, semi-urbano e rural) formava o estrato social dos *macehualtin*. Em sua maioria, a forma de vida dos *macehualtin* envolvia uma economia de auto-subsistência dentro de seu *calpulli* e obediência total a suas autoridades internas, aos *teteuctin* e a outros funcionários administrativos nomeados pelo grupo dominante. Além disso, tinham de pagar tributo, servir o exército e executar uma série de outros serviços pessoais para o Estado. Esses serviços compreendiam o trabalho manual na construção de templos e palácios ou em outras obras públicas, ou o serviço de carregadores no transporte de cargas pesadas de mercadorias para locais distantes.

Em períodos de dificuldade, as condições de vida dos *macehualtin* pioraram sob muitos aspectos. Assim, por exemplo, durante períodos de escassez de alimentos foram obrigados muitas vezes a vender-se ou a seus filhos como *tlatlacotin*, um termo que os espanhóis traduziram por "escravos". No entanto, na Mesoamérica a escravidão era muito diferente da que predominava no mundo europeu. Na época dos mexicas, um escravo era vendido por tempo limitado: o próprio escravo, ou seus parentes, podiam resgatá-lo. Os filhos de escravos não eram considerados escravos. Por outro lado, tornar-se um escravo incluía o risco de ser escolhido para o sacrifício humano, pois o senhor tinha o direito de oferecer seus escravos para esses rituais.

Para resumir: é evidente que o modo de vida dos *macehualtin* diferia radicalmente do dos *pipiltin*. A relação desses últimos com os recursos naturais disponíveis, sua participação na produção e nos frutos obtidos dela, sua função na administração pública e seus privilégios contrastavam fortemente com a posição social do povo, dos plebeus, descritos freqüentemente como os "pobres e miseráveis" *macehualtin*.

É difícil estudar a economia asteca devido à escassez de fontes que pudessem permitir uma quantificação dos elementos e forças que afetavam a produção. Não há um consenso sobre o número total de habitantes no México central, nos estados de México, Hidalgo, Puebla, Tlaxcala, Querétaro, Guanajuato, Michoacán, Colima, Jalisco, Guerrero e Veracruz — estimativas recentes variavam de 12 a 25 milhões[25] — nem sobre o número de pessoas envolvidas em cada área de produção nas várias regiões, cidades e aldeias.

Por outro lado, há pelo menos indícios confiáveis sobre as principais formas de especialização dentro da força de trabalho. Temos, assim, informações de que havia uma divisão do trabalho de acordo com o sexo. As tarefas agrícolas e a maior parte da produção especializada eram destinadas aos homens. Às mulheres eram reservadas as tarefas domésticas, inclusive o trabalho pesado, como a feitura da massa de *tortillas*, que exigiam longas horas de trabalho com uma pedra de moer. A fiação e a tecelagem eram também tarefas das mulheres. Temos notícia também de outros tipos de especialização, por exemplo, a pesca e a mineração, bem como a construção (pedreiros, decoradores de pedra, carpinteiros e pintores) e a manufatura (ceramistas, cesteiros, curtidores, artesãos de esteiras e sandálias). Havia uma ampla variedade de artesãos que produziam objetos úteis como papel, instrumentos de pedra e de madeira, canoas, ou objetos de luxo, principalmente para os membros da nobreza e para os sacerdotes. Entre esses, estavam os ourives, os trabalhadores com penas, os escultores e os famosos *tlahcuilo*, ou pintores de livros. Deve-se lembrar que, embora existissem essas especializações, a grande maioria dos *macehualtin* dedicavam a maior parte de seu tempo à terra.

As informações sobre os recursos naturais em que se baseava a economia mexica sofrem o mesmo tipo de limitação que as relativas aos recursos humanos. Essas fontes, embora algumas delas forneçam dados quantitativos, são em sua maioria meramente descritivas. Por exemplo, quando tratam da terra de agricultura, ocasionalmente fornecem medidas, porém encontram-

25. Ver adiante, às pp. 129-31, "Nota sobre as Populações Americanas às Vésperas das Invasões Européias".

se com mais freqüência descrições do tipo e do uso. *Atoctli* era um termo usado para descrever a terra com água adequada e boa para a agricultura, enquanto *cuauhtlalli*, "terras de árvores", indicava a presença de resíduos vegetais ou terra coberta com vegetais em decomposição. Nas áreas, bastante restritas, favorecidas pela presença de água e material orgânico, evidentemente cresceu o plantio de culturas básicas — milho, feijão, abóbora, pimenta malagueta. Outras terras eram destinadas a uso específico, como as chamadas *xochimilpan*, para o cultivo de flores. Os diversos territórios que de uma maneira ou de outra estavam sob o domínio dos mexicas compreendiam terras não-cultivadas onde cresciam plantas usadas como medicamentos, e outras que forneciam alimento, ou árvores para a extração de madeira de construção. A população animal abrangia espécies aquáticas encontradas nos lagos e rios e outras que serviam de alimento, que eram obtidas por caça ou por criação seletiva, como no caso bem conhecido do peru. A ausência de outros animais domésticos (com exceção do cão) era, em grande medida, um obstáculo ao desenvolvimento de uma tecnologia mais eficiente. Como não havia bestas de carga ou outros animais que pudessem ser empregados para puxar, o uso da roda estava limitado a alguns brinquedos.

O ouro, a prata, o cobre, o estanho e, provavelmente em escala menor, o chumbo eram os metais conhecidos dos mesoamericanos. Outros minerais usados eram o cinabre (sulfato de mercúrio) e a calcita (carbonato de cálcio), bem como os vários pigmentos minerais, as pedras semipreciosas e outros tipos de pedra.

Os mesoamericanos, apesar de suas realizações na arte e no cálculo de calendário, não se destacaram como produtores de instrumentos. No entanto, suas ferramentas eram sob muitos aspectos razoavelmente adequadas. Compreendiam utensílios de pedra, como martelos, facas, raspadeiras, almofarizes, mós e outros instrumentos de desenho diverso. Outras, como ganchos, agulhas e instrumentos para trabalhar com couro, eram feitas de osso. A madeira era usada para fazer furadores a fogo, flechas, dardos, clavas e a *coa*, ou vara de cavar, usada na agricultura. Mais tarde, quando começaram a praticar a metalurgia, produziram com o cobre machados, enxadas, furadores, facas e várias armas.

As técnicas agrícolas eram variadas. Além do cultivo sazonal, no qual às vezes empregavam alguns tipos de fertilizante, as sociedades da Mesoamérica fizeram uso de sistemas de irrigação, terraceamento e, principalmente na região central, introduziram os famosos *chinampas*, descritos muitas vezes como "jardins flutuantes". Eram estruturas artificiais de junco, cobertas com terra fértil, fundeadas nos leitos dos lagos por meio de estacas de madeira. Nos *chinampas* eram plantados salgueiros para segurá-los no lugar. Sobre o excelente solo dos *chinampas*, os mexicas cultivavam flores e legumes frescos em abundância.

O estudo dos livros nativos, como a *Lista de Tributos* e o *Codex Mendoza*, permite avaliar a quantidade de mercadorias que os *calpulli* (unidades básicas de produção), as cidades e as comunidades políticas (consideradas as unidades econômicas mais amplas) subjugadas passavam às mãos dos governantes de Tenochtitlán. Não é de admirar que os mexicas, para obter o pagamento imediato e correto de um tributo, tenham desenvolvido um mecanismo administrativo extremamente complexo.

Outros elementos de grande importância na economia do México antigo eram as praças de mercado e o comércio praticado pelos *pochtecas*, ou comerciantes. Grandemente impressionados, alguns conquistadores nos forneceram em suas crônicas um quadro da principal praça de mercado de Tlateloco, a cidade incorporada a Tenochtitlán. A maioria dos produtos oferecidos no mercado entravam na metrópole asteca ou trazidos por comerciantes ou na forma de tributo. Ao mesmo tempo, outros produtos manufaturados eram exportados pelos mexicas. Um fator que contribuiu de modo relevante para a expansão do comércio foi a necessidade de satisfazer as crescentes demandas de uma nobreza mais rica e de uma vida religiosa extremamente elaborada.

Os pochtecas, que, como plebeus, faziam parte dos *calpulli*, logo perceberam a importância de suas funções. Transformaram sua organização numa entidade social comparável a uma guilda. Cada guilda tinha seu diretor (chamado *pochtecatloque*, "chefe dos *pochtecas*") e várias categorias de membros. Entre essas estavam os *Oztomecas*, que eram especializados em regiões distantes e falavam as línguas desses lugares. Havia 69 categorias diferentes de comerciantes, inclusive comerciantes de escravos, de metais preciosos, de fumo, de cacau, de animais, de papel e de milho[26].

26. No livro IX do *FC* existem abundantes informações sobre o *pochtecayotl*, ou comércio. Cf. também Bente Bittman e Thelma D. Sullivan, "The Pochteca", em *Mesoamerican Communication Routes and Cultural Contacts*, Provo, Utah, 1978.

Além de comprar e vender, os comerciantes também lidavam com vários tipos de contratos e empréstimos no sentido de viabilizar seus negócios. O governante e os membros da nobreza, bem como alguns dos comerciantes estabelecidos (inclusive algumas mulheres), faziam contratos de empréstimo com os comerciantes que viajavam a lugares distantes. Assim, um relato asteca registra uma ocasião em que o rei Ahuítzotl concedeu 1 600 mantos por empréstimo a comerciantes que seguiam para a costa do Pacífico. A menção dos mantos pequenos, chamados *quachtli,* refere-se a um tipo específico de símbolo de troca. Eram, na verdade, mantos de tamanhos variados, aceitos como uma espécie de símbolo monetário, uma vez que eram garantidos pela riqueza e autoridade do *huey tlatoani* asteca. Havia outros empréstimos na forma de pequenos tubos cheios de ouro, bem como sacos de cacau de vários tamanhos.

A administração dos mercados e o estabelecimento de padrões de troca eram duas funções importantes dos comerciantes. Além disso, Ixtlilxochitl relata que, dos quatro conselhos supremos do governo, o quarto conselho era o do Tesouro, onde todos os administradores do rei e alguns dos mais importantes comerciantes da cidade se reuniam para discutir as questões do Tesouro e os tributos reais[27]. Sendo os comerciantes conselheiros econômicos do governante, não é de surpreender que tenham adquirido inúmeros privilégios que os tornaram quase iguais a membros da nobreza. Além de ter seus próprios tribunais, cobravam os tributos, freqüentemente negociavam em nome do rei e atuavam como espiões nas regiões distantes. Por seu intermédio, o comércio e a economia de modo geral expandiram-se vigorosamente e contribuíram para o florescimento de instituições religiosas e culturais. Inversamente, os desenvolvimentos culturais e religiosos exerceram influência considerável sobre o conjunto da sociedade, inclusive sobre a economia.

A religião predominante em Tenochtitlán-México na época da conquista espanhola foi o resultado de longo processo de fusão e síntese. Não obstante, estava longe de ser uma massa de elementos heterogêneos, na medida em que os sacerdotes haviam trabalhado duro para dar-lhe uma ordem funcional que incorporasse a visão de mundo e os ideais dos mexicas.

---

27. Fernando de Alva Ixtlilxochitl, *Obras Históricas*, México, 1891-1892, 2 vols. Ver vol. I, pp. 211-218.

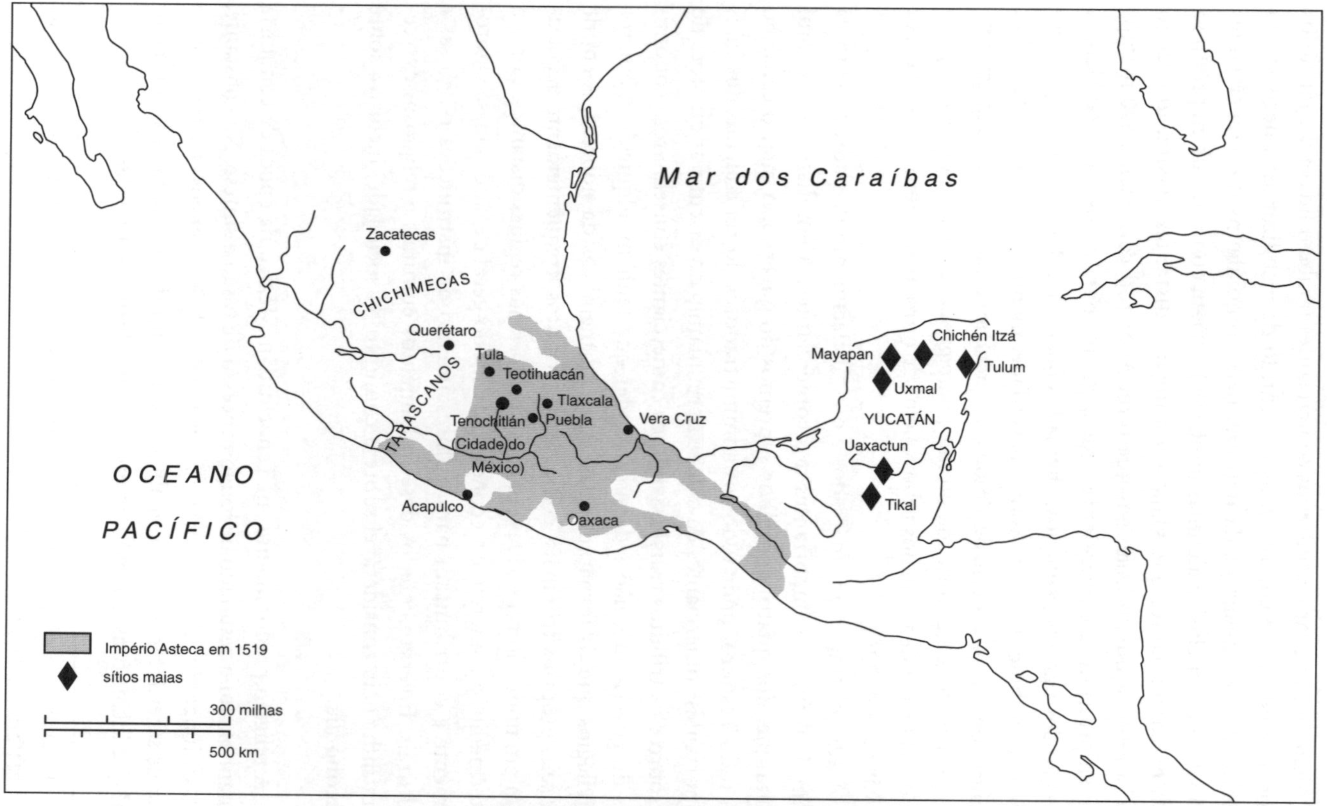

A Mesoamérica antes de 1519

O mundo não começara a existir de um momento para o outro, mas em vários períodos consecutivos. A "primeira fundação da terra" havia ocorrido milhares de contas-ano atrás. Haviam existido quatro sóis. Durante essas eras, ou "sóis", os processos de evolução haviam produzido formas, cada uma mais perfeita que a anterior, de seres humanos, de plantas e de gêneros alimentícios. Quatro forças primevas (terra, vento, água e fogo), numa curiosa semelhança com o pensamento da Antigüidade clássica, haviam governado essas eras até a chegada da quinta, a atual, a era do "sol do movimento".

Evoluindo talvez a partir dos cultos ao sol e à terra, desenvolveu-se a crença num pai onicriador e numa mãe universal como divindade dual suprema. Sem perder sua unidade, no sentido de que os hinos antigos sempre a invocavam no singular, essa divindade era conhecida pelo nome de *Ometeotl*: "o deus dual", ele e ela de nossa carne, *Tonacatecuhtli* e *Tonacacíhuatl*, que numa portentosa união cósmica engendraram toda a criação.

O deus dual era também "mãe dos deuses, pai dos deuses". Numa primeira manifestação de seu próprio ser, nasceram seus quatro filhos: os "espelhos fumantes" branco, preto, vermelho e azul. Esses deuses constituíam as forças primordiais que colocaram o sol em movimento e criaram a vida na terra. Foram também responsáveis pelas quatro destruições cíclicas do mundo que aconteceram anteriormente.

Embora estivesse previsto que o destino final dessa quinta era seria um cataclisma, os mexicas não perderam o interesse pela vida. Ao contrário, isso os estimulou de forma notável. Uma vez que foi um sacrifício primevo dos deuses que criou e colocou o sol em movimento, somente mediante o sacrifício dos homens é que a era atual poderia ser preservada. O "povo do sol" assumiu por si mesmo a missão de supri-lo com a energia vital encontrada no líquido precioso que mantém o homem vivo. O sacrifício e a guerra cerimonial para prear vítimas para os ritos sacrificiais eram suas atividades centrais, o próprio núcleo de sua vida pessoal, social, militar e política.

Há testemunhos de que, na Mesoamérica antes dos mexicas, se realizavam sacrifícios humanos mas aparentemente nunca antes em número tão grande. Se os *pipiltin* mexicas acreditavam que sua missão era, assim, manter a vida do sol, também compreendiam que, através de suas guerras para a preia de vítimas sacrificiais, ampliavam igualmente seu domínio e satisfaziam suas crescentes necessidades econômicas.

As fontes descrevem também várias outras formas de culto aos muitos deuses adorados pelos mexicas. Um lugar muito especial era reservado a esses ritos e cerimônias em honra da Deusa Mãe, invocada sob numerosos títulos, inclusive o mais genérico de *Tonantzin*, "nossa Reverenda Mãe". A importância da *Dea Mater* dos mexicas (e dos mesoamericanos em geral) foi claramente percebida pelos missionários espanhóis, alguns dos quais não rejeitaram a possibilidade de uma síntese do conceito pré-colombiano com as crenças relacionadas com a Virgem Maria. Um bom exemplo é a Virgem de Guadalupe, cujo santuário foi construído onde antes ficava o de Tonantzin.

Os livros nativos e as transcrições setecentistas em língua nativa de numerosos textos preservados pela tradição oral são os repositórios das literaturas mesoamericanas. Neles encontramos mitos e lendas, hinos rituais, uma diversidade de poemas, discursos, crônicas e relatos históricos, os inícios da composição dramática, doutrinas religiosas e proclamações do governo. Através desses textos pode-se obter uma imagem da vida quotidiana não só dos mexicas, mas também de vários outros povos. O hino que se segue fala do deus dual:

No lugar da autoridade,
no lugar da autoridade, comandamos;
é o mandamento de nosso Senhor Principal,
Espelho que faz as coisas se manifestarem.
Eles já estão a caminho, estão preparados.
Inebriem-se,
o Deus da Dualidade está agindo,
o Inventor dos Homens,
Espelho que faz as coisas se manifestarem[28].

As palavras dos sábios expressam às vezes suas crenças, porém freqüentemente são também a manifestação de suas dúvidas. Reconhecem que a vida na terra é transitória e que, no final, tudo deve desvanecer-se. Eis um exemplo dessas formas mais pessoais de composição poética:

Habitamos realmente a terra?
Não é para sempre aqui na terra; apenas um momentinho.

28. *Historia Tolteca-Chichimeca*, manuscrito mexicano 46-58 bis, Bibliothèque Nationale, Paris, fº 36.

Embora seja jade, ela irá quebrar-se,
Embora seja ouro, ela é esmagada,
embora seja pena *quetzal*, ela é dilacerada.
Não para sempre aqui na terra; apenas um momentinho[29].

Às vésperas da invasão espanhola, Tenochtitlán-México, a metrópole asteca, era o centro administrativo de um vasto e complexo conglomerado político e socioeconômico. Vários autores, ao descrever a natureza política dessa entidade, utilizaram termos como *império*, *reino* ou *confederação de senhorias* e mesmo *tribos*. A maioria das velhas senhorias do planalto central (como as de Chalco-Amaquemeca, Cuitlahuac, Xochimilco, Coyohuacan e Culhuacan) e muitas outras nas regiões de Hidalgo, Morelos, Guerrero, Puebla, Veracruz, Oaxaca, Tabasco e Chiapas reconheciam o governo asteca. Estavam submetidas à metrópole mexica de diferentes formas. No entanto, mesmo nos casos em que os governantes locais tenham continuado a governar suas senhorias, reconheceram Tenochtitlán-México como a metrópole central da qual se originavam as ordens e exações, inclusive o pagamento de tributos e uma série de serviços pessoais, como a "proteção" das rotas comerciais. Os deuses tutelares das senhorias submetidas partilhavam do destino de seus povos. Em Tenochtitlán-México, as divindades tutelares das cidades e províncias subjugadas eram mantidas num templo, o *coateocalli*, "casa comum dos deuses": eram consideradas "cativos divinos". Seus destinos (*tonalli*) (como no mito de Huitzilopochtli que incorporou em si mesmo os destinos dos Quatrocentos Guerreiros do Sul) simbolizavam o destino profetizado do Povo do Sol. Além disso, o náhuatl tornou-se a *língua franca* numa vasta área da Mesoamérica. Os falantes de otomi, mazahua, matlatzinca, tepehua, totonaca, tlapaneca, mazateca, mixteca, zapoteca, bem como de várias línguas maias, como chontal, tzeltal e tzotzil, aceitaram usar a língua dos governantes de Tenochtitlán.

Por outro lado, algumas senhorias haviam conseguido resistir à penetração dos mexicas. Foi o caso dos purepechas ou dos tarascanos de Michoacán e dos tlaxcalanos no Planalto Central. Os últimos, em especial, haviam desenvolvido um ódio profundo aos mexicas, com quem foram forçados a lutar periodicamente nas famosas "Guerras das Flores", cuja finalidade era

29. *Coletânea de Canções Mexicanas*, manuscrito asteca preservado na Biblioteca Nacional do México, fº 17.

obter vítimas para o sacrifício ao Sol-Huitzilopochtli. Para além dos territórios sob influência direta dos mexicas, nas áreas sul e norte do que é hoje o México, um grande número de povos preservaram seus próprios padrões culturais distintos. No sudeste várias senhorias de língua e cultura maias (as existentes em Campeche, Yucatán, no Petén, na Guatemala e em Honduras) ou de língua náhuatl (em El Salvador e na Nicarágua) mantiveram em graus diversos muitos elementos de sua alta cultura ancestral, apesar de sua carência de qualquer organização política relevante. No nordeste, para além da orla da Mesoamérica ocupada pelos mexicas, haviam-se fixado um bom número de falantes de línguas uto-astecas, entre eles os coras, os huichols, os tepecanos, os tepehuanos, os mayos, os yaquis, os tarahumaras, os pimas e os opatas. A maioria desses grupos viviam em pequenas aldeias como agricultores sedentários. Seus padrões de cultura podem ser comparados aos dos habitantes da Mesoamérica central na metade no Período Pré-clássico Médio.

Grupos muito menos desenvolvidos viviam nas áreas de fronteira ao norte do Planalto Central e a nordeste da Mesoamérica. Em termos gerais, os mexicas chamavam todos os habitantes dessas regiões de teochichimecas, isto é, os chichimecas autênticos, os "povos nômades do arco e flecha". Há freqüentes registros de que os teochichimecas não tinham aldeias, nem casas, nem campos cultivados. Eram na verdade temíveis *popolocas*, uma palavra que tem um significado muito próximo de "bárbaros". Num passado distante (durante a era tolteca e talvez também no Período Clássico), os mesoamericanos haviam estendido sua influência para além dos territórios que se tornaram possessão dos teochichimecas. Não há registros de qualquer tentativa de expandir rumo ao norte no período de Tenochtitlán-México. Foi deixada aos espanhóis (acompanhados pelos tlaxcalanos e pelos mexicas) a conquista e a colonização da vasta extensão de territórios para além da Mesoamérica.

Assim, um mosaico de povos, culturas e línguas possuíam a terra em que Hernán Cortés e seus seiscentos homens logo iriam desembarcar. O conquistador cedo ficaria sabendo da existência dos mexicas. Foram feitas referências a eles pelos maias de Yucatán, pelos chontals de Tabasco e pelos totonacas de Veracruz. Por intermédio dos últimos, e particularmente dos tlaxcalanos, Cortés foi informado do poder e da riqueza da metrópole asteca e de seus governantes, em especial de Moteuczoma. Em seus escritos (e nos dos outros "cronistas soldados") pode-se encontrar inúmeras referências aos aspectos mais óbvios da estrutura política, religiosa e socioeconômica que sustentavam a grandeza dos mexicas. Embora às vezes superficiais ou errôneos, os comentários dos conquistadores espanhóis coincidem em vários pontos com as indicações extraídas de fontes nativas e da moderna pesquisa arqueológica. Os espanhóis certamente perceberam que, no meio daquele mosaico de povos, culturas e línguas, os mexicas se sobressaíam como os criadores e governantes de uma complexa entidade política, com muitos contrastes tanto dentro quanto fora de sua grande metrópole. De um lado, havia os ricos e poderosos *pipiltin* servidos pelos *macehualtin*; de outro, notavam-se diferenças radicais entre os *tlatoque* mexicas que governavam em muitas cidades e províncias submetidas a Tenochtitlán e os destituídos e obedientes *pipiltin* e *macehualtin* dos povos sob o domínio asteca. Cortés logo compreendeu a situação. Lado a lado com a magnificência da metrópole asteca (visitou-a como convidado em 1519) estava a realidade do domínio imposto dos mexicas. Sabia quão profundamente os totonacas, os tlaxcalanos e muitos outros odiavam os mexicas. Tirou vantagem disso e (sem percebê-lo completamente) desempenhou um papel importante no último capítulo da história da Mesoamérica autônoma. Os inimigos de Tenochtitlán acreditaram que os espanhóis os estivessem apoiando. Crendo nisso, conseguiram derrotar os mexicas, sem saber por algum tempo que seus aliados estrangeiros eram os únicos a tirar proveito dessa vitória. A ordem espanhola — política, religiosa, socioeconômica — implantada inexoravelmente afetaria igualmente os mexicas, os tlaxcalanos e todos os outros mesoamericanos.

AS SOCIEDADES ANDINAS ANTERIORES A 1532*

QUANDO A REGIÃO andina foi invadida pelas tropas de Pizarro em 1532, quarenta anos haviam-se passado desde a capitulação de Granada e da primeira das ilhas das Antilhas aos castelhanos e mais de vinte anos desde a invasão da Mesoamérica. Uma geração inteira de europeus — quase duas — estavam familiarizados com os costumes dos "pagãos" e dos "índios". Os filhos que haviam gerado no Novo Mundo estavam agora crescidos; falavam as línguas de suas mães. Pais e filhos ouviam as histórias de lugares muito mais remotos, ao sul do Panamá, habitados por povos mais ricos. Os boatos sobre sociedades que viviam nos Andes eram comuns entre os colonos do Istmo; alguns acreditam que mesmo no Brasil. Um português, Aleixo Garcia, ouviu o bastante para encorajá-lo a juntar-se a uma incursão dos chiriguanos contra os habitantes das montanhas; avançando a partir do sudeste, atacaram instalações incas, pelo menos cinco anos antes de Pizarro invadir pelo norte. Muito depois que o grupo de Pizarro fez valer seus pretensos direitos aos Andes, outros pretendentes insistiram em dizer que foram os primeiros a ouvir falar desses reinos.

É dessas histórias e dos relatos posteriores de testemunhas oculares que deriva basicamente nosso conhecimento sobre as civilizações andinas em 1532. Trata-se de um conhecimento bastante incompleto; mesmo a comunidade acadêmica nem sempre tem consciência da fragmentariedade em que permanecem os registros. A arqueologia poderia ajudar, não fosse a posição marginal que os arqueólogos ainda mantêm nas repúblicas andinas (em flagrante contraste com o que acontece no México). É possível que milhões de pessoas leram a ode de Pablo Neruda a Machu-Picchu e outros milhões visitaram o monumento, mas ninguém sabe que segmento da sociedade inca habitou o lugar. Isso não impede que ondas sucessivas de arquitetos "restau-

* O autor e o editor agradecem o auxílio de Ms. Olivia Harris, do Goldsmiths' College, Londres, na preparação final deste capítulo.

rem" a colônia, mas poucos arqueólogos se dedicam profissionalmente — se é que algum o faz — a esse estudo, trabalhando no próprio sítio, incrustado profundamente na paisagem quase vertical, ou nas técnicas de construção que distinguem Machu-Picchu de outros centros urbanos dos Andes.

Paradoxalmente, grande parte de períodos mais antigos, alguns que datam de centenas de anos antes dos incas, parecem mais acessíveis e tiveram suas peças de cerâmica minuciosamente estudadas; e os aspectos decorativos de outras técnicas, especialmente a tecelagem — a principal arte dos Andes — foram todos catalogados, fotografados, preservados. Todavia, quanto mais nos aproximamos de 1532, época em que o Estado andino foi dominado e estilhaçado nas centenas de grupos étnicos que o compunham, menos possibilidade temos de obter conhecimentos através da arqueologia na forma como é praticada hoje, e mais temos de depender dos relatos escritos por aqueles que "estiveram lá".

Esses relatos são notáveis sob alguns aspectos: no espaço de dois anos após o desastre de Cajamarca, quando o rei Atahualpa foi capturado, foram publicadas em Sevilha duas narrativas que descrevem esses acontecimentos, numa época em que as comunicações transatlânticas eram lentas e a impressão de livros, perigosa. Uma delas foi o relato oficial do primeiro escrivão de Pizarro, Francisco de Xerez, que se empenhou em demonstrar que o seu era o "relato verdadeiro" (*Verdadera Relación de la Conquista del Perú* [1534]), pois outra testemunha ocular se lhe havia antecipado. Mesmo antes, numa feira anual que se realizou em Lyon, vendedores ambulantes vendiam a negociantes do Reno e de Piemonte folhas impressas que descreviam o resgate de Atahualpa.

Os estudiosos costumam queixar-se das falhas desses relatos; todo especialista tem listas de questões importantes que permanecem sem resposta. Danças folclóricas ainda hoje renovam o encontro dos incas com os soldados europeus, mas não é possível recuperar uma tradição oral dinástica 450 anos após os acontecimentos. Alguns relatos antigos, feitos por estrangeiros, são há muito tempo de conhecimento geral, porém não restam muitos deles. O século XIX foi o grande período de descoberta e publicação dessas antigas descrições; antes mesmo que a maioria delas fosse impressa, W. H. Prescott tivera acesso a elas. É notável como sua *Conquest of Peru* (1897) permanece atual, mais de 130 anos após sua publicação. Isso se deve menos à compreensão que Prescott tinha das civilizações pré-colombianas do que ao tempo escasso que os historiadores contemporâneos dedicam à pesquisa de novas fontes, além da mencionada superficialidade da arqueologia inca.

O único estudioso importante nesse campo foi Marcos Jiménez de la Espada, que há cem anos atrás estava no apogeu de sua atividade, enquanto ganhava a vida como conservador de anfíbios no Museu de História Natural de Madri. Paralelamente, Jiménez publicou tanto as fontes que Prescott havia utilizado na forma de manuscritos quanto outras às quais o estudioso da Nova Inglaterra jamais tivera acesso. Em 1908, quando Pietschmann descobriu em Copenhagen um texto realmente inaudito — uma "carta" de 1 200 páginas ao rei da Espanha, escrita e ilustrada, por volta de 1615, por um "índio" andino — havia desaparecido a urgência que Jiménez sentira em publicar fontes primárias; passaram-se outros 28 anos antes que vissem a luz as queixas de Guaman Poma (*Nueva Corónica y Buen Gobierno*). Desde então, novos textos ocasionais foram localizados, a maioria deles por Hermann Trimborn, de Bonn, mas é digno de nota o quanto Prescott se assemelha a Cunow (1896), a Baudin (1928), a Rowe (1946), a Murra (1955) ou, mais recentemente, a Hemming (1970). Todos eles utilizaram quase as mesmas fontes, e se diferem é em questões de interpretação e ideologia.

Nos últimos trinta anos, foi removida uma parte do mistério, especialmente com relação ao Estado inca. Houve algum avanço no entendimento da articulação entre os grupos étnicos locais e os incas, através do estudo das demandas litigiosas, ou dos registros demográficos e tributários compilados nas primeiras décadas de domínio espanhol. Ainda assim, é fato que a investigação de John H. Rowe sobre as organizações políticas dos Andes centrais ("Inca Culture at the Time of the Spanish Conquest", publicada há quase quarenta anos, em 1946, no *Handbook of South American Indians*) permanece uma boa exposição de nosso conhecimento etnográfico. O exame da vida quotidiana e da organização dos Estados andinos continua sendo um trabalho de fôlego, a ser empreendido seriamente quando os arqueólogos e os etnólogos aprenderem a trabalhar juntos e quando as cinco repúblicas que são herdeiras da tradição andina — Bolívia, Peru, Equador, Chile e Argentina — decidirem que essa herança lhes pertence realmente.

Enquanto isso, notamos que os primeiros observadores quinhentistas chegaram a certas conclusões que os estudiosos modernos confirmaram.

Em primeiro lugar, a paisagem não se assemelhava a nada que já houvessem visto antes ou de que tivessem ouvido falar, embora alguns fossem soldados que haviam lutado na Itália, no México, na Guatemala, em Flandres ou na África do Norte. Nos Andes, as montanhas eram mais altas, as noites mais frias e os dias mais quentes, os vales mais profundos, os desertos mais secos, as distâncias maiores do que as palavras poderiam descrever.

Em segundo lugar, o país era rico e não apenas em termos do que podia ser levado embora. Havia riqueza na quantidade de pessoas e em suas habilidades, nas maravilhas tecnológicas observáveis na edificação, na metalurgia, na construção de estradas, na irrigação ou nos produtos têxteis ("depois que os cristãos levaram tudo o que queriam, ainda parecia que nada havia sido tocado"[1]).

Em terceiro lugar, o domínio estava sob o controle de um príncipe havia pouco tempo, cerca de três ou quatro gerações antes de 1532. E desde os primeiros dias após a vitória espanhola em Cajamarca, pessoas mais atentas se perguntavam como havia ruído com tanta facilidade essa autoridade que governava tantos povos distintos por sua geografia particular.

Embora basicamente verdadeiras, cada uma dessas conclusões é passível de uma reelaboração. Conquanto localizada inteiramente nos trópicos, a geografia andina tem poucas semelhanças funcionais para o homem de outras latitudes, se é que existe alguma. As regiões povoadas mais densamente, por exemplo, estão também situadas em altitudes extremamente elevadas. Em 1532 (e, na verdade, ainda hoje) havia muito mais habitantes no alto planalto ao redor do lago Titicaca do que em qualquer outro lugar. Isso intriga não apenas os planificadores internacionais; mesmo os economistas locais freqüentemente revelam sua exasperação. Vêem uma população muito grande, assolada pela fome, tentando cavar um meio de vida sob condições que para o estranho urbano parecem as mais inauspiciosas. Por que uma população agrícola tão numerosa insistiria em cultivar num local onde, a qualquer ano, pode-se esperar trezentas noites de geada, ou mais?

Um grande passo na compreensão científica da geografia andina foi dado no final da década de 20, quando o estudioso alemão Carl Troll realizou trabalhos de campo na Bolívia. Em 1931, Troll publicou o que ainda é a única discussão de maior prestígio dos muitos e diversos "bolsões" na paisagem criada pela grande proximidade entre si de altas montanhas, desertos costeiros e úmidas planícies amazônicas[2]. Troll observou que os tradicionais

1. Francisco de Xerez, *Verdadera Relación de la Conquista del Perú* [1534], Madrid, 1947, p. 334.

2. Carl Troll, "Die geographische Grundlagen der Andinen Kulturen und des Inkareichs", *Ibero-Americanisches Archiv*, Berlim, 1931, vol. V. Cf. também *Idem*, *The Geo-ecology of the Mountainous Regions of the Tropical Americas*, Bonn, 1968.

mapas das chuvas e das temperaturas eram inadequados e enganosos quando aplicados a essa região. Para registrar os extremos andinos num período qualquer de 24 horas, Troll criou novos gráficos. Cedo descobriu que a terminologia científica desenvolvida em outros lugares não descrevia os climas locais: tomou emprestado boa parte de seu vocabulário das práticas etnogeográficas andinas. Evidentemente, pode-se encerrar o termo andino *puna* numa caixa marcada "estepe", ou "savana", mas isso implica uma séria perda de especificidade. Essas pradarias tropicais, mas altas e frias, são cultivadas há muito tempo, talvez antes mesmo que todas as árvores fossem cortadas; durante milênios a maioria dos povos andinos viveram nesse local. Não apenas os incas, porém as mais antigas estruturas políticas (Tihuanaco, Huari) surgiram na puna; Troll interpretou isso como um indicativo importante das potencialidades que a maioria dos observadores contemporâneos não conseguem apreender.

Só recentemente é que a agricultura andina começou a atrair a atenção dos agrônomos. A fácil adaptação de variedades européias e africanas cultivadas — cevada, cana-de-açúcar, uva, banana — mascarou o apego dos agricultores a culturas resistentes, domesticadas no local, perfeitamente adaptadas às condições andinas. Ninguém sabe quantas dessas variedades eram cultivadas em 1532; muitas delas desapareceram e outras ainda permanecem em condições de baixo rendimento, apesar do seu valor nutricional já provado. Quando se estudam os muitos tubérculos (dos quais a batata é apenas o mais famoso) ou o *tarwi* (um tremoço rico em gorduras) ou a *kinuwa* (um cereal cultivado em grandes altitudes e rico em proteínas) ou a folha de coca que sacia a sede, percebe-se quão autóctone e quão antigo era o complexo agrícola andino. Algumas das culturas (milho, batata-doce) eram encontradas por todo o continente, mas no sul nenhuma era produzida em grande quantidade, embora algumas fossem altamente valorizadas por serem exóticas.

No entanto, nas condições andinas não era suficiente ter conseguido uma adaptação ao local. A terra de qualquer espécie é muito pouca. As boas pastagens podem estar muito distantes. Mesmo que se comparassem os produtos de dois ou três *pisos* vizinhos, não se podia fornecer as bases para uma grande população ou para a formação de um Estado. Se os povos andinos quisessem evitar a fome, encher seus próprios celeiros e os de seus senhores e deuses, teriam de enfrentar as bruscas mudanças das condições geográficas, não só como *handicaps* ou limitações, mas também como vantagens em potencial. Isso foi conseguido nos Andes mesmo por grupos humanos pequenos no início e que no curso de um único ano teriam de pescar, coletar alimentos e cultivar em vários pisos. Com o aumento de sua população, foram forçados a buscar recursos em locais cada vez mais distantes: na região costeira desértica abaixo, se viviam na cordilheira ocidental; ou na floresta das encostas andinas, se habitavam a cordilheira oriental.

Na agricultura andina, a adaptação precisou enfrentar outra desvantagem: as bruscas mudanças de temperatura, que passa das noites glaciais aos dias tropicais. No altiplano, a região com maior densidade populacional, freqüentemente são registradas diferenças de 30°C e até mais, num único período de 24 horas. Esse empecilho aparente também foi transformado numa vantagem adaptacional: numa data ainda desconhecida da história andina, todo tecido vegetal, mas em particular as literalmente milhares de variedades de tubérculos, e toda carne de animal domesticado ou selvagem sofreram um processo de conservação: congelados à noite e secos sob o sol tropical no dia seguinte. Eram muitos os tecidos congelados e secos, mas dois nomes subsistiram num uso mais generalizado: *chuñu* e *charki*. A maioria deles não só eram facilmente transportáveis, mas também se conservavam indefinidamente sob as condições da puna.

No âmbito de tais adaptações e transformações do ambiente, as dimensões das comunidades políticas andinas variaram de algumas centenas de famílias a 25 ou 30 mil, com totais populacionais que chegavam talvez a 150 mil; quando reunidas num Estado como a Tahuantinsuyo dos incas, seu total podia alcançar cinco milhões ou mais[3]. Aumentos nas dimensões da comunidade política causavam mudanças na localização e nas funções das colônias espalhadas. No vale de Huallaga, no que hoje é o Peru central, as primeiras investigações européias identificaram vários grupos étnicos, o maior dos quais, o Chupaycho, alegava ter quatro mil famílias no sistema inca de contagem decimal. Outros nesse vale relataram apenas quatrocentas "fogos". Independentemente das dimensões, em 1549, cada grupo declarava possuir hortas de folhas de coca a uma distância de três a quatro dias de caminhada, para quem desce da colônia principal:

3. Sobre a população do Peru em 1532, cujas estimativas recentes têm variado de dois a nove milhões, ver adiante, às pp. 129-31, "Nota sobre as Populações Americanas às Vésperas das Invasões Européias".

quando lhe perguntaram se os índios nos campos de coca eram nativos da região, [o senhor local de Queros] disse que havia três índios no campo de coca de Pichomachay — um deles de Pecta, outro de Atcor e um terceiro de Guacor e que estavam lá desde a época dos incas; e, quando morre uma de suas mulheres ou eles mesmos morrem, são substituídos por outros, e no campo de coca de Chinchao havia outros dois índios, um de Rondo e outro de Chumicho.

Esse testemunho, dado em 1549, somente foi registrado sete anos depois que foi esmagada a resistência local à invasão. Mais uma vez é mencionada a folha de coca de Chinchao:

naquele mesmo dia inspecionamos [...] em Chinchao 33 índios que estavam encarregados das folhas de coca; eles chegam aqui vindos de todas as colônias dos chupaychos e vinte deles [já] haviam sido contados nas próprias aldeias em que tinham nascido.

Esse testemunho, incomum na historiografia andina por sua minuciosidade e por sua data tão precoce, permite-nos perceber que os colonos eram enviados de todo povoado da montanha; esses colonos permaneciam na planície durante toda a vida do casal — uma vez que o censo andino não registrava pessoas solteiras ou viúvas; embora ausentes fisicamente de sua região nativa, continuavam amarrados em seus quipos. Em locais de trabalho semelhantes, a uma distância de dois a quatro dias de caminhada de suas residências, outros colonos pastoreavam camelídeos, cavavam sal, cortavam madeira ou cultivavam pimenta e algodão. No vale de Huallaga, tanto as folhas de coca quanto o sal eram partilhados por pessoas de fora da vizinhança imediata: alguns dos extratores de sal eram relocalizados a uma distância de seis a oito dias de "casa".

As principais colônias nessa região estavam localizadas um pouco abaixo da linha dos três mil metros, numa *tinco*, o local de encontro de duas zonas ecológicas, onde se podiam alcançar facilmente tanto as terras de tubérculo quanto as de milho, a menos de um dia de caminhada, acima e abaixo da aldeia[4].

Em outros locais, as condições geográficas impossibilitaram esse fácil acesso ao milho: em núcleos populacionais acima de 3 500 e mesmo 3 800 metros — mais próximos dos rebanhos de camelídeos — não mais se podia

4. Iñigo Ortiz de Zúñiga, *Visita de la Provincia de León de Huánuco* [1562], Huánuco, Peru, 1967, vol. I, pp. 44, 303-304.

trabalhar no campo de milho e voltar no mesmo dia. No altiplano povoado do lago Titicaca[5], o milho ainda era indispensável como cereal de ritual e de "hospitalidade", mas agora era cultivado por colonos permanentes em pedaços de terra a uma distância de vários dias de casa, no modelo que descrevemos acima para os cultivadores de folhas de coca. As dimensões maiores da comunidade política tornavam possível o envio de colônias maiores e instalá-las a muitos mais dias de caminhada. O reino aimará dos lupacas enviara grandes quantidades de pessoas à costa desértica, a dez e às vezes a quinze dias de distância do núcleo. Thierry Saignes estudou recentemente o modo como todas as comunidades situadas em volta do Titicaca tinham acesso às "ilhas" da planície a leste do lago; nesse local, a madeira, a folha de coca e o mel, assim como o milho, podiam ser cuidados diretamente pelos parentes de alguém ou pelos que lhe eram submetidos[6].

A esse modo complementar de ter acesso a muitos pisos ecológicos[7] espalhados deu-se o nome de padrão "arquipélago" de colonização andina. Embora, na maioria das localidades, seu alcance tenha sofrido um processo de erosão durante o período colonial e em épocas mais recentes, algumas populações das montanhas ainda praticam o "duplo domicílio" [8].

A arqueologia assevera a antigüidade desse padrão, mas poucas escavações revelaram sua idade. Alguns afirmaram que tal acesso múltiplo e simultâneo de uma única comunidade a muitos microclimas não poderia ter ocorrido antes que a proteção pacificadora de um Estado resguardasse as caravanas anuais que ligavam as povoações periféricas ao núcleo de poder. Os Estados provavelmente favoreciam esses arranjos, impondo sua autoridade a grupos étnicos concorrentes. No entanto, mesmo nos séculos em que

5. Garci Diez de San Miguel, *Visita Hecha a la Provincia de Chucuito* [1567], Lima, 1964, p. 109.

6. Thierry Saignes, "De la filiation à la résidence: les ethnies dans les vallées de la Larecaja", *Annales, Économies, Sociétés, Civilisations* (*AESC*), 33(5-6): 1160-1181, 1978. Trata-se de uma edição especial dos *Annales* sobre a antropologia histórica dos Andes, editada por John V. Murra e Nathan Wachtel.

7. John V. Murra, "El Control Vertical de un Máximo de Pisos Ecológicos en la Economía de las Sociedades Andinas", em J. V. Murra (ed.), *Formaciones Económicas y Políticas del Mundo Andino*, Lima, 1975.

8. Olivia Harris, "Kinship and the Vertical Economy", em International Congress of Americanists, *Actes*, Paris, 1978, vol. IV, pp. 165-177.

nenhum centro político importante podia reclamar hegemonia, durante períodos que os arqueólogos chamam de Intermediário Antigo ou Tardio, o acesso complementar a uma ampla gama de nichos ecológicos era importante demais para que fosse eliminado do repertório econômico dos senhores andinos locais.

Independentemente da origem, pode-se afirmar que o aumento nas dimensões da sociedade política tinha conseqüências sobre a complexidade de arranjos nas periferias. Vimos acima, no caso dos extratores de sal, que suas colônias eram multiétnicas; essa característica tornou-se mais comum à medida que cresceram as comunidades políticas. A ocupação simultânea de uma "ilha" periférica por colonos de diversas comunidades políticas deve ter gerado atritos, disputas e mesmo hegemonias temporárias de um concorrente sobre o outro. Mas há indícios de que a busca de acesso a produtos exóticos era tão grande que a períodos de conflito se seguiam sempre épocas em que o acesso era partilhado, por mais tensa que fosse a trégua.

O modo como eram escolhidos os colonos vitalícios e a forma como era mantida sua lealdade ao grupo que os enviava são temas de investigação. Quando a distância do núcleo era pequena, o colono, chamado *mitmac* em língua quíchua, podia facilmente manter os vínculos com o lugar de origem. No entanto, quando a distância chegava a oito, dez dias de distância ou mais, foram criados dispositivos institucionais para garantir não só o acesso dos colonos aos produtos, mas também ao intercâmbio social, aos parceiros de casamento para seus filhos e à participação ritual no núcleo. Os registros eclesiásticos da Europa no século XVI indicam que as caravanas se deslocavam livremente de um piso para outro; os registros mostram que as esposas vinham de muito longe[9].

A especialização das técnicas tornou-se implícita no próprio padrão de colônias espalhadas. Os *mitmacs* eram também responsáveis nas áreas cobertas de árvores pelas taças e pratos de madeira; os que viviam nas praias podiam secar peixes e algas comestíveis, mas também coletavam guano. Em troca, a caravana que vinha das montanhas periodicamente trazia tubérculos, gêneros básicos, mas também carne, lã e outros artigos, inclusive milho cultivado nos níveis médios. Em algum ponto ainda indeterminado da história andina, o padrão de colonização dispersa sofreu uma mudança qualita-

9. Freda Yancy Wolf, comunicação pessoal, com base num estudo de registros eclesiáticos em Juli, na província de Chucuito.

tiva, quando foi ampliado a fim de incluir colônias de artesãos que não estavam presos a vínculos ecológicos. Além das "ilhas" periféricas relacionadas acima, os lupacas também registravam uma aldeia de ceramistas e outra de metalurgistas. Cada linhagem das sete províncias mantinha um representante nas aldeias especializadas, várias centenas de artesãos no total.

Os padrões de colonização dispersa constituíram uma característica do território andino que os europeus logo observaram. Em 1538-1539, cinco anos após a invasão, as *encomiendas* outorgadas por Pizarro seguiam esse princípio. Ao beneficiário não era concedida a terra, mas as pessoas dos dois senhores locais com todos os que lhes fossem sujeitos, por mais *salpicados* (espalhados) que estivessem por todo o território. Assim, Lope de Mendieta, um dos primeiros associados de Pizarro, recebeu toda e qualquer *estancia* de camelídeos, aldeias agrícolas ou pesqueiras que deviam fidelidade a Chuki Champi e a Maman Huillka, senhores dos karancas[10]. Seus territórios não-adjacentes chegavam a situar-se a bem mais de quatro mil metros acima do nível do mar e estavam localizados no que são hoje a Bolívia, o Chile e o Peru.

Seguiu-se o mesmo padrão quando se teve de reservar um grupo étnico para Carlos V: os lupacas, que viviam perto do lago Titicaca, eram conhecidos como "los yndios del Emperador". Na década de 1550, o procurador da coroa queixou-se ao vice-rei da concessão, a grupos particulares, de alguns lupacas da área costeira que trabalhavam em locais distantes de suas residências. Ele argumentava que:

> quando foram outorgadas essas *encomiendas* privadas [...] os governadores [pós-Pizarro] não compreenderam a ordem que regia a vida dos índios. A questão foi levantada quando o marquês de Cañete governou esses reinos e verificou-se que a informação que forneci era verdadeira [...] foi ordenado que tinham de ser devolvidos os índios e as terras que a província de Chucuito [nome pelo qual os europeus chamavam Lupaca] tinha na região costeira desde a época dos incas[11].

A informação fornecida por essas fontes européias documenta melhor os padrões de "complementaridade vertical" no plano étnico, pois era essa a realidade que toleravam e com que lidavam nas primeiras décadas de regime

10. Manuscrito inédito, Legajo 658 na seção Justicia, Arquivo General de Indias, Sevilha.

11. Juan Polo de Ondegardo, "Informe [...] a Licenciado Briviesca de Muñatones [1561]", *Revista Histórica*, Lima, 13:18, 1940.

colonial. A macro-adaptação, pelo Estado inca, desse antiqüíssimo padrão andino (através de milhares de quilômetros, com milhões de habitantes, no território ocupado hoje pelas cinco repúblicas andinas) desintegrou-se tão rapidamente após 1532 que hoje é extremamente difícil reconstituí-la.

Contudo, essa dimensão máxima é importante para compreender as mudanças que o padrão sofreu quando a comunidade política controladora ultrapassou uma escala de cerca de vinte mil famílias. Inicialmente, o Estado seguiu as normas andinas correntes: suas rendas eram cobradas sobre as terras cultivadas que tinham sido alienadas das comunidades políticas locais no modelo "arquipélago". Essas terras do Estado eram cultivadas pela população local num sistema rotativo em que as linhagens se alternavam, da mesma forma que haviam trabalhado os campos de seus senhores étnicos ou do santuário regional. Vez por outra, os *mitmacs* do Estado eram transplantados para os novos territórios a fim de assegurar ao inca o governo e as rendas. Mas esse governo ainda era "indireto" : era exercido através dos senhores "naturais" anteriores aos incas. Não havia qualquer espécie de tributo: ninguém devia o que quer que fosse plantado em seus campos ou que estivesse armazenado em suas despensas.

Nas últimas décadas antes de 1532, o tamanho da administração inca crescera tanto que não havia precedente da distância que separava o núcleo dos locais de trabalho. Quase todo ano, se o *mitmac* quisesse reafirmar seu vínculo com o centro, ou cultuar seus deuses no santuário principal, ou simplesmente visitar seus parentes, era obrigado a fazer uma caminhada de dez, quinze dias até a terra de origem. Os colonos que foram deslocados durante o domínio inca podem ter chegado a uma distância de sessenta ou mesmo oitenta dias de viagem. Mesmo que continuassem a ser incluídos em seu grupo étnico original, indaga-se que consistência teria um vínculo como esse.

Não há dúvida de que foi feita essa tentativa de reportar-se a um precedente andino: Don Pedro Kutimpu, um senhor lupaca bem informado, ainda jovem em 1532, esclarece essa tentativa, enquanto explica as discrepâncias entre o quipo populacional que está em seu poder desde antes da invasão e a contagem por cabeça feita pelas administrações coloniais:

> quando esta província foi inspecionada pelos incas, muitos colonos foram contados junto com outros nativos dessa província. [...] Os colonos podiam estar em muitos outros locais distantes [...] alguns no Chile e outros em Quito [...] e juntos todos eles constituíam os vinte mil índios mencionados no quipo. Mas agora [1567] esses colo-

nos foram concedidos em *encomienda* em suas residências distintas e não foram mais contados com os dessa província...[12]

Por quanto tempo podiam esses vínculos e direitos residuais ser exercidos efetivamente no grupo étnico original? Remoções do lago Titicaca para o Chile e para Quito parecem um ônus pesado, não importa quantos precedentes tenham sido alegados para fazê-lo. Indícios de uma resposta são encontrados na freqüência de rebeliões contra os incas[13] e na pronta adesão, após 1532, de muitas das comunidades políticas locais aos europeus. Mas nenhum informe de queixas a respeito disso chegou até nós de testemunhas da invasão.

O que podemos asseverar é que o Estado inca deu continuidade às colonizações complementares nos Andes, mesmo que as novas dimensões tenham implicado dificuldades. Novas funções também foram conferidas aos *mitmacs*: da mesma forma que os lupacas mantinham aldeias de artesãos especializados, o Estado controlava uma instalação manufatureira perto de Huancané, situada na margem nordeste do lago Titicaca[14]. Congregava "um milhar" de tecelões e "uma centena" de ceramistas. Embora não se deva aceitar esses números literalmente, as proporções dessas operações do Estado inca não devem ser postas em dúvida; as roupas constituíam a mais importante forma de arte andina, de modo que tinham muitos usos políticos, rituais e militares, exigindo que fossem tecidas para o Estado em dimensões verdadeiramente industriais para os padrões europeus do século XVI. A tecedura em tempo integral ocupava grande número de mulheres "escolhidas", separadas de seu grupo étnico e colocadas em todo centro administrativo do Estado, onde os soldados esperavam receber recompensas em roupas quando marchavam para a fronteira. O que há de novo com relação às oficinas de Huancané era o fato de os tecelões formarem unidades domésticas; tampouco podemos dizer se esse centro manufatureiro era único ou se constituía uma característica regular da produção inca que permanecera sem registro.

12. Diez de San Miguel, *La Provincia de Chucuito*, *op. cit.*, p. 170.

13. John V. Murra, "La Guerre et les rébellions dans l'expansion de l'état inka", *AESC*, 33(5-6):927-935, 1978.

14. John V. Murra, "Los Olleros del Inka: Hacia una Historia y Arqueología del Qollasuyu", em *Historia, Problema y Promesa, Homenaje a Jorge Basadre*, Lima, 1978, vol. I, pp. 415-423.

Os *mitmacs* também foram utilizados pelo Estado, de uma maneira nova, para propósitos militares. Não há provas da existência, no período pré-incaico, de guarnições distantes que trabalhassem em tempo integral, mas nas décadas anteriores a 1532 a constante expansão e as conseqüentes rebeliões exigiam que as fronteiras fossem guarnecidas em tempo integral:

ele disse que seus ancestrais foram colocados nesta terra [o vale de Huallaga] para proteger a fortaleza de Colpagua, que fica nas florestas do leste, e as fortalezas eram três, uma chamada Colpagua, a outra Cacapayza, e uma Cachaypagua e uma outra [*sic*] Angar, e os colonos mencionados e os antepassados do narrador foram tirados dos vales próximos a Cuzco e baseados nos mencionados fortes, trinta homens casados em cada um. E aqueles que guardavam as fortalezas não tinham campos plantados, uma vez que não podiam cultivar ali de modo que receberam essa cidade [Guarapa] onde outros membros de seu grupo plantavam e supriam a subsistência dos que guardavam[15].

É possível talvez identificar outros empregos tardios dos *mitmacs* para propósitos não-agrícolas, mas os prolongamentos militares e artesanais da estratégia "arquipélago" são indício suficiente de que aquilo que começou como um meio de complementar o acesso produtivo a uma série de pisos ecológicos se transformara num oneroso meio de controle político.

Tahuantinsuyo, o Estado inca, não foi a primeira comunidade política multiétnica surgida nos Andes. Nas últimas décadas, os arqueólogos têm distinguido vários "horizontes" (períodos em que as autoridades centrais conseguiram controlar tanto as comunidades das montanhas quanto as costeiras) das eras "intermediárias", em que floresceu o separatismo étnico.

O "Horizonte Primitivo" nos Andes, também chamado de Formativo, era centrado em Chavín, um templo localizado a 3 135 metros de altitude nas montanhas do leste; mais conhecido por sua arte religiosa, o templo foi considerado por Julio C. Tello, o decano dos arqueólogos andinos, "a matriz da civilização andina". Alcançou o apogeu de sua influência cerca de três mil anos atrás, 1000-300 a.C., quando influiu sobre outras colônias da região montanhosa e modificou as formas de arte costeira; não se sabe ao certo se tais influências significaram dominação. Donald Lathrap recentemente ressaltou e documentou as raízes amazônicas da arte que Tello foi o primeiro a

15. Ortiz de Zúñiga, *La Provincia de León*, vol. II, p. 197.

postular. Através das planícies tropicais Chavín pode ter alcançado fontes de inspiração muito mais antigas na Mesoamérica[16].

Não há um consenso entre os arqueólogos sobre o modo como surgiram esses "horizontes" nos Andes e como acabaram por desintegrar-se. Alguns sugeriram que o elemento ativo foi o "comércio", revigorado por controles militares que usualmente se originaram nas montanhas; outros detectaram um zelo religioso por trás da expansão.

O Horizonte Médio estende-se desde antes de 500 a.C. até por volta de 1000 d.C. e estava centralizado em dois locais pelo menos: Tiahuanaco, perto do lago Titicaca na Bolívia, e Huari, próximo à atual cidade de Ayacucho no Peru. Ambos foram verdadeiras colônias urbanas, considerados núcleos de Estados grandes e de vasta extensão. Há testemunhos de contemporaneidade e mesmo de contato entre ambos; no começo do século, costumava-se considerar os dois uma única comunidade política, cuja capital ficava nas montanhas do sul. Pesquisa recente sugere que, embora Tiahuanaco e Huari possam ter exercido sua hegemonia ao mesmo tempo, suas esferas de interação foram distintas. Alguns chegaram a sugerir a existência de uma zona-tampão entre ambos, que se estendia da linha de neve perpétua ao oceano[17]. Em seu *Peoples and Cultures in Ancient Peru* (1974), L. G. Lumbreras, o eminente arqueólogo andino, defendeu a tese de que o urbanismo e o militarismo tiveram início com Huari e aos poucos influenciaram todas as sociedades dos Andes centrais.

É possível que o ímpeto de integração inter-regional se tenha originado sistematicamente nas montanhas, mas os povos da região costeira desértica muitas vezes levavam séculos para desenvolver seu próprio potencial centrado no oceano e na irrigação. A maior parte da arqueologia inicial da região costeira, empreendida por estrangeiros, centrou seu interesse na espetacular arquitetura com base no tijolo cru, ou nas produções têxteis e cerâmicas, de que os museus e as coleções particulares em todo o mundo estão cheios. Em

16. Cf. Julio C. Tello, *Chavín, Cultura Matriz de la Civilización Andina*, ed. Toribio Majía Xesspe, Lima, 1960; John H. Rowe, "Form and Meaning in Chavín Art", em John H. Rowe e Dorothy Menzel (eds.), *Peruvian Archaeology*, Palo Alto, Calif., 1967; Donald W. Lathrap, "Our Father the Cayman, our Mother the Gourd: Spinden Revisited", em C. A. Reed (ed.), *Origins of Agriculture*, Haia, 1977, pp. 713-751; Thomas C. Patterson, "Chavín: An Interpretation of its Spread and Influence", em E. P. Benson (ed.), *Dumbarton Oaks Conference on Chavín*, Washington, D.C., 1971, pp. 29-48.

17. Elias Mujica, comunicação pessoal, 1980.

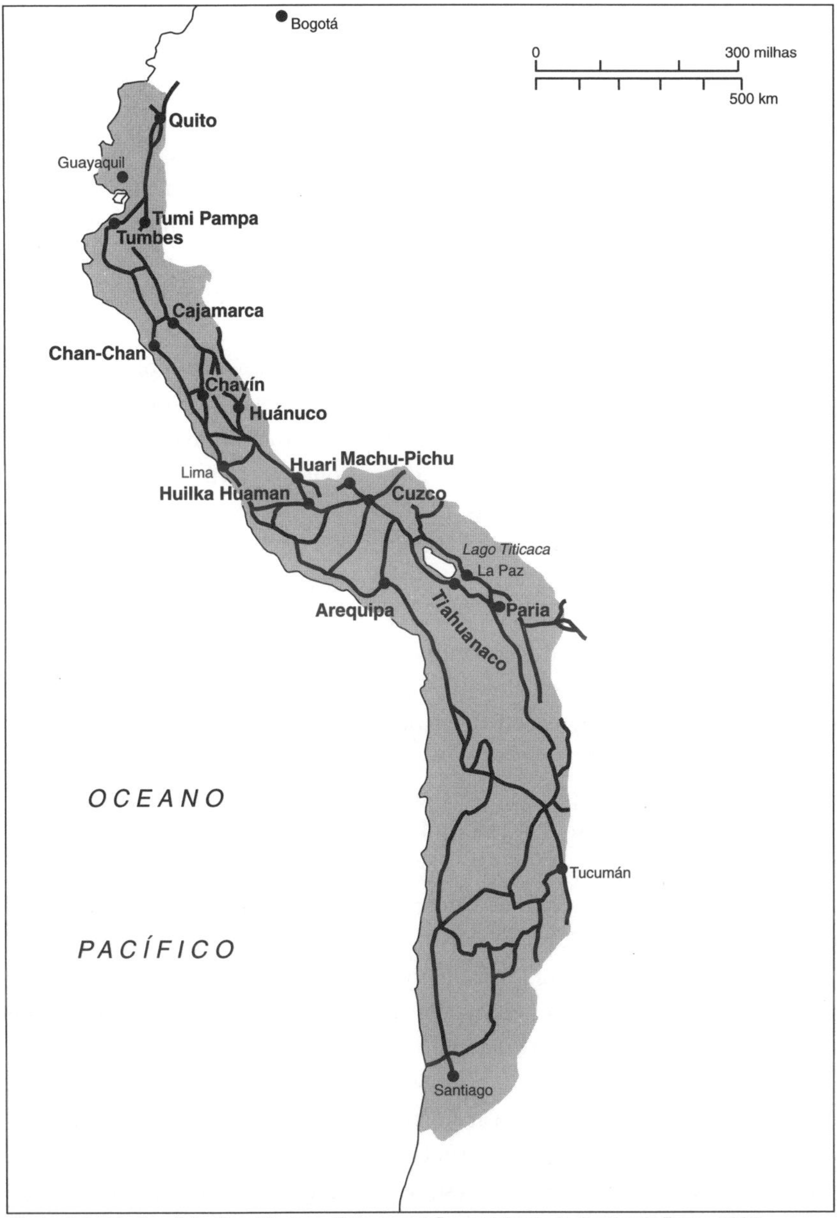

Fonte: John Hyslop, *Inka Road System: Survey and General Analysis,* Academic Press, 1984

A extensão do Império Inca

seu guia do tesouro andino do American Museum of Natural History de New York, Wendell C. Bennett e Junius B. Bird se referem a "um período de artesãos mestres". A arqueologia, nos últimos tempos, tem tentado fornecer o suporte organizacional cronológico e sócio-organizacional para tais manifestações artísticas. Com o passar do tempo, os habitantes das montanhas podiam, e freqüentemente o fizeram, interromper o florescimento da região costeira mediante o bloqueio ou o desvio dos canais de irrigação que traziam água das geleiras andinas para as plantações do deserto, mas é notável a freqüência com que os grupos costeiros locais retornavam às tradições antigas tão logo o "horizonte" havia desaparecido.

Do mesmo modo, nas montanhas, as muitas comunidades políticas incorporadas ao Estado inca mantinham as distinções étnicas e a consciência de sua própria identidade. A expansão de Tahuantinsuyo fora rápida, mas só conseguiu tal presteza quando absorveu entidades políticas inteiras, e não aldeias e vales distintos. Os senhores locais adequaram-se a um sistema de "governo indireto"; eles é que impuseram e administraram a nova ordem, que pode ter parecido menos nova, uma vez que sua ideologia não reclamava mais que uma projeção numa tela mais ampla de padrões existentes de autoridade.

A tradição oral nos Andes concorda com a arqueologia em que o Período Intermediário Tardio, os séculos imediatamente anteriores à expansão inca, tinha sido *ahuca runa* (tempo de soldados):

> as cidades foram despovoadas [...] temendo a guerra, eles tiveram de abandonar os bons lugares mencionados. [...] Foram forçados a mudar de suas cidades para os lugares mais altos e agora vivem nos picos e nos despenhadeiros das altas montanhas. Para se defender, tiveram de construir fortalezas [...] defesas e muralhas; as casas e os lugares secretos ficavam dentro. [...]
>
> Lutaram e houve mortes [...] fizeram prisioneiros, mesmo as mulheres e as crianças. Tomaram as terras uns dos outros e os canais de irrigação e as pastagens [...] até as pedras que haviam usado para moer[18].

No Período Intermediário Tardio cada região produzia artefatos nitidamente distintos, isentos de manifestações pan-andinas, como a Tiahuanaco ou Huari dos primeiros tempos. Pesquisas na região do lago Titicaca confir-

18. Felipe Guaman Poma de Ayala, *Nueva Coronica y Buen Gobierno* [1615], México, 1980, pp. 63-64.

maram a presença arqueológica, no final do período pré-incaico, de "casas e lugares secretos" no interior de defesas pesadas que circundavam vinte hectares ou mais, em altitudes acima de quatro mil metros[19]. Quando foi conquistada pelos incas, a população que conhecemos pelo nome de lupaca foi removida ou deportada "para baixo", para uma altitude de 3 800 metros, na praia do lago. Após a *pax incaica*, não havia mais necessidade das muralhas; agora a estrada real atravessava as sete "capitais provinciais" dos lupacas, algumas das quais se converteram em centros administrativos incas. Algumas ocupavam até quarenta hectares de espaço urbano e todas podem ser discernidas ainda hoje. De acordo com o quipo que está de posse de Pedro Kutimpu, antes de 1532 esse grupo, que falava a língua aimará, compreendia vinte mil famílias. O testemunho de seus dois senhores foi registrado, em 1567, por um inspetor enviado de Lima para averiguar um boato de que esses "índios do imperador" eram muito ricos. O inspetor relatou que eram realmente ricos: nos tempos anteriores à invasão européia, haviam controlado centenas de milhares de camelídeos; mesmo depois de 35 anos de pilhagem, um lupaca admitia ainda possuir 1 700 cabeças[20].

Os dois senhores que deram o testemunho governavam Chucuito, uma das sete "províncias"; eram também senhores ou reis de todos os lupacas[21]. Cada uma das outras seis "províncias" tinha seus próprios líderes, em número de dois, um para a metade superior e outro para a inferior. A divisão dual era uma característica quase universal da organização social andina; não há razão para atribuí-la a uma influência inca.

Os laços de família eram o princípio organizador nas quatorze subdivisões. Cada metade era constituída de cerca de dez a quinze *hatha*, termo às vezes traduzido por "linhagens". Como os notários e escrivães europeus preferiam a terminologia quíchua de Cuzco, eram registradas usualmente com o nome de *ayllu*. O debate em torno da natureza e das funções dessa unidade social tem uma longa história nos estudos andinos, tanto quanto os *calpulli* na Mesoamérica. Cada *hatha* lupaca era uma unidade dotada de um nome; podia ter terra e rebanhos, mas também o tiveram o conjunto do reino, cada metade e cada uma das sete comunidades políticas. Cada uma tinha suas

19. John Hyslop, "El Área Lupaca Bajo el Dominio Incaico: Un Reconocimiento Arqueológico", *Histórica*, Lima, 3(1):53-80, 1979.

20. Diez de San Miguel, *La Provincia de Chucuito, op. cit.*, pp. 303-363.

21. John V. Murra, "An Aymara Kingdom in 1567", *Ethnohistory*, 15(2):115-151, 1968.

próprias autoridades; cada uma compreendia famílias da população aimará dominante e dos oprimidos pescadores uros; não podemos dizer na prática quanto sucesso teve esse esforço ideológico em reunir pessoas de classes distintas num único grupo familiar[22].

Não há informação sobre santuários lupacas, porque a inspeção foi realizada logo depois da conversão dos senhores lupacas ao cristianismo. Foram advertidos a não adorar os picos de montanhas cobertos de neve; foram também proibidas as peregrinações aos monumentos erigidos no passado nas cidades pré-incaicas muradas. Em 1567, ainda havia uma minoria de ricos donos de rebanhos que permaneciam sem batismo; sabe-se que alguns dos xamãs e sacerdotes aimarás foram mantidos num campo de concentração perto do lago, fazendo trabalhos de fiação, mas o segundo bispo de Charcas, frei Domingo de Santo Tomás, ordenou que fossem libertados. Autor do primeiro dicionário e gramática da língua quíchua, o bispo fazia parte do Conselho Real das Índias, mas foi também confidente de Bartolomé de Las Casas; argumentou que os xamãs não podiam ser mantidos prisioneiros, pois nunca haviam sido convertidos e assim não eram apóstatas.

Existem algumas informações sobre templos do culto ao sol construídos pelos incas em território lupaca. Uma parte da "província" dos yunguyos foi expropriada e nela foi erguido um centro de peregrinação. Membros das linhagens reais de Cuzco foram reassentados em Copacabana e nas ilhas imediatamente próximas da praia[23]. No final do século XVI, a Igreja européia decidiu reutilizar este centro de peregrinação; está em uso ainda hoje.

Os lupacas são a mais conhecida dentre as muitas comunidades políticas dos aimarás que, no período pré-incaico, surgiram no altiplano mais elevado. Outras dessas comunidades estão agora sendo estudadas e suas propriedades rurais, inclusive as localizadas na região costeira desértica do Chile, foram mapeadas[24]. Suas tradições orais foram ocasionalmente registradas

22. O estudioso que mais deu atenção aos laços de família entre os antigos andinos e sua manipulação pelo Estado foi R. Tom Zuidema. Ver *The Ceque System of Cuzco: The Social Organization of the Capital of the Inca*, Leiden, 1964, e "The Inca Kinship System: A New Theoretical View", em R. Bolton e E. Mayer (eds.), *Andean Kinship and Marriage*, Washington, D.C., 1977.

23. Ver Adolph Bandelier, *The Islands of Titicaca and Koati*, New York, 1910.

24. Tristan Platt, "Mapas Coloniales en la Provincia de Chayanta", em Martha Urioste de Aguirre (ed.), *Estudios Bolivianos en Honor a Gunnar Mendoza*, La Paz, 1978.

nos documentos dos processos judiciais que seus senhores entregaram à *Audiencia* de Charcas; durante uma década ou mais, a administração colonial incentivou petições desse tipo por motivos próprios. Essas reclamações de antigos e novos privilégios compreendiam as recitações de genealogias pelos mantenedores ainda ativos dos registros de nós. Um desses reclamantes relacionou os nomes de seus antecessores, inclusive um que "prestou obediência" ao Inca quatro gerações antes. Em troca havia recebido uma esposa da corte, e seu filho Moroco foi incluído na genealogia como "Inca": juntamente com a esposa vieram artigos de vestuário tecidos pelos artesãos do rei e o privilégio de usar uma liteira.

Outra relação especial entre Cuzco e os senhores aimarás foi seu papel militar. Já no início da expansão de Tahuantinsuyo, seus exércitos eram recrutados sob o mesmo princípio da *mita* que mobilizava energias para os outros serviços públicos: homens e mulheres marchavam para a batalha alternadamente, *ayllu* por *ayllu*, um grupo étnico após outro. Vinham equipados com suas armas tradicionais, liderados por seus próprios senhores étnicos. Nada disso os livrava dos muitos outros serviços que deviam a Cuzco[25].

Em algum momento da história de Tahuantinsuyo, essa *mita* deve ter parecido ineficiente: os senhores aimarás alegaram, num memorando dirigido a Filipe II, que a habilidade e a lealdade militares de seus ancestrais haviam sido recompensadas e, assim, estavam livres de todas as outras obrigações:

> éramos apenas soldados [...] dispensados do tributo [...] e de todas as outras taxas e serviços pessoais, como do pastoreio [...] ou de servir a *mita* na corte, na grande cidade de Cuzco, ou de ser pedreiros, tecedores de roupas [...] e de cultivar a terra, do trabalho de carpintaria ou nas pedreiras — as pessoas se acostumaram a mover um morro com as mãos para algum outro lugar. [...] Não éramos nem dançarinos, nem palhaços acostumados a cantar canções de vitória para os chamados ingas...[26]

Não podemos dizer quais as conseqüências desse serviço militar prolongado sobre a produção dos meios de subsistência da população aimará que havia ficado para trás. Em outras localidades dos Andes, os remanescentes na "pátria" étnica eram obrigados a trabalhar as terras dos soldados, mas as lon-

25. Waldemar Espinoza Soriano, "El Memorial de Charcas: Crónica Inédita de 1582", *Cantuta* (Revista de la Universidad Nacional de Educación), Chosica, Peru, 1969.

26. Murra, citado em "La Guerre et les rébellions", pp. 931-932.

gas ausências, que ultrapassavam o calendário agrícola, devem ter constringido os intercâmbios baseados no parentesco mas politicamente explorados.

Tampouco podemos dizer até que ponto a divisão dual de todo o altiplano numa *urcusuyo* (a metade montanhesa) e uma *umasuyo* (a metade aquática) refletiu a realidade aimará ou, mais tarde, a inca. A dicotomia parece ter sido mais acentuada na região do lago Titicaca. É possível que, nesse local, tenha havido um substrato lingüístico por trás do dual, pelo qual os habitantes da metade do leste falavam pukina em vez de aimará. Infelizmente, o filtro inca através do qual muitos examinaram as questões andinas ainda não permite o deslindamento do contexto étnico do dualismo. É possível que, originariamente, as metades tenham ocupado o centro ou se "encontrado" no lago Titicaca, uma zona "neutra" com seu microclima próprio. Pode ser que urcos e umas se tenham reorganizado quando Cuzco se tornou o núcleo[27]. Quando os europeus os encontraram pela primeira vez, ambos estavam ritual e administrativamente incluídos no mesmo setor sul, o *collasuyo*, o setor de maior densidade populacional do Estado inca.

O componente "aquático" da divisão dual do planalto é também discernível na presença entre os aimarás de uma minoria ocupacional e étnica, talvez mesmo uma "casta" de pescadores uros. A real importância de sua presença está-se tornando mais clara graças a recente pesquisa[28]. No período colonial, os pescadores aos poucos se juntaram às fileiras aimarás, mas a atribuição a eles de língua pukina e o sentimento disseminado de que eram os ocupantes nativos dos altos Andes exigem uma confirmação arqueológica.

Correlacionar a informação histórica com a escavação arqueológica é uma abordagem que só foi usada ocasionalmente nos Andes. Muitos dos enigmas da história andina são menos inacessíveis do que pode parecer. Ainda existem continuidades nos modos de vida e nas línguas, apesar dos 450 anos de domínio colonial; remontam até mesmo ao período pré-incaico. Tanto as tradições orais dinásticas quanto as demóticas são pelo menos parcialmente disponíveis nos registros de testemunhas oculares e administradores europeus; se fossem comprovadas e ampliadas com a ajuda da arqueologia, poder-se-ia dispor de uma versão muito mais sólida, embora menos sensacional, da sociedade andina.

27. Thérèse Bouysse-Cassagne, "L'Espace aymara: *urco* et *uma*", *AESC*, 33(5-6):1057-1080, 1978.

28. Nathan Wachtel, "Hommes d'eau: le problème uru (XVIe-XVIIe siècles)", *AESC*, 33(5-6):1127-1159, 1978.

É documentável o fato de que no período pré-colonial a língua aimará foi muito mais disseminada do que hoje. Os moradores de Cuzco ainda chamam os habitantes do planalto, ao norte do lago Titicaca, de *collas* (aimarás), mesmo que tenham passado a falar o quíchua. Não deve ser muito difícil averiguar quando ocorreu essa mudança e sob quais condições históricas, mas a escassez de estudos filológicos em 1980 ainda nos restringe a conjecturas. Muitos dos vales do Pacífico no que são hoje o Chile e o sul do Peru eram habitados por falantes do aimará; no início do século XX, as cidades situadas na latitude de Lima, na província de Yauyos, falavam kauki, um dialeto aimará[29].

Os europeus chamavam a língua dos incas de quíchua, derivando o termo da palavra *quichua*, "vale". Os próprios incas chamavam-na de *runa simi*, "a língua do povo", expressão usada ainda hoje pelo falante nativo; não é encontrada no discurso do europeu e do literato. Antes de 1532, o quíchua era a língua da administração e era entendida por muitos bilíngües; documentos coloniais chamam-na de *lengua general* (o aimará e o pukina às vezes são também designados dessa forma). O lingüista Alfredo Torero sugeriu que o quíchua teria sido outrora a língua da costa central, de onde se teria espalhado antes e depois dos incas[30]. Variantes que se entendiam mutuamente eram faladas desde o que é hoje o Equador, ao norte, até Tucumán, ao sul. A distinção entre os habitantes do altiplano e os do vale foi fundamental na classificação étnica andina; essa distinção era aparentemente confundida pelos europeus com línguas diferentes.

Pouco trabalho arqueológico foi feito com seriedade na região inca central: o vale de Vilcanota e a área em volta de Cuzco. John Howland Rowe deu início ao estudo científico dos predecessores dos incas[31], mas atraiu poucos discípulos.

O que se pode afirmar com alguma segurança é que, depois de longo período de conflito que separou o "Horizonte Médio" do Tardio ou Incaico, Cuzco deixou de ser, no século XV, o núcleo de uma comunidade local para

29. Martha Hardman de Bautista, *Jaqaru: Outline of Phonological and Morphological Structure*, Haia, 1966.

30. Alfredo Torero, *El Quechua y la Historia Social Andina*, Lima, 1974.

31. John H. Rowe, *An Introduction to the Archaeology of Cuzco, Papers of the Peabody Museum*, 28/2, 1944.

tornar-se um importante centro urbano, capital da Tahuantinsuyo descrita pelos europeus. Não era apenas o coração administrativo do reino inca, mas também um centro cerimonial, onde eram sacrificadas diariamente uma centena de peças de roupas finas e um grande número de sacerdotes jejuava enquanto observava de seus observatórios-palácio os movimentos do sol. Seus calendários oficiais não são tão bem compreendidos quanto os dos maias, porque os resultados das observações não foram registrados em pedra, mas, muito provavelmente, tecidos em material têxtil perecível[32].

A capital estava situada na encruzilhada de estradas reais, que apresentavam vinte mil quilômetros ou mais de extensão e a ligavam ao Chile, ao oceano Pacífico e, ao norte, à linha do Equador. No estudo que se fez da divisão do território em quatro partes chamadas *suyo*, que por sua vez eram subdivididas, sugeriu-se que cada "linha" que se irradiava a partir do centro cerimonial ligava membros da família real aos santuários dos quais eram os patronos[33]. A maioria das linhagens reais viviam com seus partidários na cidade ou nos povoados próximos. Garcilaso de la Vega, que nasceu em Cuzco alguns anos depois da invasão européia, nos dá uma descrição nostálgica da cidade natal de sua mãe inca, escrita, muitos anos mais tarde, no exílio em Andaluzia[34], mas, apesar do recente esforço de um década patrocinado pela Unesco, não foi possível traçar nenhum mapa de Cuzco, seja arquitetônico seja sociológico, semelhante ao que foi feito para Tenochtitlán, a capital asteca[35].

Não está claro até que ponto os grupos étnicos incorporados pelos incas estavam representados em Cuzco. Temos informações de que era obrigação dos chimos, uma comunidade do litoral, enviar para a capital artesãos e mulheres. Quanto aos artesãos de prata, em 1542 um frade europeu ainda registrou sua presença na cidade. O rei de Chimo não tinha obrigação de fornecer tropas, pois os soldados da costa eram considerados pouco confiáveis e provavelmente também estavam despreparados para lutar a uma alti-

32. John V. Murra, "Cloth and its Function in the Inca State", *American Anthropologist*, 64(4):710-728, 1962.

33. Zuidema, *Ceque System*.

34. Garcilaso de la Vega, "El Inca", em *Primera Parte de los Comentarios Reales* [1604], Madrid, 1960.

35. O melhor mapa de como pode ter sido a cidade antes de 1534 está em Santiago Agurto Calvo, *Cusco: La Traza Urbana de la Ciudad Inca*, Cuzco, 1980.

tude de quatro mil metros. Em ocasiões cerimoniais, esperava-se que os forasteiros deixassem Cuzco.

Não existe um consenso acerca da extensão da intervenção de Cuzco no governo dos grupos étnicos incorporados. Inimigos do vice-rei Francisco de Toledo (1568-1581), que parecia um Inca, retratavam os senhores étnicos tradicionais como "tiranos", o que no espanhol quinhentista significava que eram burocratas nomeados "ilegítimos", enviados da capital real e, nesse sentido, não eram de modo nenhum "governantes naturais". Foi aventado também que os incas esgotaram os membros da família real passíveis de ser designados administradores regionais e acabaram no final por elevar à condição de inca os habitantes leais de determinadas aldeias vizinhas de Cuzco. Conhecidos pelo nome de *allicac* (os que foram melhorados, promovidos):

> eram os filhos mais velhos dos papris e chillques; estes eram inspetores enviados por todo o reino para fiscalizar os centros administrativos e as tecelãs e os depósitos de mercadorias [...] alguns [outros] eram de Quilliscachi e de Equeco...[36].

Há indícios de que, em algumas regiões rebeldes, especialmente na costa, os incas realmente designaram "governadores" para substituir o "senhor natural". Usualmente eram parentes dos "rebeldes", ou membros da pequena nobreza vizinha cuja hegemonia regional Cuzco desse modo endossava[37]. A maior parte de nossas informações, no entanto, provém das montanhas, visto que a população costeira desapareceu logo depois de 1532: nas montanhas os governantes locais pertenciam à comunidade étnica que governavam. Compreendiam o que era exigido deles, pois, pelo menos teoricamente, prevaleciam os padrões pré-incaicos. O traço andino extremamente importante que caracterizava esses padrões era que a despensa do aldeão permanecesse intocada. Na verdade, agora ele tinha não só de encher os armazéns de seu senhor e do santuário local, mas também de produzir rendas para o Estado, trabalhando em suas terras há pouco expropriadas ou recém-irrigadas e pastoreando os rebanhos de camelídeos do Estado.

Não obstante, existia uma burocracia "federal": seus membros eram designados para grandes centros administrativos como Huillka Huaman, Huánuco Pampa, Paria ou Tumi Pampa, todos erguidos ao longo da estrada

36. Guaman Poma de Ayala, *Nueva Coronica*, p. 363 [365].

37. Ortiz de Zúñiga, *La Provincia de Léon*, vol. II, p. 46.

real. Desses apenas Huánuco Pampa foi estudado em detalhe: abrangia quase dois quilômetros quadrados e continha até cinco mil residências e palácios, além dos quase quinhentos armazéns. É provável que a cidade tenha abrigado de doze a quinze mil habitantes, a maioria dos quais prestavam serviço de *mita* no seu turno; mas alguns viviam aí em base mais permanente: as mulheres dos *acllahuasi* que teciam e cozinhavam, os guardas idosos, funcionários responsáveis pela manutenção dos armazéns, especialistas religiosos[38]. Quantos desses eram "incas", fossem membros das linhagens reais, fossem *allicac*? Um escritor andino como Guaman Poma afirmava que seus parentes que não pertenciam à realeza chegaram a ocupar esses postos "federais" nos centros administrativos.

Quaisquer que tenham sido as suas proporções ao longo da estrada, funcionários reais "inspecionavam" os senhores provinciais submetidos e seus territórios. As melhores informações sobre seu relacionamento provêm de uma inspeção feita em 1562 aos chupaychos, um pequeno grupo étnico que vivia no vale de Huallaga, a cerca de dois dias de viagem de Huánuco Pampa. Entrevistados em sua própria região, declararam que antes de 1532 existira:

> um senhor inca que governava dez mil famílias ... [e] que vinha inspecioná-las um vez por ano [...] e se achasse que o senhor local ou uma autoridade menor era culpada de cinco faltas muito sérias como a de não ter obedecido ao que o representante real havia ordenado
> ou
> a de ter querido rebelar-se ou
> a de ter sido negligente no recolhimento e remessa do que era devido ou
> a de não ter realizado os sacrifícios exigidos três vezes ao ano ou
> a de ter ocupado as pessoas na tecelagem a seu próprio serviço ou
> a de ter feito outras coisas que interferiam com o que deviam fazer e por outras coisas semelhantes. Se cometesse cinco faltas, eles lhe tiravam seu cargo e davam-no a seu filho, se tivesse um capaz, e se não, davam-no a seu irmão ou ao parente mais próximo...

38. Craig Morris, "Reconstructing Patterns of Non-Agricultural Production in the Inca Economy", em Charlotte B. Moore (ed.), *Reconstructing Complex Societies*, Cambridge, Mass., 1972; *Idem*, "Tecnología y Organización Inca del Almacenamiento de Víveres en la Sierra", em Heather Lechtman e Ana María Soldi (eds.), *Runakunap Kawsayninkupaq Rurasqankunaqa*, México, 1981, pp. 327-375.

se algum senhor étnico [*cacique principal*] tentasse opor-se e rebelar-se, eles o matavam e a toda sua linhagem, de modo que não restasse ninguém. Quando os incas ainda viviam, essa testemunha era jovem e viu um pouco disso e o resto ouviu de seus pais e de outros homens velhos que falaram sobre isso. Esses eram fatos bem conhecidos...[39].

Nenhuma crônica européia precisou em termos tão explícitos a articulação dos senhores étnicos com o Estado. Outra testemunha mais velha que a primeira, chamada Xagua e com experiência em "servir" em Cuzco antes de 1532, explicou ao inspetor europeu que, quando o senhor local morria:

se ele tivesse um filho crescido, capaz de governar, ele não ousava assumir o governo sem antes ir pessoalmente a Cuzco, para receber a aquiescência dos incas e o assento [*tiana*] para seu cargo; então o Inca o concedia. E se o filho era uma criança sem condição de governar, eles o levavam a Cuzco e em seu lugar indicavam um parente, o mais próximo do senhor falecido, para governar em seu lugar, e isso ele fazia enquanto vivesse e eles não o destituíssem...

Outra testemunha em idade avançada podia lembrar-se do período anterior ao domínio inca e se referia aos tempos

antes que os incas chegassem a essas terras. Quando um senhor morria, eles concediam a autoridade a outra pessoa que fosse corajosa, não a davam ao filho. Depois que os incas passaram a governar, ele ouviu falar que sucediam de pai para filho...

Nesse caso, as testemunhas confirmaram o que alguns escritores europeus também haviam registrado sobre a prática pré-incaica: uma mudança da "escolha do corajoso", nos chamados *ahuca runa*, tempos militares, para uma maior rigidez nas linhas hereditárias[40].

As testemunhas do vale de Huallaga não entraram em detalhes sobre o censo que as autoridades de Cuzco realizavam em suas "inspeções". Periodicamente, as famílias eram contadas e os resultados amarrados com nós ao registro quipo. Segundo Guaman Poma, os homens e as mulheres eram classi-

39. Ortiz de Zúñiga, *La Provincia de León*, vol. II, pp. 45-49.

40. John V. Murra, "La Visita de los Chupachu como Fuente Etnológica", parte II: Las Autoridades Étnicas Tradicionales", em Ortiz de Zúñiga, *La Provincia de León*, pp. 381-406.

ficados em dez grupos etários[41]. O censo era concomitante com o reconhecimento pelo Estado dos casamentos recentes: os novos casais entravam agora nas listas por direito próprio. Nenhuma pessoa solteira, qualquer que fosse sua idade, devia serviços pessoais de *mita*; ela ou ele eram incluídos como parte da família de alguém. Transformar o casamento, um rito familiar de passagem, num artifício político foi uma característica da ideologia política inca[42].

Há indícios de que no final do período inca foi feito um esforço no sentido de ir além do princípio étnico, cujo reconhecimento havia regido as relações do Estado com suas unidades integrantes. Foi introduzido um vocabulário administrativo, vinculado ao arranjo decimal dos nós nas cordas quipo. Agora, os senhores étnicos e suas "províncias" podiam ser registrados no censo como tantos milhares, centenas e mesmo como grupos menores de família. Dizia-se que os senhores de Huanca governavam 28 unidades de mil ou *huaranca*; os de Lupaca, vinte. Xulca Condor, no Huallaga superior, registrava apenas três *pachaca* de cem famílias cada, enquanto o vizinho rio abaixo, Pahucar Guaman, afirmava ter governado quatro *huaranca*.

Não se sabe ao certo até que ponto esse esforço decimal ultrapassava a prática do censo, interferindo na administração efetiva dos grupos étnicos submetidos. Evidentemente, não havia dispositivos burocráticos que pudessem manter unidades sociais e étnicas dentro de padrões decimais rígidos. Quando o material de Huallaga foi liberado para estudo, foi possível utilizar os números casa-por-casa para mostrar que um *pachaca* correspondia a um grupo de cinco aldeias vizinhas[43]. Mesmo em 1549, após uma resistência de dez anos aos europeus, as cinco registravam uma população de 59 famílias. Treze anos mais tarde, esse número voltou a crescer para um total de 75. Um estudioso sueco, Ake Wedin, vinculou o surgimento do vocabulário decimal às necessidades militares. Se isso for correto, seria de esperar que fosse usado com mais freqüência entre os aimarás, nos Andes meridionais. No entanto, descobrimos que é usado mais amplamente no norte, onde alguns acreditam que os incas tê-lo-iam adaptado a partir de prática local[44].

41. Guaman Poma de Ayala, *Nueva Coronica*, pp. 196-236.

42. John V. Murra, *The Economic Organization of the Inka State*, Greenwich, Conn., 1955; reimpresso em 1980, p. 98.

43. Gordon J. Hadden, "Un Ensayo de Demografía Histórica y Etnológica en Huánuco", em Ortiz de Zúñiga [1562], *La Provincia de León*, vol. I, pp. 371-380.

44. John H. Rowe, "The Kingdom of Chimor", *Acta Americana*, México, 6(1-2): 26-59, 1948.

São vagas as informações sobre uma intervenção inca em questões da vida quotidiana local que poderia ter desafiado a autoridade. Uma testemunha afirmava que:

> nas causas civis, se um havia invadido as terras de outro e esse reclamasse, quando o inca vinha inspecionar a região, ele investigava a questão e prestava assistência devolvendo a terra ao queixoso e punindo o invasor. O mesmo podia ser feito pelo senhor étnico na ausência do inca...

A última cláusula é sob alguns aspectos a mais importante. Muito antes dos incas, mas também hoje, o líder étnico nos Andes confirmava anualmente os direitos das linhagens e famílias às terras. Embora os representantes do Estado possam ter alegado que agiram quando foram chamados, segundo nossa visão do Estado inca as decisões locais sobre as parcelas agrícolas permaneciam em mãos étnicas.

De acordo com testemunhas do vale de Huallaga, Cuzco introduziu algumas limitações à autoridade do senhor étnico na decisão de questões de vida e morte. Em casos de assassínio, diz uma testemunha:

> eles traziam o acusado à presença dele [do inca] e perante o senhor local, em praça pública, as testemunhas [...] descreviam o crime [...] e se ele tivesse assassinado mas houvesse uma explicação, eles não o matavam mas o puniam com chicotadas [...] e obrigavam-no a sustentar a viúva e os filhos...

Não é possível determinar a freqüência com que se realizavam tais viagens de "inspeção". O escritor andino Guaman Poma afirmou que ocorriam a cada seis meses: as testemunhas acima citadas, uma vez por ano. Se for verdade, tal freqüência teria exigido de Cuzco uma grande equipe de retaguarda, do que não há provas imparciais. Até onde é possível uma reconstituição, a política era decidida no topo e anunciada em reuniões públicas realizadas no *usno*, construído em cada um dos grandes centros administrativos de dimensões urbanas ao longo da estrada real. A implementação de qualquer política parece ter sido deixada nas mãos dos líderes étnicos locais familiarizados com o sistema, que decidiam a quem cabia a vez de servir a *mita* na execução de determinada tarefa. Foi dada como certa a capacidade da autoridade étnica de mobilizar e controlar grandes números de cultivadores, construtores ou soldados, e isso foi provado nos primeiros dias da invasão européia quando

Pizarro ou Benalcazar contaram com seus aliados para recrutar tropas e carregadores, sem os quais a invasão não teria tido sucesso.

A diversidade de tarefas abrangidas pela *mita* pré-hispânica era muito grande. Temos um relato, até agora único, datado de 1549, que afirma ter relacionado as tarefas que um único grupo étnico, relativamente pequeno, devia a Cuzco[45]. Esse registro foi feito apenas sete anos depois que os chupaychos do vale de Huallaga foram colocados sob o domínio europeu. Os informantes ainda usavam o vocabulário decimal para descrever a organização local. Quando os interrogadores quiseram saber o que as "4 mil" famílias haviam "dado" ao Estado, Pahucar Guaman e seus pares responderam lendo um quipo de cerca de 25-30 cordas. É bastante provável que o registro esteja incompleto; os totais alegados parecem muito altos e não são confirmados por nenhuma outra fonte disponível. No entanto, a falta de uma amostra não nos deve impedir de usá-lo, se não quanto aos números citados, que podem simplesmente ter sido traduzidos de modo incorreto, pelo menos no tocante às categorias étnicas que os quipos utilizavam para agrupar tipos de obrigação. No início do período colonial, os tribunais europeus, mesmo as *audiencias* reais, aceitavam prontamente testemunhos sob juramento com base no quipo. Uma testemunha que chegou aos Andes como corneteiro de Pizarro relatou outro caso:

> os índios deste país mantêm registros e contas das coisas que dão a seus senhores [...] usando o que chamam de *quipos*; tudo o que é dado [mesmo que] muito tempo atrás também está registrado lá. E essa testemunha sabe que os ditos *quipos* são muito precisos e verdadeiros, pois em muitas ocasiões diferentes a testemunha conferiu algumas das contas que havia feito com os índios, registrando coisas que eles haviam dado e lhe deviam e outras que ele lhes havia dado. Achou que os *quipos* mantidos pelos ditos índios eram muito precisos...[46]

As duas primeiras cordas lidas em 1549 pelo contador de Pahucar Guaman estavam provavelmente fora de ordem; haviam-lhe perguntado se eles tinham minas e, se tinham, que dissesse quantos "índios" estavam "jogados" nas minas de ouro. A resposta foi três homens e três mulheres de cada *pachaca*, cem famílias; cada um servia por um ano.

45. Ortiz de Zúñiga, *La Provincia de León*, *op. cit.*, vol. II, pp. 289-310.

46. Waldemar Espinoza Soriano, "Los Huanca Aliados de la Conquista [1560]", em *Anales Científicos* de la Universidad del Centro, Huancayo, I:367, 1971-1972.

O encarregado dos registros tinha permissão para proceder da maneira que quisesse. Em primeiro lugar, ele relacionou oito obrigações devidas à coroa inca em Cuzco e fora dela. Devia-se enviar "quatrocentos índios" para a capital, a cerca de sessenta dias de viagem de suas casas, "para fazer muros". Outros quatrocentos deviam plantar, produzindo alimento "para os ausentes". Mesmo que se admita a possibilidade de que o número 400 se refira a ambos os sexos, mesmo 400 pares ou casais tirados de quatro mil famílias é uma porcentagem muito alta da população chupaycho total. Se todos os grupos étnicos enviassem a Cuzco efetivos tão altos, não haveria lugar, fisicamente, para ficarem. Uma saída fácil é admitir um erro na tradução ou na cópia, uma vez que o intérprete era um habitante local cuja aritmética em espanhol poderia não ser muito precisa. Pode muito bem ser que os quatrocentos pedreiros fossem os mesmos quatrocentos que realizavam o cultivo, pois muitas vezes as pessoas enviadas em suas tarefas de *mita* tinham de plantar o próprio alimento. Outra explicação seria admitir que os senhores tinham algum motivo para exagerar suas obrigações no período inca. Essas oito cordas incluíam também as pessoas que guardavam a múmia do rei Thupa; outros serviam em guarnições que enfrentavam o rebelde Extremo Norte.

As dez ou mais cordas seguintes referiam-se a obrigações executadas em lugares mais próximos da residência, dentro do território disperso que os chupaychos controlavam, no que é hoje o departamento de Huánuco. Elas abrangiam o pastoreio dos camelídeos do Estado, a tecelagem da sua lã e a coleta de "terras e cores" para seu tingimento. Três cordas enumeravam a mineração de sal e a colheita de pimentas fortes e de folhas de coca. A corda 13 referia-se ao principal piso da região dos chupaychos, o largo leito do Pilcomayo, o rio hoje conhecido como Huallaga. Aqui o povo de Pahucar Guaman forneceu quarenta "índios" que:

> guardavam os campos que eles [os incas] tinham por todo esse vale e o milho [colhido] seguia principalmente para Cuzco, mas também para os armazéns [no centro administrativo de Huánuco Pampa, a dois dias de viagem]...[47]

Essa é a única referência no quipo a terras tomadas pelo Estado no território dos chupaychos.

47. Ortiz de Zúñiga, *La Provincia de León*, *op. cit.*, vol. II, p. 306.

As cordas 17-20 constituem uma macrocategoria de hábeis artesãos que também haviam permanecido na região em que habitavam. Uma delas se referia aos batedores para a caça real, outra aos fazedores de sandálias, outra a "carpinteiros que fazem pratos e tigelas" nas áreas de madeira rio abaixo em relação às suas principais aldeias. Esse era também o piso em que se cultivava a folha de coca, mas as duas cordas que relacionavam essas tarefas não foram registradas no quipo de maneira contígua.

Com as cordas 21-24 retornamos a atividades vinculadas às instalações do Estado, exceto que essas se referem ao centro administrativo regional dos incas em Huánuco Pampa, a dois dias de viagem do vale de Huallaga. Aqui 68 famílias chupaychos forneciam "guardas", um trabalho que partilhavam com muitos outros grupos étnicos da região — mas até o momento a pesquisa arqueológica não conseguiu determinar o raio de abrangência em que os "guardas" eram recrutados para esse grande centro de dimensões urbanas.

Outras oitenta famílias enviavam carregadores para transportar cargas pela estrada real. Apenas dois postos de parada estão relacionados, um deles a cinco dias de marcha no rumo sul, o outro a apenas um dia. As crônicas européias haviam relatado que os carregadores eram responsáveis por apenas um dia de transporte, mas estudiosos da rede de comunicações inca, como John Hyslop, duvidam dessa afirmação. Quarenta homens "mais velhos" eram designados para guardar "as mulheres do Inca" — as *acllas*, as mulheres "escolhidas" que teciam e cozinhavam para as tropas que passavam a caminho do norte.

A corda 25, a última que foi lida, leva-nos de volta ao vale onde residiam e praticavam agricultura: quinhentas famílias "plantavam e faziam outras coisas sem deixar sua região". Esse é o maior número individual registrado no quipo e se refere superficialmente ao mesmo tipo de tarefas que a corda 13. No vale o milho cresce bem; era uma importante colheita suntuária e ritual. A cerveja feita de milho era indispensável para os rituais e para a "generosidade" institucionalizada. Podemos admitir que os quarenta indígenas da corda 13, uma família de cada *pachaca*, eram os responsáveis por esse trabalho durante todo o ano, enquanto os 500 se revezavam no cultivo.

Todas essas muitas atividades, por mais diversas que sejam, podem ser classificadas como serviços de *mita*: na função de soldados, na agricultura, no trabalho de pedreiros, todos eles constituíam dispêndio de energia em benefício do Estado, devidos, em proporções diferentes, por quase todos os grupos étnicos incorporados por Tahuantinsuyo. Nenhuma dessas cordas encerra a doação ou o "pagamento" de qualquer coisa com seus próprios recursos — se não contarmos as terras expropriadas inicialmente e agora cultivadas em benefício do Estado, da coroa e do Sol.

Havia, no entanto, uma exceção: as cordas 8 e 9 se referiam à "feitura de penas" e à colheita de mel. Eram produtos não-cultivados que eram cedidos (a quem?), em benefício de suas famílias, pelos jovens não-casados, como um produto secundário de seu pastoreio e de seu trabalho de batedor. É nesse sentido que "não havia tributo" na sociedade inca: os únicos itens em espécie efetivamente cedidos ao Estado eram fornecidos por aqueles que ainda não haviam constituído sua própria família, e os próprios objetos eram "crus", na dicotomia de Claude Lévi-Strauss. Nada de "cozido" era devido à autoridade, nada que tivesse sido cultivado ou manufaturado para a despensa do próprio indivíduo.

Que as rendas do Estado consistiam esmagadoramente de prestações em energia, de tempo gasto em benefício do Estado num grande número de empreendimentos, revela-se claramente no quipo dos chupaychos. Os melhores observadores europeus compreenderam isso: Cieza e Polo assinalaram esse fato enfaticamente e confrontaram esse encargo com os tributos em espécie exigidos das populações andinas na década de 1550. O próprio protocolo de inspeção de 1549 registra também o que os chupaychos agora davam a Gomez Arias de Avila, seu *encomendero*. Esse quipo é uma longa lista de sacos de folhas de coca, roupas acabadas, calçados europeus, telhas, alimentos e aves exóticos, devendo tudo isso ser enviado em espécie. Não poderia ser mais dramática a justaposição de páginas que registravam rendas geradas segundo princípios europeus e andinos.

A rápida expansão de Tahuantinsuyo através dos quatro mil quilômetros do que é hoje o Equador, ao norte, até o Chile e a Argentina, ao sul, realizada em menos de um século, gerou mudanças nas dimensões básicas e antigas da organização andina. Tanto os vínculos administrativos quanto os religiosos sofreram tensões. O governo indireto através dos senhores étnicos e dos santuários locais tornou-se mais difícil porque não podiam ter garantia de entendimentos comuns. A complementaridade ecológica funcionou melhor onde não havia mercados em grande escala; era mais fácil impor as rendas do Estado baseadas no serviço de *mita* onde as autoridades políticas regionais eram usadas para recolher essas rendas. No entanto, por volta de 1500 d.C., não se podia assegurar muitas dessas pré-condições.

Os exércitos de Cuzco viram-se em regiões temperadas ou equatoriais, pouco familiares, portanto, sob novas condições ecológicas. Por exemplo, ao norte de Cajamarca, no Peru, em lugar das condições de puna foram encontrados climas mais chuvosos e mais quentes onde não era possível viver a quatro mil metros de altitude; onde não se podia acumular reservas de *chuñu* e *charki* congelados e secos; e onde a complementaridade ecológica, se e quando presente, era praticada em base menor e muito local.

Na puna, onde a população era mais densa, as trocas complementares permaneciam nas mãos do grupo étnico. O escambo e o comércio, se e quando presentes, eram marginais, pois as caravanas de um único grupo étnico ligavam o núcleo político e econômico aos distantes locais de trabalho que controlavam. Onde as distâncias eram menores e mínimos os contrastes, as trocas podiam permanecer nas mãos das famílias de agricultores, mas podem ter sido entregues a pessoas de fora, algumas delas comerciantes profissionais. Roswith Hartmann enfatizou que os padrões meridionais de "sem comércio, sem mercado" não se aplicavam a toda a Tahuantinsuyo[48]; Udo Oberem e Frank Salomon mostraram que na região de Pasto-Carchi havia *mindalas*, especialistas em trocas a longa e média distância. Uma das mercadorias de luxo comerciadas era a folha de coca, cultivada no norte pelos habitantes das planícies que não eram colonos nas montanhas; foram também relacionados outros produtos pouco pesados mas de alto valor. Salomon sugere que esses comerciantes gozavam da proteção política de líderes étnicos do planalto e podiam dedicar todo seu tempo às atividades de troca[49].

Ao norte, Tahuantinsuyo deparou-se com maior resistência do que a que enfrentou em terreno mais familiar. A tradição oral dinástica registra a necessidade de "re-conquistar" repetidas vezes os territórios ao norte de Tumi-Pampa, a atual Cuenca. Esses desafios militares presumivelmente estimularam os incas a fazer experiências primeiramente com soldados dos aimarás num sistema diferente da *mita*; somente doze anos antes da invasão européia é que também foram substituídos por ex-rebeldes locais, os cañaris, coopta-

48. Roswith Hartmann, *Märkte im alten Peru*, Bonn, 1986.

49. Udo Oberem, "El Acceso a Recursos Naturales de Diferentes Ecologías en la Sierra Ecuatoriana (Siglo XVI)", International Congress of Americanists, *Actes*, Paris, 1978, vol. IV; Frank Salomon, "Systèmes politiques verticaux aux marchés de l'empire inca", *AESC*, 33(5-6):967-989, 1978.

dos para tarefas militares praticamente em tempo integral. Frank Salomon traçou os detalhes da expansão inca no norte e mostrou que a tentativa de impor as instituições sociais e econômicas do sul foi tardia e parcial[50].

As novas e grandes distâncias de Cuzco também tornavam difícil, senão impossível, aos *mitmacs* exercer seus direitos residuais de "arquipélago" em sua comunidade original. É possível que, por volta de 1532, as pessoas ainda fossem contadas no quipo de seu grupo original, mas, se ele agora estava distante demais e suas novas tarefas eram muito especializadas, elas tendiam a permanecer onde quer que fossem reassentadas. Mesmo a chegada e a vitória dos europeus não persuadiram alguns *mitmacs* a retornar a seus lugares de origem, com exceção daqueles originários de grupos étnicos das proximidades, como aconteceu com os "mil" tecelões do Estado em Huancané.

Outro fator que estimulou a fixação permanente longe de sua base étnica foram os privilégios concedidos a esses removidos. No vale de Huallaga, as inspeções de 1549 e 1562 registraram queixas dos recém-chegados e de seus descendentes nascidos no local, segundo as quais, logo depois da queda do regime inca, a população local havia retomado muitos campos que haviam sido expropriados em benefício dos *mitmacs*. E, no entanto, não há provas de que qualquer um dos queixosos tenha retornado a suas regiões de origem; simplesmente abandonaram a guarda das fortalezas que lhes havia sido determinada e se estabeleceram entre os nativos.

Waldemar Espinoza publicou registros de severas políticas incas de reassentamento impostas na região de Abancay[51]; uma grande parcela da população local foi deportada para algum outro lugar e suas fazendas concedidas aos *mitmacs*, alguns dos quais vindos de tão longe quanto o Equador atual. Medidas semelhantes foram tomadas ao longo da costa, onde os incas ocasionalmente haviam enfrentado séria resistência: as sociedades locais de irrigação foram deslocadas, uma parcela maior de terras no litoral foi tomada para uso do Estado, os habitantes da planície não foram admitidos no exército por falta de confiança e os templos do culto solar foram impostos. Não se sabe até que ponto os habitantes das montanhas interferiram no tráfego em janga-

50. Frank Salomon, *Ethnic Lords of Quito in the Age of The Incas: The Political Economy of North-Andean Chiefdoms*, Cornell, 1978.

51. Waldemar Espinoza Soriano, "Colonias de Mitmas Múltiples en Abancay, Siglos XV & XVI: Una Información Inédita de 1575 para la Etnohistoria Andina", *Revista del Museo Nacional*, Lima, 39:225-299, 1973.

das, ao longo da costa, para as águas quentes do golfo de Guayaquil[52], mas é pouco provável que não tenha sido afetado.

Os casos mais extremos de reassentamento realizados pelo Estado ultrapassam qualquer extensão concebível do princípio de complementaridade ecológica. Envolvem dois extensos vales, produtores de milho, em Yucay e em Cochabamba. Em ambos os casos, a população nativa foi deportada e novas pessoas foram trazidas[53]. Aparentemente, não se fez qualquer esforço para apresentar esse reassentamento em termos ideologicamente aceitáveis: as regiões expropriadas eram extensas demais e as deportações demasiado completas para que pudessem ser explicadas em termos de "acesso a uma variedade máxima de recursos".

Em Yucay, que fica perto de Cuzco, o reassentamento esteve relacionado com fatores políticos: entre os transferidos para a região estavam os soldados que trabalhavam em tempo integral, cooptados entre os cañaris rebeldes no norte. É possível que sua dedicação em tempo quase integral às obrigações militares não tenha tido precedentes nos Andes, mas, como os charcas que eles haviam substituído apenas doze anos antes de 1532, os cañaris ainda eram recrutados junto às linhas étnicas e ainda deviam cultivar o próprio alimento quando em suas aldeias de origem[54].

No maior vale de cultivo de milho em toda a Tahuantinsuyo, Cochabamba a população local também foi expulsa, mas neste caso foi tomada uma medida sem precedentes para aumentar a produtividade das áreas cultivadas do Estado. No governo do rei Huayna Cápac, pouco antes da invasão européia, o território recém-desocupado foi dividido primeiramente em quadrantes e cada um desses quadrantes em faixas que iam "de cordilheira a cordilheira". Cada faixa era atribuída a um grupo do planalto, de língua aimará, que vivia do lago Titicaca, no extremo norte, até o deserto de Atacama, no sul; os agricultores assentados não eram colonos *mitmacs*, mas sim *mitayucs* enviados temporariamente por turnos. Exceto por algumas carreiras de milho em cada quadrante destinadas à alimentação das *mita*

52. María Rostworowski de Diez Canseco, "Mercadores del Valle de Chincha en la Época Prehispanica", *Revista Española de Antropología Americana*, Madrid, 5:135-178, 1970; John V. Murra, "El Tráfico de *Muelu* en la Costa del Pacífico", em *Formaciones Economicas*, 1975.

53. Nathan Wachtel, "Les mitimaes de la vallée de Cochabamba: la politique de colonisation de Wayna Capac", *Journal de la Société des Américanistes*, Paris, 1980.

54. Murra, "La Guerre et les rébellions", pp. 933-934.

(que envolviam não menos de treze mil agricultores e 2400 depósitos locais), a maior parte do cereal colhido era enviada ao centro administrativo que os incas haviam erguido em Paria, no planalto, e de lá para Cuzco[55]. A substituição do princípio de *mitmac* por um novo tipo de *mita* deve ter tido implicações ideológicas que até agora não foram desvendadas.

Outra mudança no final do período inca trouxe no fim das contas conseqüências de grande alcance: o surgimento de populações cuja filiação e contagem no grupo original foram interrompidas pelo Estado. Essas pessoas dedicavam tempo integral aos negócios do rei, e talvez até do Estado. Já foram mencionadas as mulheres *acllas*, "escolhidas" para tecer para o Estado e para o rei; Guaman Poma ouvira dizer que havia seis tipos de *aclla* com *status* e responsabilidades diferentes[56]. Quase nada se sabe sobre sua organização interna, pois elas eram atraentes para os soldados europeus (que as identificaram a "freiras") e assim desapareceram quase imediatamente depois de 1532. Um equivalente masculino eram os *yanas*, que também foram removidos de suas aldeias de origem pelas autoridades. Ao contrário das *acllas*, formavam famílias; trabalhavam em tempo integral como artesãos, pastores e agricultores.

Há provas de servidores do período pré-incaico designados para as famílias polígínas dos senhores étnicos. Uma autoridade menor no vale de Huallaga mencionou quatro desses *yanas* locais: um que vivia rio acima no vale principal, cuidando dos rebanhos do senhor; o segundo trabalhava rio abaixo, nos campos de folhas de coca; os outros dois viviam no mesmo povoado com seu senhor e atendia a seus múltiplos interesses. É possível que se trate de simples coincidência o fato de o número de seus *yanas* ser o mesmo que o de suas esposas[57].

A ideologia inca, tal como se reflete na tradição oral dinástica, afirmava, todavia, que os *yanas* eram uma inovação sua. Dizia-se que um "irmão" real, enviado para inspecionar o domínio e realizar um censo, teria removido do quipo algumas populações, esperando usá-las numa contestação dinástica contra o irmão reinante. A trama fracassou e da pele do irmão foi feito um tambor; as pessoas não registradas por ele também foram tratadas como rebeldes e deveriam ser mortas. Supõe-se que a rainha tenha impedido o

55. Wachtel, "Les Mitimaes", *op. cit.*

56. Guaman Poma de Ayala, *Nueva Coronica*, pp. 298-300 [300-302].

57. Murra, "La Visita de los Chupachu", *op. cit.*

massacre sugerindo ao marido que os "rebeldes" poderiam ser aproveitados no trabalho em propriedades reais. Como o lugar onde isso aconteceu chamava-se Yanayaco, os servidores foram daí por diante chamados *yanas* e às vezes *yanayacos*[58].

Observadores europeus relataram que essas populações ficaram "isentas" das obrigações étnicas e do parentesco, uma vez que na contagem não eram mais incluídas junto com seu quipo original. Embora muitos tenham afirmado que a sua condição de serviçal era hereditária, as provas disso não são conclusivas: uma das poucas menções a seu destino em relatos mais antigos e confiáveis afirmava que somente o filho do *yana* que fosse "apto" para esse serviço lhe sucederia no trabalho. Os outros presumivelmente retornavam a seu lugar de origem étnica. Há muita pressão sobre a prova no sentido de interpretá-la como se os *yanas* fossem escravos[59].

As tentativas de apresentar como privilégios o que na verdade eram novas e onerosas tarefas e mudanças de *status* foram provavelmente anteriores aos incas. O nome das *acllas*, perdidas para seus grupos étnicos e para seus maridos em potencial, provém de *acllay*, selecionar, escolher; o nome dos *yanas* é oriundo de *yanapay*, assistir completamente, ajudar alguém sem qualquer cálculo de retribuição. O servidor deportado devia encarar sua nova tarefa como uma variante do tipo mais altruísta e emocionalmente gratificante de deveres recíprocos[60]. Não se sabe ao certo se alguém no Estado inca foi enganado por artifícios lingüísticos tão transparentes; há muita coisa acerca dessas populações de servidores que ainda desconhecemos. Uma das dimensões mais acessíveis de seu *status* e funções deveria ser a sua proporção em relação ao total da população. Embora a proporção seja aparentemente pequena (cerca de um por cento do total), não precisa ser esse o único aspecto a considerar. Se a tendência foi no sentido de crescimento e se seu *status* foi afetado por "rebeliões", os *yanas* podem ter sido os precursores do futuro. Tahuantinsuyo em 1500 parece ter sofrido um processo de afastamento dos grupos étnicos relativamente autônomos que falavam suas pró-

58. John V. Murra, "Nueva Información sobre las Poblaciones *Yana*", em *Formaciones Económicas.*

59. Emilio Choy, *Antropología e Historia*, Lima, 1979. Sobre o debate em torno do modo de produção predominante em 1532, cf. os vários artigos reproduzidos em: Waldemar Espinoza Soriano (ed.), *Los Modos de Producción en el Imperio de los Incas*, Lima, 1978.

60. Murra, "Nueva Información sobre las Poblaciones *Yana*", *op. cit.*

prias línguas, adoravam os seus deuses e eram capazes de suprir, como grupo étnico, a maior parte de suas necessidades. Tudo isso seria afetado e, a longo prazo, ameaçado pelo surgimento de servidores em tempo integral[61].

61. Para discussões ulteriores sobre as sociedades andinas antes da invasão européia, cf., neste volume, o trabalho de Wachtel, cap. 5, pp. 195-239.

Os Índios do Brasil em 1500

O MODO mais satisfatório de classificar as muitas centenas de tribos indígenas que viviam na região hoje ocupada pelo Brasil em 1500, quando os europeus chegaram, é por grupo lingüístico e pela geografia e hábitat. Quatro eram as principais famílias lingüísticas (na ordem provável de tamanho da população): tupi (ou tupi-guarani), jê, caraíba e aruaque. (Outras famílias lingüísticas tinham poucos representantes nas extremas fronteiras do Brasil atual: xirianá e tucano no noroeste, pano e paezan no oeste, guaicuru e charrua ao sul. Algumas línguas tribais sobreviventes são classificadas como isoladas, ou apenas fracamente ligadas aos principais troncos lingüísticos: nhambiquara, bororo, carajá, mura, aripaquitsa, e certamente muitas outras entre as centenas de tribos que se extinguiram antes que os lingüistas estudassem sua língua.)

Os tupi-guaranis estavam estabelecidos ao longo da maior parte da costa atlântica. É possível que tenham provindo dos contrafortes dos Andes ou do planalto do médio Paraguai e Paraná e tenham seguido um processo de gradativa invasão da costa brasileira rumo ao norte. Outras tribos de fala tupi ocupavam a margem sul do rio Amazonas e se deslocaram pelos afluentes sul até perto de sua foz e rio acima ao longo do Amazonas até quase a atual fronteira com o Peru. Os jês ocupavam o vasto e relativamente aberto planalto central do Brasil. Descendem talvez dos habitantes originais do Brasil — os fósseis humanos mais antigos, encontrados em Lagoa Santa, Minas Gerais, que datam de mais de dez mil anos, correspondem fisicamente aos tipos jês atuais. Essas tribos centrais de fala jê se distribuem por amplo arco de terras do Maranhão ao alto Paraguai. Outras tribos de fala jê viviam nas montanhas do interior a partir da costa sudeste e em alguns locais desceram até o próprio oceano. É possível que tenham sido remanescentes de tribos deslocadas pela invasão tupi, embora mostrassem pouca afinidade com o mar.

A bacia amazônica que era habitada e disputada por três dos principais grupos lingüísticos — tupi, aruaque e caraíba — foi palco das culturas mais sofisticadas do Brasil antes da conquista. A cerâmica desenterrada na ilha de

Marajó na foz do Amazonas, em Santarém e em outros sítios às margens do rio testemunha a existência de sociedades mais avançadas do que as tribos que os europeus encontraram no século XVI. Alguns desses achados são datados de dois mil anos atrás ou mais. Os omáguas do alto Amazonas — que falavam uma língua aparentada ao tupi — ainda produziam uma cerâmica elaborada na época de seu primeiro contato em 1542. As tribos tupis ocupavam ilhas ribeirinhas, como Tupinambaranas, e grande parte da margem direita do baixo Amazonas. No entanto, é possível que muito desses índios tenham invadido essas áreas apenas pouco tempo antes, ou mesmo depois, da chegada dos portugueses. Os aruaques estavam bem estabelecidos às margens dos rios Negro e Orinoco, ao longo do médio Amazonas e nas cabeceiras do Madeira. Junto às nascentes da maioria dos afluentes sul mais importantes é notada a presença de tribos isoladas de fala aruaque; e a populosa tribo dos parecis se distribuía pelos rios das planícies do alto Paraguai. Os aruaques são naturalmente uma das maiores famílias lingüísticas. São encontrados em toda a América Central e na Flórida e nas grandes ilhas do mar dos Caraíbas. Uma teoria afirma que haviam migrado para o sudeste, deslocando-se para a bacia amazônica a partir da Colômbia. Outra teoria mais recente diz que sua cultura teve origem no próprio rio, na confluência do Negro e do Amazonas perto da Manaus atual. As tribos aruaques poderiam então ter-se irradiado para fora desse núcleo. Essas tribos ribeirinhas, por usarem canoas como meio de transporte, eram dotadas de alta mobilidade. Com exceção da cerâmica, deixaram poucos artefatos que pudessem ser datados; além disso, pouco trabalho arqueológico foi realizado no Amazonas. É impossível, portanto, determinar com certeza a direção do movimento ou a disposição geográfica precisa na época da invasão.

Os conquistadores espanhóis logo perceberam a animosidade existente entre os aruaques mais sedentários e os caraíbas agressivos, muitas vezes canibais, da costa norte da América do Sul e das ilhas menores do mar dos Caraíbas. Essa rivalidade parece ter sido transportada para o Amazonas. As tribos de fala caraíba estavam firmemente estabelecidas nas montanhas das Guianas e na maioria dos afluentes norte do baixo Amazonas. Ainda hoje se encontram tribos caraíbas isoladas no curso superior dos afluentes sul do baixo Amazonas — mas é difícil dizer há quanto tempo migraram para lá. Os primeiros cronistas espanhóis, portugueses e franceses fizeram menção a tribos que falavam línguas exóticas — línguas com que não estavam familiarizados — na ilha de Marajó e em torno da foz do grande rio. É possível

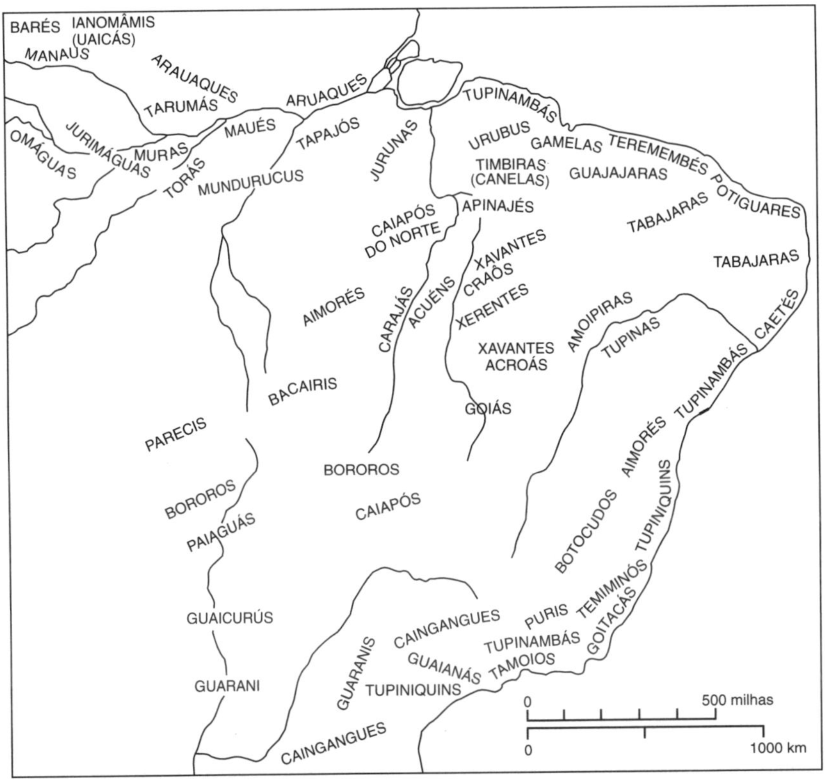

Os índios da Bacia Amazônica e do Brasil, *c.* 1500

afirmar que são sobreviventes das culturas mais sofisticadas do vale do Amazonas. Até a metade do século XVII os portugueses não haviam subjugado esses "nheengaíba" ("língua estranha" em tupi) do Marajó. Como aconteceu com quase todas as tribos do leste do Brasil, eles desapareceram, vítimas da invasão e das doenças européias. Há registros de ataques caraíbas a esses povos na foz do Amazonas. No século XVI, ainda estava aparentemente em andamento um avanço dos caraíbas para o baixo Amazonas — ao mesmo tempo através do escudo guianense e em volta da costa amazônica.

Antes de examinar com maiores detalhes o que se conhece sobre os índios brasileiros às vésperas da invasão européia, é importante observar alguns problemas históricos. Naturalmente, os índios desconheciam a escrita e qualquer sistema de numeração. Suas lendas e tradições orais, apesar de ricas em criatividade, são quase inúteis como testemunhos históricos. Eram artesãos de grande habilidade, mas construíam, decoravam e pintavam quase que somente sobre materiais perecíveis.

A maioria dos índios brasileiros viviam em aldeias de curta duração. A principal razão disso era a ausência, nas terras baixas da América do Sul, de animais nativos que pudessem ser domesticados — ao contrário das lhamas e das cobaias que forneciam proteínas às grandes civilizações andinas. Não havia, assim, criadores de gado na Amazônia. Para aumentar suas safras agrícolas, suas populações estavam condenadas a caçar, pescar ou coletar caça silvestre e insetos. O resultado foi o desenvolvimento de uma sociedade baseada em comunidades que moravam em aldeias, populações de alta mobilidade, que podiam transportar suas poucas posses rapidamente para áreas mais ricas de caça ou pesca, ou cujo ciclo anual muitas vezes incluía migrações para coleta de frutas, castanhas ou ovos no local e na estação apropriados. Não é por acaso que grande parte do Brasil era pouco habitada ou percorrida pelos europeus até poucos anos atrás. Tanto a floresta tropical amazônica entre os rios quanto os secos *campo*, *cerrado* e *mato* dos planaltos sempre se revelaram ambientes muito difíceis para os seres humanos. Mesmo o sistema do rio Amazonas, abundante em peixes, manatis e tartarugas, e cuja várzea é altamente fértil, sofre inundações periódicas. As florestas que cobrem uma parte tão grande do Brasil sempre foram inadequadas para o cultivo, exceto nas roças plantadas por apenas duas ou três estações. Isso ocorre porque os solos lateríticos sob as florestas são fracos, os predadores e os parasitas atacam continuamente, a competição com outra vegetação é intensa e o sol inclemente e a chuva incessante, aliados a uma ausência de mudanças sazonais de temperatura, desestimulam o plantio repetido do mesmo solo. Todos esses fatores conspiram contra uma fixação permanente, exceto no caso das tribos afortunadas que tinham força suficiente para ocupar longos trechos das largas margens de rios ou da costa marítima.

Os índios brasileiros não deixaram monumentos porque seus únicos materiais de construção eram a madeira, o cipó e o capim, que são encontrados em grande abundância mas se deterioram com muita rapidez devido ao clima tropical e ao ataque de cupins e de uma miríade de outros insetos que infestam o Brasil. Portanto, pouca ajuda podem os historiadores esperar dos arqueólogos. Os únicos restos arqueológicos existentes são os *sambaquis* —

ou depósitos de conchas distribuídos ao longo da costa atlântica e na ilha de Marajó —, alguns sítios de "terra preta" às margens do alto Amazonas e umas poucas cavernas habitadas.

Com tão pouca ajuda das fontes nativas, um estudioso do Brasil anterior à conquista é obrigado a recorrer aos escritos dos primeiros europeus. Alguns deles escreveram com clareza e registraram honestamente o que viram, mas eram observadores pouco treinados. A maioria eram missionários concentrados na tarefa de impor o cristianismo; os demais eram soldados ou aventureiros. Escreveram quase que exclusivamente sobre os tupis, visto que por contingências geográficas eram esses que ocupavam a costa atlântica quando os europeus aportaram. Grande curiosidade envolveu os nativos americanos durante as primeiras décadas do século XVI, mas os índios brasileiros perderam seu lugar no cenário intelectual com a descoberta de civilizações mais instigantes no México, no Peru e em Nova Granada. Na época em que os europeus avançaram para o interior e entraram em contato com os jês, os aruaques, os caraíbas e outros grupos lingüísticos, era pequeno o interesse pelos índios brasileiros. A qualidade da observação decaiu acentuadamente nos séculos XVII e XVIII. Além disso, durante todos os séculos de conquista e domínio coloniais, as tribos do Brasil sofreram uma pavorosa catástrofe demográfica. Morreram incontáveis milhares de índios, vitimados pelas doenças trazidas da Europa, e o padrão de ocupação territorial foi totalmente rompido pela invasão a partir do leste. Todas as tribos descritas pelos primeiros cronistas desapareceram, junto com centenas que virtualmente não foram registradas pelos europeus.

Do lado positivo, no entanto, sobreviveram até o século atual, sem qualquer contato com a civilização, tribos suficientes para fornecer um bom modelo do modo de vida de seus ancestrais desaparecidos. Os índios são muito conservadores; portanto, pode-se presumir que as tribos não-contatadas mudaram pouco durante esses séculos. Algumas tribos que os antropólogos contataram e estudaram recentemente são sobreviventes de povos que se retiraram da fronteira colonial; outras tiveram a boa sorte de viver em partes do Brasil distantes da costa atlântica ou dos rios acessíveis.

Além disso, a literatura quinhentista sobre os tupis da região costeira é relativamente completa. As contribuições mais importantes das fontes portuguesas ou italianas começam com a carta de Pero Vaz de Caminha ao rei, datada de 1º de maio de 1500, onde o escrivão descreve o primeiro desembarque no Brasil e o primeiro contato com sua gente. A essa logo se seguiu a carta amplamente publicada de Américo Vespúcio a seu patrono Medici, a chamada *Mundus Novus*, que tanto contribuiu para despertar o debate filosófico sobre o nobre selvagem e que acabou por dar o nome de América ao novo continente. Outro italiano, Antonio Pigafetta, que participou da circunavegação de Magalhães em 1520, contribuiu para reforçar o quadro idealizado de Vespúcio sobre os índios brasileiros. A fonte portuguesa seguinte em importância foi o diário de navegação de Pero Lopes de Sousa, que fundou a primeira colônia no Brasil em 1530-1532. Em 1549 chegaram os jesuítas, e as cartas e escritos desses inteligentes missionários rapidamente se converteram num conjunto importante de informações sobre os tupis. Foram muitos os jesuítas que descreveram suas experiências, mas são dignas de nota as obras de José de Anchieta, Manuel da Nóbrega e, no final do século, Fernão Cardim. As outras fontes portuguesas de maior importância nesse período inicial são as crônicas de Pero de Magalhães Gandavo e de Gabriel Soares de Sousa (datadas respectivamente de 1576 e 1587) e a história da conquista do nordeste do Brasil, escrita por frei Vicente do Salvador no início do século XVII.

Os autores de outras nações européias forneceram muitos outros detalhes sobre as sociedades indígenas e uma compreensão mais solidária da visão e da filosofia dos índios. Dois soldados alemães — Hans Staden, que sobreviveu à captura pelos tupinambás perto de Santos em 1552, e Ulrich Schmidel, que participou de expedições ao alto Paraguai nas décadas de 1530 e de 1550 — deram uma visão admirável da vida tribal. O mesmo se pode dizer do relato de um jovem aventureiro inglês, Anthony Knivet, que viveu entre as tribos do Paraíba do Sul no final do século XVI. Mas os lauréis vão para os franceses. A colônia de vida curta que fundaram no Rio de Janeiro, de 1555 a 1565, produziu dois magníficos cronistas, o calvinista Jean de Léry e o cosmógrafo franciscano André Thevet. Uma tentativa posterior e ainda mais curta de colonizar o Maranhão produziu mais dois cronistas refinados entre os missionários, Claude d'Abbeville e Yves d'Évreux.

A primeira impressão dos europeus sobre os índios brasileiros — particularmente sobre os tupis que habitavam a costa leste — foi a de grupos tribais simples e sociáveis, que viviam em harmonia interna mas atormentados por hostilidades intertribais. Os índios eram fisicamente perfeitos, pois, o que os exploradores desconheciam, todo recém-nascido anormal era morto ao nascer. Seu modo de vida ativo, em que cada membro da comunidade participava da caça, da pesca ou do cultivo agrícola, os mantinha em boa forma física. Vespúcio introduziu a falsa crença de que os índios viviam até uma idade muito avançada, com muitos deles atingindo mais de cem anos. Como viviam em clima tropical ou semitropical, não tinham necessidade de roupas. Essa nudez, combinada com a luxuriante vida vegetal e a abundância de caça silvestre, deu a impressão de que viviam num paraíso terrestre. Vaz de Caminha escreveu a seu rei: "De que tiro ser gente bestial e de pouco saber [...] contudo andam mui bem curados e muito limpos [...] os corpos seus são tão limpos e tão gordos e tão formosos que não pode mais ser..."[1]. Vespúcio escreveu: "Imaginei estar perto do paraíso terrestre"[2].

Uma aldeia tupi típica consistia de quatro ou mais casas compridas, de teto abaulado, cobertas de sapé e dispostas ao redor de uma praça circundada por uma trincheira ou paliçada. Cada uma das longas cabanas, ou malocas, abrigava muitas famílias, com suas redes penduradas perto do próprio fogo onde cozinhavam. Os primeiros visitantes ficaram impressionados com a tranqüilidade no interior dessas malocas. A falta de propriedades pessoais dos índios e sua atitude comunal com relação à terra e o alimento causaram também profunda impressão. "Em cada casa destas vivem todos muito conformes, sem haver nunca entre eles nenhumas diferenças: antes são tão amigos uns dos outros, que o que é de um é de todos, e sempre de qualquer coisa que um coma, por pequena que seja, todos os circunstantes hão de participar dela"[3]. Cada grupo familiar era basicamente auto-suficiente, sendo o pai responsável pela caça e pesca, pelo combate e, se necessário, pela limpeza da floresta para o plantio. As mulheres plantavam e colhiam mandioca e outras plantas cultivadas por esses povos do litoral — especialmente amendoim, algodão, algumas frutas e castanhas. As mulheres também preparavam o alimento e cuidavam das crianças. Ambos os sexos confeccionavam seus próprios pertences pessoais: cestos, redes, arcos e flechas, ornamentos de penas e de contas, ferramentas simples, utensílios e armadilhas, canoas e, naturalmente, as próprias cabanas de sapé. Isso significa que todos os índios eram hábeis artesãos. Sendo eles próprios tão destros, supunham que todo europeu fazia a própria roupa e equipamento e ficaram enormemente impressionados com a capacidade de corte das facas e machados de

1. *A Carta de Pero Vaz de Caminha*, Livros de Portugal, Rio de Janeiro, 1943, fº 7.
2. Carta de Américo Vespúcio a Pier Francesco de' Medici, Lisboa, 1502 (The Bartolozzi Letter), trad. Samuel Eliot Morison, *The European Discovery of America. The Southern Voyages*, New York, 1974, p. 284.
3. Pero de Magalhães Gandavo, *Tratado da Terra do Brasil*, São Paulo, 1980, p. 126.

metal. Essa percepção incorreta fez com que os índios inicialmente atribuíssem habilidades quase sobrenaturais a seus visitantes estrangeiros. A poderosa força de atração das ferramentas de metal continua sendo o meio mais poderoso de persuasão de que dispõem as equipes ou os missionários para pacificar tribos não-contatadas.

A expressão criativa dos índios estava em grande parte voltada para o adorno pessoal. Com exceção de algumas tribos do alto Amazonas, todos os índios da Amazônia e do centro ou da costa do Brasil viviam em grande parte nus. A decoração, portanto, consistia na pintura do corpo e em ornamentos de penas ou de pedra usados no pescoço, punhos, orelhas, nariz, tornozelos ou cintura. Entre os tupinambás da costa atlântica os homens usavam botoques polidos de jadeíta verde nas bochechas e nos lábios inferiores. Essas pedras eram muito valorizadas e comercializadas cuidadosamente de tribo para tribo. Muitas tribos jês usavam discos de madeira nos lóbulos das orelhas e principalmente nos lábios inferiores. Atualmente, entre os caiapós, por exemplo, os meninos têm os lábios cortados na puberdade e usam discos cada vez maiores à medida que vão crescendo. Os discos abanam para cima e para baixo quando o usuário fala ou come; isso lhes confere uma aparência terrificante, o que parece ter sido o propósito original.

O material decorativo mais facilmente encontrado era a plumagem de incontáveis aves da América do Sul, pois a Amazônia possui mais espécies de aves que qualquer outro lugar na terra. E os índios, para não danificar-lhes as penas, aperfeiçoaram setas especiais, de ponta arredondada, para apenas atordoar as aves. Diferentes tribos usavam elaboradas combinações de penas para fazer adornos para a cabeça, braceletes, peitorais e para enfeitar suas flechas, tacapes e maracás (chocalhos feitos com os frutos do porongo). Alguns xamãs (pajés) entre os tupinambás usavam capas muito vistosas de penas vermelho-vivas extraídas do guará; os guerreiros penduravam sobre as nádegas bolas de resina rodeadas de feixes de grandes penas de emas; e a maioria usava canitares de pena de periquito e de arara com a coroa "de um tecido emplumado feito de modo tão caprichoso com um filete de casca de árvore que", assim pareceu a Thevet, "dificilmente seria mais bem feito se fosse inteiramente de fios de seda"[4]. As tribos hoje existentes no alto Xingu

4. André Thevet, *La Cosmographie universelle*, Paris, 1575, em Suzanne Lussagnet (ed.), *Les Français en Amérique pendant la deuxième moietié du XVIe siècle: le Brésil et les brésiliens*, Paris, 1953, p. 162.

fazem adornos de cabeça com penas vermelhas e azuis de arara ou penas brancas de garça fixadas em armações de vime. De modo semelhante, os xavantes e caiapós, que falam o jê, preferem as penas verdes e amarelas de papagaio ou as marrons acastanhadas dos gaviões ou as negras brilhantes dos mutuns. Entre as miríades de desenhos criativos, três tribos entre essas que sobrevivem até hoje primam pelo brilho de seus trabalhos de pena: os bororos do centro do Mato Grosso, os carajás da ilha do Bananal no rio Araguaia — cujas tiaras de pena rivalizam em fantasia com tudo o que foi inventado na *belle époque* européia — e os urubus-caaporas do Gurupi na fronteira entre o Maranhão e o Pará, cujas criações de beija-flores e outras miniaturas, que mais parecem jóias, foram merecidamente temas de livros de arte.

Outra via de manifestação da expressão criadora indígena foi sempre a pintura do corpo. Duas tinturas vegetais são abundantes na maior parte do Brasil e da Amazônia: o urucum vermelho e o jenipapo preto. O branco e o amarelo também são usados, mas o preto e o vermelho predominam na maioria das tribos. Os primeiros índios que os homens de Cabral avistaram em 1500 foram guerreiros quarteados em vermelho e preto e um grupo de moças atraentes, "entre as quais andava uma com uma coxa do joelho até o quadril e a nádega toda tinta daquela pintura preta e o resto todo da sua própria cor. Outra trazia ambos os joelhos com as curvas assim tintas e também os colos dos pés. E suas vergonhas tão nuas e com tanta inocência descobertas que não havia aí nenhuma vergonha"[5]. Em algumas tribos grupos etários do mesmo sexo pintam-se uns aos outros. Entre as tribos do Xingu, os homens se pintam uns aos outros antes da luta corporal que praticam com freqüência; as mulheres caiapós usam os dedos para pintar o corpo com jenipapo e as partes inferiores com urucum; os cadiueus do sul do Mato Grosso e os tiriôs do norte do Pará pintam ou tatuam elaborados desenhos geométricos nos rostos das mulheres; algumas tribos possuem marcas padronizadas — círculos nas bochechas para os carajás, listras horizontais cruzando as bochechas para os cintas-largas ou os suruís, preto em torno da boca para os jurunas, linhas tatuadas na vertical para os assurinis e assim por diante; os bororos e outros têm códigos elaborados de pintura corporal para diferençar metades, clãs e grupos etários; enquanto que para os ianomâmis as cores e os desenhos podem indicar os estados de espírito ou pre-

5. *A Carta de Pero Vaz de Caminha, op. cit.*, fº 8.

paração para ataques. Os grupos de guerra caiapós usam tinturas pretas para se camuflarem sob a escuridão da floresta. Um dos primeiros observadores notou que as mulheres tupis "pintam seus homens e fazem milhares de delícias em seus corpos, tais como figuras de aves ou ondas do mar [...] e as mulheres pintam as próprias pernas, de modo que à distância parece que estão vestidas com meias pretas muito finas de lã penteada..."[6].

Outros ornamentos usados pelos índios brasileiros compreendem uma ampla variedade de colares de contas, conchas e sementes, tiaras e cinturões de sementes formando chocalhos, e — principalmente entre os carajás e os tucunas do alto Solimões — máscaras feitas de palha, de abóboras ou de pau-de-balsa e casca de árvore, para uso cerimonial dos pajés. Os parecis do Mato Grosso-Rondônia costumavam usar peitorais de pedra em forma de cruz. Existe uma variedade de instrumentos musicais, muitas espécies de chocalho e uma diversidade de instrumentos de sopro, desde as flautas nasais circulares dos nhambiquaras, às flautas de Pã, às trombetas compridas do alto Xingu e aos berra-bois em formato de hélice dos bororos. As armas de cada tribo têm características individuais, com variações em detalhes como o comprimento, a cabeça e a plumagem das flechas, o tipo de madeira e o perfil dos arcos, os ingredientes dos curares, as zarabatanas geralmente entre as tribos do norte do Amazonas, os escudos de pele de manati dos omáguas, os diferentes tipos de armadilhas e a grande variedade de estilos de tacape.

Cabaças e cestas são, e foram, usadas comumente como vasilhame na maioria das tribos, embora a tecedura e o desenho da cestaria varie de tribo para tribo. Atualmente, são mais raros os trabalhos de cerâmica. As magníficas cerâmicas das antigas culturas amazônicas de Marajó e de Santarém parecem ter-se perdido na época da conquista, salvo entre os omáguas e os machiparos do alto Amazonas. Os primeiros exploradores espanhóis observaram que a cerâmica omágua rivalizava com a chinesa em delicadeza e riqueza de decoração policrômica. Entre as modernas tribos sobreviventes, as tribos do Xingu são famosas por seus grandes alguidares para a feitura do beiju de mandioca e pelos pratos zoomórficos vermelhos e pretos; os carajás vêm fazendo há alguns séculos estatuetas em forma de bonecas que lembram levemente os objetos primitivos das Cíclades no Egeu, e os cadiueus decoram sua cerâmica com desenhos geométricos entalhados semelhantes ao que usam para decorar seus rostos. Os índios faziam sua cerâmica modelando e

6. Thevet, *Cosmographie*, p. 162.

às vezes usando moldes ou enrolando, mas nunca numa roda, num continente onde era desconhecida a roda que gira sobre seu eixo.

As relações intertribais assumiram várias formas. Algumas tribos eram tão isoladas que jamais entraram em contato com outros índios. Outras estavam em guerra constante contra grupos rivais de seu próprio povo ou contra tribos vizinhas. Os primeiros exploradores observaram que, embora as margens do Amazonas e de outros grandes rios fossem densamente povoadas por uma série de aldeias indígenas, havia entre os territórios de grandes tribos hostis zonas intermediárias: faixas não-ocupadas de margens de rios. Nas terras entre os rios, cuja ocupação era mais esparsa, as tribos viviam muito distantes umas das outras, embora ocasionalmente organizassem longas jornadas através das florestas para atacar de surpresa as aldeias inimigas. Havia exceções a esse padrão de guerra intertribal, que subsistem ainda hoje. Alguns grupos de tribos aprenderam a viver pacificamente entre si. É possível que tal amistosidade estivesse ligada ao escambo. Os primeiros cronistas notaram a existência de um comércio de troca de alguns produtos como a jadeíta, que passava de tribo para tribo ao longo da costa do Brasil, ou de objetos de ouro trazidos ao rio Negro e ao Solimões pelos ativos manaus, ou de madeira para arcos que os goitacás da foz do Paraíba do Sul trocavam por peixe seco com as tribos do interior. Os exemplos modernos mais conhecidos de troca entre tribos de grupo lingüístico diferente são o escambo realizado entre as tribos do alto Xingu, contatadas pela primeira vez por Carl von den Steinen na década de 1880 e com as quais se ocuparam os irmãos Villas-Boas em décadas recentes; e entre os banivas e outras tribos dos rios Uaupés e Içana. Diferentes tribos da região do Xingu se especializaram na manufatura de produtos como grandes alguidares de barro para fazer o beiju de mandioca ou colares de conchas ribeirinhas. Esse comércio, juntamente com as festas ou as competições esportivas amistosas entre as tribos, deve ter contribuído para acalmar a tensão e a violência ocasional sempre presentes entre tribos diferentes que viviam muito próximas.

Quanto à organização social, variou consideravelmente de tribo para tribo. Entre os tupinambás, as moças tinham de passar por provas e segregação na puberdade, após o que lhes era permitida uma considerável liberdade sexual. Um rapaz, antes de ser considerado suficientemente valente para o casamento, tinha de provar-se em combate ou na matança de prisioneiros. Tinha de servir a seu futuro sogro e garantir-lhe o sustento. Depois de casados, ambos os parceiros permaneciam fiéis um ao outro. Em geral o casamento era matrilocal, mudando-se o marido para a casa da mãe da esposa, a menos que fosse suficientemente poderoso para estabelecer uma família própria. Qualquer excesso de mulheres era resolvido com a poligamia por parte dos chefes e guerreiros famosos, e as esposas aceitavam-no prontamente, em parte pelo orgulho de estar associada a um homem importante e em parte pela satisfação de partilhar o trabalho de cuidá-lo. Os homens se casavam por volta dos 25 anos de idade e aos quarenta faziam parte do conselho dos mais velhos. Esse conselho se reunia regularmente para decidir sobre as atividades da tribo. Cada maloca, com seu complemento de famílias muitas vezes inter-relacionadas, era governada por um chefe, da mesma forma que a própria tribo. Os chefes conquistavam sua posição por bravura em combate, pela prosperidade decorrente da posse de muitos parentes ou filhos, por poderes mágicos ou por dons oratórios. Mas possuíam pouco poder na sociedade tribal igualitária: escreveu Michel de Montaigne, um filósofo do século XVI, ter ouvido de um chefe que governava várias aldeias que seu único privilégio era conduzir seus homens à batalha.

Como já dissemos, as tribos tupis, a exemplo da maioria das outras na bacia amazônica, eram controladas por conselhos de homens mais velhos, que se reuniam quase diariamente e eram dirigidas tibiamente pelos seus chefes. No entanto, toda a tribo era rigorosamente obrigada a conformar-se à prática aceita. É provável que esse rígido conservadorismo fosse necessário nas pequenas comunidades caçadoras que viviam em ambiente hostil. Isso significava na prática, e ainda hoje significa, que todo excêntrico ou não-conformista seria condenado pelos pajés como um espírito mau e morto pelo restante da comunidade. Os primeiros exploradores estrangeiros tiraram conclusões quase subversivas da ausência de chefes fortes. "Não há entre eles nenhumas boas artes a que se dêem [...] não possuem nenhuma fazenda, nem procuram adquiri-la como os outros homens. [...] [Não têm] tampouco estados nem opiniões de honra, nem pompas para que as hajam mister: porque todos, como digo, são iguais e em tudo tão conformes nas condições, que ainda nesta parte vivem justamente, e conforme à lei da natureza"[7]. Tornou-se um lugar-comum entre os defensores da teoria do nobre selvagem dizer que os índios não têm "fé, nem rei, nem lei". Essa idéia revolucionária originou-se de uma observação incorreta. Embora os índios

7. Gandavo, *Tratado da Terra do Brasil*, *op. cit.*, pp. 128-129.

não tivessem reis nem hierarquia de classe, efetivamente tinham chefes e mesmo chefes soberanos, respeitados por um grande número de aldeias. Tinham leis, obviamente não-codificadas, mas na forma de total conformidade a leis de comportamento aceitas. Também tinham fé.

O mundo sobrenatural era muito real para os tupis, mesmo que não tenham tido uma religião organizada. Sentiam-se rodeados de espíritos ou demônios, alguns protetores mas em sua maioria malévolos. A vida tribal estava envolvida numa trama de lendas, mitos, cerimônias e crenças espirituais. Quase toda celebração, quer relacionada com o calendário agrícola, a caça, a guerra, quer com o ciclo de vida, se impregnava de um sentido espiritual. Toda tribo tinha pajés para interpretar o mundo sobrenatural e curar por meio da fé do paciente em seus poderes especiais. Os mais velhos da tribo adoravam narrar as lendas de seus ancestrais. As decisões eram tomadas através da interpretação de presságios ou por adivinhação. Hans Staden salvou a própria vida por ter previsto com sucesso as conseqüências de uma doença e de um ataque a outra aldeia: ele, como muitos outros europeus numa aldeia nativa, rapidamente conquistou a posição e a aura de um pajé, herói ou clarividente, de tal modo que a tribo que anteriormente planejara matá-lo e comê-lo aclamou-o e tentou desesperadamente impedir sua partida. Cada índio individualmente também era obcecado pela superstição, alternadamente encorajado ou aterrorizado pelos espíritos que infestavam a floresta, pela noite, pelos locais onde os ancestrais eram enterrados, ou por animais malignos.

Os cronistas do século XVI registraram muitas lendas complexas e amiúde líricas e épicas heróicas. A julgar pela experiência moderna das tribos recém-atraídas, havia sem dúvida muito mais lendas que não foram registradas. Um ancestral heróico dos tupinambás guanabaras foi Monan, sobre o qual escreveu Thevet: "Dizem que ele não teve começo nem fim, existindo o tempo todo, e que foi ele que criou o céu, a terra e as aves e animais que estão neles"[8]. Segundo a lenda, Monan fez com que o fogo e o dilúvio destruíssem o mundo antes de repovoá-lo com a linhagem de um herói chamado Irin-Majé. O trovão era identificado ao urro de um demônio chamado Tupã — e os jesuítas, de modo bastante surpreendente, adotaram Tupã como a tradução tupi para Deus. Dos muitos espíritos malignos, o que os missionários adotaram para corresponder a seu Demônio foi Anhangá (tam-

8. Thevet, *Cosmographie*, p. 38.

bém conhecido entre os tupis do norte pelo nome de Jurupari). Thevet escreveu que:

> Esse povo miserável é freqüentemente afligido por ilusões fantásticas e perseguido pelo espírito maligno, que concebem sob várias formas. Ele lhes aparece e os castiga além da medida. [...] Às vezes ouvíamo-los gritar de modo terrível durante a noite, chamando e pedindo ajuda, dizendo em sua língua: "Vocês não estão vendo [...] Anhangá que está me batendo e atormentando? Me defendam, se querem que eu os sirva!"[9].

Os pajés eram os intermediários entre a comunidade e o mundo sobrenatural. Eram os anciãos das tribos, homens ou mulheres, que haviam revelado poderes incomuns de cura ou de profecia. Os pajés dirigiam as danças e as cerimônias grupais, balançando ritmicamente os maracás, e com tiras de sementes de aguaí nas pernas que chocalhavam ao bater os pés. As predições ou conversas com os espíritos eram cercadas por um ritual elaborado. A cura se realizava numa nuvem de fumaça de fumo e consistia em sugar os maus espíritos da pessoa afligida ou em fingir cuspir algum objeto que teria causado a doença. Era um ritual clássico de cura, executado de diversas formas pelos feiticeiros em toda a Amazônia. Os pajés bem-sucedidos eram altamente reverenciados e obedecidos; mas uma série de predições erradas ou de curas malsucedidas podiam custar a reputação de um pajé e possivelmente sua vida.

Os tupis do litoral absorviam-se em mortais conflitos intertribais e parecem ter sido muito mais belicosos do que os índios de outras partes do Brasil. A guerra ocupava uma posição central na vida social e religiosa da tribo. O prestígio de um homem era o resultado direto do número de inimigos mortos ou capturados. A finalidade dos combates intertribais era mais capturar prisioneiros do que ocupar terras ou obter pilhagem. Assim, os ataques eram feitos quando os sinais de augúrio prediziam a vitória e preferivelmente de surpresa ou de emboscada — embora alguns cronistas tenham relatado a observação de grandes combates planejados, em terra ou entre flotilhas de canoas de guerra. A arma principal era o arco e flecha, que os índios disparavam com surpreendente rapidez e precisão, mas os combates rapidamente se degeneravam em ferozes combates corpo-a-corpo com pesados tacapes ou machados de pedra. Jean de Léry observou um desses combates:

9. Thevet, *Cosmographie*, p. 38.

> Mal se podia acreditar o quanto era cruel e terrível o combate. [...] Se algum deles era atingido, como vários o eram, ele arrancava as setas de seus corpos com assombrosa coragem. [...] Isso não o impedia de retornar, todo ferido, ao combate. [...] Quando finalmente estavam engalfinhados com suas grandes espadas de madeira e seus tacapes, atacavam um ao outro com poderosos golpes com as duas mãos. Se atingiam a cabeça de um inimigo, não o abatiam simplesmente, mas o trucidavam como um de nossos açougueiros abate um boi. [...] Esses americanos são tão violentos em suas guerras que lutam sem parar enquanto puderem mover braços e pernas, jamais recuando ou fugindo[10].

Os combates entre grupos de tupis que partilhavam línguas e sociedades idênticas tinham o objetivo de capturar prisioneiros para a execução ritual. As lutas entre tribos de linhagem diferente podiam ser mais selvagens. Anthony Knivet tomou parte em campanhas de exterminação, nas quais centenas de inimigos foram mortos em ataques de surpresa e "pegaram muitos velhos e mulheres que, à medida que os pegávamos, matávamos"[11]. Um jesuíta escreveu que "existem tantos deles e a terra é tão grande e eles estão aumentando tanto que, se não estivessem continuamente em guerra e comendo-se uns aos outros, não se poderia acomodá-los"[12]. Outro jesuíta via a guerra como "o escoamento normal de uma tal multidão, sem o que não caberiam na terra"[13].

Os prisioneiros eram levados para ser atormentados com escárnio pelas mulheres da aldeia vitoriosa. Deles se esperava que se comportassem com total compostura, fazendo orgulhosamente ameaças de retaliação por parte de suas tribos. Os prisioneiros mais valentes eram mantidos durante semanas ou meses, sendo engordados pela tribo, e recebiam mesmo uma mulher como parceira sexual, antes de serem mortos numa cerimônia elaborada. A

10. Jean de Léry, *Le Voyage au Brésil de Jean de Léry* [La Rochelle, 1578], ed. Charly Clerck, Paris, 1927, p. 192.

11. Anthony Knivet, *The Admirable Adventures and Strange Fortunes of Master Antonie Knivet...* [1591], em Samuel Purchas, *Hakluytus Posthumus or Purchas his Pilgrimes* [1625], pt 2, livro 6, cap. 7, Hakluyt Society, 20 vols., Glasgow, 1906, vol. XVI, p. 223.

12. Afonso Braz, carta do Espírito Santo, 1551, em *Revista do Instituto Histórico e Geográphico Brasileiro*, 6: 442, 1845.

13. Cristóbal de Acuña, *Nuevo Descubrimiento del Río de las Amazonas* [1641], São Paulo, 1941, p. 199.

vítima era executada sem dor com um golpe na nuca e depois era esfolada e cozida. Cada membro da tribo comia um pedaço de sua carne, para ganhar sua força espiritual e perpetuar o espírito de vingança.

Vários cronistas tentaram fazer uma classificação geográfica das tribos da costa atlântica da foz do Amazonas às planícies do Rio Grande do Sul. Há uma certa confusão de nomenclatura, pois palavras como tupinambá podem ter sido termos genéricos que designavam parcelas dos tupis, tendo cada tribo um nome distinto. Os colonizadores portugueses e franceses davam às vezes nomes diferentes à mesma tribo. Sempre existiu uma dificuldade no estudo dos índios americanos: embora algumas tribos não tivessem nome que designassem a si próprias, davam nomes — geralmente pejorativos — aos inimigos; desse modo, no curso da conquista colonial esse nomes pejorativos acabaram por vincular-se erroneamente a uma tribo antes que fosse contatada ou pacificada.

Diante dessas advertências, e adotando apenas a variante de ortografia mais comum entre as muitas encontradas nos cronistas, as tribos costeiras distribuíam-se, de norte a sul, como segue. No início do século XVII, a maior parte das terras do Pará ao Parnaíba era ocupada por populações conhecidas pelo nome de tupinambás. Compreendiam 27 aldeias com cerca de doze mil habitantes na pequena ilha Maranhão. Tapuitapera e a costa noroeste da ilha eram ocupadas por grupos tupinambás chamados caetés ("grande floresta" em tupi); na costa rumo ao sudeste havia remanescentes de tribos mais primitivas chamados teremembés, que falavam talvez o jê e foram expulsos pelos tupis; e os tabajaras (possivelmente apenas um nome genérico para os tupinambás que "habitavam o interior") viviam na serra de Ibiapaba e no curso inferior dos rios Mearim, Gurupi e outros que desembocam perto da ilha Maranhão. A maioria dos tupis do Maranhão, ou mesmo todos, haviam migrado para lá *depois* da invasão de seus locais de origem mais ao sul pelos portugueses. Uma análise cuidadosa de várias fontes escritas indica como seu lugar de origem o Pernambuco, possivelmente o baixo São Francisco, e talvez Cabo Frio e Guanabara. Apesar disso, parece provável que alguns tupis tenham ocupado essa área norte antes de 1500.

O trecho de costa "leste-oeste" entre os rios Parnaíba e Paraíba do Sul era ocupado por uma tribo grande e unida chamada os potiguares (que significa "povo comedor de camarões", ou talvez petinguara, o que quer dizer "povo do fumo" devido ao costume de carregar nacos de fumo na boca). Alguns observadores descreveram os potiguares como os mais adiantados dos tupis, com vastas plantações que sustentavam uma grande população em aldeias harmoniosas e prósperas. Soares de Sousa de má vontade os admirava como "grandes lavradores dos seus mantimentos, de que estão sempre mui providos, e são bons caçadores e tais flecheiros, que não erram flechada que atirem. São grandes pescadores de linha, tanto no mar como nos rios de água doce". Eram extremamente agressivos, capazes de mobilizar tropas estimadas em vinte mil guerreiros, peritos na construção de defesas e armadilhas e, para Soares de Sousa, "este gentio é muito belicoso, guerreiro e atraiçoado"[14]. Os potiguares representaram um tremendo desafio à expansão portuguesa rumo ao Amazonas, e um jesuíta se queixava de que "esses pagãos têm o defeito de ser os mais numerosos e os mais unidos de todos no Brasil"[15].

A tribo que dominava Pernambuco e o extremo nordeste do Brasil era chamada tabajara — um nome que também ocorre no Maranhão, entre os primeiros tupis da Bahia, no Espírito Santo e mais ao sul em São Vicente. Por mais incertezas que haja sobre os nomes das divisões dos tupis da região costeira, não há dúvida quanto à existência de hostilidade intertribal — uma hostilidade que os europeus tentaram explorar, da mesma forma que os índios procuraram tirar proveito da hostilidade entre os franceses e os portugueses. Os tabajaras estavam normalmente em guerra com os potiguares a noroeste deles e com os caetés ao sul. Os caetés viviam em grandes grupos à volta do cabo Santo Agostinho, entre a foz do Paraíba e a do São Francisco. Os cronistas mencionam tribos de língua tupi, denominadas tupinas e amoipiras, as quais viviam ao longo do rio São Francisco mais para o interior em relação à costa. Ao sul do São Francisco, os caetés e os tupinambás se misturavam, mas os tupinambás controlavam a terra fértil ao redor da Bahia, subindo o Paraguaçu e ao sul até Camamu. A tônica entre as aldeias desses tupinambás da Bahia era a hostilidade e muita luta.

As tribos de fala tupi ocupavam apenas uma estreita faixa litorânea da longa costa norte-sul entre Camamu e o Paraíba do Sul. Havia tupiniquins em Ilhéus (na costa sul da Bahia) e ao norte do atual Espírito Santo; e temi-

14. Gabriel Soares de Sousa, *Tratado Descriptivo do Brasil em 1587*, ed. Francisco Adolfo Varnhagen, São Paulo, 1938, pp. 23-24. Coleção "Brasiliana", nº 117.

15. Jesuíta Anônimo, "Sumário das Armadas que se Fizeram e Guerras que se Deram na Conquista do Rio Paraíba" (*c.* 1587), em *Revista do Instituto Histórico e Geográphico Brasileiro*, 36(1): 63, 1873.

minós na costa sul do Espírito Santo. Mas nessa parte do Brasil a planície costeira é estreita ou mesmo inexiste, e as montanhas cobertas de florestas situadas mais para o interior eram controladas por tribos nômades e beligerantes de língua jê, conhecidas dos portugueses pela designação coletiva de aimorés e botocudos. Os pântanos e lagunas na foz do Paraíba do Sul eram ocupados por outra tribo não-tupi, chamada goitacá, mantida em isolamento até o final do século XVI devido ao seu difícil hábitat. Os goitacás, por sua vez, mantinham comércio de troca com outras tribos não-tupis do baixo Paraíba, tribos que presumivelmente falavam línguas aparentadas ao jê.

Sabemos muita coisa sobre a faixa de costa que se estende de Cabo Frio a Guanabara e mais adiante até Santos/São Vicente, porque foi esse o local da primeira colônia portuguesa, em São Vicente, da colônia francesa do Rio de Janeiro, dos combates entre franceses e portugueses, das aventuras de Hans Staden e de Anthony Knivet e das primeiras atividades dos jesuítas Nóbrega e Anchieta. Essa região da costa era densamente povoada pelos tupinambás tamoios. Essa tribo tornou-se firme aliada dos franceses e assim forneceu as informações etnográficas registradas por Thevet e por Léry. Os tamoios estavam em guerra com os temiminós, que viviam ao norte além do Paraíba e também na extremidade interior da baía da Guanabara. Existia hostilidade também entre os tamoios e os tupis denominados tabajaras ou tupiniquins, que habitavam o atual estado de São Paulo, ambas na região costeira próxima a São Vicente e no planalto de Piratininga.

As costas íngremes e florestadas eram o lar de grandes tribos dóceis, conhecidas no século XVII pelo nome de carijós. Eram os guaranis, que falavam uma variante da língua tupi: um povo bem organizado, excelentes agricultores e de profunda religiosidade. Distribuíam-se pelas terras férteis do atual estado do Paraná e a leste do Paraguai. O caráter e a inclinação dos carijós-guaranis os transformaram nos discípulos perfeitos para os jesuítas. Reagiram melhor que qualquer outro povo da América do Sul à fórmula jesuíta das grandes "reduções" sustentadas por plantações extensivas e alimentadas espiritualmente num regime de constante oração e devoção. Um ramo sul dos guaranis, chamado tapes, vivia nas pradarias entre o rio Uruguai e a lagoa dos Patos. Na época da chegada dos portugueses, ainda havia, nas florestas do alto Uruguai e no que é hoje o estado de Santa Catarina, grandes bolsões de tribos que falavam línguas aparentadas ao jê. Eram os ancestrais de tribos sobreviventes, chamadas agora de caingangues e xoclengues. Já em 1503-1504 um capitão francês, de nome Paumier de Gonneville, passou alguns meses entre os carijós do sul; essas mesmas tribos foram muito hospitaleiras com os primeiros marinheiros espanhóis que se dirigiam para ao rio da Prata ou à Patagônia. A mesma docilidade que conquistou a estima dos jesuítas os tornou presas fáceis dos escravistas portugueses de São Paulo.

O coração do Brasil é o grande planalto do escudo brasileiro. Geograficamente muito antiga, essa região plana e erodida era coberta antes da conquista ou pelo mato (árvores baixas e secas), pelo campo (semi-savana de solo arenoso, árvores e arbustos retorcidos, palmeiras próximas aos rios, capim alto e numerosos montes formados por ninhos de cupins), ou pelo cerrado (uma variedade mais densa de campo, com plantas rasteiras densas e secas). Esse terreno relativamente aberto era o lar das tribos de fala jê. Por estarem numa região mais pobre e distante do Atlântico, as tribos jês escaparam ao impacto inicial da conquista. Os jês tenderam a distribuir-se de modo mais disperso que os tupis da região costeira, eram mais elusivos na batalha e portanto menos vulneráveis à cavalaria e artilharia européias, que lutavam posicionadas. Eram maus agricultores em comparação com os tupis e por conseguinte menos procurados como escravos. Mesmo os missionários, que aprenderam apenas o tupi-guarani e que relutavam em aventurar-se pelo interior, ignoraram o jê até épocas recentes. Os jês são mais conservadores, menos adaptáveis que os tupis, e em conseqüência muitas de suas tribos sobreviveram até o presente com suas culturas intatas. A maioria das tribos jês não dependem dos recursos aquáticos; seus membros muitas vezes nem mesmo sabem nadar e não têm familiaridade com o uso de canoas. Por causa dessa falta de mobilidade e de seu conservadorismo inato, apesar dos lentos deslocamentos de tribos como os xavantes, não ocorreram migrações significativas, de modo que não existem grupos isolados de jês em rios distantes de seus locais de origem. Assim, se examinarmos as tribos sobreviventes e observarmos as localidades daqueles que desapareceram, é possível obter uma imagem relativamente precisa dos hábitats jês anteriores à conquista.

A bibliografia inicial sobre os jês pode ser facilmente resumida. Os primeiros cronistas relataram escaramuças com os aimorés de Ilhéus e contatos passageiros com os botocudos e os puris dos vales dos rios Paraíba do Sul e Doce, e um temor desmesurado dessas tribos. Nesses primeiros tempos, todas as tribos que não falavam tupi eram descartadas como "tapuias" e consideradas perigosamente selvagens. Os primeiros relatos etnográficos dos "tapuias" não apareceram antes da década de 1630, quando os holandeses conquistaram parte do Nordeste brasileiro e fizeram alianças com os tararius do chefe Janduí no sertão do Rio Grande do Norte-Ceará. As descrições dos emissários holandeses Jacob Rabe e, mais tarde, Rouloux Baro revelam que esses jês eram quase idênticos aos atuais canelas ou craôs. Eram caçadores-coletores, magníficos corredores, capazes de perseguir e lançar o tacape contra a caça nas planícies onde habitavam. Evitavam a água e dormiam mais em esteiras no chão do que em redes. Sua perícia na corrida era mantida por meio de periódicas competições entre as duas metades de cada tribo, em que os participantes corriam com troncos nos ombros. Ainda hoje competições idênticas constituem uma das funções sociais mais importantes entre muitas tribos de língua jê. Os dois grupos correm em revezamento, muitas vezes partindo de alguns quilômetros de distância da aldeia, mas sempre terminando com um percurso em volta de seu perímetro circular. Carregam nos ombros pesados troncos de palmeira, que um corredor passa ao ombro do competidor seguinte de seu time. Quanto ao casamento, é feito invariavelmente na outra metade da sociedade tribal e o marido se muda para a casa da família da esposa. É evidente também que os jês mudaram muito pouco em sua aparência física. A cor da pele é de um marrom-cremoso pálido; as mulheres são atraentes para os padrões europeus e acentuadamente menores que os homens da tribo; e ambos os sexos ainda usam o mesmo estilo curioso de penteado, onde o cabelo pende solto atrás, mas com uma risca horizontal em torno da cabeça acima das orelhas de modo que, nas palavras de Elias Herckman, a parte de cima se parece com um gorro. Outra obra antiga e muito útil é a de um missionário franciscano francês, Martinho de Nantes, que viveu, na metade do século XVII, entre os cairiris no médio São Francisco e no sertão da Bahia.

Os aventureiros ignorantes que se embrenharam pelo interior do Brasil nos séculos XVII e XVIII não trouxeram informações sobre as tribos com que se depararam. Tampouco os militares e os líderes civis que travaram ferozes combates com os jês do interior do Nordeste durante meio século entre 1670 e 1720. A mais heróica das revoltas indígenas no Brasil aconteceu entre 1712 e 1720, liderada por Mandu Ladino, um índio educado numa missão, quando durante breve período os tupis e os jês do Ceará e do Rio Grande do Norte deixaram de lado sua tradicional inimizade e se uniram contra o invasor colonial. Não houve cronista dessas campanhas. Na década de 1740, várias guerras de extermínio foram empreendidas contra os caiapós que habitavam a floresta mais ao sul. Essas tribos ocupavam os vastos territórios de mato e campo do sul de Goiás e do médio Mato Grosso. Sobre esses caiapós os portugueses não produziram informação etnográfica nem histórica; mas as descrições resumidas de seus ataques de emboscada, da pintura corporal preta feita com jenipapo e do deslocamento de suas aldeias pela floresta concordam com as práticas dos caiapós do Norte que sobreviveram até o século XX. Não há razão para supor que os caiapós do Norte tenham mudado acentuadamente desde 1500 quer no tocante à localização quer no que se refere a sua sociedade. Continuam a ocupar as bacias fluviais entre o curso médio dos rios Araguaia, Xingu e Iriri, uma região fluvial de floresta tropical que muda abruptamente para campo ou cerrado quando o lençol d'água diminui; mas os caiapós tendem a preferir a região mais aberta dos topos das serras. Cabe pensar que modernos estudos antropológicos de outros grupos, como os xicrins, os gorotirés, os cubencragnotires ou os txucarramães, forneçam uma boa imagem dos caiapós na época da chegada dos primeiros europeus.

Muitas tribos do Maranhão e do interior do Piauí, do Ceará, de Pernambuco e da Bahia desapareceram desde que foram mencionadas pela primeira vez. É presumível que a maioria falassem o jê e tivessem costumes bastante semelhantes aos dos timbiras ou xavantes, que sobrevivem ainda hoje. Algumas tribos não-tupis das encostas leste da serra de Ibiapaba e do baixo Itapicuru e Mearim talvez tenham sido lingüística e socialmente isoladas: o grande antropólogo Curt Nimuendajú estudou a língua dos últimos sobreviventes dos gamelas e descobriu que era uma língua apenas remotamente aparentada ao jê. Mais para o interior, no entanto, no planalto entre as cabeceiras dos rios Mearim-Corda e Grajaú e o baixo Tocantins, os timbiras do Maranhão e do Pará são bastante prósperos pelos padrões modernos, embora sem dúvida estejam numericamente muito reduzidos. Aqui também não há falta de modernos estudos etnográficos sobre os canelas (rancocamecras), os craôs, os apinajés (caracatis) e os gaviões (timbiras do oeste ou da floresta).

As vastas planícies secas entre o São Francisco e o médio Tocantins e Araguaia eram o hábitat de tribos guerreiras dos jês: os xicriabás e os acroás (guenguéns), atualmente extintos; e os xavantes e os xerentes conhecidos pela designação coletiva de acuéns. Os xerentes sobreviveram com sua cultura e espírito tribal relativamente intatos, e suas sociedades foram estudadas e documentadas em tempos recentes. Ambas as tribos se deslocaram para oeste, afastando-se da fronteira colonial. Os xerentes cruzaram o Tocantins e se localizaram na zona interfluvial entre esse rio e o Araguaia. Os xavantes, após um curto período de confinamento em aldeias controladas pelo governo, perto de Goiás, no final do século XVIII, decidiram migrar para o sudoeste, atravessando o Tocantins e o Araguaia, para ocupar a margem norte do rio das Mortes; valentemente resistiram a incursões feitas por colonos ou oficiais do serviço indigenista até a década de 1940.

Bem mais ao sul, para além das terras outrora ocupadas pelos caiapós do sul, algumas tribos de fala jê viviam no planalto florestado que descia para o oeste rumo ao Paraná. Estando relativamente próximas de São Paulo, essas diversas tribos eram conhecidas dos primeiros cronistas e muitas foram vítimas da preia de escravos dos bandeirantes paulistas. As tribos conhecidas no século XVI pelo nome de guaianás (goianás) ou bilreiros e, mais tarde, coroados (devido ao penteado que formava um tufo em cima da cabeça) eram ancestrais dos atuais caingangues. Essas populações recuaram para as florestas quando grande parte de seu território foi ocupado por missões jesuítas reservadas aos guaranis; mas as missões foram destruídas na metade do século XVI e os caingangues se espalharam pelo oeste do estado do Paraná, resistindo à expansão colonial até o início do século XX. Os xoclengues que falavam o jê (às vezes designados pelo desagradável epíteto de bugres) tiveram experiências muito semelhantes mais ao sul, na região ocupada pelo atual estado de Santa Catarina.

Naturalmente, surgiram algumas exceções no quadro de dominância jê no planalto central brasileiro. Na ilha do Bananal, no Araguaia, uma das maiores ilhas fluviais do mundo, os carajás e tribos aparentadas desenvolveram uma cultura específica com práticas religiosas e sociais originais, baseada no domínio completo de seu ambiente ribeirinho. A língua carajá, que se acreditou outrora ser aparentada do jê, é agora considerada como isolada. Alguns grupos tupis sobrevivem até hoje, bem mais acima dos rios Araguaia, Xingu ou Tapajós: por exemplo, os tapirapés, os camaiurás ou os caiabis; mas não se sabe ao certo se se estabeleceram em seus territórios atuais antes do início da invasão européia. O planalto central estende-se para o sudoeste, formando a bacia entre o Amazonas e os rios Paraguai-Paraná, e depois até o atual estado de Rondônia. A oeste dos caiapós do sul e a sul dos xavantes viviam inúmeras tribos de bororos, inimigos implacáveis dos jês e arregimentados pelos portugueses para ajudar a destruir os caiapós. A língua bororo, também considerada isolada, e sua sociedade têm sido estudadas mais intensamente neste século por missionários e antropólogos; assim, dispomos hoje de um quadro muito claro das características das tribos bororos há cinco séculos atrás. Deslocando-se rumo oeste ao longo dessa região alta, os parecis eram um povo numeroso e bem organizado de fala aruaque que impressionou os viajantes do século XVIII pela beleza de seus artefatos de pedra e pela eficiência de seu trabalho agrícola. A recompensa dos parecis por formarem uma sociedade relativamente avançada foi serem arrebanhados por escravistas de São Paulo.

As florestas do Guaporé e o árido e arenoso planalto de Rondônia foram habitados, aparentemente durante muitos séculos, por tribos agora conhecidas pelo nome de nhambiquaras. Somente neste século foi feito contato com esses índios. Imediatamente causaram profunda impressão nos antropólogos e deram origem a exóticas teorias de renomadas autoridades. A língua nhambiquara é totalmente isolada das línguas faladas por outras tribos amazônicas, e suas características físicas, cor da pele e estrutura óssea também parecem distintas das demais. Seu modo de vida era primitivo, com abrigos rudimentares, quase não usando ornamentos corporais ou meios de expressão artística, uma estrutura social simples, sem redes ou móveis para dormir, e uma dieta baseada na coleta e na caça limitada com arco e flecha. Alguns observadores sugeriram a semelhança com os aborígines australianos e chegou-se mesmo a especular se os nhambiquaras não seriam o produto de alguma migração através do Pacífico Sul. Os abrigos em cavernas no rio Galera em território nhambiquara estão cobertos de símbolos de órgãos genitais femininos; embora claramente pertencentes a uma sociedade anterior, esses símbolos deram origem a discussões sobre sociedades de amazonas ou matriarcais, e relatos análogos do século XVI levaram Ulrich Schmidel e outros a procurar as amazonas nessa parte do Brasil. Nessa região, um eminente pesquisador da história dos incas localizou Paititi, o refúgio de tribos neo-incaicas fugitivas.

A primeira penetração européia do alto Amazonas foi também uma resposta a uma teoria exótica: a procura do reino de El Dorado. Aparentemente, a lenda tomou corpo entre os conquistadores espanhóis em Quito em 1540, e as primeiras expedições tinham todas o propósito de procurar o reino magnificente nos sopés das montanhas andinas, cobertas de florestas, a leste de Quito. Assim, nossa primeira visão das tribos dos rios Napo, Caquetá e possivelmente também do Uaupés e do Potomaio deriva dos relatos das expedições que procuravam o El Dorado na década de 1540, lideradas por

Gonzalo Pizarro (e Francisco de Orellana), Hernán Pérez de Quesada e Philip von Hutten. A imagem que emerge desses relatos é a de aldeias ribeirinhas ocasionais, às vezes com fortificações rudimentares e capazes de mobilizar grandes flotilhas de canoas, mas bastante separadas umas das outras. A impressão proveniente dessas e de outras penetrações até as cabeceiras desses afluentes noroeste é que nos quatro séculos que se seguiram houve pouca mudança quer no estilo de vida, quer na densidade populacional. Nossas descrições, apenas primárias, das tribos do Amazonas resultam também das buscas pelo El Dorado: são o relato de Gaspar Carvajal sobre a descida de Orellana em 1542 e vários relatórios sobre a descida de Lope de Aguirre em 1561. Depois desses caiu um longo silêncio literário sobre o Amazonas, até a descida de Cristóbal de Acuña em 1639 e a chegada dos jesuítas de Antônio Vieira ao baixo Amazonas na década de 1650. Mas a essa altura as sociedades nativas originais haviam sido irremediavelmente dispersadas e destruídas.

A impressão dominante deixada pela crônica de Carvajal é a da existência de densas populações nativas ao longo das margens do Amazonas. Ele registrou "povoações muito grandes e numerosas [...] e quanto mais avançávamos elas eram mais densamente povoadas e melhor achávamos a terra"[16]. Algumas aldeias estendiam-se por quilômetros ao longo da borda do rio, com freqüentes locais de desembarque coalhados de guerreiros. Quando a expedição desembocou do rio Napo no Amazonas, atravessou o território dos machiparos, uma tribo bem disciplinada, bem alimentada graças à produção da várzea fértil. Os machiparos e os ainda mais ricos omáguas, que viviam rio abaixo entre a foz do Javari e a do Potomaio-Içá, haviam desenvolvido a criação de tartarugas. Soltavam esses animais para depositar os ovos em bancos de areia ribeirinhos e levavam os filhotes de volta para ser criados em centenas de cercados perto de suas cabanas. As técnicas de criação da tribo eram orientadas pela elevação e queda anuais do nível do rio. Sua cerâmica também era sofisticada, variando em tamanho de enormes alguidares para alimentos a delicadas peças policrômicas que os conquistadores compararam à cerâmica chinesa. Um desses povos ribeirinhos — possivelmente os jurimáguas, que viviam rio abaixo em relação aos omáguas — usavam longos camisões de algodão semelhantes aos campas do curso supe-

16. Gaspar de Carvajal, *Descubrimiento del Río de las Amazonas* [1542], trad. Bertram T. Lee, como *The Discovery of the Amazon*, New York, 1934, pp. 200, 202.

rior do Ucaiale-Urubamba, que também tiveram seu primeiro contato com os espanhóis na metade do século XVI.

Foram encontrados alguns objetos de ouro entre as tribos do rio Solimões (Amazonas) e as crônicas mais tardias deixam claro que essas peças se originavam dos muíscas (chibchas) ou de outros povos do norte dos Andes, e foram trazidas para o rio Negro e dali para o Amazonas pelos manaus do médio rio Negro, uma grande tribo de comerciantes. Os homens de Orellana deram o nome de Negro a esse rio devido à cor preta de suas águas, mas até o século XVIII não há narrativa sobre as bacias fluviais do Negro e do Branco. As referências do século XVII ao Negro descrevem o estabelecimento de missões ao longo das margens do seu curso inferior e os ataques sistemáticos para preia de escravos contra os povos de fala aruaque que aí residiam. Assim, o curso principal do rio Negro estava tão completamente despovoado de nativos quanto o próprio Amazonas. No final do século XVII, houve viajantes que se deslocaram durante dias a fio ao longo do rio sem avistar sinal de vida. Tanto os tarumás, que viviam perto da atual Manaus, na confluência entre o Negro e o Amazonas, quanto os manaus do médio Negro estão extintos atualmente. As tribos de fala aruaque do alto rio Negro — especialmente os barés, os banivas, os iaviteros e os tucanos do Uaupés — e as tribos caraíbas do alto Orinoco — os maquiritares e tribos aparentadas — foram menos atingidas pela invasão européia. Cabe supor, portanto, que, embora atualmente exauridos pelas doenças, sua disposição em 1500 era semelhante à que Humboldt e outros naturalistas encontraram no início do século XIX; e que no Uaupés, no Içana e em outros afluentes oeste, as tribos ainda sobreviventes presumivelmente mudaram pouco nos últimos cinco séculos — a menos que sua população tenha aumentado devido a grupos de refugiados que escapavam dos territórios mais expostos.

Pode-se fazer a mesma suposição com segurança ainda maior sobre os ianomâmis (uaicás) e outras populações de fala xirianá que habitavam os montes florestados que formam o vale entre as nascentes das bacias do Orinoco e do Negro-Branco. Os ianomâmis são na América do Sul a maior tribo sobrevivente que habita as florestas; contatados somente nas últimas décadas, estão sendo intensamente estudados nos últimos anos. Em 1500, assim como agora, pequenos grupos dos nômades macus sem dúvida vagavam pelas florestas entre o curso médio do rio Negro e o do Solimões; e Carvajal se refere a tribos primitivas da floresta (catuquinas, catauisis?) que atormentavam os omáguas a partir do interior ao sul do Amazonas. Mais ao sul, nas florestas tropicais dos rios Ucaiale, Javari e alto Juruá estavam as tribos panos — especialmente os amauacas, os chipibos e os conibos — que estavam em contato com a fronteira florestal dos incas. Muitos grupos de campas, que falavam o aruaque, estavam submetidos aos incas de Vilcabamba, posteriores à conquista.

A primeira descida do Madeira foi realizada, por volta de 1653, pelo bandeirante Antônio Raposo Tavares. Ele relatou a jesuítas em Belém do Pará que seus homens haviam achado que o rio era densamente povoado:

> Quinze dias após embarcar no rio [perto de sua nascente] começaram a ver povoações e daí por diante não havia um único dia em que não vissem alguma; geralmente viam muitas num mesmo dia. Viram cidades nas quais [contaram] trezentas cabanas [...] nas quais moravam muitas famílias. [...] Calcularam que uma das aldeias tinha 150 mil almas[17].

A certa altura viajaram durante oito dias pelas terras de uma tribo, talvez os parintintins, cujas aldeias eram quase contíguas às margens dos rios. Seis anos mais tarde, o jesuíta Bartolomeu Rodrigues ainda contava 81 tribos que conhecia no baixo Madeira ou perto[18].

Não conhecemos a importância relativa, em 1500, das tribos que dominaram uma após a outra o rio Madeira: os torás, os muras, os maués e os mundurucus. Suspeita-se de que os muras (cuja língua está curiosamente próxima à dos muíscas) e os mundurucus saíram da obscuridade, expandindo-se para preencher lacunas territoriais criadas pela destruição de tribos anteriores. Um grupo de ferozes tupinambás ocupavam a ilha de Tupinambaranas, mas podem ter chegado a esse local após a conquista da costa pelos portugueses. A tribo dos tapajós, no entanto, estava sem dúvida firmemente estabelecida na foz do rio que leva seu nome. Os holandeses e outros estrangeiros tiveram contato com os tapajós no início do século XVII, e levou algum tempo até que os escravistas portugueses ousassem molestar esse povo resistente. Os exploradores do norte da Europa — inclusive os ingleses e os irlandeses —

17. Antônio Vieira, carta de janeiro de 1654, em Alfredo do Vale Cabral (ed.), *Cartas Jesuíticas*, 3 vols., Rio de Janeiro, 1931, vol. I, p. 413.

18. Bartolomeu Rodrigues, carta ao provincial da aldeia de Tupinambaranas, de 2 de maio de 1714, em Alexandre J. de Mello Morais, *Corografia Histórica, Cronográfica, Genealógica, Nobiliária e Política do Império do Brasil*, 4 vols., Rio de Janeiro, 1872, vol. IV, pp. 365-366.

também entraram em contato com tribos da margem esquerda do baixo Amazonas e comandaram grandes legiões de guerreiros dessas tribos antes de serem expulsos pelos portugueses na década de 1620. Não está claro, no entanto, se as tribos que então ou na época de Orellana ocuparam a margem esquerda falavam o aruaque ou o caraíba. Algumas dessas tribos deram aos homens de Orellana a impressão de serem conduzidos por mulheres guerreiras, dando origem assim à lenda das amazonas junto ao maior rio do mundo. As tribos caraíbas certamente dominaram o curso superior dos rios Paru e Jari e a maior parte da região serrana das Guianas.

Os índios que viviam na foz do Amazonas, no baixo Tocantins e no rio Pará foram tão completamente destruídos na primeira metade do século XVII que é quase impossível reconstituir os dados sobre suas populações nativas antes da era colonial. Sabemos que os jurunas ficavam perto da foz do Xingu, e um remanescente dessa tribo sobreviveu a centenas de quilômetros rio acima, no Parque Nacional do Xingu. Os pacajás, que viviam junto ao rio do mesmo nome a sudeste de Marajó, puseram em campo quinhentas canoas de guerra e lutaram até a morte. Muitas outras tribos, próximo a Belém do Pará, foram registradas sucintamente antes de se extinguirem devido a doenças, destruição ou destribalização na confusão das aldeias missionárias.

Nota Sobre as Populações Americanas às Vésperas das Invasões Européias

HOUVE DURANTE algumas décadas, e persiste ainda hoje, um intenso debate entre os historiadores demográficos sobre o tamanho da população americana nativa às vésperas das invasões européias.

Para o México central, na região entre o istmo de Tehuantepec e a fronteira com os chichimecas, a Berkeley School (Lesley Bird Simpson, Sherburne F. Cook e Woodrow Borah) sugeriu inicialmente uma população de onze milhões e mais tarde, à luz de novas fontes e de uma metodologia mais sofisticada, elevou sua estimativa para 25 milhões. Ver, principalmente, S. F. Cook e W. Borah, *The Aboriginal Population of Central Mexico on the Eve of the Spanish Conquest* (Berkeley, 1963) e *Essays in Population History: Mexico and the Caribbean*, 2 vols. (Berkeley, 1971-1974). Angel Rosenblat defendeu coerentemente um número mais baixo (apenas 4,5 milhões), por exemplo, em *La Población Indígena de América desde 1492 Hasta la Actualidad* (Buenos Aires, 1945), e, sobretudo, em *La Población de América en 1492: Viejos e Nuevos Cálculos* (México, 1967). Uma excelente crítica da Berkeley School é William T. Sanders, "The Population of the Central Mexican Symbiotic Region, the Basin of Mexico and the Teotihuacán Valley in the Sixteenth Century", em William M. Denevan (ed.), *The Native Population of the Americas in 1492* (Madison, 1976), pp. 85-150. Sanders procura reduzir a estimativa mais alta de Cook e Borah para o México central em 50-60 por cento, chegando a 11-12 milhões. Embora Henry F. Dobyns continue a achar que os números fornecidos por Borah e Cook são demasiado conservadores e defenda um número acima de 50 milhões, pesquisa mais recente produziu estimativas mais próximas de Sanders — que vão de 8-10 até 13-14 milhões.

No tocante à América Central, para Rosenblat a população anterior à conquista seria inferior a um milhão. No entanto, pesquisa realizada, na década de 1980, por W. George Lovell (sobre a Guatemala) e por Linda A. Newson (sobre Nicarágua e Honduras), em especial, aparentemente sugeriria um número total mais próximo dos 5-6 milhões para a América Central (incluindo Panamá).

Ainda mais difícil de avaliar, e portanto muito mais controversa, é a população das Antilhas e da região em torno do mar dos Caraíbas em 1492. Os números para a ilha de Hispaniola, por exemplo, variam de 50-60 mil (Charles Verlinden) e 100 mil (Rosenblat) até talvez 8 milhões (Cook e Borah). O valor mais alto não encontrou pronta aceitação: ver, por exemplo, Angel Rosenblat, "The Population of Hispaniola at the Time of Columbus", em Denevan (ed.), *op. cit.*, pp. 43-66, e David Henige, "On the Contact Population of Hispaniola: History as Higher Mathematics", *Hispanic American Historical Review*, 58: 217-237, 1978. Uma população anterior à conquista em torno de um milhão seria aparentemente mais aceitável de modo geral para Hispaniola, com mais 2 milhões nas outras ilhas, inclusive Cuba, e em torno de um milhão em Venezuela.

Trabalhos sobre a população indígena da região hoje ocupada pela Colômbia — com um valor proposto de 3 milhões — são sumarizados em Germán Colmenares, *Historia Económica y Social de Colombia, 1537-1719* (Bogotá, 1973). As estimativas para o Peru variaram de dois a três milhões a 12-15 milhões (e mesmo mais — Dobyns defende uma população de mais de 30 milhões). Uma importante declaração em apoio aos valores menores aparece em Daniel E. Shea, "A Defense of Small Population Estimates for the Central Andes in 1520", em Denevan (ed.), *op. cit.*, pp. 157-180. Em *Demographic Collapse: Indian Peru, 1520-1620* (Cambridge, 1981), David Noble Cook, o mais proeminente estudioso neste campo, sugere um total de 9 milhões para o Peru. Uma população de 12-14 milhões para o conjunto dos Andes centrais (o Império Inca) pareceria, portanto, uma estimativa razoável. Para estimativas do tamanho de diversas populações indígenas que habitavam o sul da América do Sul — com exceção dos araucanos (um milhão) que contavam dezenas e não centenas de milhares — Jorge Hidalgo, "The Indians of Southern South America in the Middle of the Sixteenth Century", em *Cambridge History of Latin America*, volume I (1984).

As populações das tribos indígenas que habitavam a região do Brasil atual na época da chegada dos europeus em 1500 é particularmente difícil de avaliar. John Hemming, *Red Gold. The Conquest of the Brazilian Indians* (London, 1978), apêndice, pp. 487-501, discute as diversas estimativas e as metodologias nas quais elas se basearam e ele mesmo chega a uma estimativa de 2,4 milhões. No entanto, muitas estimativas recentes tendem a apresentar valores maiores. William M. Denevan, "The Aboriginal Population of Amazonia", em Denevan (ed.), *op. cit.*, pp. 205-234, aumenta para 6,8 milhões suas estimativas anteriores para a grande Amazônia (toda a planície tropical da América do Sul a leste dos Andes, exceto a região do Gran Chaco), e para 5 milhões para a própria bacia Amazônica. Alguns estudiosos acharam demasiado alto esse número. O próprio Denevan aceitava uma possível redução de 25 por cento levando em conta as "zonas tampão" desabitadas entre tribos, embora numa nova introdução ("Native American Populations in 1492: Recent Research and a Revised Hemispheric Estimate") à segunda edição de *The Native Population of the Americas in 1492* (Madison, 1992), que constitui o mais valioso comentário sobre pesquisa e publicação neste campo desde a primeira edição (1976), ele argumente que seria mais razoável uma redução de apenas 10-20 por cento; quer dizer, ele estima que a população da Amazônia maior em 1500 deve ter-se mantido entre 5 e 6 milhões.

2

A Europa e a América

A Conquista Espanhola e a Colonização da América

OS ANTECEDENTES DA CONQUISTA

"SEM COLONIZAÇÃO não há uma boa conquista, e se a terra não é conquistada, as pessoas não serão convertidas. Portanto, o lema do conquistador deve ser colonizar." Essas palavras foram proferidas por um dos primeiros historiadores das Índias, Francisco López de Gómara[1]. A filosofia que se esconde por trás dela é a de seu patrono, o maior de todos os conquistadores, Hernán Cortés. Foi essa filosofia que veio a inspirar a empresa ultramarina da Espanha no século XVI e contribuiu bastante para converter a América espanhola naquilo em que ela finalmente se tornou. Mas seu sucesso não era infalível, nem foi conseguido sem enorme esforço. Várias são as maneiras pelas quais uma sociedade agressiva pode expandir os limites de sua influência, e vários foram os precedentes de todas elas na Espanha medieval.

A Reconquista — o grande movimento dos reinos cristãos da Península Ibérica para o sul, para regiões mantidas pelos mouros — ilustra um pouco a ampla gama de possibilidades nas quais se poderiam buscar precedentes. Travada ao longo da fronteira que dividia o Cristianismo do Islã, a Reconquista foi uma guerra que ampliou os limites da fé. Foi também uma guerra em busca de expansão territorial, conduzida e regulamentada, mesmo que nem sempre controlada, pela coroa espanhola e pelas grandes ordens religioso-militares, que no processo obtinha vassalos junto com vastas áreas de terra. Foi uma típica guerra de fronteira, numa tática de ataques rápidos e específicos em busca de saques fáceis, oferecendo oportunidades de lucro com resgates e escambos, e de recompensas mais intangíveis, como honra e fama. Foi uma migração de pessoas e de rebanhos em busca de novos lares e novas pastagens. Foi um processo de povoamento e colonização controla-

1. Francisco López de Gómara, *Historia General de las Indias*, Madrid, 1852, p. 181.

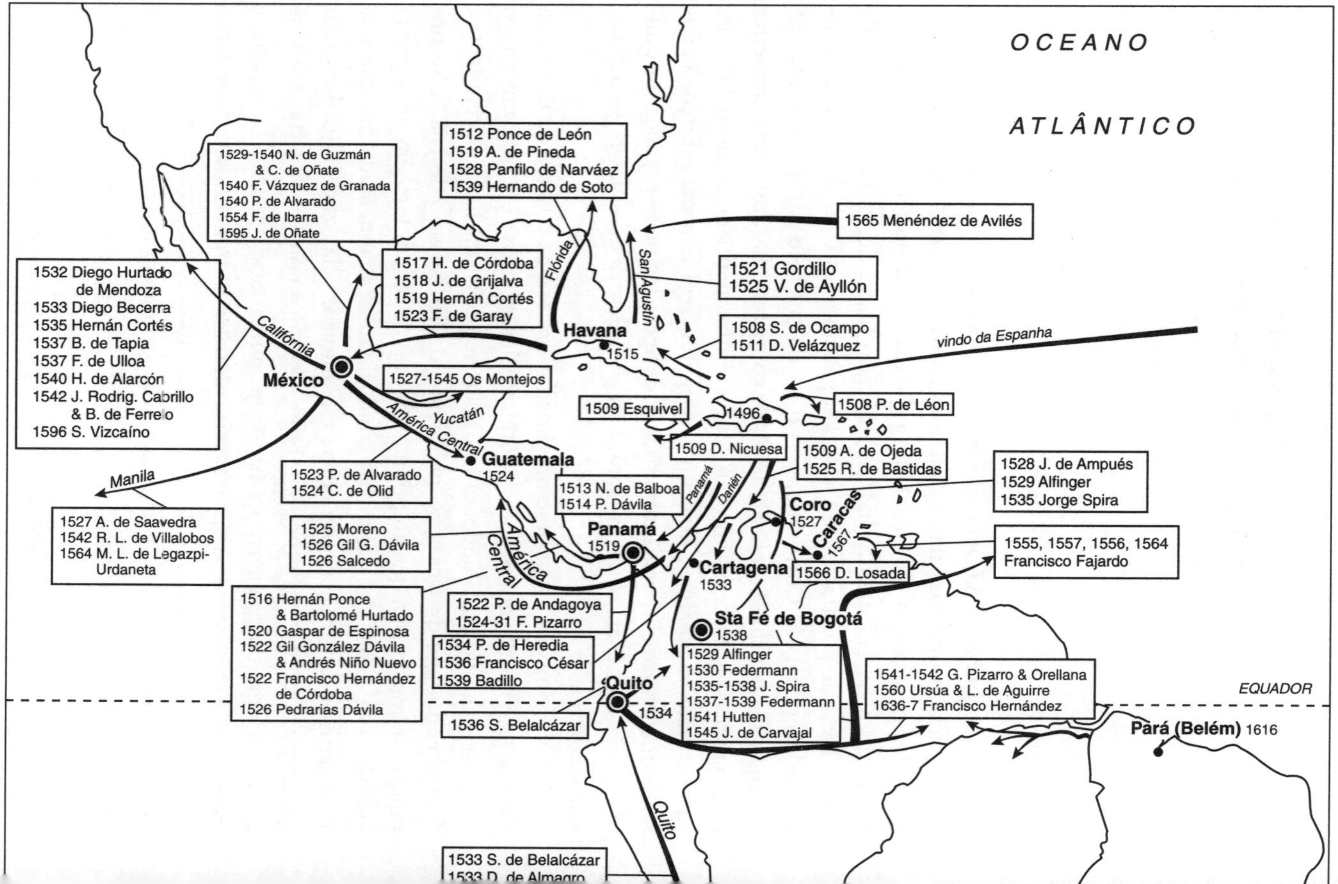

OCEANO
ATLÂNTICO
1529-1540 N. de Guzmán & C. de Oñate
1540 F. Vázquez de Granada
1540 P. de Alvarado
1554 F. de Ibarra
1595 J. de Oñate
1512 Ponce de León
1519 A. de Pineda
1528 Panfilo de Narváez
1539 Hernando de Soto
1565 Menéndez de Avilés
1532 Diego Hurtado de Mendoza
1533 Diego Becerra
1535 Hernán Cortés
1537 B. de Tapia
1537 F. de Ulloa
1540 H. de Alarcón
1542 J. Rodrig. Cabrillo & B. de Ferrelo
1596 S. Vizcaíno
1517 H. de Córdoba
1518 J. de Grijalva
1519 Hernán Cortés
1523 F. de Garay
Flórida
San Agustín
1521 Gordillo
1525 V. de Ayllón
Havana
1515
1508 S. de Ocampo
1511 D. Velázquez
vindo da Espanha
Califórnia
México
1527-1545 Os Montejos
Yucatán
América Central
1509 Esquivel
1496
1508 P. de Léon
1509 D. Nicuesa
1509 A. de Ojeda
1525 R. de Bastidas
Guatemala
1524
Manila
1523 P. de Alvarado
1524 C. de Olid
1513 N. de Balboa
1514 P. Dávila
Panamá
Darién
1528 J. de Ampués
1529 Alfinger
1535 Jorge Spira
1527 A. de Saavedra
1542 R. L. de Villalobos
1564 M. L. de Legazpi-Urdaneta
1525 Moreno
1526 Gil G. Dávila
1526 Salcedo
Coro
1527
Caracas
1567
Panamá
1519
América Central
Cartagena
1533
1566 D. Losada
1555, 1557, 1556, 1564 Francisco Fajardo
1516 Hernán Ponce & Bartolomé Hurtado
1520 Gaspar de Espinosa
1522 Gil González Dávila & Andrés Niño Nuevo
1522 Francisco Hernández de Córdoba
1526 Pedrarias Dávila
1522 P. de Andagoya
1524-31 F. Pizarro
Sta Fé de Bogotá
1538
1534 P. de Heredia
1536 Francisco César
1539 Badillo
Quito
1534
1529 Alfinger
1530 Federmann
1535-1538 J. Spira
1537-1539 Federmann
1541 Hutten
1545 J. de Carvajal
1541-1542 G. Pizarro & Orellana
1560 Ursúa & L. de Aguirre
1636-7 Francisco Hernández
EQUADOR
Pará (Belém) 1616
1536 S. Belalcázar
Quito
1533 S. de Belalcázar

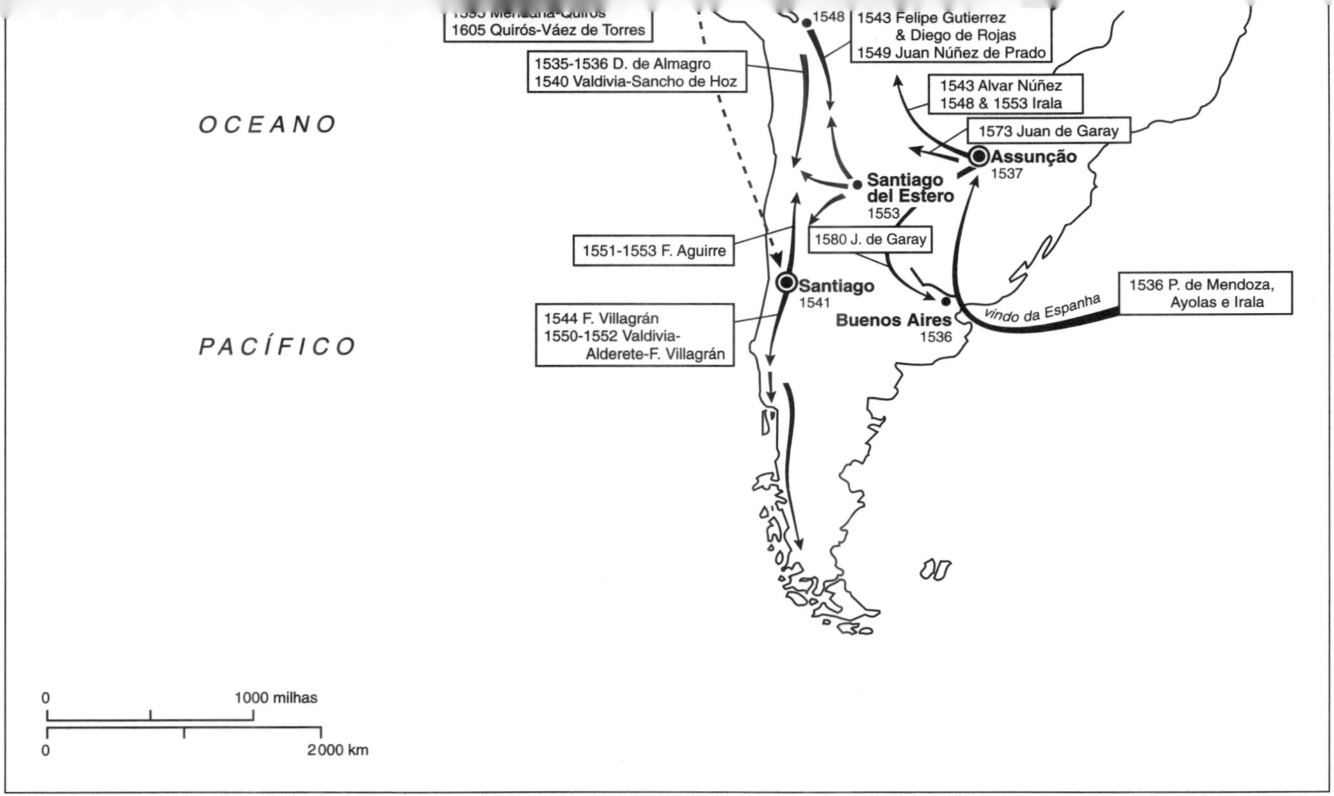

Fonte: Francisco Morales Padrón, *Historia General de América*, 2. ed., Madrid, 1975, pp. 336-337.

A descoberta e a exploração do Novo Mundo

das, com base na fundação de cidades às quais era concedida ampla extensão territorial sob garantia real.

Conquistar podia significar, portanto, colonizar, mas também podia significar assaltar, saquear e seguir adiante. A conquista no primeiro sentido dava primazia à ocupação e exploração da terra. No segundo sentido, concebia o poder e a riqueza de uma forma muito menos estática — em termos muito mais de posse de objetos fáceis de transportar, como ouro, pilhagem e gado, e de domínio sobre vassalos do que de propriedade da terra. Mobilidade implicava aventura, e aventura numa sociedade militar aumentava enormemente as oportunidades de elevar a própria posição aos olhos de seus iguais. O desejo de "conquistar honras" e de *valer más* era uma ambição fundamental na sociedade que era a Castela medieval, ligada por uma hierarquia de posições e atenta à idéia de honra. A honra e o valor eram mais rapidamente conquistados com a espada e mereciam ser formalizados numa concessão, por um soberano agradecido, de uma posição social superior. Foi seguindo essa tradição que Baltasar Dorantes de Carranza pôde escrever sobre os conquistadores do México que, embora houvesse entre eles alguns *hidalgos*, todos eram agora "por presunção" *hidalgos*, "porque toda *hidalguía* se origina por natureza em atos de serviço ao rei"[2].

A reconquista foi interrompida mas não concluída ao atingir seus limites naturais na própria Península Ibérica. O enclave do reino de Granada permaneceria nas mãos dos mouros até 1492, mas por outro lado a reconquista da Península pelos cristãos estava completa no final do século XIII. À medida que foram alcançados os limites da expansão interna, as forças dinâmicas da sociedade ibérica medieval começaram a buscar novas fronteiras no além-mar — os catalães e os aragoneses principalmente na Sicília, na Sardenha, no norte da África e no leste do Mediterrâneo, os castelhanos, como os portugueses, na África e nas ilhas do Atlântico.

O movimento expansionista dos ibéricos no século XV foi um reflexo ao mesmo tempo de aspirações especificamente ibéricas e de aspirações européias mais gerais no final da Idade Média. A Europa do século XV era uma sociedade que ainda sofria perturbações econômicas e sociais causadas pelas devastações da Peste Negra. Era pequena a oferta de mão-de-obra; as rendas

2. Baltasar Dorantes de Carranza, *Sumaria Relación de las Cosas de la Nueva España* [1604], 2. ed., México, 1970, p. 12.

da aristocracia haviam decaído; os monarcas e os nobres competiam por poder e recursos. Era também uma sociedade que se sentia ameaçada em suas fronteiras orientais pela presença hostil do Islã e pelo avanço dos turcos otomanos. Era uma sociedade intranqüila e relativamente móvel, ao mesmo tempo inquisitiva e aquisitiva — inquisitiva sobre o mundo que estava além de seus horizontes imediatos e aquisitiva em seu desejo de objetos de luxo e iguarias exóticos, e de ouro que permitisse comprar esses artigos do Oriente com quem ela tinha um saldo comercial permanentemente desfavorável.

A Península Ibérica, com sua proximidade da África e sua longa costa atlântica, estava geograficamente bem situada para assumir a liderança de um movimento de expansão para o oeste, numa época em que a Europa estava sendo bloqueada em suas fronteiras orientais. Desenvolveu-se uma tradição marítima ibérica, tanto no Mediterrâneo quanto no Atlântico, onde os pescadores bascos e cantábrios haviam acumulado um rico cabedal de experiência para a futura navegação em mares não-cartografados. A conquista de Sevilha em 1248 e o avanço da reconquista até os estreitos de Gibraltar haviam dado à coroa de Castela-Leão um novo litoral atlântico, cujos portos eram povoados por marinheiros de Portugal, da Galícia e da costa cantábrica.

Ao longo dessa costa marítima, a combinação entre as experiências adquiridas no norte e no Mediterrâneo criou uma raça de marinheiros capaz de promover e aproveitar os avanços na construção de navios e nas técnicas de navegação. As primeiras viagens portuguesas foram feitas em qualquer nau razoavelmente adequada que estivesse disponível, mas no final do século XV a combinação da mastreação quadrada do norte da Europa com a vela latina do Mediterrâneo havia transformado a caravela num imponente barco oceânico, a culminação de longo período de evolução e experimentação. As novas exigências das viagens atlânticas, da mesma forma que ajudaram a aperfeiçoar a caravela, também contribuíram para a melhoria das técnicas de navegação. Já que os navios agora navegavam em águas desconhecidas e sem avistar terra, não serviam mais as velhas práticas da navegação estimada, e os portugueses passaram a observar os astros para medir as distâncias e determinar a latitude, fazendo uso de instrumentos utilizados havia muito pelos astrônomos em terra, o astrolábio e o quadrante. Esses instrumentos, por sua vez, foram modificados e aprimorados para atender às necessidades dos viajantes do Atlântico. A bússola magnética, desenvolvida no final da Idade Média para ser usada no Mediterrâneo, facilitava aos navegadores a sua orientação e a marcação da direção num mapa. Aqui também a experiência adquirida no Mediterrâneo foi aproveitada para as necessidades do Atlântico, pois a região mediterrânica produziu os primeiros mapas marítimos; e as habilidades cartográficas desenvolvidas, no final da Idade Média, na Itália e transportadas para a Península Ibérica tornariam possível cartografar um mundo em expansão.

Com sua rica região rural e seus vínculos com o complexo portuário de Andaluzia, a própria Sevilha tornou-se a capital marítima e comercial, e agrária, do sul da Espanha. Atraía colonos do interior da Península — os antecessores daqueles que seriam mais tarde os emigrantes para as Índias — e comerciantes do Mediterrâneo, principalmente os genoveses. No curso do século XV, os genoveses se estabeleceram em números crescentes em Lisboa e em Sevilha, onde vislumbraram novas possibilidades de empreendimentos e de capital numa época em que suas atividades no Levante estavam sendo constringidas pelo avanço dos turcos. Esperavam desenvolver no Ocidente fontes alternativas de abastecimento de mercadorias valiosas — sedas, corantes e sobretudo açúcar — que no Oriente se lhes tornavam menos acessíveis; e estavam ávidos pelo acesso ao ouro do Saara.

Não é surpresa, portanto, encontrar capital e aptidões genovesas a desempenhar um papel importante, e às vezes decisivo, em empreendimentos ultramarinos ibéricos do século XV. Os genoveses estiveram bem representados nas expedições à costa africana em busca de escravos e de ouro e apoiaram ativamente o movimento de anexação e exploração das ilhas do Atlântico leste — as Canárias, Madeira e os Açores — onde esperavam instalar novas plantações de cana-de-açúcar.

Mas os genoveses não eram mais que um elemento, embora significativo, do movimento ultramarino da Península no final da Idade Média. Portugal em particular tinha uma forte comunidade mercantil nativa, que na revolução de 1383-1385 ajudou a colocar no trono a Casa de Avis. A nova dinastia mantinha vínculos estreitos com proeminentes comerciantes e era sensível à preocupação que revelavam com a aquisição de novos mercados e de novas fontes de suprimento de corantes, ouro, açúcar e escravos. Mas as aventuras ultramarinas de Portugal no século XV também eram guiadas por outros interesses, às vezes contraditórios. A nobreza, golpeada pelas desvalorizações da moeda que reduziram o valor de seus censos e rendimentos fixos, procuravam no ultramar novas terras e novas fontes de riqueza. Os príncipes da nova casa real combinavam em graus variados o instinto aquisitivo com o fervor de cruzada, uma sede de informações geográficas e um desejo de perpetuar seus nomes.

Sob a vigorosa direção da casa real, essas várias motivações combinaram-se para produzir entre os portugueses um intenso movimento em favor de uma expansão ultramarina numa época em que Castela ainda tinha de dar algo mais que um primeiro passo hesitante. A coroa de Castela, após a primeira tentativa séria de uma expedição de conquista em 1402, havia tomado posse nominal das ilhas Canárias. Todavia, em face da resistência oposta pelos habitantes guanchos, a conquista não foi adiante; e, durante grande parte do século XV, perturbações internas e a questão da reconquista ainda por concluir impediram Castela de seguir de modo sistemático o exemplo português.

Na época da morte do príncipe Henrique, o Navegador, em 1460, os portugueses haviam penetrado cerca de 2500 quilômetros na costa oeste da África e avançado pelo Atlântico, estabelecendo sua presença nas ilhas de Madeira, dos Açores e de Cabo Verde. A África era uma fonte potencial de mão-de-obra escrava para as plantações de cana-de-açúcar que surgiam nas ilhas recém-anexadas. A sociedade medieval do Mediterrâneo havia ideado formas e técnicas institucionais para o comércio, a escravização, a colonização e a conquista, e a participação dos genoveses na expansão ibérica do século XV fez com que reaparecessem essas mesmas formas e técnicas no avanço para a costa oeste da África e no movimento de penetração das ilhas no Atlântico.

O aspecto mais característico do estilo português de expansão foi a *feitoria*, o posto de comércio fortificado como o que foi instalado em Arguin ou em São Jorge de Mina na costa africana. O uso da feitoria tornou possível prescindir da conquista e colonização em larga escala e deu aos portugueses dos séculos XV e XVI a oportunidade de estabelecer sua presença em vastas áreas do globo sem a necessidade de penetrar muito no interior dos continentes. Era um estilo de colonização que Colombo, com sua formação genovesa e sua experiência portuguesa, chegou a conhecer bem, e que lhe proporcionaria um modelo óbvio quando chegasse às ilhas do mar dos Caraíbas.

A expansão ultramarina podia significar mais que a instalação de postos de comércio, como na verdade aconteceu aos portugueses nas ilhas do Atlântico e, mais tarde, no Brasil. Para instalar plantações de cana-de-açúcar, como nos Açores, foi necessário colonizar. No caso, o método mais barato do ponto de vista da coroa portuguesa era delegar responsabilidade de povoamento e desenvolvimento de territórios a particulares, que seriam recompensados com amplos privilégios. Esse sistema, pelo qual o donatário, ou senhor proprietário, era também o capitão e comandante, mesclava admiravelmente elementos capitalistas e senhorial-militares da sociedade mediterrânica medieval. Foi empregado pela coroa portuguesa no século XV para desenvolver Madeira e os Açores, e em 1534 seria estendido ao Novo Mundo, quando Dom João III dividiu a linha costeira em doze capitanias hereditárias.

Por conseguinte, os castelhanos, quando no final do século XV voltaram sua atenção para os novos mundos de além-mar, tinham os precedentes portugueses e suas próprias experiências na reconquista em que se basear. Tinham diante de si um conjunto de opções. Podiam comerciar ou podiam invadir; podiam estabelecer-se ou seguir adiante. A escolha que fizessem seria determinada em parte pelas condições locais — a facilidade da ocupação, a natureza dos recursos a explorar — e em parte pela combinação específica de indivíduos e interesses que sustentavam e controlavam as expedições de conquista.

Muita coisa dependia, inevitavelmente, do caráter do comandante e do tipo de apoio que era capaz de obter. O *conquistador*, embora extremamente individualista, nunca estava só. Fazia parte de um grupo sob o comando de um *caudillo*, um líder, cuja capacidade de sobrevivência seria testada na primeira oportunidade por sua capacidade de mobilizar homens e recursos, e depois pelo êxito em guiar seus homens à vitória. O sobrinho de Cortés, Alonso de Monroy, mestre da ordem de Alcântara, que se distinguiu em conflitos peninsulares no século XV, era conhecido por ser "extremamente afortunado na guerra" e alguém que "obrigava a sorte a segui-lo"[3]. Essa era a reputação a que Cortés aspirava, assim como todo *caudillo* do Novo Mundo.

O *caudillo* tinha a um e mesmo tempo de atender às exigências dos seus financiadores e a satisfazer as expectativas do grupo não menos individualista de homens que se haviam colocado temporariamente sob seu comando. Conseqüentemente, a tensão era parte integrante de toda expedição de conquista — tensão quanto aos propósitos e objetivos e quanto à distribuição dos espólios. A disciplina, em tais condições, era fruto, de um lado, da capacidade do líder de se impor a seus homens e, de outro, do senso coletivo de comprometimento com uma empresa comum.

Os longos séculos de guerra de fronteira em Castela ajudaram a criar aquela mistura especial de individualismo e senso de comunidade que um

3. Alonso Maldonado, *Hechos del Maestre de Alcántara Don Alonso de Monroy*, ed. A. R. Rodríguez Moñino, Madrid, 1935, p. 24.

dia tornaria possível a conquista da América. O pronome pessoal que perpassa as *Cartas* de Hernán Cortés que vêm do México é contrabalançado pelo "nós" confiante dos soldados que falam através de um dos seus, Bernal Díaz del Castillo, em seu *Verdadeira História da Conquista da Nova Espanha*. Mas o grande movimento expansionista que conduziu a presença espanhola através do Atlântico era algo mais que um esforço maciço da empresa privada que assumia temporariamente formas coletivistas. Isso porque, juntamente com a unidade individual e coletiva, havia dois outros participantes que marcavam de modo indelével todo o empreendimento — a Igreja e a coroa.

Mesmo quando a guerra de fronteira contra os mouros era feita por bandos autônomos de guerreiros, continuava a ser conduzida sob os auspícios da Igreja e do Estado. A Igreja garantia a sanção moral que elevava uma expedição de pilhagem ao nível de cruzada, enquanto a aprovação do Estado era necessária para legitimar a aquisição de senhorio e de terra. A terra, e o subsolo, estavam entre as *regalías* pertencentes à coroa de Castela, e conseqüentemente toda terra adquirida através de conquista por um indivíduo particular se tornava dele não por direito, mas por graça e favor reais. Cabia ao rei, na qualidade de senhor supremo (o *señor natural*), controlar o *repartimiento*, ou a distribuição das terras conquistadas ou por conquistar, e autorizar colônias de povoamento nos territórios conquistados. No momento da divisão dos espólios de guerra, sempre deveria ser separado o *quinto real*. Embora os *adelantados*, ou governadores militares das regiões de fronteira, possuíssem alto grau de autonomia, eram governadores em nome do rei.

Dessa e de muitas outras formas, a presença real se fazia sentir à medida que a reconquista prosseguia em seu avanço rumo ao sul. Inevitavelmente, a autoridade efetiva da coroa flutuava de uma geração para outra, mas a realeza em si era o centro de toda a organização da sociedade medieval de Castela e recebeu uma posição exaltada na grande compilação da tradição legal de Castela, as *Siete Partidas* de Alfonso X, no século XIII. A visão de uma sociedade harmoniosa contida nas *Siete Partidas* é aquela em que o rei, na qualidade de vigário de Deus na terra, exerce uma supervisão constante e ativa dentro do quadro da lei. Ao monarca cabia, na qualidade de senhor natural dessa sociedade, garantir bom governo e ministrar justiça, no sentido de assegurar que cada vassalo recebesse seus direitos e cumprisse as obrigações que eram suas em virtude de sua posição. Nessa teoria estava implícita uma relação contratual entre o rei e os vassalos: o reinado degenera em tirania se o rei, ou seus representantes nomeados, desconsiderar o bem-estar comum.

O bom rei, contrariamente ao tirano, deve estar atento a que os maus sejam punidos e os justos, recompensados. Sendo o distribuidor de patrocínio, ele recompensa os serviços dos vassalos merecedores com cargos e honras, de acordo com um sistema cuidadosamente regulamentado pelo qual, teoricamente ao menos, cada *servicio* de um vassalo recebe a devida compensação numa *merced*, ou favor, do rei.

Foi essa sociedade patrimonial, estruturada em torno da concepção de obrigação mútua simbolizada pelas palavras *servicio* e *merced*, que se viu desmantelada no final da Idade Média, foi reconstituída em Castela durante o reinado conjunto de Fernando e Isabel (1474-1504) e depois transportada através do oceano para ser implantada nas ilhas e no continente americanos. Fernando e Isabel, os Reis Católicos, eram os governantes do que era essencialmente uma sociedade medieval renovada. Mas a natureza do próprio reinado desses soberanos, embora tradicional em suas formulações teóricas, possuía na prática elementos de inovação que tornavam seu poder mais temível que o de qualquer de seus antepassados medievais.

Sobretudo, foram os primeiros soberanos autênticos da *Espanha* — uma Espanha constituída pela união, na própria pessoa deles, das coroas de Castela e Aragão. Embora as duas coroas permanecessem institucionalmente distintas, sua união nominal representava um notável realce do poder real. Na qualidade de reis da Espanha, os Reis Católicos tinham à disposição, pelo menos potencialmente, recursos financeiros e militares muito maiores do que os que podiam ser reunidos por qualquer facção rebelde entre seus súditos. Podiam recorrer a grandes reservas de lealdade instintiva entre súditos cansados de uma guerra civil interminável. Possuíam, na crescente classe dos *letrados* (funcionários com formação universitária), uma reserva de servidores profissionalmente qualificados, cujos próprios interesses eram mais bem servidos pela manutenção e ampliação da autoridade da coroa. O humanismo do Renascimento e uma religião revivescente com fortes nuances escatológicas forneciam idéias e símbolos que podiam ser explorados para projetar novas imagens da monarquia, como a de líder natural numa grande empresa coletiva — a missão divina de eliminar os últimos resquícios do domínio mouro e de purificar a Península de quaisquer elementos de contaminação, um prelúdio da difusão do evangelho aos recantos mais longínquos da terra.

Fernando e Isabel possuíam a sagacidade e a habilidade para aproveitar ao máximo essas diversas armas de seu arsenal. Em conseqüência, as últimas duas décadas do século XV em Castela — onde as barreiras institucionais opostas ao exercício da autoridade real eram muito menos fortes do que as da coroa de Aragão — testemunharam uma surpreendente reafirmação e ampliação do poder real.

A presença de um Estado intrusivo seria fundamental para todo o desenvolvimento da empresa ultramarina de Castela. É possível que alguns buscassem ativamente a intervenção real e que outros se sentissem melindrados com ela, mas em ambos os casos a autoridade da coroa deveria ser um ponto de referência automático para todos os envolvidos na exploração, conquista e colonização das novas terras.

Já havia claras indicações disso na primeira tentativa castelhana de conquista e colonização do Atlântico — a ocupação das ilhas Canárias nas décadas de 1480 e 1490. As Canárias ainda eram apenas uma possessão nominal da coroa de Castela quando se tornaram objeto de disputa entre Portugal e Castela na guerra da sucessão que irrompeu em 1475. Potencialmente rico por si mesmo, o arquipélago era também uma base óbvia tanto para as incursões à costa africana quanto para as viagens de exploração pelo Atlântico, do tipo que estava sendo empreendido pelos portugueses. A coroa de Castela, envolvida numa profunda rivalidade com Portugal, tinha portanto um interesse manifesto em fazer valer suas pretensões, e assim enviou uma expedição, que partiu de Sevilha em 1478, para ocupar a Grande Canária. A essa se seguiu, em 1482, uma nova expedição, mais bem-sucedida, sob o comando de Alfonso Fernández de Lugo; todavia, embora os portugueses recuassem de suas pretensões no tratado de paz de 1479, a resistência dos habitantes da ilha impediu uma ocupação fácil, e Palma só foi subjugada em 1492, e Tenerife, um ano depois. A conquista, como aconteceu nos Açores portugueses, foi seguida de exploração. Os genoveses ajudaram a introduzir o cultivo da cana-de-açúcar, e em 1526 havia doze grandes plantações de cana-de-açúcar somente na ilha Grande Canária.

A ocupação das Canárias, um ponto de parada natural na rota para as Índias, ilustra a conjunção entre interesse público e privado que havia caracterizado a reconquista e viria a caracterizar também a empresa da América. O domínio sobre as ilhas pertencia à coroa, que desse modo devia autorizar todas as expedições de conquista. Nessa ocasião, a coroa também participou do financiamento do empreendimento, mas Fernández de Lugo, nomeado pela coroa *adelantado* de Las Palmas, fez seu próprio contrato particular com uma companhia de comerciantes sevilhanos. Antes de partir uma expedição, era assinado um contrato formal, ou *capitulación*, entre a coroa e o comandante, em termos análogos aos de contratos semelhantes feitos durante o processo da reconquista. Nessas *capitulaciones* a coroa se reservava certos direitos nos territórios a ser conquistados, ao mesmo tempo em que garantia privilégios e recompensas específicos ao comandante e aos que se associassem a sua companhia.

Dessa maneira, quando Cristóvão Colombo, o obsessivo visionário genovês, finalmente persuadiu em 1491 Fernando e Isabel a patrocinar e apoiar sua projetada viagem ao Mar Oceano, viu-se preso a uma tradição bem-estabelecida que constituía a relação entre a coroa e os comandantes de expedições. A essa relação ele acrescentou suas próprias idéias, baseadas no modelo português de cartas de doação para os que descobrissem terras a oeste dos Açores. Nas *capitulaciones* ajustadas com os Reis Católicos em Santa Fé, fora de Granada, em abril de 1492, Colombo foi autorizado, segundo uma fórmula tradicional, a "descobrir e adquirir ilhas e territórios continentais no Mar Oceano" — na verdade a "conquistar", no sentido de procurar e ocupar terras atraentes. Nessa ocasião, a coroa mostrou desejos de fazer uma contribuição financeira relativamente pequena e fornecer navios a Colombo. Este foi nomeado vice-rei e governador hereditário de todas as terras descobertas, sendo "vice-rei" o título conferido pelos governantes da Aragão medieval a um representante designado para governar territórios que o próprio rei não tinha condições de administrar pessoalmente. Colombo foi também, por sua própria insistência, feito Almirante hereditário do Mar Oceano. Entre as recompensas que lhe foram prometidas no caso de sucesso estava o direito de designar funcionários judiciais (mas não administrativos) na área de sua jurisdição, juntamente com dez por cento dos lucros do escambo e do comércio.

Em 3 de agosto de 1492, quando Colombo partiu do porto andaluz de Palos, já estava obviamente antecipado que, se alcançasse as "Índias", ele estabeleceria um comércio de entreposto no estilo português em benefício da coroa de Castela, baseado em pequenos núcleos de guarnição. Mas as notícias que trouxe ao retornar à Espanha em março de 1493 sugeriam, pelo menos para a coroa, a conveniência de certas modificações no plano original. Havia um certo ceticismo com relação a ter Colombo realmente atingido o Oriente, como ele próprio insistia em afirmar. A revelação do que parecia ser novas ilhas e novos povos suscitou importantes questões sobre direitos às terras e sobre o tratamento a ser dispensado aos habitantes. Quem deveria exercer o domínio sobre eles, e quem deveria encarregar-se da salvação de suas almas?

Os Reis Católicos se dirigiram ao papado, segundo o precedente estabelecido pelos portugueses, que haviam assegurado uma doação formal do papa de direitos de soberania "do cabo Bojador até a Guiné e além". De um papa espanhol complacente, Alexandre VI, obtiveram o que queriam: direitos semelhantes em "todas e quaisquer ilhas e continentes, encontrados ou a encontrar" na área além de uma linha nacional de demarcação que deveria ser formalmente ajustada entre as coroas de Portugal e da Espanha, no Tratado de Tordesilhas de 1494. É possível que as bulas de 1493 de Alexandre VI fossem consideradas desnecessárias tendo em vista o princípio do Direito Romano estabelecido nas *Siete Partidas* de que a possessão pertencia aos primeiros ocupantes da terra. Mas a autorização papal deu um grau suplementar de segurança às pretensões de Castela contra toda contestação que Portugal pudesse tentar, e elevou a empresa das Índias ao nível de um empreendimento sagrado, ao vincular os direitos exclusivos de Castela a uma obrigação igualmente exclusiva de converter os pagãos à Fé. Essa empresa missionária, solenemente confiada à coroa de Castela, deu-lhe uma justificativa moral para a conquista e a colonização, que imediatamente fortaleceu e transcendeu os direitos decorrentes de uma ou de outra do fato da primeira descoberta.

A coroa, depois de procurar assegurar sua primazia na arena internacional, buscou também garantir a primazia na aventura de Colombo. O equipamento da frota para sua viagem de retorno a Hispaniola — uma frota, dessa vez, de dezessete navios em vez dos três da primeira viagem — foi confiado ao temível Juan Rodríguez de Fonseca, arcediago de Sevilha e membro do Conselho de Castela. Nos 23 anos seguintes, até a morte de Fernando, o Católico, em 1516, Fonseca seria de fato o diretor supremo e coordenador da empresa de Castela na América, encarregado da tarefa quase impossível de assegurar que, em cada estágio de descoberta, colonização e conquista, fossem preservados adequadamente os interesses e a autoridade da coroa. A inclusão, na segunda viagem de Colombo, de um representante dos *contadores mayores* de Castela — os principais ministros financeiros da coroa — juntamente com um *receptor* para coletar todos os direitos da coroa, e um *vedor*, ou fiscal de contas, estabeleceu o precedente que viria a ser seguido nas expedições futuras, uma supervisão e controle por parte de funcionários da coroa. Os homens de Fonseca seguiriam nos calcanhares de todo futuro explorador e descobridor, e nenhum capitão nas Índias conseguiria escapar por muito tempo da sombra opressiva da coroa.

A expedição de 1493 diferia também em outros aspectos importantes da anterior. Na primeira viagem não houvera sacerdotes, mas dessa vez era dada ênfase especial à conversão dos nativos, e um grupo de frades, especialmente escolhidos por Fernando e Isabel e liderados por um beneditino catalão, Bernardo Boil, recebeu o encargo da empresa missionária a ser empreendida às expensas da coroa. Além disso, a conversão implicava uma ocupação permanente, e toda a expedição foi preparada para o estabelecimento nas Antilhas de uma presença espanhola de longa duração. Dessa vez, em lugar de apenas 87 homens, Colombo foi acompanhado por 1 200, entre eles não apenas soldados e marinheiros e nobres aventureiros, mas também artesãos e agricultores. A ênfase nesse estágio foi posta na colonização, embora o *rescate* (comércio de trocas com os indígenas) continuasse a ser fundamental para a empresa. Uma colônia-modelo estava, na verdade, sendo enviada maciçamente de Sevilha — modelo, exceto por um aspecto básico: não incluía mulheres.

Assim, já em 1493, novos elementos entravam em cena para modificar ou transformar a empresa original das Índias na forma que Colombo havia ideado. O comércio e a exploração continuaram sendo componentes importantes do empreendimento; e a instalação de uma colônia permanente nas Antilhas estava em estreita sintonia com o estilo genovês-português de atividade ultramarina, como já era praticado em Madeira e ao longo da costa ocidental da África. Mas as antigas tradições castelhanas da reconquista também tendiam a afirmar-se, incentivadas em parte pelo fato de que o mundo recém-descoberto das Antilhas parecia densamente povoado por uma população não-cristã, e uma que possuía objetos de ouro. Em meio à diversidade de opções que estavam a seu alcance, Castela caminhava para uma que significava uma conquista em larga escala na tradição peninsular medieval — a afirmação da soberania, o estabelecimento da fé, a imigração e colonização, e um domínio amplo da terra e do povo. Todavia, quando foi lançada de modo precário no Novo Mundo a primeira colônia espanhola, ainda estava muito longe de ser decidido qual das duas formas, conquistar e colonizar, ou conquistar e seguir adiante, viria a prevalecer.

O PADRÃO DAS ILHAS

O problema que a coroa e seus agentes enfrentavam em Hispaniola prefigurava em dimensões pequenas o problema que estaria por trás de toda a empresa espanhola na América: como impor estabilidade num mundo onde quase tudo estava imediatamente em fluxo? Invadindo o recém-descoberto paraíso do mar dos Caraíbas, com suas próprias aspirações, seus valores e — não menos — suas doenças, Colombo e seus homens logo estariam a caminho de transformá-lo numa selva devastada.

Os espanhóis haviam voltado às Antilhas com idéias bem definidas. Queriam sobretudo ouro. Enquanto o próprio Colombo continuava em sua busca do caminho das Índias e do império do Grande Cã, a maior parte do seu bando instalou-se em Hispaniola, onde descobriu que a primeira colônia havia desaparecido em sua ausência. Assim, foi fundada uma nova colônia, Isabella, em cima do que se revelaria um local insalubre na praia norte. Foi proposto que os colonos construiriam uma cidade, plantariam suas culturas, criariam seu gado e instalariam uma cadeia de armazéns bem defendidos, nos quais os índios — agora submetidos à influência enaltecedora do cristianismo — depositariam docilmente grandes quantidades de ouro.

Esse sonho logo se esfacelou. A quantidade de ouro que devia provir do escambo com os índios revelou-se bastante desapontadora, e Colombo, ansioso por justificar os investimentos a seus soberanos, tentou complementar a insuficiência com outra mercadoria atraente, os próprios índios. Ao enviar índios caraíbas para a Espanha para serem vendidos como escravos, Colombo colocou de forma aguda uma questão que iria dominar a história da Espanha na América nos cinqüenta anos seguintes: o *status* a atribuir à população indígena.

Segundo as provisões do Direito Romano, os "bárbaros" podiam ser escravizados legitimamente, e o termo "bárbaro" chegara a ser interpretado pelo Cristianismo medieval como "infiel". No entanto, embora a coroa parecesse disposta a aplicar essa interpretação ao primeiro carregamento de tainos que chegou à Andaluzia, a influência dos teólogos levou a um reexame da questão. Um infiel era um homem que havia rejeitado a verdadeira fé, mas aparentemente, embora inexplicavelmente, esses novos povos haviam vivido na total ignorância dela. Deviam, portanto, ser classificados como pagãos e não como infiéis, a menos que continuassem a rejeitá-la, depois que se lhes pregasse o evangelho. Isabel, aconselhada por seu confessor Jiménez de Cisneros, suspendeu o tráfico. Esses povos eram súditos da rainha; e em 1500 a coroa declarou os índios "livres e não sujeitos à servidão". Essa decisão, aparentemente definitiva, na verdade estava longe de ser abrangente. Ainda era permitido escravizar índios aprisionados numa "guerra justa" — um termo que se revelou notavelmente flexível quando foi empregado nas Antilhas e depois no continente, abarcando de fato qualquer coisa desde índios "rebeldes" a caraíbas canibais. A conseqüência imediata da decisão da coroa foi estimular ataques para a preia de escravos contra as ilhas das Antilhas ainda não-habitadas por espanhóis, a fim de suprir o mercado com escravos "legítimos". À medida que se multiplicavam os abusos, aumentava também a repulsa contra eles, mas somente com as Novas Leis de 1542, que produzia efeito tanto retrospectivamente quanto para o futuro, é que foi abolida definitivamente, embora não universalmente, a escravidão indígena.

A rejeição, pelo menos de princípio, da escravidão indígena eliminou uma das opções abertas aos colonos de Hispaniola e, conseqüentemente, exacerbou os problemas de sobrevivência que já começavam a se tornar agudos. Algumas doenças que atacaram os colonos os haviam obrigado a mudar para o lado sul da ilha, onde sua nova colônia, Santo Domingo, fundada por Bartolomé Colón em 1498, deveria tornar-se o centro nervoso das Índias espanholas por uma ou mais gerações. Mas a sobrevivência de Santo Domingo como colônia viável dependia do estabelecimento de um certo equilíbrio entre os colonos, que, como todos os colonizadores, chegavam com expectativas exageradas, e os recursos, que não só eram limitados mas também se escasseavam rapidamente.

A família de Colombo, que tinha jurisdição sobre as ilhas, revelou não estar à altura da tarefa. Na qualidade de genoveses adventícios, começaram em desvantagem natural, e por temperamento nem o almirante nem seus irmãos estavam preparados para lidar com a indisciplina endêmica de um bando de espanhóis cujo único pensamento era a riqueza fácil. A era Colombo nas Índias Ocidentais terminou definitivamente com o retorno final de Diego Colón à Espanha em 1524, mas já desde a metade da década de 1490 a coroa estava cuidadosamente refreando e reduzindo a jurisdição da família. O verdadeiro fundador de Hispaniola e, através disso, das Índias espanholas foi frei Nicolás de Ovando, nomeado governador em 1501. Um estremadurenho cuja habilidade política e capacidade administrativa se revelaram na reforma da ordem militar de Alcántara, Ovando recebeu a incumbência de dar estabilidade a uma ilha onde a comunidade de colonos estava dilacerada por facções e ameaçada de extinção devido à escassez de alimento e de mão-de-obra.

Nos seus oito anos de governo, Ovando conseguiu estabelecer as bases da sobrevivência econômica e um controle centralizado eficiente. Começou por reconstruir a própria cidade de Santo Domingo, que fora destruída por um ciclone pouco antes de sua chegada, na primavera de 1502. Reconstruída num local ligeiramente diferente, Santo Domingo tornou-se a primeira cidade verdadeira do Novo Mundo espanhol — aquela que era a primeira a surgir aos olhos de toda uma geração de recém-chegados às Índias e a fornecer o modelo para as cidades que viriam a nascer na América continental. Em seu *Sumario de la Natural Historia de las Indias* (1526), o orgulhoso cronista de Hispaniola, Gonzalo Fernández de Oviedo, descrevê-la-ia como superior até mesmo a Barcelona e a todas as outras cidades que havia visto no Velho Mundo: "pois como foi fundada em nossa época [...] foi projetada com régua e compasso, e todas as ruas planejadas em linhas regulares"[4]. A planta em grade, que seguia modelos já estabelecidos na Europa — inclusive o da habitação temporária dos Reis Católicos em Santa Fé em Granada — havia cruzado o Atlântico em segurança.

Muitas das práticas e instituições que viriam mais tarde a ser transplantadas para o continente americano eram o produto direto do sistema administrativo aplicado por Ovando em Hispaniola, que por sua vez se calcava nas experiências da reconquista na Espanha e da conquista das Canárias. Para induzir os espanhóis a permanecer na América, seria preciso conceder-lhe uma recompensa em recursos da ilha, ou naturais ou humanos. As esperanças de uma economia baseada no escambo do ouro com os indígenas haviam naufragado com a escassez do metal, embora ainda fosse possível extrair mais ouro de minas e dos rios. Isso por sua vez requeria mão-de-obra, e Colombo já havia introduzido um sistema de trabalho forçado dos índios que ajudaria a produzir tributos para o rei e lucros para os colonos. Tentativas de substituir a mão-de-obra escrava por trabalho voluntário pago revelaram-se infrutíferas, como deveria acontecer numa sociedade que desconhecia totalmente o conceito europeu de "trabalho". Dessa forma, por recomendação de Ovando, a coroa aprovou em 1503 um sistema de trabalho forçado, pelo qual o governador teria liberdade para distribuir a mão-de-obra indígena nas minas ou nos campos, sendo pagos salários aos que recebessem essa consignação.

Ao dar a Ovando o poder de distribuir a mão-de-obra escrava a seu bel prazer, a coroa lhe dera os meios de moldar a vida da ilha a suas próprias

4. Gonzalo Fernández de Oviedo, *Sumario de la Natural Historia de las Indias*, ed. José Miranda, México, 1950, pp. 88-89.

necessidades. O *repartimiento*, ou distribuição dos índios, fora um ato de favor da coroa e, portanto, trazia consigo certas obrigações a ser cumpridas pelos concessionários. Deviam cuidar dos índios e instruí-los na fé, o que significava que deveriam ser temporariamente "depositados" ou confiados a espanhóis privados. Era um sistema que lembrava a *encomienda*, ou o uso de atribuir povoações mouras a membros de ordens militares na Espanha medieval; e a palavra *encomienda* ressurgiria no devido tempo neste novo ambiente americano, embora agora comportasse um sentido bastante diferente[5]. A *encomienda* no Novo Mundo não incluía a distribuição de terras ou de arrendamentos. Era simplesmente uma concessão pelo Estado de mão-de-obra compulsória, vinculada a responsabilidades específicas para com seus "protegidos" indígenas por parte do depositário, ou *encomendero*.

Teoricamente, tais responsabilidades não poderiam ser atribuídas levianamente. Deviam ser dadas aos mais capacitados para exercê-las, aos merecedores e aos estabelecidos — e o homem estabelecido no mundo hispânico era o homem de propriedades com uma residência urbana. O controle que exerceu sobre a oferta de mão-de-obra, portanto, deu a Ovando as condições para incentivar a instalação de espanhóis em pequenas comunidades urbanas, cada uma com seu *cabildo*, ou conselho da cidade, segundo o modelo espanhol. A mão-de-obra indígena devia ser distribuída apenas aos *vecinos*, cidadãos com plenos direitos.

Para facilitar o processo de distribuição, os índios eram também deslocados e era dada a seus *caciques* a responsabilidade pelo fornecimento de mão-de-obra aos espanhóis. Enquanto parte dessa força de trabalho era constituída de índios de *encomienda*, outros índios, chamados *naborías*, assumiam o serviço nas casas das famílias espanholas como servos domésticos. Esses *naborías* situavam-se dos dois lados da linha que dividia a sociedade harmoniosa, tal como fora planejada por Ovando — uma sociedade em que a comunidade indígena e a espanhola coexistiam sob a estrita supervisão do governador real e onde os índios eram introduzidos nos benefícios da civilização cristã e em troca forneciam a mão-de-obra, que era tudo o que tinham a oferecer. Ovando incentivou ao mesmo tempo o estabelecimento da criação de gado e do cultivo da cana-de-açúcar, na esperança de libertar a socie-

5. Para um exame mais detalhado do sistema de *encomienda*, ver o trabalho de J. H. Elliott, adiante neste volume, cap. 7 (pp. 283-337) e o de Murdo J. MacLeod, cap. 8, pp. 339-390; ver também Charles Gibson, *História da América Latina*, vol. II, cap. 7.

dade de Hispaniola de uma dependência excessiva desse bem elusivo, o ouro, e de amarrar os colonos à terra.

Sob o governo de Ovando, portanto, Hispaniola fez a transição de entreposto para colônia, mas seu esquema trazia dentro de si mesmo as sementes da sua própria destruição. O estabelecimento formal do trabalho forçado para a população indígena apenas precipitou um processo que já se estava tornando catastrófico — a sua total extinção. Em vinte anos desde o desembarque de Colombo, a população dessa ilha densamente habitada havia sido quase varrida pela guerra, pelas doenças, pelos maus tratos e pelo trauma resultante dos esforços dos invasores para obrigá-la a aceitar modos de vida e comportamento totalmente desvinculados de sua experiência anterior.

Numa tentativa desesperada de manter a oferta de mão-de-obra, os colonos realizaram ataques maciços às Baamas e deportaram sua população lucayo para Hispaniola. Todavia, à medida que chegavam da Espanha novas levas de imigrantes em busca de uma fortuna rápida, a importação de mão-de-obra forçada das ilhas vizinhas não passava de mero paliativo. A estabilidade buscada por Ovando se mostrava absolutamente elusiva, e a tentativa de impô-la por meios autocráticos provocava acerbos ressentimentos contra o governador. Estabelecendo um modelo que seria seguido repetidas vezes no governo das Índias, os dissidentes locais conseguiram mobilizar defensores influentes na corte. Ovando foi afastado do cargo em 1509, vítima de Fonseca e seus funcionários em Hispaniola, e Diego Colón, que o sucedeu como governador, não teve melhor sorte. As pretensões da família Colombo tornaram-no suspeito à coroa; e em 1511 esta tomava medidas para refrear seu poder, ao instituir um tribunal legal permanente, a *audiencia* de Santo Domingo. A *audiencia* em si, criada nos moldes das chancelarias de Valladolid e Granada, devia servir de modelo para outros tribunais desse tipo à medida que a coroa espanhola ampliou seu controle sobre o continente americano. Os agentes do governo real deveriam no futuro ser mantidos sob controle permanente por parte dos agentes da justiça real.

O declínio progressivo tanto da população nativa de Hispaniola quanto da não-branca trazida de fora produziu duas reações diversas, cada uma delas com importantes conseqüências para o futuro da América espanhola. Provocou, em primeiro lugar, um intenso movimento de indignação moral, na própria ilha e na metrópole espanhola. O movimento foi liderado pelos dominicanos, horrorizados com as condições que encontraram na ilha à sua chegada em 1510. Seu maior expoente foi Antonio de Montesinos que, num sermão proferido em Santo Domingo no domingo anterior ao Natal de 1511, denunciou os maus tratos infligidos aos índios e recusou a comunhão aos *encomenderos*, que ele considerava os maiores responsáveis pela situação. O maior prosélito que conseguiu para a sua causa foi Bartolomé de Las Casas, que em 1514 renunciou a sua *encomienda* e a seus interesses comerciais na ilha e dedicou os 52 anos restantes de uma vida turbulenta à defesa apaixonada dos súditos indígenas da coroa espanhola.

As repercussões desse movimento logo se fizeram sentir na corte de Fernando, o Católico, onde o cinismo a respeito da exploração da riqueza das Índias era contrabalançado por uma consciência das obrigações impostas à coroa por uma série de bulas papais que haviam culminado na de 28 de julho de 1508, que lhe concedeu um *patronato* universal, ou o direito de apresentar candidatos aos benefícios do Novo Mundo, em troca dos onerosos deveres envolvidos na evangelização da população índia. Tornava-se claramente manifesta a necessidade de um novo código de legislação para proteger os índios dos abusos descritos em detalhes tão chocantes por Montesinos e seus colegas. As Leis de Burgos de 1512 foram uma tentativa, embora ingênua, de dar essa proteção, ao regulamentar cuidadosamente o funcionamento da *encomienda*, uma instituição que não era considerada incompatível — levando em conta as fraquezas e deficiências da maioria dos índios — com o princípio da liberdade indígena que as Leis também proclamavam.

As Leis de Burgos já nasceram letra morta das penas dos legisladores: não havia autoridade na ilha que estivesse disposta a garantir sua aplicação ou fosse capaz de fazê-lo. Mas em 1516, com a morte de Fernando, o regente Cardeal Cisneros, sob a influência de Las Casas, fez nova tentativa de enfrentar o problema mediante o envio de uma comissão de três hieronimitas para governar a ilha. Os dois anos de governo dos hieronimitas ilustraram vigorosamente as dificuldades inerentes a uma política de boas intenções diante de fatos adversos. Foi difícil erradicar os abusos e o declínio da população nativa não pôde ser detido.

Admitindo com relutância que a economia da ilha não sobreviveria sem o recurso à mão-de-obra forçada, os hieronimitas concluíram que a única solução era importá-la na forma de escravos negros. A instituição da escravidão negra já era bem conhecida na sociedade mediterrânica do final da Idade Média. Comerciantes portugueses importavam negros da costa da Berbéria para Portugal desde meados do século XIII, e o número de escravos negros na Península Ibérica aumentou drasticamente no século XV, quando a penetração portuguesa na costa da Guiné criou novas fontes de suprimento. Desfrutando de um monopólio efetivo desse comércio, os negociantes portugueses supriam amplamente o mercado espanhol desde a década de 1460. Embora Lisboa fosse a cidade com a maior população negra da Península, logo números substanciais de escravos — alguns deles mais mouros que negros — foram encontrados em muitas das principais cidades espanholas, onde eram empregados sobretudo no serviço doméstico. Sevilha, com uma população total de cerca 100 mil habitantes na década de 1560, tinha nessa época um contingente de seis mil escravos, em sua maioria negros.

Não é de surpreender, portanto, que o trabalho escravo negro parecesse aos espanhóis uma resposta natural aos problemas de Hispaniola. O primeira carregamento de negros *ladinos* (que falavam o espanhol) chegou à ilha em 1505 e outros se seguiram, até que Cisneros proibiu todo e qualquer embarque, sob a alegação de que a presença de números crescentes de *ladinos* era causa de grande inquietação. Mas em 1518, após a sua morte e com a bênção dos hieronimitas, o tráfico recomeçou sob a égide da coroa, pois Carlos V concedeu a um membro de sua família borgonhesa uma licença para que enviasse quatro mil escravos para as Índias no curso de oito anos. Este vendeu imediatamente a sua licença aos genoveses. Um novo e lucrativo comércio transatlântico se constituía, quando o Velho Mundo da África era chamado a restabelecer o equilíbrio demográfico do Novo.

A catástrofe demográfica que havia atingido os indígenas de Hispaniola teve outro efeito imediatamente mais importante. A população excessiva de espanhóis na ilha, impelida a importar mão-de-obra para garantir a própria sobrevivência, era impelida também por razões análogas a exportar-se a si mesmos. A necessidade de sair em viagem era de qualquer modo instintiva na maioria desses homens, de maneira que a necessidade e a inclinação andavam de mãos dadas. A terceira e a quarta viagem de Colombo em 1498 e em 1502-1504 haviam revelado grande parte dos contornos do mar dos Caraíbas e delineado a linha costeira da América Central e parte de Tierra Firme (Venezuela). As descobertas do almirante, do mesmo modo que as ricas pescas de pérola ao largo da costa da Venezuela, encorajaram outros a seguir-lhe os passos. Em 1499 Alonso de Hojeda levantou o mapa da costa venezuelana até o golfo de Maracaibo; em 1504 Juan de la Cosa explorou a costa de Darién; e, à medida que se alargava o raio de espaço explorado em torno de Santo Domingo, aumentavam também as pressões em favor da conquista e da migração.

A partir de 1508, os impacientes colonos de Santo Domingo se espalhavam ganranciosamente pelas ilhas vizinhas. A colonização de Porto Rico foi iniciada em 1508 e a da Jamaica em 1509. Dois anos mais tarde Diego Velázquez, na qualidade de representante de Diego Colón, aventurou-se à conquista do que viria a ser um prêmio maior, a ilha de Fernandina, ou Cuba. Esta viria a tornar-se uma base para viagens de exploração e conquista à América continental, e seu porto de Havana, deslocado em 1519 para um local abrigado na costa norte, iria substituir Santo Domingo como porta de passagem para as Índias.

Ignorando os direitos da família Colombo, a coroa agora emitia licenças para a descoberta e conquista do território rapidamente emergente que parecia bloquear a rota para o Oriente. Juan Ponce de Léon, o conquistador de Porto Rico, descobriu a Flórida em 1513, mas não aproveitou a autorização para colonizá-la. Parecia que prêmios mais rutilantes acenavam em outros lugares. Ao longo das praias do golfo de Darién, vinham surgindo núcleos coloniais de escambo para o *rescate* de ouro dos indígenas locais. Em 1513, Vasco Núñez de Balboa, cortando seu caminho através do istmo, avistou o oceano Pacífico a partir de Darién. Três meses antes disso, na Espanha já haviam sido dadas ordens para o envio de uma expedição da Península, sob o comando de Pedrarias Dávila, com o propósito de conquistar essas regiões continentais, agora batizadas com o nome de Castilla del Oro. Na busca violenta de ouro, Pedrarias pilhou e aterrorizou; e no confronto inevitável com Balboa, saiu vencedor. Sob a direção de Pedrarias, algumas expedições de descoberta se espalharam pela América Central, a maioria delas preferindo a costa do Pacífico, onde em 1519 Pedrarias fundou a cidade do Panamá. Nesse mesmo ano, Cortés aportou no México, e Magalhães partiu em sua viagem de circunavegação, que daria à Espanha, tarde demais, sua rota marítima para o Oriente pelo ocidente.

A cada novo avanço dos invasores espanhóis o raio de devastação se alargava. À medida que uma área após outra de penetração espanhola perdia sua população aborígine diante do avanço incessante da destruição, da degradação e da doença, os invasores espanhóis faziam esforços desvairados para restabelecer a força de trabalho nativa em declínio, organizando expedições para preia de escravos na região circunvizinha. Incursões às Baamas e às ilhas menores do mar dos Caraíbas para repor os efetivos de população nativa de Hispaniola foram seguidas de ataques à Flórida e ao golfo de Honduras para reconstituir os de Cuba. Muito antes de Cortés partir de Cuba, preadores de escravos também tinham mostrado grande atividade na costa de Yucatán. Todavia, foi no período que se seguiu à ocupação do istmo do Panamá e à descoberta e conquista do Peru que os ataques para a preia de escravos se tornaram um meio de vida regular e altamente organizado. Com o desaparecimento dos habitantes nativos do istmo do Panamá, os espanhóis ficaram sem sua força de trabalho para cultivar as plantações, batear o ouro e transportar através do istmo as cargas pesadas que seriam embarcadas para o Peru. Para atender a suas necessidades, os colonos se voltaram não só para as tradicionais áreas fornecedoras de escravos das Antilhas, mas também para a densa população instalada na região lacustre da Nicarágua, onde as incursões escravistas alcançaram um novo nível de intensidade. Contudo, em toda a parte a esperança de repor uma população indígena desaparecida revelou-se ilusória. Os escravos importados sucumbiram tão rapidamente quanto havia desaparecido a população que deviam substituir, e o desnudamento de uma região não era seguido, como esperavam os espanhóis, pela reconstituição de outra.

No entanto, o negócio lucrativo do tráfico de escravos contribuiu substancialmente para o aumento do conhecimento geográfico, à medida que os saqueadores exploraram a costa de Tierra Firme, Panamá, Honduras e Flórida e traçara mapas das Baamas e das Pequenas Antilhas. Incentivou igualmente o comércio na região do mar dos Caraíbas e encorajou as primeiras tentativas locais de construção naval para atender às necessidades de homens que eram ao mesmo tempo preadores de escravos e comerciantes. O "período insular" de descoberta, conquista e colonização, entre os anos de 1492 a 1519, culminou, portanto, num período de atividade intensa e acelerada, estimulada ao mesmo tempo pelo fracasso inicial de Santo Domingo em manter seus impacientes imigrantes e pelas perspectivas rapidamente crescentes de pilhagem, comércio e lucros à medida que o território continental ia sendo revelado.

Ao mesmo tempo, e com uma fronteira em movimento constante, as esperanças de persuadir os habitantes das fronteiras a criar raízes estavam fadadas ao desvanecimento. Era verdade que Hispaniola, com sua crescente força de trabalho escravo, se esforçava através de suas dificuldades para conquistar uma modesta viabilidade econômica, baseada na exportação de açúcar e de peles. Não obstante, Santo Domingo jamais poderia ter esperado manter a posição de preeminência, que lhe fora conferida por Gonzalo Fernández de Oviedo, de capital do império espanhol nas Índias. Depois de conquistado e colonizado o continente, ela estava fadada a se manter à margem dos acontecimentos. Mas toda a experiência de Hispaniola, sua população destruída e seus recursos devastados em busca do ganho imediato surgiam como um aviso assustador dos efeitos de uma mentalidade de *conquistador*, não-refreada por escrúpulos morais ou controle institucional. O mesmo processo se repetia mais uma vez no istmo do Panamá de Pedrarias Dávila. A menos que se conseguisse associar a colonização à conquista de um modo mais bem sucedido do que nos primeiros anos da conquista espanhola da região caribenha, as expedições que agora se dirigiam para o continente americano iam conquistar apenas para pilhar.

A ORGANIZAÇÃO E O AVANÇO DA CONQUISTA

Pode-se dizer que o território continental da América espanhola foi "conquistado" entre 1519 e 1540, no sentido de que esses 21 anos viram o estabelecimento da presença espanhola em todas as grandes áreas do continente, e uma afirmação da soberania espanhola, mais efetiva em algumas regiões do que em outras, sobre aqueles povos que não figuravam na área de jurisdição cedida a Portugal pelo Tratado de Tordesilhas — área que se verificou incluir o recém-descoberto Brasil. A Península Ibérica, com exclusão de Portugal, tem uma superfície de pouco menos de 500 mil quilômetros quadrados. A superfície das Américas que cabia à Espanha nessas duas décadas era de dois milhões de quilômetros quadrados. A coroa tinha cerca de seis milhões de súditos em Castela e outro milhão em Aragão; agora adquiria — mesmo que de modo apenas fugaz, antes que a morte e a destruição cobrassem seu pavoroso tributo — talvez 50 milhões de novos súditos nas Américas.

Dois grandes arcos de conquista que se moviam a partir das Antilhas realizaram a subjugação da América continental. Um, organizado a partir de Cuba entre 1516 e 1518, atravessou o México de 1519 a 1522, destruindo a confederação asteca, e depois irradiou-se para o norte e para o sul a partir do planalto central mexicano. Em 1524 o movimento para o sul havia-se expandido através da atual Guatemala e El Salvador, mas ainda passariam vinte anos até que os grandes centros em Yucatán caíssem sob algum tipo de domínio espanhol. O avanço para o norte a partir do México central revelou-se um processo bem mais lento. Entre 1529 e 1536, Nuño de Guzmán, assolando o norte e o oeste mexicano, conquistou o vasto reino de Nova Galícia. A exploração continuou com a partida de Hernando de Soto, em 1539, para explorar o sudeste norte-americano e com a busca vã, por parte de Francisco Vázquez Coronado, entre 1540 e 1542, das sete cidades de

Cíbola nas planícies a oeste do Mississipi. Mas o fracasso dessas duas expedições determinou os limites extremos do avanço espanhol. As terras de fronteira da Nova Galícia foram deixadas ao lento avanço dos missionários, à empresa agrícola e de mineração; e somente em 1562-1575 é que outra grande região do noroeste mexicano, Nueva Vizcaya, caiu sob o domínio espanhol pela espada de Francisco de Ibarra.

O outro arco de conquista, começando no Panamá, deslocou-se por breve período para o norte em 1523-1524 até a Nicarágua, e depois, após curta pausa, tomou a rota do Pacífico rumo ao sul para a conquista do império inca em 1531-1533. Do Peru os *conquistadores* rumaram para o norte até Quito (1534) e Bogotá (1536), onde encontraram outros grupos que desciam pela costa da Venezuela e da Colômbia. Enquanto uma expedição sob o comando de Gonzalo Pizarro partia de Quito em 1541 para explorar a bacia amazônica, outros *conquistadores* seguiam para o sul rumo ao Chile, onde Santiago foi fundada em 1542 por Pedro de Valdivia. A conquista chilena fracassou numa guerra desgastante com os índios araucanos. Do outro lado do continente uma expedição que vinha da Europa, sob o comando de Pedro de Mendoza, tentou sem sucesso ocupar a região do rio da Prata em 1535-1536 e terminou por deixar um remoto posto avançado de colonização no Paraguai. Buenos Aires, fundada pela primeira vez em 1536 e destruída em 1541, foi fundada novamente em 1580, desta vez não a partir da Europa mas de Assunção.

Embora as áreas marginais, quer no norte do México, quer no sul da América do Sul, se mostrassem rebeldes à dominação, não obstante persiste o fato de que as regiões povoadas por uma população indígena maior e mais densa caíram sob o domínio espanhol no espaço de uma única geração. Como se pode explicar a extraordinária rapidez desse processo de "conquista"?

É da própria natureza da conquista que as vozes dos vencedores soem mais alto que a dos vencidos[6]. Isso é particularmente verdadeiro no caso das Américas, onde o mundo conquistado logo seria um mundo destruído. Era, de qualquer forma, um mundo de infinita variedade, que ia das populações densamente assentadas da Mesoamérica e dos Andes, passando pelos povos

6. Para uma abordagem mais completa sobre os indígenas e a conquista espanhola, ver Jorge Hidalgo, *The Cambridge History of Latin America*, vol. I, cap. 4, e o trabalho de Nathan Wachtel, adiante neste volume, cap. 5, às pp. 195-239.

parcialmente sedentários da periferia dessas regiões, aos bandos de caçadores e coletores de alimentos, como os que perambulavam pelo norte do México e pelas planícies argentinas. Entre alguns desses povos, as tradições orais e o folclore mantiveram viva a história da conquista. Entre outros, a memória coletiva foi extinta juntamente com eles próprios. E entre alguns — mais notadamente os astecas e os maias, que haviam desenvolvido sistemas de escrita — os episódios da conquista, mantidos vivos na música e na poesia, foram transmitidos aos frades, que os registraram por escrito, ou então foram gravados nos textos daqueles que, se não sofreram a experiência da conquista, pelo menos haviam-na conhecido dos membros da geração de seus pais.

Dada a diversidade dos povos, a relativa escassez das fontes e a natureza das circunstâncias em que foram produzidos, seria temerário afirmar que os registros que chegaram até nós dão-nos a perspectiva "indígena" da conquista. Mas fornecem na verdade uma série de evocações pungentes, filtradas pelas lentes da derrota, do impacto que provocou em certas regiões a súbita erupção de invasores estrangeiros, cuja aparência e comportamento estavam tão distantes da expectativa normal. A *Relación de Michoacán*, por exemplo, compilada por um franciscano espanhol por volta de 1540, com base em material reunido anteriormente junto a informantes tarascanos nativos, relata da seguinte maneira as impressões desses últimos sobre os espanhóis:

> Quando viram os espanhóis pela primeira vez, os índios ficaram maravilhados diante de um povo tão estranho que não comia a mesma espécie de alimento, nem ficavam bêbados como os índios. Chamaram os espanhóis de Tucupacha, que significa deuses, e Teparacha, que significa grandes homens e é também empregado para designar deuses, e Acacecha, que significa pessoas que usam capa e chapéu. Com o passar do tempo, começaram a chamá-los de cristãos e a acreditar que haviam vindo do céu. Tinham certeza de que as roupas dos espanhóis eram as peles dos homens como os próprios índios usavam em ocasiões festivas. Alguns chamavam os cavalos de veados, outros de *tuycen*, que eram algo parecido com os cavalos que os índios faziam com pão de asnerina para serem usados na festa de *Cuingo* e aos quais prendiam crinas de cabelo falso. Os índios que primeiro viram os cavalos disseram aos Cazonci que os cavalos falavam, que os espanhóis, quando estavam montados, diziam aos cavalos que deviam andar quando puxavam as rédeas[7].

7. *The Chronicles of Michoacán*, trad. e ed. de Eugene R. Craine e Reginald C. Reindorp, Norman, Oklahoma, 1970, p. 87.

O choque de surpresa produzido pelo aparecimento dos espanhóis e seus cavalos deu aos invasores uma importante vantagem inicial. Mas os registros cheios de destruição dos vencedores, produzidos sob o impacto esmagador da derrota, não fornecem por si mesmos uma base adequada para a compreensão do êxito espanhol. Por sua natureza, essas narrativas avançam inexoravelmente para a catástrofe, que desde o início é prenunciada por presságios misteriosos, como a queima inexplicada de templos ou o aparecimento de um pássaro estranho com um espelho na cabeça. O senso de inevitabilidade intensifica imensuravelmente a pungência da história contada pelos vencidos, mas continua sendo uma história que pode refletir muito mais a percepção pós-conquista de um evento vasto demais para ser inteiramente compreendido e absorvido do que fornecer uma avaliação confiável das chances espanholas no momento da chegada.

Parece à primeira vista que a superioridade numericamente esmagadora das populações indígenas oferecia pouca chance a pequenos bandos de espanhóis ligados a suas bases distantes apenas por linhas muito precárias de aprovisionamento. Todavia, nos primeiros estágios da conquista, a complexa diversidade dessas populações operou a favor dos espanhóis, embora num estágio posterior isso viesse a provocar sérias dificuldades. Tribos nômades ou semi-sedentárias em regiões de população escassa encontravam dificuldade para impedir a passagem dos resolutos e fortemente armados europeus, embora as flechas envenenadas usadas em algumas partes das Américas causassem muitas perdas entre os invasores. O problema mais imediato dos espanhóis era como conquistar e depois manter as áreas de maior interesse para eles — as áreas com grandes populações sedentárias na Mesoamérica e nos Andes, onde as perspectivas de riqueza em minérios e uma força de trabalho disciplinada tornavam a conquista digna do esforço.

Mas no final o próprio tamanho e o caráter dessas populações mesoamericanas e andinas mostraram que constituíam mais um trunfo que um obstáculo aos espanhóis. Tanto no "império" inca quanto no asteca, uma multidão de tribos rivais haviam sido postas sob alguma forma de controle central que os melindrava mais ou menos. Isso permitiu que os espanhóis jogassem um grupo tribal contra o outro e virassem os povos subjugados contra seus odiados senhores. Isso também significou que, uma vez derrubado o poder central, os espanhóis passariam a ser os senhores de populações já habituadas a um certo grau de subserviência. No entanto, os povos da periferia desses "impérios" e aqueles espalhados pelas terras secas escassamente povoadas do norte mexicano ou das áreas de floresta do sul da América meridional se mostraram incomparavelmente mais difíceis de dominar, principalmente depois que apreenderam o caráter do estilo de guerra dos espanhóis e dominaram o uso das armas e dos cavalos. Amplamente dispersos, seminômades e desabituados a uma disciplina imposta de fora, esses povos revelaram uma exasperante capacidade de eludir ou resistir sempre que os espanhóis tentaram introduzir alguma forma de domínio. Uma solução foi deixá-los à vontade, e na verdade foi isso o que ocorreu com freqüência. No entanto, nem sempre foi possível ignorá-los, pois verificou-se que algumas tribos, como as do norte do México, habitavam terras ricas em depósitos de minérios, e outras ameaçavam as tênues rotas de abastecimento para os postos avançados espanhóis de colonização, ou criavam um senso permanente de insegurança nas fronteiras de regiões que estavam escassamente ocupadas.

As características das sociedades hospedeiras nas regiões mais cobiçadas pelos espanhóis fornecem uma importante explicação para o sucesso da conquista e a subseqüente ocupação. Todavia, embora a natureza sedentária da população nessas regiões e o grau de controle central a que já estava submetida se revelassem como trunfos dos quais os espanhóis souberam tirar proveito, permanece o fato de que em muitos pontos os invasores se depararam com forte resistência militar de parte de forças vastamente superiores em número às suas próprias.

O cavalo deu aos espanhóis uma vantagem importante, em termos tanto da surpresa inicial quanto da mobilidade; mas Cortés tinha apenas dezesseis cavalos consigo quando iniciou sua marcha para o interior mexicano. Os invasores também tiraram enorme proveito do fato de pertencerem a uma sociedade dotada de incontestável superioridade tecnológica sobre as sociedades indígenas. Quando um mundo de ferro e pólvora entra em violenta colisão com um mundo de pedra, era de esperar que a derrota deste último fosse inevitável. Mas o impacto dessa superioridade técnica não foi tão bem definida e irrestrita quanto poderia parecer à primeira vista. Isso ocorreu em parte porque os invasores estavam mal-equipados pelos padrões da Europa do século XVI. A maioria dos homens de Cortés estavam armados com nada mais sofisticado do que espadas, piques e facas; e as armas de fogo de que dispunham consistiam de apenas treze mosquetes, junto com dez canhões de bronze e quatro canhões leves. Somente com enorme dificuldade puderam esses canhões ser puxados pelas florestas e montanhas; a pólvora se molhava nas travessias de rios e nas chuvas torrenciais; e, mesmo quando estava seca, a cadência de tiro dos mosquetes não se equiparava à das flechas nativas.

Tanto na Mesoamérica quanto nos Andes os espanhóis encontraram sociedades acostumadas à guerra em larga escala, embora fosse um estilo de combate com um ritmo e ritual diferentes dos da Europa. As armas de pedra e de madeira não se equiparavam ao aço espanhol, e a arma que em outras condições era mortífera, o tacape de ponta de obsidiana dos mexicas, chamado *macuahuitl*, se quebrava contra o elmo e a armadura de um espanhol. Numa batalha regular em terreno aberto, portanto, as forças dos astecas e dos incas, apesar de sua vasta superioridade numérica, tinham poucas chances de sobrepujar uma força espanhola combinada de cavalaria e infantaria de apenas cinqüenta homens, a menos que conseguissem levá-los à exaustão. A melhor chance estava em capturar grupos pequenos de espanhóis longe de suas defesas, ou atacá-los em locais onde não tivessem espaço para se reposicionar e manobrar.

Os índios possuíam a grande vantagem de operar em terreno conhecido, ao qual os espanhóis ainda tinham de aclimatar-se. A tecnologia superior era de muito pouca ajuda quando, como aconteceu muitas vezes, os espanhóis estavam combatendo os efeitos do calor e da altitude, e o enjôo causado por alimentação e bebida com que não estavam familiarizados. Além disso, as pesadas armaduras se revelaram uma desvantagem nesses climas, e os espanhóis, ao substituírem-nas pela armadura acolchoada de algodão dos mexicas, pagaram um tributo involuntário ao modo pelo qual as circunstâncias ambientais podiam neutralizar a vantagem tecnológica. Não obstante, permanece o fato de que os invasores tinham à disposição um arsenal amplamente superior de perícia técnica a que podiam recorrer nas emergências. Isso apareceu particularmente no emprego que deram aos seus navios. A capacidade dos conquistadores do México e do Peru de obter reforço por mar e a dominação do lago Texcoco por Cortés mediante a ostentação de bergantins especialmente construídos sugerem algo das reservas de força que tinham ao alcance quando os europeus encetaram a conquista da América.

Tanto o caráter das sociedades que os enfrentaram quanto sua própria superioridade tecnológica criaram esplêndidas oportunidades para os invasores europeus. Todavia, essas oportunidades ainda tinham de ser conquistadas, e aqui é que foi testada a capacidade de organização e improvisação dos europeus do século XVI. O fato de terem fracassado lamentavelmente diante de alguns de seus adversários, como os índios araucanos do Chile, indica que o sucesso não era por si só automático. Regiões diferentes colocavam problemas diferentes e exigiam respostas diferentes, e cada expedição ou tentativa de colonização tinha suas próprias peculiaridades.

Mas enquanto, especialmente nos primeiros anos, não havia procedimento uniforme de conquista e colonização, certos padrões tendiam a impor-se, simplesmente porque as expedições militares exigiam organização e provisões, e as expedições comerciais logo descobriram que não podiam dispensar o apoio militar. Na Venezuela central, que os banqueiros de Carlos V, os Welsers, tentaram colonizar entre 1528 e 1541, havia, como era de esperar, um elemento fortemente comercial no tratamento da colonização. No entanto, apesar disso, as expedições comerciais rapidamente degeneraram em ataques para preia de escravos, bastante semelhantes àqueles que ocorreram nas Antilhas e no Panamá.

Não obstante, assim como os interesses comerciais sentiram necessidade de lançar mão de métodos militares, também as *bandas*, ou bandos de guerreiros organizados, não puderam por muito tempo prescindir dos serviços dos mercadores. O mais perto disso que conseguiram chegar foi na região do istmo, nos anos posteriores a 1509, quando a falta de capital — e de uma necessidade de capital, já que a norma eram rápidas expedições por via terrestre — tornou possível a formação de bandos guerreiros, ou *compañas*, de forte caráter igualitário. Essas companhias de guerreiros, baseadas num acordo prévio de distribuição igual do butim, eram bastante apropriadas para o tipo de guerra de assaltos realizado na região do mar dos Caraíbas, no istmo do Panamá e nas zonas de fronteira como a Venezuela. Na verdade, eram em grande parte o produto das condições da fronteira, e não surpreende que tenham ressurgido de forma muito semelhante nas *bandeiras* do Brasil português, que floresceram no final dos séculos XVI e XVII. Grupos pequenos e coesos de homens possuíam, graças a seus cavalos, a suprema vantagem da mobilidade. Seus gastos, exceto pelo custo dos cavalos, eram mínimos. As armas de fogo, que eram caras e que de qualquer forma seriam rapidamente corroídas na selva úmida, raramente eram necessárias contra o tipo de oposição que provavelmente enfrentariam. Armados com espadas de aço e acompanhados por poderosos mastins, caçavam os índios aterrorizados, matando, escravizando e capturando todo ouro que pudessem encontrar.

No entanto, tão logo surgiu a necessidade de expedições mais distantes, especialmente as que exigiam navios, tornaram-se necessárias formas de organização mais complexas. Os líderes de expedições em potencial tinham então de recorrer a comerciantes ou funcionários que dispusessem de grandes capitais, como o *licenciado* Gaspar de Espinosa, o *alcalde mayor* de Castilla del Oro sob o governo de Pedrarias Dávila, que era uma figura dominante no financiamento das expedições que partiram do Panamá nos primeiros anos da conquista do continente.

Nas circunstâncias era natural que se formassem sociedades — primeiramente entre os próprios capitães e depois entre os capitães e os investidores. No Panamá, por exemplo, Francisco Pizarro e Diego de Almagro formaram uma sociedade lucrativa em associação com Hernando de Luque, cuja condição de clérigo não inibiu seus ousados empreendimentos. Os sócios tendiam a dividir as funções entre si, como na relação entre Pizarro e Almagro, em que Pizarro assumiu o comando militar enquanto Almagro recrutou os associados e se encarregou da remessa de homens e provisões para pontos fixos ao longo da rota.

Os investidores exigiam como garantia de seus investimentos a participação nos espólios que coubessem por direito aos homens que houvessem obtido cavalos ou equipamento a crédito. Muitos soldados, portanto, a menos que encontrassem butins excepcionalmente ricos, corriam o risco de se tornar devedores permanentes, ou a investidores absenteístas, ou a seus próprios capitães. De fato, a conquista da América tornou-se possível graças a uma rede de crédito que, por meio de agentes e empreendedores locais, remontava a funcionários da coroa e a ricos *encomenderos* nas Antilhas, e ainda mais, do outro lado do Atlântico, a Sevilha e às grandes casas bancárias de Gênova e de Augsburgo. Mas os homens que formavam as *bandas* não estavam totalmente indefesos. Muitos deles, reunindo num fundo comum os recursos que possuíam, formavam suas próprias sociedades dentro do bando, associando-se para comprar um cavalo e mantendo-se juntos por muitos numa base de confiança mútua e de divisão acordada do butim.

Essas parcerias privadas entre os soldados garantiam um elemento de coesão nos agrupamentos naturalmente fluidos que eram os bandos guerreiros. Associações regionais também ajudavam a assegurar alguma coesão, embora também pudessem, ocasionalmente, ser uma fonte de profundas divisões, como aconteceu quando uma nova força expedicionária, sob o comando de Pánfilo de Narváez, desembarcou na costa mexicana em maio de 1520 para contestar a supremacia de Cortés. Bernal Díaz comentou de maneira mordaz sobre os recém-chegados: "como nosso imperador tem muitos reinos e domínios, há uma grande variedade de gente entre eles, alguns muito corajosos, e outros mais corajosos ainda. Nós viemos da Velha Castela e somos chamados castelhanos, e aquele capitão [...] e seus homens vêm de outra província, chamada Vizcaya. São chamados *vizcaínos*, e falam como os índios otomis"[8].

Embora as rivalidades regionais na Península se refletissem inevitavelmente entre os *conquistadores*, era verdade também que a predominância de uma região num bando guerreiro podia assegurar um núcleo central de lealdades, ligando homem a homem e os homens a seu líder. O vínculo estremadurenho veio a ser uma fonte de grande força, tanto para Cortés quanto para Pizarro. Provindo muitas vezes de uma única cidade ou de um grupo de cidades, os amigos, parentes e partidários desses dois capitães constituíram uma unidade dentro da unidade, um grupo estreitamente unido com base em antecedentes e experiências comuns, em atitudes compartilhadas e em relações pessoais e familiares próximas. Para seus conterrâneos de Estremadura, o taciturno e avarento Francisco Pizarro era, se não simpático, pelo menos compreensivo.

Os líderes, se quisessem conduzir suas expedições com sucesso, precisavam desse tipo de suporte. Do ponto de vista dos capitães, a conquista da América era algo muito mais complexo que o triunfo, sobre uma população indígena aterrorizada, de bandos pequenos mas determinados de soldados, que possuíam uma superioridade técnica decisiva sobre seus adversários e eram impelidos por uma devoção comum ao ouro, à glória e ao evangelho. Qualquer líder de uma expedição sabia que os indígenas não eram seus únicos adversários, nem necessariamente os mais perigosos. Tinha inimigos também na retaguarda, desde funcionários da coroa que estavam determinados a impedir o estabelecimento de feudos ou reinos independentes nessas regiões ainda não-conquistadas até rivais locais com interesse em frustrar seu sucesso. Quando Hernán Cortés partiu de Cuba em 1519, ele o fez desafiando o governador de Cuba, Diego Velázquez, que recorreu a todo tipo de artimanha concebível para provocar sua ruína. Acima de tudo, tinha inimigos em seu próprio campo, desde capitães que queriam tomar seu lugar até soldados de infantaria descontentes que planejavam traí-lo, por dedicar a outro sua lealdade, ou porque estavam insatisfeitos com a distribuição dos butins.

8. Bernal Díaz del Castillo, *Historia Verdadera de la Conquista de la Nueva España*, ed. Joaquín Ramírez Cabañas, México, 1944, vol. II, p. 27.

Por conseguinte, se quisesse evitar que uma expedição se desintegrasse a partir de dentro, ou sofresse uma derrota vinda de fora, a liderança precisava de altíssima habilidade política e militar. Mas a presença de índios hostis, geralmente em números esmagadores, forçava de fato uma espécie de camaradagem, mesmo entre não-camaradas. Diante do perigo e da adversidade era preferível lutar lado a lado que morrer sozinho; e a perspectiva de uma morte horrível nas mãos de inimigos pagãos revelou-se suficiente para impelir a um cerrar de fileiras entre homens que, a despeito de todos os seus conflitos e queixas pessoais, tinham pelo menos em comum o fato de serem cristãos e espanhóis. Um líder hábil como Cortés sabia tirar proveito da lembrança de perigos vividos em comum e sucessos compartilhados para manter a coesão e o ânimo de seus seguidores. "São Tiago e a Espanha" era o grito de guerra que podia submergir todas as diferenças numa causa comum.

Era um grito de guerra ao mesmo tempo de desafio e de triunfo — o grito de homens firmemente convencidos de que seriam os vencedores. Essa confiança em sua própria superioridade em relação aos inimigos que largamente os sobrepujavam em número estava baseada, pelo menos em parte, numa efetiva superioridade das técnicas, da organização e do equipamento. Mas por trás de quaisquer fatores materiais estava um conjunto de atitudes e respostas que davam aos espanhóis uma vantagem em muitas situações em que se envolveram: uma fé instintiva na superioridade natural dos cristãos sobre simples "bárbaros"; um senso da natureza providencial de seu empreendimento, que tornava todo sucesso contra desvantagens aparentemente esmagadoras mais uma prova do favor divino; e um sentimento de que a recompensa final compensava todos os sacrifícios ao longo do caminho. A perspectiva do ouro tornava toleráveis todas as agruras. "Eu e meus companheiros", dizia Cortés, "sofremos de uma doença do coração que somente pode ser curada com ouro"[9]. Sentiam também que estavam envolvidos numa aventura histórica e que a vitória significaria a inscrição de seus nomes no rol dos imortais, ao lado dos heróis da Antiguidade clássica.

A confiança que vinha desse senso de superioridade moral e de favor divino era mais valiosa onde fosse mais necessária: na luta contra seus adversários aparentemente mais terríveis, os "impérios" dos astecas e dos incas. Na conquista do México central por Cortés, entre 1519 e 1521, e do Peru por Pizarro, entre 1531 e 1533, os espanhóis deram mostras de uma

9. Francisco López de Gómara, *Cortés*, trad. e ed. de L. B. Simpson, Berkeley, 1964, p. 58.

fantástica capacidade de explorar as fraquezas de seus adversários — uma capacidade que era atestada em sua própria força subjacente.

Quando Cortés partiu de Cuba em fevereiro de 1519, com onze navios transportando 508 soldados e 110 marinheiros, ele o fez com a firme intenção de conquista. As duas expedições anteriores que haviam feito o reconhecimento das costas do México e de Yucatán, as de 1517 e de 1518, sob o comando de Francisco Hernández de Córdoba e Juan de Grijalva respectivamente, haviam sido planejadas apenas com vistas à exploração e ao escambo. Cortés pretendia algo incomparavelmente mais ambicioso. Poucos dias após seu desembarque em 22 de abril de 1519, ficou sabendo que lá vivia em algum lugar do interior um poderoso governante, Montezuma (como era chamado pelos espanhóis), cujo domínio abrangia os povos da planície costeira. Para uma mente espanhola essa informação sugeria uma estratégia natural: um governante que sozinho tinha o domínio sobre muitos povos deve ser levado, por força ou por embuste, a reconhecer um poder ainda mais alto, o do rei da Espanha. Portanto, o objetivo supremo deve ser chegar até Montezuma — um objetivo alcançado com a marcha cheia de perigos para o interior e o encontro entre o capitão espanhol e o governante asteca em Tenochtitlán, em 12 de novembro de 1519. Recebidos na cidade como convidados, os espanhóis tencionavam seguir a estratégia de Cortés até sua conclusão lógica, tomando Montezuma sob custódia e extraindo do anfitrião a contragosto, transformado em convidado involuntário, o reconhecimento da soberania do rei da Espanha.

A suposta *translatio imperii* de Montezuma a Carlos V, como Cortés descreveu na teia engenhosa de fatos e invenções com que brindou o imperador em suas famosas cartas, marcou o início, e não o final, da conquista do México. Mas mostrou de modo definitivo onde estava a iniciativa. Cortés havia conseguido ir tão longe, e tão rápido, por causa de sua extraordinária capacidade de avaliar uma situação e manobrá-la em seu favor. Segundo todos os indícios, a confederação asteca, com um governante supremo e uma organizada estrutura política, representava um adversário incomparavelmente mais temível que qualquer outra sociedade até então encontrada pelos espanhóis, quer nas Antilhas, quer no istmo. Mas o próprio grau de organização e de controle central de Tenochtitlán criava oportunidades que Cortés se mostrou extremamente rápido em explorar. A dominação mexica sobre os outros povos do México central — uma dominação que exigia pesados tributos e uma constante provisão de vítimas sacrificiais — havia fomentado um ódio e ressentimento que deu a Cortés a oportunidade de representar-se, em sua marcha para o interior, como um libertador das tribos subjugadas. Isso, somado à aliança com Tlaxcala, que os mexicas nunca haviam conseguido submeter, deu-lhe condições de seguir uma rota para Tenochtitlán através de um território relativamente amistoso. Garantiu-lhe também um exército de apoio constituído pelas populações nativas ansiosas por vingar-se de Montezuma e da elite mexica.

As razões que levaram Montezuma a permitir que Cortés entrasse em Tenochtitlán permanecerão sempre um mistério. Ele, compreensivelmente, não sabia ao certo a origem dos invasores e o propósito de sua missão, mas é objeto de controvérsia a questão de saber se, como mais tarde veio a ser sugerido por cronistas espanhóis a partir de informantes índios, suas reações foram ditadas por uma convicção de que Cortés não era outro senão o lendário chefe tolteca, Quetzalcóatl, que vinha do leste para reclamar sua terra. É mais provável que estivesse seguindo com relação a Cortés e seus homens o tratamento normal que os mexicas davam aos embaixadores, que tradicionalmente desfrutavam de imunidade, embora também possa ter acreditado que, atraindo Cortés para o interior, poderia mais facilmente destruí-lo se isso se mostrasse necessário. Não há dúvida, no entanto, de que o sistema cosmológico dos astecas, com sua insistência fatalista na necessidade de propiciar deuses implacáveis por meio de sacrifício humano, não podia competir com o cristianismo autoconfiante de seus adversários espanhóis. Era uma cosmologia mais suscetível de inspirar em seus seguidores uma heróica resignação à morte do que uma determinação arrebatada a sobreviver; uma cosmologia também que havia criado um estilo ritualizado de guerra destinado mais a capturar o inimigo que a matá-lo, a fim de assegurar um suprimento constante de vítimas sacrificiais. A derrota nesse estilo altamente cerimonial de guerra somente podia desacreditar o deus da guerra, Huitzilopochtli, a divindade titular dos mexicas, da qual Montezuma era um sacerdote.

Conseqüentemente, capturando Montezuma, Cortés havia desfechado um golpe devastador no sistema religioso e político dos astecas. Mas isso tornou mais difícil o prosseguimento feliz do estágio seguinte de sua política, que era preservar a estrutura fiscal e administrativa que encontrara, mantendo Montezuma como uma marionete, mas efetivamente substituindo sua autoridade pela dos espanhóis. A casta sacerdotal havia sido uma parte integrante do sistema asteca, e a investida espanhola contra as divindades astecas constituía inevitavelmente um desafio direto a essa casta. Ao mesmo tempo, a insaciável exigência de ouro dos espanhóis criou uma inquietação disseminada que culminou, após o massacre da nobreza pelo futuro conquistador da Guatemala, Pedro de Alvarado, numa rebelião popular em massa. Irremediavelmente sobrepujados em número, os espanhóis abriram seu caminho para fora de Tenochtitlán na *noche triste*, a noite de 30 de junho de 1520, embora com pesadas baixas. Seriam necessários mais quatorze meses para recapturar a cidade que deixaram em tumulto naquela noite.

A rendição, em 13 de agosto de 1521, dos últimos elementos de resistência em meio às ruínas de Tenochtitlán foi um triunfo tanto das doenças espanholas quanto das armas espanholas. A varíola trazida por um escravo negro entre os servidores de Cortés devastou os defensores da cidade e revelou mais uma vez o que já havia ficado claro nas Antilhas: que os habitantes do Novo Mundo teriam de pagar um alto preço por seus séculos de isolamento. A conquista da América foi uma conquista feita tanto por micróbios quanto por homens, às vezes marchando à frente dos principais contingentes espanhóis, outras vezes seguindo em sua esteira. Sobretudo nas regiões densamente povoadas, como o México central, o papel desempenhado pelas epidemias no solapamento tanto da capacidade quanto da vontade de resistir constitui uma boa explicação para o caráter súbito e completo do sucesso espanhol.

Ainda assim, a queda de um império mexica com uma população de cerca de 25 milhões diante do assalto de algumas centenas de espanhóis não pode ser explicada puramente em termos de agentes externos, por mais destrutivos que fossem. Resultou também de falhas geológicas dentro da estrutura do próprio império e principalmente da natureza repressiva do domínio mexica sobre as populações do México central. A conquista de Cortés foi tanto uma revolta de uma população subjugada contra seus déspotas quanto uma solução imposta de fora. O que ainda não está claro é se esse império, que ainda era jovem e estava em processo de evolução, conseguiria, por suas próprias forças, dominar e resolver suas contradições internas. Certamente, mostrou sinais de uma resiliência interna e de uma capacidade de adaptação que parece terem faltado na civilização andina que enfrentou Pizarro, o império dos incas.

Pizarro, como Cortés, conseguiu explorar as fraquezas e dissensões internas, que por coincidência estavam em seu auge no momento de sua chegada. As primeiras notícias consistentes sobre um estado rico e poderoso ao sul haviam chegado ao Panamá em 1523. Isso incentivou Pizarro e Almagro a organizar expedições exploratórias na costa do Pacífico abaixo, que forneceram outras provas da existência de um novo reino a ser conquistado. O próprio Pizarro esteve na Espanha entre 1528 e 1530, acordando-se com a coroa sobre a governadoria das terras que esperava conquistar e recrutando partidários em sua Estremadura natal. Com 180 homens e cerca de trinta cavalos, partiu do Panamá, em janeiro de 1531, em sua expedição de conquista. No momento em que partiu de fato, muitos de seus recrutas espanhóis estavam mortos, abatidos pelas doenças tropicais que matavam grandes proporções dos que chegavam às Índias. Por conseguinte, somente um punhado de seus seguidores tinham experiência militar na Europa. Por outro lado, muitos deles eram veteranos nas próprias Índias — provavelmente, nas circunstâncias, um tipo mais útil de experiência. Desses apenas um ou dois tinham estado no México. A maioria havia adquirido sua experiência, tanto do clima quanto dos índios, nas Antilhas e na América Central.

O império com que Pizarro se defrontou era mais firmemente organizado que o dos mexicas, mas a própria firmeza de sua organização serviu para multiplicar suas tensões internas. A estrutura política inca, com sua demanda contínua e meticulosamente regulamentada de mão-de-obra, pesava fortemente sobre os *ayllus*, as comunidades clânicas das aldeias, criando uma população submissa que, embora dócil, era também ressentida, principalmente na região de Quito, onde o domínio inca era relativamente recente. À medida que se expandia a área inca de conquista, aumentavam também os processos de controle central a partir de Cuzco, apesar das guarnições cuidadosamente localizadas e da elaborada rede de comunicação. Esse sistema rígido de controle uniforme mantido por uma casta inca reinante somente podia funcionar eficazmente enquanto a própria casta mantivesse sua coesão e unidade internas. Mas a morte de Huayna Cápac em 1527 provocara uma luta sucessória entre seus filhos, Huascar e Atahualpa. Este último estava próximo da vitória, mas ainda não a havia consolidado quando chegou Pizarro.

Pizarro, como Cortés no México, e como uma geração anterior de espanhóis que haviam buscado tirar proveito das rivalidades internas do reino nasrid de Granada, era hábil em usar essas dissensões para viabilizar seus próprios objetivos. Usou também o método, empregado por Cortés no México e pelos *conquistadores* na América Central, de procurar imediatamente conquistar a simpatia do *cacique* — neste caso, do imperador inca, Atahualpa.

O imperador, estabelecido em Cajamarca no norte do Peru, reagiu às notícias da presença de invasores estranhos na região costeira de uma forma perfeitamente natural para um homem cuja visão do mundo havia sido moldada pela experiência das montanhas andinas. Os que comandavam as montanhas efetivamente comandavam as regiões costeiras, e para além da costa havia o mar intransponível. Enquanto os espanhóis permanecessem na região costeira, sua presença não era uma questão de grande preocupação para ele, porque, tão logo se deslocassem para as montanhas, cairiam seguramente em suas mãos. Atahualpa não fez, portanto, qualquer tentativa de molestar os homens de Pizarro quando deram início a sua árdua subida, de tal modo que os espanhóis desfrutaram da suprema vantagem da surpresa quando atacaram Atahualpa e seus servidores no planalto de Cajamarca, em 16 de novembro de 1532.

O objetivo da captura de Atahualpa, como a de Montezuma, era transferir a autoridade suprema para as mãos espanholas com um único golpe decisivo. Depois, assim como no México, a intenção era usar a estrutura administrativa existente para canalizar para os espanhóis os lucros do domínio. Embora o tributo no império inca, ao contrário do dos astecas, consistisse exclusivamente de trabalho, o antigo sistema imperial ainda funcionava suficientemente bem para gerar para os espanhóis em resgate por Atahualpa a enorme soma de 1,5 milhões de pesos em ouro e prata — um tesouro muito maior do que qualquer outro até então conhecido nas Índias e equivalente a meio século de produção européia. No entanto, o prêmio para Atahualpa não foi a liberdade, mas o assassinato judicial.

Em 15 de novembro de 1533, os *conquistadores* capturaram Cuzco, o núcleo do destroçado império inca. Que Pizarro ainda sentia necessidade de um chefe inca nominal à frente da máquina militar e administrativa que caíra em suas mãos é indicado por sua escolha do meio-irmão de Atahualpa, Manco Inca, para sucedê-lo. Mas a transição suave da dominação inca para a espanhola sobre o Peru, que a designação de um imperador-fantoche deveria auxiliar, foi dificultada por um deslocamento do centro do poder do país. Quando Cortés decidiu erigir sua nova capital, Cidade do México, no local das ruínas de Tenochtitlán, conseguiu preservar um importante elemento de continuidade entre o governo asteca e o espanhol. Cuzco, por outro lado, situava-se em local alto demais nas montanhas e distante demais da costa para que fosse uma capital adequada para um Peru espanhol que, ao contrário de seu predecessor, estaria instintivamente voltado para o mar. Em 1535, Pizarro fundou sua nova capital, Lima, junto à costa e com isso diminuiu enormemente suas chances de manter algum controle sobre as montanhas andinas.

Ele as diminuiu também quando não conseguiu controlar seus próprios subordinados. A crescente dissensão entre os vencedores acerca da distribuição dos espólios encorajaram Manco Inca a reunir as forças incas remanescentes num esforço desesperado para destituir os espanhóis. A revolta de 1536-1537 abalou temporariamente, mas não deteve o processo de conquista espanhola. Durante o cerco de um ano dos espanhóis a Cuzco, os índios mostraram que haviam aprendido algo, mas não o suficiente, dos métodos dos adversários. O estilo cerimonial da guerra, que havia tolhido os astecas em sua resistência aos espanhóis, estava tão profundamente incrustado em sua mentalidade que habitualmente escolhiam desfechar seus ataques à luz da lua cheia. Se a conquista ainda permaneceu incompleta quando a revolta de Manco foi debelada, isso se deveu em grande parte ao fato de terem os partidários de Pizarro e Diego de Almagro desviado suas energias para lutar entre si. Mas a geografia impraticável dos altos Andes possibilitou a continuidade de um movimento de resistência que teria sido inconcebível no México central. Foi somente em 1572 que o reduto inca de Vilcabamba caiu em mãos dos espanhóis; mas bolsões isolados de resistência continuariam a perturbar a triste tranqüilidade do Peru colonial.

Foi justamente por serem sociedades centralmente organizadas, altamente dependentes da autoridade de um único governante, que os impérios de Montezuma e de Atahualpa caíram com relativa facilidade sob a espada dos espanhóis. Territórios de áreas tão vastas jamais poderiam ter sido conquistados tão rapidamente se já não estivessem sendo dominados por um poder central com uma elaborada máquina para a manutenção do controle de regiões distantes. Todavia, no México central e no Peru os invasores sem esperar se viram herdeiros de um processo de expansão imperial que não cessou com sua chegada. O avanço contínuo, na era pós-conquista, do náhuatl e do quíchua, as línguas dos mexicas e dos incas, sugere a existência nessas regiões de uma dinâmica interna no sentido de um maior grau de unificação, que somente podia operar em benefício do conquistador. A *translatio imperii* poderia ser uma ficção legal conveniente, mas tinha em fatos preexistentes sua justificativa, de uma maneira da qual os próprios espanhóis tinham uma consciência apenas difusa.

A própria ausência em outras partes da América continental das condições predominantes nas civilizações dos Andes e do México central constituem uma boa explicação para as dificuldades que o movimento de conquista se defrontou em outras áreas do continente. No mundo maia de Yucatán os espanhóis encontraram outra civilização sofisticada, mas que carecia da unidade política dos impérios inca e asteca. De um lado, isso lhes deu a oportunidade de jogar um jogo em que eram mestres — o de lançar uma comunidade contra a outra. Mas, de outro, isso tornou mais lento o processo de estabelecimento do controle espanhol porque não havia um único centro a partir do qual pudessem dominar. Francisco de Montejo iniciou seu processo de conquista de Yucatán em 1527, mas até a década de 1540 os espanhóis ainda tinham apenas um controle muito superficial da região, e o interior permanecia efetivamente inconquistado mesmo depois de mais um século.

Sem dúvida, se Yucatán tivesse possuído reservas maiores de riquezas, os espanhóis teriam realizado tentativas mais consistentes de conquista. As regiões periféricas da América, além dos limites dos grandes impérios anteriores à conquista, muitíssimas vezes se revelaram desapontadoras em termos do tipo de recursos que interessavam aos espanhóis, como Diego de Almagro descobriu a sua própria custa em sua fracassada expedição de 1535-1537 ao Chile. Isso não impediu, no entanto, o envio de nova expedição sob o comando de Pedro de Valdivia em 1540-1541, composta pelos desiludidos e pelos desempregados entre os conquistadores do Peru.

Dos 150 membros da expedição de Valdivia, 132 se tornaram *encomenderos*. No entanto, seus prêmios foram desapontadores em termos das expectativas geradas. Viviam em meio a uma população indígena empobrecida que usavam para trabalho servil, principalmente na garimpagem de ouro; mas, em 1560, restava pouco ouro e a população nativa estava diminuindo. A salvação veio na forma do crescimento do mercado peruano para a produção agrícola. Os colonos chilenos passaram cada vez mais a se dedicar ao cultivo agrícola e à criação de gado, fundando comunidades agropecuárias relativamente prósperas nos vales férteis ao norte do rio Bío-Bío. No entanto, experimentaram escassez de mão-de-obra nativa e a proximidade dos índios araucanos — tribos guerreiras, cuja própria ausência de autoridade centralizada os transformou em adversários perigosamente elusivos.

Os araucanos, povos "não-sofisticados" em relação às sociedades sedentárias do México e do Peru, revelaram um grau muito maior de complexidade na adaptação de suas técnicas de combate às dos espanhóis. Já em 1553 infligiram aos espanhóis uma derrota esmagadora em Tucapel, onde Valdivia foi morto; e no final da década de 1560 passaram a usar o cavalo e começaram a dominar o uso do arcabuz. As "guerras araucanas" do final dos séculos XVI e XVII, embora tenham garantido aos colonizadores uma oferta de mão-de-obra, na forma de prisioneiros de guerra escravizados, impuseram também um pesado ônus sobre a economia chilena. Desde o início da década de 1570, foi preciso enviar dinheiro do Peru para o Chile a fim de custear as despesas com a defesa. Nessas regiões distantes era pequena a oferta de cavalos e os custos do material para a guerra eram altos; mas o abandono desse posto avançado remoto do império parecia uma alternativa impossível, entre outras coisas por causa de sua posição estratégica de controle do estreito de Magalhães. Madri viu-se, portanto, forçada a aceitar o inevitável, estabelecendo a partir de 1603 um exército permanente de cerca de dois mil homens e fazendo provisões orçamentárias regulares para isso. Uma Guerra de Flandres em miniatura estava em formação — uma guerra de fronteira prolongada e dispendiosa, na qual nem os indígenas nem os espanhóis conseguiriam uma supremacia decisiva.

Assim como a resistência dos araucanos conteve o movimento para o sul da conquista espanhola e da colonização a partir do Peru, também a dos chichimecas deteve seu avanço para o norte a partir do México central. A presença de tais tribos insubjugadas ou semi-subjugadas nos limites dos impérios asteca e inca criou problemas para os espanhóis que se eximiram de uma solução direta, mas problemas que eles não podiam se dar ao luxo de ignorar. A rebelião de Mixtón de 1540-1541, que teve origem entre as tribos ainda em grande parte não-pacificadas da Nova Galícia e que rapidamente se alastrou para o sul, ilustrou de modo extremamente alarmante a constante ameaça que as instáveis regiões de fronteira apresentavam para as áreas de conquista mais assentadas. Ilustrou igualmente as limitações da própria conquista, tal como fora concebida em termos puramente militares. Na metade do século XVI, os espanhóis haviam estabelecido sua presença em vastas áreas da América Central e do Sul por meio de sua engenhosidade e habilidade militar; mas a verdadeira conquista da América mal havia começado.

A CONSOLIDAÇÃO DA CONQUISTA

Em vista dos profundos contrastes a ser encontrados nos níveis de "civilidade" alcançados pelos diferentes povos da América anterior à conquista, foram inevitáveis amplas variações no caráter da conquista de uma região para outra e nos requisitos necessários para o subseqüente controle da população conquistada. Depois da derrocada dos impérios asteca e inca, os espanhóis puderam consolidar com notável rapidez seu novo regime sobre vastas áreas de territórios no México central e no Peru. Tiveram a tarefa facilitada pela sobrevivência de parte substancial da máquina fiscal e administrativa do período pré-conquista e pela docilidade da maioria da população, grande parte dela aliviada por ver postos abaixo seus antigos dominadores. Um sintoma do êxito dos espanhóis no estabelecimento de seu controle sobre os antigos territórios dos astecas e incas foi o fato de logo se revelarem desnecessárias medidas militares especiais. A "pacificação" — um eufemismo empregado por Hernán Cortés e adotado como terminologia oficial no reinado de Filipe II — demorou mais tempo no Peru, mas isso se deveu primordialmente a desentendimentos entre os conquistadores. Após a rebelião inca de 1536-1537 e a guerra de Mixtón de 1540-1541, não ocorreram levantes índios importantes na Nova Espanha ou no Peru durante o período dos Habsburgos, e os espanhóis estavam tão convictos de sua segurança que nunca se preocuparam em fortificar suas cidades contra possíveis revoltas nativas.

Embora tenham obtido considerável sucesso na integração, pelo menos nominal, em suas novas sociedades coloniais, de índios que viviam dentro dos limites dos impérios antes da conquista, os espanhóis se defrontaram com problemas mais difíceis em outras partes da América. No caso, tiveram muitas vezes de lidar com tribos e povos cujo modo de vida parecia primitivo pelos padrões europeus. É certo que alguns viviam em aldeias compactas ou em povoamentos mais dispersos, mas outros eram simplesmente bandos de caçadores e coletores de alimentos, que antes de qualquer coisa deviam ser congregados em povoamentos fixos para que se pudesse começar a obra de hispanização.

Alguns desses povos, especialmente os chichimecas do norte do México e os índios araucanos do Chile, se revelaram temíveis adversários depois que se adaptaram aos métodos espanhóis de guerra. Do mesmo modo, os índios apaches das planícies da América do Norte reagiram à chegada dos espanhóis tornando-se consumados cavaleiros e adotando a guerra como modo de vida.

O êxito ou o fracasso espanhóis na pacificação dessas regiões de fronteira dependeria ao mesmo tempo dos hábitos e padrões culturais das diversas tribos com que entraram em contato e do modo pelo qual eles próprios desempenharam sua tarefa. O missionário muitas vezes teve sucesso onde o soldado fracassou; e as comunidades missionárias, usando as armas do exemplo, da persuasão e da disciplina, obtiveram notáveis resultados com determinadas tribos — principalmente aquelas que não eram demasiado nômades nem demasiado organizadas em comunidades aldeãs compactas para não acolherem as vantagens materiais e as dádivas culturais e espirituais que a missão lhes podia assegurar.

A conquista da América revelou-se, portanto, um processo altamente complexo, no qual os homens em armas nem sempre deram o tom. Se pelo menos no princípio foi uma conquista militar, apresentou também desde seus primeiros estágios algumas outras características que passaram a predominar tão logo os soldados realizaram o que puderam. Foi acompanhada por um movimento voltado para a conquista espiritual, por meio da evangelização dos índios. Foi seguida por uma migração maciça da Espanha, que culminou na conquista demográfica das Índias. Subseqüentemente, à medida que mais espanhóis se estabeleceram, teve início a conquista efetiva da terra e do trabalho. Todavia, apenas uma parte dos benefícios ficou com os colonizadores, pois logo atrás chegaram os burocratas, determinados a conquistar ou reconquistar o Novo Mundo para a coroa. Todos esses movimentos produziram uma sociedade conquistadora que lembrava mas não conseguia reproduzir exatamente a da metrópole espanhola.

A conquista militar da América foi feita por um grupo de homens que estava longe de ser formado inteiramente por soldados profissionais. Ainda está por fazer uma investigação abrangente dos antecedentes e carreiras passadas dos *conquistadores*; mas uma análise de uma lista dos *encomenderos* da nova cidade do Panamá, elaborada em 1519, revela que — dos 93 nomes sobre os quais dispomos de detalhes nesse grupo seleto de 96 *conquistadores* — apenas metade deles era constituída de soldados e marinheiros profissionais. Nada menos de 34 membros do grupo haviam sido originalmente lavradores ou artesãos e outros dez provieram das classes medianas e profissionais das cidades[10].

Não há motivos para pensar que o grupo do Panamá não seja representativo dos homens que conquistaram a América, e isso sugere algo da complexidade do movimento migratório transoceânico, mesmo nos primeiros anos depois da descoberta, quando a maior parte do Novo Mundo ainda perma-

10. Ver Mario Góngora, *Los Grupos de Conquistadores en Tierra Firme, 1509-1530*, Santiago de Chile, 1962, cap. 3.

necia por desbravar. A *conquista* foi, desde o início, algo mais que um convite à fama e à pilhagem por parte de uma casta militar em busca de novas terras a conquistar, após a queda do reino mouro de Granada. Naturalmente, o elemento aristocrático-militar na sociedade peninsular esteve bem representado na conquista da América, ainda que os grandes nobres de Castela e Andaluzia se fizessem notar por sua ausência. Isso deve ser explicado em parte pela determinação da coroa a evitar o estabelecimento nas novas terras de uma sociedade dominada por magnatas ao modelo peninsular. Mas durante toda a conquista, como era de esperar, estiveram presentes, em números substanciais, homens com alguma pretensão a nobre de nascimento — homens da baixa nobreza, ou da classe dos *hidalgos.* Não era fácil para um homem pobre com pretensões à nobreza sobreviver no mundo atento à posição social de Castela ou Estremadura, como Cortés e Pizarro puderam atestar.

Não obstante, mesmo que os *hidalgos* tenham constituído um elemento minoritário, as atitudes e aspirações desse grupo tenderam a inspirar todo o movimento da conquista militar. Evidentemente, um *hidalgo* ou um artesão preparado para arriscar tudo ao cruzar o Atlântico, fazia-o na expectativa de poder melhorar sua condição. Nos primeiros anos após a descoberta, o modo mais rápido de melhoria era a participação em expedições de conquista, as quais precisavam dos serviços de homens com habilidades profissionais — carpinteiros, ferreiros, alfaiates — desde que também estivessem preparados para empunhar a espada quando surgisse a ocasião. Para os homens jovens, em sua maioria com pouco mais de vinte anos, a visão do ouro e da prata trazidos de uma expedição vitoriosa abria perspectivas de um modo de vida melhor do que tudo o que haviam conhecido. O modelo desse modo de vida era o fornecido pelo grande magnata castelhano ou andaluz, um homem que vivia para gastar. "Todos os espanhóis", escrevia o frade franciscano Gerónimo de Mendieta, "mesmo o mais miserável e desafortunado, querem ser *señores* e viver por si sós, não como servos de alguém, mas com servos próprios"[11].

Os homens, soldados profissionais ou não, que tivessem vivido e lutado lado a lado e realizados feitos heróicos naturalmente se sentiam com direitos a uma consideração especial de um monarca agradecido. *Servicios,* como

11. Citado por José Durand, *La Transformación Social del Conquistador*, México, 1953, vol. II, p. 45.

sempre, mereciam *mercedes*, e que melhor serviço podia um homem prestar a seu rei que conquistar para ele novos territórios? Ter sido os primeiros a penetrar em regiões não-conquistadas era uma causa especial de orgulho — os 607 homens que acompanharam Cortés em sua primeira expedição preservavam ciosamente sua preeminência contra os 534 que só se juntaram ao grupo mais tarde. Mas eles se coligaram numa frente comum contra todos os que vieram depois e finalmente, em 1543, obtiveram de um relutante Carlos V uma declaração onde afirmava que os primeiros *descubridores* de Nova Espanha — ele evitou a palavra *conquistadores* — eram aqueles que "penetraram pela primeira vez nessa província quando de sua descoberta e aqueles que lá estavam para a tomada e a conquista da cidade do México".

Esse reconhecimento um tanto a contragosto de primazia era o máximo até onde a coroa estava disposta a chegar. Ela se opunha à recriação de uma sociedade feudal na América; e, embora alguns *conquistadores* tenham recebido mercês de *hidalguía*, pouquíssimos, além de Cortés e Pizarro, foram aquinhoados com títulos de nobreza. Como então seriam os sobreviventes, entre os cerca de dez mil homens que efetivamente conquistaram a América, recompensados por seu sacrifício? O problema era difícil, entre outras coisas porque nenhum *conquistador* admitiu algum dia que as recompensas foram proporcionais a seus serviços. Desde o início, portanto, os *conquistadores* eram uma classe ressentida, embora alguns com mais justificativas do que outros.

As disputas pelos espólios da conquista produziram inevitavelmente enormes desigualdades de distribuição. Quando Cortés, por exemplo, fez a primeira distribuição de índios mexicanos a seus sequazes em 1521, os homens associados a seu inimigo, o governador de Cuba, correram perigo de ser excluídos. Do mesmo modo, no Peru houve muito ressentimento a respeito da distribuição do tesouro de Atahualpa, cabendo a parte do leão aos homens de Trujillo, os seguidores de Pizarro, enquanto os soldados que haviam vindo do Panamá com Diego de Almagro, em abril de 1533, foram deixados sem nada. As guerras civis do Peru, em cujo decorrer o próprio Almagro foi executado em 1538 e Francisco Pizarro, assassinado pelos almagristas em 1542, foram uma conseqüência direta dos desapontamentos e rivalidades originários da distribuição dos espólios da conquista, embora estas por sua vez tenham sido pelo menos em parte provocadas por tensões pessoais e regionais anteriores à conquista do tesouro.

Entre os que receberam o butim houve também uma natural distribuição desigual das partes, com base na posição social e nas variações aceitas do valor do serviço. O homem que lutava a cavalo normalmente recebia duas vezes a parte do infante, embora Hernando Pizarro tenha pronunciado palavras revolucionárias a esse respeito, presumivelmente para encorajar seus soldados de infantaria às vésperas da batalha contra Almagro. Ele fora informado, disse, que os soldados que não tinham cavalos eram desconsiderados na ocasião da distribuição da terra. Mas ele lhes dava sua palavra de que tal pensamento nunca passara por sua cabeça, "porque bons soldados não devem ser julgados por seus cavalos, mas por seu valor pessoal... Portanto, cada um seria recompensado de acordo com seu serviço, pois a falta de um cavalo era uma questão de sorte, e não uma desonra da pessoa de um homem"[12]. A regra geral, no entanto, foi que o homem a cavalo manteve sua vantagem, embora mesmo o infante comum pudesse ser muito bem tratado numa distribuição importante de butim, como o tesouro de Atahualpa.

Os verdadeiros prêmios de conquista, na forma de espólios, *encomiendas*, distribuição de terra, cargos municipais, e — não menos — prestígio eram de fato muitas vezes bastante consideráveis, mesmo que o reconhecimento oficial do serviço pela coroa fosse feito a contragosto ou inexistisse. Fortunas eram feitas, embora fossem perdidas muitas vezes tão rapidamente por homens que eram jogadores naturais; e, enquanto alguns dos conquistadores — sobretudo, ao que parece, os oriundos de famílias de nível social mais alto — decidiam voltar a seus lares com seus ganhos, outros esperavam melhorar ainda mais de situação, permanecendo um pouco mais nas Índias e nunca conseguiram deixá-las.

Era difícil para esses homens fixar-se em algum lugar. Não obstante, como Cortés percebeu muito cedo, a menos que pudessem ser induzidos a fazê-lo, o México seria completamente devastado e destruído do mesmo modo que haviam sido as Antilhas antes dele. Um recurso óbvio, já empregado em Hispaniola e em Cuba, era transformar soldados em cidadãos. Isso foi, no primeiro caso, uma ação puramente legal. Após desembarcarem na costa mexicana, os homens de Cortés foram formalmente constituídos membros do que ainda era uma corporação idealizada, a municipalidade de Veracruz. Funcionários municipais foram devidamente escolhidos entre os capitães e foi instituído um *cabildo*, ou conselho municipal. Somente mais

12. Citado por Alberto Mario Salas, *Las Armas de la Conquista*, Buenos Aires, 1950, pp. 140-141.

tarde é que Villa Rica de Veracruz veio a adquirir as características físicas de uma cidade.

Embora o propósito imediato da fundação de Veracruz tenha sido dar a Cortés um dispositivo legal para libertar-se da autoridade do governador de Cuba e colocar os territórios continentais sob o controle direto da coroa a pedido dos cidadãos-soldados, ela forneceu o padrão para um processo análogo de incorporação municipal que foi seguido à medida que os soldados conquistadores se deslocaram pelo México. Novas cidades foram criadas, às vezes, como a própria Cidade do México, no local de cidades ou aldeias nativas, e outras vezes em áreas onde não havia grandes aglomerações de índios. Essas novas cidades deviam ser reservadas aos espanhóis, embora algumas delas desde o princípio tenham tido *barrios* destinados aos índios, e a maioria ds outras os tenham incorporado mais tarde. Tendo como base o modelo da cidade espanhola, com sua *plaza* central — a igreja principal de um dos lados e o edifício da prefeitura (o *ayuntamiento*) do outro — e disposta, sempre que possível, de acordo com a planta em grade das ruas se cruzando usada na construção de Santo Domingo, a cidade do Novo Mundo dava ao expatriado um cenário familiar para sua vida quotidiana num ambiente estranho.

Esperava-se que o soldado convertido em dono de casa criasse raízes. Cada *vecino* teria seu pedaço de terra; e a terra, tanto nos subúrbios como fora das cidades, era distribuída liberalmente entre os conquistadores. Todavia, para homens que trouxeram de seu país natal concepções rígidas sobre o caráter degradador do trabalho manual, para aqueles que aspiravam à condição de senhor, a terra em si tinha pouco valor sem mão-de-obra para trabalhá-la. Embora Cortés inicialmente tenha sido contrário à idéia de introduzir no México o sistema da *encomienda*, que ele e muitos outros consideravam a grande responsável pela destruição das Antilhas, foi compelido a mudar de idéia ao ver que seus seguidores jamais poderiam ser induzidos a fixar-se a menos que pudessem obter trabalho servil dos índios. Em sua terceira carta a Carlos V, datada de 15 de maio de 1522, explicava como havia sido forçado a "depositar" índios nas mãos dos espanhóis. A coroa, embora relutante em aceitar uma política que parecia ameaçar a condição de homens livres dos índios, finalmente curvou-se ao inevitável, como Cortés já havia feito. A *encomienda* veio somar-se à cidade como a base da colonização espanhola do México e depois, no devido tempo, do Peru.

No entanto, deveria ser um novo tipo de *encomienda*, reformada e melhorada à luz da experiência espanhola nas Antilhas. Cortés era por natureza um construtor, não um destruidor, e estava determinado a construir no México uma "Nova Espanha" sobre bases que deveriam perdurar. Acalentava a visão de uma sociedade estabelecida na qual a coroa, o conquistador e os índios estivessem unidos numa cadeia de obrigação recíproca. A coroa deveria recompensar seus homens com mão-de-obra indígena perpétua, na forma de *encomiendas* hereditárias. Os *encomenderos*, de seu lado, teriam uma obrigação dupla: defender o país, poupando à coroa as despesas de manutenção de um exército permanente, e cuidar do bem-estar espiritual e material de seus índios. Estes, por sua vez, fariam seu trabalho servil em seus próprios *pueblos* (aldeias), sob o controle de seus caciques, enquanto os *encomenderos* viveriam nas cidades, das quais eles e suas famílias se tornariam os principais cidadãos. O tipo e quantidade de trabalho executado pelos índios deveria ser cuidadosamente regulamentado para impedir o modo de exploração que os havia aniquilado nas Antilhas; mas o pressuposto básico do esquema de Cortés era que o interesse pessoal dos *encomenderos*, ansiosos por transmitir suas *encomiendas* a seus descendentes, também agisse em prol do interesse dos seus índios "protegidos", impedindo uma exploração impiedosa com vistas a objetivos puramente imediatos.

Portanto, a *encomienda* era vista por Cortés como um dispositivo para assegurar aos conquistadores e aos conquistados um interesse no futuro de Nova Espanha. A casta governante dos *encomenderos* seria uma casta governante responsável, em proveito da coroa, que extrairia rendas substanciais de um país próspero. Mas a *encomienda* funcionaria igualmente em favor dos índios, que seriam cuidadosamente induzidos a uma civilidade cristã.

À medida que foram concedidas *encomiendas* na Nova Espanha, na América Central e no Peru, essa casta governante em potencial começou a constituir-se. Ela foi escolhida dentro de um grupo de elite dentre os soldados da conquista, e seus efetivos foram inevitavelmente pequenos em relação aos do conjunto da população espanhola das Índias: cerca de seiscentos *encomenderos* em Nova Espanha na década de 1540 e por volta de quinhentos no Peru. Vivendo das rendas produzidas pelo trabalho de seus índios, os *encomenderos* tornaram-se os senhores naturais da terra. Mas havia de fato profundas diferenças entre sua situação e a dos nobres da metrópole espanhola. A *encomienda* não era um bem de raiz e não trazia consigo nenhum direito a terra ou a jurisdição. Não conseguiu, portanto, tornar-se um feudo em embrião. Tampouco os *encomenderos*, apesar de todos os seus esforços, conseguiram transformar-se numa nobreza hereditária no estilo europeu. A coroa coerentemente se recusou a conceder a perpetuidade formal das *encomiendas* por herança, e nas Novas Leis de 1542 decretou que deveriam reverter à coroa por morte de seus atuais detentores. Nas circunstâncias da época esse decreto era totalmente irrealista. Na Nova Espanha o vice-rei prudentemente o desconsiderou. No Peru, onde Blasco Núñez Vela tentou impô-la à força, provocou uma revolta de *encomenderos*, liderada por Gonzalo, o irmão mais novo de Francisco Pizarro, que durante quatro anos foi o senhor do Peru. Em 1548 foi derrotado e executado por traição pelo *licenciado* Pedro de La Gasca, que chegara armado de um decreto recente que revogava as cláusulas que contrariassem a legislação vigente.

Embora a coroa haja recuado, foi em grande parte um recuo tático. Ela continuou a tratar a perpetuidade de uma *encomienda* numa e mesma família como uma questão muito mais de privilégio que de direito, privando assim os *encomenderos* daquela certeza de sucessão que era uma característica essencial da aristocracia européia. Logrou agir dessa maneira com grande parcela de sucesso porque as forças sociais nas próprias Índias estavam trabalhando em favor de sua política. Os *encomenderos* eram um pequeno grupo minoritário numa população espanhola em crescimento. Mesmo que dessem hospitalidade e emprego a muitos dos novos imigrantes, havia muitos mais que se sentiam excluídos do círculo mágico do privilégio. Os desapossados e os excluídos — muitos deles construindo suas próprias fontes de riqueza à medida que adquiriam terras, e dedicando-se à agropecuária e outras atividades empresariais — naturalmente olhavam com inveja as *encomiendas* e sua mão-de-obra índia cativa. A derrota de Gonzalo Pizarro deu a La Gasca a condição de fazer uma redistribuição em grande escala das *encomiendas;* e a capacidade de redistribuir as *encomiendas*, seja as confiscadas por rebelião, seja as vagas por morte, tornou-se um instrumento político decisivo nas mãos dos vice-reis que se sucederam. De um lado, ele podia ser usado para satisfazer as aspirações dos não-*encomenderos* e, de outro, servia de meio para controlar e restringir a própria *encomienda*, uma vez que todo *encomendero* sabia que, se antagonizasse a coroa e seus representantes, havia centenas de homens ansiosos por tomar seu lugar.

Ao mesmo tempo, à medida que a coroa lutava contra o princípio hereditário de transmissão das *encomiendas*, empenhava-se em reduzir o grau de controle exercido pelos *encomenderos* sobre seus índios. No caso, seu passo mais decisivo foi abolir em 1549 a obrigação dos índios de prestar serviço pessoal compulsório. No futuro, os índios somente estariam obrigados ao pagamento de tributo, cujo valor relativo era fixado abaixo do que pagavam anteriormente a seus senhores. Inevitavelmente, fora mais fácil decretar a lei de 1549 que impor seu cumprimento. A transformação da *encomienda* de serviço pessoal numa *encomienda* de tributo foi um processo lento, efetivado mais facilmente em algumas regiões do que em outras. Em geral, o antigo estilo da *encomienda*, onde o *encomendero* era a figura local dominante, extraindo o máximo de trabalho ou de tributo ou ambos, tinha mais probabilidade de sobreviver nas regiões marginais, como Yucatán ou sul do México, nas montanhas andinas, ou no Chile. Em outros lugares, a *encomienda* estava sendo transformada durante as décadas intermediárias do século, sob a pressão tanto dos funcionários da coroa quanto das condições sociais e econômicas em mudança. Os *encomenderos* que contavam apenas com aldeias pobres em suas *encomiendas* se viram em sérias dificuldades, à medida que os tributos diminuíram no mesmo ritmo que a população indígena. Os *encomenderos* mais ricos, interpretando corretamente os sinais, começaram a diversificar e apressaram-se a adquirir terra e a formar propriedades agrícolas antes que fosse tarde demais. Podia-se fazer dinheiro com a exportação de produtos locais, como o cacau na América Central, e com a produção de cereais e carne para alimentar as cidades em crescimento.

Embora a coroa tenha continuado profundamente desconfiada dos *encomenderos* enquanto classe, a *encomienda* enquanto instituição tinha seus defensores, e ironicamente seu número e influência tendiam a crescer à medida que os *encomenderos* perdiam aos poucos seus poderes de coerção e se tornavam pouco mais que pensionistas privilegiados da coroa. Quando as Novas Leis tentaram abolir a *encomienda*, os dominicanos de Nova Espanha, tradicionalmente menos favoráveis à instituição do que os franciscanos, declararam-se a seu favor. A coroa estava tecnicamente correta ao afirmar, num decreto de 1544, que "o propósito e a origem das *encomiendas* foi o bem-estar espiritual e temporal dos índios"; e a essa altura havia uma forte convicção entre muitos missionários do Novo Mundo de que a sorte dos índios seria ainda pior do que já era sem a frágil proteção que a *encomienda* lhes proporcionava.

Essa convicção refletia uma profunda desilusão com os resultados de um empreendimento que começara uma geração antes em meio a tão altas esperanças. Na metade do século XVI o movimento em prol da conquista espiritual da América começava a vacilar, em decorrência de profundas divisões acerca da estratégia e do desalento por causa dos fracassos. O desalento era tão grande em parte porque as expectativas originais dos primeiros missionários a chegar ao continente americano haviam sido demasiado ambiciosas, por motivos que tinham menos relação com as realidades do Novo Mundo do que com os preconceitos do Velho[13].

A evangelização da América foi realizada em seus estágios iniciais por membros das ordens regulares, uma forma distinta do clero secular. Os primeiros missionários a alcançar o México foram os franciscanos, os "doze apóstolos" sob a liderança do frei Martín de Valencia, que chegaram em 1524. Foram seguidos dois anos mais tarde pelos dominicanos e depois pelos agostinianos em 1533. No meado do século havia cerca de 800 frades no México e uns 350 no Peru. Os mendicantes também deram ao México seu primeiro bispo e arcebispo (1528-1548), o frade franciscano Juan de Zumárraga, um famoso representante da tradição humanista cristã na Espanha.

Entre os membros da primeira geração de missionários mendicantes no Novo Mundo estavam muitos que haviam sentido a influência tanto do humanismo cristão quanto do cristianismo milenarista e apocalíptico que era um elemento vital da vida religiosa da Europa no final do século XV e início do XVI. Frei Martín de Valencia parece ter sido influenciado pelo místico do século XII, Joachim de Flora, com suas profecias sobre a vinda de uma terceira era do Espírito. Aqueles que deixaram a Espanha para converter os índios viram-se incumbidos de uma missão de especial importância no esquema divino da história, pois a conversão do Novo Mundo era um prelúdio necessário para seu término e para a segunda vinda de Cristo. Acreditavam também que, entre esses povos inocentes da América ainda não contaminados pelos vícios da Europa, poderiam construir uma Igreja que se aproximasse da de Cristo e dos primeiros apóstolos. Os primeiros estágios da missão americana, com o batismo em massa de centenas de milhares de índios, pareciam garantir o triunfo desse movimento em prol de um retorno ao cristianismo primitivo que havia tão repetidamente sido frustrado na Europa.

Muito cedo, no entanto, as dúvidas que sempre haviam sido nutridas por alguns dos missionários começaram a aflorar intensamente à superfície. A princípio parecia que os índios mexicanos possuíam uma propensão natural para o cristianismo, em parte, talvez, porque o descrédito em que haviam

13. Para análises complementares sobre a evangelização da América espanhola, ver o trabalho de Josep M. Barnadas, adiante neste volume, cap. 12, pp. 521-551.

caído seus deuses devido à derrota na guerra criara um vácuo espiritual e cerimonial que os predispunha a aceitar a liderança dos frades, que eram os homens santos de uma raça conquistadora. A simples instrução nos rudimentos do cristianismo dada pelos missionários, seu uso da música e de imagens para explicar sua mensagem e sua mobilização de grandes grupos de índios para construir grandes conventos e igrejas com aparência de fortaleza que mudaram a paisagem arquitetônica do México central nas décadas posteriores à conquista, tudo isso ajudou a preencher o vazio deixado pelo desaparecimento da casta sacerdotal nativa e pelo declínio da rotina do trabalho cerimonial regido pelo calendário asteca.

No entanto, embora o índice de conversão fosse espetacular, sua qualidade deixava muito a desejar. Havia sinais alarmantes de que os índios que haviam adotado a nova fé com aparente entusiasmo ainda veneravam seus velhos ídolos em segredo. Os missionários também se chocaram contra muralhas de resistência nos pontos em que suas tentativas de incutir os ensinamentos morais do cristianismo conflitavam com padrões de comportamento estabelecidos havia muito tempo. Não era fácil, por exemplo, inculcar as virtudes da monogamia a uma sociedade que via as mulheres como servas e o acúmulo de mulheres como fonte de riqueza.

Para alguns dos missionários, especialmente os da primeira geração, esses contratempos serviram de incentivo para estudar mais profundamente os costumes e crenças de seu rebanho. Onde o primeiro instinto fora apagar todos os vestígios de uma civilização pagã, agora tinha início uma tentativa de examinar, registrar e investigar. O frade dominicano Diego Durán afirmava que "havia sido cometido um erro por aqueles que, no início, com grande zelo mas pouca sabedoria, haviam queimado e destruído todas as suas pinturas antigas, pois agora continuamos sem saber do mesmo modo que podem praticar a idolatria diante de nossos próprios olhos"[14]. Foi seguindo essa linha de raciocínio que o grande franciscano, frei Bernardino de Sahagún, devotou sua vida ao registro e à compreensão de uma cultura nativa que estava em rápida extinção. Muitos de seus colegas se empenharam com sucesso em aprender as línguas indígenas e em compilar gramáticas e dicionários. A percepção de que a verdadeira conversão exigia uma profunda compreensão dos males a extirpar forneceu, portanto, um grande

14. Diego Durán, *Historia de las Indias de Nueva España y Islas de Tierra Firme*, ed. José F. Ramirez, México, 1867-1880, 2 vols.; ver vol. II, p. 71.

incentivo para estudos lingüísticos importantes e para a investigação etnográfica que muitas vezes, como aconteceu com Sahagún, revelava um alto grau de complexidade em seu uso controlado de informantes nativos.

Isso era mais verdadeiro, contudo, no tocante ao México do que ao Peru, onde as condições instáveis do período pós-conquista atrasou a obra de evangelização, que em algumas áreas não seria realizada sistematicamente antes do século XVII. Já na metade do século XVI, numa época em que as primeiras missões se estavam estabelecendo no Peru, a geração humanista de mendicantes estava entrando na história. Na geração seguinte houve menos curiosidade sobre a cultura dos povos conquistados e uma tendência correspondente a condenar em vez de buscar compreender. Isso foi encorajado por alguns fracassos espetaculares que ajudaram a lançar dúvidas sobre as presunções originais acerca da propensão indígena ao cristianismo. O colégio franciscano de Santa Cruz de Tlatelolco, fundado em 1536 para educar os filhos da aristocracia mexicana, era um objeto natural de suspeita para todos os espanhóis, leigos ou religiosos, que eram contrários a qualquer tentativa de colocar os mexicanos no mesmo nível educacional dos europeus, ou de educá-los para o sacerdócio. Qualquer retrocesso de um estudante do colégio, como Don Carlos de Texcoco, que foi denunciado em 1539 e queimado na fogueira como dogmatizador, serviu, portanto, de pretexto conveniente para minar um movimento que tinha como axioma a afirmação de que o índio era um ser tão racional quanto o espanhol.

Inevitavelmente, as profecias de catástrofes se cumpriram como fora esperado. Os índios, proibidos de ordenar-se sacerdotes, tenderam naturalmente a considerar o cristianismo uma fé estranha que lhes era imposta por seus conquistadores. Extraíam dele aqueles elementos que se adequavam a suas próprias necessidades espirituais e ritualistas e os mesclavam a elementos de sua própria fé ancestral, produzindo sob um cristianismo simulado uma religião sincrética muitas vezes vital. Isso por sua vez serviu apenas para confirmar a crença daqueles que defendiam a manutenção dos índios sob tutela permanente, porque estariam despreparados para ocupar seu lugar na civilização européia.

As idéias amiúde exageradas sobre a capacidade espiritual e intelectual dos índios, mantidas pela primeira geração de missionários, tenderam portanto a ceder terreno, nas décadas intermediárias do século, a um senso não menos exagerado de sua incapacidade. A solução mais fácil era considerá-los crianças adoráveis mas desobedientes, que precisavam de cuidado especial.

Essa solução surgia de modo ainda mais natural aos frades à medida que viam seu monopólio sobre os índios ameaçado pelo advento do clero secular. Foi também estimulada por um genuíno temor acerca do destino de seu rebanho indígena sob as condições em rápida mudança na metade do século XVI. À medida que a visão humanista dos primeiros missionários se dissipava, e parecia cada vez mais improvável que o Novo Mundo se tornasse o cenário da Nova Jerusalém, os frades lutavam para preservar o que ainda restava, congregando seus rebanhos em comunidades aldeãs onde podiam ser mais bem protegidos das influências corruptoras do mundo.

Esse era um sonho menos heróico do que o da primeira geração missionária, e não menos inexoravelmente fadado ao insucesso. Pois estavam ocorrendo profundas mudanças na composição demográfica da América espanhola, à medida que o número de imigrantes se multiplicava, enquanto o da população indígena diminuía.

Na metade do século XVI havia provavelmente cerca de 100 mil brancos na América espanhola. As notícias sobre as oportunidades de uma vida melhor no Novo Mundo encorajavam um número cada vez maior de espanhóis a tomar um navio de Sevilha para a América, com ou sem licença oficial para emigrar. Numa carta para a família, no padrão daquelas escritas pelos emigrantes das Índias, Juan de Robles escreveu a seu irmão em Valladolid, em 1592: "Não hesite. Deus nos ajudará. Esta terra é como se fosse nossa, pois Deus nos deu mais aqui do que aí, e estaremos em melhor situação"[15].

Embora as Índias fossem oficialmente a posse exclusiva da coroa de Castela, não havia, ao que se sabe, uma lei do século XVI que proibisse os habitantes da coroa de Aragão de emigrar para elas, conquanto aragoneses, catalães e valencianos estivessem aparentemente excluídos na lei, embora nem sempre na prática, de ocupar cargos e benefícios nos domínios ultramarinos de Castela. Os emigrantes de Navarra, que foi oficialmente incorporada à coroa de Castela em 1515, tinham uma posição legal mais forte. Mas a esmagadora maioria dos imigrantes provinham da Andaluzia, da

15. Enrique Otte, "Cartas Privadas de Puebla del Siglo XVI", *Jahrbuch für Geschichte von Staat, Wirtschaft und Gesellschaft Lateinamerikas* (*JGSWGL*), 3:78, 1966. Para uma seleção dessas cartas na tradução de James Lockhart e Enrique Otte, *Letters and People of the Spanish Indies. The Sixteenth Century*, Cambridge, 1976.

Estremadura e das duas Castelas, e o número de bascos aumentava à medida que o século avançava.

Alguns desses emigrantes estavam indo juntar-se aos parentes que já haviam emigrado, outros buscavam fugir de condições que, por uma ou por outra razão, haviam-se tornado intoleráveis no Velho Mundo. Muitos dos que estavam entre os perdedores da revolta dos Comuneros, esmagada em 1521, se puseram clandestinamente a caminho do Novo Mundo; e o mesmo aconteceu com aqueles cuja ascendência judaica prejudicou suas chances de sucesso na metrópole, embora houvesse regulamentos rigorosos a impedir a emigração de judeus e *conversos*. É difícil acreditar que a emigração de todos os sete irmãos de Santa Teresa de Ávila estivesse totalmente desvinculada do fato de sua família ter *conversos* entre seus antepassados.

No início, como se poderia esperar, o movimento de emigração foi constituído em sua maioria esmagadora por homens. Mas, para incentivar a colonização, a coroa insistia em que todos os *conquistadores* e *encomenderos* fossem casados, e com isso o número de mulheres emigrantes começou a aumentar. Se as mulheres representavam cinco ou seis por cento do número total de emigrantes no período de 1509-1539, subiram para 28 por cento nas décadas de 1560 e 1570. Mas a falta de mulheres espanholas nos primeiros anos da conquista naturalmente estimulou os casamentos mistos. Baltasar Dorantes de Carranza, escrevendo sobre os conquistadores do México, explica que, "uma vez que nos quinze anos em que a terra era conquistada as mulheres espanholas não vieram em qualquer quantidade", alguns dos conquistadores não se casaram, enquanto outros se casaram com índias[16]. Isso aconteceu sobretudo com mulheres índias de sangue nobre ou real, e os filhos dessas uniões, conhecidos pela designação de *mestizos*, sucediam na posse das propriedades do pai. Todavia, o rápido crescimento da *mestizaje* nas Índias foi menos o resultado de casamentos formais do que de concubinagem e estupro. Durante o século XVI, pelo menos, a tendência foi assimilar sem excessivas dificuldades o *mestizo* nascido dessas uniões ao mundo de um ou de outro dos pais. A coroa logo passou a expressar sua preocupação quanto ao modo de vida dos mestiços, mas somente no século XVII, quando seu número se multiplicou, é que começaram a constituir uma espécie de casta distinta.

No entanto, não eram somente os brancos que estavam transformando a composição étnica da população das Índias. Havia também uma forte cor-

16. Dorantes de Carranza, *Sumaria Relación*, *op. cit.*, p. 11.

rente de imigração africana, à medida que os escravos negros foram importados para aumentar a força de trabalho. Chegando a suplantar o número dos brancos nas Antilhas, constituíram também um grupo minoritário expressivo no México e no Peru. Os filhos de sua união com brancos e com índios — conhecidos pelo nome respectivamente de *mulattos* e *zambos* — ajudaram a aumentar o número dos que, fossem brancos ou híbridos, preocupavam crescentemente as autoridades em virtude de sua manifesta ausência de raízes. As Índias estavam a caminho de produzir sua própria população de inativos voluntários ou involuntários, dos abandonados, vagabundos e párias, que parecia tão ameaçadora à sociedade hierárquica e organizada que constituía o ideal europeu do século XVI.

A presença dessa população inútil somente podia aumentar as forças que já produziam a desintegração da chamada *república de los indios*. Apesar dos enormes esforços de muitos frades para segregar as comunidades índias, somente nas regiões mais remotas, onde os espanhóis se haviam estabelecido mais esparsamente, foi possível manter neutralizado o mundo exterior. A proximidade das cidades fundadas pelos conquistadores; as necessidades de mão-de-obra dos *encomenderos* e as exigências de tributo da coroa; a invasão de terras indígenas pelos espanhóis; a infiltração de brancos e *mestizos*; todos esses elementos ajudaram a minar a comunidade indígena e o que restava de sua organização social do período anterior à conquista.

Ao mesmo tempo, ao ser submetida a essas poderosas pressões externas, a *república de los indios* também estava sucumbindo a uma catástrofe demográfica. A epidemia de varíola no decurso da conquista foi apenas a primeira de uma sucessão de epidemias européias que assolaram as populações indígenas da América continental nas décadas que se sucederam. A incidência dessas epidemias foi irregular. O Peru, com uma população mais esparsa, parece ter escapado mais facilmente que o México, que foi atingido de modo particularmente intenso em 1545-1547. Por toda a América as regiões costeiras se mostraram especialmente vulneráveis e aqui, assim como nas Antilhas, houve uma tendência a substituir por africanos a população indígena que havia sucumbido em sua quase totalidade.

As doenças européias atingiram uma população que estava desorientada e abatida pelas experiências da conquista. Os antigos padrões de vida haviam-se desintegrado, o equilíbrio precário da produção de alimentos fora rompido pela introdução de culturas e de gado europeus, e a necessidade européia de trabalho servil havia forçado a população índia a um trabalho a que não estava acostumada, muitas vezes sob condições intoleravelmente duras. Embora houvesse sinais de uma adaptação bem-sucedida, principalmente entre os índios da região de Cidade do México no período imediatamente posterior à conquista, não é de surpreender que para muitos índios o choque da mudança tenha parecido excessivo e eles tenham perdido a vontade de viver. Os sobreviventes aparecem nos relatos da época como pessoas passivas e apáticas que buscavam fugir de sua angústia nos narcóticos e nos tóxicos — bebendo pulque no México e mascando coca nos Andes.

Se a população do México central do período anterior à conquista caiu de 25 milhões em 1519 para 2,65 milhões em 1568, e a do Peru, de nove milhões em 1532 para 1,3 milhões em 1570, o impacto demográfico da conquista européia foi esmagador tanto em suas dimensões quanto em sua velocidade[17]. Nenhum plano preconcebido, quer para a salvação, quer para a exploração dos índios, podia esperar resistir intato aos efeitos de uma transformação tão drástica. No meado do século XVI a América espanhola era um mundo muito diferente do que fora visualizado imediatamente após a conquista.

As expectativas sobre a riqueza a ser obtida com a conquista das Índias tinham pressuposto tacitamente a existência de uma população indígena vasta e dócil, que fornecia trabalho servil e produzia tributo para os conquistadores. Inevitavelmente, o declínio totalmente inesperado dessa população obrigou a mudanças drásticas tanto na política quanto no comportamento. Desde a metade do século XVI intensificou-se a luta entre colono e colono e entre coroa e colono por uma porção maior da oferta de mão-de-obra escrava em declínio. A descoberta de ricos depósitos de prata na década de 1540 tanto no México quanto no Peru e o início das operações de mineração em larga escala significaram que na distribuição da mão-de-obra indígena devia ser dada prioridade à mineração e às atividades auxiliares. A abolição da *encomienda* de serviço pessoal que se seguiu ao decreto de 1549 privou os *encomenderos* de sua força de trabalho indígena, que podia então ser mobilizada para os serviços públicos necessários por meio dos *repartimientos* organizados por funcionários da coroa.

17. Para maiores detalhes sobre o colapso demográfico, cf. Nicolás Sánchez-Albornoz, *História da América Latina*, vol. II, cap. 1.

Ao mesmo tempo, à medida que o trabalho índio se tornou menos disponível para indivíduos particulares, grandes áreas de terra foram sendo desocupadas em decorrência da extinção de seus proprietários índios. Isso coincidiu com uma necessidade rapidamente crescente de terra entre a comunidade de colonos, para satisfazer as necessidades alimentares de uma população hispânica em expansão e concentrada nas cidades, que permanecia presa a seus hábitos e gostos tradicionais. Queria carne e vinho e preferia pão branco ao milho. Os *encomenderos* e outros colonos ricos e influentes, portanto, requereram à coroa com sucesso concessões de terras (*mercedes de tierras*) nas quais pudessem plantar trigo (mais difícil de produzir que o milho e que exigia uma maior área de terreno para uma produção comparável) e criar gado europeu (bois e carneiros). Embora a América espanhola devesse continuar sendo uma civilização essencialmente urbana, já havia fortes indícios, a partir da metade do século XVI, de que a base dessa civilização seria provavelmente a dominação do campo por um punhado de grandes proprietários.

No final da primeira geração da conquista, já estava claro que no novo mundo das Índias espanholas estavam surgindo sociedades novas e distintas. Os conquistadores, depois de se instalar, haviam tomado o controle da terra e do povo; e, se haviam destruído em escala maciça, estavam também começando a criar. Traziam consigo uma crença que aos poucos ganhava terreno na Europa do século XVI: a de que estava na capacidade do homem modificar e melhorar o mundo a seu redor. "Não encontramos usinas de açúcar quando chegamos nestas Índias", escreveu Fernández de Oviedo, "e todas elas nós construímos com nossas próprias mãos e esforço num período tão curto"[18]. Hernán Cortés, explorando as vastas propriedades que adquirira no vale de Oaxaca, mostrava que o conquistador também tinha as ambições do empreendedor.

O tipo de sociedade que os conquistadores e imigrantes instintivamente se dispuseram a criar se aproximava tanto quanto possível da sociedade que haviam deixado na Europa. Em conseqüência, o destino dos povos dominados estava ele próprio predeterminado. Seriam transformados, na medida do possível, em camponeses e vassalos no estilo espanhol. Teriam de conformar-se às noções européias de trabalho e seriam incorporados à economia

18. Fernández de Oviedo, *Historia General y Natural de las Indias*, Madrid, 1959, vol. I, p. 110.

de salários. Seriam cristianizados e "civilizados", até onde permitissem suas próprias naturezas fracas. Não foi sem motivos que Cortés batizou o México de Nova Espanha.

No entanto, uma das características mais notáveis da própria Espanha foi a presença cada vez mais poderosa do Estado. Por algum tempo, após a morte de Isabel em 1504, parecera que a obra dos Reis Católicos de fortalecer a autoridade real em Castela seria desfeita. O renascimento do sectarismo aristocrático ameaçou mais de uma vez mergulhar Castela de novo nas desordens do século XV. Mas Fernando de Aragão, que sobreviveu doze anos à morte da esposa, conseguiu habilmente preservar a autoridade da coroa. O cardeal Jiménez de Cisneros, que se tornou regente após a morte de Fernando em 1516, deu mostras de igual capacidade de comando, e Carlos de Gant, o jovem neto de Isabel, herdou em 1517 um país em paz.

Mas essa paz era precária, e os primeiros eventos do novo reinado nada ajudaram a torná-la mais segura. A eleição de Carlos como Sacro Imperador Romano em junho de 1519, dois meses após o desembarque de Cortés no México, e sua subseqüente partida para a Alemanha serviram para precipitar uma revolta nas cidades de Castela contra o governo de um rei estrangeiro e ausente. A revolta dos Comuneros (1520-1521) adotou profundamente as tradições constitucionalistas da Castela medieval e, se tivesse triunfado, teria imposto restrições institucionais ao desenvolvimento da soberania de Castela. Mas a derrota dos rebeldes no campo de batalha de Villalar, em abril de 1521, deixou Carlos e seus conselheiros livres para restabelecer e ampliar a autoridade real sem grandes impedimentos. Sob o reinado de Carlos, e ainda mais sob o de Filipe II, seu filho e sucessor (1556-1598), um governo autoritário e cada vez mais burocrático tornaria sua presença sentida em inúmeros pontos da vida de Castela.

Era inevitável que essa crescente agressividade do Estado tivesse também seu impacto sobre as possessões ultramarinas de Castela. Os desejos de intervenção do Estado haviam estado aí presentes desde o início, como testemunhavam as *capitulaciones* entre a coroa e os aspirantes a conquistador. Mas o próprio processo de conquista poderia muito facilmente cair fora do controle real. O tempo e a distância estavam nas mãos dos conquistadores e, se Cortés mostrou mais deferência do que muitos em seu comportamento com relação à coroa, isso ocorreu porque ele tinha visão para perceber que precisava de aliados poderosos na Espanha e a sagacidade para avaliar que podia valer a pena explicar, desde que se agisse primeiro.

Mas o imperador Carlos V, como Fernando e Isabel antes dele, não tinha intenção de permitir que seus domínios recém-adquiridos escapassem a seu controle. Na Nova Espanha Cortés se viu sistematicamente desalojado pelos funcionários reais. Uma *audiencia*, no modelo da de Santo Domingo (1511), foi instalada no México em 1527, sob o que se revelaria ser a presidência desastrosamente interesseira de Nuño Guzmán. Essa primeira tentativa de controle real criou mais males do que curou, mas o período de governo de 1530-1555 com a segunda *audiencia*, composta de homens de maior integridade do que a primeira, deixava claro que não haveria lugar para seu conquistador na Nova Espanha dos burocratas.

Cortés aceitou de modo relativamente sereno, mas no Peru o estabelecimento do controle real não foi realizado sem luta sangrenta. O pretexto para a revolta dos pizarristas, de 1544-1548, foi a tentativa de impor as Novas Leis; mas por trás dela estava a resistência de homens da espada a aceitar o controle de homens da pena. Foi sintomático que a rebelião tenha sido esmagada, não por um soldado mas por um daqueles funcionários instruídos em leis que foram o objeto primacial da hostilidade do conquistador. O *licenciado* Pedro de La Gasca triunfou sobre os pizarristas porque era acima de tudo um político, com habilidade para explorar as divisões dentro da comunidade do conquistador entre os *encomenderos* e os soldados de infantaria que cobiçavam suas posses.

Na Nova Espanha a partir da década de 1530, no Peru a partir dos anos 1550, os dias do conquistador estavam terminados. Estava a caminho uma nova conquista das Índias, a administrativa, conduzida pelas *audiencias* e pelos vice-reis. A Nova Espanha recebeu seu primeiro vice-rei em 1535, na pessoa de Antonio de Mendoza, que serviu até 1550; e o Peru, onde foi instalada uma *audiencia* em 1543, começou a acalmar-se sob o governo vice-real de outro Mendoza, o marquês de Cañete (1556-1560). Aos poucos, sob o domínio dos primeiros vice-reis, o aparelho de controle da autoridade real foi assentado sobre as novas sociedades que os conquistadores, os frades e os colonizadores estavam criando. As Índias estavam começando a ocupar seu lugar dentro do vasto arcabouço institucional de uma monarquia espanhola de amplitude mundial.

Os Índios
e a Conquista Espanhola

A AMÉRICA, isolada do resto do mundo por milhares de anos, tinha uma história distintiva, livre de influências externas. Fora, portanto, uma complexa interação de fatores externos que, no início do século XVI, dera às diversas sociedades indígenas muitas formas diferentes: estados altamente estruturados, senhorias mais ou menos estáveis, tribos e grupos nômades ou seminômades. E foi esse mundo até então inteiramente auto-subsistente que de repente sofreu um choque brutal e sem precedentes: a invasão de homens brancos vindos da Europa, o impacto de um mundo profundamente diferente.

A reação dos americanos nativos diante da invasão espanhola variou consideravelmente: de ofertas de aliança a uma colaboração mais ou menos forçada, de uma resistência passiva a uma hostilidade permanente. No entanto, em toda parte, a chegada desses seres desconhecidos causou o mesmo espanto, não menos intenso do que o experimentado pelos próprios conquistadores: ambos os lados estavam descobrindo uma nova raça de homem de cuja existência jamais haviam suspeitado. Este capítulo examina os efeitos da invasão espanhola sobre o império inca e o império asteca durante o primeiro estágio de domínio colonial (até a década de 1570), enfatizando principalmente o caso dos Andes; também considera sucintamente as áreas "periféricas", ao norte do planalto central mexicano, ao sul e sudeste dos Andes centrais, a fim de apresentar o quadro mais amplo possível da "visão dos vencidos".

O TRAUMA DA CONQUISTA

Tanto no México quanto no Peru os documentos nativos descrevem uma atmosfera de terror religioso imediatamente antes da chegada dos espanhóis. Mesmo sendo interpretações retrospectivas, essas descrições atestam o trauma por que passaram os americanos nativos: profecias e presságios haviam predito o final dos tempos; então, de repente, apareceram monstros de quatro pernas montados por criaturas brancas de aparência humana.

Durante um ano inteiro, Tenochtitlán foi iluminada, toda noite, por uma coluna de fogo que aparecia a leste e parecia subir da terra para o céu. Um fogo misterioso destruiu o templo de Huitzilopochtli; depois, o de Xiuhtecuhtli foi atingido por raios. Uma estranha ave cinzenta, levando uma espécie de espelho sobre a cabeça, foi capturada; quando Moctezuma examinou o espelho, "viu algo à distância: parecia uma procissão que se movia velozmente, na qual figuras imponentes lutavam e se batiam umas contra as outras; estavam montadas numa espécie de veado"[1]. Entre os maias, o *Chilam Balam* predisse (talvez depois do acontecido) a aurora de uma nova era: "Quando lançarem seu sinal para o alto, quando o lançarem ao alto com a árvore da vida, tudo de repente estará mudado. E o sucessor da primeira árvore da vida aparecerá, e para todo o povo ficará clara a mudança"[2]. No Peru, os últimos anos de Huayna Cápac foram perturbados por uma série de terremotos de violência incomum. Raios atingiram o palácio do Inca e apareceram cometas no céu. Um dia, durante as celebrações da festa de sol, um condor foi perseguido por um falcão e caiu no meio da praça principal de Cuzco: cuidaram do pássaro, mas ele morreu. Finalmente, numa noite clara, a lua parecia estar rodeada por um tríplice halo, o primeiro da cor de sangue, o segundo de um preto acinzentado, e o terceiro parecia fumaça: segundo os adivinhos, o sangue indicava que uma guerra cruel estraçalharia as crianças de Huayna Cápac; o preto pressagiava a destruição do império inca; e o último halo indicava que tudo desapareceria em fumaça[3].

Disseminado por toda a América estava o mito do deus civilizador que, depois de seu reinado benevolente, desaparece misteriosamente, prometendo aos homens que um dia retornará. No México havia Quetzalcóatl, que partiu rumo ao leste, e nos Andes, Viracocha, que desapareceu no Mar ocidental. Acreditava-se que Quetzalcóatl voltaria em um ano *ce-acatl* (de um só junco), baseado num ciclo de 52 anos, enquanto o estado inca deveria terminar durante o reinado do décimo segundo imperador. No México, os espanhóis chegaram do leste, e 1519 era de fato um ano *ce-acatl*; no Peru, vieram do

1. Miguel León-Portilla, *Visión de los Vencidos. Relaciones Indigenas de la Conquista*, México, 1959, pp. 2-5; *idem*, *El Reverso de la Conquista. Relaciones Aztecas, Mayas, e Incas*, México, 1964.
2. *Chilam Balam de Chumayel*, ed. e trad. de Benjamin Péret, Paris, 1955, p. 217.
3. Garcilaso de La Vega, *Comentarios Reales de los Incas*, [1609], ed. *Obras Completas*, Madrid, 1960, vol. II, pp. 52, 352-354.

oeste, e Atahualpa era de fato o décimo segundo Inca. Conseqüentemente, o choque dos índios assumiu uma forma específica: perceberam os eventos através do arcabouço de mito e, em certas circunstâncias pelo menos, imaginaram que a chegada dos espanhóis era um retorno dos deuses.

É surpreendente que, do México ao Peru, as descrições nativas retomassem as mesmas características para demonstrar o caráter extraordinário e o poder dos invasores: a pele branca, as barbas, os cavalos, a escrita e as armas de fogo. Daí o seguinte relato que Moctezuma recebeu de seus mensageiros:

> Seus corpos são totalmente cobertos; somente seus rostos podem ser vistos e são brancos como giz. Têm cabelo amarelo, embora em alguns casos seja preto. As barbas são longas; os bigodes também são amarelos... Estão montados em seus "veados". Empoleirados dessa forma, andam ao nível dos tetos. [...] Se o tiro [de um canhão] atinge um morro, parece parti-lo ao meio, arrebentá-lo, e se bate numa árvore, despedaça-a e esmaga-a, como que por um milagre, como se alguém a tivesse destruído soprando de dentro[4].

A cena em que Moctezuma recebeu os espanhóis (a despeito de algumas dúvidas de seus conselheiros) como se fossem deuses continua famosa: ele vai ao encontro dos invasores e oferece-lhes colares de flores e ouro em sinal de boas-vindas; depois, pronuncia diante de Cortés o surpreendente discurso que chegou até nós através dos informantes de Sahagún:

> Meu senhor [...] finalmente chegastes a vosso lar: a Cidade do México. Viestes para tomar vosso lugar em vosso trono, sob o dossel real...
>
> Não, não é um sonho, não estou acordando de um sonho, meus sentidos ainda estão amortecidos pelo sono... Já vos vi, já deitei meu olhar em vosso rosto! Esse foi realmente o legado e a mensagem de nossos reis, dos que reinaram, dos que governaram vossa cidade: de acordo com suas palavras seríeis instalado em vosso assento, em vosso trono real de majestade alcançaríeis esses lugares[5].

Esses relatos mexicanos lembram os dos cronistas andinos como Titu Cusi: em sua chegada, os espanhóis foram considerados os Viracochas, filhos do criador divino:

4. León-Portilla, *Visión de los Vencidos*, pp. 34-35.

5. *Idem.*, pp. 79-80.

> Disseram que tinham visto aparecer em sua terra criaturas muito diferentes de nós, tanto em seus costumes como nas roupas: pareciam-se com os Viracochas, o nome pelo qual nos referíamos, em tempos passados, ao Criador de todas as coisas. Viram-nos montados sobre grandes animais com patas de prata: isso por causa do brilho de suas ferraduras sob o sol. E também os chamaram de Viracochas porque viram que podiam falar uns com os outros sem dificuldade, por meio de pedaços de pano branco: isso porque liam livros e cartas[6].

É verdade que as crenças na divindade dos espanhóis logo seriam destruídas: a conduta estranha desses homens, seu comportamento frenético à vista de ouro, sua brutalidade logo abalariam essas crenças. E nem todos os americanos tiveram essas ilusões no início. A invasão dos europeus foi para as sociedades indígenas um acontecimento sem precedentes que interrompeu o curso normal de sua existência. Confrontada com essa incursão do desconhecido, a visão indígena do mundo implicava pelo menos a possibilidade de que os homens brancos fossem deuses. Mas a resposta à questão podia ser positiva ou negativa, de acordo com o lugar e as circunstâncias. Um notável incidente dá prova disso. Nas proximidades de Cuzco, os soldados de Pizarro capturaram mensageiros que Callcuchima enviara a Quizquiz; levavam notícias importantes sobre a natureza dos invasores: "Callcuchima os havia enviado para informar Quizquiz de que eles [os espanhóis] eram mortais"[7].

Como foi possível que impérios tão poderosos como o dos astecas e o dos incas tenham sido destruídos por umas poucas centenas de espanhóis? Sem dúvida, os invasores tinham a vantagem de possuir melhores armas: espadas de aço contra lanças de obsidiana, armaduras de metal contra túnicas forradas de algodão, arcabuzes contra arcos e flechas, cavalaria contra infantaria. Mas essa superioridade técnica parece ter tido importância limitada: os espanhóis tinham poucas armas de fogo na época da conquista, e estas eram de disparo lento; seu impacto no início foi, como o dos cavalos, acima de tudo psicológico.

6. Titu Cusi Yupangui Inca, *Relación de la Conquista del Perú y Hechos del Inca Manco, II* [1570], Lima, 1916, vol. II, pp. 8-9, coleción de libros y documentos referentes a la História del Peru, 1ª série.

7. Arquivos Históricos de Cuzco, "Genealogia de la Casa y Familia de Sayri Tupac", libro I, indice I, fº 147v, e libro 4, indice 6, fº 38r.

A vitória espanhola foi sem dúvida ajudada pelas divisões políticas e étnicas do mundo indígena: o império inca e o asteca haviam sido construídos mediante conquistas sucessivas. Certos grupos viram na chegada dos invasores uma oportunidade para libertar-se de uma dominação opressiva: dessa forma, foram os próprios índios que forneceram a Cortés e a Pizarro a maior parte de seus exércitos de conquista, que eram tão grandes quanto os exércitos asteca e inca contra o qual lutavam. No México, os totonacas, recém-conquistados, revoltaram-se contra Moctezuma e aliaram-se aos espanhóis, que em seguida receberam apoio decisivo dos tlaxcalanos. No Peru, a facção Huascar aliou-se a Pizarro, que também recebeu o apoio de grupos como os cañaris e os huancas que se recusavam a aceitar o domínio inca.

O resultado do conflito não dependeu apenas da força dos oponentes: a partir da perspectiva dos derrotados, a invasão européia também continha uma dimensão religiosa, e mesmo cósmica. Saques, massacres, incêndios: os índios estavam vivendo o fim de um mundo; a derrota significava que os deuses tradicionais haviam perdido seu poder sobrenatural. Os astecas acreditavam serem o povo escolhido de Huitzilopochtli, o deus Sol da guerra; sua missão era colocar sob seu domínio os povos que rodeavam Tenochtitlán por todos os lados. Dessa forma, a queda da cidade significava infinitamente mais que uma simples derrota militar. Determinava o fim do reino do deus Sol. A vida terrena havia, por conseguinte, perdido todo significado, e, uma vez que os deuses estavam mortos, somente restava aos índios também morrer:

> Deixe-nos morrer, então,
> Deixe-nos morrer, então,
> Pois nossos deuses já estão mortos[8].

Na sociedade dos Andes, o Inca, na qualidade de filho do Sol, era o mediador entre os deuses e os homens e ele próprio era adorado como um deus. Num certo sentido, representava o centro corporal do universo cuja harmonia ele garantia. A morte do Inca representava o desaparecimento do ponto de referência vivo do universo, a destruição brutal de sua ordem. Por essa razão todo o mundo natural participava do drama da derrota:

8. *Libros de los Coloquios de los Doce*, em Walter Lehmann, *Sterbende Götter und Christliche Heilsbotschaft*, Stuttgart, 1949, p. 102; igualmente em León-Portilla, *El Reverso de la Conquista*, p. 25.

O sol fica amarelo,
e a noite cai
misteriosamente;
... A morte do Inca reduz
o tempo ao bater de uma pálpebra;
... A terra se recusa a enterrar
seu Senhor,
... E as escarpas rochosas tremem por seu amo
entoando lamentos fúnebres[9].

DESESTRUTURAÇÃO

O trauma da conquista não se limitava ao impacto psicológico da chegada do homem branco e da derrota dos antigos deuses. O governo espanhol, ao mesmo tempo em que fazia uso das instituições nativas, realizava sua desintegração, deixando apenas estruturas parciais que sobreviveram fora do contexto relativamente coerente que lhes havia dado sentido. As conseqüências destrutivas da conquista afetaram as sociedades nativas em todos os níveis: demográfico, econômico, social e ideológico.

Após seu primeiro contato com os europeus, a população ameríndia sofreu, em toda parte, um declínio demográfico de proporções historicamente excepcionais. Para o planalto central mexicano Sherburne F. Cook e Woodrow Borah propuseram o número (talvez excessivo) de 25 milhões de habitantes antes da chegada dos espanhóis. Para os Andes várias estimativas foram feitas; mas uma população de cerca de dez milhões para todo o império inca parece uma estimativa razoável[10].

Nos trinta anos que se seguiram à invasão, no entanto, a população decaiu vertiginosamente. Os índios da ilha de Hispaniola, por exemplo, foram varridos completamente do mapa, enquanto que no planalto mexicano a população decresceu em mais de noventa por cento, de acordo com Cook e Borah:

9. *Apu Inca Atawallpaman*, em León-Portilla, *El Reverso de la Conquista*, pp. 182-183. Cf. também o trabalho de J. H. Elliott, neste volume, cap. 4, às pp. 135-194.

10. Cf. "Nota sobre as Populações Americanas às Vésperas das Invasões Européias", neste volume, às pp. 129-131.

1519: 25,0 milhões
1532: 16,8 milhões
1548: 6,3 milhões
1568: 2,65 milhões
1580: 1,9 milhões

A taxa de decréscimo da população parece ter sido menos acentuada nos Andes: os índios das áreas frias, sobretudo os que habitavam o altiplano, sobreviveram melhor à catástrofe do que os de outras localidades. Assim, a população de Lupaca, na margem oeste do lago Titicaca, diminuiu apenas 20-25 por cento em trinta anos. Por outro lado, o declínio da população nos Andes setentrionais, na costa ou nos vales quentes, alcançaram níveis comparáveis aos da Mesoamérica. Até onde as fontes fragmentárias nos permitem avaliar, o decréscimo geral foi, como no México, muito vertiginoso até a década de 1560, tornando-se depois mais gradativo:

1530: 10,0 milhões
*c.*1560: 2,5 milhões
*c.*1590: 1,5 milhões[11].

Quais foram os motivos dessa catástrofe? A causa principal foram as doenças. Os europeus trouxeram consigo novas doenças (varíola, sarampo, gripe, peste) contra as quais os índios americanos, isolados por milhares de anos do restante da humanidade, não tinham defesas. Já em 1519 a resistência asteca havia sido enfraquecida pela epidemia de varíola que irrompeu durante o cerco de Tenochtitlán. A epidemia espalhou-se em seguida pela América Central e talvez mesmo até aos Andes: em 1524, mesmo antes da primeira expedição de Pizarro, uma estranha doença, caracterizada como uma espécie de varíola ou sarampo, causou milhares de mortes (inclusive a do Inca Huayna Cápac) no império inca. No período de 1529-1534 o sarampo mais uma vez atingiu primeiramente as Antilhas, depois o México e a

11. Para uma análise do declínio da população indígena em seguida às invasões européias, cf. Nicolás Sánchez-Albornoz, *História da América Latina*, vol. II, cap. I. Sobre os Andes em especial, cf. Nathan Wachtel, *La Vision des vaincus. Les Indiens du Pérou devant la conquête espagnole 1530-1570*, Paris, 1971, pp. 135-140, 318-321, e Noble David Cook, *Demographic Collapse. Indian: Peru, 1520-1620*, Cambridge, 1981.

América Central. O famoso *matlazahuatl* devastou a Nova Espanha em 1545 e a Nova Granada e o Peru no ano seguinte. Em 1557, uma gripe epidêmica, vinda diretamente da Europa, atingiu a América Central; em 1558-1559 a varíola novamente se espalhou pelo Peru. *Matlazahuatl* ressurgiu em 1576 no México. E nos anos de 1586-1589 uma tríplice epidemia de varíola, peste e gripe, provindo de Quito, Cuzco e Potosí, devastou os Andes inteiros[12].

Mesmo admitindo-se que essas epidemias tenham sido a causa principal do declínio demográfico, não se pode negar que a conquista espanhola foi por si mesma um período de opressão sanguinária. Os primeiros censos demográficos sobre a população nativa mostram uma taxa excessivamente alta de mortalidade masculina, mais provavelmente devido à guerra e às exações dos tributos[13]. Outros documentos relatam suicídios coletivos ou individuais e práticas de aborto, que ao mesmo tempo revelam um clima de desespero e servem como forma de protesto. As pirâmides etárias que se podem construir para a segunda metade do século XVI sugerem uma queda na taxa de natalidade, que se pode interpretar como uma conseqüência do trauma da conquista.

É evidente que um declínio populacional dessa magnitude desorganizou completamente as estruturas tradicionais das sociedades nativas. As respostas a um questionário que formou a base das *Relaciones Geográficas de Indias* [1582-1586] informam-nos como os próprios índios percebiam sua situação demográfica. Os investigadores perguntaram a seus informantes se o número de índios havia aumentado ou diminuído desde antes da conquista, se tinham saúde melhor ou pior, e pediam que explicassem as causas de quaisquer mudanças ocorridas. As respostas, em sua maioria, apontam na mesma

12. Felipe Guaman Poma de Ayala, *Nueva Corónica y Buen Gobierno* [1614], Paris, 1936, p. 114; Pedro Cieza de León, *Primera Parte de la Cronica del Peru* [1550], Madrid, 1941, p. 71; Fernando de Montesinos, *Memorias Antiguas Historiales y Politicas del Peru* [1644], Madrid, 1906, vol. I, p. 254; Bernabé Cobo, *Historia del Nuevo Mundo* [1653], Madrid, 1965, vol. II, p. 447; Henry F. Dobyns, "An Outline of Andean Epidemic History to 1720", *Bulletin of the History of Medicine*, 1963, pp. 493-515; Wachtel, *La Vision des vaincus*, pp. 147-149.

13. Esse fenômeno é visto claramente nas *visitas* de Iñigo Ortiz de Zúñiga, *Visita de la Provincia de León de Huánuco en 1562*, vols. I e II, Huánuco, 1967-1969, e de Garci Diez de San Miguel, *Visita Hecha a la Provincia de Chucuito en el Año 1567*, Lima, 1964. No caso de adultos nas idades entre 21 e 50 anos, a primeira fornece os valores de 56 homens para cada cem mulheres, a segunda, 82 homens para cada cem mulheres.

direção: os índios sentiam que viviam menos e tinham saúde pior. As causas do declínio que davam, em ordem de importância, eram: a guerra, as epidemias, as migrações das populações e o excesso de trabalho. Essas causas parecem plausíveis e em correta correspondência mútua. Mas a natureza aparentemente absurda e implausível de algumas das respostas torna-as ainda mais reveladoras. Em alguns casos, os índios atribuíam o seu declínio populacional ou seu menor tempo de vida ao fato de terem menos trabalho a fazer, de serem mais livres e mais bem alimentados:

... E viviam mais nos tempos antigos que agora, e atribuem isso ao fato de que então comiam e bebiam melhor.
... Porque se entregavam a mais vícios que antes e têm mais liberdade, vivem vidas menos saudáveis...
... Viviam mais porque antes, dizem, tinham vidas mais ordenadas do que agora, e porque não havia uma abundância tão grande de coisas, nem tinham as possibilidades que têm agora de comer e beber e entregar-se a outros vícios, e com todo o trabalho que tinham de fazer quando o Inca reinava, não havia sequer vinho, o que geralmente encurta a vida[14].

Poderiam essas respostas ser explicadas por um desejo de agradar ou por temor? Se assim for, é estranho que aqueles que responderam ao questionário não hesitassem, em outros momentos, em queixar-se de sua sorte. É mais provável que o sentimento aparentemente inexplicável de demasiada liberdade correspondesse, na verdade, ao vazio deixado pelo desaparecimento das antigas estruturas do estado e pelo colapso das regras tradicionais de conduta. É surpreendente que a última citação também mencione a ruína causada pelo alcoolismo (um tema a que retornaremos mais adiante) como uma das causas do declínio da população. Em outras palavras, o que essas respostas demonstram é a desintegração dos sistemas religioso, social e econômico que anteriormente haviam dado um sentido às tarefas da vida quotidiana. Em resumo, as mudanças demográficas refletiam a desestruturação do mundo nativo.

Para entender os processos de desestruturação, é necessário primeiramente delinear as características específicas das civilizações pré-colombia-

14. *Relaciones Geográficas de Indias* [1582-1586], ed. M. Jimenez de la Espada, Madrid, 1881-1898, 4 vols. (reed. 1965, 3 vols.), vol. I, pp. 88-89, 120, 222, 330.

nas. E tanto, para, submeteremos um exemplo — os Andes centrais e meridionais — a um exame mais detalhado[15].

Antes da ascensão de Tahuantinsuyo (o estado inca), essa vasta área era povoada por dezenas de grupos diferentes e de tamanhos amplamente variados: assim, os chupachos da região de Huánuco eram constituídos por um pequeno domínio de cerca de dez mil pessoas, enquanto os lupacas na margem oeste do lago Titicaca formavam um reino poderoso de mais de cem mil habitantes. Os incas da região de Cuzco representavam, no início, um grupo étnico de importância relativamente menor, que se distinguia dos demais apenas por seu lugar ímpar na história.

A unidade básica dos diferentes grupos étnicos era o *ayllu* (análogo ao *calpulli* mexicano), que formava um núcleo endogâmico, unindo um determinado número de grupos de parentesco que possuíam coletivamente um território específico (mas freqüentemente descontínuo). Agrupadas, essas unidades básicas combinavam-se para formar metades, e depois unidades ainda maiores, até compreenderem todo o grupo étnico. Esse mesmo termo *ayllu* pode ser aplicado a todos os diversos níveis superpostos dessa maneira uns sobre os outros, cada um mais abrangente do que o anterior. O Estado inca era, num certo sentido, o ápice dessa imensa estrutura de unidades entrelaçadas. Impunha um aparelho político e militar a todos esses grupos étnicos, apoiando-se ao mesmo tempo na hierarquia dos senhores locais, ou *curacas*. No interior do *ayllu*, no sentido estrito do termo, as terras de pastagem eram de posse comunitária e as terras aráveis eram alocadas a unidades domésticas familiares proporcionalmente ao seu tamanho; assim, em teoria, essa distribuição ocorria periodicamente. De acordo com o ideal da auto-subsistência que caracterizava a sociedade andina, uma unidade familiar podia reivindicar uma parcela de terra em cada setor ecológico, de modo a combinar produtos complementares da terra em diferentes altitudes (milho, batatas, *quinoa*, pasto para lhamas etc.). Essa reivindicação não se restringia aos meios de produção (como terra ou gado); abrangia também a força de trabalho: cada chefe de família tinha o direito de pedir a seus parentes, aliados e vizinhos que o auxiliassem a cultivar seu pedaço de terra; em troca, devia oferecer-lhes alimento e chicha, e também ajudá-los quando pedissem. Essa ajuda mútua era o fundamento ideológico e material de todas as relações sociais, e regia todo o processo de produção.

15. Esse tema foi abordado no trabalho de John Murra neste volume, cap. 2, pp. 63-99.

Esse sistema de troca permeava todos os níveis da organização social: entre os membros do *ayllu* na base; dentro das metades e do grupo étnico, no serviço de um *curaca*; e no âmbito do império, no serviço do Inca. Havia, no entanto, de um nível para o seguinte, uma transição gradual da reciprocidade baseada em simetria e igualdade para uma reciprocidade crescentemente hierárquica e desigual. Os serviços dos súditos de Tahuantinsuyo eram uma extensão daqueles que eram prestados aos deuses locais e aos *curacas*. Trabalhavam coletivamente as terras do Inca e do Sol, no espírito de um ritual religioso, e em troca recebiam alimento — chicha e *coca*; ou faziam tecidos e roupas, usando os rebanhos do Inca; e, por fim, executavam periodicamente o serviço da *mita*, obras públicas ou serviço militar. Mas, enquanto ao nível do *ayllu* (e mesmo ao do grupo étnico) o parentesco continuava a regular a organização do trabalho, a distribuição da terra e o consumo do que era produzido, no âmbito do império os serviços prestados pelos súditos do Inca permitiam o desenvolvimento de uma infra-estrutura (celeiros, fortalezas, estradas etc.) de natureza diferente. Em outras palavras, o modo de produção do império inca era baseado no antigo modo de produção comunitária, que ele deixou intocado, ao mesmo tempo em que explorava o princípio da reciprocidade para legitimar seu domínio.

A extensão do sistema de *mitmaq*, já aplicado na esfera do grupo étnico, constituiu uma das mais notáveis realizações do império inca. Sabemos que as aldeias nucleares das regiões altas — dedicadas à criação de animais e à produção de tubérculos — realizavam seu ideal de auto-subsistência enviando "colonos" (*mitmaq*) a aldeias situadas em altitudes mais baixas, a fim de ter acesso à produção dos vales quentes (milho, algodão, coca etc.). Nessas "colônias" complementares, os membros de grupos montanheses, que normalmente viviam separados por longas distâncias entre si, conviviam nas planícies ao lado uns dos outros, e assim a população de suas pequenas "ilhas" acabou por miscigenar-se; mas os centros dos quais se originavam não exerciam qualquer controle político sobre os territórios intermediários, e dessa forma constituíam "arquipélagos verticais" de tamanho variado[16]. O estado inca utilizou esse método de organização para seus próprios propósitos, a fim de obter vastas áreas de cultivo, tanto da coca (como no vale de

16. Cf. John V. Murra, *Formaciones Económicas y Políticas del Mundo Andino*, Lima, 1975, e *La Organización del Estado Inca*, México, 1978. Cf. também o trabalho de John Murra, neste volume, cap. 2, pp. 63-99.

Songo) quanto, sobretudo, do milho (por exemplo, nos vales de Abancay, Yucay, ou Cochabamba)[17].

Pesquisa recente torna possível, no caso de Cochabamba, analisar em detalhe esse processo de colonização: Huayna Cápac, o último Inca, expulsou do vale quase todas as populações nativas (os cotas e os chuis) e os fixou em Pocona, mais para leste, para proteger a "fronteira" contra os chiriguanos; e apossou-se de suas terras para o Estado. Para cultivar essa terra, transferiu para o vale quatorze mil trabalhadores "de todas as nações", em sua maioria provenientes do planalto, mas às vezes de mais longe ainda, da região de Cuzco e mesmo do Chile. Alguns deviam viver permanentemente (*perpetuos*) junto aos campos e celeiros de Cochabamba (eram os *mitmaq* no sentido próprio do termo), enquanto outros realizavam a viagem diariamente, como *mita*. Cada "nação" ou grupo étnico era responsável por um número determinado de lotes, ou *suyos*. Todo o milho colhido se destinava essencialmente ao exército. Mas um determinado número de lotes era reservado à subsistência dos trabalhadores, e outros eram destinados a diferentes *curacas*, que podiam redistribuir a produção entre seus súditos. Dessa forma, os índios que foram transferidos para o vale de Cochabamba adquiriram novas terras às custas dos antigos habitantes[18].

Esse processo se repetiu em numerosas regiões de Tahuantinsuyo: embora o modelo do "arquipélago vertical" já estivesse profundamente incrustado na sociedade andina, o estado inca o estendeu a dimensões até então nunca vistas e enviou *mitmaqs* a todo o império. Essa política foi desenvolvida ainda mais com o aumento do número de *yana*, dependentes pessoais que haviam cortado quaisquer laços de família, empregados pelo Inca em vários níveis dentro da área que ele controlava. Mas não estaria a lógica do sistema

17. Sobre o vale de Abancay, ver Waldemar Espinoza Soriano, "Colonias de Mitmas Múltiples en Abancay, Siglos XV y XVI. Una Información Inédita de 1575 para la Etnohistoria Andina", *Revista del Museo Nacional*, 31:225-299, 1973; sobre o vale de Yucay, ver Horacio Villanueva Urteaga, "Documentos sobre Yucay en el Siglo XVI", *Revista del Archivo Histórico del Cuzco*, 1970, pp. 1-184; María Rostworowski de Diez Canseco, "El Repartimiento de Doña Beatriz Coya en el Valle de Yucay", em *Historia y Cultura*, 1970, pp. 153-267; Wachtel, *La Vision des vaincus*, pp. 168-176 e 202-206. Os documentos sobre o vale de Songo (no Archivo General de Indias, em Sevilha) ainda não foram publicados.

18. Nathan Wachtel, "Les mitimaes de la vallée de Cochabamba. La Politique de colonisation de Huayna Capac", *Journal de la Société des Américanistes*, 67:297-324, 1980-1981.

do Estado em conflito com o princípio de reciprocidade que continuava a predominar no *ayllu*? Foi justamente essa contradição que a invasão espanhola pôs a descoberto. Após a captura e morte de Atahualpa, as estruturas do Estado ruíram; as instituições regionais e sobretudo as locais persistiram, mas destacadas do arcabouço que lhes dava significado. Inúmeros *mitmaq* retornaram a seus lugares de origem, e os "arquipélagos" que o Inca havia organizado (como os dos vales do Songo, Abancay e Cochabamba) desapareceram. Mas o modelo de auto-subsistência e "complementaridade vertical" continuou a ser utilizado ao nível dos grupos étnicos: assim, a sociedade dos Andes entrou em longo processo de fragmentação. Essa separação entre a atividade econômica e a social foi acelerada pelos espanhóis quando parcelaram as *encomiendas*: senhorias que até então haviam formado unidades sociais, econômicas e políticas coerentes foram muitas vezes divididas entre vários beneficiários, de tal modo que aldeias mais distantes se viram separadas da autoridade de seus legítimos senhores.

Dessa forma, o antigo reino dos lupacas tornou-se um *repartimiento* da coroa, enquanto suas "colônias" da costa do Pacífico foram concedidas a um certo Juan de San Juan; foi necessária a intervenção de Polo de Ondegardo para restabelecer o vínculo entre a população e suas aldeias de origem. Mas esse foi um caso excepcional: nesse exemplo o famoso cronista defendera os interesses da coroa. Cabe notar que esse mesmo Polo agiu de forma contrária quando seu interesse pessoal estava em jogo. Ele recebera parte do vale de Cochabamba como uma *encomienda* que incluía os *mitmaq* que lá já haviam sido fixados pelo Inca e agora eram reclamados pelos *curacas* do planalto, sucessores dos antigos senhores de Caranga, Sora, Quillaca e Charca. Isso conduziu a um prolongado litígio, durante o qual Polo argumentou que os *mitmaq* deveriam ser vinculados da autoridade de seus senhores do planalto, porque os carangas (assim como os lupacas) tinham perdido o acesso a suas aldeias antes situadas na costa do Pacífico:

> Depois que instituiu o sistema de *repartimiento* neste reino, Sua Majestade dividiu todos os *mitimaes*, terras e lotes nos lugares em que já estavam, e as terras em questão foram distribuídas aos ditos índios e seus *encomenderos*, e isso aconteceu em geral em todo este reino, e assim os carangas ficaram sem terras ou *mitimaes* na costa, e o mesmo aconteceu com os de Chucuito[19].

19. Archivo Historico de Cochabamba, AR 1540, f°s 353r-353v.

Os carangas, na verdade, perderam suas "colônias" costeiras, mas (como atesta o *Memorial de Charcas*, elaborado em 1583) mantiveram alguns dos *suyos* que haviam recebido do Inca no vale de Cochabamba, do mesmo modo que os soras, os quillacas e os charcas[20]. Assim, o modelo andino do arquipélago entrou em conflito com a concepção espanhola que vinculava os índios ao lugar onde viviam; o modelo andino sobreviveu, mas apenas na medida em que se restringiu a áreas cada vez mais diminutas.

Fenômenos cuja existência até então era desconhecida transformaram o mundo pré-colombiano: os elementos mais importantes desse processo de desestruturação parecem ter sido as novas formas de tributo, a introdução da moeda e da economia de mercado.

As rebeliões eram certamente mais profundas no Peru do que no México, uma vez que os súditos do Inca (em contraste com os *macehuales* do império asteca) deviam apenas trabalho servil e não pagamentos em espécie. Desde o início do período colonial até a metade do século XVI, tanto no México como no Peru, o nível dos tributos cobrados pelos *encomenderos* não estava fixado por qualquer medida oficial. As primeiras taxações, levantadas na década de 1550, além de incluir a prestação de serviço (que, nos Andes, dava continuidade à antiga tradição da *mita*), consistia de pagamentos numerosos e diversificados: milho, trigo, batatas, carneiros, porcos, aves, ovos, peixe, frutas, coca, sal, tecidos e vários artigos manufaturados. Muitas vezes, quando não produziam um desses itens, os índios tinham de obtê-lo por troca, o que os forçava a viajar longas distâncias. Os tributos em prata também tiveram origem nesse período, mas eram em quantidade limitada em comparação com o total dos pagamentos. Cedo as taxações foram simplificadas: produtos de importância secundária desapareceram, enquanto a prata aumentou e passou a ser a forma mais importante de tributo a partir da década de 1570.

Como se pode comparar os tributos espanhóis com os do período pré-colombiano? Não dispomos de números exatos, mas não resta dúvida de que a princípio os *encomenderos* impuseram suas decisões arbitrariamente e sem restrições e de que depois nem sempre respeitaram a letra das leis tributárias. Houve muitos exemplos de abusos. O método de taxação também era injusto. Em cada *repartimiento* as obrigações eram

20. Waldemar Espinoza Soriano, *El Memorial de Charcas (Crónica Inédita de 1582)*, Lima, 1969.

calculadas de acordo com o número de contribuintes, e os índios eram responsáveis coletivamente pelo pagamento. No entanto, em decorrência do decréscimo demográfico, desenvolveu-se rapidamente uma discrepância entre as taxações originais e a população em declínio, como revelam os freqüentes casos de litígio entre o *encomendero* e as comunidades nativas, especialmente logo depois de uma epidemia. Os índios solicitavam às autoridades uma *revisita* para ajustar a taxação ao número efetivo dos sujeitos a pagamentos. Porém, mesmo quando era feita uma reavaliação, o ônus do sistema colonial ainda tinha de ser suportado por um número menor de índios.

Ao mesmo tempo, embora de certa forma dando continuidade às obrigações que no passado eram devidas ao estado pré-colombiano, o tributo espanhol esfacelou o sistema do qual elas haviam constituído uma parte lógica. Dessa forma, segundo uma pequisa de Ortiz de Zúñiga em 1562, os chupachos deviam um tributo têxtil, como na época de Tahuantinsuyo. Mas o Inca lhes fornecia a matéria-prima — no caso, lã — e eles produziam para ele roupas de *cumbi*. Agora, o *encomendero* exigia roupas de algodão, e a transação era totalmente unilateral, uma vez que os próprios índios forneciam o algodão, tendo-o cultivado em seus próprios campos: "... E eles lhe dão o tecido não de *cumbi* mas de algodão, que plantam e colhem, e o Inca costumava dar-lhes a lã para tecido de *cumbi*". "... E queriam que seu *encomendero* lhes desse algodão para fazer roupa."

Os espanhóis (quer *encomenderos* quer não), auxiliados pelo declínio da população, o que significava um aumento de terras abandonadas, não demoraram a usurpar parte das terras até então cultivadas pelos índios. Mas, uma vez que os novos governantes tomavam claramente as terras que tinham o melhor solo, suas desapropriações deixaram aos índios as terras marginais. Presume-se que em todo o Peru as terras do Inca, do Sol e dos *huacas* eram propriedade da coroa, cujos súditos se beneficiavam disso na forma de *mercedes*. Assim, o ônus dos tributos era transferido para as terras comunitárias dos índios:

> ... e as terras nas quais costumavam plantar milho e alimentos para o Inca estavam neste vale, inclusive onde fica agora esta aldeia, e a região ao redor dela. Essa terra foi distribuída aos habitantes espanhóis quando a aldeia foi fundada, mas agora os índios demarcaram uma parte de sua própria terra para plantar milho, trigo e batatas para pagar o tributo.

Assim, não é de surpreender que o tributo espanhol parecesse mais pesado que o do Inca. Uma das perguntas de Ortiz de Zúñiga era feita exatamente no sentido de descobrir quanto tempo os chupachos dedicavam agora ao trabalho para atender a esses pagamentos. Dificilmente a resposta era diferente de um período entre sete e oito meses. Os índios queixavam-se de não ter tempo bastante para cultivar os próprios campos, a ponto de efetivamente protestarem a Lima:

> E agora se sentem mais cansados do que nunca estiveram antes, pois todo mundo trabalha, homens e mulheres casados, velhos e mulheres, rapazes e moças e crianças, e não fica ninguém de fora, e é por isso que foram ao tribunal em Lima para pedir justiça e a diminuição dessa carga[21].

A mudança era sobretudo qualitativa. A ideologia sobre a qual se baseara o sistema inca estava em ruínas. Na nova sociedade dominada pelos espanhóis, toda idéia de reciprocidade e redistribuição havia perdido seu sentido. Para ser mais exato, o sistema espanhol fez uso de fato de fragmentos do sistema antigo, a reciprocidade continuou a desempenhar um papel nas relações entre os *ayllus* e os *curacas*, e os *curacas* ainda garantiram um vínculo entre os índios e os novos governantes; mas, enquanto em Tahuantinsuyo a reciprocidade dera origem a uma rotação das riquezas (mesmo que apenas de modo teórico e desigual) entre os *ayllus*, os *curacas* e o Inca, o domínio espanhol resultou numa transferência unilateral sem reciprocidade. Em resumo, embora tivessem herdado o papel centralizador do Inca, os espanhóis deixaram de garantir a redistribuição da riqueza em benefício de todos. Enquanto o sistema de pagamentos (quer reais quer simbólicos) no império inca funcionava dentro de uma estrutura circular e equilibrada, o tributo espanhol era desequilibrado e unilateral.

O desenvolvimento do tributo em prata a partir da década de 1550 obrigou os índios a assumir novas atividades a fim de obter o metal precioso necessário. As minas do México, especialmente a de Zacatecas a partir de 1545, passaram a receber uma afluência de trabalhadores livres (*naboríos*). As minas de Potosí tornaram-se o principal pólo de atração nos Andes centrais e meridionais. A partir de 1553, os índios da província de Chucuito (o

21. Ortiz de Zúñiga, *Visita*, f°s 22r, 18r, 23r, 33r.

antigo reino de Lupaca) enviou *mitayos* às minas, possibilitando a seus donos a coleta dos dois mil pesos necessários para pagar o tributo. Uma nova taxação, em 1559, elevou-o para 18 mil pesos e estipulou o envio de quinhentos *mitayos*. Outros índios alugavam seus serviços aos comerciantes espanhóis como transportadores de mercadorias (em comboios de lhamas) ou iam para as cidades trabalhar nas construções. Dessa forma desenvolveu-se em certos setores uma economia de mercado, em detrimento da economia tradicional. Já os *curacas* se queixavam de que muitos de seus súditos viajavam a longas distâncias e não mais voltavam[22].

Mas em Potosí os índios conseguiram impor aos espanhóis suas próprias condições de trabalho. Durante quase trinta anos, de 1545 até por volta de 1574, controlaram tanto o processo técnico de extração do minério quanto sua transformação em prata. O único método usado nesse período era, portanto, o da *huayra*, a tradicional fundição nativa, geralmente situada nos morros para aproveitar o vento[23]. Por outro lado, durante esse mesmo período os *mitayos* ainda representavam apenas uma pequena proporção da força de trabalho, que consistia principalmente de índios arrancados de suas próprias comunidades e considerados como *yanaconas*. Formavam equipes de trabalhadores que faziam o que era, na verdade, contratos com os *mineros*: forneciam as próprias ferramentas, concordavam em entregar uma quantidade fixa de minério, e tinham permissão para guardar o excedente para si mesmos. Assim, os índios, tendo minério a sua disposição, transformavam-no eles mesmos em suas próprias *huayras* e produziam prata diretamente. Os *mineros* tinham novamente de recorrer ao trabalho nativo para transformar sua parte do minério, e isso constituía uma outra fonte de ganhos para os índios. Durante o período em que foi usada a *huayra*, os espanhóis fizeram inúmeras tentativas de libertar-se do monopólio tecnológico indígena; mas, como descreve Garcilaso de la Vega, todas essas tentativas fracassaram:

> Os donos de mina, ao verem que com essa forma de fundição com o vento natural suas riquezas eram dissipadas através de muitas mãos, pois eram muitos os que

22. Diez de San Miguel, *Visita*, f°s 87v, 48v, 107v.

23. Sobre esse chamado período *huayra* em Potosí, ver Carlos Sempat Assadourian, "La Producción de la Mercancia en la Formación del Mercado Interno Colonial. El Caso del Espacio Peruano, siglo XVI", em *Ensayos sobre el Desarollo Económico de Mexico y America Latina*, ed. Enrique Florescano, México, 1979, pp. 223-292.

tomavam parte nelas, tentaram remediar a situação a fim de que eles mesmos desfrutassem do metal e dos lucros. Assim, começaram a pagar aos mineiros em base diária e construíram seus próprios fundidores em vez de usar os dos índios, pois até então eram os índios que extraíam a prata, tendo sido combinado que os donos tinham o direito a uma certa quantia de prata de cada quintal extraído. Em sua cupidez, fizeram enormes foles, que podiam soprar as fornalhas de longe, como o vento natural. No entanto, nem chegaram a usar esse artifício, mas fizeram máquinas e rodas com velas, como as dos moinhos, mas puxadas por cavalos. No entanto, acharam-nas inúteis, e não mais confiando em suas invenções, acabaram ficando com o que os índios haviam inventado[24].

Somente quando foi introduzido o processo de amalgamação, no governo do vice-rei Toledo, em 1574, é que os espanhóis puderam romper o controle indígena sobre a produção da prata. Foi o início de uma nova era da história colonial. Mas é verdade que, mesmo durante o estágio da *huayra*, toda a prata produzida pelos índios voltava à circulação no sistema colonial. Os que iam trabalhar em Potosí, a fim de pagar o tributo, enviavam-nos a seus *encomenderos* ou para a coroa. E à medida que, de seu lado, dominaram o restante do mercado (especialmente o da coca e do milho), os espanhóis recuperaram a prata que continuava na posse dos trabalhadores livres através de comércio. Dessa forma, a introdução do dinheiro em última análise integrava os índios no sistema econômico como uma reserva de trabalho.

As mudanças no sistema econômico foram acompanhadas, tanto no Peru quanto no México, pelo desmantelamento da estrutura social, mas o processo assumiu diferentes formas em cada área. Não se sabe até onde as *ayllus* e as *calpulli* foram afetadas pelas conseqüências da invasão européia, mas parece que ambas continuaram a ser as células básicas da sociedade indígena. A natureza da sublevação se manifesta mais claramente nos dois extremos da escala social: os índios, uma parcela cada vez maior da população, que não mais participavam do setor comunitário da economia, e aqueles senhores que haviam perdido muitos de seus poderes tradicionais.

Durante os dois vice-reinados desenvolveu-se um padrão de migração, de que os coletores de tributo logo começaram a se queixar. No Peru, além

24. Garcilaso de la Vega, *Comentarios Reales*, citado por Carlos Sempat Assadourian, *op. cit.*, p. 246.

dos deslocamentos populacionais ocasionados pela própria conquista, as guerras civis entre os partidários de Pizarro e de Almagro, que perduraram até 1548, ajudaram a desarraigar a população. Muitos índios, recrutados nos exércitos adversários e levados para longe de suas aldeias de origem, ou terminaram por inchar o número de mendigos, ou permaneceram como *yanaconas* a serviço dos espanhóis. Deve-se lembrar que, em Tahuantinsuyo, o termo *yana* designava os índios livres de vínculos familiares e pessoalmente dependentes do *curaca* ou do Inca. Mas, enquanto antes da chegada dos espanhóis ainda constituíam uma pequena parcela da população, seu número começava agora a multiplicar. Seu *status*, no entanto, continuava a variar consideravelmente: se os *yanaconas* de Potosí, segundo pareceu, eram livres de dependência pessoal, não era o caso dos que foram trabalhar nas *haciendas* que surgiam, ou dos que eram empregados pelos espanhóis como servidores domésticos. Tirando essas diferenças, o grosso da população andina estava dividido em duas categorias: os *hatunruna* (ou índios das comunidades que eram sujeitos ao tributo e à *mita*); e os *yanaconas*, considerados de *status* social inferior, mas na prática livres das obrigações devidas pelos outros índios.

Fora dessa distinção desenvolveu-se uma diferença essencial entre os dois vice-reinados nos séculos posteriores. No Peru, o aumento do número dos *yanaconas* (e, depois, de *forasteros*) criou um problema cuja seriedade, embora não fosse tão evidente no século XVI, se manifestou abertamente no século XVII e deveria persistir por todo o período colonial: continha o embrião do conflito entre, de um lado, os *hacendados* (que tinham controle sobre parte da força de trabalho) e, de outro, os *mineros* (privados de *mitayos*) e a coroa (privada de tributos): o problema de submeter os *yanaconas* e os *forasteros* às obrigações que pesavam sobre o restante dos índios deveria dominar a história dos Andes centrais e meridionais.

É verdade que os interesses dos *hacendados*, dos *mineros* e da coroa também divergiam no México. Mas a classe pré-colombiana dos *mayeques*, num certo sentido comparável à dos *yanaconas* dos Andes, exceto pelo fato de constituírem uma parcela maior da população, teve um destino completamente diferente. Antes da chegada dos espanhóis, os *mayeques* deviam pagamentos não apenas aos representantes do *tlatoani* de Tenochtitlán, mas também aos senhores nativos locais. Como o tributo espanhol foi moldado a partir do sistema asteca, esses índios, como os *yanaconas* dos Andes, escaparam a princípio do pagamento que os *macehuales* das comunidades deviam a seus *encomenderos*. Mas após 1560 os *mayeques* foram por sua vez registrados como contribuintes, e isso apagou as distinções do mundo pré-colombiano: sob esse aspecto, a população nativa do México se tornava cada vez mais indiferenciada.

No outro lado da escala social, os membros da nobreza nativa se viram daí por diante forçados a agir como intermediários entre os espanhóis e os índios devedores de tributos. Os descendentes das antigas castas reinantes perderam a essência de seu poder, embora continuassem a exercer um papel importante: retinham uma posição privilegiada apenas porque concordavam em colaborar com os espanhóis. Os herdeiros de Moctezuma (Diego Huanintzin, Diego Tehuetzqui, Cristobal de Guzman Cecepatic, Luis de Santa Maria Cipac) mantiveram os postos de *tlatoani* e *gobernador* de Tenochtitlán até 1565. Depois, a dinastia "legítima" deixou de ter qualquer posto administrativo importante:

> Os nativos do México não mais deveriam ser *gobernadores* nem governar o *altepetl* de Tenochtitlán - México. Não mais deveria haver descendentes do grande *tlatoque* ou os *tlaçotlatocapipiltin*. Deveria haver somente gente de outros lugares, uns *pipiltin*, outros não *pipiltin*, e outros ainda *mestizos*, cuja ascendência espanhola é desconhecida, tampouco sabemos se eram *pipiltin* ou *maceguales*[25].

No Peru, os três filhos de Huayna Cápac — Tupac Hualpa (que logo foi envenenado), Manco (antes de sua revolta em 1536) e, sobretudo, Paullu — concordaram em exercer o papel de Inca-títere, concordando com as determinações de Pizarro ou Almagro. Quando se rendeu, o filho de Manco, Sayri Tupac, teve confirmado, entre outras propriedades, seu direito de posse da *encomienda* de Yucay; sua filha, a princesa Beatriz, casou-se com Martin Garcia de Loyola (sobrinho de Santo Inácio), e seus descendentes rapidamente se hispanizaram.

Os senhores de Chucuito, Martin Cari e Martin Cusi, que responderam à pesquisa de Garci Diez em 1567, não pertenciam à nobreza inca, e sim às dinastias dirigentes das duas metades do antigo reino de Lupaca. Seus ancestrais eram senhores absolutos das terras cultivadas não apenas por seus tri-

25. Alvarado Tezozomoc, *Crónica Mexicayotl*, citado em Charles Gibson, *The Aztecs under Spanish Rule. A History of the Indians of the Valley of Mexico, 1519-1810*, Stanford, 1964, p. 169.

butários de Chucuito mas também pelos tributários de seis outros *pueblos* da província. Mas, na época da *visita* de Garci Diez, a área dessas terras cultivadas havia diminuído imensamente devido à falta de conservação: Martin Cari e Martin Cusi agora recebiam pagamentos apenas dos índios de Chucuito, ao passo que os tributários dos outros *pueblos* não mais lhes prestavam os tradicionais serviços: "E nas aldeias de Juli, Pomata e Zepita eram obrigados a plantar outros vinte pedaços de terra em cada aldeia, e não fizeram isso, embora houvesse terra suficiente". Os índios de Juli, por sua vez, quando interrogados, explicaram que os *curacas* de Chucuito não os haviam requisitado para o plantio das terras. Ora, tradicionalmente essa "requisição" fora até certo ponto parte da estrutura dos vínculos de reciprocidade que uniam o *curaca* à *ayllu*: esses vínculos é que estavam agora sendo desfeitos. É esclarecedor que, embora Martin Cari ainda tivesse cultivado a terra que estava a sua disposição em Acora, no *pueblo* vizinho de Chucuito, ela não era mais trabalhada pelos índios da comunidade; o *curaca* havia adotado uma solução completamente diferente, desenvolvendo uma tendência que se havia iniciado no final da era inca e fora acelerada pelo domínio colonial: seus campos eram cultivados por *yanas*, isto é, fora dos vínculos de reciprocidade que ligavam o *curaca* à *ayllu*.

No entanto, no plano das respectivas metades de outras aldeias lupacas, em Acora, Ilave, Juli, Pomata, Yunguyo e Zepita, os *curacas* locais (teoricamente de nível inferior ao de Cari ou Cusi) mantiveram sua autoridade sobre seus súditos e continuaram a receber deles pagamentos (como faziam Cari e Cusi em Chucuito). Os índios colocavam um determinado número de *mitayos* a sua disposição para serviço regular; e coletivamente cultivavam os campos dos senhores, que lhes forneciam a semente e os recompensavam com presentes em alimentos, coca e roupas. Dessa forma, na metade superior *Hanan* de Juli:

> Para cada um dos dois ditos caciques trinta pedaços de terra são plantados com batata, *quinoa* e *cañagua*, e os caciques fornecem as sementes, e para o plantio todos os índios, homens, mulheres e jovens, se juntam para fazer o trabalho, e eles lhes dão boa comida feita com batata, *chuño* e carne, com coca e chicha nos dias em que estão trabalhando, e eles dão a Don Baltazar quatorze índios e a Don Francisco, dez, para servi-los[26].

26. Diez de San Miguel, *Visita*, fº 39r, fº 45r, fº 57v.

Assim, no nível intermediário dos senhores das metades, os vínculos de reciprocidade sobreviveram intatos ao processo de desestruturação.

Por outro lado, no nível mais baixo, o dos senhores *ayllu*, houve um colapso total. O antigo reino Lupaca havia consistido em cerca de 150 *ayllu*, isto é, pelo menos um número igual ao dos *curacas*. Mas, em toda a província de Chucuito, Garci Diez contou apenas 36 senhores isentos do tributo: dessa forma, a maioria dos senhores *ayllu* haviam perdido seus privilégios e estavam sujeitos às mesmas obrigações que os outros índios. Sua sorte era comparável à dos senhores chupachos, que reinavam sobre um grupo étnico muito menor e se queixaram a Ortiz de Zúñiga de terem de fazer pagamentos a seus *encomenderos*: "E no momento os chamados caciques e homens dirigentes não são estimados como o eram no tempo do Inca, pois todos têm de contribuir, sejam caciques, dirigentes, ou homens comuns"[27].

Esses exemplos ilustram um desenvolvimento duplo — uma fragmentação e uma concentração de poder: a fragmentação era resultado do *status* inferior dos principais *curacas*, e a concentração beneficiava o nível intermediário dos *curacas* das metades, às custas dos senhores *ayllu*.

No Peru colonial as metades geralmente constituíam unidades para pagamento de tributo (assim como eram no México as áreas sob a jurisdição do *tlatoque* que formavam as *cabeceras*). Dessa forma, os senhores de nível intermediário, responsáveis pela cobrança dos tributos para os *encomenderos* ou para a coroa, ocupavam uma posição estratégica e formavam um dos eixos da organização colonial. E freqüentemente exploravam essa posição de autoridade para fazer com que seus súditos realizassem serviços que estavam fora da estrutura dos vínculos tradicionais de reciprocidade. Em Chucuito, por exemplo, os comerciantes espanhóis deram ordens aos índios para fazer roupas: deram as ordens aos *curacas* dirigentes, Cari e Cusi, que depois distribuíram o trabalho entre os habitantes da província; mas eram os senhores das metades (entre eles, Cari e Cusi) que recebiam e embolsavam os salários. De modo análogo, os *curacas* concluíram o que eram efetivamente contratos (às vezes diante de um advogado) pelos quais concordavam em empregar um determinado número de súditos para realizar o trabalho de transporte. E os próprios espanhóis admitiam que nada teriam conseguido sem recorrer aos senhores nativos; de outro modo, os índios ter-se-iam recusado a agir[28].

27. Ortiz de Zúñiga, *Visita*, vol. I, fº 12r.

28. *Idem*, fº 44r.

Ao mesmo tempo os *curacas*, abusando de sua autoridade e colaborando com os novos senhores, minaram o próprio prestígio que possuíam.

Mas a história dos senhores dos Andes diferia num aspecto fundamental da dos senhores do México: a despeito de todas as revoltas, os primeiros desfrutaram de um certo elemento de continuidade, enquanto os últimos foram mais radicalmente afetados pela hispanização das estruturas políticas e administrativas. A partir da metade do século XVI, os espanhóis introduziram *cabildos* nativos no México, constituídos por *gobernadores*, *alcaldes* e *regidores* eleitos por um ou vários anos. A função desses *cabildos* era fiscalizar a cobrança dos tributos, administrar as finanças da comunidade e distribuir justiça em casos menores. A história do México caracterizou-se por uma rápida diferenciação entre os cargos de *gobernador* e de *tlatoani*: pessoas diferentes povos mantinham os dois postos, de modo que recém-chegados, que muitas vezes eram descendentes dos *macehuales*, ingressavam nos *cabildos* e assim introduziam sangue novo nos grupos dirigentes. Mas, no vice-reino do Peru, os *curacas* de modo geral continuaram a combinar seu cargo com o de *gobernador*, de modo que o preenchimento dos grupos governantes era menos importante. As famílias dirigentes (como os Guarachi entre os pacajes, os Ayaviri entre os charcas, os Choqueticlla entre os quillacas) continuaram a desempenhar um papel importante até o final da era colonial, embora ao mesmo tempo adotassem cada vez mais o modo de vida espanhol.

Essas novas formas de tributo em trabalho, antes completamente desconhecidas ao mundo pré-colombiano, introduziram idéias alheias às normas tradicionais que haviam integrado a atividade econômica e social num complexo coerente de conceitos, rituais e crenças religiosas. Por outro lado, os espanhóis justificaram sua hegemonia pelo fato de estarem trazendo a verdadeira fé aos índios: aos olhos dos missionários, as práticas e crenças dos nativos eram obra do demônio, e a "conquista espiritual" exigia que fossem erradicadas.

A religião oficial, vinculada às estruturas do Estado, desapareceu rapidamente tanto no México quanto no Peru. Cultos locais continuaram a realizar-se de modo mais ou menos ilícito (como veremos adiante), mas os índios tiveram de desistir de suas festas importantes e daquelas práticas que eram extremamente chocantes para os espanhóis, sobretudo do sacrifício humano. Os templos eram sistematicamente destruídos, os códices e quipos, queimados, e os sacerdotes nativos, perseguidos. Em conseqüência, o próprio curso da vida quotidiana foi drasticamente modificado. Basta pensar nos efeitos que tiveram a imposição de regras cristãs de casamento (a definição de novos tabus sexuais, o banimento da poligamia) ou o enterro dos mortos[29].

Entre a nobreza nativa a educação de crianças na religião cristã deu origem a um conflito de gerações (pelo menos imediatamente após a conquista). Assim, em 1524, os antigos sacerdotes de Tlaxcala estavam assombrados com o fato de um deles ter sido morto por crianças que haviam sido educadas pelos franciscanos: "Todos os que adoravam os ídolos e acreditavam neles ficaram horrorizados com a insolência dos meninos"[30]. Essas crianças, andando em bandos, destruíam ídolos e protestavam contra as práticas pagãs. A condenação desses velhos costumes e a relutância da geração mais velha em adotar novas normas de comportamento resultaram numa condição de anomia.

Um dos sintomas mais dramáticos da desintegração da cultura nativa e da angústia a que ela dava origem era o alcoolismo: um fenômeno observado por todos os cronistas[31]. Na sociedade pré-colombiana, regras rígidas controlavam o uso do pulque (no México) e da chicha (nos Andes): somente podiam ser consumidos coletivamente durante cerimônias religiosas em honra aos deuses, pois a embriaguez colocava as pessoas em comunhão com o sagrado. Exceto por essas circunstâncias restritas, o consumo do álcool era estritamente proibido. Em seu primeiro pronunciamento aos súditos, o governante do México declarava: "Sobretudo, exorto-os a abandonar o caminho da embriaguez e a não beber *octli*". Prevenia-os também contra os excessos sexuais: "Observem que os caminhos da carne são feios, e vocês todos devem virar-lhes as costas"[32]. A embriaguez solitária e profana poderia talvez ser tolerada nos velhos, mas era punida rigorosamente em todos os outros casos: o culpado era humilhado publicamente (era raspada sua cabeça) e era passível de pena de morte. (O mesmo valia para crimes sexuais, como o incesto, o adultério ou o homossexualismo; os adúlteros, por exemplo, eram queimados, apedrejados, enforcados ou recebiam golpes

29. Cf. Pablo José de Arriaga, *Extirpación de la Idolatria del Piru* [1621], Madrid, 1968, p. 216.

30. Fray Toribio de Benavente ("Motolinía"), *Memoriales o Libro de las Cosas de Nueva España y de los Naturales de Ella* [1541], ed. Edmundo O'Gorman, México, 1971, pp. 249-250.

31. Serge Gruzinski, "La mère dévorante: alcoolisme, sexualité, et déculturation chez les Mexicas (1500-1550)", *Cahiers des Amériques Latines*, 1979, pp. 22-26.

32. Bernardino de Sahagún, *Historia General de las Cosas de Nueva España* [1570], México, 1975, libro VI, pp. 332, 334.

de tacape até a morte, ou tinham as cabeças esmagadas sob o peso de uma grande pedra[33].)

Imediatamente após a conquista, o alcoolismo acometeu homens e mulheres de todos os níveis da sociedade. Inúmeros textos mencionam o desaparecimento das antigas proibições: "Era prática comum em toda parte os índios começarem a beber no final da tarde, e com bastante rapidez nas primeiras horas da noite caíam totalmente embriagados; a licenciosidade era geral, sem qualquer medida ou limite". Os nobres, que antigamente eram os que davam bom exemplo, agora levavam os índios à bebedeira: "os *maceguales* ousam embebedar-se, porque, se os nobres não o fizessem, eles temeriam os nobres e não ousariam ficar bêbados"[34]. Evidentemente, a embriaguez como parte de um ritual religioso não havia desaparecido, mas já não era distinguida do consumo do álcool por razões seculares ou em decorrência de vício.

Em face dessa disseminação do alcoolismo, os espanhóis adotaram uma atitude altamente ambígua. De um lado, condenavam-no por razões morais (embora seus castigos, como o chicoteamento, fossem incomparavelmente mais suaves que os da era pré-colombiana); de outro, incentivavam-no por evidentes razões econômicas: vendiam vinho aos índios. O vinho, mais alcoólico que as bebidas tradicionais, tinha efeitos muito mais danosos. Assim, nos relatos espanhóis, o alcoolismo tornou-se uma característica típica da sociedade nativa. No entanto, ele apenas espelhava o sentimento de impotência dos índios que tentavam usar o álcool para escapar de um mundo que para eles se tornara trágico e absurdo.

A disseminação do uso de folhas de coca nos Andes era testemunho de um fenômeno análogo, embora com conseqüências menos nocivas. A folha de coca era uma planta que, como a chicha, fora usada principalmente em cerimônias religiosas: "Nos tempos dos reis incas, os homens do povo não podiam beber coca sem a permissão do Inca ou de seu governador"[35]. Depois da conquista, a produção de coca aumentou consideravelmente. Os

33. Toribio de Benavente, *Memoriales*, pp. 362, 321-322, 356, 357.

34. Toribio de Benavente, *Memoriales*, p. 361; Procesos de Indios Idolatras y Hechiceros, México, Archivo General de la Nación, 1912, p. 164, citado por Gruzinski, "La Mère dévorante", *op. cit.*, p. 22.

35. José de Acosta, *Historia Natural y Moral de las Indias* [1590], Madrid, 1954, p. 117; cf. também Juan de Matienzo, *Gobierno del Peru* [1567], Paris-Lima, 1967, p. 163.

próprios espanhóis aumentaram a área de terras cultivadas com coca, às vezes em detrimento das plantações de alimentos; e o consumo de folhas de coca tornou-se difundido entre toda a população (embora a planta também conservasse sua significação religiosa): "Começaram a viciar-se nela depois que os espanhóis entraram neste país"[36]. A coca era particularmente indispensável para os índios que trabalhavam nas minas, pois lhes permitia trabalhar quase sem comer. Segundo Acosta, "somente em Potosí o comércio de coca eleva-se a mais de meio milhão de pesos por ano, pois são consumidas 95 mil cestas de coca"[37]. Os comerciantes espanhóis controlavam o comércio da folha de coca, mas apenas a massa da população indígena a consumia.

Nos quarenta anos após a conquista, portanto, a sociedade nativa passou por um processo de desestruturação em todos os níveis: demográfico, econômico, social e espiritual. Certas estruturas conseguiram sobreviver, mas fragmentadas e separadas de seu contexto original e transpostas para o mundo colonial. Não obstante, essas continuidades parciais garantiram que tradições nativas — um tanto modificadas — fossem passadas adiante, enquanto ao mesmo tempo sustentavam a hegemonia espanhola.

TRADIÇÃO E ACULTURAÇÃO

Sob o domínio colonial as tradições nativas se defrontaram com as novas práticas européias. Até que ponto estas foram aceitas ou rejeitadas? Terá o fenômeno da aculturação ajudado a reintegrar a sociedade?

Uma rápida aculturação econômica ocorreu, embora limitada ao uso de alguns produtos europeus que ampliavam a variedade de recursos disponíveis aos nativos, sem realmente substituir os que já estavam em uso: tanto no México como no Peru os alimentos básicos continuaram os mesmos da era pré-colombiana. Algumas frutas e vegetais (laranjas, maçãs, figos, couves, nabos etc.) espalharam-se rapidamente onde encontraram condições climáticas favoráveis, mas aparentemente o gado europeu foi adotado mais prontamente no México ou nos Andes setentrionais que nos Andes centrais e meridionais, onde a criação de lhamas já constituía uma das principais atividades. Assim, quando, a partir do final do século XVI, o consumo de carne

36. Hernando de Santillan, *Relación del Origen, Descendencia, Politica y Gobierno de los Incas...* [1564], Lima, 1927, p. 107.

37. Acosta, *Historia Natural y Moral*, p. 116.

se tornou uma prática geral no Equador, isso significou uma importante evolução nos hábitos alimentares[38]. O cultivo do trigo foi introduzido por instigação dos espanhóis, exclusivamente para pagamento de tributo e não para consumo dos índios. A aculturação econômica geral ocorreu através da seleção de produtos importados pelos espanhóis que eram simplesmente justapostos aos que já estavam em uso, sem qualquer outra modificação do contexto da vida nativa. As técnicas tradicionais sobreviveram, embora alguns senhores já possuíssem arados no final do século XVI.

Havia um contraste entre a rápida aculturação social de numerosos senhores e a persistência da tradição entre os homens do povo. Os senhores logo aprenderam a falar e a escrever espanhol, embora continuassem a usar a língua nativa. A aculturação lingüística parece ter ocorrido mais rapidamente ainda no México que no Peru. O famoso colégio de Tlatelolco, que devia abrigar os filhos dos senhores, foi fundado pelos franciscanos na década de 1530, enquanto que nos Andes escolas semelhantes (em Huancayo, e sobretudo em Cuzco) não foram criadas antes da década de 1570. O objetivo explícito era hispanizar um grupo privilegiado, a fim de criar uma classe governante que fosse obediente aos espanhóis. De acordo com essa política, certos membros da nobreza nativa (conforme a sua posição) adotaram as roupas européias e alguns símbolos de prestígio da cultura dominante — andar a cavalo, carregar espada, ou usar um arcabuz. Contudo, esses privilégios eram concedidos apenas aos senhores de camadas mais altas: assim, em Chucuito, Garci Diez propôs que os privilégios fossem limitados exclusivamente a Martin Cari e a Martin Cusi. Além disso, como a administração colonial proibiu muitos privilégios tradicionais (tais como viajar de liteira ou de rede), os símbolos de prestígio tornaram-se exclusivamente espanhóis. Dessa forma, o grupo dirigente fortaleceu sua função de modelo a ser imitado pelos índios.

Inversamente, os índios das comunidades mostraram sua fidelidade aos costumes antigos. Continuaram a falar as línguas nativas e geralmente usavam roupas tradicionais, às vezes combinadas com o *sombrero* espanhol. E, conquanto o sistema colonial tivesse introduzido o dinheiro, vimos que o setor nativo permaneceu orientado para a produção de subsistência, suplementada pelo escambo. É verdade que as migrações forçadas das populações (*congregaciones* no México a partir da década de 1560, as *reducciones*

38. *Relaciones Geográficas de Indias*, vol. I, pp. 171, 234; vol. II, pp. 22, 237.

no Peru a partir da década de 1570) estilhaçaram radicalmente os padrões de colonização e tentaram obrigar os índios a viver em aldeias formadas sob o modelo espanhol, no qual as ruas eram dispostas em padrão quadricular, e a praça era rodeada pela igreja, pela residência do *cabildo*, pela prisão e pelo patíbulo. No entanto, apesar dessas mudanças, o antigo sistema de organização comunitária (cujo núcleo central eram a *ayllu* e a *calpulli*) persistiu ou foi reconstruído sobre os alicerces dos laços de parentesco e de ajuda mútua que uniam seus membros. Após os reassentamentos da população, as aldeias e suas terras continuaram a ser organizadas segundo um modelo dual, assegurando dessa forma a continuidade das crenças religiosas que se baseavam na associação que os índios estabeleciam entre sua terra e seus ancestrais.

Na esfera religiosa, a fidelidade dos índios a suas tradições exprimia sua rejeição ao domínio colonial, embora novamente surgissem diferenças. Enquanto no México, nas primeiras décadas da era colonial (até a década de 1570), os índios pareciam revelar verdadeiro entusiasmo pelo cristianismo, isso não acontecia no Peru. Todavia, em ambos os casos, os índios se apegavam tenazmente a suas próprias crenças e rituais. Essa continuidade acompanhava-se de um processo de fragmentação, que correspondia ao das instituições. Se o culto oficial ao sol e ao Inca desapareceu nos Andes imediatamente após a conquista, o culto popular ligado aos *huacas* (deuses locais) sobreviveu. Os índios continuaram a trabalhar comunitariamente nos campos dedicados a seus objetos de culto e desenterraram seus mortos dos cemitérios, para transportá-los para seus antigos locais de enterro (próximo a lugares que haviam sido obrigados a abandonar por causa das *reducciones*). Embora se ajustassem aos elementos externos do culto cristão, conseguiram esconder seus ritos tradicionais. Os espanhóis favoreceram essa ambigüidade ao erigir cruzes e igrejas nos antigos locais religiosos, enquanto, por seu lado, os índios camuflavam seus ídolos e rituais sob um disfarce cristão:

> Descobrimos que eles estavam mantendo um grande *huaca*, chamado Camasca, junto à porta da igreja e um outro, chamado Huacrapampa, no interior dela; e atrás do altar principal, junto à porta da sacristia, havia mais um *huaca*, chamado Pichacianac[39].

---

39. "Idolatrias de los Indios Huachos y Yauyos", *Revista Historica*, Lima, 1918; p. 190; cf. também Arriaga, *Extirpación de la Idolatria*, *op. cit.*, p. 223.

Enquanto os espanhóis consideravam os deuses locais manifestações do demônio, os índios interpretavam o cristianismo como uma forma de idolatria. Em vez de se fundirem numa síntese, as duas religiões permaneceram justapostas. Embora admitissem a existência de um deus cristão, os índios consideravam que sua esfera de influência era limitada ao mundo espanhol, e eles mesmos procuraram a proteção de seus próprios deuses. O manual confessional de Diego de Torres, composto por volta de 1584, condenou essa dicotomia como um dos "erros contra a fé católica":

> Eles às vezes dizem que Deus não é um bom deus, e que ele não protege os pobres, e que os índios obedecem a ele em vão [...] e que, assim como os cristãos têm imagens que cultuam, também se pode cultuar os *huacas*[40].

Dessa forma, a esfera religiosa refletia a cisão entre o mundo europeu e o indígena. É curioso que os antropólogos ainda hoje encontrem entre certos índios (por exemplo, os de Puquio) a idéia de que Jesus Cristo permanece "separado" (*separawmi*); eles são protegidos não por ele, mas pelas montanhas, as *wamani*[41]. No início do século XVII, Arriaga descrevia uma concepção análoga:

> Dizem que tudo o que os sacerdotes dizem e pregam é para os Viracochas e espanhóis, e que eles têm seus *huacas* e seus *malquis* e seus festivais e tudo o mais que seus ancestrais lhes ensinaram e que os mais velhos e os sacerdotes lhes ensinam...[42].

Pode-se perceber por que, numa carta dirigida a Filipe II em 1579, Antonio de Zúñiga deplorava o fato de que os índios não faziam mais do que fingir participar das cerimônias católicas: não eram na realidade mais cristãos do que na época da conquista. E Garci Diez fazia a mesma constatação em Chucuito: "a maioria dos índios não são cristãos"[43].

40. Diego de Torres, *Confessionario para los Curas de Indios* [1584], Sevilla, 1603, p. 5.

41. José Maria Arguedas e Alejandro Ortiz Rescaniere, "La Posesion de la Tierra. Los Mitos Posthispánicos y la Visión del Universo en la Población Monolingüe Quechua", em *Les Problèmes agraires des Amériques Latines*, Paris, 1967, pp. 309-315.

42. Arriaga, *Extirpación de la Idolatria*, *op. cit.*, p. 224.

43. "Carta de Fray Antonio de Zúñiga al Rey Don Felipe II", em *Colección de Documentos Inéditos para la Historia de España*, Madrid, 1855, t. XXVI, p. 90; Diez de San Miguel, *Visita*, f° 115r.

Os resultados da aculturação permaneciam, portanto, no conjunto, limitados, tanto no México quanto no Peru, e a massa da população nativa recusava-se a aceitar a maioria das práticas trazidas pelos espanhóis. Na resultante interação entre continuidade e mudança, a tradição prevaleceu sobre a aculturação. Em geral, quando adotavam elementos de uma cultura estrangeira, os índios meramente os acrescentavam aos elementos de sua própria cultura ou usavam-nos como uma espécie de camuflagem. Mesmo nos casos dos senhores mais hispanizados observa-se o quanto persistiam os modos tradicionais de pensamento. Se adotaram certos costumes europeus, inseriram-nos no arcabouço da cultura indígena. Assim, segundo um documento datado de 1567, quando um grande número de índios rebeldes de Vilcabamba foi visitar a princesa Maria Manrique, viúva de Sayri Tupac, em sua residência em Cuzco, eles a presentearam com penas e "outros itens de pequeno valor", em reconhecimento de sua soberania. Em troca, a princesa lhes ofereceu alimento e bebida, lhamas, jóias para o nariz, braceletes e brincos de ouro — isto é, presentes de natureza tradicional; mas, além disso, também ofereceu "objetos de Castela que havia comprado nas lojas". Se não tivesse feito isso, ela declarou, "não estaria agindo como era esperado de uma princesa deste reino"[44]. Em outros termos, essas compras espanholas estavam integradas ao sistema de dar e receber presentes de acordo com o antigo princípio da reciprocidade.

Havia, pois, continuidade de tradição, bem como uma síntese por adaptação. O caso de Guaman Poma de Ayala, um dos mais notáveis escritores peruanos, ilustra bem esse processo. Os elementos ocidentais foram absorvidos pelo sistema nativo de pensamento que, ao adaptar-se, conseguiu preservar sua estrutura original. Embora escrevesse em espanhol (mesmo que incorretamente) e praticasse o cristianismo, Poma continuava a ver o mundo colonial através das categorias espácio-temporais que haviam configurado o império inca. Dessa forma, traçou um mapa das Índias que, em seus contornos, se assemelhava a um mapa espanhol, cortado por linhas de longitude e latitude[45]. Mas essas linhas na verdade não correspondiam a nada. O Peru

44. Archivo Historico del Cuzco, "Genealogia de Sayri Tupac", libro 4, indice 6, fº 64r, fº 80r, fº 61r.

45. Guaman Poma de Ayala, *Nueva Corónica*, fº 993-994. Sobre esse desenvolvimento, cf. Wachtel, "Pensée sauvage et acculturation. L'Espace et le temps chez Felipe Guaman Poma

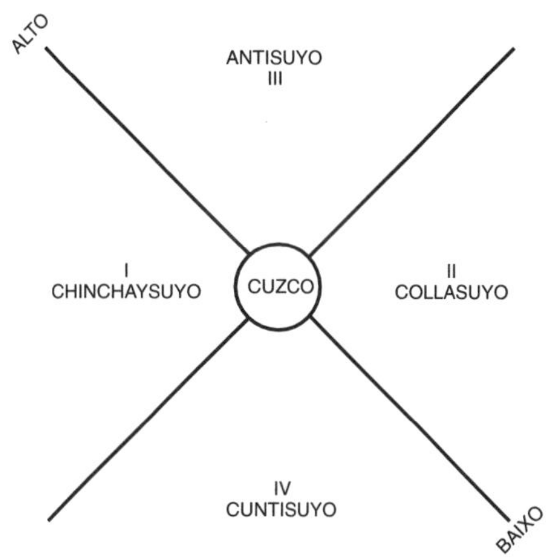

Figura 1. Mapa das Índias traçado por Guaman Poma de Ayala.

de Poma era disposto em torno de duas diagonais que haviam demarcado as antigas divisões do império inca, Chinchaysuyo a oeste, Antisuyo a norte, Collasuyo a leste e Cuntisuyo ao sul. Essas estavam explicitamente assinaladas no mapa. Poma desenhou seus quatro governantes, os *apos*, acompanhados por suas esposas; sobre a figura que representava o governante de Chinchaysuyo está o nome de Cápac Apo Guamanchara, avô paterno de Poma. Existe um aspecto notável. As duas diagonais se cruzam em Cuzco, e a antiga capital está situada no centro exato do mapa, rodeada pelas quatro divisões. Por um longo período Lima havia sido a capital do vice-reino, mas para Poma, Cuzco permanecia o centro do universo. Acima dessa representação da cidade ele desenhou o décimo imperador, Topa. A figura está entre dois brasões, o do papa e o do rei da Espanha (Figura 1).

Sabemos que no império inca essas quatro divisões faziam parte de um sistema de classificação e eram ordenadas hierarquicamente em dois pares sucessivos. O primeiro deu origem a uma divisão superior (Hanan) — formada por Chinchaysuyo e Antisuyo — e a uma inferior (Hurin) — formada por Collasuyo e Cuntisuyo. A segunda divisão cortava a primeira: cada uma

de Ayala et l'Inca Garcilaso de la Vega", *Annales, Economies, Societés, Civilizations*, maio-agosto, 1971, pp. 793-840.

das metades era dividida em duas, formando os quatro quartos, nos quais Chinchaysuyo estava acima de Antisuyo, e Collasuyo acima de Cuntisuyo. O centro do mundo, Cuzco, era definido pela interseção desses dois pares; assim, a organização quadripartite resultava em cinco partes separadas.

No entanto, a despeito dessas subsistências e continuidades, o pensamento indígena não poderia escapar às sublevações provocadas pelo domínio colonial. De que modo Poma imaginou o mundo como era após a conquista espanhola, e onde situou os outros países da América, da Europa, da África e da Ásia? É notável que continuasse a ver não só as Índias como também todo o universo no mesmo tipo de sistema de uma metade superior e de uma inferior, divididas num modelo quadripartite em torno de um núcleo central. Para construir seu modelo do mundo ele teve de amoldá-lo a uma duplicata do primeiro modelo, mas ao fazê-lo a posição da parte inferior (as Índias) foi invertida dentro da estrutura da parte maior (o universo) para explicar os efeitos da conquista e da lógica interna do próprio sistema. Em torno do reino de Castela, agora na posição central até então ocupada por Cuzco e pelo Inca, estavam dispostos quatro outros reinos: Roma e Turquia na parte superior anteriormente ocupada por Chinchaysuyo e Antisuyo, e as Índias e a Guiné na parte inferior no lugar de Collasuyo e Cuntisuyo. As Índias deveriam ter sido colocadas na divisão superior e Castela na inferior, mas a relação colonial exigia que, assim como o Inca estava compreendido na pessoa do rei da Espanha, o ordenamento geral do universo tinha de ser invertido enquanto a configuração do sistema como um todo era mantida intata (Figura 2).

Poma também aplicou o mesmo padrão a sua representação do tempo. Ele retomou a tradição nativa das cinco idades (Huari Viracocha, Huari, Purun, Auca, Inca) e, seguindo um procedimento análogo ao que usara no caso do espaço, projetou essa divisão em cinco partes sobre o sistema de divisão temporal do Ocidente. Dessa forma, a história bíblica foi dividida em cinco idades (Adão, Noé, Abraão, Davi, Jesus Cristo) análogas às cinco idades da tradição indígena.

Poma amoldou, portanto, as contribuições da cultura ocidental ao arcabouço espácio-temporal preexistente dos índios, isto é, uma síntese rigorosamente organizada de acordo com a lógica do pensamento andino. Mas, se essa síntese impunha certas regras, também fornecia a base para uma reinterpretação e criação. Poma recorreu às categorias tradicionais, mas, ao reestruturá-las no contexto do sistema colonial, deu-lhes um novo significado — o de opor-se à hegemonia espanhola. Na verdade, o cronista associou o

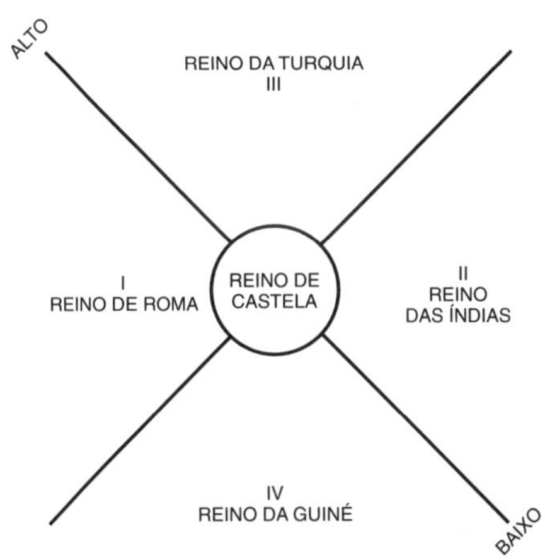

Figura 2. Mapa do universo traçado por Guaman Poma de Ayala

conceito de *pachacuti* (derrocada, revolução, tanto do mundo quanto do tempo) ao final do império inca: a relação produzida pela invasão européia relegava as Índias ao nível de Collasuyo na divisão inferior, quando na verdade deveriam estar na divisão superior. "O mundo está de ponta-cabeça porque não há nem Deus nem Rei"[46], e foi para informá-lo sobre a "doença do mundo" que Poma dirigiu sua "carta" de mil páginas ao rei da Espanha. Com uma esperança quase messiânica, ele esperava uma revolução final (uma outra *pachacuti*) pela qual o rei da Espanha — garante, como o Inca, da ordem universal — endireitaria novamente o mundo.

RESISTÊNCIA E REVOLTA

Os espanhóis estabeleceram seus dois principais centros de colonização no México e no Peru, onde já existiam estados poderosos; mas nas extensas "fronteiras" situadas nas periferias desses estados encontraram feroz resistência, que em alguns casos duraram até o início do século XX. O que causou esse contraste? Foi o resultado da própria natureza das diferentes sociedades nativas da América. No México e no Peru os invasores entraram em contato com

46. Guaman Poma de Ayala, *Nueva Corónica*, fº 1146; cf. analogamente os fºs 409, 448, 530, 762.

uma grande e densa população controlada por instituições centralizadas e já por longo tempo acostumada a produzir um excedente econômico em benefício do grupo dominante. Mas no norte do México, ao sul e a sudeste dos charcas, ou no Chile, a colonização espanhola fracassou quando se defrontou com índios em sua maioria nômades, que não produziam excedentes disponíveis e que, devido a sua mobilidade, escapavam a qualquer controle.

Mesmo no México e no Peru a relativa facilidade da conquista não significou a repentina cessação das hostilidades após a invasão. A resistência mais tenaz se verificou nos Andes, onde a força propulsora por trás da primeira revolta importante contra os espanhóis foi exatamente a de Manco Inca, um dos filhos de Huayna Cápac. Antes da chegada dos espanhóis, ele havia participado de uma expedição iniciada a leste do império contra os índios *montaña*, e especialmente contra os chiriguanos. Manco Inca começou colaborando com os espanhóis, mas rapidamente se desiludiu.

> Acreditei que eram a gente boa enviada, como afirmavam, por *Tecsi Viracochan* — isto é, Deus — mas me parece que os acontecimentos tomaram o rumo oposto daquele que imaginei; pois vocês deveriam saber, meus irmãos, que, pelas provas que me deram desde que invadiram minhas terras, eles não são filhos de Viracocha, mas sim do diabo[47].

Manco sitiou Cuzco durante um ano (de março de 1536 a abril de 1537), mas no final teve de relaxar o cerco. Refugiou-se então nas montanhas inacessíveis de Vilcabamba, ao norte da antiga capital e nos vales quentes de Antisuyo (a base a partir da qual havia iniciado suas campanhas anteriores). A região foi escolhida não apenas por motivos estratégicos, mas também por razões políticas e religiosas. Não foi por coincidência que incluía Machu-Picchu, o santuário inviolável dos sacerdotes nativos, e o *Mamacona* do Sol, que permaneceu desconhecido aos europeus até o início do século XX.

No imenso território sob seu controle Manco continuou a manter as antigas tradições imperiais e na verdade restaurou um estado "neo-inca". Em sua *Relación*, Titu Cusi atribuiu a seu pai um discurso que exprimia resistência a todo tipo de aculturação. Manco instava os índios a renunciar à falsa religião que os espanhóis estavam tentando impor-lhes; o deus cristão, dizia,

47. Titu Cusi, *Relación de la Conquista del Perú*, *op. cit.*, p. 32.

era apenas um tecido pintado incapaz de falar, enquanto os *huacas* se podiam fazer ouvir, e o Sol e a Lua eram deuses cuja existência era visível a todos[48]. Após a morte de Manco Inca, seu filho, Sayri Tupac, continuou a resistência durante dez anos ou mais, e então se rendeu em troca da rica *encomienda* de Yucay (o "vale sagrado" que fora a propriedade pessoal de Huayna Cápac). Outro filho de Manco, Titu Cusi, sucedeu-lhe como líder da resistência, e o estado neo-inca continuou a desafiar a hegemonia espanhola.

Na década de 1560 o vice-reinado experimentou uma profunda crise. Parece que Titu Cusi havia preparado uma sublevação geral que deveria coincidir com a disseminação do movimento do *Taqui Ongo*. Tratava-se de um movimento milenarista originário dos Andes centrais (especialmente na região de Huamanga), mas, segundo Cristobal de Molina, a "heresia" foi iniciada pelos feiticeiros de Vilcabamba. Os pregadores anunciavam o final do domínio espanhol; os deuses nativos que tinham sido derrotados e mortos na época da chegada de Pizarro voltariam novamente à vida e entrariam em combate com o deus cristão que, por sua vez, seria conquistado. Então os espanhóis seriam expulsos do país:

> Eles acreditavam que todos os *huacas* do reino, todos aqueles que os cristãos haviam queimado e destruído, haviam retornado à vida [...] que estavam todos se preparando no céu para combater Deus e conquistá-lo [...] *agora o mundo estava completando seu ciclo*, Deus e os espanhóis iriam desta vez ser conquistados e todos os espanhóis mortos, suas cidades engolfadas, e o mar se expandiria para tragá-los e varrê-los da memória[49].

Dessa forma, o Taqui Ongo predizia um evento cósmico, um dilúvio, o fim do mundo. Essa profecia baseava-se numa representação cíclica do tempo implícita no uso que Molina faz do termo *vuelta* (giro, ciclo). Segundo outras testemunhas, o deus cristão estava completando sua *mita*, sua "vez de reinar"; os *huacas* recriariam outro mundo e outros homens. Devemos lembrar-nos que, de acordo com a tradição, o império inca havia sido precedido por quatro sóis e quatro raças de homens. Cada uma dessas eras havia durado mil anos, e o final de cada uma delas fora marcado por imensas catástrofes. Ora, numa versão relatada por Sarmiento de Gamboa, o império

48. *Idem*, p. 78.

49. Cristobal de Molina, *Relación de las Fábulas y Ritos de los Incas* [1575], Lima, 1916, pp. 97-98.

inca fora fundado numa data que correspondia ao ano 565 da era cristã. Também ele havia mergulhado num verdadeiro cataclisma após a chegada de criaturas estranhas, brancas e barbadas e, como o apogeu do Taqui Ongo ocorreu em 1565, mil anos após a fundação do império, dificilmente seria uma coincidência o fato de ser esse o mesmo ano em que Titu Cusi preparou uma sublevação geral dos índios.

O plano de revolta inseria-se, portanto, num arcabouço tradicional de idéias que era interpretado de uma forma nova, em resposta à situação colonial. Desde a conquista não mais se ofertavam sacrifícios rituais aos *huacas*, que, em vez disso, vagavam abandonados, "exauridos e mortos de fome". Para se vingar, enviaram doenças e morte a todos os índios que aceitaram o batismo; então eles também vagariam de cabeça para baixo e os pés para o ar, ou seriam transformados em lhamas ou vicunhas[50]. Somente os índios fiéis ao culto dos *huacas* seriam admitidos no império prometido. Os *huacas* proibiam-nos de entrar em igrejas ou de usar nomes cristãos; não lhes era permitido comer ou vestir-se como os espanhóis. Dessa forma, os seguidores do movimento manifestavam sua reconversão por meio de rituais de penitência e purificação. Todavia, Taqui Ongo como tal não tomou a forma de um empreendimento militar. Os índios esperavam que a libertação proviesse menos de uma ação violenta contra os espanhóis do que de uma vitória dos *huacas* sobre o deus cristão. Os pregadores viajavam de aldeia em aldeia, restaurando o culto nos lugares sagrados mediante rituais de "ressurreição". O movimento foi acompanhado de rumores aterrorizadores. Disseminou-se a epidemia do medo. Era voz corrente que os brancos haviam vindo ao Peru para matar os índios, em busca de gordura humana, que usavam como remédio contra certas doenças[51]. Aterrorizados, os índios fugiam de todo contato com os espanhóis.

A igreja denunciou o Taqui Ongo como uma seita de hereges e apóstatas. A "visita" de Cristobal de Albornoz às regiões de Huamanga, Arequipa e Cuzco tornaram possível a descoberta dos principais líderes do movimento. De acordo com sua posição ou grau de culpa, foram chicoteados ou tiveram as cabeças raspadas. Na década de 1570, todos os vestígios do Taqui Ongo haviam desaparecido. Além dos efeitos da repressão eclesiástica, eles sem dúvida sofreram as repercussões da captura e morte de Tupac Amaru, último Inca de Vilcabamba.

50. Archivo General de Indias, Audiencia Lima, Legajo 316, caderno de notas de 1577, fº 8r.

51. Molina, *Relación*, pp. 97, 99.

Tupac Amaru havia assumido a liderança do estado neo-inca após a morte de seu meio-irmão, Titu Cusi, em 1571, mas seu reinado durou pouco. O vice-rei Francisco de Toledo, determinado a submeter o Peru definitivamente, organizou uma última expedição vitoriosa, comandada por Martin Garcia de Loyola (sobrinho de Santo Inácio). A decapitação de Tupac Amaru em 1572 na praça pública de Cuzco, na presença de enorme multidão atemorizada, repetiu a execução de Atahualpa. Aos olhos da massa da população indígena, a "segunda morte" do Inca efetivamente significou o fim de um mundo.

Próximo ao coração dos Andes, a "cordillera" dos chiriguanos formava uma fronteira que por três séculos resistiu à colonização espanhola. Durante a segunda metade do século XVI, mesmo Potosí e La Plata, os centros nervosos do vice-reinado viram-se várias vezes ameaçados[52].

Defrontamo-nos aqui com um fenômeno excepcional: o encontro entre duas forças de conquista. Antes da chegada dos espanhóis, grandes contingentes de índios guaranis haviam migrado para o império inca. Haviam partido do quadrilátero situado entre os rios Paraguai e Paraná e a costa do Atlântico. Estariam em busca de *Candire*, a "terra sem males" proclamada por seus profetas? Ou da "montanha de prata"? Essas migrações haviam-se deslocado ao longo de um arco que passava entre o Guaporé-Mamoré e o Pilcomayo e, após uma jornada épica, haviam terminado na *montaña* a leste e a sudeste dos charcas. Algumas das tribos guaranis acabaram por estabelecer-se nessa ampla zona, após terem subjugado os habitantes locais de origem aruaque (os chanes); daí por diante, foram conhecidos — e temidos — pelo nome de chiriguanos.

Deve-se ter em mente que, na época da colonização do vale de Cochabamba, Huayna Cápac removera os chuis e cotas "nativos" e os instalara em fortalezas em Mizque, Pocona, Pojo e Montepuco para defender o império contra as invasões dos chiriguanos. Mais tarde, provavelmente na década de 1520, o mesmo Huayna Cápac enviou um de seus parentes, Guacane, para conquistar o território situado a sudeste de Cochabamba, na direção da planície de Guapay. A partir de Mizque, Guacane explorou a região, fundou

52. As páginas que se seguem se baseiam no primeiro capítulo ("La Rencontre") de um trabalho que Tierry Saignes está escrevendo sobre a etno-história dos chiriguanos. O autor agradece ao Dr. Saignes a permissão de consultá-lo e citá-lo aqui.

outra fortaleza em Samaipata e forçou uma "aliança" com o chefe local, Grigota. Importou então novos *mitmaq*, começou a explorar as minas de ouro e estabeleceu uma última fortaleza na planície de Guanacopampa. Nessa altura, oito mil guerreiros guaranis provenientes do Paraguai desfecharam um ataque contra esses territórios recém-conquistados pelo "filho do Sol". Surpreenderam as tropas incas, mataram Guacane e destruíram as fortalezas do Inca; reforços vindos de Cuzco também foram repelidos. Profundamente afetado por esse desastre, Huayna Cápac teve de enviar Yasca, um de seus melhores capitães, ao comando de uma grande força reunida no norte do império e mais tarde reforçada no sul por guerreiros lupacas. Mas o resultado da luta foi incerto, e somente com grande dificuldade Yasca conseguiu reconstruir as fortalezas destruídas.

Os primeiros espanhóis vistos pelos chiriguanos foram aqueles que desembarcaram na costa atlântica. Inicialmente, os dois grupos invasores não entraram em confronto direto. Ao contrário, após a primeira fundação de Assunção em 1536, os chiriguanos tentaram diversas vezes induzir o governador Irala a mandar uma expedição aos Andes: o estado inca havia a essa altura desaparecido, mas os chiriguanos continuavam seu lento avanço para territórios que estavam agora, em princípio, sob jurisdição espanhola. Sua expansão se fez às custas da população "nativa" das montanhas andinas, especialmente os *mitmaq* anteriormente estabelecidos pelo Inca. Dessa forma, por volta de 1540, os muyu muyus, habitantes da última das cadeias de montanhas acima de Chaco, desfecharam um violento ataque durante o qual perderam seu chefe. Partiram para o sudoeste, a fim de refugiar-se nas fortalezas incas da região de Tarija. No entanto, vários anos depois os chiriguanos mais uma vez os repeliram. Tendo recorrido aos espanhóis em busca de proteção, os muyu muyus se fixaram nos vales próximos à recém-fundada La Plata (Chuquisaca), ocasionando dessa forma inúmeras disputas entre vários *encomenderos* que tentavam apropriar-se deles em benefício próprio. Mais ao norte, quando cruzava os vales quentes para além de Mizque em 1548, Nuflo de Chaves se deparou com os chiriguanos de Samaipata, que estavam em guerra com os índios chuis que se haviam retirado para Pojo.

Os espanhóis herdaram, portanto, uma "fronteira infetada por uma expansão guarani"[53], e sua posição tornou-se mais difícil na década de 1560 com uma extraordinária revogação de alianças. Embora até então inimigos

53. A expressão é de Thierry Saignes, na obra acima citada.

ferozes, os índios andinos e os chiriguanos do Paraguai parecem ter enterrados suas diferenças a fim de se defenderem contra os invasores brancos. Seria esse um resultado da diplomacia de Titu Cusi, o Inca de Vilcabamba, num momento em que, como vimos, o Taqui Ongo ameaçava o próprio coração das possessões espanholas? A "confederação" anti-hispânica também incluía, ao sul, Don Juan Calchaqui, líder dos diaguitas, que enviou mensageiros aos *curacas* dos charcas para os encorajar a se rebelarem. Teriam as autoridades em La Plata exagerado o perigo? As fontes de Cuzco mencionam planos análogos de colaboração entre os incas rebeldes e os chiriguanos[54]. Aparentemente o mundo indígena, abalado pela invasão européia, conseguiu superar suas tradicionais rivalidades a fim de construir uma vasta aliança que unia áreas tão diferentes como os Andes e as planícies da bacia atlântica.

Os chiriguanos redobraram seus ataques ao longo de toda a fronteira. Em 1564, destruíram dois fortes recém-fundados pelos espanhóis, Barranca junto ao rio Guapay (por Nuflo de Chaves) e Nueva Rioja junto ao Paripiti (por Andres Manso que foi morto nesse ataque). Mais ao sul, devastaram as *estancias* de Juan Ortiz de Zarate, um rico explorador de minérios de Potosí e *encomendero* dos índios chichas. Em 1567, saquearam outras aldeias chichas, a doze léguas de Potosí, capturaram os índios que estavam em serviço doméstico, mataram e comeram os espanhóis. E, pelo menos nos dez anos seguintes, toda a região entre Tarija, Potosí, La Plata, Mizque, Santa Cruz e a cordilheira de Chiriguano passou por um período de total insegurança.

Após a pacificação de Vilcabamba e a execução de Tupac Amaru, o vice-rei Francisco de Toledo decidiu resolver o problema dos guaranis. Em 1573, dirigiu-se a La Plata onde recebeu embaixadores dos chiriguanos que haviam vindo prestar-lhe homenagens. Falaram de um milagre realizado por Santiago, que predizia a paz, e solicitaram o envio de missionários. Toledo ordenou a realização de uma investigação; o intervalo permitiu aos chefes chiriguanos fugir de La Plata; e Toledo descobriu que havia sido enganado. Os índios haviam simplesmente tentado evitar represálias ou ganhar tempo. Em junho de 1574 o vice-rei, no comando de um grande exército dividido em três unidades, avançou rumo à Cordilheira. Mas a expedição se desbaratou na tentativa de abrir caminho até Pilcomayo, enquanto o inimigo, protegido pela segurança das montanhas, os acossava. A fome e a febre dizima-

54. Archivo Historico del Cuzco, libro 5 do Cabildo, f° 41r-47r.

ram o exército, e o próprio Toledo caiu gravemente doente. Por fim, os espanhóis foram forçados a recuar, sem terem conseguido nada. O vice-rei contentou-se em fundar duas *villas* para proteger a fronteira: Tomina, no sudeste, e Tarija, no sul.

Encorajados pelo fracasso de Toledo, os chiriguanos continuaram seus ataques e ameaçaram os dois estabelecimentos recém-fundados. "Eles vagam ao longo de toda a fronteira dessa província, chegando a ponto de aparecer dentro de oito léguas desta cidade de La Plata", queixava-se o presidente da *audiencia*. "Assolam pequenas cidades e campos e capturam espanhóis, empregados índios e escravos negros"[55]. Os antigos *mitmaq*, forçados a recuar para Tarabuco e Presto, viram-se diretamente expostos a esses ataques. "Já estão às nossas portas", escreveram a seus senhores em 1583, "e eles nos mantêm tão encurralados e assustados que não ousamos sair de nossas casas para o trabalho em nossos campos"[56]. Os chuis do vale Mizque, por seu lado, prepararam uma revolta com a ajuda dos chiriguanos de Guapay e estavam prontos a fugir para os *yungas*. Em 1584, o forte de San Miguel de la Laguna, situado entre os rios Guapay e Pilcomayo, foi atacado e destruído. Os espanhóis organizaram então uma expedição a partir de três cidades, Santa Cruz, Tomina e Tarija. Os resultados não foram melhores do que antes. Foi a última expedição realizada pelas três cidades em conjunto; depois disso, cada setor passou a cuidar sozinho da sua própria defesa.

Entre 1585 e 1600 a reconstrução ou a fundação de La Laguna, Villar, Pomabamba, Paspaya, Cinti e San Lorenzo afastou todo perigo da área imediatamente próxima aos charcas. A política gradual de povoar a região fez com que os chiriguanos recuassem cada vez mais até seus locais de refúgio na cordilheira, onde resistiram aos espanhóis por mais três séculos.

No Chile, na extremidade sul do continente americano, os índios araucanos resistiram aos espanhóis tão ferozmente quanto os chiriguanos. Um aspecto ressalta no curso dessas guerras: a permanência da fronteira delimitada pelo rio Bío-Bío. As tribos situadas ao norte do rio haviam estado sob a

55. Robert Levillier, *La Audiencia de Charcas. Correspondencia de Presidentes y Oidores*, Madrid, 1916-1922, vol. II, p. 37.

56. Citado em Richard Mujia, *Bolivia-Paraguay: Exposición de los Titulos que Consagran el Direcho Territorial de Bolivia, sobre la Zona Comprendida entre los Rios Pilcomayo y Paraguay*, La Paz, 1972, vol. II, p. 500.

influência do império inca: em conseqüência, os índios do norte do Chile desfrutaram das vantagens de técnicas agrícolas mais avançadas; criavam gado e também sabiam trabalhar com metais. O Inca havia enviado seus representantes até eles, especialmente guarnições militares que eram obrigados a prover. Em conseqüência disso, seus costumes e hábitos de pensamento haviam sido modificados: haviam-se acostumado ao domínio externo, isto é, a produzir um excedente econômico recolhido quer na forma de trabalho servil quer na de tributos. Por outro lado, os índios nômades e seminômades fixados ao sul do rio Bío-Bío haviam escapado à influência inca e estavam familiarizados apenas com técnicas agrícolas rudimentares, complementadas pela caça e coleta; sua organização política não foi além dos vínculos tradicionais de parentesco. Não foi, portanto, por coincidência que os espanhóis conseguiram manter seu domínio ao norte do Bío-Bío, e não o conseguiram no sul: as fronteiras meridionais do Chile central em última análise coincidiam com as do império inca[57].

A colonização espanhola foi a princípio estimulada, como em toda parte, pela busca de metais preciosos. Mas a produção de ouro logo começou a decair, de modo que no final do século XVI a agricultura e a criação de gado constituíam os principais recursos econômicos (nas regiões de Santiago, Osorno e Valdivia). O declínio demográfico não poupou o Chile, e isso conduziu a uma escassez de mão-de-obra, um problema que os espanhóis resolveram na guerra contra os rebeldes araucanos, quando os índios capturados foram escravizados e postos a trabalhar quer em minas quer em fazendas. Muitos deles foram enviados ao Peru, onde foram revendidos. Em suas expedições contra os araucanos, os espanhóis obtiveram a ajuda de auxiliares índios, familiarizados com o terreno e hábeis em seguir a pista da presa humana. Por cada "cabeça" capturada recebiam um pagamento consideravelmente inferior a seu valor real; assim, o que caçavam constituía uma espécie de tributo.

Contudo, a resistência dos índios rebeldes seria auxiliada por uma forma distinta de aculturação. Os araucanos transformaram seus métodos de combate para adaptá-los à luta contra os espanhóis. Suas armas tradicionais eram o arco e a flecha, as espadas temperadas a fogo, tacapes, fundas e lanças; suas armaduras incluíam os escudos e gibões de couro. Para resistir às

57. Para um exame complementar sobre os araucanos, cf. Hidalgo, *The Cambridge History of Latin America*, vol. I, cap. 4.

investidas da cavalaria espanhola, os guerreiros araucanos aumentaram o comprimento de suas lanças para até seis metros e muniram suas pontas com lâminas agudas, usando para isso as espadas, adagas ou facas capturadas do inimigo, e dispunham-se em duas linhas, as lanças mais longas atrás e as mais curtas na frente. Mais importante, os araucanos passaram a imitar os espanhóis, usando cavalos: no final da década de 1560, a cavalaria nativa rivalizava com a dos espanhóis. Os índios chegaram mesmo a introduzir certas inovações. Tornaram mais leves as selas espanholas e em vez do estribo passaram a usar simples aros de madeira nos quais colocavam somente o dedão do pé. Essa cavalaria altamente móvel era acompanhada por um sistema de infantaria transportada por cavalos, cada cavaleiro levando um arqueiro na garupa[58].

A aculturação dos araucanos não se limitou às técnicas de guerra. Espontaneamente substituíram (e esse foi um fenômeno excepcional) o cultivo do milho pelo do trigo e da cevada, de maturação mais rápida, a fim de proteger a colheita contra as expedições que os espanhóis realizavam durante o verão. Politicamente, as tribos começaram pouco a pouco a aceitar que tinham de abandonar seu modo disperso de viver e de se agruparem em formações mais amplas durante as operações militares. Finalmente, parece que suas crenças e práticas religiosas também se modificaram, com o crescimento do xamanismo, e o culto ao cavalo. Toda a sociedade araucana foi portanto reestruturada, de uma maneira, no entanto, que permanecia fiel a sua base tradicional.

Nesse contexto podemos entender por que a expansão européia no Chile fracassou. Houve um retrocesso particularmente notável em 1598, quando uma insurreição geral obrigou os espanhóis a evacuar todo o território ao sul do rio Bío-Bío. O epílogo dessa estória é simbólico: o governador Martin Garcia de Loyola, marido da princesa Beatriz e que anteriormente conquistara Tupac Amaru, foi morto e sua cabeça exibida na ponta de uma lança araucana.

No norte do México, assim como no sul do Peru, a guerra continuou e a conquista perdeu seu ímpeto. Na zona fronteiriça dos chichimecas, a expansão espanhola se deparou com uma resistência tão forte quanto a dos chiriguanos ou dos araucanos. Embora essa região estivesse até certo ponto sob o

58. Alonso Gonzales de Najera, *Desengaño y Reparo de la Guerra del Reino de Chile* [1614], Santiago, 1889, pp. 174-175.

controle espanhol no final do século XVI, mais ao norte continuava a guerra contra os pueblos e os apaches.

O episódio preliminar da "guerra de Mixton" (1541-1542) foi muito semelhante às sublevações nos Andes: ocorreu numa região distante do centro (como a revolta de Vilcabamba) e tinha caráter milenarista (como o Taqui Ongo). A revolta irrompeu em Nova Galícia, na região de Tlatenango e Suchipila, entre as tribos cascanas. O vice-rei Mendoza atribuiu seu surgimento às profecias de feiticeiros enviados pelas tribos chichimecas que moravam nas montanhas Zacatecas, fora do território então controlado pelos espanhóis. Os pregadores anunciavam o retorno de "Tlatol", acompanhado por todos os ancestrais ressuscitados, e a aurora de uma idade de ouro. Para isso era necessário, como no caso do Taqui Ongo, repudiar o cristianismo: os fiéis tinham de realizar rituais de penitência e purificação, como lavar a cabeça para remover a sujeira do batismo. Mas, ao contrário do Taqui Ongo dos Andes, o milenarismo mexicano defendia o recurso direto à violência: em Tlatenango os índios queimaram a igreja e a cruz; em Tequila e Ezatlán, mataram os missionários.

Como aconteceu com o Taqui Ongo, foi com dificuldade que se suprimiu esse movimento: três expedições sucessivas, comandadas por Miguel de Ibarra, Cristobal de Oñate e Juan de Alvarado, fracassaram uma após outra (e Alvarado, o famoso *adelantado*, comandante da região de fronteira, morreu em batalha). Para acabar definitivamente com a revolta, o vice-rei Mendoza foi forçado a ir pessoalmente à Nova Galícia, à frente de uma grande força.

Mas isso apenas deslocou a guerra mais para o norte. Após a descoberta das minas de prata dos zacatecas, em 1546, abriu-se uma nova zona de colonização, expandindo-se gradualmente à medida que novos depósitos começaram a ser explorados. A "fronteira da prata" abrangia a região do planalto situada ao norte da linha que aproximadamente atravessava Guadalajara, Río Lerma, Queretaro e Mestitlán. Essa região, conhecida como Gran Chichimeca, era povoada principalmente por índios nômades, que viviam da caça e da coleta e que haviam permanecido fora da organização política dos astecas. Na verdade, o próprio nome "Chichimeca" dado a eles pelos astecas significava "bárbaros".

A guerra se prolongou devido a um processo de aculturação semelhante ao sofrido pelos índios chilenos. Imitando os espanhóis, os chichimecas ampliaram enormemente sua mobilidade com o uso de cavalos. Para obtê-los, começaram a atacar as povoações e comboios espanhóis, mas logo os animais se multiplicaram de tal forma que rebanhos deles vagavam livremente por todo o país. Por volta de 1579, Juan Suarez Peralta observou que os cavalos eram "tão numerosos que vagam pelo país completamente livres, sem donos: são chamados *cimarrones*"[59]. Os chichimecas começaram inclusive a praticar uma espécie de criação de cavalos, uma vez que tinham fazendas (*corrals*) onde reuniam os animais.

Para proteger a comunicação com as cidades mineiras, os espanhóis estabeleceram em pontos estratégicos da fronteira um certo número de postos de defesa (*presidios*) com uma pequena guarnição responsável pela pacificação da área. Os chichimecas capturados eram escravizados e forneciam força de trabalho altamente valorizada nas minas de prata, e também nas *estancias* do norte e do planalto central. Dessa forma, assim como a fronteira araucana, a fronteira chichimeca tornou-se uma zona dedicada à caça de escravos: isto é, a guerra se autofinanciava.

A resistência dos chichimecas foi suplantada por uma política nova e original, baseada na idéia de aculturação: no final do século, os vice-reis Villamanrique e, mais tarde, Velasco introduziram novos métodos que deviam induzir os índios a desistir de sua existência nômade. Os espanhóis fundaram "missões" onde os índios eram reagrupados e convertidos ao cristianismo; também recorreram ao apoio de seus aliados no México central (especialmente de Tlaxcala e Cholula) e os incentivaram a estabelecer colônias que deveriam dar aos chichimecas o exemplo de um modo de vida cristão. Mas, na verdade, em conseqüência da expansão espanhola, a guerra novamente se deslocou mais para o norte, chegando aos territórios que mais tarde formariam o Novo México. Os pueblos fixados no vale do Río Grande foram subjugados em parte, mas os apaches, nômades das planícies e planaltos, resistiram com sucesso e preservaram sua independência.

O exemplo dos índios das fronteiras (os chiriguanos, os araucanos, os chichimecas) confirma, mesmo que de forma negativa, a importância das estruturas preexistentes dos estados asteca e inca como base da colonização espanhola. Na Mesoamérica e nos Andes o sistema colonial foi imposto com sucesso, ao dar uso novo às instituições preexistentes; essas instituições

59. Juan Suarez de Peralta, "Libro de Alveyteria", libro II, capitulo 6, publicado por François Chevalier, "Noticia Inédita sobre los Caballos en Nueva España", *Revista de Indias*, 1944, p. 324.

sobreviveram de forma apenas fragmentária, isoladas de seu antigo contexto, que foi definitivamente destruído. Mas, visto que permaneceram os arcabouços conceitual e religioso, desenvolveu-se um contraste entre, de um lado, a sobrevivência de uma visão de mundo que constituía um todo significativo e, de outro, a continuidade parcial das instituições separadas da cosmologia que lhes dera seu significado. Foi essa divergência entre as continuidades e as mudanças que definiu a crise de desestruturação do mundo indígena imediatamente após a invasão européia.

Temos de aceitar que, após o choque inicial da conquista, a história da sociedade colonial, tanto na Nova Espanha quanto no Peru, foi a de um longo processo de reintegração em todos os níveis: econômico, social, político, ideológico. Conforme a herança pré-colombiana e a força dos adversários, o processo assumiu formas muito diferentes: sincretismo, resistência, mestiçagem, hispanização. Mas continua até hoje o conflito entre a cultura espanhola dominante — que tentava impor seus valores e costumes — e a cultura nativa dominada — que insistia em preservar seus próprios valores e costumes.

A COLONIZAÇÃO PORTUGUESA DO BRASIL, 1500-1580

A EUROPA do final da Idade Média estivera ligada por muito tempo à Ásia através de frágeis rotas terrestres, assim como a Ásia se ligara à América pelo Pacífico; todavia, somente quando os portugueses se lançaram no Atlântico no início do século XV é que se fechou a última grande lacuna oceânica na intercomunicação mundial. Paradoxalmente, o primeiro movimento do que veio a ser o moderno imperialismo europeu surgiu numa sociedade em retração. Portugal, como o restante da Europa, havia sofrido um severo declínio populacional na metade do século XIV; o abandono subseqüente de terras periféricas juntamente com o despovoamento de cidades e aldeias criara uma "crise feudal" clássica, com as camadas superiores da sociedade sendo esmagadas economicamente pela perda de boa parte de sua renda costumeira. Em toda a Europa o resultado dessa perda econômica foi lançar os membros da nobreza em expedições de pilhagem em busca de butins e novas fontes de renda; a conquista portuguesa do porto marroquino de Ceuta em 1415 (o mesmo ano da vitória de Henrique V em Agincourt) pode muito bem ser encarada sob essa perspectiva. Mas Ceuta e a visão que a acompanhava de um império no norte da África provou ser um beco sem saída. Revelou-se a impossibilidade de uma nova reconquista peninsular no Marrocos: a população berbere era por demais resistente e estava demasiado presa a suas crenças islâmicas; a população de Portugal era pequena demais e seus recursos militares demasiado escassos.

Em vez disso, o impulso português foi desviado para o oeste, para o mar e descendo a costa da África. Aqui a resistência era mínima. Durante séculos os barcos das aldeias de pescadores ao longo da costa meridional de Portugal (o Algarve) haviam sido atraídos para a costa do Marrocos pela ação natural dos ventos e correntes nessa parte do Atlântico, onde descobriram uma quantidade de ricas bases pesqueiras. Agora, com o aumento das pressões internas no sentido de uma expansão para fora, esses viajantes eram estimulados a investigar as oportunidades de comércio e saque que as praias adjacentes sinalizavam.

A abordagem tradicional dessa exploração tem sido a de atribuí-la (pelo menos antes de 1460) exclusivamente à inspiração do Infante Dom Henrique, "o Navegador" (1394-1460), cujas ações na orientação dessas descobertas foram imediatamente preservadas em crônicas que lhe concederam um *status* de quase-herói. Mas essas descobertas, embora certamente estimuladas pelo desejo de Dom Henrique de criar para si mesmo um *apanágio* ultramarino, envolveram também outros membros da família real, além de numerosos seguidores de suas casas. Foi igualmente importante a participação de membros da comunidade mercante italiana de Lisboa (naturalizados ou não) que trouxeram para o processo suas relações e sua experiência no Mediterrâneo. Na verdade, é possível que tenham sido fator decisivo na transformação dessas primeiras incursões para pesca e saque ao longo da costa africana em expedições organizadas de comércio.

No entanto, o avanço português não se limitou a descer a costa oeste da África, por mais importante que isso se tenha revelado no final. Essas viagens marítimas inevitavelmente puseram-nos em contato com as ilhas do Atlântico — inicialmente Madeira e as Canárias próximas, mais tarde os Açores e Cabo Verde. Foi a experiência de Portugal nessa região, mais do que na África, que criou os padrões utilizados mais tarde na colonização do Brasil. Tomadas em conjunto, essas ilhas, inclusive as Canárias que passaram gradualmente para a esfera espanhola, formavam uma espécie de "Mediterrâneo atlântico" — um conjunto de terras cuja economia era ligada pelo mar.

Desde o século XIV conhecia-se a existência da ilha da Madeira, mas não foi explorada antes do século XV. Foi a ocupação francesa/espanhola das vizinhas Canárias, em 1402, que estimulou os portugueses a dar início a uma exploração séria com conseqüente colonização e agricultura. Isso teve início no período de 1418 a 1426 sob a liderança de dois fidalgos do círculo do Infante Dom Henrique e de um nobre italiano da casa de seu irmão, Dom João. O desenvolvimento dos Açores em relação à Madeira foi retardado por vários anos. Descobertos, ou redescobertos em 1427, os Açores começaram a ser colonizados somente em 1439. Por fim, muito mais tarde, Cabo Verde foi explorado entre 1456 e 1462, mas seu desenvolvimento e colonização ocorreu mais lentamente.

À medida que eram descobertos, essas diversas ilhas ou grupos de ilhas iam aos poucos sendo incorporados a um sistema econômico centrado em

Lisboa e controlado conjuntamente pela corte portuguesa e pelos comerciantes ricos (alguns de origem italiana) da capital. Esse processo de incorporação passou por pelo menos três estágios relativamente bem-definidos que prefiguram certos aspectos do desenvolvimento econômico do Brasil no século seguinte.

Como as ilhas eram desabitadas na época em que foram encontradas, o primeiro estágio de sua exploração foi necessariamente extensivo. Nos primeiros anos, quando não havia nenhum colonizador, ou somente alguns poucos, eram desembarcados animais em terra para proliferarem rapidamente na nova região. Podiam depois ser periodicamente reunidos para abate e os produtos levados a Portugal para venda. O desenvolvimento da ilha da Madeira começou por esse estágio e os primeiros habitantes trouxeram consigo carneiros, porcos e vacas, se estes na verdade já não tivessem sido, como parece, desembarcados em terra para se propagarem sozinhos. De modo análogo, nos Açores haviam sido desembarcados cabras e carneiros em 1431, quatro anos após sua descoberta inicial, para se multiplicarem livremente. Os primeiros colonizadores chegaram somente mais tarde, em 1439, e por vários anos se dedicaram a cuidar dos rebanhos já existentes antes de passar para o estágio seguinte de desenvolvimento, por volta de 1442. O mesmo padrão se repetiu em Cabo Verde onde, antes de iniciada a colonização, as cabras em especial eram desembarcadas em terra para multiplicação.

A população portuguesa, assim como a da maior parte da Europa, estava em declínio na primeira metade do século XV, de modo que somente depois de algum tempo é que essas fronteiras insulares puderam atrair gente suficiente para uma agricultura sedentária. No entanto, nos lugares em que esse afluxo havia criado uma densidade populacional suficiente, passou-se do estágio inicial de exploração extensiva baseada na criação de gado para o segundo estágio de uma exploração mais intensa, de cultivo de cereais. Na ilha da Madeira, esse segundo estágio ocorreu apenas alguns anos depois do primeiro, devido em grande parte a uma migração inesperada de colonizadores desiludidos que haviam abandonado o posto avançado marroquino de Ceuta. A ilha (como sugere o seu nome) estava coberta de imensas florestas, que foram queimadas para abrir áreas para a plantação de trigo; desse modo, o solo enriquecido proporcionou enormes rendimentos: até cinqüenta vezes o que fora semeado, pelo menos é o que informam as fontes, provavelmente com um certo exagero. No entanto, com o aumento da população, a riqueza do solo declinou com as colheitas sucessivas, os custos da produção do trigo aumentaram, suas vantagens no mercado declinaram, e os investimentos se deslocaram para outros produtos mais bem remunerados.

Nos Açores, o segundo estágio, o dos cereais, teve início por volta de 1442, cerca de quinze anos após a descoberta do arquipélago, e, quando as exportações de trigo da ilha da Madeira diminuíram, as dos Açores em comparação aumentaram. Aqui, já no início do ciclo do trigo, foram informados rendimentos que se aproximavam dos da Madeira — quarenta a sessenta vezes o produto semeado. Ao contrário da ilha da Madeira e dos Açores, no Cabo Verde ao estágio da pecuária não se seguiu o dos cereais. Ao contrário, aqui o estágio subseqüente foi o do arroz, algodão e frutas e açúcar — uma prova evidente de que essas ilhas realmente estavam fora do "Mediterrâneo atlântico" e formavam, em vez disso, uma região de transição entre a ecologia da ilha da Madeira e a ecologia tropical da costa africana.

Finalmente, surgiu um terceiro estágio, o da agricultura capitalista, mas apenas na Madeira. À medida que os rendimentos dos cereais decaíram, o capital tendeu a deslocar-se para as safras mais lucrativas do açúcar e dos vinhos finos. A partir de 1450, começaram a proliferar os vinhedos e as plantações de cana-de-açúcar. A produção de açúcar anterior à da ilha da Madeira havia-se concentrado no Oriente Próximo, na Sicília e na Espanha; é muito provável que tenha sido introduzida na ilha a partir da Sicília. No entanto, devido a condições climáticas os Açores jamais atingiram esse estágio. Depois da ilha da Madeira, a outra grande área de cultivo da cana-de-açúcar seria o Brasil. No entanto, a disseminação da cultura da cana-de-açúcar nessa última região começou tardiamente, somente após uma geração inicial durante a qual a terra foi explorada de modo semelhante não ao primeiro estágio da pecuária das ilhas atlânticas, mas antes ao sistema de feitorias que os portugueses nesse meio tempo haviam desenvolvido ao longo da costa oeste da África, no período posterior a 1449.

Ao longo dessa costa os portugueses haviam evitado, via de regra, toda tentativa de colonização significativa: as populações nativas eram demasiado densas para ser submetidas com facilidade e a região, ecologicamente pouco atrativa. Assim, optaram por explorar a costa segundo um padrão adotado a partir das cidades comerciantes do Mediterrâneo do final da Idade Média. Aqui a instituição principal era a feitoria, ou posto comercial fortificado. Defendida pela guarnição do castelo chefiada por um fidalgo, era administrada por um feitor ou agente comercial que tinha a responsabilidade de realizar compras dos chefes ou comerciantes nativos. A mercadoria que conseguiam era armazenada na feitoria e depois vendida aos capitães portugueses das frotas comerciais que periodicamente a visitavam. As frotas, no entanto, eram freqüentemente atacadas por piratas estrangeiros que capturavam navios e cargas, quando não faziam tentativas diretas de romper o frágil monopólio do comércio português com os nativos. Na prática, a coroa portuguesa respondia com patrulhas guarda-costas para repelir navios não-autorizados, enquanto juridicamente buscava e recebia o reconhecimento de seus direitos de monopólio numa série de bulas papais (1437-1481) que constituíram os modelos da atribuição posterior de direitos exclusivos sobre a América a Portugal e à Espanha[1].

Assim, em 1500, os portugueses haviam elaborado dois padrões básicos de império no Atlântico Sul, um sumário a ser aplicado aos problemas encontrados de acordo com a necessidade: (1) as ilhas desabitadas eram consideradas, juridicamente, extensões do reino continental e eram outorgadas a fidalgos por doações reais semelhantes às feitas a fidalgos em território continental e colonizadas por imigrantes portugueses por meio de um sistema de colonização que haviam aprendido na Reconquista medieval; (2) ao longo da costa africana, onde efetivamente encontraram populações nativas, optaram, em vez disso, pelo comércio sem colonização, baseado no sistema de feitorias adotado no Mediterrâneo no final da Idade Média.

Quando alcançaram finalmente as Índias (Vasco da Gama, 1498), foi o sistema "africano" que os portugueses impuseram. Deparando-se com uma cultura milenar de difícil penetração ou conquista, recorreram ao estabelecimento de um "império" baseado em feitorias, defendido por patrulhas marítimas que controlavam a navegação não-autorizada na área. O Brasil, "descoberto" no decorrer da segunda viagem para as Índias, apresentou uma imagem mais ambígua. Geograficamente, assemelhava-se às ilhas do Atlântico, mas, como a costa africana, era habitado por selvagens que os primeiros portugueses muitas vezes chamaram de "negros". Somente com o avanço da exploração, a verdadeira natureza do Brasil foi aos poucos ocupando o centro dos interesses. Tratada do mesmo modo que a costa africana durante os primeiros trinta anos, o Brasil veio por fim a ser colonizado segundo o modelo das ilhas do Atlântico.

1. Charles-Mártial de Witte, *Les Bulles pontificales et l'expansion portugaise au XVe siècle*, Louvain, 1958, *passim*.

Relata-se que Vasco da Gama, após seu retorno das Índias em 1499, alegou cansaço e recomendou que a expedição subseqüente de 1500 fosse confiada a Pedro Álvares Cabral, um fidalgo e membro da casa real. A frota de Cabral, formada por treze navios, seguiu a rota de Vasco da Gama de Lisboa via Canárias até Cabo Verde, mas, após atravessar as calmarias, foi empurrada para o oeste por ventos e correntes do Atlântico Sul e acabou por avistar, a 22 de abril de 1500, a costa brasileira perto de Porto Seguro atual. Os oito dias que a frota passou descansando no Brasil possibilitaram um rápido encontro entre duas civilizações, uma empenhada há pouco tempo num agressivo imperialismo, a outra, uma cultura da idade da pedra, virtualmente fora do tempo, vivendo aparentemente na inocência do Éden. Os detalhes desses primeiros contatos foram relatados cuidadosamente pelo escrivão da frota, Pero Vaz de Caminha, numa longa carta ao rei Dom Manuel de Portugal (a "certidão de nascimento" do Brasil, na feliz expressão de Capistrano de Abreu), que permanece sendo a principal fonte de informação sobre a descoberta. A 1º de maio, a frota de Cabral levantou âncoras rumo a seu destino final, as Índias, mas o navio de provisões, sob o comando de Gaspar de Lemos, foi enviado a levar imediatamente à corte portuguesa a notícia da "milagrosa" descoberta. Dom Manuel I (1495-1521) imediatamente participou a descoberta aos parentes castelhanos, Fernando e Isabel, enfatizando seu valor estratégico para Portugal como etapa intermediária para as frotas em rota para as Índias. E no ano seguinte organizou uma nova expedição com o fim de dar continuidade à exploração da "ilha de Vera Cruz" de Caminha[2].

A segunda frota de três caravelas deixou Lisboa em maio de 1501, sob o comando de Gonçalo Coelho, trazendo a bordo Américo Vespúcio como cronista. Nosso conhecimento básico dessa viagem, bem como da viagem posterior de 1503-1504, baseia-se na pena frívola, senão mentirosa, de Vespúcio, que deu origem a intrincadas e infindáveis questões históricas. Basta dizer que a expedição de 1501-1502 explorou e batizou diversos locais

2. Sobre o aparentemente infindável debate acerca da "intenção" de Cabral de aportar às novas terras, cf. a avaliação abalizada de Samuel Eliot Morison, *The European Discovery of America: The Southern Voyages, 1492-1616*, New York, 1974, p. 224.

ao longo das quinhentas léguas (800 quilômetros) da costa brasileira, do cabo de São Roque no norte até perto de Cananéia no sul; esses locais foram imediatamente incorporados ao mapa Cantino de 1502. Embora a sensibilidade mercantil de Vespúcio não tenha sido estimulada pelo que viu, "...não encontramos nada de que possa tirar-se proveito, salvo infinidade de árvores de de tinturaria e de cássia [...] e outras maravilhas da natureza que não se podem descrever..."[3], essa segunda expedição trouxe de volta a Lisboa os primeiros exemplares americanos do pau-brasil (*Caesalpina echinata*) que daria à "ilha de Vera Cruz" não somente seu nome permanente, Brasil, como também a única razão imperiosa de sua exploração ulterior.

A segunda viagem serviu também para estabelecer a rota de navegação entre Portugal e o Brasil para o restante do período colonial. Os navios que deixavam os portos portugueses geralmente rumavam para as ilhas Canárias (onde freqüentemente faziam uma parada para pesca) e depois seguiam para Cabo Verde onde tomavam alimentos e água fresca; normalmente, essa parte da viagem podia durar cerca de quinze a vinte dias, de acordo com as condições climáticas. De Cabo Verde, os navios rumavam para o sul pelo sudoeste para atravessar as calmarias, uma tarefa árdua e tediosa que podia facilmente falhar, ao deixar que a esquadra fosse arrastada pela corrente equatorial sul para o mar dos Caraíbas, como aconteceu com o governador Luís de Vasconcelos em sua viagem de 1571. Uma vez atravessadas as calmarias com segurança, os navios virariam para o oeste, empurrados naturalmente (como Cabral) nessa direção por ventos e correntes, até que chegavam ao Brasil em algum ponto entre o cabo de São Roque e o cabo de Santo Agostinho, de onde podiam seguir a costa até o rio da Prata. Uma viagem, digamos, de Lisboa à Bahia requeria cerca de um mês e meio, se tudo corresse bem. Não sendo assim (como aconteceu com o padre Cardim em 1583), a viagem de ida podia levar dois meses inteiros ou mais, mesmo que contornassem Cabo Verde. Os navios que voltavam a Portugal seguiam rumo norte a partir do cabo de São Roque até atingirem os Açores, de onde podiam seguir os ventos oeste para Lisboa. Isso geralmente levava mais tempo que a viagem de ida, muitas vezes dois meses e meio ou mesmo mais.

3. Carlos Malheiro Días, "A Expedição de 1501-1502", em *História da Colonização Portuguesa no Brasil*, ed. C. Malheiro Dias, Porto, 1924, II, p. 202.

O PERÍODO DAS FEITORIAS

Completada a fase inicial (1500-1502) de descoberta e reconhecimento, a coroa portuguesa viu-se diante do problema de criar um sistema de exploração da terra recém-achada. No contexto da experiência anterior de Portugal no Atlântico, a natureza do Brasil era ambígua. Sob a maioria dos aspectos, o Brasil parecia ser apenas mais uma ilha do Atlântico, mas, ao contrário da Madeira e dos Açores, era povoado por nativos selvagens embora amistosos. Dessa forma, era impossível adotar no Brasil o padrão insular de desembarcar gado para multiplicar-se antes da chegada dos primeiros colonizadores, pois os animais rapidamente cairiam presa dos índios. Assim, Portugal se sentiu obrigado a tratar o Brasil como a costa da África e explorá-lo através de um sistema de feitorias comerciais.

Para desenvolver os poucos produtos comercializáveis que foram encontrados (madeira para tintura, macacos, escravos e papagaios) a coroa optou por arrendar o Brasil a um consórcio de comerciantes de Lisboa, encabeçados por Fernão de Noronha, que já havia adquirido alguma importância no comércio com a África e as Índias. Infelizmente o documento do contrato não chegou até nós, mas provas indiretas sugerem que se assemelhava àquele pelo qual se havia arrendado o comércio da Guiné na África, em 1469, ao mercador Fernão Gomes por um período de cinco anos. Conta-se que o grupo recebeu a concessão de um monopólio comercial por três anos, sem qualquer pagamento à coroa no primeiro ano, um sexto dos lucros no segundo e um quarto no terceiro. Em troca, o grupo comprometeu-se a enviar seis navios a cada ano para explorar as trezentas léguas (dois mil quilômetros) de costa e construir no local um posto comercial fortificado, ou feitoria.

Temos notícias de duas frotas enviadas pelo consórcio. Os detalhes da primeira são resumidos: sob o comando de um capitão cujo nome não se conhece, deixou Lisboa em agosto de 1502, alcançou o Brasil perto do cabo de São Roque, visitou a região de Porto Seguro e retornou a Lisboa em abril do ano seguinte, trazendo de volta uma carga de pau-brasil e escravos índios. Sabe-se mais da segunda viagem, graças a Américo Vespúcio que estava no comando de um dos cinco navios. Ele deixou em suas *Cartas* um relato da viagem (sua terceira e última). Partindo de Lisboa a 10 de junho de 1503, a expedição encontrou mau tempo perto da ilha de Fernando de Noronha (batizada com o nome do principal comerciante do consórcio). Aqui o navio de Vespúcio, juntamente com o de outro capitão, perdeu-se da frota. Os dois seguiram juntos para Cabo Frio, no Brasil, onde permaneceram cinco meses para construir a feitoria exigida pelo contrato, a qual guarneceram com 24 homens[4]. Em junho de 1504, os dois navios retornaram a Lisboa com uma carga de pau-brasil. É provável que o consórcio tenha enviado uma terceira expedição em 1504-1505, mas nenhuma prova de sua existência chegou até nós[5].

Não se sabe qual foi o lucro obtido com essas viagens, mas indícios sugerem que, quando o contrato com o grupo expirou em 1505, a coroa retomou o controle direto do comércio no Brasil, tal como fez com relação ao comércio das Índias na mesma época[6]. Assim restabelecido em 1506, o controle direto da coroa sobre o Brasil deveria durar até 1534, quando a terra foi mais uma vez arrendada, não, como antes, a comerciantes para exploração comercial, mas para senhores territoriais com propósitos de colonização.

Nos anos seguintes (1506-1534) de exploração da coroa, Portugal continuou a adotar padrões criados na África durante o século XV, isto é, manteve feitorias reais numa série de pontos estratégicos ao longo da costa (Pernambuco, Bahia?, Porto Seguro?, Cabo Frio, São Vicente?), mas autorizava embarcações particulares a comerciar com os nativos sob seus auspícios. Não chegaram até nós dados estatísticos anuais sobre esse comércio, nem temos quaisquer registros da maioria dessas viagens. Por sorte, no entanto, foi preservado um relato relativamente detalhado de uma expedição, a da nau *Bretoa*, em 1511, que revela a natureza essencial do sistema. O navio foi financiado por um grupo que mais uma vez incluía Noronha, agora em associação com Bartolomeu Marchione, um importante comerciante florentino estabelecido em Lisboa, que já estivera em atividade no comércio de açúcar da ilha da Madeira. Transportando um grupo de cinco oficiais e 31 tripulantes, a *Bretoa* deixou Lisboa em fevereiro e chegou à Bahia em abril, onde permaneceu por cerca de um mês. Em maio, seguiu rumo sul para carregar pau-brasil na feitoria estabelecida em 1504 perto de Cabo Frio. A feitoria fora construída numa ilha em alto mar (por segurança contra ataques indígenas) e era rigorosamente proibido o contato entre a

4. O ponto de partida para Hythlodaeus, na *Utopia* de Thomas More.

5. Max Justo Guedes, "As Primeiras Expedições Portuguesas e o Reconhecimento da Costa Brasileira", *Revista Portuguesa de História*, 12(2): 247-267, 1968.

6. Rolando A. Laguarda Trías, "Cristóvão Jaques e as Armadas Guarda-Costa", em *História Naval Brasileira*, ed. M. J. Guedes, Rio de Janeiro, 1975, 1/1, p. 275.

tripulação e os nativos; os únicos intermediários eram os funcionários da feitoria. Cerca de cinco mil toras foram cortadas e transportadas à feitoria por índios tupis que, em troca desse trabalho, receberam presentes de quinquilharias e pequenas ferramentas. Os membros da tripulação também tinham permissão para comerciar diretamente; dessa forma, além da carga principal de madeira, foram levados para Portugal 35 escravos tupis e numerosos animais exóticos. Partindo no final de julho, o navio chegou a Lisboa no final de outubro. O lucro total do comércio do Brasil não pode ser calculado com base nessa viagem, mas era sem dúvida suficientemente grande para atrair pelo menos investidores ocasionais, especialmente aqueles que já estavam envolvidos no comércio imperial ou que dispunham de mercados na Antuérpia, como Noronha.

Contudo, o interesse pelo Brasil não era exclusivamente econômico. A terra apresentava também um problema geopolítico para as potências ibéricas. Se era, como muitos ainda pensavam, uma ilha muito grande (mas relativamente pobre), poder-se-ia circundá-la e assim encontrar uma passagem oeste para as muito mais lucrativas ilhas de especiarias das Índias Ocidentais? Embora quase todos concordassem em que a parte leste do Brasil estava incluída na esfera portuguesa, tal como fora definido pelo Tratado das Tordesilhas (1494), será que a foz do Amazonas e o rio da Prata (as rotas mais prováveis em redor do Brasil) ficavam do lado português ou espanhol da linha demarcatória? Durante quase toda a segunda década do século, a busca de respostas centrou-se em grande parte no Prata. Uma expedição portuguesa (a Fróis-Lisboa, financiada entre outros por Cristóvão de Haro, nascido em Castela) havia descoberto o rio da Prata em 1511-1512; Castela respondeu com a expedição de Solís, de 1515. Isso, por sua vez, ajudou a estimular as patrulhas guarda-costas de Portugal, que provavelmente foram iniciadas em 1516 por Cristóvão Jacques[7]. Essas patrulhas, no entanto, não impediram que em 1519 a Espanha enviasse Magalhães ao Brasil, na primeira parte de sua viagem em busca da passagem oeste. Sua descoberta subseqüente da rota das Especiarias circundando o "Brasil", embora tenha sido um espetacular feito de navegação, foi em grande parte inútil para Castela. A rota revelou-se longa demais para ser praticável; e nesse meio tempo Cortês havia desviado a atenção dos espanhóis com sua descoberta das riquezas dos astecas. Após anos de negociações dessultórias, a Espanha cedeu a Portugal,

7. Ou "Jaques", como prefere Laguarda Trías, *op. cit.*

por 350 mil ducados, os direitos que tinha recebido de Magalhães às Ilhas das Especiarias (Tratado de Saragoça, 1529) e a pressão da Espanha sobre o Brasil chegou quase completamente ao fim.

Mais importante a longo prazo que as tentativas espanholas ao longo das costas brasileiras foi o comércio ilegal do pau-brasil pelos franceses. As provas disso são incidentais: a captura de um barco aqui, uma queixa ali, mas o comércio crescia, conduzido por comerciantes que operavam a partir dos portos franceses da Normandia e da Bretanha. Um navio francês, determinado a penetrar no comércio das Índias, havia saído do curso, como Cabral, indo aportar na costa do Brasil em 1504, onde em vez disso carregou pau-brasil e retornou a Honfleur. Os apetites foram estimulados, os comerciantes franceses de outros portos (Dieppe, Rouen, Fécamp) começaram a buscar no Brasil o pau-de-tinta. Não fizeram qualquer tentativa de estabelecer feitorias no padrão português, mas comerciaram diretamente a partir de seus navios, enviando agentes para viver entre os índios, com os quais desenvolveram boas relações. A competição francesa não apenas privou a coroa portuguesa de lucros, mas também abaixou o preço do pau-brasil devido ao aumento da oferta no mercado da Antuérpia. Além disso, a captura de navios portugueses pelos franceses elevou de tal modo os custos que um número cada vez menor de comerciantes se dispôs a correr riscos nesse comércio.

A reação inicial de Portugal foi a aplicação das táticas que haviam funcionado tão bem no oceano Índico: enviar uma frota para patrulhar os mares, com instruções de capturar ou afundar os navios estrangeiros não-autorizados. A expedição de Cristóvão Jacques, enviada à costa brasileira em 1516, foi a primeira reação direta da coroa em defesa do Brasil. Temos poucas informações sobre as atividades de Jacques durante os três anos em que sua frota patrulhou a costa (1516-1519), mas sabemos que estabeleceu uma feitoria real em Pernambuco[8] e é possível que também tenha tentado uma colonização restrita na região com o plantio de cana-de-açúcar (a dar crédito a um documento — desde então desaparecido — citado por Varnhagen). Essa primeira expedição de patrulha costeira não pode ser considerada um sucesso completo, pois depois de 1520 houve notável aumento da pirataria francesa, que não mais se confinou ao Brasil. Os corsários franceses ficavam à espreita em pontos estratégicos como os Açores e o estreito de Gibraltar

8. De acordo com Laguarda Trías, ele simplesmente mudou para Pernambuco a feitoria que Vespúcio havia estabelecido em Cabo Frio (ou Rio de Janeiro).

para capturar navios espanhóis e portugueses. Um recente cálculo aproximado dos navios portugueses capturados pelos franceses estima em cerca de vinte por ano, na década de 1520-1530. Há alguns indícios de que os portugueses persistiram na tentativa de conter essa ameaça com patrulhas costeiras (em 1521-1522 provavelmente; em 1523-1525 talvez). De qualquer forma, Jacques foi enviado de volta ao Brasil em 1527 à frente de uma frota de seis navios com ordens de eliminar os entrelopos a qualquer custo. Encontrando alguns franceses carregando pau-brasil na Bahia, capturou seus (três) navios, enforcou ou enterrou vivos numerosos membros de suas tripulações e depois continuou a varrer a costa até Cabo Frio. Os protestos franceses que se seguiram foram causa de muitas crises.

Ao contrário dos castelhanos, que aceitaram as bases jurídicas das pretensões portuguesas e apenas contestaram seus limites, os franceses apresentaram uma impugnação fundamental aos direitos exclusivos de Portugal ao Brasil. Esses direitos estavam inscritos, como no caso da África, em bulas papais que incorporavam a tradição canônica medieval da jurisdição papal universal sobre o mundo, um conceito classicamente formulado no século XIII por Hostiensis e Augustinus Triumphus. Isso conferia ao papa autoridade legítima para atribuir direitos de monopólio sobre mares e terras recém-descobertos a governantes que aceitassem evangelizá-las. No entanto, esse conceito do século XIII logo foi atacado por críticos tomistas, cujas idéias haviam sido recentemente fortalecidas pela revivescência renascentista do direito romano, especialmente o Código de Justiniano. Na verdade, a posição papal já não era aceita por estudiosos progressistas, nem mesmo na Ibéria (por exemplo, Francisco de Vitoria). Armados, então, de um conceito mais "moderno" de império com base na lei secular das nações (*ex iure gentium*), a corte francesa insistiu em seu direito de comerciar livremente e recusou-se a respeitar qualquer pretensão que não estivesse baseada numa ocupação efetiva. Os franceses consideravam seus navios e comerciantes livres para comerciar com qualquer região do Brasil não-ocupada efetivamente pelos portugueses — o que significava, de fato, praticamente toda a costa.

Sob constante pressão na década de 1520, a coroa portuguesa recuou em quase todas as frentes. Verificou ser impossível expulsar os franceses com patrulhas marítimas — a costa não-ocupada era longa demais e os recursos da coroa muito pequenos. Juridicamente, as bulas papais e o Tratado das Tordesilhas eram reconhecidos somente por Castela; e a perspicácia intelectual dos advogados franceses deixaram o rei português inquieto. Incapaz de persuadir o rei francês de seus direitos legais (chegou a argumentar, com um certo desespero, que ele e seus predecessores haviam "comprado" o Brasil com as vidas e o dinheiro portugueses gastos nas primeiras expedições), Dom João III (1521-1557), em sua tentativa de controlar a pirataria e o comércio ilegal franceses (1529-1531), optou durante algum tempo por subornar Chabot, o almirante da França.

Isso lhe possibilitou ganhar algum tempo e a política portuguesa agora evoluía rapidamente. Em 1530, Dom João III e seus conselheiros chegaram à conclusão de que deveria ser implantado no Brasil algum tipo de colônia permanente. Esse é um dos sentidos da expedição de Martim Afonso de Sousa (1530-1533). Sua frota de cinco navios, transportando cerca de quatrocentos colonos, tinha realmente três finalidades discerníveis, e em suas várias orientações contemplava tanto a antiga política das patrulhas costeiras quanto a solução futura da colonização. A primeira tarefa de Martim Afonso — patrulhar a costa — revela que a coroa ainda não havia abandonado completamente a idéia de que a defesa de seus interesses no Brasil era em grande parte uma questão de expulsar dos mares os navios não-autorizados, enquanto a segunda tarefa — estabelecer uma colônia real (São Vicente, 1532) por meio de concessões revogáveis (não-hereditárias) de terras a colonizadores — prenuncia o surgimento de uma nova política no Brasil; por fim, numa preparação para a colonização, a expedição recebeu instruções de explorar a foz dos rios Amazonas e Prata para determinar, entre outras coisas, sua proximidade da linha de Tordesilhas.

As ambigüidades da política portuguesa foram solucionadas enquanto Martim Afonso estava no Brasil. Estimulada por Diogo de Gouveia, superior português do colégio de Sainte Barbe em Paris, ocorreu uma mudança fundamental na política, que de fato deslocou a linha de defesa portuguesa do mar para a terra. Em vez de tentar impedir que os navios franceses aportassem na costa brasileira, os portugueses estabeleceriam uma série de colônias para impedir que a população indígena comerciasse diretamente com eles. Ao mesmo tempo, essas colônias seriam uma resposta à impugnação jurídica dos franceses: Portugal poderia agora reivindicar a "posse efetiva" do Brasil. O controle real direto cessaria; em vez de uma única colônia real em São Vicente, muitas colônias particulares cobririam a costa desde o Amazonas até o rio da Prata. Nessa época, o ônus crescente sobre as rendas da coroa tornava mais vantajoso transferir os custos dessa colonização extensiva para investidores privados, muitos dos quais já haviam expressado interesse em assumir propriedades no Novo Mundo com o objetivo de cultivar cana-de-açúcar. A procura de açúcar estava em rápido crescimento nesses anos, e recentemente a produção havia-se expandido enormemente na ilha de São Tomé. As primeiras tentativas experimentais com o açúcar no Brasil (Pernambuco, 1516, e São Vicente, 1532) haviam demonstrado que o clima e a topologia de vastas extensões da costa brasileira eram bastante adequados a esse produto.

O PERÍODO DAS CAPITANIAS HEREDITÁRIAS

Foram feitas concessões a um grupo de doze capitães-mores, desde soldados da fortuna que haviam adquirido reputação no Oriente (Duarte Coelho, Francisco Coutinho) a inúmeros burocratas, entre eles um historiador humanista de alto renome intelectual (João de Barros). O que todos tinham em comum eram ligações na corte, especialmente com Antônio de Ataíde, o Vedor da Fazenda Real, que, na direção e coordenação da empresa colonial portuguesa, desempenhou um papel semelhante ao do bispo Fonseca de Castela até a morte de Fernando em 1516. O fato de nenhum deles pertencer à alta nobreza não causa grande surpresa (como sugeriram alguns historiadores). Dom João III era o herdeiro da Nova Monarquia criada por Dom João II e Dom Manuel I e preferia delegar o poder e outorgar recompensas aos *letrados* e servidores da coroa com possibilidades de ascensão, qualquer que fosse o seu berço.

Os doze donatários receberam quatorze capitanias em quinze parcelas (uma das capitanias tinha dois quinhões e dois donatários receberam duas capitanias cada um) por doação real — daí os termos "donatário" e "donatária". A instituição era derivada, com ligeiras modificações circunstanciais, da concessão real típica de senhorio no Portugal do final da Idade Média. Tratava-se basicamente da concessão hereditária de grande parcela da jurisdição real sobre um território específico e seus habitantes a um senhor que, a partir de então, agia como o *locum tenens* do rei até onde estava explicitado na doação. Num sentido constitucional, a terra sob o controle direto da coroa (*reguengo*) era convertida num senhorio no qual os direitos reais se restringiam agora a certos atributos de "senhorio maior". As doze concessões eram todas semelhantes no essencial; a de Duarte Coelho servirá para ilustrá-las.

Duarte Coelho recebeu sua capitania de Pernambuco como posse hereditária da qual ele e seus sucessores deveriam ser os "capitães e governantes".

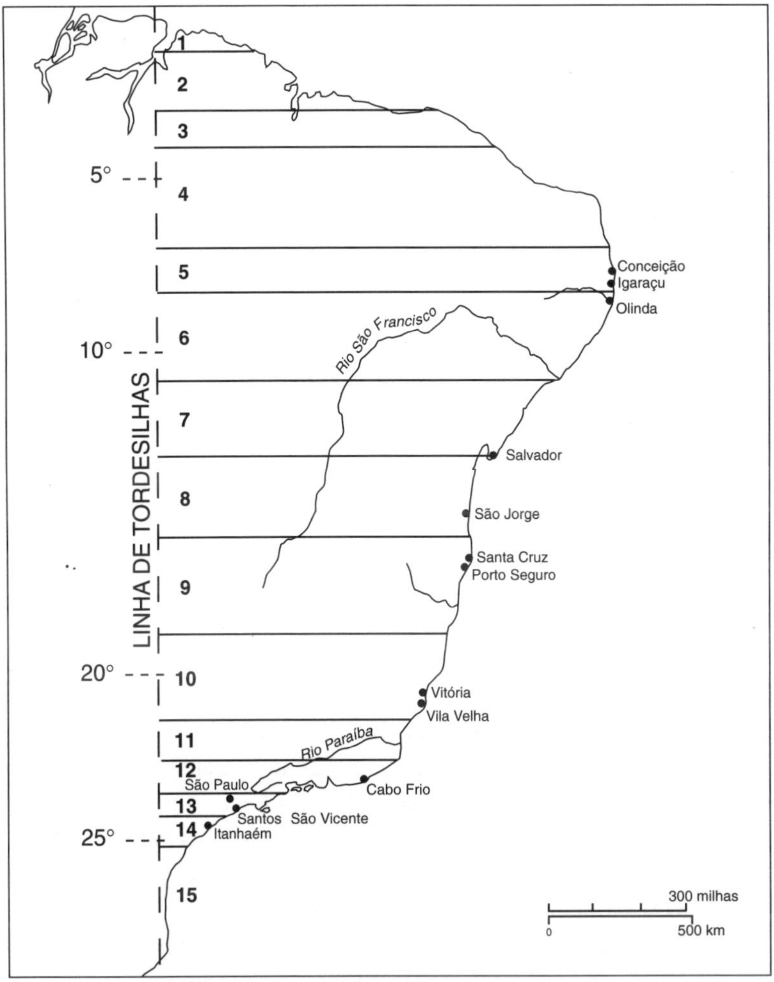

As capitanias do Brasil no século XVI

1. João de Barros e Aires da Cunha (Pará), 2º quinhão; 2. Fernão Álvares de Andrade (Maranhão); 3. Antônio Cardoso de Barros (Piauí); 4. João de Barros e Aires da Cunha, 1º quinhão; 5. Pero Lopes de Sousa (Itamaracá), 3º quinhão; 6. Duarte Coelho (Pernambuco); 7. Francisco Pereira Coutinho (Bahia); 8. Jorge Figueiredo Correia (Ilhéus); 9. Pero do Campo Tourinho (Porto Seguro); 10. Vasco Fernandes Coutinho (Espírito Santo); 11. Pero de Gois (São Tomé); 12. Martim Afonso de Sousa (Rio de Janeiro), 2º quinhão; 13. Pero Lopes de Sousa (Santo Amaro), 1º quinhão; 14. Martim Afonso de Sousa (São Vicente), 1º quinhão; 15. Pero Lopes de Sousa (Santana), 2º quinhão.

A herança era mais liberal do que na península: era condenada especificamente a exclusão dos bastardos e dos parentes colaterais ou transversos (a Lei Mental). Duarte Coelho tinha o direito de indicar em sua capitania todos os escrivães, escreventes e outros funcionários subordinados, e ele ou seus oficiais receberam quase toda a jurisdição civil e criminal, exceto no tocante a certos casos e pessoas reservados à coroa como sinal de seu "senhorio maior". Recebeu também o direito de fundar vilas e de supervisionar as eleições de seus funcionários. Além desses poderes jurisdicionais, Duarte Coelho foi feito senhor territorial através da doação de dez léguas de costa (em várias parcelas) das quais era proprietário direto. Para atrair colonos, o restante da terra foi suboutorgado por ele a colonos, com posse total, que eram obrigados a pagar apenas o dízimo à Ordem de Cristo. Finalmente, como capitão, tinha o direito de autorizar todos os melhoramentos importantes, como engenhos de cana-de-açúcar; eram os "direitos banais" que de modo geral os senhores possuíam em toda a Europa medieval.

Quanto às rendas do capitão, eram constituídas em grande parte pelos impostos que normalmente seriam destinados ao rei: um décimo do dízimo, a metade do décimo cobrado sobre o peixe pescado pelos colonos, um décimo de todas as rendas reais na capitania e um vigésimo dos lucros obtidos com o corte de pau-brasil; usualmente este último era retirado das mãos do donatário e controlado diretamente pelo rei. Estruturalmente, essas doações não se distinguiam de concessões análogas de autoridade real comuns em Portugal, assim como nas ilhas do Atlântico, no final do período medieval; devemos encará-las como adaptações destas últimas. As tentativas que se fizeram de impor a essa instituição categorias ideológicas (feudais ou capitalistas) apenas confundem o seu entendimento[9].

A carta de doação ao capitão era complementada por uma espécie de miniconstituição (o *foral*) para seu senhorio. O foral definia com algum detalhe as relações entre os colonos e o capitão, bem como os direitos da coroa. No Portugal medieval, era costume que o foral fosse emitido pelo próprio senhor para seus colonos, mas a Nova Monarquia, no início do século XVI, retomou esse direito aos donatários e, por assim dizer, converteu-o num direito real. O foral de Duarte Coelho isentou os habitantes da *sisa* e de outras taxas reais, mas

9. Cf. H. B. Johnson, "The Donatary Captaincy in Historical Perspective: Portuguese Backgrounds to the Settlement of Brazil", *Hispanic American Historical Review*, 52:203-214, 1972.

a coroa manteve seu monopólio sobre o comércio do pau-brasil bem como seu direito a um décimo do peixe pescado, um quinto dos minérios explorados e um décimo sobre o comércio dentro e fora da capitania. O comércio com as capitanias estava aberto tanto aos portugueses quanto aos estrangeiros, mas somente o capitão e os portugueses residentes tinham permissão de comerciar com os índios. Por fim, o rei reservou-se o direito de designar os funcionários encarregados diretamente da coleta de rendas na capitania.

Somente dez das capitanias foram colonizadas no século XVI; duas (Ceará e Santana) permaneceram abandonadas por seus senhores. Das dez colonizadas apenas duas (São Vicente e Pernambuco) podiam ser consideradas um verdadeiro sucesso antes de 1550. Das oito restantes, cinco tiveram um sucesso relativo, pelo menos durante algum tempo (Santo Amaro, Itamaracá, Espírito Santo, Porto Seguro e Ilhéus), enquanto as três restantes rapidamente se revelaram completos fracassos (São Tomé, Maranhão-Rio Grande e Bahia). Seus destinos diversos podem ser atribuídos em parte à capacidade individual dos capitães; sob esse aspecto, Duarte Coelho em Pernambuco revelou-se excepcionalmente capaz, enquanto Francisco Pereira Coutinho da Bahia, não. Ainda assim, a capacidade ou mesmo a presença do capitão não pode ter sido o fator decisivo, uma vez que Martim Afonso de Sousa nunca se deu ao incômodo de visitar sua concessão de São Vicente, e não obstante ela se tornou, sob o comando de prepostos competentes, uma das mais bem-sucedidas de todas. Evidentemente, mais importante do que o caráter do donatário foi a capacidade de atrair colonos e capital necessários para o sucesso e para subjugar os índios locais.

Não era fácil conseguir colonos suficientes; a população de Portugal na década de 1530 não passava de um milhão e quinhentos mil habitantes no máximo, espalhados num território de cerca de 88 600 quilômetros quadrados (cerca de 15-17 por quilômetro quadrado). Com tão pouca pressão a favor da emigração, os colonos tiveram muitas vezes de ser escolhidos entre os *degredados*, ou condenados ao exílio, que podiam ser desde prisioneiros políticos a criminosos comuns. Com pouquíssimas exceções, eram no conjunto indesejáveis, e muitos dos capitães queixavam-se deles, às vezes em termos amargos. Duarte Coelho os chamou de "esse veneno" e tentou, com considerável sucesso, atrair camponeses robustos de sua própria região do Minho. A falta de capital foi outra dificuldade que se revelou fatal. Alguns capitães tinham bom suporte financeiro. Pero de Góis (da capitania de São Tomé) era apoiado por Martin Ferreira, um comerciante de Lisboa; Duarte

Coelho tinha vínculos com comerciantes florentinos, e Jorge de Figueiredo Correia (da capitania de Ilhéus), escrivão da Fazenda Real, recorreu aos Giraldi, uma família de comerciantes italianos estabelecidos em Lisboa. Quando Correia e Giraldi enfrentaram problemas em obter índios que os ajudassem nas plantações de cana-de-açúcar em Ilhéus, conseguiram importar quatrocentos trabalhadores assalariados e escravos da Guiné entre 1545 e 1549 para defender os povoados e lavrar os campos[10]. Reservas como essas representaram muitas vezes a diferença entre o sucesso e o fracasso. Outros, por outro lado, como Pero de Campo Tourinho, com dificuldade conseguiram juntar a soma necessária para viajar à sua capitania e não tiveram a quem recorrer quando as circunstâncias se mostraram adversas. No entanto, o maior desafio de todos não proveio dos problemas da adaptação de europeus a uma terra virgem, mas sim da hostilidade da população indígena costeira de fala tupi e, numa extensão menor, de fala jê.

Durante o "período das feitorias" (1502-1534), as relações portuguesas com os índios haviam em geral sido amistosas. Os portugueses forneciam aos índios artefatos tecnológicos que aumentavam enormemente os níveis de produtividade de sua economia tradicional, enquanto em troca os índios agradecidos forneciam o trabalho necessário para a derrubada e o transporte do pau-brasil para carregar os navios portugueses, bem como o alimento requerido pelo pessoal da feitoria. As incursões francesas nessa rede de comércio podem ter incomodado os portugueses, mas não perturbaram seriamente suas relações com os índios.

No entanto, a colonização criou uma situação diferente. Dada a intenção da maioria dos capitães de estabelecer plantações de cana-de-açúcar, os direitos dos índios à terra foram inevitavelmente infringidos. Embora as tendências migratórias da sociedade indígena obscurecessem este fato para os portugueses, os índios tinham um senso geral de territorialidade que as plantações portuguesas violavam[11]. Mais importante, o plantio de açúcar e a instalação dos engenhos exigiam uma grande força de trabalho, crescentemente maior do que os colonos tinham condição de suprir, mesmo que tivessem querido fazê-lo, o que não foi o caso. A única alternativa, portanto, era o trabalho índio. Todavia, como o tipo de trabalho necessário para manter uma plantação de cana-de-açúcar era desconhecido da cultura indígena,

10. *As Gavetas da Torre do Tombo*, Lisboa, 1962, vol. II, p. 583.

11. *As Gavetas da Torre do Tombo* (Lisboa, 1969), vol. VIII, p. 512.

e (devido aos horários geralmente rígidos) totalmente oposto à sua índole, as duas culturas — com suas visões de mundo contrastantes — entraram em conflito direto. Os homens tupis estavam acostumados a derrubar árvores e não tiveram dificuldades em satisfazer as necessidades portuguesas no período do "pau-brasil", mas o trabalho na terra era reservado tradicionalmente às mulheres; os homens índios recusavam-se a fazê-lo. Eram profundamente destituídos de materialismo e de ambição, e de qualquer modo os colonos tinham pouco a oferecer que tornasse compensador o trabalho nas plantações. Devido à recalcitrância da força de trabalho, os colonos portugueses cedo foram levados a escravizar índios para o trabalho na crescente quantidade de plantações e engenhos. A escravidão era, sem dúvida, uma instituição já conhecida da cultura tupi, mas amplamente vinculada ao canibalismo ritual. Índios escravizados de tribos vizinhas acabavam por ser sacrificados, levando geralmente a uma declaração de guerra por parte da tribo do escravizado. Nesse contexto cultural, não é difícil compreender como o crescimento do plantio de cana-de-açúcar e a escravidão a que conduzia levaram a um estado de contínuo conflito com a população nativa da região costeira.

Os índios sempre estiveram em desvantagem em sua luta contra os portugueses. Enquanto os invasores dispunham de arcabuzes, de espadas e às vezes de canhão, os índios tinham de combater com arco e flecha (embora em suas mãos estas armas fossem terríveis), com bordunas, bem como com todo tipo de ardil e surpresa que pudessem adicionar a seus ataques. No entanto, antes que fossem dizimados pelas doenças, a grande força dos índios esteve em seu efetivo. De vez em quando podiam simplesmente sobrepujar os portugueses, que com freqüência se refugiavam nas torres fortificadas que constituíam o centro da maioria de seus povoados coloniais; podiam então ser vencidos pela fome. De outro lado, se os portugueses conseguissem agüentar por tempo suficiente (como acontecia com freqüência), os índios geralmente se frustravam e iam embora. Outra tática portuguesa era o terror: utilizando a superioridade de sua tecnologia, muitas vezes submetiam os índios pelo medo, com fez Jerônimo de Albuquerque em Pernambuco:

> ... depois de averiguar quais [índios] foram os homicidas dos brancos, uns mandam pôr em bocas de bombardas e dispará-las à vista dos mais, para que os vissem voar feito em pedaços...[12]

12. Frei Vicente do Salvador, *História do Brasil, 1500-1627,* 6. ed., São Paulo, 1975, p. 121.

Outra arma usada era o fogo, que podia ser devastador contra as folhas de palmeira das malocas indígenas, como demonstrou Mem de Sá quando pacificou os índios das redondezas da Bahia logo após sua chegada, com a queima de sessenta de suas aldeias. Por fim, além do fogo e da pólvora, os portugueses tinham a arma do suborno: os índios vencidos que se submetiam eram recompensados com artefatos europeus, como anzóis de pesca, foices e machados de metal.

Dada a enorme extensão da costa brasileira que os portugueses tentaram povoar, do cabo Santo Agostinho no norte a Cananéia no sul, esses combates eram sempre locais. A incapacidade dos índios de superar as rivalidades intertribais facilitou aos portugueses dividir para dominar; fazer uma aliança com uma tribo contra uma segunda e depois atacar os antigos aliados era uma tática-padrão dos portugueses.

Nos primeiros dez anos após sua chegada, os colonos portugueses geralmente ou contaram com a cooperação dos índios ou os venceram na luta; mas, nas áreas em que a colonização não conseguira lançar raízes bastante profundas e ainda permanecia frágil, a resistência nativa, como a onda que varreu a costa na metade da década de 1540 (Bahia, 1545; São Tomé, 1546; Espírito Santo, cerca de 1546; Porto Seguro, 1546), revelou-se avassaladora. Efetivamente varreu do mapa as colônias da Bahia e de São Tomé e devastou severamente as do Espírito Santo e de Porto Seguro. Somente São Vicente, Ilhéus e Pernambuco/Itamaracá conseguiram escapar ilesas, embora Pernambuco se visse seriamente ameaçada em 1547-1548. Em 1548, os danos eram manifestos; e o desaparecimento de um controle português efetivo em centros importantes como a Bahia e outros expôs cada vez mais o Brasil à ameaça contínua das incursões e instalações francesas. Luís de Góis, irmão do donatário de São Tomé, resumiu a situação numa carta ao rei (1548): "Se com tempo e brevidade Vossa Alteza não socorre a estas Capitanias e Costa do Brasil [...], perderá a terra". Enfatizando a constante ameaça de invasão francesa, continuou: "Porque em tanto que estas Capitanias estão em pé, com a gente delas e ajuda e o favor de Vossa Alteza se alimpara a Costa e o mar deles"[13]. Dom João III aceitou o conselho de Góis e imediatamente decidiu ampliar essa "ajuda e favor".

13. *Apud* Serafim Leite, *Novas Páginas de História do Brasil*, São Paulo, 1965, p. 261.

A decisão da coroa de enviar um governador geral ao Brasil não pretendia abolir as concessões dos donatários. A maioria delas se mantiveram por todo o século seguinte e algumas deles até entrado o século XVIII. Ao contrário, o rei tencionava de certo modo restabelecer uma parte da autoridade a que tão generosamente renunciara numa época em que os recursos da coroa estavam debilitados. O historiador brasileiro Sérgio Buarque de Holanda vinculou a instituição do governo geral à descoberta espanhola de prata em Potosí (1545); outros, como Frédéric Mauro, viram nessa atitude uma decisão de substituir o comércio depauperado das especiarias do Estado da Índia pelo do açúcar brasileiro. Por outro lado, não se deve esquecer que a eventual retomada do controle real era uma prática normal das monarquias do *ancien régime* e a concessão de direitos reais, muitas vezes um procedimento temporário. Isso ocorrera com o comércio de pau-brasil, outorgado entre 1502 e 1505 e retomado pela coroa em 1506; isso se repetia agora com as colônias que haviam sido criadas entre 1535 e 1548. Depois que a iniciativa privada preparava o terreno, a burocracia real intervinha para apropriar-se de uma empresa em funcionamento. Uma olhadela rápida em casos espanhóis semelhantes é reveladora: somente quatorze anos após a conquista de Cortés no México é que chegou o primeiro vice-rei; no Peru, o intervalo entre a conquista privada e a criação de uma administração real não foi superior a doze anos. Se as capitanias hereditárias são consideradas a fase da "conquista privada" no Brasil, então a chegada de um governador geral quatorze anos depois conforma-se exatamente ao padrão ibérico generalizado. Num sentido cultural mais amplo, poder-se-ia considerar a retomada do controle real de ambos os impérios como uma expressão própria do Novo Mundo para designar os vários "fechamentos" que ocorreram na Europa católica por volta de meados do século XVI: a forma definitiva dada ao dogma em Trento; o abandono geral da tolerância de Erasmo; mais especificamente em relação a Portugal, a instalação final da Inquisição em 1547. Em outros termos, podia-se encarar esse fenômeno como parte de uma reação contra a ambigüidade, a franqueza e a experimentação da primeira metade do século, um movimento rumo à rigidez e à codificação, uma exclusão de alternativas, manifestando uma nova atmosfera de decisões definidas que afinal foram tomadas.

Qualquer que tenha sido a interpretação preferida, os motivos reais imediatos são revelados claramente nas instruções permanentes (o regimento) que acompanhavam o novo governador, Tomé de Sousa (1549-1553), outro parente próximo de Antônio de Ataíde, o Vedor da Fazenda. Em primeiro lugar, era tarefa do governador defender de possível ataque as capitanias mais fracas e revitalizar as que haviam malogrado. Esses fracassos haviam sido sempre o resultado de ataques indígenas, e não de conquista francesa; não obstante, como escrevera Luís de Góis, a ameaça francesa ainda estava presente, e as capitanias enfraquecidas por ataques indígenas eram os alvos principais de possível colonização francesa. Em segundo lugar, a coroa obviamente queria aumentar as rendas reais provenientes do Brasil; não só o rei estava sendo fraudado do que lhe era devido, como também as capitanias fracassadas não lhe vinham fornecendo a renda que havia esperado de seu desenvolvimento.

Para lidar com esses problemas, Dom João III escolheu três importantes funcionários: em primeiro lugar, um governador para defender e proteger as capitanias malsucedidas bem como estabelecer uma política geral de trato com os índios; em segundo lugar, um provedor-mor da Fazenda para fiscalizar a coleta das rendas da coroa; e em terceiro, um capitão-mor da costa para estabelecer o policiamento do litoral. A Bahia foi escolhida como sede do governo; era um local central com uma região interiorana potencialmente rica. E, devido ao fracasso do último donatário no trato com os índios, era possível readquiri-la de seus herdeiros e reincorporá-la ao reguengo (terra sob o controle direto da coroa). Tomé de Sousa (o primeiro governador) recebeu instruções detalhadas para a construção de uma vila de pedra e argamassa, centralizada num forte inexpugnável, um reflexo digno da determinação real de permanecer no Brasil. Os engenhos de açúcar, centros satélites do controle português, deviam também ser armados e fortificados contra possíveis ataques. Uma vez fortalecida sua posição na Bahia, o governador devia visitar outras capitanias para avaliar suas necessidades e fornecer-lhes assistência militar.

Se o aumento da força militar era uma parte da solução da questão indígena, o outro aspecto era a elaboração de uma política indígena praticável. Em última análise, isso deveria provir, como no império espanhol, de certas decisões jurídicas fundamentais tomadas pela coroa. O Brasil fora incorporado à coroa por vontade de Dom Manuel I[14], mas os gentios, nem mesmo por ilação, não se tornavam automaticamente súditos dela. Em contraste com a situação espanhola em que Carlos I apenas sucedeu aos tronos vagos

14. *As Gavetas da Torre do Tombo*, Lisboa, 1967, vol. IV, p. 122.

dos imperadores astecas e incas, os portugueses não podiam descobrir nenhuma estrutura civilizada na sociedade tupi — pareciam faltar leis definidas e instituições religiosas. Na verdade, a própria inocência que levara Pero Vaz de Caminha no começo a ver essa sociedade como pronta para o domínio e a conversão agora revelava-se um obstáculo frustrante. A organização social dos tupis não se encaixava em qualquer das categorias que os portugueses pudessem compreender; daí a confusa hesitação da coroa em definir o *status* dos índios. Têm-se procurado em vão documentos da época que apóiem uma afirmação inequívoca de que os gentios eram súditos reais. Em resumo, ainda está por determinar o *status* dos índios brasileiros dentro da sociedade colonial portuguesa.

Já na época da viagem da nau *Bretoa* (1511), a coroa colocou os índios sob sua proteção legal, e o regimento dado a Tomé de Sousa enfatizava que não se deveria infligir-lhes qualquer dano enquanto fossem pacíficos. Um bom tratamento era essencial se quisessem que fossem evangelizados. Essa era a justificação jurídica de todo o empreendimento, seja derivada das bulas papais, seja da lei das nações de Vitoria. Por outro lado, os índios rebeldes que resistissem ao cristianismo eram equiparados aos muçulmanos da África e podiam assim ser escravizados. Dessa forma, desenvolveu-se no Brasil, assim como no império espanhol, a distinção capital entre índios pacíficos, menores de idade a serem protegidos pela coroa enquanto eram gradualmente aculturados numa cidadania plena como cristãos, e índios belicosos contra os quais se podia fazer "guerras justas", que podiam ser expulsos à força se necessário e em última análise escravizados para uso dos colonos. O eixo da questão era evidentemente econômico. As escravizações indiscriminadas (*saltos*) estavam entre as causas principais da resistência indígena, e isso por sua vez tornava impossível o desenvolvimento econômico. Não obstante, o trabalho indígena na indústria de açúcar em desenvolvimento era essencial e somente a escravização podia fornecer os trabalhadores necessários. A solução dessa contradição foi uma das principais tarefas da nova geração de administradores.

Como seus agentes especiais para converter e pacificar os índios, o rei escolheu os jesuítas, a ordem missionária fundada nove anos antes (1540) e para a qual Diogo de Gouveia chamara sua atenção em Paris. O primeiro grupo de seis (entre os quais o padre Manuel da Nóbrega) veio ao Brasil juntamente com Tomé de Sousa; as viagens subseqüentes trouxeram outros reforços. Mas o seu número total era pequeno; apenas 128 no período até

1598. As numerosas e prolixas cartas que enviaram à Europa revelam (e ocultam) seu trabalho no Brasil. Até 1580 pode-se dividir a atividade jesuíta em cinco estágios gerais: um período inicial de experimentação (1550-1553); um período intermediário de estagnação (1553-1557); o florescimento pleno do sistema de colonização, ou *aldeia* (1557-1561); a crise da guerra dos caetés e as ondas de doença e de fome que se seguiram (1562-1563); e um período final de ajuste ao resultante declínio da população índia (1564-1574).

O período inicial coincidiu exatamente com a época do primeiro governo geral; foram anos de avaliação e experimentação. O objetivo dos jesuítas era a conversão, a pacificação e a aculturação; a reação dos índios foi, depois de uma certa curiosidade e aceitação iniciais, a evasão, a hostilidade e o retorno às antigas crenças. As atitudes dos jesuítas diante da sua tarefa — a transformação de selvagens da idade da pedra em camponeses quase-europeus que vivessem em aldeias colonizadas e praticassem a religião de uma sociedade agrária — variava do otimismo a uma autopiedade pessimista. Ao contrário de Las Casas, poucos deles tinham grande amor ou respeito por sua incumbência. Nóbrega comparava os tupis a cães e porcos, e ao descrevê-los Anchieta dizia que mais se pareciam com animais do que com homens. Ainda assim, ao contrário dos colonos, *efetivamente* acreditavam na possibilidade de mudar a sociedade indígena. A reputação dos jesuítas estava em jogo, e eles se devotavam à realização de sua meta com uma determinação militar.

A princípio seguiram os métodos dos franciscanos, que sempre preferiram catequizar os índios *in situ*, por mais lenta que pudesse ser a tarefa. No entanto, os jesuítas logo descobriam, ao retornar, que os índios que acreditavam ter convertido em sua primeira visita à aldeia haviam retomado os costumes nativos. Para acelerar o processo e preservar o que haviam conseguido, decidiram remover os índios de seus locais nativos e fixá-los em aldeias cujo enorme tamanho foi determinado pela escassez de jesuítas para servir como supervisores. Aí os tupis puderam sofrer uma doutrinação intensiva. Em 1550, Nóbrega enunciou a planta de aldeias, das quais a primeira foi tentada perto da Bahia em 1552. Não tiveram um sucesso manifesto; os índios fugiam com freqüência: como peixinhos na água, esquivavam-se com astúcia à rede da aculturação jesuíta. Ainda assim, os padres decididos teriam persistido não fossem os obstáculos políticos.

Os colonos jamais aceitaram completamente as aldeias jesuítas, que removiam tantos índios do grupo de escravos em potencial, e logo encontraram um aliado poderoso no primeiro bispo do Brasil, Dom Pero Fernandes

Sardinha. À decisão da coroa de instituir um governador geral seguiu-se pouco depois (1551) a criação de uma diocese para o Brasil, situada na Bahia, a extensão às conquistas da união metropolitana entre o trono e o altar. A escolha do bispo pelo rei, no entanto, não se revelou tão feliz quanto sua escolha do governador. Sardinha chegou ao Brasil com excelentes credenciais: educado como humanista na Sorbonne (onde fora mestre de Loyola no colégio de St. Barbe, dominado pelos portugueses), seu serviço anterior como vigário-geral em Goa havia sido altamente satisfatório. Os próprios jesuítas o haviam recomendado ao rei. Todavia, uma vez no Brasil, o contato com o tupi selvagem parece ter exacerbado suas rígidas tendências moralistas. Não sem razão, não compartilhou da crença jesuíta na possibilidade de conversão dos índios; insistiu em sua total aculturação antes do batismo. Tampouco aprovou as tendências sincretistas da evangelização jesuíta, a mera pintura de uma pátina cristã sobre uma cultura indígena empedernida: por exemplo, a tolerância da nudez indígena na igreja, canções e danças indígenas mescladas na liturgia. Uma vez que os índios eram culturalmente menores de idade, não deviam tomar parte da vida cristã organizada. Em resumo, Sardinha via no Brasil uma sociedade dual do tipo que conhecera na Índia, com uma pequena "república" de portugueses reinando sobre um mundo alienígena de nativos sobretudo pagãos.

Sua indiferença frente aos índios foi compensada por sua fixação nos costumes morais dos colonos. A adoção geral de costumes indígenas por parte dos colonos, uma espécie de irônica aculturação invertida que produziu o proverbial casamento de homens brancos com índias, como João Ramalho em São Vicente e Caramuru na Bahia, lançava-o em fúria puritana. No entanto, os colonos acharam que a atitude de Sardinha em relação aos índios e seu não-apoio aos jesuítas convinham a seus interesses. O conflito entre o bispo e os jesuítas lhes deu uma oportunidade de persistir na escravidão indígena e tornou praticamente impossível que o segundo governador, Duarte da Costa (1553-1557), exercesse uma autoridade efetiva durante seu período de governo. Já que a obra de evangelização dos inacianos foi obstruída pela hostilidade de Sardinha e não recebeu apoio efetivo da parte do atormentado governador, os jesuítas logo deslocaram o centro de suas atividades para a capitania de São Vicente no sul, onde os índios tupiniquins se mostraram mais receptivos e maleáveis. Nessa região expandiram o sistema de aldeias concebido anteriormente nas cercanias da Bahia, e estabeleceram em 1554 uma importante aldeia indígena em São Paulo de Piratininga. Este sítio, localizado na fímbria do planalto interior, dominou a bacia do rio Tietê e constituiu o núcleo original da futura cidade de São Paulo.

Notícias do conflito entre o governador e o bispo na Bahia levaram a coroa a chamar o prelado de volta a Lisboa (1556), mas seu navio naufragou junto à costa brasileira onde, ironicamente, sofreu martírio, sendo morto e comido pelos índios caetés, a quem desdenhava com tanto ardor. O governo de Duarte da Costa terminou no ano seguinte (1557) e com a chegada de novo governador, Mem de Sá (1557-1572), e de novo bispo, Dom Pero Leitão, a consolidação real do Brasil português entrou em nova fase.

Mem de Sá foi, acima de tudo, um colaborador devotado e entusiasta dos jesuítas, que agora voltaram a focalizar suas atividades em torno da cidade real da Bahia. Tendo a sua disposição as forças militares do governador, os jesuítas fizeram significativas incursões no paganismo indígena ao tornar mais acentuada a distinção, já esboçada, entre índios rebeldes, que podiam ser escravizados, e índios pacíficos, em processo de aculturação, que eram estimulados a aceitar a proteção das aldeias. Dessa forma, o período inicial do longo governo de Mem de Sá foi a época áurea das aldeias. Elas agora se expandiram, de duas a três que eram, para não menos de onze em 1561, com uma população total de 34 mil no início de 1562[15].

Dois fatos puseram fim a essa expansão. Primeiramente, em 1562 Mem de Sá declarou uma "guerra justa" contra os caetés que haviam martirizado o bispo Sardinha seis anos antes, declarando aberto o período de caça a toda essa nação indígena. Como retaliação pela morte do bispo, isso chegou um pouco tarde; é mais provável que essa "lei" caeté tenha sido concebida para aplacar os colonos irritados com o crescimento das aldeias jesuítas, que removiam tantos índios do grupo dos escravos. Infelizmente, a guerra dos caetés transbordou até mesmo as condições brandas impostas por Mem de Sá; os caetés eram não só capturados *in situ*, como também nas aldeias jesuítas para onde se haviam mudado confiantes nas promessas jesuítas de proteção. O efeito sobre as aldeias foi desastroso e Mem de Sá imediatamente revogou sua "lei", mas era tarde demais; o mal já estava feito.

Nos calcanhares dessa guerra incontrolável veio uma nova crise para flagelar a colônia: as doenças. Chegaram em duas ondas: a primeira, em 1562, atingiu os índios na área próxima da Bahia; a segunda, em 1563, foi mais generalizada. As duas juntas podem ter aniquilado cerca de um terço à

15. Alexander Marchant, *From Barter to Slavery*, Baltimore, 1942, p. 108.

metade da população indígena que, evidentemente, carecia de qualquer imunidade a doenças européias, como a tuberculose, a gripe, a varíola e o sarampo, trazidos pelos portugueses e outros europeus. O decréscimo resultante da população indígena não apenas reduziu o número de aldeias de onze para cinco, como também intensificou enormemente a competição dos colonos pelo trabalho dos que sobreviveram.

Uma conseqüência foi que o controle físico sobre as aldeias remanescentes passou para "capitães leigos" nos poucos anos que se seguiram (*c*. 1564–*c*.1572). Essa mudança foi preconizada pelo geral da ordem dos jesuítas em Roma, que nunca se interessara muito pelo profundo envolvimento dos jesuítas na administração quotidiana das aldeias. Em termos práticos, o resultado foi a criação de um tipo de *repartimiento* do trabalho indígena (rejeitado anteriormente por Nóbrega) a fim de distribuir os seus serviços entre os portugueses que o reivindicassem. Ao mesmo tempo a fome que se seguiu à epidemia levou os índios a se venderem a si mesmos ou seus parentes aos colonos em troca de alimento ou de sustento. Esses fatos forçaram a coroa e os jesuítas a concentrar sua atenção em questões fundamentais sobre a população indígena no Brasil colonial. Muitas perguntas ambíguas deixadas sem resposta durante anos agora vinham à tona: sob exatamente que condição os índios podiam ser escravizados "justamente", se é que podiam ser escravizados? Como deviam ser tratados os índios fugitivos (tanto das aldeias como dos engenhos de açúcar)? Podiam os índios vender-se a si mesmos ou seus parentes legalmente para a escravidão?

Pode-se dizer que o debate teve início em 1566 com a Junta encarregada pelo rei de fazer recomendações sobre a política indígena no Brasil. Faziam parte dela Mem de Sá, o bispo Leitão, os jesuítas Grã e Azevedo, bem como os ouvidores-mores da coroa[16]. Com base nas recomendações elaboradas por essa Junta, o rei Dom Sebastião (1554-1578) promulgou em 1570 uma lei sobre a condição dos índios. Nascidos livres, podiam, no entanto, ser escravizados em duas situações: (1) no curso de uma "guerra justa" declarada pelo rei ou por seu governador; (2) quando pegos na prática de canibalismo. Foi declarado ilegal o sistema de *resgate*: a prática anterior de resgatar ou salvar índios capturados nas guerras intertribais e que estavam destinados a ser mortos, impondo-lhes em troca uma vida de servidão a seu liberta-

16. Nóbrega teria participado, mas na ocasião estava em São Vicente. Mais tarde expressou sua opinião por escrito num *Apontamento*: Leite, *Nóvas Páginas*, *op. cit.*, p. 120.

dor. Fora amplamente utilizado com abusos: as tribos eram induzidas a combaterem entre si em busca de prisioneiros e logo todo índio capturado e escravizado pelos portugueses era nominalmente "resgatado". Embora a lei de Dom Sebastião pudesse ser, e era de fato, interpretada de modo muito liberal, os colonos ainda enviavam protestos violentos a Lisboa, como fizeram os peruanos após as Novas Leis de 1542. Em conseqüência, a lei de 1570 foi revogada e substituída, em 1574, por um código modificado de escravidão indígena. Os resgates voltaram a ser permitidos, mas todos os índios escravizados dessa forma deviam ser registrados na alfândega.

No entanto, a consecução final de um *modus vivendi* com a população indígena foi resultado, mais do que das leis emitidas em Lisboa, das mudanças e desenvolvimentos da própria sociedade colonial. A mais importante delas foi o número crescente de escravos negros trazidos da África. Não se sabe ao certo quando chegaram ao Brasil os primeiros escravos africanos; é provável que alguns tenham sido trazidos por colonizadores já no início do período das donatárias. No começo da década de 1540 é manifesta a existência de grupos bastante grandes desses escravos. Em 1570, um dos primeiros historiadores do Brasil, Magalhães Gandavo, calculava que havia de dois a três mil negros no Brasil; dezessete anos mais tarde, José de Anchieta estimava o seu número em 14 mil. Embora, em certas propriedades, o número de escravos indígenas superasse o dos africanos no final do século, o crescente emprego de escravos negros — acerca dos quais havia poucos escrúpulos morais, se é que havia algum, e nenhuma legislação real — desestimulou consideravelmente o recurso à escravidão indígena. Por outro lado, os anos de investida sobre a sociedade tupi por parte dos jesuítas, dos governadores e dos colonos tinham deixado suas marcas; a cultura indígena tradicional se estava desintegrando nas áreas colonizadas da costa. Os remanescentes ou se mesclaram a um proletariado de mestiços mamelucos ou fugiram para o interior, o único lugar onde poderiam esperar preservar sua identidade cultural. No entanto, a distância não forneceu segurança absoluta. No final do século, as primeiras *entradas* ocasionais no sertão assumiram aos poucos o caráter de expedições organizadas de preia de escravos, as *bandeiras*, que se tornariam um dos temas dominantes da história do Brasil no século seguinte. Com freqüência cada vez maior os governadores declaravam "guerras justas" contra os índios do sertão, e emitiam autorizações de resgates, como o padre Vicente do Salvador descreve em cores vívidas em seu relato sobre o governo de Luís de Brito (1572-1578):

... deu o governador as licenças que lhes pediram para mandarem ao sertão descer índios por meio dos mamelucos, os quais não iam tão confiados na eloqüência que não levassem muitos soldados brancos e índios confederados e amigos, com suas frechas e armas, com as quais, quando não queriam por paz e por vontade, os traziam por guerra e por força. Mas ordinariamente bastava a língua do parente do mameluco, que lhes representava a fartura de peixe e mariscos do mar de que lá careciam, a liberdade de que haviam de gozar, a qual não teriam se os trouxessem por mal.

Com estes enganos e com algumas dádivas de roupas e ferramentas que davam aos principais e resgates que lhes davam pelos que tinham presos em cordas e para o comerem, abalavam aldeias inteiras, em chegando à vista do mar, apartavam os filhos dos pais, os irmãos dos irmãos e ainda às vezes a mulher do marido, levando uns o capitão mameluco, outros os soldados, outros os armadores, outros os que impetraram a licença, outros quem lhas concedeu, e todos se serviam deles em suas fazendas e alguns os vendiam, porém com declaração que eram índios de consciência e que lhes não vendiam senão o serviço, e quem os comprara, pela primeira culpa ou fugida que faziam os ferrava na face, dizendo que lhe custara seu dinheiro e eram seus cativos. Quebravam os pregadores os púlpitos sobre isto, mas era pregar em deserto[17].

Em resumo, as epidemias, a escravização e o proselitismo religioso por parte dos bem-intencionados jesuítas estilhaçaram efetivamente a cultura e as sociedades indígenas derrotadas, deixando aos sobreviventes o destino de serem reintegrados a uma sociedade colonial estruturada em termos portugueses.

Os franceses, a outra ameaça à permanência portuguesa no Brasil, não apresentaram nenhuma das complicações morais e religiosas associadas aos índios. Embora os ataques franceses ao comércio marítimo português persistissem mesmo após 1535 (como indica a criação do posto de capitão-mor para a costa em 1548), as capitanias hereditárias efetivamente impediram as tentativas francesas de colonização em áreas povoadas pelos portugueses. Não obstante, os franceses não haviam abandonado a idéia de fundar uma colônia, e sua atenção se voltara cada vez mais para um local extraordinariamente atraente (importante havia muito no comércio de pau-brasil) no extremo norte da capitania de São Vicente, que nunca fora ocupada pelos portugueses: Rio de Janeiro.

17. Salvador, *História do Brasil*, pp. 180-181.

Foi aí que Nicolas Durand, *chevalier de* Villegagnon, decidiu localizar sua colônia da *France Antarctique.* Os crescentes conflitos religiosos que grassavam na França, por volta de 1550, haviam criado grupos (como mais tarde na Inglaterra) que viram no Novo Mundo um local perfeito para a localização de uma nova comunidade, baseada na religião "certa" e livre das complicações corruptas da sociedade européia. Para um francês ambicioso e empreendedor como Villegagnon, nascido de uma família burguesa mas educado para ser vice-almirante da Bretanha, esses dissidentes religiosos formavam um núcleo "caído do céu" de emigrantes voluntários para seu propósito. Apresentou seus planos ao almirante Coligny, um membro da alta nobreza que se convertera à Igreja Reformada, o qual por sua vez solicitou o apoio do rei, Henrique II. Com o apoio adicional de comerciantes normandos e bretões, que havia muito comerciavam o pau-de-tinta brasileiro, Villegagnon e seu grupo partiram em 1555 em três navios que transportavam umas seiscentas pessoas rumo a *la France Antarctique.* Embora desse a impressão de ter tendências protestantes na época de recrutamento de seus colonizadores, Villegagnon foi compelido a aceitar, para completar sua expedição católicos tanto como hugüenotes e até mesmo alguns ex-convictos. Após uma viagem difícil, o pequeno grupo alcançou a baía da Guanabara, onde finalmente construiu um forte e uma pequena vila na ilha de Serigipe. Os índios locais se mostraram amistosos, devido ao tratamento indulgente e à falta de exigências por parte dos franceses, mas o governo rígido de Villegagnon produziu descontentamento entre os colonos, muitos dos quais desertaram, seguindo para o continente, onde fundaram Henriville no local onde hoje se situa Rio de Janeiro. Com uma situação precária e sob o risco de ataques por parte dos portugueses, Villegagnon solicitou de Calvino, em Genebra, uma segunda leva de imigrantes, entre eles Jean de Léry, que nos deixou um dos melhores relatos sobre a colônia bem como sobre a cultura tupi em geral. Esses recém-chegados foram a semente da destruição final da colônia. Vindos diretamente de Genebra, dogmáticos, rígidos e imbuídos da vontade inflexível de Calvino, logo lançaram o grupo em disputas teológicas, que terminaram por centrar-se na natureza da Eucaristia: para Léry e seus correligionários, a aceitação pelos católicos da transubstanciação no meio de uma sociedade de canibais selvagens era difícil demais de engolir. Irritado com as atividades desintegradoras dos calvinistas cuja resistência ele não conseguia quebrar, Villegagnon inesperadamente retornou a um catolicismo ortodoxo, abandonou a colônia e voltou à

França em 1559, onde terminou seus dias como membro do partido ultracatólico dos Guises.

A França Antártica representou uma séria ameaça ao Brasil português, uma base a partir da qual os franceses podiam dar apoio aos opositores indígenas, expandir seu controle até o rio da Prata e possivelmente realizar ataques às rotas de comércio português com as Índias. Para rebater essa ameaça, o governador Mem de Sá, tão logo restabeleceu a ordem nas cercanias da Bahia, voltou sua atenção para o Rio de Janeiro. Recebendo ajuda naval de Portugal, reuniu uma força de aliados indígenas e partiu para a baía da Guanabara no início de 1560. A fortaleza da ilha foi tomada de assalto e os franceses sobreviventes forçados a fugir para as aldeias indígenas próximas à baía. Todavia Mem de Sá não teve o pessoal e o material necessários para reconstruir e ocupar o forte, que foi obrigado a abandonar, para grande consternação de Nóbrega, que percebeu a importância da presença permanente dos portugueses na região. Como ele temia, assim que os portugueses partiram, os sobreviventes franceses voltaram a estabelecer-se em várias ilhas da baía e foi necessária uma segunda expedição para desalojá-los.

Este segundo ataque foi comandado por Estácio de Sá, sobrinho de Mem de Sá, que chegou à Bahia em 1563, à frente de outra frota enviada de Portugal. Reunindo reforços locais tanto do Espírito Santo quanto de São Vicente, Estácio de Sá seguiu para o Rio de Janeiro em 1565, onde primeiramente estabeleceu uma base militar — o germe da futura cidade do Rio de Janeiro — aos pés do morro Pão-de-Açúcar. Sua posição era suficientemente forte para repelir as tentativas francesas de desalojá-lo, mas insuficiente para tomar a ofensiva antes que chegassem reforços adicionais de Lisboa sob o comando de Cristóvão de Barros, o filho de Antônio Cardoso de Barros, donatário da capitania abandonada de Piauí e posteriormente provedor-mor da coroa no Brasil. Assim que Cristóvão Barros chegou, Estácio de Sá atacou os franceses pelo lado oeste da baía (atual praia do Flamengo) com completo êxito. Estácio de Sá foi ferido na batalha e morreu poucos dias depois, mas seu tio Mem de Sá apressou-se a instalar uma colônia portuguesa permanente no sítio do Rio de Janeiro atual. Foram nomeados funcionários para a vila, a baía e a região circunvizinha foram separadas de São Vicente e a área convertida na segunda capitania real no Brasil. Com a nomeação de Salvador Correia de Sá, outro sobrinho de Mem de Sá, como governador geral, teve início uma associação íntima entre o Rio de Janeiro e a família Sá que duraria por quase todo o período colonial.

A SOCIEDADE E A ECONOMIA POR VOLTA DE 1580

Juntamente com o governo heróico de Mem de Sá (1572) acabaram-se os anos de incerteza do Brasil. Tendo sobrevivido a dois desafios a sua continuidade — internamente, da parte da resistência indígena e externamente da ameaça de conquista francesa — a "conquista" portuguesa da América havia saído intata de sua infância precária. Embora nenhum dos problemas tivesse desaparecido completamente (os franceses ainda tentaram de tempos em tempos fundar colônias em áreas esparsamente ocupadas e a resistência indígena apenas se deslocou para o interior), ainda assim, após 1580, nenhum dos dois voltaria a fortalecer-se o suficiente para contestar a existência de um Brasil português.

Livre dessas preocupações, a colônia entrou em seu primeiro grande "ciclo" econômico, baseado na indústria de açúcar em expansão com o concomitante crescimento populacional bem como um desenvolvimento social e administrativo. A colônia deixou de preocupar-se com a sobrevivência para concentrar-se na consolidação e crescimento, e essa mudança vem expressa claramente nas fontes históricas. Os primeiros setenta anos da história brasileira fornecem poucos dados para uma interpretação estatística. Ao contrário, a história depende de uma narração precisa dos acontecimentos, de descrições das instituições criadas e de inferências concernentes à política da coroa. Contudo, a partir de 1570, nosso conhecimento sobre a colônia é enormemente enriquecido pelo aparecimento de uma série de tratados descritivos, escritos principalmente para despertar o interesse na colonização da nova terra. Utilizados com cuidado e tolerância devido à inexatidão com que foram elaborados, esses tratados fornecem não apenas as melhores informações sobre as vicissitudes das primeiras colônias, como também importantes informações estatísticas: isto é, avaliações aproximadas, capitania por capitania, da população portuguesa, além de estimativas ocasionais, menos exatas, do número de índios e africanos; e valores aproximados do número de engenhos em cada capitania (ver Tabela 1)[18]. Uma rápida olhada nos totais de população indica que das oito capitanias coloni-

18. Embora a palavra *engenho*, em sentido rigoroso, designasse apenas o moinho para moagem da cana-de-açúcar, o termo acabou por ser aplicado a toda a unidade econômica: o próprio engenho, os edifícios associados, as plantações de cana, as pastagens, a senzala, a casa senhorial etc.

Tabela 1. Brasil Colonial: População Branca e Engenhos, 1570 e c. 1585

Capitania (vilas principais)	1570		c. 1585	
	população branca*	engenhos	população branca*	engenhos
Itamaracá (Conceição)	600 (2,9%)	1 (1,7%)	300 (1,0%)	3 (2,5%)
Pernambuco (Olinda, Igaraçu)	6 000 (28,9%)	23 (38,3%)	12 000 (41,0%)	66 (55,0%)
Bahia (Salvador, Vila Velha)	6 600 (31,8%)	18 (30,0%)	12 000 (41,0%)	36 (30,0%)
Ihéus (São Jorge)	1 200 (5,8%)	8 (13,3%)	900 (3,0%)	3 (2,5%)
Porto Seguro (P. Seguro, Santa Cruz, Santo Amaro)	1 320 (6,4%)	5 (8,3%)	600 (2,0%)	1 (1,0%)
Espírito Santo (Vitória, Vila Velha)	1 200 (5,8%)	1 (1,7%)	900 (3,0%)	5 (4,0%)
Rio de Janeiro (São Sebastião)	840 (4,0%)	0 —	900 (3,0%)	3 (2,5%)
São Vicente (São Vicente, Santos, Santo Amaro, Itanhaém, São Paulo)	3 000 (14,4%)	4 (6,7%)	1 800 (6,0%)	3 (2,5%)
Totais	20 760 (100)	60 (100)	29 400 (100)	120 (100)

* Calculado na base de 6 pessoas por família (fogo).

Fonte: Pero de Magalhães Gandavo, *Tratado da Terra do Brasil e História da Província de Santa Cruz* (c. 1570); Fernão Cardim, *Informação da Província do Brasil para Nosso Padre* (1583); Fernão Cardim, *Narrativa Epistolar* (1583); José de Anchieta, *Informação da Província do Brasil e de Suas Capitanias* (1584); Gabriel Soares de Souza, *Tratado Descriptivo do Brasil em 1587.*

zadas três — Pernambuco, Bahia, e Rio de Janeiro — estavam em crescimento, ao passo que as restantes permaneciam em vários estágios de declínio — Porto Seguro, Itamaracá e São Vicente de modo bastante rápido; Ilhéus e Espírito Santo mais lentamente. As demais capitanias haviam efetivamente sido abandonadas. Qual a causa de seus diferentes destinos?

A capitania do Espírito Santo, concedida a Vasco Fernandes Coutinho, um antigo parceiro e camarada de Duarte Coelho nas Índias, havia prosperado no início e tinha uns quatro engenhos de açúcar em atividade em 1540. Mas nesse momento, por motivos que não estão totalmente claros, o donatário decidiu retornar a Portugal, deixando a colônia a cargo de prepostos, que se mostraram incapazes de enfrentar a onda de ataques indígenas que sobreveio na metade da década de 1540 (tupis nativos aliados aos ferozes goitacás tapuias, que já haviam assaltado São Tomé). Quando finalmente conseguiu voltar, Coutinho encontrou pouco mais que uma aldeia sobrevivente sob constante ataque. Velho, doente e agora empobrecido, foi incapaz de consertar a situação. A colônia levou uma existência precária até 1560, quando Mem de Sá, o novo governador, decidiu enviar o filho Fernão com seis navios e duzentos homens para subjugar os índios e incorporar a capitania à coroa. Fernão perdeu a vida em combate, mas seu primo, Baltazar de Sá, continuou a campanha e pacificou a região. Embora a colônia nunca tenha parecido capaz de atrair muitos colonos (na verdade sua população diminuiu cerca de 25 por cento entre 1570 e 1585), sua indústria de açúcar se expandiu rapidamente e na década de 1580 os colonos remanescentes desfrutavam de uma das mais altas rendas *per capita* do Brasil.

Imediatamente ao norte, a capitania de Porto Seguro, concedida a Pero do Campo Tourinho, um experiente marinheiro de Viana do Castelo, tivera um começo promissor. No entanto, ela também sucumbiu à crise geral da década de 1540, que no seu caso assumiu a forma de um "golpe palaciano" sobre a questão da ortodoxia do donatário. Impopular entre os colonos, Tourinho foi acusado de heresia e blasfêmia por uma trama de clérigos e logo foi forçado a voltar a Lisboa (1546) a fim de enfrentar o Tribunal da Inquisição. Absolvido, nunca retornou ao Brasil. Sua colônia foi doravante administrada por agentes da coroa. Após sua morte em 1556, ela passou para seu filho Fernão e depois para sua filha Leonor. Esta recebeu uma licença real para vendê-la ao primeiro duque de Aveiro, que já possuía um engenho de açúcar no local; ele a converteu em morgado para os filhos secundogênitos de sua casa. No entanto, no processo de ampliação da industria do açúcar, os agentes de Aveiro exterminaram ou expulsaram a maioria dos tupis nativos, expondo assim a região às incursões dos aimorés tapuias, muito mais temíveis. Estes aterrorizaram a colônia de tal forma que somente um engenho permaneceu em atividade em 1585 e duas (a de Santo Amaro e a de Santa Cruz) das três cidades que haviam sido fundadas estavam virtualmente desabitadas.

Localizada entre Porto Seguro e Bahia, a capitania de Ilhéus também teve um início auspicioso, embora o donatário, Jorge de Figueiredo Correia, escrivão da Fazenda, jamais se tenha dado ao incômodo de visitar pessoalmente sua concessão. Ao contrário, ele a administrou por meio de um agente castelhano, Francisco Romero. Embora não isento de críticas, Romero estabeleceu relações efetivas com os tupis e mesmo assegurou seu auxílio na construção de vários engenhos de açúcar. Após a morte de Correia em 1552, seus herdeiros venderam a capitania (1561) a um comerciante investidor de Lisboa, Lucas Giraldi, que já possuía uma sesmaria na colônia. Apesar de uma série de acontecimentos semelhantes ao da vizinha Porto Seguro (a destruição de tribos tupis abrindo caminho aos ataques dos aimorés que expulsaram muitos dos colonos), a indústria do açúcar conseguiu sobreviver nas ilhas costeiras de Tinharé e Boipeba no extremo norte da colônia. Dessa forma, em 1587 Gabriel Soares de Sousa ainda podia chamá-la de terra "rica em açúcar".

No extremo sul da colonização portuguesa efetiva (a capitania de Santana continuava desocupada), São Vicente, juntamente com seu enclave Santo Amaro, resistiu praticamente ilesa à crise da metade da década de 1540. Embora seu capitão, Martim Afonso de Sousa, nunca mais tenha voltado a visitá-la após sua célebre expedição de 1530-1533, a colônia apresentou grande progresso sob a administração de uma série de prepostos capazes, entre eles Brás Cubas, o fundador de Santos (1543). Em 1548, Luís de Góis podia descrevê-la ao rei com orgulho, mencionando uma população de seiscentos portugueses, cerca de três mil escravos e seis engenhos de açúcar. Daí por diante, no entanto, a expansão tornou-se mais lenta. São Vicente era a colônia mais distante da Europa e estava localizada numa região climática mais severa e menos apropriada ao cultivo da cana. Em conseqüência, sua economia acabou por orientar-se cada vez mais para a colonização do interior de São Paulo, o centro de uma região de trigo, cevada e vinhedos, que logo se tornou a base principal de expedições de preia de escravos no sertão. O declínio resultante no setor de exportação e a contração da economia, além de uma tendência a uma agricultura de quase-subsistência, produziu um decréscimo concomitante da população e da riqueza. Começando a ser suplantada por Pernambuco bem como pela revitalizada Bahia, seu sucesso inicial era manifesto ainda em 1570. Quinze anos mais tarde, no entanto, sua população caíra para quase a metade e as rendas que enviava à coroa não eram superiores às da colônia incipiente do Rio de Janeiro, que, após a expulsão dos franceses em 1565, floresceu sob a solicitude da coroa e de uma série de capitães reais capazes da família Sá.

Em contraste com essas áreas de colonização que, com exceção do Rio de Janeiro, ou estavam em declínio ou mal conseguiam se manter, o último quartel do século foi um período de sucesso irrestrito para Bahia e Pernambuco: essas capitanias viriam a ser os pontos focais do Brasil no século seguinte.

A Bahia foi colonizada em 1535 por Francisco Pereira Coutinho, um antigo guerreiro do Oriente, onde servira como capitão de Goa. A baía de Todos os Santos já era o lar de Caramuru, um proscrito português que, juntamente com vários outros, fora prontamente acolhido pelos tupis uxorilocais da costa. Assim, Coutinho recebeu ajuda proficiente, pelo menos no início, para o estabelecimento de boas relações com os índios da região. No ano seguinte (1536), estava trabalhando na construção de sua capital de Vila Pereira e em 1545 havia conseguido instalar dois engenhos. No entanto, seu vizinho ao norte, Duarte Coelho, o descreveu como doente e velho demais para manter a disciplina necessária para uma colônia efetiva. E quando a crise dos meados da década de 1540 atingiu a Bahia, a colônia sucumbiu; muitos dos colonos fugiram para Ilhéus em 1545. Coutinho juntou-se a eles, apenas para ser atraído de volta à Bahia pelos índios e morto a traição em 1547. A ruína da Bahia, que expunha um importante ancoradouro ao ataque francês, foi uma das razões mais importantes pelas quais a coroa decidiu estabelecer no local uma administração real. E depois de 1549, a história da Bahia torna-se, com efeito, a própria história da administração real no Brasil. Com o apoio e a organização da coroa, a Bahia foi reconstruída; em 1585 tinha uma população suficiente (doze mil brancos) para manter nove paróquias e 36 engenhos.

Muito mais impressionante que a Bahia ressurrecta foi Pernambuco. Juntamente com sua colônia satélite de Itamaracá, Pernambuco marcava o limite norte da colonização portuguesa efetiva antes de 1580 (a Paraíba não foi ocupada antes da década de 1580, o Rio Grande do Norte na década de 1590: a costa norte permanecia inconquistada no início do século XVII). Ao chegar pessoalmente em Pernambuco em março de 1535 com um grande número de seguidores, Duarte Coelho otimisticamente batizou sua concessão com o nome de "Nova Lusitânia" e erigiu seu primeiro povoado perto do sítio da primeira feitoria real. Subseqüentemente, Duarte Coelho explorou seu território em busca de uma localização mais central, que encontrou em Olinda em 1537. Construiu ali uma torre para defesa em caso de cerco, juntamente com outras construções essenciais, e depois fez um giro (quase uma "viagem oficial") pela capitania para expulsar qualquer entrelopo francês que pudesse encontrar e para pacificar os índios caetés da região. Sua política para com os índios era firme, e os controlou, como disse Vicente do Salvador, repetindo Maquiavel, "mais pelo medo que por benevolência". Suspeita-se que se deve ao bom funcionamento dessa política seu controle igualmente firme dos colonos portugueses, a outra faceta de sua política excepcionalmente vitoriosa. A crise de meados da década de 1540 não afetou Pernambuco, e isso foi decisivo para sua sobrevivência e prosperidade. Em 1546 cinco engenhos de açúcar haviam sido construídos (contra dois na Bahia e seis em São Vicente àquela altura) e outros estavam em construção. Quando morreu em 1554, Duarte Coelho legou a seus dois filhos a colônia mais bem constituída do Brasil — de fato, tão bem constituída que foi isenta da interferência do governador-geral, que pouco antes chegara à Bahia. Em 1570, Pernambuco rivalizava com a Bahia como principal colônia; em 1585, estava claramente à frente, pelo menos economicamente, com uma renda *per capita* de quase o dobro da da sede do governo. Na verdade, a opulência da sociedade de Pernambuco era lendária: quando iam à cidade, os senhores de engenho eram cercados por uma multidão de servidores, tanto índios quanto africanos. Comiam iguarias importadas de Portugal (pão de trigo, óleo de oliva e vinho) em vez da alimentação nativa de farinha de mandioca, óleo de dendê e rum do colono comum, e orgulhavam-se do consumo manifesto, sem falar das roupas luxuosas que suas mulheres ostentavam. Foi, na verdade, a possibilidade (ou pelo menos a crença na possibilidade) de chegar a uma opulência semelhante que constituiu um dos principais atrativos para a maioria dos imigrantes que chegaram durante o último quarto do século.

Evidentemente, a maioria desses imigrantes eram portugueses, mas também se podia encontrar no Brasil outros europeus, especialmente italianos. E, em contraste com o século XV, quando a maior parte da sua população das ilhas do Atlântico haviam procedido aparentemente da província meridional do Algarve, a maioria dos emigrantes portugueses para o Brasil no século XVI eram originários da populosa província setentrional do Minho, bem como do interior de Lisboa, que a essa altura haviam suplantado o Algarve como eixo do império[19]. Esses imigrantes juntaram-se às dezesseis ou dezessete colônias incipientes espalhadas ao longo da vasta costa leste do Brasil (somente São Paulo estava situada mais para o interior). Cada capitania tinha pelo menos uma vila principal e algumas incluíam também várias comunidades satélites, embora estas estivessem em retração nas capitanias em declínio (por exemplo, Santa Cruz e Santo Amaro em Porto Seguro). A maioria dessas cidades haviam sido fundadas pelo primeiro donatário, como determinava sua carta de doação. Ele concedeu a cada colono lotes na vila, com terras de cultivo (sesmarias) na região circunvizinha (término) — uma réplica do sistema usado para povoar as áreas reconquistadas do sul de Portugal no final da Idade Média. O capitão usualmente tinha o poder de nomear os membros do conselho da vila, pelo menos no começo. Posteriormente, de acordo com as ordenações reais, os conselheiros (pelo menos *pro forma*) deveriam ser eleitos pelos cidadãos abastados (*vizinhos*), embora o direito do capitão de supervisionar o processo provavelmente tenha significado predominância de influência. Nas capitanias da coroa (Bahia, Rio de Janeiro), os funcionários municipais eram quase sempre indicados diretamente pelo rei.

Cada vila colonial buscava a maior parte de seu alimento bem como a mão-de-obra doméstica nas aldeias indígenas pacificadas e (pelo menos superficialmente) cristianizadas próximas, cuja existência foi cuidadosamente registrada pela maioria dos escritores como uma das principais formas de riqueza da capitania. Os colonos que não viviam permanentemente nas vilas eram encontrados nos engenhos, pequenas comunidades em si mesmas, onde o senhor de engenho vivia rodeado por seus trabalhadores, livres e escravos, índios e negros — que eram importados da África em número cada vez maior — e os governava. Como centros produtivos das colônias, essas propriedades eram mais importantes do que as vilas e tendiam a eclipsá-las. É revelador, por exemplo, o fato de os clérigos vinculados à capela de um engenho serem invariavelmente mais bem pagos que aqueles que serviam nas igrejas das vilas. Na verdade, o crescimento do número de engenhos de açúcar numa capitania é provavelmente um melhor indicativo de seu "sucesso" do que uma população crescente nas vilas, porque sem os engenhos poucos motivos tinham os colonizadores de vir ou de ficar.

De 1570 a 1585 a população branca cresceu de cerca de 20760 para cerca de 29400 (ver Tabela 1), isto é, a uma taxa de aproximadamente 2,7 por cento

19. Orlando Ribeiro, *Aspectos e Problemas da Expansão Portuguesa*, Lisboa, 1955, pp. 24-27.

Tabela 2. Brasil Colonial: Produto Bruto, 1593
(em mil-réis)

Itamaracá	10 600$000	5%
Pernambuco	116 000$000	56%
Bahia	56 000$000	27%
Ilhéus	16 670$000	3,2%
Porto Seguro	1 800$000	< 1%
Espírito Santo	6 000$000	2,9%
Rio de Janeiro	5 000$000	2,4%
São Vicente	5 000$000	2,4%
Paraíba	1 400$000	< 1 %
Total	208 470$000	100

* Calculado com base nos dízimos reais da produção (com exclusão dos serviços) do setor "cristão" da economia

Fonte: Francisco Carneiro, "Relação de Todas as Rendas da Coroa deste Reyno de Portugal que nelle se Arracadão de que Procedem, Modo, e Lugar em que se Pagão", ed. Francisco Mendes da Luz, *Boletim da Biblioteca da Universidade de Coimbra*, 1949, pp. 101-102

ao ano. Durante o mesmo período o número de engenhos dobrou, de 60 para 120, aumentando assim a uma taxa de 6,6 por cento ao ano.

Assim, teve início o *boom* do açúcar no final do século XVI e o rápido crescimento da renda *per capita* dos brancos no Brasil. A principal fonte de renda para a coroa, os dízimos reais, um imposto de dez por cento de tudo o que a terra produzia — açúcar, mandioca, banana, batata, carneiros, cabras, porcos, galinhas etc. — e teoricamente (mas nem sempre na prática) destinado ao sustento da igreja, permite-nos (1) avaliar o produto bruto (excluídos os serviços) da economia cristianizada (ou colonial), (2) a renda *per capita* da população colonial, capitania por capitania, bem como (3) do conjunto do Brasil. A Tabela 2, baseada no dízimo real de 1593, indica o produto bruto capitania por capitania, e a Tabela 3, a renda *per capita* (em mil-réis) média (da população branca) por capitania (exceto para Itamaracá, cujos dados são inadequados).

Esses números confirmam todos os registros da colônia que descrevem Pernambuco como a capitania incomparavelmente mais rica, situando

Tabela 3. Brasil Colonial: Renda per capita média (população branca) em 1593 (em mil-réis)

1.	Pernambuco	9$660
2.	Ilhéus	7$410
3.	Espírito Santo	6$660
4.	Rio de Janeiro	5$550
5.	Bahia	4$660
6.	Porto Seguro	3$000
7.	São Vicente	2$770
	Média	6$750

* Calculado na base de 6 pessoas por família (fogo).

Fonte: Pero de Magalhães Gandavo, *Tratado da Terra do Brasil e História da Província de Santa Cruz* (*c.* 1570); Fernão Cardim, *Informação da Província do Brasil para Nosso Padre* (1583); Fernão Cardim, *Narrativa Epistolar* (1583); José de Anchieta, *Informação da Província do Brasil e de Suas Capitanias* (1584); Gabriel Soares de Souza, *Tratado Descriptivo do Brasil em 1587.*

SãoVicente logicamente por último, devido à baixa renda média da população no povoado interiorano de São Paulo. No topo da escala, o salário anual de Mem de Sá como governador, de 1557 a 1572, era de 600$000, enquanto, no relato de Fernão Cardim, "mais de 100" proprietários de engenhos em Pernambuco tinham rendas de cerca de 2 000$000 por ano.

Em contraste com o rápido crescimento da renda efetiva de vários colonos no último quartel do século XVI, a coroa portuguesa parece ter participado muito menos do desenvolvimento do Brasil. Com base em dados sobre a renda da coroa reunidos pelo historiador Vitorino Magalhães Godinho, é possível estimar que o Brasil, no seu conjunto, fornecia cerca de um por cento da renda da coroa quase no início do século (1506), comparado aos 27 por cento provenientes da Índia na mesma época. Oitenta e dois anos mais tarde, em 1588, o Brasil ainda era responsável por não mais de 2,35 a 2,5 por cento das rendas da coroa, enquanto a Índia ainda fornecia cerca de 26 por cento[20]. Se se levarem em consideração o custo de manutenção do controle

20. V. M. Godinho, *Ensaios II*, Lisboa, 1958, pp. 57, 65-67. Francisco Carneiro calculava que o Brasil contribuía com cerca de 3,3 por cento da renda da coroa (F. Carneiro, "Relação de

da costa brasileira, bem como os gastos necessários para reduzir os índios à submissão e para expulsar os franceses, deve ter havido déficit por longos períodos de tempo.

Dessa forma, é difícil aceitar explicações puramente econômicas, quer para o tenaz cometimento da coroa no Brasil durante o século XVI quer para sua progressão através de quatro estágios de um envolvimento sempre crescente: do arrendamento da terra (1502-1505) à sua exploração direta através de feitorias comerciais da coroa (1506-1534), à sua concessão a senhores proprietários para colonização (1534), culminando finalmente na criação de uma administração real totalmente desenvolvida (1549). Ao contrário, esses estágios são vistos de modo mais convincente como outras tantas reações necessárias às ameaças percebidas de perda de território. Uma vez incorporado à coroa portuguesa, o Brasil não mais foi abandonado facilmente, por mais pesado que tenha sido o ônus. A atitude da coroa foi muito bem sintetizada por João de Barros, historiador do império e donatário do Maranhão, em suas *Décadas*,

> ... com convém aos príncipes que se prezam de deixar nome dos feitos gloriosos[...] nenhum dos quais se pode comparar àqueles em que a coroa de seu reino é aumentada, nem por acrescentamento de rendas dele, nem por suntuosidade de grande e magníficos edifícios, ou qualquer outra útil e proveitosa obra...[21].

Fundamentalmente senhorial em suas atitudes, a coroa portuguesa colheu seus frutos, pelo menos no século XVI, não no domínio econômico, mas antes no de *status* e prestígio. Na verdade, considerando a história de Portugal durante todo o período, o que chama a atenção do historiador não é sua "negligência" com relação ao Brasil, da qual foi tão freqüentemente acusado, mas a tenacidade com que esse pequeno país europeu manteve sua possessão no Novo Mundo, cujo valor último era grandemente desconhecido, quando seu principal esforço colonial estava sendo feito nas Índias e no Extremo Oriente.

todas as Rendas da Coroa deste Reyno de Portugal que Nelle se Arracadão de que Procedem, Modo, e Lugar em que se Pagão", ed. F. Mendes da Luz, *Boletim da Biblioteca da Universidade de Coimbra*, 1949, pp. 53, 101.

21. João de Barros, *Ásia, Primeira Década*, ed. Antônio Baião, Coimbra, 1932, p. 216.

A ESPANHA E A AMÉRICA NOS SÉCULOS XVI E XVII

AS ASPIRAÇÕES METROPOLITANAS

O IMPERADOR Carlos V adotou como divisa emblemática as colunas de Hércules decoradas com pergaminhos que mostravam a inscrição: *Plus Ultra*. Essa divisa, quando foi criada em 1516, era essencialmente um conceito humanista, destinado a sugerir que não haveria limites ao poder e aos domínios do jovem Carlos de Gant; mas, à medida que mais e mais partes do Novo Mundo foram descobertas e submetidas a seu governo, a divisa adquiriu progressivamente um tipo especial de congruência geográfica como símbolo do império global.

A conquista da América pela Espanha criou a possibilidade do primeiro império genuinamente mundial na história da humanidade, como percebeu de modo caracteristicamente rápido Hernán Cortés, quando escreveu do México para Carlos que agora estava em seu poder tornar-se "monarca do mundo". Na verdade, para Cortés, impressionado com o poder de Montezuma, o México constituía um império em si mesmo: "alguém poderia autodesignar-se imperador desse reino com não menos glória do que o da Alemanha que, pela Graça de Deus, Sua Sagrada Majestade já possui"[1]. Para Carlos V e seus conselheiros, no entanto, um único império poderia existir no mundo, o Sacro Império Romano; e, mesmo depois que a Espanha e o Império se separaram com a abdicação de Carlos em 1556, Filipe II respeitou essa convenção ao conservar o estilo de "rei da Espanha e das Índias". Entretanto, tornou-se cada vez mais evidente que a América havia acrescentado uma dimensão nova, imperial, ao poder do rei da Espanha. Filipe II e seus sucessores poderiam, oficialmente, não ser mais do que reis das Índias, mas o grande cronista do Novo Mundo, Gonzalo Fernández de Oviedo,

1. Hernán Cortés, *Letters from Mexico*, ed. A. R. Pagden, Oxford, 1972, p. 48 (segunda carta, 1520).

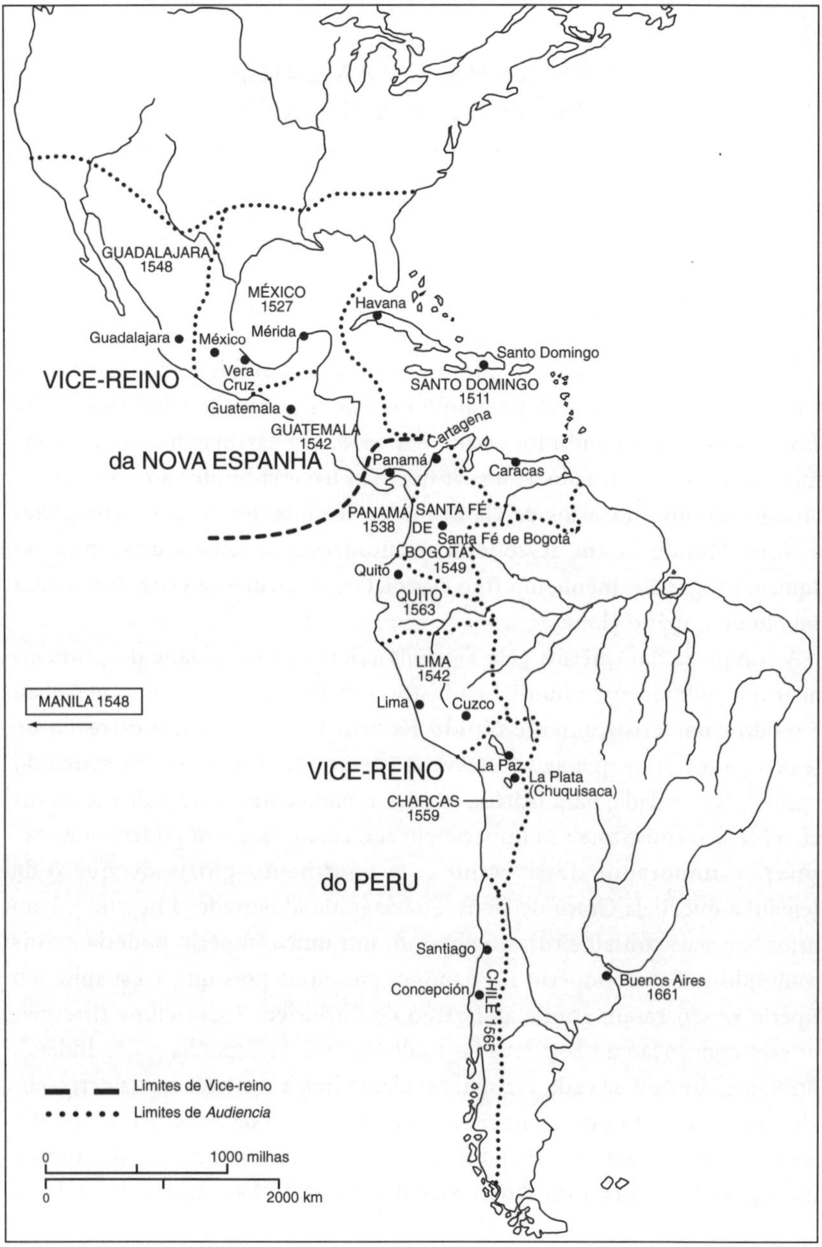

Fonte: Francisco Morales Padrón, *Historia General de América*, 2. ed., Madrid, 1975, p. 391.

Vice-reinos e *audiencias* nos séculos XVI e XVII

escrevera já em 1527 sobre "esse império ocidental dessas Índias"[2], e o aparecimento recorrente, especialmente no século XVII, da expressão *imperio de las Indias*, e mesmo de *emperador de las Indias*, era prova de uma consciência subjacente de império americano.

Se foi difícil a expressão *imperio de las Indias* conseguir ampla aceitação geral antes da ascensão dos Bourbons, isso se deveu em parte ao fato de as Índias serem concebidas como parceiras de um agrupamento mais amplo, conhecido pelo nome de *monarquía española*. Nessa aglomeração de territórios, adquiridos quer por herança quer por conquista e que deviam fidelidade a um único governante, a maioria dos Estados eram iguais, mas alguns eram mais iguais do que outros. Castela acabou por desfrutar de uma efetiva predominância na monarquia, e desde o início as Índias ostentavam uma relação especial com Castela. A bula *Inter Caetera* de Alexandre VI, emitida em 1493, conferiu o governo e a jurisdição das terras recém-descobertas, não aos reis da Espanha, mas aos reis de Castela e Leão. Conseqüentemente, as Índias deviam ser consideradas possessão de Castela e ser governadas, onde fosse apropriado, segundo as leis e as instituições de Castela. Disso decorreu a atribuição dos benefícios da conquista aos castelhanos — uma convenção desrespeitada por Fernando de Aragão, quando atendeu a seus propósitos, mas que deu à Castela do século XVI um monopólio efetivo sobre os cargos e o comércio do Novo Mundo. Isso significou também que não seria permitida a reprodução nos novos territórios americanos das instituições parlamentares e representativas que dominavam a vida política da coroa de Aragão.

A íntima associação entre Castela e as Índias se refletiu na designação pela coroa de Juan Rodríguez de Fonseca, do conselho de Castela, para tratar dos negócios das Índias nos primeiros anos da descoberta e conquista. O rápido crescimento no volume de negócios, no entanto, significou que aquilo que originalmente começara como obra de um administrador altamente eficiente e de um pequeno grupo de auxiliares logo viria a adquirir uma forma institucional. A pressão foi sentida primeiramente na organização das frotas enviadas a Hispaniola, e em 1503 era criada em Sevilha a *Casa de la Contratación* — um escritório comercial comparável à *Casa da India* em Lisboa. Essa *Casa* logo se tornou responsável pela organização e controle do tráfego de homens, navios e mercadorias entre a Espanha e a América. Os

2. *Sumario de la Natural Historia de las Indias*, ed. José Miranda, México, 1950, p. 272.

amplos poderes de regulamentação conferidos pela coroa aos funcionários da *Casa* durante os poucos anos seguintes estabeleceram um padrão de comércio e navegação que perduraria por um século e meio e converteria Sevilha no centro comercial do mundo atlântico.

Ao canalizar todo o comércio americano para Sevilha, a coroa buscava assegurar, para proveito de suas próprias finanças e de uma Castela que reclamava direitos exclusivos sobre as terras recém-descobertas, um grau máximo de controle sobre o que se esperava ser um empreendimento altamente lucrativo. Somente pelo exercício de rigoroso controle sobre a navegação seria possível manter elementos indesejáveis fora da América e conservar o comércio americano — ou assim se esperava — em mãos nativas. O tempo mostraria, no entanto, que um comércio controlado tinha um meio de produzir a sua própria forma de infiltração não-controlada, e que as incontestáveis vantagens organizacionais do monopólio deviam ser contrapostas às não menos incontestáveis desvantagens em colocar enorme poder nas mãos de um pequeno grupo de funcionários em situação estratégica.

Esses funcionários estavam preocupados essencialmente com a mecânica do comércio das Índias — com o equipamento das frotas, a autorização de passageiros e o registro da prata. A política com relação às Índias foi formulada num nível mais alto; e aqui mais uma vez a crescente pressão do comércio forçou desenvolvimentos institucionais que substituíram a informalidade do regime de Fonseca por um aparelho burocrático formal. Nos primeiros anos os monarcas que desejavam orientações sobre os negócios das Índias recorriam a Fonseca ou a um punhado de membros do conselho de Castela; mas, em 1523, foi criado um novo conselho, independente do de Castela — o conselho das Índias. Dada a estrutura específica da monarquia espanhola, tratava-se de um desdobramento lógico. Uma organização conciliar, onde conselhos distintos eram responsáveis por diferentes Estados e províncias da monarquia distintos, era o melhor meio de combinar interesses plurais com um controle central unificado. Ocupando seu lugar ao lado dos conselhos de Castela e de Aragão, o conselho das Índias forneceu o mecanismo formal para garantir que os negócios das Índias fossem trazidos regularmente à atenção do monarca e que a vontade do monarca, corporificada em leis, decretos e instituições, fosse devidamente transmitida a suas possessões americanas.

O governo real na América era, portanto, um governo real por consulta, no sentido de que as decisões do rei eram tomadas com base em *consultas* que lhe deveriam ser enviadas pelo seu conselho das Índias. Essas *consultas* eram atas escritas das discussões do conselho, apresentando uma série de recomendações. Os conselhos eram nominalmente representantes da pessoa do rei, e somente em 1561 encontraram um local permanente no palácio real de Madri, que a partir desse ano se tornou a sede da corte e a capital da Monarquia. De todos, o conselho das Índias foi o único que esteve mais afastado em tempo e espaço da área de sua jurisdição, embora para alguns mesmo este não estivesse suficientemente longe. Segundo sir Francis Bacon, "Mendoza, que era vice-rei do Peru, costumava dizer: Que o governo do Peru foi o melhor lugar que o Rei da Espanha deu, exceto que ele estava um pouco perto demais de Madri"[3]. Os funcionários da coroa nas Índias, dispondo teoricamente de plena liberdade nos grandes espaços abertos de um grande Novo Mundo, viram-se na prática acorrentados por cadeias de papel ao governo central da Espanha. Pena, tinta e papel eram os instrumentos com que a coroa espanhola respondia aos inéditos desafios da distância implícitos na posse de um império de amplitude mundial.

Esse estilo de governo por meio de papel produziu inevitavelmente sua própria casta de burocratas. Dos 249 conselheiros das Índias desde sua fundação até 1700, todos, exceto um pequeno número — e esses mais no século XVII que no XVI — eram *letrados*, homens educados em leis nas universidades, embora a nobreza estivesse fortemente representada entre os 25 presidentes do conselho durante o mesmo período. Pouquíssimos membros *letrados* do conselho parecem ter tido alguma experiência na América — na maior parte desses duzentos anos apenas sete ocuparam cargos numa das *audiencias* americanas antes de serem promovidos ao conselho[4]. A maioria deles haviam feito carreira em postos fiscais ou judiciais na própria península, e inevitavelmente tendiam a ver os problemas das Índias através do prisma de sua experiência peninsular. Sua formação e visão eram legalistas; pensavam em termos de precedentes, de direitos e de *status*; e viam-se como guardiães supremos da autoridade do rei. Isso tornou o governo mais cuidadoso que imaginativo, mais inclinado a regulamentar que a inovar, embora ocasionalmente algum presidente excepcional, como Juan de Ovando (1571-1575), tenha injetado vida num sistema naturalmente lento e tenha revelado uma capacidade de organização criativa que produzia impacto a milhares de quilômetros de distância.

3. *The Works of Francis Bacon*, ed. J. Spedding, London, 1859, vol. VII, pp. 130-131.

4. Ver J. L. Phelan, *The Kingdom of Quito in the Seventeenth Century*, Madison, 1967, p. 135.

No entanto, uma vez determinados os objetivos do governo nas Índias e estabelecida sua estrutura — e isso foi concluído em grande parte na metade do século XVI — os meros problemas de distância tendiam a assegurar que a rotina prevalecesse. A rotina tem seus próprios defeitos, mas, julgado pelo critério de sua capacidade de manter um grau razoável de ordem pública e um respeito tolerável pela autoridade da coroa, o governo espanhol na América nos séculos XVI e XVII deve ser considerado um notável sucesso. Após a derrota da rebelião pizarrista da década de 1540 e uma onda conspiratória em Cidade do México em 1566, centrada na pessoa de Don Martín Cortés, filho do conquistador, não haveria outras contestações diretas da autoridade real por parte de comunidades de colonos, muitas vezes ressentidas amargamente com as imposições de Madri. Esse alto grau de passividade foi em parte um reflexo de um senso de deferência à coroa inculcado de uma geração à outra; no entanto, deve ser atribuído sobretudo ao caráter de um sistema que foi por demais vitorioso em sua determinação quase obsessiva de impedir a excessiva concentração de poder num único ponto. Não havia nenhuma necessidade de desafiar o poder real diretamente quando se podia arquitetar com sucesso um desafio indireto mediante o aproveitamento das fraquezas de um sistema no qual o poder estava tão cuidadosamente disperso.

A disseminação da autoridade baseava-se numa distribuição de deveres, que refletia as diferentes manifestações do poder real nas Índias: administrativa, militar, jurídica, financeira e religiosa. Muitas vezes, no entanto, as linhas de demarcação não eram traçadas claramente: ramos diferentes de governo poderiam sobrepor-se, um único funcionário podia combinar tipos diferentes de função, e havia inúmeras possibilidades de atrito e conflito que só seriam resolvidos, se o fossem, pelo demorado processo de consulta ao conselho das Índias em Madri. Contudo, essas aparentes fontes de fraqueza poderiam, sob certos aspectos, ser consideradas a melhor garantia da sobrevivência do governo a partir de Madri, uma vez que cada agente de autoridade delegada tendia a controlar os demais, enquanto ao mesmo tempo os súditos do rei nas Índias, ao opor a autoridade de um à do outro, ficavam com adequado espaço de manobra nos interstícios do poder.

Nos primeiros anos da conquista os principais representantes da coroa nas Índias foram os *gobernadores*. O título de governador, usualmente combinado com o de capitão-mor, foi dado a vários dos primeiros *conquistadores*, como Vasco Núñez de Balboa, designado governador de Darién em 1510. Ao *gobernador*, tanto quanto ao donatário nos territórios portugueses de além-mar, foi dado o direito de dispor dos índios e da terra — claramente um importante estímulo à realização de outras expedições de conquista. A governadoria era, portanto, uma instituição ideal para estender o domínio espanhol através das Índias, particularmente a regiões remotas e pobres como o Chile, onde as compensações da conquista eram de outro modo exíguas. No entanto, uma vez que a coroa se colocara firmemente contra a criação de uma casta de senhores feudais nas Índias, os dias da governadoria pareciam estar contados. As nomeações eram feitas para pouco tempo — de três a oito anos — e acabaram sendo não-hereditárias. Este princípio foi firmemente estabelecido depois que o neto de Colombo, Luis Colón, foi finalmente induzido em 1536, após longos e complexos procedimentos legais, a renunciar ao direito da família a uma governadoria hereditária, conservando apenas o título hereditário puramente honorífico de Almirante.

As governadorias, no entanto, não desapareceram das Índias tão logo se completou a conquista. Elas haviam provado sua utilidade como instituição para a administração e defesa de regiões distantes. Em vez de serem abolidas, portanto, permitiu-se sua sobrevivência; mas, como outras instituições que conseguiram sobreviver ao período de transição da conquista, foram sendo aos poucos burocratizadas. A nova casta de governadores do período posterior à conquista eram administradores, não *conquistadores*, e tinham funções tanto judiciais quanto administrativas e militares. Nos séculos XVI e XVII existiram trinta e cinco governadorias provinciais num ou noutro período — o número não era constante devido a unificações e mudanças de fronteira. Compreendiam Guatemala, Costa Rica, Honduras e Nicarágua na América Central; Cartagena, Antioquia e o Novo Reino de Granada, que foi governado, a partir de 1604, pelos presidentes da *audiencia* de Santa Fé; Popayán, Chile, Paraguai, das quais foi separada a de Río de la Plata em 1617, para formar uma nova governadoria; e Nova Espanha, Yucatán, Nueva Vizcaya e Nuevo León. Hernando de Soto, que morreu às margens do Mississipi em 1542, foi co-governador de Cuba e da Flórida, assim como Pedro Menéndez de Avilés, de 1567 a 1573; daí por diante, a Flórida tornou-se uma governadoria separada. As ilhas Filipinas, cuja conquista teve início em 1564 pelo seu primeiro governador, Miguel López de Legazpi, também constituía uma governadoria americana, dependente da Nova Espanha.

Apesar da sobrevivência das governadorias, a unidade administrativa mais importante nas Índias veio a ser não a governadoria mas o vice-reino. Colombo havia conservado o título de vice-rei, assim como seu filho, Diego

Colón; mas com Diego o título tornou-se puramente honorífico, e a família o perdeu com a morte de sua viúva. Foi em 1535 que o vice-reino foi revivido como instituição efetiva, quando foi criado o vice-reino de Nova Espanha e Don Antonio de Mendoza foi designado seu primeiro vice-rei. Em 1543, Blasco Núñez Vela foi nomeado vice-rei de um segundo vice-reino, o do Peru. Nova Espanha e Peru, tendo suas capitais em Cidade do México e em Lima, seriam os únicos vice-reinos na América no governo dos Habsburgos. Os Bourbons acrescentaram mais dois: o vice-reino de Nova Granada em 1717, com a capital em Santa Fé de Bogotá, e o de Río de la Plata, tendo Buenos Aires como capital, em 1776.

As Novas Leis de 1542 institucionalizaram o novo sistema vice-real de governo: "os reinos de Peru e Nova Espanha devem ser controlados e governados por vice-reis que representam nossa real pessoa". O vice-rei, portanto, era o *alter ego* do rei, mantendo sua corte no palácio vice-real e trazendo consigo algo da aura cerimonial da realeza. Unia em sua pessoa os atributos de governador e capitão-mor, e era também, em seu papel de presidente da *audiencia*, considerado o principal representante judicial da coroa. É natural que o enorme prestígio do cargo e as possibilidades de lucro que ele parecia oferecer tornaram o vice-reinado altamente atraente para as famílias nobres de Castela. Na prática, a coroa, sempre desconfiada das ambições dos nobres, tendeu a reservá-lo aos membros mais novos das grandes famílias ou aos nobres de categoria média titulados. Don Antonio de Mendoza, o primeiro vice-rei de Nova Espanha (1535-1549) e um dos seus maiores, era o sexto dos oito filhos do segundo casamento do marquês de Mondéjar, e havia servido na corte e numa missão diplomática à Hungria antes de ser elevado, com quarenta anos de idade, a essa eminente posição no Novo Mundo.

A duração dos serviços de Mendoza foi excepcional — uma vez estabelecido o sistema, o vice-rei podia com boas razões esperar que seu governo durasse seis anos. Mas isso podia não ser o fim das suas funções vice-reais nas Índias. Dos 25 homens enviados da Espanha para servir como vice-reis do México entre 1535 e 1700, nove vieram a tornar-se vice-reis do Peru. A experiência que esses vice-reis obtinham no governo das Índias tornaria suas vozes imensamente valiosas nos mais altos conselhos da monarquia, ao seu retorno à Espanha; mas, surpreendentemente, somente em 1621 é que um antigo vice-rei das Índias, o marquês de Montesclaros (vice-rei de Nova Espanha de 1603 a 1606, e do Peru de 1606 a 1614), recebeu um assento no mais alto de todos os conselhos, o conselho de Estado.

Os vice-reinos americanos, apesar de toda sua aparente atratividade, muito freqüentemente se revelaram uma fonte de desapontamento para seus ocupantes, arruinando sua saúde, ou sua reputação, ou ambas. O conde de Monterrey, longe de fazer fortuna, morreu no cargo no Peru em 1606 e teve de ser enterrado às expensas da coroa. Don Martín Enríquez de Almansa, vice-rei de Nova Espanha de 1568 a 1580, explicou em proveito de seu sucessor que:

embora imaginem na Espanha que o posto de vice-rei aqui é muito fácil, e que não pode haver muita coisa a fazer nessas novas terras, minha própria experiência e o trabalho que tive de realizar me desiludiram quanto a isso. Vós descobrireis o mesmo, pois o vice-rei aqui é responsável por todos os deveres que na Espanha são partilhados por várias pessoas diferentes[5].

Um dos predecessores de Enríquez, Don Luis de Velasco (1550-1564), descreveu sua semana de trabalho. Nas segundas e quintas-feiras, as manhãs eram devotadas à recepção de delegações de índios acompanhados de seus intérpretes e à elaboração de uma lista de tópicos a ser discutidos com a *audiencia*, a que comparecia à tarde. À noite, das oito às dez horas, despachava questões do governo com seu secretário. Nas terças e sextas-feiras participava, de manhã, da discussão dos processos na *audiencia*, e de uma até três horas resolvia problemas religiosos e dava audiências a espanhóis — algo que tinha de estar pronto a fazer a qualquer momento da semana. Ia depois discutir questões financeiras com os funcionários do tesouro. As manhãs das quartas-feiras eram também reservadas para ouvir os índios e as tardes para as questões de Cidade do México.

E todo o resto do tempo é consumido com a leitura de cartas de prelados, frades, *alcaldes mayores*, *corregidores*, e outros indivíduos que se acham em posição de fornecer informações. Isso é um trabalho imenso, e quando os navios chegam ou partem, o trabalho é triplicado. E o trabalho mais duro de todos é preencher os *corregimientos* e as *alcaldias mayores*, e procurar as pessoas certas para os cargos, e agüentar os *conquistadores* e seus filhos com todos os seus documentos e seus apelos de que devem ser salvos de morrer de fome. Existem duzentos postos e duas mil pessoas que os querem[6].

5. *Los Virreyes Españoles en America durante el Gobierno de la Casa de Austria*, ed. Lewis Hanke, Madrid, 1976, vol. I, p. 203, Biblioteca de Autores Españoles, CCLXXIII.

6. *Idem*, pp. 128-189.

Os infortúnios de um vice-rei, no entanto, não acabavam aqui. Suas mãos estavam atadas desde o início pelas instruções que recebera do rei na hora da nomeação, e estava sempre recebendo novas ordens de Madri, muitas delas totalmente inaplicáveis à situação em que se encontrava. Don Antonio de Mendoza escreveu, desesperado, que em seus quinze anos como vice-rei de Nova Espanha haviam ocorrido três grandes mudanças no sistema de governo, e que os membros do conselho das Índias eram iguais a médicos que não acreditavam estar curando o paciente se não o estivessem sempre sangrando e purgando[7].

Mendoza e seus sucessores viram-se encurralados em cada problema pelo vasto e crescente corpo de leis e decretos relativos às Índias, que vinham sob formas diversas e possuíam graus variáveis de solenidade. A mais importante de todas as ordens da coroa era a *provisión*, que ostentava o nome e os títulos do rei e era lacrada com o selo do chanceler. A *provisión* era na verdade uma lei geral relativa a questões de justiça ou de governo — as Novas Leis, contendo 54 artigos relativos à organização do governo e ao trato com os índios, eram de fato *provisiones*. O documento mais comumente usado era a *real cédula*, que começava com as simples palavras *El Rey* seguidas do nome do destinatário. Comunicava na forma de ordem uma decisão real por recomendação do conselho das Índias, e era assinada *Yo el Rey*. Além da *provisión* e da *cédula*, havia também o *auto*, não-dirigido a algum destinatário, mas que corporificava as decisões do conselho das Índias ou das *audiencias*.

Já no final do século XVI havia um enorme *corpus* de leis e provisões relativas às Índias. Em 1596, Diego de Encinas publicou uma compilação de cerca de 3 500 delas, mas a necessidade de uma codificação adequada tornava-se cada vez mais evidente. Juán de Solórzano Pereira, um renomado jurista do conselho das Índias, elaborou a obra básica na década de 1630, mas somente em 1681 foi impressa em quatro volumes a grande *Recopilación de las Leyes de Indias*. As leis impressas nesses volumes eram mais seguramente um guia das intenções da coroa em Madri do que uma indicação do que realmente ocorria na América; mas o próprio fato de sua existência devia entrar nos cálculos tanto dos governadores quanto dos governados em sua vida quotidiana nas Índias. Todo vice-rei sabia que seus inimigos buscariam utilizar o não-cumprimento de alguma lei ou ordem real para formular uma acusação contra ele. Sabia também que todas as suas ações eram exami-

7. *Idem*, p. 58.

nadas pelos guardiães oficiais da lei, os *oidores*, ou juízes, da *audiencia*.

Durante o século XVI dez *audiencias* foram estabelecidas no Novo Mundo. No vice-reino de Nova Espanha: Santo Domingo (1511); México (1527); Guatemala (1543); Guadalajara (1548). No vice-reino do Peru: Panamá (1538); Lima (1543); Santa Fé de Bogotá (1548); Charcas (1559); Quito (1563); Chile (1563-1573; fundada novamente em 1606). No conjunto, essas *audiencias* mantinham cerca de noventa cargos em nível de presidente, *oidor* e *fiscal*. Os mil homens que os ocuparam durante os dois séculos de domínio Habsburgo constituíram a elite da burocracia da Espanha na América. Os vice-reis vinham e iam embora, enquanto que para o mandato dos *oidores* não havia qualquer limite fixo, que dessa forma constituíam um importante elemento de continuidade tanto administrativa quanto judicial. Embora a sua finalidade fosse a de ser os tribunais judiciais supremos no Novo Mundo, com a responsabilidade de assegurar a adequada observância das leis nas Índias, as *audiencias* também adquiriram certos atributos de governo, especialmente em virtude das Novas Leis. As *audiencias* do México e de Lima, em especial, assumiram as funções de governo no período entre a partida de um vice-rei e a chegada do seguinte, enquanto que os presidentes de *audiencias* menores podiam atuar como governadores e capitães-mores da área de jurisdição de sua *audiencia*. Suas funções governamentais, numa competência direta ou consultiva, deram às *audiencias* do Novo Mundo um grau especial de influência, que não possuíam seus modelos originais na Península Ibérica, onde as chancelarias estavam confinadas a funções puramente judiciais. Desfrutando de comunicação direta com o conselho das Índias, onde podiam contar com a atenção solidária dos colegas *letrados*, os *oidores* tinham boas oportunidades de chamar a atenção do rei para as irregularidades do vice-reino.

Os *oidores*, no entanto, como os vice-reis, eram cuidadosamente mantidos sob controle por uma coroa naturalmente suspeitosa dos funcionários que ela própria nomeava. Havia regulamentos rígidos que determinavam seu estilo de vida, e tudo era feito para preservá-los de serem contaminados pelo ambiente. Era tacitamente esperado que não se casassem com mulheres da área de jurisdição de sua *audiencia*, nem adquirissem propriedades fundiárias nem se envolvessem no comércio. Essa tentativa de convertê-los em guardiães platônicos, que julgavam e governavam sem a interferência de vínculos e pressões locais, estava inevitavelmente fadada ao fracasso, entre outras coisas porque seus salários eram muitas vezes inadequados. Mas a coroa, se estabelecia um ideal impossivelmente alto, não manifestava uma expectativa real de que esse ideal fosse cumprido. Ao contrário, agia na presunção de que a fraqueza humana era endêmica e legislava contra essa situação desafortunada ao assegurar que as atividades dos *oidores*, como a de todos os seus funcionários, estivessem sujeitas a rigoroso exame. Juízes independentes eram enviados para conduzir *visitas* de investigação a determinadas áreas ou atividades de um determinado grupo de funcionários; além disso, todo servidor estava sujeito a uma *residencia* no final do seu período de administração, o que permitiria aos que se sentissem prejudicados apresentar suas acusações e defender suas alegações diante do juiz que a presidia.

Os vice-reis governadores e as *audiencias* formaram o nível mais alto da administração secular nas Índias. As suas áreas de jurisdição foram subdivididas em unidades menores, conhecidas com nomes diferentes. Em Nova Espanha eram chamadas ou *alcaldías mayores* ou *corregimientos*, e no restante das Índias *corregimientos*. Alguns dos mais importantes *corregidores* e *alcaldes mayores* eram designados pela coroa, os menos importantes pelos vice-reis. Eram nomeados para um mandato limitado, e esperava-se que pelo menos os mais importantes não fossem proprietários rurais locais nem *encomenderos*. Sua área de jurisdição tinha como base uma cidade ou vila, mas estendia-se — como aconteceu na própria Castela — à região rural próxima, de modo que os *corregimientos* eram basicamente grandes distritos com um centro urbano.

A ênfase do governo local sobre a cidade era característica da vida das Índias em geral. Do ponto de vista da lei, nas Índias mesmo os colonos espanhóis que viviam na região rural existiam apenas em relação a sua comunidade urbana. Eram *vecinos* (cidadãos) do povoado urbano mais próximo, e era a cidade que definia sua relação com o Estado. Isso concordava muito mais com as tradições do mundo mediterrânico; e, apesar da crescente importância da grande propriedade na América espanhola, os núcleos rurais nunca alcançaram a importância que tiveram no Brasil, embora também aqui as cidades tenham exercido uma influência preponderante.

Cada vila tinha seu próprio conselho, ou *cabildo*, uma corporação que regulava a vida dos habitantes e fiscalizava as propriedades públicas — as terras comunais, florestas e pastagens e as galerias de rua com suas tendas de comércio — de onde derivava grande parte de sua renda. Houve grandes variações na composição e nos poderes dos *cabildos* nas diversas cidades e vilas da América espanhola, e a própria instituição do *cabildo* variou no curso dos séculos em reação às mudanças das condições sociais e à crescente dificuldade financeira da coroa. Basicamente, no entanto, compunha-se de funcionários judiciais (*alcaldes*, que eram juízes leigos e presidiam o *cabildo*, sempre que o *corregidor* não estivesse presente) e *regidores*, ou conselheiros da cidade, que eram responsáveis pelo abastecimento e administração do município e representavam a cidade em todas as funções cerimoniais que ocupavam parte tão substancial da vida urbana.

Os *cabildos*, como se poderia esperar do padrão de governo municipal na Espanha metropolitana, eram, ou logo se tornaram, oligarquias constituídas pelos cidadãos mais abastados que se autoperpetuavam. Nos primeiros anos da conquista, os governadores e capitães nomearam os *alcaldes* e *regidores*, alguns deles vitalícios. Onde houve eleições, o direito de ser eleito tendia a restringir-se aos cidadãos mais proeminentes; e, à medida que a coroa, a partir de Filipe II, recorreu crescentemente à venda de cargos públicos, o equilíbrio entre os funcionários públicos eleitos e hereditários pendeu para os últimos, reduzindo ainda mais qualquer elemento "popular" que existira originalmente na vida municipal. Algumas vezes era instituído um *cabildo abierto*, possibilitando que uma maior representação dos cidadãos discutisse questões de caráter urgente, mas de modo geral os governos de cidades eram corporações fechadas que, por seu caráter, representavam mais os interesses do patriciado urbano do que a generalidade dos cidadãos.

O interesse por um assento no *cabildo* variou muito, de acordo com a riqueza da cidade, os poderes de seus membros e os privilégios esperados. Devem ter existido muitas vilas como Popayán, um dos povoados mais tipicamente "coloniais" da atual Colômbia, onde durante longos períodos os cargos eletivos não foram preenchidos. Sendo o governador de Popayán responsável pelas principais funções de governo, as obrigações do *cabildo* estavam restritas em grande parte à escolha de servidores municipais menos importantes. As vantagens financeiras do cargo eram limitadas, e as obrigações — a maioria honoríficas — seriam pura perda de tempo[8].

O *cabildo*, no entanto, não era apenas uma instituição de autogoverno local e uma corporação em que se disputavam as rivalidades das principais famílias locais. Era parte também de uma estrutura maior de autoridade que se estendia às *audiencias*, aos governadores e aos vice-reis, e por conseguinte

8. Cf. Peter Marzahl, "Creoles and Government: The Cabildo of Popayán", *Hispanic American Historical Review*, 54:636-656, 1974.

ao conselho das Índias em Madri. Somente atuando dentro dessa estrutura e recorrendo a pressões e petições é que as aristocracias urbanas podiam esperar exercer alguma influência sobre a ação e a decisão do governo, pois não lhes restavam outras saídas constitucionais. Em 1528, a Cidade do México requereu sem sucesso a Carlos V o direito de voto nas Cortes de Castela. Daí por diante, foram feitas periódicas sugestões tanto em favor da representação de cidades das Índias nas Cortes de Castela, quanto para a realização de reuniões regionais, nas próprias Índias, dos representantes das vilas mais importantes. Mas a coroa de Castela do século XVI opôs-se tenazmente a essas perigosas tendências constitucionalistas. A América havia sido conquistada e colonizada numa época em que na Espanha metropolitana a pressão era em favor do encarecimento teórico e prático da soberania real, e as Índias, como território virgem, oferecia oportunidades para a afirmação da presença do Estado num grau impossível até mesmo em Castela, onde o constitucionalismo, embora mortalmente ferido, ainda não havia expirado.

O poder do Estado era muito maior nas Índias devido à extraordinária concentração do poder eclesiástico nas mãos da coroa. Isso derivou originalmente de precedentes já estabelecidos na igreja de Granada, juntamente com os direitos advindos à coroa de Castela por meio das bulas papais, que lhe atribuíram a responsabilidade pela evangelização das terras recém-descobertas. Através de uma bula de 1486 o papado dera à coroa o *patronato* (padroado), ou o direito de fazer nomeações para todos os bispados e benefícios eclesiásticos no reino mourisco de Granada, que estava então prestes a ser reconquistada. Embora as bulas nada dissessem sobre essa nomeação, os Reis Católicos tomaram Granada como seu modelo; e, em 1508, a posição foi regularizada quando Fernando garantiu aos governantes de Castela o direito perpétuo de organizar a igreja e conferir benefícios eclesiásticos em seus territórios ultramarinos. Uma bula de 1501, ampliada por outras bulas de 1510 e 1511, já havia concedido à coroa os dízimos coletados nas Índias, de modo que também era assegurada à igreja recém-estabelecida uma dotação permanente, coletada e administrada de acordo com os desejos da coroa.

O *patronato* teve por efeito dar aos monarcas de Castela durante seu governo das Índias um grau de poder eclesiástico de que não havia precedentes na Europa fora do reino de Granada. Isso permitiu ao rei autodesignar-se "vigário de Cristo" e dispor das questões eclesiásticas nas Índias por sua própria iniciativa, sem a interferência de Roma. Na verdade, nenhum núncio papal tinha permissão de pôr os pés nas Índias ou de comunicar-se diretamente com elas; e todos os documentos que iam de Roma ao Novo Mundo e vice-versa, antes de terem autorização de prosseguir até seu destino, eram submetidos à prévia aprovação do conselho das Índias. Na verdade, o poder eclesiástico da coroa nas Índias era absoluto, com direitos teóricos apoiados num total controle do padroado.

A Igreja nas Índias era por origem e natureza uma igreja missionária, ou de doutrinamento — um fato que conferiu às ordens religiosas a liderança natural da obra de evangelização. No entanto, quando foi cumprida a primeira obra pioneira, os mendicantes, apesar do poder de que dispunham, viram sua ascendência desafiada por um clero secular que tinha sua base nas vilas e operava dentro da estrutura de uma igreja institucionalizada agora bem estabelecida. No final do século XVI, outras ordens religiosas receberam permissão de juntar-se às três ordens originais, os agostinianos, os franciscanos e os dominicanos; e os jesuítas, que fundaram sua Província do Paraguai em 1607, viriam a desempenhar um papel especialmente importante na obra missionária junto às áreas mais remotas e às regiões fronteiriças. Com efeito, a missão na fronteira tornou-se uma das instituições coloniais mais eficazes da Espanha, ao longo das fímbrias do império, quer no Paraguai, no limite leste dos Andes, quer no norte do México. Mas em 1574, quando a *ordenanza del patronazgo* colocou um limite rígido ao trabalho do clero regular e os colocou sob o controle episcopal, tornou-se claro que, pelo menos nas áreas urbanizadas, a era do missionário heróico tinha oficialmente chegado ao fim.

Os agentes usados pela coroa para submeter a igreja missionária foram os bispos, uma parte considerável dos quais, especialmente nas primeiras décadas, provinham do clero regular. O primeiro bispado do Novo Mundo, o de Santo Domingo, foi fundado em 1504; o primeiro bispado no continente, Santa María de la Antigua, em Darién (mais tarde transferido para o Panamá), em 1513. Em 1536 havia quatorze bispados; em 1546, os de Santo Domingo, Cidade do México e Lima foram elevados a arcebispados; e em 1620 o número total de arcebispados e bispados na América espanhola chegava a 34. Os ocupantes desses bispados eram na verdade funcionários da coroa que, além de seus deveres espirituais, exerciam uma influência importante, tanto direta quanto indireta, sobre a vida civil. A linha divisória entre a Igreja e o Estado na América espanhola nunca foi claramente definida, e os conflitos entre bispos e vice-reis eram uma característica constante da vida colonial. É sugestivo que Juan Pérez de la Serna, arcebispo do México de 1613 a 1624, tenha entrado em conflito primeiramente com o marquês de Guadalcázar e depois com seu sucessor, o marquês de Gelves — dois vice-reis que dificilmente poderiam ter tido temperamento e política mais dessemelhantes.

Os bispos, como os letrados que formavam as *audiencias*, tinham alianças mais metropolitanas do que locais, embora Filipe III (1598-1621) tenha reconhecido certas aspirações locais, a ponto de nomear 31 crioulos para bispados americanos. Também na escolha entre as ordens religiosas Filipe III mostrou preferência pelos agostinianos em relação aos franciscanos e aos dominicanos. Estes últimos em particular tinham estado maciçamente representados no século XVI — dos 159 ocupantes de bispados nas Índias, entre 1504 e 1620, 52 eram dominicanos[9]. Essa alta proporção de dominicanos, muitos deles amigos ou seguidores de Las Casas, sugere uma determinação, da parte da coroa no século XVI, a impor tanto quanto possível suas políticas pró-indígenas contra as pressões exercidas pelos *encomenderos* e colonos. Na verdade, por algum tempo, a coroa deu aos bispos a condição de *protectores* oficiais dos índios — uma experiência que se mostrou insatisfatória porque, como Juan de Zumárraga, o primeiro bispo do México, infelizmente constatou, os deveres do cargo estavam mal-definidos e conduziram a intermináveis conflitos de jurisdição com as autoridades civis. No entanto, embora se tenha considerado necessário transferir esses deveres para funcionários civis, a coroa continuou fortemente dependente do episcopado na supervisão tanto do bem-estar material quanto do progresso espiritual da comunidade indígena.

Nos primeiros anos do domínio espanhol, os bispos tiveram em suas mãos um importante instrumento de controle, tanto sobre os colonos quanto sobre os índios, nos poderes inquisitoriais de que foram investidos. Uma série de casos infelizes, contudo, levantaram a questão de saber se a Inquisição, enquanto instrumento preventivo da judaicização e da heresia, seria um meio adequado de assegurar a ortodoxia dos índios; e em 1571 eram finalmente afastados de toda a jurisdição inquisitorial e colocados sob o controle direto dos bispos no concernente a questões de fé e de moral. Ao mesmo tempo, o Santo Ofício começou a instalar seus tribunais no Novo Mundo — em Lima (1570), em Cidade do México (1571) e um terceiro em Cartagena, em 1610 — para proteger a fé e a moral da comunidade de colonos, ou contra a corrupção por delinqüentes sexuais, ou contra a contaminação pelos numerosos

9. Para um levantamento estatístico dos bispos americanos no século XVI e início do XVII, ver Enrique Dussel, *Les Evêques hispano-américains*, Wiesbaden, 1970.

conversos que haviam conseguido infiltrar-se na América e pelos estrangeiros que propagavam suas perigosas heresias luteranas. Com o tempo, essa Inquisição do Novo Mundo, secreta, arrogante e impiedosa, como a sua forma original do Velho Mundo, acabou por entrar em conflito não só com o clero secular e regular, mas também com o episcopado. Aqui, como alhures, com relação à igreja da América, havia organizações e interesses concorrentes demais para que pudesse tornar-se algum dia uma instituição monolítica.

É esse caráter fragmentado da autoridade, tanto na Igreja quanto no Estado, uma das mais notáveis características da América colonial espanhola. Externamente, o poder real era absoluto, tanto na Igreja quanto no Estado. Uma torrente de ordens eram emitidas pelo conselho das Índias em Madri, e esperava-se que uma burocracia numerosa, secular e clerical, as colocasse em vigor. Mas na prática havia tanta manobra pelo poder entre os diferentes grupos — entre os vice-reis e as *audiencias*, entre os vice-reis e os bispos, entre o clero secular e o regular, e entre os governadores e os governados — que as leis inoportunas, embora olhadas com deferência devido à fonte de que emanavam, não eram obedecidas, enquanto a própria autoridade era filtrada, mediada e dispersada.

A presença do Estado, portanto, apesar de permear tudo, não comandava tudo. As certezas de Madri eram dissolvidas nas ambigüidades da América, onde "observar mas não obedecer" era um artifício aceito e legítimo para desatender às vontades de uma coroa supostamente bem-informada. Na verdade, a coroa era extraordinariamente bem-informada, no sentido de que uma vasta quantidade de informação escrita fluía através do Atlântico — informação que, sem dúvida, sofria muitas vezes um atraso de um ano ou mais, mas que refletia o mais amplo leque possível de visões, desde as do grupo mais próximo ao vice-rei às da comunidade indígena mais humilde. Não se pode dizer que um sistema em que 49 555 folhas de papel podiam ser usadas no curso de uma *visita* de investigação das atividades de um único vice-rei do Peru sofra de uma escassez de dados[10].

Na verdade, a administração bem-informada de seus territórios ultramarinos se tornou para a coroa quase um fim em si mesmo, especialmente no reinado de Filipe II, com sua inclinação para um governo planejado e organiza-

10. Cf. Lewis Hanke, "El Visitador Licenciado Alonso Fernandez de Bonilla y el Virrey de Perú, el Conde de Villar", em *Memoria del II Congreso Venezolano de Historia*, Caracas, 1975, vol. II, p. 28.

do. Juan de Ovando, um dos servidores do reino que refletiram mais intimamente o espírito do regime de Filipe II, concluiu, após uma visita ao conselho das Índias em 1569-1570, que ainda faltavam informações suficientes sobre as terras que ele governava, e durante o seu mandato relativamente breve de presidente do conselho no início da década de 1570, dedicou-se a remediar essa deficiência. Questionários detalhados foram enviados aos funcionários nas Índias sobre a região e os povos sujeitos a sua tutela (um artifício também empregado em Castela), e as respostas, à medida que chegavam, eram cuidadosamente ordenadas e resumidas. Em 1571, foi instituído o cargo de *cronista de las Indias* (cronista oficial e historiador das Índias), e seu primeiro ocupante, Juan López de Velasco, produziu com base nas *relaciones* enviadas pelos funcionários uma *Descrição Geral das Índias* que constitui o primeiro levantamento estatístico abrangente dos territórios espanhóis na América.

Sempre é possível que o profissionalismo pelo profissionalismo se torne uma característica de governo quando os burocratas assumem o seu controle. Mas todos os imperialistas precisam de uma ideologia, quer reconheçam quer não sua necessidade. No século XVI, os castelhanos, imbuídos de um profundo senso da necessidade de vincular seus empreendimentos a um fim moral mais alto, tiveram de articular por si mesmos uma justificativa para seu governo do Novo Mundo que inserisse suas ações firmemente no contexto de um propósito divinamente prescrito. A prata das Índias, que a coroa tinha o propósito de explorar ao máximo a fim de aumentar suas rendas, era considerada como uma dádiva de Deus, que daria aos reis de Castela a oportunidade de cumprir suas obrigações em toda a terra bem como manter e propagar a fé. O império era, pois, legitimado por seu propósito; e o império nas Índias era considerado um encargo sagrado, cujo caráter foi resumido pelo grande jurista do século XVII, Juan de Solórzano Pereira em sua *Política Indiana* [1648]. Os índios, ele escreveu, "porque são tão bárbaros [...], precisavam de alguém que, assumindo os deveres de governá-los, defendê-los e educá-los, os reduzisse a uma vida humana, civil, social e política, de modo a poderem adquirir a capacidade de receber a fé e a religião cristã"[11].

Mas com que direito podiam os espanhóis fazer guerra aos índios, submetê-los a seu domínio e reduzi-los a uma "vida humana, civil, social e política"? Embora possa parecer que a questão jurídica do direito de Castela de

11. Livro I, cap. IX, p. 119.

subjugar as Índias foi resolvida em grande parte pelas bulas papais de doação, o confronto entre os europeus e os povos das Índias, numerosos e muito diferentes entre si, deu origem a um sem-número de problemas, tanto morais quanto jurídicos, que eram ao mesmo tempo tão novos e tão complexos que não podiam ser sumariamente solucionados com uma penada do papa. Em princípio, a doutrina do *compelle eos intrare* — "sai pelos caminhos e valados e força-os a entrar" (Lucas 14: 23) — poderia parecer justificativa bastante para uma redução pela força de um povo pagão ao cristianismo. Mas não se precisou de um alto grau de sensibilidade moral para perceber que havia algo de absurdamente inadequado em defrontar-se com os índios, antes de enfrentá-los em batalha, com uma leitura do *requerimiento*, o documento elaborado em 1513 pelo jurista Palacios Rubios, que expunha sucintamente a história do mundo desde Adão, e conclamar ouvintes incompreensivos, que não sabiam uma palavra de espanhol, a se submeterem à autoridade da Igreja e dos reis de Castela.

Uma certa inquietude com relação ao *requerimiento* mesclava-se à mais generalizada apreensão acerca dos maus tratos infligidos aos índios tão logo fossem submetidos ou conquistados, provocando durante a primeira metade do século XVI um debate amplo e intenso sobre a questão dos direitos dos espanhóis e a sujeição dos índios. Esse debate realizou-se nos conventos e nas universidades de Castela, mas suas repercussões foram sentidas tanto na corte quanto nas Índias, dirigidas como eram por uma legislação moldada a partir dos argumentos do lado vitorioso.

Diante da vitalidade do pensamento aristotélico e tomista na vida intelectual da Espanha do século XVI, era inevitável que todas as pretensões do governo nas Índias devessem ser submetidas ao exame crítico dos escolásticos. Já em 1510 o dominicano escocês John Major sustentara, com base em argumentos aristotélicos, que a ausência de fé não era razão suficiente para privar as comunidades pagãs do direito à propriedade e jurisdição, que lhes cabia pela lei natural. Essa doutrina aristotélica estava no centro de uma grande série de palestras, as *Relectio de Indis*, proferidas pelo dominicano espanhol Francisco de Vitoria, na universidade de Salamanca em 1539. Se a autoridade civil era intrínseca a todas as comunidades por força da razão e da lei natural, nem o papa nem o imperador podiam legitimamente pretender que um domínio temporal de amplitude mundial predominasse e anulasse os direitos legítimos de comunidades não-cristãs. Com um golpe ousado, portanto, Vitoria minara a justificativa do domínio espanhol nas Índias com base na doação papal. Outrossim, rejeitou as reivindicações baseadas em pretensos direitos de descoberta e na relutância dos índios em aceitar a Fé.

Nessas circunstâncias, não surpreende que em 1539 uma reprimenda severa fosse lançada contra "esses teólogos que puseram em questão, em seus sermões ou conferências, nosso direito às Índias". Os argumentos de Vitoria só poderiam causar um grande embaraço ao imperador numa época em que outros Estados europeus estavam contestando as pretensões de Castela ao domínio exclusivo da América. Não chegou, contudo, ao ponto de deixar seu soberano sem uma folha de parreira para cobrir sua nudez. Estava disposto a aceitar que o papa, por força de uma autoridade "reguladora", pudesse incumbir um príncipe cristão da missão de evangelização e que essa incumbência fosse impositiva para seus colegas cristãos. Mas ela não se impunha aos próprios índios e não trazia consigo qualquer direito à guerra ou à conquista. Como se podia então justificar o domínio espanhol nas Índias, que era afinal um *fait accompli*? As respostas de Vitoria, embora sustentadas de modo admirável, não foram totalmente satisfatórias. Se, como argumentava, havia uma lei das nações, um *jus gentium*, que abarcava toda a humanidade, os espanhóis tinham o direito de comerciar com os índios e de pregar-lhes o evangelho, e os índios tinham a obrigação de recebê-los em paz. Se se recusassem a fazê-lo, então os espanhóis tinham uma justa causa para a guerra. Embora essa doutrina possa ter sido talvez uma justificativa adequada para os espanhóis em suas relações com os índios, fora-lhes menos útil em suas relações com outras potências européias. Se havia na verdade uma comunidade mundial na qual todos os povos tinham liberdade de movimento e de comércio, não era evidente por si só por que os outros europeus que não espanhóis devessem ser rigorosamente impedidos de se estabelecer nas Índias. Não é, pois, de surpreender que mais tarde os apologistas espanhóis do império tivessem preferido retomar o argumento da anterioridade da descoberta, reforçado por alegações de uma missão civilizadora e cristianizadora formalmente confiada a Castela.

Os argumentos de Vitoria, como ele próprio admitiu pesarosamente, havia muito tinham sido ultrapassados pelos fatos e continuavam num nível de abstração teórica que inevitavelmente reduzia o impacto de sua mensagem radical. Ilustram, porém, a dificuldade inerente à formulação de qualquer teoria coerente de império e sugerem uma razão pela qual a coroa espanhola tendeu a recorrer a um conjunto de atitudes e respostas em vez de fornecer alguma ideologia "imperialista" bem definida. Enquanto o domínio espanhol sobre as Índias estava, para todos os efeitos, ao abrigo de toda contestação por parte dos rivais europeus, os fatos de qualquer modo falavam mais alto do que as palavras, embora isso não tenha evitado a posição consideravelmente defensiva diante da opinião pública internacional — uma atitude sugerida pela substituição oficial, em 1573, do termo "conquista" por "pacificação".

Havia, no entanto, na justificativa algo hesitante do direito de Castela às Índias por parte de Vitoria, uma série de argumentos que poderiam ser aproveitados pela coroa. Em especial, Vitoria sugeriu a idéia de um possível direito de tutela sobre os índios se se demonstrasse que eram seres irracionais necessitados de orientação. Mas que tipo de controle tutelar poderia ser exercido sobre eles, e, acima de tudo, quem deveria exercê-lo?

Para Bartolomé de Las Casas, que travou uma campanha violenta contra os maus tratos e a exploração dos índios pelos colonos espanhóis, somente podia haver uma resposta. A coroa, e somente a coroa, tinha jurisdição sobre os índios, por força das bulas de 1493. Essa jurisdição, que estava vinculada à empresa missionária, não podia ser delegada a outros espanhóis ou transferida por meio de *encomiendas* a indivíduos privados. Las Casas, na verdade, defendia uma forma de reinado tutelar por parte de seus próprios governantes, que fornecesse as condições necessárias para a conversão dos índios, mas não os privasse dos direitos de propriedade e de governo que lhes pertenciam por força de lei natural[12].

Nas condições existentes no final da década de 1530 e na década de 1540, tais argumentos eram cuidadosamente escolhidos para atrair as simpatias da coroa. Se o imperador estava preocupado, numa frente, com a contestação internacional a seu governo nas Índias, na outra temia ainda mais a contestação interna representada pelos *encomenderos*, uma aristocracia feudal em potencial que possuía servos indígenas. Os colonos punham em risco tanto sua própria autoridade quanto, com seu vergonhoso tratamento dos índios, a missão evangelizadora que era a *raison d'être* do domínio espanhol. Que os índios eram cruelmente maltratados, estava claro não apenas pelas violentas denúncias do próprio Las Casas, como também pelas sucessivas cartas que chegavam das Índias — do arcebispo Zumárraga, do vice-rei Mendoza e do *licenciado* Vasco de Quiroga, o admirador, no Novo Mundo, de sir Thomas More, cuja *Utopia* forneceu um modelo para as comunidades indígenas que

12. Sobre Las Casas e seus escritos sobre o tratamento dos índios, ver o artigo de J. H. Elliott, atrás neste volume, cap. 4, às pp. 135-194.

ele estabeleceria no vale do México e próximo ao lago Pátzcuaro, em sua diocese de Michoacán.

A discussão sobre o bem-estar dos índios atingiu seu ponto máximo em 1541, época em que Carlos V retornou à Espanha após dois anos de ausência. Juntamente com os relatos das lutas de facção entre os pizarristas e os almagristas no Peru, ela ajudou a criar um clima que acabou por demonstrar a urgência em repensar radicalmente a política real da coroa nas Índias. Perdeu-se a confiança nos conselheiros das Índias, suspeitos de estarem a soldo dos *encomenderos*; e o imperador criou, portanto, uma *junta* especial que o aconselhava na questão das *encomiendas*. Foi essa *junta* que elaborou as Novas Leis de 20 de novembro de 1542 — leis que, se tivessem sido implementadas, teriam realizado os ideais de Las Casas, ao abolir todas as formas de serviço pessoal e transformar os índios das *encomiendas* em vassalos diretos da coroa.

A reação violenta dos colonos do Novo Mundo forçou o imperador a recuar. Mas a luta contra as Novas Leis não foi travada somente nas próprias Índias, mas também na corte, onde o grupo de pressão dos colonos empenhou-se em subornar e influenciar os conselheiros reais, e Cortés e seus amigos organizaram uma feroz oposição ao grupo de Las Casas. Precisavam, no entanto, de um publicista competente e encontraram-no no grande estudioso aristotélico Juan Ginés de Sepúlveda, cujo *Democrates Alter*, escrito em 1554-1555, circulou em manuscrito pelos conselhos, já que não conseguiu autorização para publicação. Em seu tratado, Sepúlveda levantou uma questão fundamental a todo o problema de governo na América: o da capacidade racional dos índios. John Major havia argumentado, em 1510, que os nativos viviam como animais e que, conseqüentemente, de acordo com os princípios aristotélicos, sua inferioridade natural os condenava à servidão. Foi essa linha de raciocínio que Sepúlveda seguiu, embora com maior dificuldade que Major, porque a descoberta das civilizações mexicanas e andinas havia revelado a existência de povos dotados de uma capacidade de organização política e social impressionante até mesmo aos olhos europeus. Sepúlveda, no entanto, da segura distância de Castela, fez o que pôde para se manter insensível. Era evidente que os índios constituíam um povo naturalmente inferior aos espanhóis e, como tais, eram apropriadamente sujeitos ao domínio espanhol.

Sepúlveda não preconizava a escravização dos índios, mas uma forma de controle paternalista rigoroso no melhor interesse deles próprios. Era uma argumentação em favor da tutelagem, que deveria ser exercida, no entanto, pelos *encomenderos* e não pela coroa. Na verdade, o *Democrates Alter* defendia um governo exercido por uma aristocracia natural oriunda da comunidade de colonos; como tal, devia ser abominado pelas autoridades reais. Foi abominado igualmente por Las Casas, que se apressara em deixar sua diocese mexicana de Chiapas em 1547 e retornar à Espanha, num esforço desesperado para escorar a política anti-*encomendero* que caía em ruínas a sua volta. Em abril de 1550, respondendo à torrente de protestos desencadeada por Las Casas e seus companheiros dominicanos, a coroa ordenou a suspensão temporária de todas as expedições de conquista ao Novo Mundo e convocou um encontro especial de teólogos e conselheiros a fim de examinar toda a questão da conquista e conversão dos índios. No grande debate que ocorreu em Valladolid, em agosto de 1550, entre Las Casas e Sepúlveda, o velho bispo de Chiapas, de 76 anos, fez uma leitura pública, durante cinco dias, de seu novo tratado *Em Defesa dos Índios*, no curso da qual contestou a teoria, defendida por Sepúlveda, da missão civilizadora da Espanha[13].

Conquanto o debate entre Sepúlveda e Las Casas dissesse respeito superficialmente à justiça da conquista militar, ele refletiu de fato duas concepções diametralmente opostas acerca dos povos nativos da América. Dentro do arcabouço aristotélico em que foi conduzido o debate, a prova de "animalidade" ou de "barbarismo" serviria de justificativa para a subordinação do índio ao espanhol. Por isso, era tão importante para Las Casas provar que os índios não eram nem animais nem bárbaros. No entanto, apesar da violência do desacordo, havia uma certa irrealidade nele, no sentido de que Las Casas, mesmo quando questionou os benefícios concedidos aos índios pelos espanhóis, na verdade não pôs em dúvida a missão da Espanha nas Índias. Onde divergia de Sepúlveda era na exigência que fazia de que a missão fosse realizada por meios pacíficos em vez de sê-lo por coerção, e pela coroa e pelos missionários e não pelos colonos.

Os membros da junta — o que não é de surpreender — se dividiram em suas reações, com os juristas aparentemente apoiando Sepúlveda e os teólogos inclinando-se para Las Casas. Pode-se dizer que Las Casas "venceu", no sentido de ter sido mantida a proibição da publicação do *Democrates Alter*. As novas e rigorosas condições que as novas ordenações de Filipe II, de 1573, estabeleceram para os procedimentos a serem seguidos nas futuras conquistas nas Índias também podem ser vistas como uma expressão da determina-

13. Bartolomé de Las Casas, *In Defense of the Indians*, trad. por Stafford Poole, DeKalb, Illinois, 1974.

ção da coroa a impedir uma repetição das atrocidades contra as quais o bispo de Chiapas acerbamente se insurgira ano após ano. Mas a era da conquista, mesmo sob o eufemismo de "pacificação", já estava quase em seu final quando as ordenações foram promulgadas; e Las Casas perdeu a batalha que mais queria vencer — a batalha que devia resgatar os índios das garras dos espanhóis.

Venceu, no entanto, uma outra batalha, muito mais ambígua, no tribunal da opinião pública internacional. A "lenda negra" da brutalidade espanhola era mais antiga do que Las Casas, e mais antiga também, pelo menos de uma certa forma, que toda grande preocupação européia com as notícias vindas da América. Mas a devastadora denúncia do comportamento de seus compatriotas que Las Casas fez em seu *Curto Relato da Destruição das Índias*, publicado pela primeira vez na Espanha em 1552, viria a fornecer, juntamente com a *História do Novo Mundo* de Girolamo Benzoni (Veneza, 1565), um repertório de histórias de horror de que os inimigos europeus da Espanha tirariam proveito. A tradução francesa e a holandesa foram publicadas em 1579, e a primeira edição inglesa, em 1583, quando o antagonismo entre a Espanha de Filipe I e os protestantes do Norte chegou a seu ápice. As horripilantes gravuras de Theodore de Bry reforçaram a palavra escrita com uma imagem visual das atrocidades espanholas contra índios inocentes que viria a imprimir nas mentes de gerações de europeus um estereótipo grosseiro do domínio imperial espanhol.

Inevitavelmente, o ataque à ação espanhola nas Índias provocou em resposta uma literatura apologética e ajudou a criar a idéia de que a Espanha constituía uma fortaleza sitiada que defendia valores cristãos que por si sós se tornariam um elemento importante da consciência nacional castelhana. Medida pela legislação que emergiu das discussões do conselho das Índias, a ação da Espanha na América, no século XVI, sob muitos aspectos atendeu notavelmente aos princípios da Ilustração. Foram feitos esforços ingentes para proteger os índios das formas mais grosseiras de exploração, e houve uma tentativa genuína, embora equivocada, da parte da coroa e da Igreja de introduzir os habitantes das Índias no que se admitia automaticamente ser um modo mais elevado de vida. Mas o abismo entre a intenção e a prática era quase sempre desalentadoramente vasto. As aspirações da metrópole, derivadas como eram de grupos diferentes de interesse, muito freqüentemente tenderam a ser mutuamente exclusivas: e sucessivamente as melhores intenções naufragaram nos escolhos das realidades coloniais.

Quando o primeiro vice-rei do México, Don Antonio de Mendoza, passou o governo a seu sucessor, Don Luis de Velasco, em 1550, deixou clara a existência de uma incompatibilidade fundamental entre o desejo da coroa de proteger os índios e o desejo de aumentar suas rendas nas Índias. A coroa estava realmente preocupada em preservar a chamada *república de los indios*, ameaçada que era pelas depredações de colonos inescrupulosos, que se aproveitavam da "inocência" dos índios e de sua ignorância dos costumes europeus. Por outro lado, a perene escassez de dinheiro da coroa levava-a naturalmente a maximizar suas rendas nas Índias por todos os meios disponíveis. A maior parte dessas rendas provinham das Índias diretamente na forma de tributos, ou indiretamente na forma de trabalho que produzia mercadorias e serviços passíveis de fornecer um dividendo à coroa. Numa época em que o tamanho da população indígena diminuía catastroficamente, mesmo a tentativa de preservar as taxas tributárias nos níveis estabelecidos no período imediatamente posterior à conquista muito certamente seria causa de crescente gravame para as comunidades indígenas, sem contar com uma quantidade cada vez menor de força de trabalho disponível para distribuição. Toda tentativa, portanto, de aumentar a contribuição indígena somente podia desintegrar ainda mais a *república de los indios*, que cada vez mais parecia fadada à destruição em conseqüência do impacto da conquista e do declínio populacional.

O pagamento de tributo, em espécie ou em moeda sonante, ou numa combinação das duas, constituiu uma obrigação para os índios sob o domínio espanhol quase desde a conquista até sua abolição durante as guerras de independência no início do século XIX. Pago à coroa ou aos *encomenderos*, o tributo ocupava um lugar central na vida indígena na qualidade de imposição inescapável altamente discriminatória pelo fato de que somente os índios eram a ela submetidos. Na Nova Espanha, na década de 1550, o tributo teve de ser reavaliado à luz da evidente incapacidade de comunidades indígenas declinantes de pagar a parte que lhes era designada; e o mesmo processo ocorreu no Peru, durante o vice-reinado de Don Francisco de Toledo (1568-1580), esse austero servo de um austero amo real. Com exceção dos caciques, todos os nobres e seus filhos mais velhos perderam agora sua isenção de tributos, e o mesmo ocorreu com outros grupos inferiores na escala social que, por uma razão ou por outra, até então haviam escapado ao pagamento de tributos. O resultado inevitável de tudo isso foi a aceleração do processo de nivelação que já vinha ocorrendo nas comunidades indígenas e o enfraquecimento ainda maior de sua estrutura já fragilizada[14].

A organização da coleta dos tributos foi colocada nas mãos de uma nova casta de funcionários, os *corregidores de indios*, que desde a década de 1560 estavam surgindo em todas as áreas mais densamente povoadas da América espanhola. Esses *corregidores de indios*, que eram nomeados por apenas dois ou três anos, foram a resposta da coroa aos *encomenderos*. Eram espanhóis nascidos na Espanha, às vezes oriundos da comitiva que cada vice-rei trazia consigo, ou *criollos* (espanhóis nascidos nas Índias) sem terras ou *encomiendas*; esperava-se, portanto, que se mostrassem agentes de confiança da coroa, de uma forma que os *encomenderos*, com seu interesse direto nos índios que estavam sob sua guarda, jamais poderiam ser. No entanto, os novos *corregimientos* tendiam a apresentar muitos dos defeitos das antigas *encomiendas*, ao lado de outros específicos deles. As obrigações do *corregidor de indios* incluíam não só a cobrança de tributos, mas também a administração da justiça e a organização da oferta de trabalho para os serviços públicos e privados. Vivendo de um pequeno salário deduzido do tributo indígena, naturalmente usava seu curto mandato para aproveitar ao máximo o enorme poder de que se via repentinamente investido. Não havia muita coisa que pudesse impedi-lo de fazer suas próprias extorsões particulares quando organizava os tributos e dirigia parte da força de trabalho para empreendimentos que o beneficiassem. Onde o *encomendero* tendeu a contar com as autoridades indígenas tradicionais para ter sua vontade obedecida, o *corregidor*, vivendo como um senhor entre os índios, tinha seu próprio pequeno exército de funcionários, cujas atividades minavam as dos caciques, e assim reduziam ainda mais a influência destes sobre o seu próprio povo.

Os próprios funcionários que deviam velar pelos interesses da tradicional *república de los indios* estavam, portanto, entre seus inimigos mais perigosos. Mas é o funcionamento do sistema de trabalho sob a supervisão dos *corregidores de indios* que revela de modo mais vívido as contradições inerentes às políticas indigenistas da coroa. Teoricamente, o índio devia levar uma vida isolada. Com exceção dos funcionários da coroa, espanhóis não tinham permissão para viver entre os índios, e esses por sua vez não tinham permissão para viver nas cidades espanholas, a não ser em *barrios* especialmente reser-

14. Para discussão complementar sobre o tributo indígena, ver Charles Gibson, *História da América Latina*, vol. II, cap. 7.

vados. Mas, ao mesmo tempo em que se envidavam árduos esforços para confiná-los num mundo próprio, também estavam sendo inexoravelmente arrastados para uma economia de trabalho e moeda europeus. Foi essa a conseqüência natural da abolição do trabalho pessoal para os *encomenderos* em 1549. Com a proibição da escravidão e a tendência a substituir a *encomienda* de serviço pela *encomienda* de tributo, tornou-se necessário criar métodos de mobilizar a mão-de-obra indígena. Os vice-reis da segunda metade do século XVI estimularam da melhor forma que puderam um sistema de trabalho assalariado, mas, com o rápido decréscimo da população indígena, sentiram também a necessidade de recorrer à coerção a fim de salvar do colapso a frágil vida econômica das Índias. Nada havia de novo no trabalho forçado, quer no México quer no Peru. Havia existido antes da conquista como existiu depois, mas na década de 1570 foi reorganizado numa base sistemática, embora com variações regionais inspiradas em práticas regionais anteriores. Os trabalhadores índios recrutados eram impiedosamente arrancados de suas comunidades e encaminhados para o trabalho no campo, para as obras públicas, as *obrajes*, ou para as oficinas têxteis, a produção de tecidos de lã ou de algodão e, sobretudo, para as minas. A coroa fez alguns esforços, no início do século XVII, para legislar contra os abusos mais graves do sistema de trabalho, mas sem muito sucesso. O fato de a organização da mão-de-obra ser pelo menos controlada mais firmemente foi facilitado pela ampla reorganização da população indígena em declínio que ocorrera tanto na Nova Espanha quanto no Peru durante a segunda metade do século XVI e a primeira década do século XVII. Sob a chamada política de *congregaciones* e *reducciones*, os índios dispersos pelo sertão haviam sido reunidos em aldeias maiores, onde podiam ser governados e cristianizados com mais facilidade.

No começo do século XVII, a *república de los indios* no velho estilo, isto é, baseada em estruturas herdadas do período anterior à conquista, estava em estado de avançada desintegração e a presunção que havia comandado a política da coroa em relação aos índios nas primeiras décadas do período posterior à conquista — o de que a antiga política indígena poderia ser preservada sem mudanças importantes — tinha perdido sua validade. As pressões no sentido de incorporar os índios à vida e à economia da nova sociedade colonial — mesmo enquanto ainda se tentava mantê-los à distância do vigoroso mundo novo de colonos, *mestizos* (metade índios, metade espanhóis) e *mulattos* (metade africanos, metade espanhóis) — eram poderosas demais para que se pudesse rechaçá-las. Aqueles índios que se mudaram para as cidades, e se tornaram servos e empregados dos espanhóis, foram gradativamente assimilados e hispanizados. Fora das cidades espanholas, no entanto, um mundo novo estava em processo de formação. Paradoxalmente, o estabelecimento do novo *corregimiento de indios* e das *reducciones* deu novas esperanças à *república de los indios*, embora fosse agora uma república de estilo muito diferente do vigente no período imediatamente posterior à conquista. De fato, os índios reunidos em aldeias assimilaram alguns elementos do cristianismo, apropriaram-se para uso próprio das técnicas, plantas e animais europeus e ingressaram na economia monetária do mundo adjacente. Preservaram ao mesmo tempo muitas de suas características indígenas, de tal modo que continuaram sendo comunidades genuinamente indígenas, que conduziam suas próprias vidas sob a supervisão de funcionários da coroa, porém através de suas próprias instituições municipais em grande parte autônomas. As mais bem-sucedidas dessas municipalidades índias desenvolveram suas próprias formas de resistência contra agressões externas. Suas *cajas de comunidad* lhes permitiam formar reservas financeiras para pagar seus tributos e outras obrigações. Aprenderam como garantir suas terras com documentos legais e como utilizar as técnicas dos *lobbies* e das petições, que eram essenciais à sobrevivência política no mundo hispânico. Em conseqüência, essas comunidades indígenas, que se consolidaram durante o século XVII, acabaram por funcionar como barreiras contra a maré engolfante da grande propriedade, ou *hacienda*, que as varria a seu redor sem jamais submergi-las completamente.

O desenvolvimento distinto da *república de los indios*, que contribuía para as necessidades da *república de los españoles* sem fazer parte dela, implicava o desenvolvimento da própria América espanhola na forma de dois mundos, o indígena e o europeu, vinculados um ao outro em inúmeros pontos, mas preservando suas identidades separadas. Entre esses dois mundos, sem pertencer completamente a um nem ao outro, estavam os *mestizos*, que cresceram rapidamente em número e adquiriram no curso do século XVII algumas das características de casta. Mas, inevitavelmente, nessa sociedade tripartite agora em processo de constituição, era a *república de los españoles* que dominava.

Dentro da comunidade hispânica, embora tivesse prevalecido sobre os *encomenderos*, a coroa não conseguiu impedir o estabelecimento do que era na prática, embora não no nome, uma nobreza do Novo Mundo. Essa nobreza diferia em aspectos importantes da da Espanha metropolitana. Enquanto a sociedade castelhana estava dividida entre os que pagavam tributos (*pecheros*) e aqueles que, em virtude de sua condição de nobre, estavam isentos de impostos, toda a população hispânica das Índias não pagava tributo e, dessa forma, desfrutava de uma posição aristocrática em relação à população indígena tributária. Por conseguinte, a elite entre os crioulos (*criollos*)[15] — os de sangue espanhol que tinham nascido nas Índias — não era distinguida por quaisquer privilégios fiscais especiais. Também, contrariamente a seu equivalente metropolitano, não possuía quaisquer direitos de jurisdição sobre vassalos, uma vez que sua tentativa de transformar as *encomiendas* em feudos havia fracassado. Também não possuía distinções relevantes de títulos. A coroa era extremamente parcimoniosa na concessão de títulos aos crioulos; e em 1575 retirou dos *encomenderos* certos privilégios honoríficos associados à condição de *hidalgo* em Castela, embora, em 1630, sob a pressão de necessidades financeiras, tenha mudado sua política e autorizado os vice-reis a pôr à venda privilégios de *hidalguía* nas Índias. De modo análogo, o outro privilégio de muitos nobres e *hidalgos* espanhóis, o de pertencer a uma das grandes ordens militares de Santiago, de Calatrava e de Alcántara, era inacessível à maioria dos conquistadores e colonos da primeira geração. Somente dezesseis deles se filiaram a essa ordem no século XVI. Nesse caso, contudo, houve uma grande mudança no século XVII, pela qual foi concedida a 420 crioulos a permissão de pertencer a essas ordens.

A tendência da coroa, maior no século XVII que no XVI, a atender às impacientes solicitações de honrarias por parte dos crioulos era um reflexo óbvio de seus problemas financeiros prementes, que numa área após outra fá-la-iam sacrificar o que fora outrora políticas tenazmente mantidas por causa de vantagens fiscais imediatas. Mas refletia também as mudanças sociais no

15. Embora a palavra "crioulo" seja comumente utilizada na historiografia moderna para descrever os colonos dos séculos XVII e XVIII, parece que o termo *criollo* não era usualmente utilizado na época. Os colonos nascidos nas Índias referiam-se a si mesmos como "espanhóis" e eram assim designados em documentos oficiais. No entanto, é notável que o dominicano inglês dissidente, Thomas Gage, que viajou extensivamente pelo México e Guatemala entre 1625 e 1637, se refira em várias ocasiões a "crioulos" (*creoles*) e "facção crioula". Cf. *Thomas Gage's Travels in the New World*, ed. J. Eric S. Thompson, Norman, Oklahoma, 1958, pp. 105, 127. Sobre essa questão, ver o artigo de James Lockhart, *The Cambridge History of Latin America*, vol. II, cap. 8.

próprio Novo Mundo, à medida que uma elite crioula se consolidava a despeito da relutância da coroa em conceder-lhe reconhecimento formal.

No final do século XVI, essa elite era heterogênea, com base na velha colonização, na nova riqueza e em ligações influentes. Aparentemente, os *conquistadores* — a aristocracia natural das Índias — foram especialmente malsucedidos no enfrentamento do primeiro desafio com que se defrontam todas as aristocracias, o estabelecimento de uma sucessão dinástica. Em 1604, Baltasar Dorantes de Carranza afirmava haver apenas 934 descendentes vivos dos 1 326 conquistadores do México; e, mesmo que diversos nomes tenham sido omitidos, é evidente que os conquistadores, pelo menos com relação aos filhos legítimos, foram um grupo de homens demograficamente malsucedidos. Daqueles que superaram as contingências demográficas, muitos sucumbiram no obstáculo seguinte. Somente um grupo muito pequeno de conquistadores — proveniente em grande parte do grupo dos capitães e dos cavaleiros — conseguiu adquirir riquezas e *encomiendas* de bom tamanho. Esses privilegiados viveriam nas grandes cidades, como Puebla ou Cidade do México, enquanto seus antigos companheiros, muitos deles vítimas de tempos difíceis, se fixaram em pequenas aldeias distantes dos principais centros urbanos, onde levavam uma vida obscura.

A esse pequeno grupo de conquistadores bem-sucedidos acrescentam-se alguns dos primeiros colonos que, por uma razão ou por outra, haviam prosperado no novo ambiente. Era, por exemplo, uma vantagem especial ter parentes influentes na corte, como Ruiz de la Mota, as famílias Altamirano e Cervantes Casaus em Nova Espanha, e assim ter acesso a fontes de apadrinhamento. Os oficiais da coroa, e especialmente os oficiais do Tesouro, como Alonso de Estrada, Rodrigo de Albornoz e Juan Alonso de Sosa, dispondo, pelo menos temporariamente, de grandes somas de dinheiro, casavam suas famílias com as dos principais colonos de Nova Espanha. O mesmo fizeram os membros da clientela de cada novo vice-reino e os juízes das *audiencias*, apesar das tentativas da coroa de mantê-los segregados. Ao deixar o cargo em 1590, o vice-rei da nova Espanha relatava a seu sucessor que o *fiscal* da *audiencia* de Guadalajara havia-se casado com sua filha sem receber autorização real, e que a *audiencia* tinha vindo em sua defesa quando se tentou privá-lo de seu cargo[16].

À medida que o século avançou, esse núcleo de famílias preeminentes assimilou outros elementos, especialmente dentre os que haviam feito fortu-

16. *Los Virreyes*, *op. cit.*, vol. I, p. 281.

na com a mineração. As alianças matrimoniais cuidadosamente planejadas, nas quais as viúvas ricas de *encomenderos* desempenharam um papel decisivo, produziram uma rede de famílias interligadas, que recorreram ao sistema castelhano de *mayorazgos*, ou morgados, para impedir a dispersão da riqueza familiar.

Inevitavelmente, a consolidação de oligarquias locais se revelou mais fácil em algumas partes das Índias do que em outras. Muita coisa dependia da chance biológica de sobrevivência da família e do grau de saúde possível no local. Numa localidade atrasada da província como Popayán, as *encomiendas* eram pobres, as famílias proprietárias de terras do local não conseguiam estabelecer morgados, e houve uma rápida renovação da elite urbana — aparentemente, no final do século XVII, apenas uma de suas vinte principais famílias remontava na linha masculina à primeira geração de colonos. Em outros locais, no entanto, e especialmente nos vice-reinos de Nova Espanha e do Peru, várias famílias importantes, que se beneficiaram de seus vínculos estreitos tanto com a administração vice-real quanto com figuras influentes na metrópole espanhola, construíram para si mesmas uma formidável base de poder em suas regiões locais.

O processo pelo qual isso foi feito ainda não está configurado em detalhes; mas, no que diz respeito a Nova Espanha, os vice-reinados dos dois Don Luis de Velasco, pai e filho, segundo parece, foram períodos decisivos. Mesmo o segundo Don Luis recebeu uma educação crioula e viveu no México durante a infância e a juventude, durante o mandato de seu pai como vice-rei, de 1550 a 1564. Mais tarde, ele próprio foi nomeado vice-rei, de 1590 a 1595, e novamente de 1607 a 1611, e depois retornou à Espanha, onde, com o título de conde de Salinas, foi presidente do conselho das Índias até 1617, ano de sua morte. Esse vínculo longo e estreito dos Velasco com a elite crioula parece ter-lhes dado amplas oportunidades de assegurar privilégios lucrativos e consolidar seu domínio sobre cargos importantes não-reservados a espanhóis. Vínculos com funcionários bem posicionados, por exemplo, podiam influenciar as decisões em processos legais importantes, especialmente naqueles ligados ao controle da mercadoria mais preciosa num país árido, a provisão de água. Possuindo terras irrigadas em regiões bem escolhidas, os membros da elite monopolizaram o abastecimento de cereais para as cidades, onde eles e seus parentes ocupavam os *regimientos* e as *alcaldías* e usavam sua influência para controlar o mundo da política local.

Inevitavelmente, os laços de parentesco e interesse, que associaram essa oligarquia crioula cada vez mais entrincheirada a setores da administração vice-real e também aos nobres e altos funcionários da Espanha metropolitana, tornaram potencialmente difícil a adoção por parte de Madri de qualquer política coerente que tendesse a entrar em conflito com a vontade das oligarquias. O fortalecimento das oligarquias do Novo Mundo também coincidiu com um enfraquecimento do governo central em Madri após a morte de Filipe II em 1598; e esse enfraquecimento por sua vez deu novo ímpeto à consolidação do poder oligárquico que já ocorria em decorrência das condições locais. Para as Índias, como para a própria Espanha, o reinado de Filipe III (1598-1621) foi um período em que a visão do último rei de uma sociedade justa governada por um monarca justo nos interesses do conjunto da comunidade foi embaçada pelo sucesso de grupos específicos de interesses em assegurar as principais posições de poder. Sob esse aspecto, o vice-reino mexicano do marquês de Guadalcázar (1612-1621) foi característico do reinado. O governo era frouxo, a corrupção desenfreada e o conluio entre funcionários da coroa e um punhado de famílias importantes levou a um enriquecimento ainda maior de alguns poucos privilegiados.

Uma vez estabelecidas as oligarquias nas Índias, verificou-se ser virtualmente impossível afrouxar suas garras. Houve uma tentativa fracassada de fazê-lo na Nova Espanha no início do reinado de Filipe IV em 1621, por um devotado vice-rei, o marquês de Gelves, que foi enviado da Espanha com a missão especial de reformar o sistema. Num curto período de tempo após sua chegada em Cidade do México, no outono de 1621, Gelves havia conseguido indispor-se com quase todo o setor influente da comunidade vice-real. Isso resultou em parte de sua própria inabilidade política, mas refletiu também a força dos interesses adquiridos que se viram ameaçados por seus projetos de reforma. No intervalo entre a partida de Guadalcázar e a chegada de Gelves, o governo fora exercido pela *audiencia* sob a presidência do Dr. Vergara Gaviria. Os juízes, tendo adquirido o gosto pelo poder, relutaram em perdê-lo. Também estavam profundamente envolvidos com os proprietários de terras locais, que controlavam o abastecimento de cereais da Cidade do México e que haviam forçado a alta do preço do milho e do trigo a níveis artificiais. Ao tentar diminuir os preços e chamar às contas os exploradores, Gelves inevitavelmente arregimentou contra si algumas das figuras mais poderosas do vice-reino, inclusive a *audiencia* de Vergara Gaviria. Ao mesmo tempo agiu com arrogância num mundo onde os anjos tinham medo de pisar — o do clero estabelecido no México — e hostilizou um membro após outro, inclusive Juan Pérez de la Serna, o arcebispo do México. Antagonizou também a comunidade mercantil e o *consulado* dos comerciantes da Cidade do México quando tentou pôr um fim ao comércio de contrabando e criou um empréstimo compulsório. Sempre houve uma grave escassez de capital líquido no vice-reino, cuja economia dependia do funcionamento estável de um sistema de crédito extremamente elaborado. Ao desafiar os comerciantes e insistir em que os funcionários da coroa pagassem tributo em dinheiro diretamente ao tesouro real, em vez de retê-lo em suas próprias mãos por algum tempo para usá-lo em operações empresariais atraentes, estava minando o sistema de crédito do qual dependia a economia mineira do México e mergulhando o vice-reino numa crise econômica[17].

Não é, portanto, de surpreender que o choque pessoal entre o vice-rei e o arcebispo tenha chegado a um confronto total entre, de um lado, Gelves e, de outro, uma aliança entre funcionários da coroa, alto clero e oligarcas locais, cujas próprias rivalidades regionais eram repentina e drasticamente absorvidas pela fúria que partilhavam contra as atividades de um reformador demasiado zeloso. Em 15 de janeiro de 1624, após dias de tensão crescente na Cidade do México, multidões manipuladas pelos antigelvistas atacaram o palácio vice-real e forçaram o infeliz Gelves a refugiar-se num mosteiro franciscano. A *audiencia* assumiu o governo; Madri enviou um novo vice-rei; e embora, para manter as aparências, Gelves tenha sido cerimonialmente recolocado no posto por um dia após a chegada de seu sucessor, nada podia alterar o fato de que um vice-rei havia sido deposto de seu cargo por uma poderosa combinação de forças locais determinadas a obstruir as políticas de cuja implementação Madri o encarregara.

Embora viesse a ocorrer outra revolta na cidade do México em 1692, provocada pela escassez temporária de trigo e milho, os "tumultos" mexicanos de 1624 representaram um desafio mais dramático à autoridade da coroa nas Índias do que qualquer outro que ela teve de enfrentar no século XVII. Mas, se em outras ocasiões e outros locais o drama foi menos impressionante, eram as mesmas forças fundamentais que estavam em ação. As oligarquias estavam em processo de estabelecer-se nas Índias, tanto nas áreas mais desenvolvidas como nas regiões de fronteira, e estavam desen-

17. Para discussão complementar da mineração no México e no Peru, ver também Peter Bakewell, *História da América Latina*, vol. II, cap. 3.

volvendo formas eficazes de resistência aos comandos vindos de um distante governo real. O crescente poder e autoconfiança dessas oligarquias era um dos elementos importantes, embora menos facilmente documentados, de mudança no que era na realidade uma situação em contínua transformação. Pois a relação entre a Espanha e as Índias nunca foi estática, desde o momento inicial da conquista à extinção dos Habsburgos espanhóis com a morte de Carlos II em 1700. Cada membro dessa relação tinha sua própria dinâmica interna, que ao mesmo tempo afetava os desenvolvimentos na outra e era afetada por eles. A relação também não existia num vácuo. Ao contrário, estava dentro de uma estrutura mais ampla de interesses e rivalidades internacionais, das quais nem as aspirações da metrópole nem as realidades da vida no Novo Mundo podiam em momento algum desvincular-se.

A MUDANÇA DAS RELAÇÕES ENTRE A ESPANHA E AS ÍNDIAS

Carlos V, depois de renunciar a seus títulos terrenos, morreu em seu refúgio espanhol de Yuste em 1558. Quando dividiu sua herança entre o irmão, Fernando, que o sucedeu no título imperial e nas terras alemãs dos Habsburgos, e o filho, Filipe, a quem deixou a Espanha, a Itália espanhola, a Holanda e as Índias, estava na verdade reconhecendo o fracasso da grande experiência imperial que havia dominado a história da Europa na primeira metade do século. No final, fora derrotado pela multiplicidade de desafios com que se defrontou — o surgimento do luteranismo na Alemanha, a rivalidade da França, a ameaça perene dos turcos na Europa central e no Mediterrâneo — e pela própria dimensão da empresa em que se envolvera. As distâncias eram grandes demais, os rendimentos nunca em volume suficiente; e, quando, em 1557, a coroa espanhola deixou de pagar seus compromissos aos banqueiros, a "bancarrota" atingiu todo um sistema imperial que havia irremediavelmente sacado em excesso sobre seu crédito.

A herança de Filipe II era, pelo menos teoricamente, mais fácil de lidar que a do pai, embora a Holanda já estivesse assumindo a aparência de um posto avançado exposto numa Europa do Norte cada vez mais seduzida pelas doutrinas de Lutero e de Calvino. No início do reinado de Filipe, a necessidade mais premente era um período de austeridade na Espanha, onde Castela manifestava o desgaste provocado por suas pesadas contribuições às finanças do imperador. Ao deixar a Holanda em favor da Espanha em 1559,

Filipe II estava reconhecendo a nova realidade — que a Espanha deveria ser o centro de seus domínios, como Castela o era dentro da Espanha.

Num reinado de cerca de quarenta anos, Filipe impôs a marca de seu próprio caráter ao governo da monarquia espanhola. Uma profunda preocupação com a preservação da ordem e a manutenção da justiça; uma maneira austera de encarar os deveres da realeza, que para ele constituía uma forma de escravidão; uma total desconfiança com relação aos próprios ministros e funcionários, que ele suspeitava, geralmente com boas razões, de colocar os próprios interesses acima dos da coroa; uma determinação a ser totalmente informado de toda e qualquer questão, e uma tendência correspondente a perder-se em minúcias; e uma indecisão congênita que impunha dilações ainda maiores a uma máquina administrativa naturalmente lenta — seriam essas as marcas do governo de Filipe II. Comandou com pulso firme seus domínios, embora a eficácia das ordens e decretos reais emanados de Madri e do Escorial fosse inevitavelmente prejudicada pela distância e amortecida pela oposição dos interesses locais concorrentes. Conseguiu também livrar seus domínios da heresia, com exceção da Holanda, onde em 1566 irrompeu uma rebelião. Para o mundo em geral seu poder e autoridade pareciam esmagadores, especialmente após ter completado a unificação da Península Ibérica em 1580, ao assegurar sua própria sucessão ao trono de Portugal. Mas a essas realizações deve-se contrapor o desgaste imposto à monarquia, e especialmente a Castela, por uma guerra quase ininterrupta.

As esperanças de paz que o acompanharam em seu retorno à Península em 1559 foram frustradas pelo ressurgimento do conflito com os turcos no Mediterrâneo. A década de 1560 revelou-se difícil e perigosa, pois a Espanha concentrou seus recursos na frente mediterrânica, apenas para se ver ao mesmo tempo envolvida no norte da Europa com a revolta da Holanda. Após a grande vitória naval da Espanha e seus aliados em Lepanto, em 1571, a guerra com o Islã entrou num impasse; mas no norte da Europa desenvolveu-se uma nova frente de combate quando a Espanha se viu desafiada pelas forças do protestantismo internacional. Na década de 1580 a luta das províncias do norte da Holanda para manter sua liberdade com relação à Espanha ampliou-se num conflito internacional, no qual a Espanha, que se autoproclamava defensora da causa católica, tentou conter e derrotar os protestantes do Norte — os holandeses, os hugüenotes e os ingleses elisabetanos.

Era inevitável que essa luta no Norte se estendesse às águas do Atlântico, pois era aí que a Espanha parecia mais vulnerável a seus inimigos e aí também estavam as presas mais valiosas a conquistar. Conquanto o império de Carlos V, pelo menos aos olhos de seus apologistas, tenha sido um império universal, foi sempre em essência um império europeu, embora com uma extensão americana cada vez mais importante. A *monarquía española* herdada por seu filho deveria, em compensação, desenvolver as características de um império genuinamente transatlântico, no sentido de que o poder e as fortunas da Espanha de Filipe II estavam diretamente vinculadas à interação entre a metrópole e suas possessões de ultramar. Na segunda metade do século XVI, a posse de um império ultramarino tornou-se um determinante crucial das relações de poder dentro da própria Europa, e assim foi considerado pelos inimigos de Filipe II, ao refletirem sobre o que lhes parecia ser as únicas vantagens que lhe advinham de seu domínio sobre as Índias. À medida que a interdependência entre a Espanha e as Índias se tornou mais acentuada, cresceu também a determinação dos europeus do Norte a contestar o monopólio ibérico sobre o Novo Mundo; e essa contestação, por sua vez, teve conseqüências no caráter do vínculo entre a Espanha e a América.

A Espanha e a Europa viam as Índias como o império da prata. Antes da descoberta do México, as mercadorias provenientes das Índias consistiam inteiramente de ouro, mas na década de 1520 surgiu a prata pela primeira vez. A produção americana de prata nas duas décadas seguintes ainda era pequena em relação à européia: entre 1521 e 1544 as minas de prata nas terras hereditárias dos Habsburgos produziam quase quatro vezes mais que as Índias. No final da década de 1540 e na década de 1550, no entanto, essas proporções se inverteram em conseqüência da descoberta e imediata exploração das ricas jazidas do México e do Peru. A grande montanha de prata de Potosí no Peru foi descoberta em 1545. No ano seguinte foram encontradas grandes jazidas em Zacatecas, no norte do México, e depois outras grandes jazidas ao sul, em Guanajuato. Após a introdução, no México na metade da década de 1550 e no Peru por volta de 1570, do processo de amalgamação para o refino da prata com mercúrio, enormes aumentos na produção levaram a um crescimento drástico da exportação do metal para a Europa.

A vida econômica e financeira da Espanha e, através dela, da Europa passou a depender maciçamente da chegada regular das frotas das Índias, com suas novas remessas de prata. Após sua chegada a Sevilha e seu registro na *Casa de la Contratación*, a prata era liberada para uma série de finalidades. A parte do rei — provavelmente cerca de dois quintos da remessa total — que derivava do *quinto* de toda a produção e da cobrança de alguns tributos nas Índias, era usada para pagar seus compromissos internos e internacionais, que estavam sempre atrasados.

A contribuição das Índias para o tesouro real era, à primeira vista, menos espetacular do que as obsessões da época poderiam sugerir. Na década de 1610, um membro do parlamento inglês, quando se referiu às "minas [do rei da Espanha] nas Índias ocidentais, que fornecem combustível para alimentar seu vasto desejo ambicioso de monarquia universal"[18], estava apenas repetindo um lugar-comum da época. Na verdade, as rendas da coroa na América, embora quatro vezes maior na década de 1590 que na de 1560, representava apenas vinte por cento de sua receita total no final do reinado de Filipe II. Mas esses vinte por cento eram, de fato, capitais para os grandes empreendimentos dos últimos anos de seu reinado — a luta para suprimir a revolta na Holanda, a guerra naval contra a Inglaterra de Isabel e a intervenção na França. Foi justamente por consistir de capital líquido na forma de prata, e por ser, portanto, avidamente procurada pelos banqueiros, que constituíra uma parte atraente da receita da coroa. Era fiado nas remessas de prata da América que o rei podia negociar com seus banqueiros alemães e genoveses os grandes *asientos*, ou contratos, que asseguravam o pagamento de seus exércitos e a superação do período difícil antes que nova rodada de tributos reabastecesse os cofres reais.

O restante da prata que chegava a Sevilha pertencia a indivíduos privados. Parte consistia de remessas dos colonos a amigos e à família na Espanha. Parte era trazida para o país pelos *indianos* que voltavam — aqueles que haviam feito fortuna nas Índias e retornavam para levar uma vida de ostentação na sua terra. Mas uma parte bem grande representava pagamentos de mercadorias embarcadas em frotas anteriores que viajaram para os mais importantes entrepostos da América, Veracruz, Cartagena e Nombre de Dios. Uma vez que essas mercadorias eram de origem espanhola, os pagamentos tinham o destino da Espanha. Contudo, à medida que a própria Espanha se viu cada vez mais incapacitada de atender às necessidades do mercado americano em desenvolvimento, aumentou a parte não-espanhola no comércio de Sevilha, e grande porção da prata passava automaticamente às mãos de comerciantes e produtores estrangeiros. Tanto através da partici-

18. L. F. Stock, *Proceedings and Debates of the British Parliaments respecting North America*, Washington, D. C., 1924, vol. I, p. 62.

pação estrangeira no comércio de ultramar quanto por intermédio do mecanismo dos *asientos*, a prata "espanhola" estava espalhada por toda a Europa, e, assim, qualquer flutuação acentuada nas remessas do Novo Mundo tinha amplas repercussões internacionais. Os tempos de *largueza* em Sevilha foram épocas de confiança no comércio internacional, mas, quando os sevilhanos espirravam, a Europa ocidental sentia calafrios.

Embora tenha tido início com um período de recessão (1555-1559) e tenha sido pontilhada por anos de adversidades, a segunda metade do século XVI foi no geral um longo período de expansão do comércio das Índias. Do início da década de 1590 até os primeiros anos da década de 1620, o comércio, embora não mais estivesse em expansão, mantinha-se em alto nível de atividade, mas, a partir da década de 1620, tanto o volume quanto o valor do comércio começou a decrescer rapidamente. Em 1650, encerrou-se a grande era do Atlântico sevilhano, e à medida que Cadiz começou a tomar o lugar de Sevilha como portão europeu de acesso à América, e mais e mais embarcações estrangeiras forçavam a sua entrada em águas da América espanhola, começaram a formar-se novos padrões de comércio ultramarino.

Dentro das fronteiras flutuantes do comércio transatlântico, as relações econômicas da Espanha com seus territórios americanos sofreram mudanças importantes. Na primeira metade do século XVI, a economia de Castela e a das comunidades de colonos que emergiram no Novo Mundo eram relativamente complementares. Castela e Andaluzia tinham capacidade de abastecer os colonos de produtos agrícolas — azeite, vinho e cereais — de que necessitavam em grandes volumes, e simultaneamente a crescente demanda nas Índias também servia de estímulo para várias indústrias de Castela, especialmente a de roupas. Eram crescentes as queixas em Castela contra o alto preço das manufaturas domésticas, especialmente dos têxteis, e a tendência era atribuir esse fato às exportações para as Índias. Em 1548 e novamente em 1552 as Cortes castelhanas exigiram da coroa que proibisse a exportação para a América de roupas feitas na metrópole. A coroa resistiu à pressão das Cortes no sentido de excluir de seus próprios mercados ultramarinos os têxteis de Castela, mas é evidente que a conexão americana, embora inicialmente tenha funcionado como estímulo para certos setores da indústria de Castela, também criou problemas aos quais a economia castelhana, relativamente pouco sofisticada, tinha dificuldade de responder.

Não se tratava apenas da capacidade da indústria castelhana de aumentar a oferta para atender a uma crescente demanda americana, mas também de como produzir para o mercado interno e para o americano a preços internacionalmente competitivos. Os altos preços de que se queixaram insistentemente os consumidores castelhanos na metade do século XVI eram altos não apenas em relação aos preços de Castela no começo do século, mas também em relação aos das importações estrangeiras. Não há uma explicação única para a incapacidade dos fabricantes castelhanos de permanecer competitivos internacionalmente, mas deve-se atribuir um lugar central ao influxo de metais preciosos da América numa economia carente de moeda sonante — um influxo cujos efeitos se fizeram sentir primeiramente em Castela e na Andaluzia, antes de estender-se à Europa numa espécie de reação em cadeia. Foi, muito apropriadamente, um espanhol, Martín de Azpilcueta Navarro, quem primeiro, em 1556, vinculou claramente o alto custo de vida ao ingresso do metal precioso das Índias: "Vemos por experiência que na França, onde o dinheiro é mais escasso que na Espanha, o pão, o vinho, as roupas e o trabalho valem muito menos. E mesmo na Espanha, quando o dinheiro era mais escasso, os bens de venda e a mão-de-obra eram dados por muito menos que depois da descoberta das Índias, que inundou o país de ouro e prata"[19].

A inflação dos preços que enfraqueceu a competitividade internacional da Espanha era um contrapeso inquietante às vantagens evidentes do império — à manifesta prosperidade da cidade de Sevilha em rápido desenvolvimento e ao aumento das rendas da coroa. No entanto, durante muito tempo as vantagens do império foram percebidas mais facilmente do que as desvantagens, e o verniz de prosperidade ajudou a esconder as conseqüências prejudiciais que advieram a Castela das grandes mudanças que estavam ocorrendo no padrão do comércio ultramarino durante a segunda metade do século XVI. Até o período de 1570-1580 os produtos agrícolas fornecidos por Castela e Andaluzia constituíam a parte dominante das exportações de Sevilha; mas, à medida que as Índias começaram a desenvolver sua criação de gado e a cultivar cada vez mais o próprio trigo, a procura de produtos espanhóis começou a declinar. Seu lugar nos carregamentos foi ocupado por produtos manufaturados, que encontravam uma rápida saída. Alguns desses produtos manufaturados originavam-se da Espanha, mas a partir da década de 1580 os artigos estrangeiros parecem ter tomado a dianteira em relação às mercadorias castelhanas nas cargas dos navios — um claro indício de que a

19. Marjorie Grice-Hutchinson, *The School of Salamanca*, Oxford, 1952, p. 95.

indústria castelhana não conseguia adaptar-se às novas e mais sofisticadas exigências do mercado das Índias. Havia uma crescente demanda, por parte dos colonos, de artigos de luxo europeus, de um tipo que a Espanha não conseguia produzir; uma demanda também de seda e roupas de alta qualidade, tão logo as Índias desenvolveram sua própria produção de produtos têxteis mais baratos.

Nos anos que se seguiram a 1567, quando se estabeleceram as primeiras rotas de comércio entre o México e as Filipinas, os comerciantes do Peru e da Nova Espanha acharam cada vez mais vantajoso buscar no Extremo Oriente do que na Espanha metropolitana o suprimento desses têxteis de alta qualidade. O rápido crescimento do comércio oriental — de têxteis, porcelanas e outros produtos de luxo da China — provocou um desvio para o Pacífico, via Acapulco e Manila, de grandes quantidades de prata americana que de outro modo teriam seguido pelo Atlântico. Em 1597, por exemplo, o volume da prata enviada do México para as Filipinas excedeu o valor do comércio mexicano via Atlântico nesse ano. As tentativas da coroa de limitar o comércio das Filipinas a um galeão de Manila por ano e de impedir a reexportação de mercadorias chinesas do México para o Peru, ao proibir em 1631 todo comércio entre os dois vice-reinos, resultou num contrabando em larga escala: as Índias não podiam ficar indefinidamente confinadas a um sistema exclusivamente hispânico, destinado basicamente a atender aos desejos dos comerciantes de Sevilha.

Se até então as economias de Castela-Andaluzia e das Índias se complementavam relativamente bem até por volta da década de 1570, houve depois disso uma divergência que nenhuma legislação protecionista espanhola pôde sanar completamente. As Índias simplesmente tinham menos necessidade econômica da Espanha metropolitana do que haviam tido outrora; mas a Espanha, de seu lado, tinha uma grande e crescente necessidade das Índias. Como um viciado, havia-se tornado perigosamente dependente de injeções periódicas de prata americana para manter o estilo de vida extravagante a que se acostumara.

Quando não se pôde mais obter a prata na forma de pagamento por produtos de Castela, teve-se de consegui-la por outros meios: através da manipulação de tributos alfandegários, da introdução de alguma forma de taxação e do recurso a uma série de expedientes fiscais. A população branca das Índias não estava sujeita à taxação direta; mas o imposto castelhano sobre as vendas, a *alcabala*, foi introduzido em Nova Espanha em 1574, a uma taxa de dois por cento, e no Peru em 1591. A partir das últimas décadas do século XVI, a coroa também tentou aumentar suas rendas na América vendendo terras, ou mesmo direitos às já colonizadas ilegalmente (uma forma de venda conhecida pelo nome de *composición de tierras*). Recolheu dinheiro com a legitimação de *mestizos*, com doações "voluntárias" e com monopólios. Recorreu também a uma prática que viria a ter importantes repercussões sociais e administrativas — a venda de cargos, que fornecia uma renda anual de 38 mil ducados (o salário anual de um vice-rei no México era de 20 mil ducados, e o de um vice-rei no Peru, de 30 mil). Enquanto se tratou de cargos administrativos ou notariais de menor importância, a prática em si não produziu grandes danos, embora o mesmo não se possa dizer acerca da venda de *regimientos* nas cidades, que acelerou o processo pelo qual o poder municipal se concentrou nas mãos de oligarquias fechadas. Mas envolveu também uma multiplicação desnecessária de cargos, com um grande número de novos postos sendo criados, especialmente no século XVII, em resposta muito mais às necessidades do governo que à dos governados. O resultado foi a criação de uma grande burocracia parasitária, que encarava seus cargos como um investimento digno de exploração. A presença de mais uma camada de intermediários com seus próprios interesses a proteger apenas serviu para dificultar ainda mais a implementação das ordens de Madri.

A combinação entre o aumento da produção das minas e esses novos artifícios para extrair dinheiro dos colonos produziu um grande aumento nas rendas da coroa na América durante os últimos anos do reinado de Filipe II. Se na década de 1570 a coroa recebeu das Índias uma média de um milhão de ducados por ano, esse valor elevou-se a dois e meio milhões na década de 1590. Esse aumento, no entanto, não conseguiu salvar de outra "bancarrota", em 1596, a coroa — que já deixara de pagar suas dívidas em 1575. As despesas sistematicamente excediam a receita, quando Filipe II se empenhou nos enormes empreendimentos militares e navais dos últimos anos de seu reinado.

Para esses empreendimentos era cada vez maior a necessidade de prata das Índias. Mas o envolvimento de Filipe II no norte da Europa também produziu o efeito paradoxal de manter a prata *nas* Índias — prata com que pagar a defesa das possessões contra os ataques de seus inimigos do Norte. O contrabando e a pirataria haviam sido um fato constante da vida transatlântica desde que se estabeleceu a navegação regular entre a Espanha e as

Índias; e o apresamento, por um corsário francês, ao largo dos Açores, em 1523, de parte do saque mexicano enviado à Espanha por Cortés nada mais foi que um exemplo incomumente espetacular dos perigos a que estava cada vez mais exposta a *carrera de Indias*[20]. A partir da década de 1520, os navios de Sevilha passaram a navegar em comboios e da década de 1560 em diante foi estabelecido definitivamente um sistema regular de comboios. Esse sistema, embora oneroso, justificou seu dispêndio. Durante um século e meio, as frotas caíram vítimas do ataque inimigo somente em três ocasiões — em 1628, quando o almirante holandês, Piet Heyn, capturou a frota na baía de Matanzas ao largo da costa de Cuba, e em 1656 e 1657, quando o almirante Blake atacou-a uma vez em águas espanholas e outra ao largo das Canárias.

A defesa das frotas, no entanto, revelou-se mais exeqüível que a defesa das próprias Índias. A área a ser defendida era simplesmente demasiado extensa e habitada de modo muito disperso pelos espanhóis. Quando os inimigos europeus da Espanha identificaram na prata das Índias a fonte do poder espanhol, desenvolveram a ambição de cortar as rotas transatlânticas da Espanha e de estabelecer suas próprias colônias no mar dos Caraíbas e no continente americano. Uma das possíveis reações dos espanhóis foi a fundação de novas colônias nas regiões vulneráveis a um ataque. Foi a tentativa dos hugüenotes, em 1562, de fundar uma colônia na Flórida que levou os espanhóis a estabelecer sua própria colônia permanente de San Agustín em 1565. Essa, porém, era uma política que não podia ser adotada uniformemente: cada novo posto avançado apresentava seus próprios problemas de abastecimento e defesa, e havia grande possibilidade de que o isolamento de seus defensores os levasse, por pura necessidade de sobrevivência, ao comércio de contrabando com os mesmos entrelopos estrangeiros que tinham a missão de banir.

O malogro de John Hawkins em San Juan de Ulúa em 1568 mostrou que, como potência dona do território, a Espanha desfrutava de grandes vantagens em águas americanas contra expedições organizadas por seus rivais europeus. No entanto, à medida que se desenvolveu a ofensiva protestante e primeiramente os ingleses e depois, no século XVII, os holandeses voltaram sua atenção para as Índias, um império espanhol superextenso se tornou cada vez mais consciente de sua vulnerabilidade. Foi o ataque de Drake às

20. Para uma descrição detalhada da *carrera de Indias*, ver o artigo de Murdo J. MacLeod, adiante neste volume, cap. 8, às pp. 339-390.

Antilhas, em 1585-1586, que primeiro impeliu os espanhóis a planejar a defesa das Índias em base sistemática. Em 1586, Filipe II enviou o engenheiro italiano Juan Bautista Antoneli para realizar a inspeção das defesas da região do mar dos Caraíbas. Com base em seu relatório, foram construídas fortificações elaboradas para a proteção dos principais portos — Havana, San Juan de Ulúa, Porto Rico, Portobelo e Cartagena. A eficácia do novo sistema de defesa foi demonstrada pela derrota da expedição Hawkins-Drake em 1595, mas o custo de construção e manutenção das fortificações resultou inevitavelmente em pesado encargo para a receita da coroa nas Índias.

A ascensão de Filipe II ao trono de Portugal, em 1580, representou inicialmente um aumento do poder espanhol. Deu-lhe uma frota adicional; uma nova costa no Atlântico, com um porto de primeira classe em Lisboa; e, no Brasil, um novo e vasto território. Mas a isso se seguiu, pela primeira vez em águas da América do Sul, a incursão dos holandeses, que operavam como transportadores para os portugueses; e, a partir do final do século XVI, os expedidores holandeses passaram a mostrar um perigoso interesse tanto pelo comércio brasileiro quanto pelo das ilhas do mar dos Caraíbas, para o qual se voltaram em busca de sal. A trégua de doze anos, de 1609-1621, entre a Espanha e as Províncias Unidas teve pouco efeito sobre o interesse recém-descoberto dos holandeses pelas possibilidades da América. Sua infiltração no comércio brasileiro continuou; e, em 1615, uma expedição holandesa, que seguiu a rota de Drake pelo estreito de Magalhães, avançou pela costa do Pacífico rumo às Molucas. O aparecimento dos holandeses em águas do Pacífico revelou que daí por diante uma extensa linha costeira desprotegida não mais estaria imune a ataques. Foi necessária a construção de fortificações em Acapulco, e o príncipe de Esquilache, vice-rei do Peru de 1614 a 1621, envolveu-se num dispendioso programa de defesa costeira — dispendioso demais numa época em que a Espanha estava ficando seriamente preocupada com a deterioração da posição dos Habsburgos na Europa Central.

Em 1617 e 1618, o conselho espanhol de finanças queixava-se veementemente da diminuição do quinhão da coroa na prata enviada das Índias e atribuía esse declínio à retenção de grandes somas pelos vice-reis do México e do Peru. Grande parte desse dinheiro estava sendo usada para melhorar as defesas contra os ataques corsários, e o Peru também assumiu o encargo adicional de subsidiar com a importância de 212 mil ducados por ano a guerra interminável contra os índios araucanos do Chile. Os valores das remessas para Sevilha corroboravam as queixas dos ministros. Enquanto Filipe II recebera 2,5 milhões de ducados por ano na década de 1590, nos últimos anos do reinado de Filipe III os valores mal chegaram a um milhão e em 1620 caíram a apenas 800 mil ducados[21].

Os custos da coroa com a defesa do império, portanto, subiram numa época em que as rendas das Índias diminuíam e num momento em que o próprio comércio de Sevilha, no qual a Espanha desempenhava uma parte cada vez menor, começou a dar sinais de estagnação. Conseqüentemente, o início do século XVII surge como um período crítico no relacionamento entre a Espanha e as Índias. Os doces dias da prata fácil pareciam estar chegando ao fim, e em Castela surgia uma crescente percepção dos gastos do império em oposição a seus benefícios. Assim, não é de surpreender que o papel das Índias fosse colocado em discussão quando os castelhanos do reinado de Filipe III se envolveram em grande debate sobre o que começavam a perceber como a decadência de seu país. Que benefícios, afinal, as Índias haviam trazido a Castela? Para Martín González de Cellorigo, que escreveu em 1600, as conseqüências psicológicas do império haviam sido desastrosas para seus cidadãos, criando falsas ilusões de prosperidade e persuadindo-os a abandonar objetivos que os teriam tornado mais ricos que todos os tesouros das Índias[22].

Numa época em que a riqueza das nações era medida cada vez mais pelo número de seus habitantes, havia também uma crescente preocupação com as conseqüências demográficas que traria para Castela a emigração para as Índias. O vice-rei Rodrigo de Vivero y Velasco, nascido no México, e que, com seu conhecimento direto das condições em ambos os lados do Atlântico, escreveu no início da década de 1630, era um dos muitos espanhóis do século XVII que lamentavam a alta taxa de emigração para as Índias: "à taxa atual, a Espanha estará vazia de habitantes e as Índias correm o risco de serem perdidas, pois estão recebendo muito mais pessoas do que podem apropriadamente receber"[23]. Descreveu o grande número de passageiros que cruzavam o Atlântico sem uma licença, compravam suas passagens de capitães de navios

21. J. H. Elliott, *The Revolt of the Catalans*, Cambridge, 1963, pp. 189-190.

22. *Memorial de la Política Necesaria y Útil Restauración a la República de España*, Valladolid, 1600, 15v.

23. *Du Japon et du bon gouvernement de l'Espagne et des Indes*, trad. e ed. de Juliette Monbeig, Paris, 1972, p. 93.

em San Lúcar, Cádiz ou Sevilha por 25 ducados com a mesma facilidade que tinham de comprar carne ou pão. Esse fluxo de emigrantes, talvez numa média de quatro mil por ano no curso do século XVII, ajudou a criar nas próprias Índias uma população flutuante de desempregados, que constituíam uma fonte constante de preocupação para as autoridades. Mas do lado espanhol do Atlântico o problema parecia muito mais sério, pois as Índias, em vez de entregar seus tesouros a Castela, estavam drenando sua seiva vital.

O sentimento de desilusão acerca da utilidade das Índias contrastava nitidamente com a pressuposição, surgida no século XVI, de que a conquista da América era um sinal particular do favor de Deus para com Castela. Pode-se medir o quanto as atitudes haviam mudado pela surpresa que em 1631, numa reunião do conselho de Estado, o principal ministro da coroa, o conde-duque de Olivares (cujas propriedades de família na Andaluzia exportavam o vinho para as Índias), manifestou, ao perguntar em voz alta se suas grandes conquistas não haviam "reduzido essa monarquia a um estado tão miserável que se poderia muito bem dizer que teria sido mais poderosa sem o Novo Mundo"[24]. Uma afirmação como essa, mesmo que tenha sido feita num momento transitório de exasperação, sugere uma espécie de distanciamento emocional, que pode ter tido seu papel na mudança das relações entre a Espanha e as Índias no século XVII. De ambos os lados do Atlântico havia um afastamento gradativo, um primeiro enfraquecimento dos laços de afinidade natural entre a metrópole e seus domínios ultramarinos.

Não obstante, Castela nunca precisou tanto das Índias quanto depois da ascensão de Filipe IV em 1621, quando expirou o armistício com a Holanda, e a Espanha se viu mais uma vez sobrecarregada com encargos extremamente pesados na Europa. O novo envolvimento da Espanha num conflito que ameaçava estender-se a toda a Europa estava fadado a aumentar a dependência das possessões de que dispunha na América. Ameaçado pelo colapso da economia de Castela sob as pressões fiscais da guerra, o regime do conde-duque de Olivares (1621-1643) passou a explorar e mobilizar os recursos dos vários Estados e províncias da monarquia espanhola, entre eles os vice-reinos da América. O desastroso governo de Gelves no México constituiu uma primeira tentativa de inverter a tendência de queda nas rendas. Esforços semelhantes foram também realizados no sentido de aumentar as rendas da coroa no Peru. Em 1626, Olivares deu início a um elaborado esquema

24. Archivo General de Simancas, Estado, legajo 2332, *consulta* de 7 de setembro de 1631.

para partilhar os ônus da defesa. Por esse esquema, chamado União das Armas, cada setor da monarquia deveria garantir a contribuir com um número estipulado de homens pagos por um período de quinze anos. Foi acordado em Madri que não era praticável pedir soldados às Índias. Em vez disso, o conselho das Índias propôs, em 1627, que o Peru fizesse uma contribuição anual de 350 mil ducados e a Nova Espanha, 250 mil, a serem aplicados na organização de uma esquadra naval para a proteção das frotas mercantes no Atlântico.

Revelou-se quase tão difícil introduzir a União de Armas nas Índias quanto o fora na Espanha metropolitana, onde Portugal e os estados da coroa de Aragão se mostraram mais conscientes dos custos do que dos benefícios do esquema. O conde de Chinchón, nomeado vice-rei do Peru em 1627 com a missão de introduzir a União, encontrou bons motivos para usar de subterfúgios, e foi somente em 1636 que o projeto começou a avançar com uma duplicação das *alcabalas* de dois para quatro por cento e aumentos equivalentes nas taxas alfandegárias. Na Nova Espanha as *alcabalas* subiram também para quatro por cento com o mesmo propósito em 1632, e mais tarde de novo para seis por cento em 1639, dessa vez para financiar um projeto que havia muito estava em discussão na Espanha e nas Índias — a criação de uma frota especial, a *armada de barlovento*, para policiar as rotas marítimas do mar dos Caraíbas.

Pode-se dizer, portanto, que as décadas de 1620 e 1630 foram um período de novo e intenso fiscalismo nas Índias, tanto quanto na própria Espanha e nos territórios espanhóis da Europa. Aumentos dos impostos, doações e empréstimos compulsórios e a venda de direitos, privilégios e cargos — foram essas as marcas do regime Olivares de ambos os lados do Atlântico, à medida que o governo de Madri lutava para manter seu gigantesco esforço militar e para salvar Castela da ruína. As Índias estavam sendo convocadas para suportar os custos de sua própria defesa, enquanto ao mesmo tempo se esperava que contribuíssem mais para o tesouro central.

Mas até que ponto os territórios espanhóis na América eram capazes nessa época de atender a esse aumento nas exigências de Madri? Pelo menos no caso da Nova Espanha, há claros indícios de que a década de 1620 foi um período de dificuldades econômicas. Em parte, isso resultou das tentativas desastradas de reforma de Gelves, com seu impacto calamitoso sobre a confiança e o crédito. Mas essa década também foi marcada por condições climáticas inusualmente ruins, refletidas num período de colheitas escassas, alta mortalidade do gado e, em 1629, a desastrosa inundação da Cidade do México, resultante do transbordamento das águas do lago Texcoco. Os donos de minas também relatavam crescentes problemas de produção, com baixa oferta de mão-de-obra e o esgotamento de veios outrora ricos. Por outro lado, as minas Zacatecas, que foram responsáveis talvez por um terço da produção total mexicana nesse período, continuaram a produzir em larga escala até a metade da década de 1630, quando entraram num período de decadência que durou trinta anos. Nas minas de prata de Potosí no Peru, a produção, embora jamais tenha atingido os picos alcançados no final do século XVI, manteve-se relativamente alta até a década de 1650, ajudada em parte pela disposição de Madri de dar prioridade ao Peru sobre a Nova Espanha na distribuição das exportações de mercúrio da Europa que ajudavam a complementar a deficiência da oferta nativa das minas de Huancavelica.

Manter as minas em produção era, no entanto, um negócio cada vez mais oneroso. Isso se devia em parte à escassez de mão-de-obra em muitas regiões de mineração e ao esgotamento progressivo das jazidas de fácil acesso, que haviam garantido uma tão rica produção no século XVI. Mas isso refletia também a queda no próprio valor da prata na Europa, onde sua abundância havia baixado o valor do *peso* de prata em relação ao ouro. Na Espanha, a proporção legal de ouro e prata, que fora sido de 10,11 para 1 no início do século XVI, havia passado de 15,45 para 1 na metade do século XVII[25]. As economias mineiras do Novo Mundo, portanto, eram menos compensadoras para os produtores que no período anterior; e, enquanto a vida econômica no século XVI estava sendo diversificada, tanto no Peru como na Nova Espanha, pelo desenvolvimento da agricultura e da indústria locais, a fase de transição por que estavam passando as economias de ambos os vice-reinos os deixava altamente vulneráveis ao tipo de fiscalismo arbitrário a que estiveram sujeitos durante o governo Olivares.

Ao exigir grandes *donativos*, ou ao apropriar-se, como no Peru em 1629, de um milhão de *pesos* da comunidade mercantil, a coroa estava fatalmente minando a confiança, retirando o dinheiro de circulação em regiões onde geralmente era escasso, e devastando o sistema de crédito pelo qual eram conduzidas as transações locais e ultramarinas. Nessas circunstâncias, não é

25. Earl J. Hamilton, *American Treasure and Price Revolution in Spain, 1501-1650*, Cambridge, Mass., 1934, p. 71.

de surpreender que os comerciantes do Novo Mundo, vendo que sua prata era sujeita à apropriação por parte da coroa na própria colônia ou em sua chegada a Sevilha, tenham mostrado uma crescente relutância em submetê-la aos azares da travessia do Atlântico. Em conseqüência, o delicado mecanismo da *carrera de Indias*, a ligação marítima entre a Espanha e o Novo Mundo, começou a se aproximar do colapso na década de 1630. Se somas substanciais ainda chegavam a Sevilha para a coroa, os indivíduos privados agora retinham o metal, e conseqüentemente havia menos dinheiro disponível em Sevilha para investir na próxima frota. Em 1640 — o ano fatal para a própria Espanha, pois tanto a Catalunha quanto Portugal se rebelaram contra o governo de Madri — nenhuma frota do tesouro aportou em Sevilha. As excessivas exigências fiscais da coroa haviam levado o sistema ultramarino à beira do colapso.

Durante os decênios intermediários do século, da década de 1630 à de 1650, parecia de fato que o conjunto da monarquia espanhola estava à beira da desintegração. A monarquia se expandira tanto, suas linhas de comunicação eram tão frágeis, seus recursos limitados sofriam tão intensa pressão da parte de uma guerra que se travava simultaneamente em várias frentes, que havia motivo para temer que uma parte após outra se rompesse, ou sucumbisse ao ataque inimigo. Embora, sob Filipe II, o conflito internacional se tenha estendido às águas do Atlântico, o Novo Mundo da América havia permanecido à margem da luta. Sob o governo de seu neto, no entanto, as rivalidades européias assumiram uma dimensão global, na qual as Américas se viram na linha de frente do ataque. As colônias inglesas na América do Norte, nos anos que se seguiram à paz anglo-hispânica de 1604, já haviam mostrado que as esperanças de manter o monopólio ibérico sobre a América eram ilusórias; mas foi a agressividade dos holandeses nos anos que se seguiram ao armistício de doze anos em 1621 que revelou a verdadeira escala do problema de defesa com que agora Madri se defrontava.

Em 1624, uma expedição organizada pela recém-fundada Companhia Holandesa das Índias Ocidentais capturava a cidade da Bahia no Brasil. Uma expedição conjunta hispano-portuguesa expulsou os holandeses no ano seguinte, mas representou um enorme esforço para a máquina de guerra espanhola, difícil de repetir numa época em que os recursos estavam fortemente comprometidos na Europa. Em 1630, os holandeses realizaram sua segunda invasão do Brasil, e desta vez o contra-ataque foi planejado por

Olivares, mas teve de ser adiado de um ano para o outro. Durante a década de 1630, portanto, os holandeses conseguiram consolidar seu domínio sobre as regiões produtoras de açúcar do Nordeste do Brasil, e a nova armada, finalmente enviada de Lisboa em 1638, nada realizou digno de nota antes de dispersar-se após um combate inconclusivo com a frota holandesa em águas brasileiras, em janeiro de 1640.

A incapacidade da coroa espanhola de salvar Pernambuco dos holandeses teve repercussões importantes na Península Ibérica. A união da coroa espanhola à da portuguesa nunca recebera apoio popular em Portugal, mas um dos argumentos a seu favor era que ela dava aos portugueses a possibilidade de fazer uso de todos os recursos da Espanha para a defesa de seus próprios domínios ultramarinos. Esse argumento, já refutado nas Índias Orientais nos primeiros anos do século, era agora também refutado no que se referia ao território ultramarino mais lucrativo de Portugal, o Brasil. Ao mesmo tempo, os comerciantes portugueses que se haviam aproveitado da união das coroas para mudar-se para a América espanhola e especialmente para o vice-reino do Peru viram-se sujeitos, na década de 1630, a uma crescente hostilidade e discriminação da parte de espanhóis e crioulos. Dessa forma, por volta de 1640 começava a tornar-se evidente à comunidade mercantil portuguesa que a união das coroas não mais oferecia as vantagens que outrora a haviam tornado relativamente aceitável; e isso por sua vez predispôs muitos deles a aceitar o *fait accompli* de 1º de dezembro de 1640, quando o duque de Bragança se declarou rei de um Portugal independente.

A separação de Portugal foi outro golpe contundente na *carrera de Indias*, minando ainda mais a confiança de Sevilha e privando-a dos investimentos de Lisboa que de forma alguma podia dar-se ao luxo de perder. Além disso, ao mesmo tempo em que perdeu o Brasil, a monarquia também sofreu outras perdas nas Antilhas. Aqui mais uma vez foram os holandeses que tomaram a dianteira. As frotas holandesas em águas do mar dos Caraíbas, no final da década de 1620, davam uma cobertura sob a qual os ingleses e os franceses podiam movimentar-se para ocupar as ilhas não-habitadas ou habitadas esparsamente das Pequenas Antilhas. Em 1634, os holandeses estabeleceram-se permanentemente em Curaçao, e no início da década de 1640 — com Tortuga, Martinica e Guadalupe sendo invadidas pelos franceses, com os ingleses em Barbados, St. Christopher e Antigua, e postos comerciais holandeses estabelecidos nas ilhas ao largo da costa venezuelana — o mar dos Caraíbas estava se tornando um lago europeu.

Os espanhóis responderam da melhor forma que puderam. A *armada de barlovento* finalmente entrou em operação em 1640, mas não foi tão eficiente quanto seus idealizadores esperaram, em parte porque freqüentemente teve de ser desviada para escoltar comboios que cruzavam o Atlântico. Os próprios colonos conseguiram repelir uma série de ataques, e o continente e as principais ilhas foram defendidas com sucesso com o reforço e a reconstrução de fortificações. Mas a captura da Jamaica pelos ingleses, em 1655, revelou uma mudança importante ocorrida na região do mar dos Caraíbas na primeira metade do século. Vinte anos antes, em 1634, os vínculos diretos entre a Espanha e a Jamaica haviam praticamente chegado ao fim. De fato, a Espanha agora concentrava seus minguados recursos e abandonava seus postos avançados mais distantes cuja manutenção havia-se tornado proibitivamente dispendiosa. Essa política funcionou, no sentido de que a Espanha emergiu de suas dificuldades da metade do século com seu "império das Índias" ainda em grande parte intato. O que havia desaparecido para sempre, no entanto, foi seu monopólio sobre o Novo Mundo. Esse fato foi tacitamente reconhecido no acordo de paz de Münster em 1648 que pôs fim à guerra de oitenta anos entre a Espanha e a Holanda — um acordo que permitiu aos holandeses manter a posse daqueles territórios que ocupassem de fato, embora os proibisse de comerciar com as Índias espanholas. Em 1670, isso também foi reconhecido, numa escala significativa, pelo tratado anglo-espanhol de Madri, pelo qual a Espanha aceitava efetivamente o argumento inglês de que não era a descoberta mas a ocupação e colonização genuínas que conferiam o direito de posse.

Assim, as relações entre a Espanha e as Índias experimentaram uma mudança decisiva em conseqüência do conflito internacional da década de 1620 à de 1650. A própria Espanha enfraqueceu-se desastrosamente; o mar dos Caraíbas se internacionalizou e se transformou na base de onde iria desenvolver-se o comércio ilegal em larga escala com o continente americano; e as sociedades coloniais das Índias voltaram a depender de seus próprios recursos, inclusive na área de organização militar.

Tradicionalmente, a tarefa de defesa das Índias contra ataques inimigos havia sido delegada aos *encomenderos*, dos quais se esperava que pegassem em armas sempre que uma frota hostil fosse avistada. No entanto, com a perda de eficácia institucional da própria *encomienda*, os *encomenderos* não mais constituíam uma força de defesa satisfatória, de modo que, no século XVII, a coroa achou mais vantajoso apropriar-se de uma parte das rendas de suas *encomiendas* para a manutenção de homens pagos. Embora se tenham trazido da Espanha soldados profissionais para servir nas guardas vice-reais e para guarnecer as fortificações costeiras, a crescente irregularidade e inadaptação desses reforços de tropa significou uma perigosa tendência a diminuir os efetivos das guarnições, e os colonos se conscientizaram de que havia pouca esperança de salvação a menos que eles mesmos se salvassem. À medida que o século XVII avançava, portanto, as milícias urbanas e o serviço militar voluntário passaram a representar um papel cada vez mais importante na defesa das Índias. O vice-reino do Peru, por exemplo, reagiu com uma mobilização geral ao ataque do capitão Morgan no istmo do Panamá em 1668-1670. O fracasso do plano de Olivares de formar uma União das Armas em todas as esferas da monarquia havia levado a população colonial das Índias a desenvolver a arte da autodefesa.

Assim, tanto militar quanto economicamente, os laços entre as Índias e a Espanha metropolitana foram afrouxados, pelo menos temporariamente, pelo drástico enfraquecimento da própria Espanha durante as décadas medianas do século. Não obstante, ao mesmo tempo as Índias eram submetidas a pressões fiscais intensas e a todo peso instável do controle burocrático espanhol. Essa combinação seiscentista entre negligência e exploração não poderia deixar de exercer profunda influência no desenvolvimento das sociedades do Novo Mundo. Criou oportunidades para as oligarquias locais que, aproveitando-se da fraqueza da coroa, consolidaram ainda mais seu domínio sobre a vida de suas comunidades, ao adquirirem extensas áreas de terra por compra, extorsão ou usurpação. Se para a Nova Espanha e, em menor extensão, para o Peru o século XVII foi o século da formação dos latifúndios, isso não deixou de ter relação com o enfraquecimento temporário do controle da coroa sobre as Índias. Também, quanto a isso, foi o desenvolvimento do que veio a ser outro fenômeno permanente da vida na América Latina, o *caciquismo* rural. No contexto político e administrativo do século XVII havia inúmeras oportunidades de o magistrado local transformar-se no patrão local.

Tanto o latifundismo quanto o caciquismo foram, em certa medida, os produtos da negligência da metrópole. Um terceiro produto a longo prazo dessa época foi o desenvolvimento do *criollismo* — o senso de uma identidade crioula distinta — que refletia a outra faceta da vida nas Índias no século XVII, a exploração pela metrópole. As relações entre os crioulos e os recém-chegados da Espanha, os chamados *gachupines*, nunca foram inteiramente tranqüilas. Havia, de um lado, ressentimento e, de outro, desprezo. O ressentimento nascia dos inúmeros aborrecimentos que os recém-chegados da metrópole inevitavelmente causavam aos colonos com sentimentos ambivalentes sobre a mãe-pátria. Provinha também das frustrações de uma comunidade mercantil que se irritava com as coerções de Sevilha no exercício de seu monopólio. Mais que tudo, resultava do fato de muitos dos cargos, e quase todos os melhores postos, na Igreja e no Estado, serem reservados aos espanhóis.

As ordens religiosas, em particular, estavam profundamente divididas por rivalidades entre peninsulares e crioulos. Foi para atenuar essas rivalidades que o sistema da *alternativa* passou a ser cada cada vez mais adotado no século XVII. Nesse sistema, o governo provincial das ordens religiosas alternava-se entre os espanhóis nativos e crioulos. Mas era possível que a própria *alternativa* se transformasse em causa de hostilidade, como ocorreu entre os franciscanos do Peru na década de 1660, quando os espanhóis, então superados por larga margem pelos crioulos, numa tentativa de salvaguardar a sua própria posição, obtiveram um decreto papal que impunha o sistema. O fato é que cada nova geração crioula se sentia um pouco mais distante da Espanha metropolitana e, portanto, se mostrava cada vez mais relutante em aceitar o tipo de tutela implícita nas relações entre a mãe-pátria e as colônias.

Mas os laços de parentesco, interesse e cultura que ligavam a metrópole aos colonos das Índias estavam fortemente incrustados e não eram fáceis de romper. O desenvolvimento da cultura urbana nas Índias foi, e permaneceu, amplamente dependente do da Espanha. Embora a Cidade do México tenha adquirido um prelo em 1535, e tenham sido instalados outros prelos, nos séculos XVI e XVII, em Lima, em La Paz, em Puebla e na Guatemala, a maior parte da produção local estava reservada para os livros usados na catequização dos índios. Para sua cultura, os colonos dependiam dos prelos da Espanha; e um indício do estreitamento dos laços e da notável velocidade de transmissão até mesmo aos postos mais distantes da monarquia é o fato de que em 1607, três anos após a publicação da primeira parte de *Don Quixote*, o cavaleiro de La Mancha e seu escudeiro apareceram pela primeira vez na América numa *fiesta* realizada em Pausa, no Peru[26].

Enquanto livros e peças espanhóis mantinham os colonos em contato com as mais recentes tendências intelectuais de Madri, os colégios dominicanos e jesuítas que brotaram em todo o Novo Mundo forneciam uma educa-

26. Ver F. Rodríguez Marín, *Estudios Cervantinos*, Madrid, 1947, pp. 573-596.

ção hispânica tradicional. Em 1538, o colégio dominicano de Santo Domingo foi elevado à condição de universidade, segundo o modelo da de Alcalá de Benares. Lima e a Cidade do México ganharam suas próprias universidades em 1551. Seus estatutos, privilégios e currículos eram baseados nos de Salamanca, como Francisco Cervantes de Salazar, professor de retórica no México, assinalou orgulhosamente em 1554 num diálogo imaginário em que se mostravam a um visitante as principais vistas da cidade[27]. A educação escolástica no estilo da metrópole que os filhos e netos dos primeiros *conquistadores* e *encomenderos* recebiam em suas universidades locais era ao mesmo tempo um símbolo de posição social e um indício de sua participação numa tradição cultural mais ampla, que desconhecia qualquer fronteira atlântica.

No entanto, mesmo quando tentou reproduzir-se na colônia, a cultura espanhola esteve sujeita a mudanças sutis. Essas ocorreram primeiramente no vocabulário dos colonos, que logo passou a incluir palavras de origem indígena — *cacique*, *canoa*, *chocolate*. Novas formas de sensibilidade forcejavam por exprimir-se através de formas artísticas e literárias tradicionais; e entre os espanhóis das Índias existia um crescente sentimento de apego territorial ao seu próprio Novo Mundo — um apego que começou a encontrar expressão literária em obras como a *Grandeza Mexicana*, o longo poema de Bernardo Balbuena, publicado em 1604.

No século XVII, multiplicaram-se os indícios de que os crioulos se haviam empenhado na grande busca de sua própria identidade. A crescente popularidade do culto à Virgem de Guadalupe na Nova Espanha, por exemplo, era um meio de proclamar que o México constituía uma entidade distinta e separada, sem no entanto chegar ao ponto de romper os vínculos de lealdade com a coroa e a metrópole espanhola. Se há um símbolo que pode ilustrar esse recém-descoberto sentimento de comunidade historicamente distinta na Nova Espanha é o arco do triunfo erigido na Cidade do México em 1680, para a entrada do novo vice-rei, o marquês de La Laguna. Pela primeira vez foram exibidos num arco de triunfo desse tipo os deuses e imperadores astecas. É evidente que, ao ser usado o passado pré-hispânico pelos descendentes dos conquistadores como meio de auto-identificação diante da Espanha metropolitana, pelo menos uma parte da sociedade colonial havia cruzado uma importante barreira psicológica.

27. *México en 1554 y Túmulo Imperial*, ed. Edmundo O'Gorman, Ciudad del México, 1963, p. 22 (*diálogo primero*).

Em 1700, portanto, quando finalmente se extinguiu a dinastia Habsburgo que havia governado a Espanha e as Índias na melhor parte dos dois séculos, os Bourbons viram-se incumbidos de um legado que não era facilmente administrável. No século XVI, a coroa, apesar de todas as suas falhas, havia conseguido manter um controle surpreendentemente firme sobre a nova sociedade posterior à conquista que se desenvolvia nas Índias. No entanto, tanto quanto na própria Espanha metropolitana, no final do reinado de Filipe II as tensões começaram a se fazer sentir. As necessidades financeiras da coroa, resultantes de seus altos gastos na aplicação de uma política estrangeira extremamente ambiciosa, forçavam-na a estabelecer constantes compromissos com as comunidades locais e grupos sociais privilegiados. As Índias não foram exceção. Aqui, como em Castela e na Andaluzia, cargos eram postos à venda, acordos tácitos eram celebrados com as elites locais, e o Estado, mesmo que ainda interferisse muito, estava perdendo terreno claramente.

No século XVII, a crise na Espanha metropolitana aprofundou-se; e se isso causou novas tentativas de exploração predadora das Índias em benefício da metrópole, também significou a expansão das oportunidades de as oligarquias da América, cada vez mais confiantes e agressivas, tirarem proveito das necessidades desesperadas do Estado. As coerções sob as quais essas oligarquias atuavam continuavam a ser as mesmas que haviam existido no século XVI. Tudo ainda tinha de ser resolvido oficialmente por referência a Madri. Mas, dentro dessas coerções, havia uma crescente margem para manobras independentes. Uma burocracia inchada nas Índias oferecia infinitas oportunidades de dobrar as regras para adequá-las às necessidades locais; uma coroa distante e falida geralmente podia ser comprada quando interferia em excesso nos detalhes das relações que se vinham desenvolvendo entre a elite colonial e a população indígena. Nas Índias, assim como nas outras partes da monarquia espanhola no mundo inteiro, o século XVII foi proeminentemente a época da aristocracia.

O sistema que os Bourbons do século XVIII encontraram já estabelecido nas possessões espanholas na América era, dessa forma, um sistema que poderia ser mais bem descrito como um autogoverno sob o comando do rei. As oligarquias das Índias haviam alcançado uma espécie de autonomia dentro do quadro mais amplo de um governo centralizado exercido a partir de Madri. Era um sistema que ficava aquém das aspirações de Carlos V e de Filipe II, mas que também mantinha as Índias ainda extremamente dependentes da coroa espanhola. Refletindo um equilíbrio implícito entre a metrópole e as comunidades de colonos, o sistema garantia mais estabilidade que mobilidade; e suas principais vítimas foram inevitavelmente os próprios índios. Permitiu que a América espanhola sobrevivesse às calamidades do século XVII e até mesmo prosperasse moderadamente; e, a despeito das depredações estrangeiras, o império espanhol na América ainda estava em grande parte intato quando o século chegou ao fim. Restava verificar se um sistema tão comodamente flexível poderia sobreviver a um novo tipo de rigor — o rigor da reforma do século XVIII.

A Espanha e a América: O Comércio Atlântico, 1492-1720

A ESPANHA e seu império americano, o Velho e o Novo Mundo, estavam ligados pelo oceano Atlântico. Navios a vela, construídos de madeira, pequenos pelos padrões modernos, arrastaram-se numa viagem de ida e volta à América, ano após ano, por mais de três séculos, seguindo rotas de impressionante regularidade e uniformidade. Esses navios, os portos de partida e de destino, os cursos e o tempo que gastavam e as pessoas que neles trabalhavam ou pagavam passagens constituem um capítulo fascinante da história do mar. A *carrera de Indias*, como foi chamada muitas vezes a ligação marítima entre a Espanha e a América, e o comércio que ela transportava foram também, evidentemente, um fator econômico e, em última análise, social e cultural de grande importância. As frotas traziam à Europa milho, batata, açúcar, tabaco, além de ouro e prata. Por sua vez, a Europa enviava, além de gente e produtos manufaturados, trigo, porcos, carneiros e gado, que exerceram grandes impactos sobre a dieta e a paisagem americanas. Esse comércio atlântico, durante os séculos XVI e XVII, é que será examinado nas páginas seguintes. A própria *carrera* atravessou uma série de ciclos, curtos e longos, que ao mesmo tempo refletiram e afetaram as condições socioeconômicas na mãe-pátria e nas colônias. Além disso, à medida que aumentaram as rivalidades entre os impérios europeus, especialmente no mar dos Caraíbas, a *carrera* se viu ameaçada diretamente por piratas e corsários, e indiretamente pelas tentativas dos contrabandistas da Europa do Norte de substituí-la como fornecedora e compradora do império hispano-americano.

A Espanha, ou para ser mais exato, a empresa colonial de Castela no Atlântico veio depois de quase um século de exploração portuguesa das costas do Atlântico leste. Portugal também abrira caminho na colonização das ilhas da plataforma continental européia e africana. O fato de Castela ter chegado ao Novo Mundo antes de Portugal foi obra do acaso: deveu-se à decisão de Colombo de deixar Lisboa e a corte de Dom João II e buscar apoio junto a Fernando e Isabel. Assim, a descoberta e a colonização da América pela Espanha foi parte de uma expansão ibérica, liderada pelos portugueses nos séculos XV e XVI, ao Atlântico e através dele[1].

A Espanha e Portugal usufruíram de grande vantagem entre as nações da Europa ocidental por possuírem a costa e seus estuários entre Lisboa e o rio Guadalquivir. Nesse local, o Atlântico e o Mediterrâneo se encontraram, como também o fizeram suas tradições de viagens marítimas e técnicas de navegação. Havia muitos portos excelentes na Galícia, nas Astúrias e na região basca, alguns dos quais, durante os séculos de comércio das Índias, construíram e forneceram navios à *carrera*, entre eles o primeiro navio de Colombo; mas os ventos que predominavam no norte da Espanha, na maior parte do ano, sopravam do sudoeste. Desde o início, Sevilha e os portos próximos à foz do rio Guadalquivir, no sudoeste da Andaluzia, constituíram a principal ligação da Espanha com as Índias. Os ventos predominantes no privilegiado sudoeste da Península, especialmente nos meses de verão, vinham do norte. São evidentes as vantagens para um navio que tentasse deixar a costa ibérica para viajar rumo sul ou oeste, mais usualmente rumo sul e depois oeste. Ademais, o sul e o oeste do oceano ofereciam diversos grupos de ilhas que podiam servir de ponto de parada para reparos e abastecimento, fosse o destino a costa africana e a Índia, ou o mar dos Caraíbas. As Canárias tornaram-se o ponto de parada óbvio e preferido na rota das Índias espanholas, e Cabo Verde a parada usada quando se contornava a costa da África ou se viajava para o Oriente. Os Açores e, em menor medida, a Madeira eram mais propícios para as frotas que retornavam da América, de modo que os navios espanhóis os usavam quando precisavam e os portugueses o permitiam. As Canárias se tornaram como que um laboratório para a conquista e a colonização da América espanhola. Muitas técnicas e instituições de conquista e colonização, e algumas das novas indústrias e culturas agrícolas, foram testadas, melhoradas e estabelecidas nas Canárias. O papel dessas ilhas, e de algumas outras que serviam de pontos de parada, perdurou por todos os séculos coloniais e mesmo além, não apenas como etapas de viagem e laboratórios, mas também como parceiros comerciais e fornecedores de imigrantes para as Índias.

1. Sobre a história da conquista e colonização espanholas da América cf. neste mesmo volume o trabalho de J. H. Elliott, cap. 4, às pp. 135-194, e sobre a história da colonização no Brasil, cf. o trabalho de H. B. Johnson, cap. 6, às pp. 241-281.

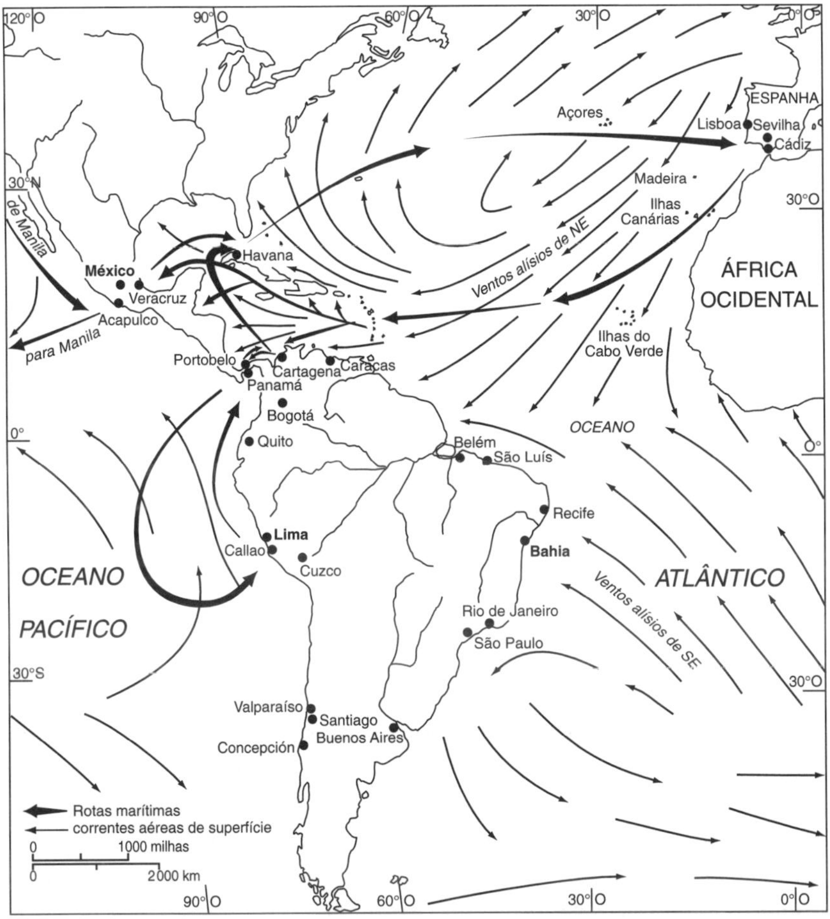

A Espanha e a América: as rotas marítimas

A primeira viagem de Colombo, a famosa expedição de 1492 com suas três caravelas e 87 homens, seguiu uma rota mais setentrional, rumo ao mar dos Caraíbas, do que as utilizadas mais tarde. O três navios deixaram a costa da Espanha, seguindo rumo su-sudoeste com o vento por trás até alcançarem as Canárias, mas depois a pequena frota virou diretamente para o oeste, desviando-se um pouco para o sul até a última terça parte da viagem. Desse modo, os três navios alcançaram as Baamas, em tempos coloniais muito mais a saída do que a entrada do mar dos Caraíbas.

Na verdade, Colombo permaneceu demasiado tempo ao norte; apesar disso, no entanto, graças à boa sorte e a melhor náutica, sua primeira viagem foi uma travessia rápida e, de fato, a sua quarta viagem foi uma das mais rápidas jamais feitas no Atlântico em embarcação a vela. No entanto, as frotas posteriores usualmente seguiam uma rota mais ao sul, como impunham os ventos e as marés. Seguiam a rota de Colombo até as Canárias, onde recolhiam provisões, produtos de exportação e migrantes, mas daí por diante continuavam rumo sul e oeste com os ventos alísios de nordeste por trás até pegarem os ventos alísios de sudeste — se conseguissem ficar ao norte das temíveis calmarias. Com os alísios de sudeste atrás de si e ajudados pela corrente norte-equatorial e pela do mar dos Caraíbas, os navios eram empurrados através de uma das entradas sul do mar dos Caraíbas, em meio às ilhas situadas entre Trinidad e Guadalupe; muitas vezes fundeavam nesse segundo grupo de pontos de parada para reabastecimento, tratamento dos doentes e reparos. Entre 1536 e 1650 mais de 75 por cento dos navios espanhóis que entraram no mar dos Caraíbas pararam em Dominica, Martinica, Guadalupe e nas duas pequenas ilhas de Désirade e Marie Galante, num roteiro notavelmente estreito para qualquer era de navegação a vela.

As viagens de volta normalmente seguiam uma rota mais ao norte, deixando o mar dos Caraíbas pelos estreitos entre Cuba e a Flórida e contornando as Baamas. A esperança era usar a corrente do Golfo e depois pegar os ventos de oeste do Atlântico norte. As viagens de Colombo estabeleceram um padrão também para a volta. Essas rotas, que serão examinadas mais adiante, foram fatores de grande importância no desenvolvimento e localização dos portos espanhóis nas Índias, e no estímulo ou inibição de zonas e produtos econômicos nas possessões espanholas.

A embarcação básica do período inicial de exploração do Atlântico foi a caravela. Era um navio pequeno, mesmo para a época, talvez com uma capacidade média de mais ou menos cem toneladas, mas era rápido e de boas condições de navegabilidade. Quando as viagens se tornaram mais longas e o volume do comércio aumentou, juntou-se a ela um navio mercante de maior porte, a nau de velas redondas. Por volta de 1550, havia sido desenvolvido o galeão, que logo substituiu a caravela. Era maior, talvez em torno de quatrocentas toneladas, dotado de armas mais pesadas e maior espaço de carga. Seu casco assemelhava-se ao da galera do Mediterrâneo. Embora usada inicialmente pelos espanhóis e portugueses, o versátil galeão foi adotado por seus rivais do Norte, os holandeses e os ingleses. Em termos gerais, antes de 1700 as frotas espanholas usavam navios mais pesados, mais difíceis de manobrar e dotados de mais castelos, do que seus rivais do Norte. À medida que a nau e o galeão se foram tornando mais importantes, a pioneira caravela foi sendo relegada ao comércio costeiro entre a Espanha e as Canárias e a trabalhos portuários no mar dos Caraíbas.

Dispomos de pouca pesquisa sobre o tempo médio de vida útil dos navios do século XVI. Muita coisa dependia do cuidado e da manutenção, o que envolvia uma laboriosa carenagem a intervalos regulares. Os navios de madeira apodreciam depressa em climas úmidos e tropicais e os fundos eram atacados por vermes toredo e pela hoste de pragas marinhas conhecidas dos espanhóis com o nome de *barva*. Os naufrágios em costas mal mapeadas, as tempestades no Atlântico e os furacões no mar dos Caraíbas, os piratas e o excesso de carga, tudo isso encurtou a vida útil dessas embarcações. O *Nuestra Señora del Pilar*, um galeão de 640 toneladas, foi construído em Havana em 1610 e fez dezoito travessias do Atlântico nos treze anos seguintes, acompanhando quase exatamente as rotas de ida e de volta descritas acima. Foi finalmente desmontado em Veracruz, em 1623, para reaproveitamento do madeirame e das ferragens. Sua vida útil pode ser típica, ou apenas um pouco mais longa que a média.

Os navios eram construídos onde havia disponibilidade dos materiais necessários. O complexo de portos de Andaluzia não dispunha de madeira de lei de grande porte nem de produtos náuticos, como resina e cordame. Muitos dos primeiros navios foram construídos nos portos do Norte, mas, com o declínio da Espanha, essa região forneceu poucos navios ou mesmo nenhum, e a Holanda e as Índias assumiram seu lugar. Por volta de 1650, a Espanha construía menos de um terço de suas frotas das Índias, enquanto a Holanda e as Índias Ocidentais forneciam mais de um terço cada uma. O período mais fraco da construção naval espanhola foram as décadas de 1650 e 1660. A construção de navios no mar dos Caraíbas decresceu, especialmente nas décadas de 1670 e 1680. Depois disso, a construção naval espanhola e caribenha ressurgiu lentamente, e uma parcela maior dos navios da *carrera* voltaram a ser espanhóis.

A construção de navios nas colônias hispano-americanas começou muito cedo, com a costa do Pacífico tomando a dianteira. Guatulco na Nova Espanha e Realejo na Nicarágua tinham acesso a florestas de pinho rígido, resina para calafetagem, também extraída do pinheiro, e algodão, *cayuga*, *pita* e cacto para o velame, o cordame e a calafetagem. Mais tarde, Guayaquil, próximo a florestas de madeiras de lei e de seu próprio lago de piche, tornar-se-ia importante e assim permaneceria por todo o período. A região antilhana desenvolveu mais lentamente seus estaleiros navais, mas, no final do século XVI, Havana, Maracaibo e Campeche possuíam estaleiros de renome, com instalações menores em Puerto Rico, Santo Domingo, Jamaica e nos pequenos portos da costa norte de Tierra Firme. Por volta de 1500, foram instalados nos navios canhões fundidos de bronze, que podiam ser transportados junto com a tropa. Como Portugal, a Espanha importou canhões de Flandres e do norte da Alemanha e cobre da Antuérpia. À medida que cresciam seus interesses no Atlântico, a Espanha realizava árduos esforços para diminuir sua dependência em relação aos fornecedores estrangeiros. Foram instaladas fundições de canhão em Medina del Campo, Málaga, Barcelona e, mais tardiamente, em 1611, em Sevilha. Apesar dessa tentativa de substituição de importações, as fundições espanholas nunca chegaram perto de atender às próprias necessidades e continuaram a recorrer às importações do norte da Europa.

Os canhões de navios eram instalados, inicialmente, no convés superior ou nos castelos. As caravelas eram pequenas e leves demais para suportar muitas armas. No século XV, os navios portugueses que navegavam pela costa africana geralmente levavam cerca de quinze canhões pequenos. No início do século XVI, a abertura de canhoneiras nos cascos das embarcações e o crescente uso do galeão e da nau mudaram tudo isso. Depois de 1550, nos navios de guerra que percorriam o Atlântico, tornaram-se comuns as fileiras de canhões em cada convés. Essa série de canhões leves servia a dois propósitos. Forneciam o armamento necessário para combate ou bombardeio em alto-mar e podiam ser removidos dos navios para expedições terrestres em território desconhecido. Os canhões de Cortés em seu avanço até Tenochtitlán teriam sido considerados antiquados e de segunda categoria pelos principais fabricantes de armas na Europa do Norte, mas serviram a seus propósitos. Todos foram removidos dos navios e colocados sobre plataformas com rodas. Esses canhões, retirados dos navios, eram transportados por mulas ou homens. Os marinheiros puxaram os da expedição de Cortés até que ajudantes índios tomaram seu lugar.

A palavra mais corriqueira para descrever as equipagens dos navios dos séculos XVI e XVII é "colcha de retalhos", mas isso nos diz muito pouco, e na verdade os marinheiros da época, enquanto classe, foram muito pouco estudados. É evidente que a maioria dos marinheiros simples pertenciam às classes mais pobres. Muita coisa foi escrita sobre os pequenos criminosos que estavam entre eles, homens que ao sair para o mar escapavam da lei. Outros homens também eram recrutados por serem viciados em bebida ou por estarem afundados em dívidas; e muitas vezes se viram em alto-mar antes de saber onde estavam. Outros eram escravos ou criminosos condenados, forçados a se tornar marinheiros contra a vontade. Muitos dos primeiros marinheiros na *carrera* do Atlântico foram provavelmente homens desempregados dos litorais de Sevilha, Cádiz, Palos e dos pequenos portos dessa costa. Pode-se imaginar quão baixo devia ser o nível de entusiasmo e o profissionalismo entre esses marinheiros.

A vida no mar (descrita abaixo com maiores detalhes) era muito pouco atrativa: era suja, perigosa e muito insalubre. A alimentação e as condições de vida eram tão terríveis que nas viagens mais longas os navios em atraso, quando atracavam, mais pareciam necrotérios. O ataque do escorbuto, causado pelas deficiências de vitaminas e por uma alimentação inadequada, era quase inevitável depois de duas ou três semanas em alto-mar. Embora a eficácia das frutas cítricas não fosse totalmente desconhecida no final do século XVII, seu uso generalizado para prevenir os efeitos do escorbuto somente viria a ocorrer muito mais tarde. É digno de nota que a dieta básica de bolachas de bordo infestadas de gorgulho, carne de porco salgada e água morna e salobra tenha ocasionado poucas queixas nesse estágio inicial, até onde se pode concluir pelos escassos registros, mas deve-se levar em conta que a disciplina era rígida, punindo mesmo os pequenos delitos. A pena de morte era comum, aumentando as altas taxas de mortalidade a bordo dos navios que cruzavam o Atlântico.

É provável que a pesquisa altere um pouco o quadro desagradável descrito acima. Sabemos, por exemplo, que alguns marinheiros portugueses e andaluzes, no início do século XVI, e possivelmente também alguns no século XVII, eram oriundos de famílias que trabalhavam no mar, nos pequenos portos ao longo da costa mais favorecida. Esses homens tinham conhecimento, entusiasmo e vigor. Sua experiência usualmente os guindava aos postos mais altos da tripulação. Vamos encontrá-los como pilotos, mestres e imediatos. Os irmãos Pinzón que viajaram com Colombo são os representantes mais conhecidos dessas famílias de marinheiros. Além disso, os navios precisavam de trabalhadores hábeis. É comum encontrar, na maioria dos navios de grande porte, carpinteiros, tanoeiros para barris de vinho e de água, ferreiros, mestres de velas e artilheiros (na frota espanhola os gregos se destacavam como artilheiros).

Nos séculos XVI e XVII parece ter havido uma constante escassez de marinheiros. É presumível que esse tipo de vida não atraísse muitos que dispunham de alguma outra alternativa. Marinheiros e artesãos experimentados e hábeis tornavam-se cada vez mais escassos e, evidentemente, mais essenciais. Com o aumento do tamanho dos navios, diminuía o número de marinheiros e profissionais sem especialização. (Um navio de seiscentas toneladas transportava uma tripulação maior do que um de cem toneladas, mas não muito maior.) Mas a demanda não diminuiu grandemente. Os proprietários e capitães de navios que estavam determinados a chegar ao mar dos Caraíbas, e possivelmente voltar à Espanha, tinham de se assegurar de que partisse de Sevilha com uma tripulação completa. Na verdade, é provável que os mais prudentes contratassem um número maior de homens do que o inicialmente necessário. As mortes em alto-mar eram numerosas e aparentemente tão inevitáveis que os empregadores deixavam uma margem para atender a essas perdas. O pesadelo que assombrava tanto os proprietários quanto os marinheiros era que o efetivo de sua tripulação descesse abaixo do mínimo essencialmente necessário para o funcionamento do navio. A embarcação, sem qualquer controle, derivaria e vagaria pelo Atlântico até que, no casos mais graves, a tripulação morresse de sede e de doenças. Levar a bordo uma tripulação grande demais era outro tipo de desastre. Os marinheiros ocupavam espaço e consumiam provisões que poderiam ter sido destinadas a passageiros pagantes. Pior ainda, os marinheiros e seus cestos de alimentos e baús tomavam um precioso espaço de carga nos navios pequenos que dispunham de espaço limitado. Toda essa dura realidade teve efeitos de grande alcance sobre a *carrera* do Atlântico e, na verdade, sobre o Novo Mundo espanhol.

Os oficiais e passageiros ilustres viviam acima do convés, dormindo nos castelos ou em outras pequenas estruturas no convés superior. Logo à frente do mastro principal ficava o *fogón*, um braseiro de carvão de lenha sobre um piso de metal, à volta do qual os homens se reuniam uma vez por dia para receber alimento quente, se o tempo permitisse cozinhar. Os homens dormiam sobre esteiras ou *petates* entre os conveses (as redes seriam introduzidas mais tarde), da melhor forma que pudessem, cercados pelos baús dos oficiais e dos passageiros, por suas pobres trouxas e cestos, pelas carretas dos canhões e por rolos de cordas. Os navios rolavam e balançavam constantemente, e em tempo de tempestade a tripulação literalmente dormia nos embornais enquanto os vagalhões arrebentavam por sobre a embarcação e escoavam entre os conveses. Os homens e suas roupas muitas vezes permaneciam molhados durante dias e dias. Abaixo dos homens ficavam as detestadas bombas, que nos navios de madeira tinham de ser operadas por um tempo maior ou menor, dependendo do estado da calafetagem e das juntas. O porão de carga ficava a meia nau. Geralmente estava fechado, e a ele a tripulação não tinha acesso.

Dispomos de alguns poucos relatos de viagens feitos em primeira pessoa, mas, evidentemente, é difícil dizer quão característicos são alguns deles. Um dos mais interessantes é feito pelo frei dominicano Tomás de la Torre, que viajou de Salamanca a Ciudad Real, em Chiapas, entre 1544 e 1545, acompanhando o bispo Bartolomé de Las Casas e outros frades a sua nova diocese. Sua viagem até Sevilha durou exatamente um mês, uma cansativa preliminar da viagem oceânica de muitos outros migrantes. De Sevilha os frades seguiram rio abaixo até San Lúcar de Barrameda, mas foram obrigados a esperar cerca de cinco meses pela frota proveniente da Nova Espanha, um interlúdio caro e inútil que era demasiado comum. A frota naquele ano era formada por 25 *naus* e caravelas e um galeão. Entre os migrantes mais ilustres estava a esposa do vice-rei, que seguia para o México.

Em 10 de julho os navios cruzaram a barra de San Lúcar com alguma dificuldade. Torre se queixa do extremo calor desses dias de verão, preso na barra na foz do rio, e do enjôo que afligiu muitos passageiros nos primeiros dias em alto-mar. Foram avistados corsários franceses no horizonte, mas não se aproximaram. Ao mesmo tempo Torre se queixa da sede causada pelo calor, das bolachas de bordo e da comida salgada. Resmunga também contra a sujeira, a vida sem conforto e as condições de dormida. Em 19 de julho os navios avistaram Tenerife nas Canárias e no dia seguinte desembarcaram em La Gómera, onde permaneceram por dez dias para reabastecimento e descanso. Ao partirem novamente em 30 de julho, muitos caíram doentes com o mar agitado, e logo retornaram as queixas sobre a sede e a fraca alimentação. Em 20 de agosto o navio, retardado pela calmaria durante mais sete dias quentes e abafados, fez pouco progresso. Pouco tempo depois avistaram Désirade e Marie Galante, mas não desembarcaram por medo dos caraíbas. O calor, a sede e os ventos variáveis continuaram até 3 de setembro, quando aportaram em San Juan, no Porto Rico. Aí a frota se dividiu; alguns navios não seguiram viagem devido ao número demasiado grande de mortes a bordo, e um porque fazia muita água. Doze naus e uma caravela prosseguiram para Veracruz.

Fizeram uma parada em Santo Domingo em 9 de setembro, exatamente quarenta dias após deixar as Canárias. Aí abandonaram a frota principal e em 14 de dezembro seguiram num navio solitário com destino à costa de Campeche. A tripulação e os passageiros agora tinham muito medo dos piratas franceses, porque o navio não contava com armamentos e estava sozinho. Enfrentaram sua primeira grande tempestade de 16 a 21 de dezembro e falaram em abandonar o navio. Finalmente, em 9 de janeiro de 1545 desembarcaram na pequena *villa* de Campeche. Contudo, mesmo então seus sofrimentos ainda não haviam chegado ao fim. Enquanto viajavam em águas interiores entre Campeche e Tabasco, uma canoa virou e nove frades morreram afogados na laguna de Términos. Os sobreviventes acharam as condições de trajeto por terra igualmente difíceis. Tiveram de cruzar as planícies quentes e insalubres de Tabasco, depois enfrentaram a íngreme subida de Tabasco até o planalto de Chiapas. Chegaram a Ciudad Real em 12 de março de 1545.

A viagem, incluindo algumas longas paradas em Andaluzia e nas ilhas, durou um ano e dois meses, e mesmo assim parece ter sido bastante normal e, pelo menos na parte atlântica, relativamente tranqüila. O que parece surpreendente hoje é que uma viagem tão longa, difícil e desagradável fosse uma experiência comum e constituísse a ligação entre as colônias e a mãe-pátria.

A regularidade dessas viagens e a precisão da navegação ainda continuam sendo uma espécie de mistério. No curso do século XVI, muitos *derroteros*, ou roteiros, foram registrados por escrito e alguns publicados. Neles os marinheiros ou os homens de letras tentavam reunir uma mescla de fatos, conhecimentos e lendas para a geração seguinte de navegantes. Talvez o mais famoso desses roteiros tenha sido a *Arte de Navegar*, de Pedro de Medina, que foi traduzido para o inglês e o francês antes do final do século XVI. Parece ter sido bastante usado.

No entanto, os pilotos raramente faziam uso desses manuais. Na verdade, alguns os desdenhavam abertamente. A despeito de uma educação rudimentar na *Casa de Contratación* (Casa de Comércio) em Sevilha ou em Lisboa, muitos pilotos experientes, um grupo reconhecidamente inculto mas hábil, teriam pouca coisa a fazer com guias escritos ou tecnológicos e, como Colombo, confiavam principalmente na navegação estimada. Podemos perfeitamente perguntar o que acontecia quando pequenos erros aumentavam enormemente na vastidão de uma travessia oceânica. De fato, os pilotos da época raramente saíam da rota mais de oitenta quilômetros, a não ser que fossem impelidos por uma tempestade. "Não existem hoje navegadores que se baseiem assim na estima", escreve o almirante Morrison, "nenhum homem de hoje, limitado aos instrumentos e meios de que Colombo dispunha, conseguiria alguma coisa próxima da precisão desses resultados"[2]. E desse modo esses primeiros navegantes da rota do Atlântico guardaram seus segredos.

Entre os portos andaluzes no baixo Guadalquivir ou próximos Sevilha passou a predominar logo cedo, e assim permaneceu até ser substituída por Cádiz no século XVIII. À primeira vista, isso é enigmático. Cádiz era um porto movimentado antes da descoberta da América, tinha um bom ancoradouro e se localizava junto ao mar. O próprio Colombo partira de Palos em sua primeira viagem, e Huelva, Moguer e San Lúcar, embora cidades pequenas, todas tinham portos adequados, frotas de pesca e caravelas costeiras. De fato, a maioria das viagens iniciais partiram desses portos. A posição de Sevilha no centro da economia do Atlântico data de 1503, quando lá se estabeleceu a *Casa de Contratación*. Em seus primeiros dias, a *Casa* era pouco mais que um depósito da coroa para armazenar os produtos do *quinto* real, provenientes das ilhas, e algumas outras mercadorias ou tributos recolhidos no Novo Mundo. Aos poucos, no entanto, em conseqüência de decisões burocráticas, a *Casa* foi regulamentada, padronizada e centralizada. As viagens para as Índias tinham de partir de Sevilha, e todas as frotas tinham de retornar a esse porto, depois de apenas uma parada em Cádiz ou em San Lúcar. A *Casa* concedia licenças para a viagem às Índias de pessoas e mercadorias, nela eram pagas as taxas de importação e exportação, e era ela que inspecionava os navios reunidos, aprovando ou não a sua travessia. Mais tarde, a *Casa* assumiu outras funções. Tornou-se um estaleiro naval a serviço do Atlântico espanhol, para a carenagem de navios, o armazenamento de provisões de bordo e o treinamento de pilotos, montadores de navios e cartógrafos. Era, num grau limitado, uma universidade do mar, um repositório de roteiros, mapas e veteranos aposentados de travessias anteriores. Quando a coroa assumiu o controle do Atlântico espanhol, toda essa atividade estava centralizada em Sevilha.

À primeira vista, Sevilha era uma escolha inadequada. Tratava-se de uma cidade distante da costa, muitos quilômetros acima de um rio preguiçoso e cheio de meandros. O curso do Guadalquivir era marcado por bancos de areia e baixios de lama movediços inclusive no trecho final, perto de San Lúcar, na foz do rio. No entanto, nos primeiros dias do comércio com as

2. Samuel Eliot Morison, *The European Discovery of America: The Southern Voyages, 1492-1616*, New York, 1974, pp. 176-177.

Índias, Sevilha desfrutava de algumas vantagens importantes. Estar situada a 110 quilômetros rio acima, por exemplo, era uma vantagem. Estava não só protegida das tempestades do Atlântico que castigavam o exposto promontório de Cádiz, mas também das depredações dos piratas e armadas inglesas e berberes. Além disso, como no século XVI os navios, especialmente as caravelas, ainda eram muito pequenos, a profundidade do rio ainda não constituía um grande problema. Mas, acima de tudo, Sevilha era um mercado importante, que Cádiz e os pequenos portos marítimos não eram. Sevilha tinha uma classe de comerciantes bem estabelecida, uma considerável população consumidora e uma rica região agrícola que podia alimentar os marinheiros, abastecer aos navios e suprir os primeiros colonizadores das ilhas antilhanas, que desprezavam a mandioca, o feijão e o milho nativos e tinham saudade do trigo, do vinho e do azeite andaluzes. Sevilha tinha uma antiga tradição mercantil e as instituições financeiras a apoiá-la. Comerciantes do norte da Itália, de Gênova, Bolonha e Pisa haviam-se ali estabelecido pouco depois que a cidade foi retomada dos mouros, e a abertura do Novo Mundo rapidamente os atraiu. Os genoveses estavam em toda parte. "Das vinte e oito casas nobres genovesas estabelecidas pela lei de 1528, vinte e uma estavam representadas em Sevilha durante o século XVI"[3]. Comerciantes holandeses e ingleses também estavam presentes na cidade antes de 1520. Sevilha tinha também um poderoso *consulado*, ou corporação de comerciantes, que gozava da benevolência da coroa. De fato, até a segunda metade do século XVII houve pouca discussão sobre quais portos deveriam liderar o comércio com as Índias. Dentro da Espanha, os portos da parte sudoeste do Atlântico se impunham por causa dos ventos, da história e da geografia, e entre eles Sevilha prevalecia rápida e naturalmente. Quaisquer dúvidas quanto a sua primazia como porto para as Índias logo foram resolvidas pelas tendências centralizadoras e regulamentadoras da *Casa de Contratación*. Em 1668, uma espécie de acordo entre Sevilha e Cádiz levou a situar o carregamento e descarregamento das embarcações em San Lúcar. Em 1676, isto é, nos últimos quarenta anos do período em discussão, Cádiz tornou-se o principal porto para o comércio das Índias.

Dois conjuntos de circunstâncias semelhantes determinaram a localização dos portos coloniais da Espanha no mar dos Caraíbas. Na época da des-

3. Ruth Pike, *Enterprise and Adventure: The Genoese in Seville and the Opening of the New World*, New York, Ithaca, 1966, p. 2.

coberta dos europeus, a riqueza demográfica, agrícola e mineral do que viria a ser a América espanhola estava concentrada em duas regiões, o México e os Andes centrais. Em conseqüência disso, essas duas regiões, tendo suas capitais em Cidade do México e em Lima, tornaram-se centros do império colonial espanhol. Evidentemente, era de importância fundamental ligá-las rapidamente e de modo seguro a Sevilha. Ambas precisavam, assim, de um porto no mar dos Caraíbas. Cidade do México, a antiga Tenochtitlán, estava conectada à Espanha por meio de Veracruz e seu porto em San Juan de Ulúa, perto do local onde Cortés e seu grupo haviam desembarcado. Era simplesmente o local mais conveniente para um porto perto de Cidade do México. Lima e seu porto de Callao estavam conectados ao mar dos Caraíbas e a Sevilha pelo istmo do Panamá. Várias tentativas de grupos de interesse, na Nicarágua, na Guatemala e em Tehuantepec, para dominar o comércio do istmo, ou *trajín*, fracassaram totalmente, apesar de longas campanhas. O estreito istmo do Panamá era o local mais lógico para o comércio via mar dos Caraíbas com a costa da América do Sul no Pacífico.

Não obstante, a conexão do Panamá causou muitos problemas. A natureza do terreno e a proximidade dos dois mares tornou impossível ocultar a cidade principal mais no interior, como no caso de Cidade do México e de Bogotá. A estreiteza do istmo tornava as cidades da região presas fáceis de piratas, ao contrário de Lima e de Santiago do Chile, protegidas muito abaixo na costa do Pacífico. Assim, era difícil defender as cidades do Panamá, uma conexão vital para o sistema colonial espanhol, que eram atacadas com freqüência e constituíam uma grande preocupação para o governo imperial. A costa caribenha do Panamá também não possuía bons ancoradouros. Nombre de Dios, que nunca passou de um conjunto de cabanas numa praia aberta, foi abandonado em 1598 e um novo porto foi estabelecido em Portobelo. Era um pouco melhor, mas estava longe de ser adequado e acabou por revelar-se tão insalubre quanto Nombre de Dios.

Esses dois portos, e na verdade todos os outros da região continental do mar dos Caraíbas não refrescados pelos ventos alísios, foram durante o período colonial infestados por doenças tropicais. Isso inibiu seu crescimento e lhes deu uma vida sazonal única, criada pela *carrera* e totalmente dependente dela. Os sonolentos habitantes dos grupos de esquálidas cabanas, como em Portobelo, saíram subitamente de seu torpor quando as grandes frotas começaram a chegar da Espanha. Quando a feira começava, ao longo da praia surgiam verdadeiras vilas formadas pelas tendas dos comerciantes, os preços dos alimentos e os aluguéis das cabanas subiam a níveis extraordinários, a população duplicava ou triplicava e os funcionários da coroa surgiam rapidamente, como moscas num pote de mel, para recolher tributos, controlar a agitação e o jogo ou ter participação em tudo, emitir licenças e inspecionar o carregamento e o descarregamento dos navios. Assim que os navios partiam, todos aqueles que podiam abandonavam rapidamente as vilas de cabanas, quentes e insalubres.

Outros portos serviam a áreas secundárias. Cartagena era o porto principal da costa norte de Tierra Firme e do interior de Nova Granada. Foi um porto de grande importância durante o apogeu da *carrera* no século XVI e tornou-se a base e o ponto de reabastecimento para o percurso até o Panamá. Por volta de 1620, no entanto, havia retornado a uma posição secundária. Vários pequenos portos pouco satisfatórios, quase vazios durante a maior parte do ano, foram experimentados no golfo de Honduras e serviram à região montanhosa da *audiencia* da Guatemala.

A própria *carrera*, e as características de sua rota, criaram alguns dos portos de ilha. Santo Domingo, a primeira cidade das Índias espanholas, foi até certo ponto um caso à parte, embora devesse muito de sua atividade inicial ao comércio com a Espanha. Havana, a despeito de seu intercâmbio com o interior de Cuba e outras partes do mar dos Caraíbas, viveu e morreu pela *carrera*, no período anterior ao desenvolvimento da indústria do açúcar. Com seu pequeno prolongamento de Saint Augustine na Flórida, funcionou como última parada para tomar provisões antes da longa viagem de volta a Sevilha. Lá se reuniam as frotas provenientes de San Juan de Ulúa e Portobelo. Havana, sob muitos aspectos, representou o papel das ilhas Canárias do mar dos Caraíbas. Sua importância na conexão foi reconhecida pela coroa, que subsidiou sua existência através de várias subvenções do México e de outros favores. Era intensamente fortificada, pois, como o Panamá, sua importância e sua posição exposta atraíam a atenção de piratas e de potências estrangeiras hostis.

Muito mais importante do que a distância geográfica entre os portos era a distância no tempo. Os navios movidos a vela eram lentos e não podiam manter uma velocidade constante por longas distâncias. No século XVI e início do XVII, uma viagem dos portos andaluzes até Trinidad durava em média 32 dias. O que se esquece hoje em dia, no entanto, é o fato de que, se o destino final de um navio era Veracruz ou Nombre de Dios/Portobelo, o tempo gasto até Trinidad não significava sequer a metade do percurso. Uma viagem a Veracruz levava em média 75 dias, e uma ao istmo do Panamá, um ou dois dias a mais. Devido à rota sul imposta pelos ventos e correntes, a geografia do mar dos Caraíbas para um navio que vinha da Espanha era um tanto distorcida. Trinidad, Puerto Rico, Hispaniola e mesmo Cartagena estavam relativamente perto da Espanha. Havana estava a meia distância, Veracruz e Nombre de Dios/Portobelo eram os portos mais distantes do Atlântico, e a Flórida, bastante perto da Espanha em termos de distância geográfica, e sem dúvida mais perto que Cartagena e Veracruz, era o destino mais distante de todos para navios provenientes da Espanha rumo ao mar dos Caraíbas.

Os navios que deixavam o mar dos Caraíbas com destino a Andaluzia, no entanto, tinham de enfrentar uma geografia de tempo diferente. A Flórida era parte agora do Atlântico próximo, na verdade era a parte do mar dos Caraíbas mais próxima da Espanha. Nas ilhas, por causa das rotas de retorno pelo norte e dos ventos predominantes, Havana estava mais perto da Espanha que Hispaniola, que, por sua vez, estava mais perto do que Puerto Rico. Cartagena, que distava pouco mais de cinqüenta dias da Espanha, comparados ao 65 dias de Havana, ficava a uma distância muito maior nas viagens de volta. Saindo de Cartagena, os navios levavam cerca de 115 dias para alcançar um porto espanhol, enquanto que de Havana, agora mais perto da Espanha, gastavam apenas 65. Veracruz e Nombre de Dios/Portobelo continuavam sendo os portos mais importantes do extremo Atlântico, tanto na ida quanto na volta, mas, enquanto para os navios que vinham da Espanha os portos do istmo estavam a apenas um dia ou dois a mais de Veracruz, ficavam a cerca de dez dias de distância a mais para os navios que retornavam.

De modo geral, portanto, as viagens à América eram mais rápidas que as viagens à Espanha. Ou, nas mentes das pessoas da época, a América estava mais perto da Espanha que a Espanha, da América.

Se, então, o México e o Panamá ficavam no extremo Atlântico, o que dizer do Peru? Talvez devêssemos chamar essa região de Atlântico remoto. Assim como no caso de Manila, o distante apêndice e prolongamento administrativo da Nova Espanha, as viagens de ida e volta tinham de cruzar dois oceanos e um continente. Em termos de tempo, as Filipinas estavam muito mais afastadas do que a lua está hoje.

Vimos como os proprietários de navios se preocupavam com o efetivo da sua tripulação. Em razão dos limites impostos pelo tamanho dos navios e sobretudo pela velocidade, os proprietários preocupavam-se muito mais com o peso, o volume, a perecibilidade e, portanto, a lucratividade das mercadorias que transportavam. O vinho e o óleo de oliva de Sevilha, ainda comerciáveis em Cartagena ou Santo Domingo depois de 50 dias ou coisa que o valha, tinham grande chance de se transformar em vinagre ou numa perda por ranço depois que os recipientes passavam mais duas semanas cozendo num porão quente e úmido na travessia do mar dos Caraíbas rumo ao Panamá ou a Veracruz. Não se podia esperar que o vinho e o óleo espanhol, necessários não só para a vida quotidiana (usualmente, a água não era potável e a maioria das pessoas sabiam disso), como também para a Igreja para fins sacramentais, chegassem a Lima ou a Santiago do Chile, e menos ainda a Manila, em condições de uso. Não surpreende, pois, que surgissem tão rapidamente as indústrias de vinho e óleo do Peru e do Chile e encontrassem pouca oposição da parte dos *consulados* de agricultores e de monopolistas de Andaluzia. Compare-se isso com a sua proibição de vinhedos e plantações de oliva na Nova Espanha e nas ilhas, uma proibição que durou até as guerras da independência, no início do século XIX.

Na determinação dos locais da colônia mais adequados à produção de mercadorias, o peso e o volume eram muito mais importantes que a perecibilidade. A cana-de-açúcar, um produto volumoso que exigia manuseio e processamento elaborados para os padrões da época, se fosse cultivada em Cuba, por exemplo, ainda podia apresentar algum lucro em Sevilha, após uma viagem de setenta dias, ao passo que, se fosse cultivada nas planícies do México, nas proximidades de Veracruz, após uma viagem de 130 dias até Sevilha, tinha muito menor probabilidade de ser lucrativa. De fato, quanto mais distante de Sevilha em termos de tempo fossem essas mercadorias produzidas, menor volume tinham de ter e, em menor proporção, menos peso para apresentarem lucro. Assim, o Atlântico próximo tinha uma vantagem sobre o extremo Atlântico, e o que era lucrativo quando expedido do México para a Europa no extremo Atlântico era-o menos quando remetido de Guayaquil ou de Callao, na costa do Pacífico. Por último, e mais distante nesse contínuo de tempo, estava Manila, de onde somente os produtos mais leves e mais caros, como sedas chinesas de qualidade, especiarias raras e pedras preciosas, podiam ser enviadas para a Espanha com alguma esperança de lucro.

Obviamente, outras forças também estavam em ação. A prata tornou-se o principal produto de exportação do México e do Peru, não só porque acumulava grande valor num pequeno volume, e assim podia dar lucro quando enviada do extremo Atlântico, ou mesmo do remoto, mas porque os depósitos mais importantes e a força de trabalho para extraí-la estavam no México e no Peru e não nas ilhas ou na Venezuela. Além disso, muita coisa dependia das boas condições da *carrera* e da Espanha. Quando a *carrera* e a economia espanhola estavam em pleno florescimento, outras produções agrícolas menores podiam prosperar — a cochonilha em Oaxaca ou o anil em San Salvador — às margens do comércio de exportação de prata. Em épocas mais difíceis, no entanto, quando um menor número de navios chegavam a Veracruz, e quando traziam menos itens de uma Espanha em decadência, o metal e as pedras preciosas tornaram-se absolutamente importantes e foram excluídos os produtos marginais. Do Peru a exportação desses produtos agrícolas marginais era quase sempre impossível. Não podiam chegar até à Espanha e ainda apresentar lucros mesmo nos melhores dias da *carrera*.

Um fator importante que complicava a relação um tanto simples entre tempo, peso, volume e lucratividade era, sem dúvida, o preço. Quando alguns produtos da América espanhola, como chocolate, açúcar ou casca de quinquina para fins medicinais, se tornaram mais procurados ou necessários, obtendo dessa forma um preço maior, podiam ser enviados de uma distância maior e ainda apresentar lucros.

Outro fator era o valor das mercadorias que seguiam para a América. Se se obtinham grandes lucros na viagem de ida, então podia-se suportar lucros menores, ou mesmo perdas, na viagem de volta à Europa. Até pau-campeche se podia transportar de volta a Londres como algo um pouco melhor do que lastro, se os produtos da incipiente revolução industrial da Inglaterra tivessem vendido bem na praia durante as feiras anuais de Veracruz e Portobelo. Então, evidentemente, com o acréscimo no tamanho e na velocidade do navio, perdeu-se o equilíbrio da equação. Os navios podiam transportar mais, chegar mais rapidamente ao mercado e, assim, os custos dos fretes diminuíam e a lucratividade aumentava.

A dificuldade em avaliar a lucratividade complicava-se ainda mais com a difícil estimativa da oferta e da procura. No início e na metade do século XVI, isso não era muito difícil. As colônias ainda não haviam criado muitos substitutos para os produtos da Europa, e os antagonistas europeus da Espanha ainda não haviam começado a competir seriamente com Sevilha no fornecimento desses produtos. Contudo, quando o comércio entre as colônias começou a desenvolver-se e os contrabandistas holandeses e ingleses passaram a fazer intrusões a partir de entrepostos e gigantescos armazéns, como Curaçao e Jamaica, os comerciantes espanhóis, ao saber, por exemplo, que era grande a procura em Veracruz de potes e panelas, podiam apressar-se a transportar para lá uma carga dessas mercadorias seis a oito meses mais tarde, mas iam encontrar o mercado abarrotado por algum investidor estrangeiro ou colonial mais rápido.

Todos esses fatores complicadores, no entanto, desenvolveram-se lentamente, e só adquiriram importância no final do século XVI e, em muitos casos, no final do século XVII.

Durante a primeira fase da *carrera de Indias* — da viagem inicial de Colombo até o final das conquistas no continente (isto é, nos primeiros quarenta anos) — a carga principal que saía da Europa era constituída de pessoas. Pelo menos 200 mil, possivelmente até 300 mil, foram para o Novo Mundo antes de 1600, e talvez um terço, quase todos espanhóis, migraram durante as duas primeiras décadas. No século XVII, cerca de 450 mil seguiram para as colônias. Os primeiros migrantes eram em grande parte representantes da sociedade espanhola — com algumas exceções significativas. Tanto o extremo mais alto quanto o mais baixo da escala social estavam pouco representados; os muito ricos e a alta nobreza, presumivelmente, porque não tinham motivos que os compelissem a deixar a pátria, e a classe camponesa simples porque não tinha meios suficientes para viajar ou era impedida de fazê-lo. É bem possível que a baixa nobreza, os *hidalgos*, personificados mais tarde por Dom Quixote, uma classe de recursos financeiros limitados mas com antigas tradições marciais e altas expectativas, tenha sido muito bem representada, pelo menos nos primeiros anos das Antilhas e das conquistas. Os muito velhos e os muito jovens também estão ausentes das primeiras listas de passageiros. As circunstâncias instáveis e as longas viagens mantiveram-nos em sua terra natal. Com o desenvolvimento de vilas permanentes e com uma vida mais estável, os colonos mandaram buscar com mais freqüência os pais e os filhos. Pode-se supor que as mulheres constituíam cerca de cinqüenta por cento ou mais da população da Península, mas compunham apenas cerca de seis por cento dos passageiros que chegavam ao Novo Mundo nas Antilhas, no período inicial. Com a melhoria das condições, maior número de esposas e filhas começaram a chegar. Por volta da década de 1540, cerca de vinte por cento dos migrantes eram mulheres e essa porcentagem aumentou lentamente durante todo o século. Como seria de esperar, o extremo sudoeste da Espanha forneceu uma parte desproporcionalmente grande dos migrantes. A região oeste de Andaluzia e a região sul e central de Estremadura, especialmente as cidades maiores, como Badajoz, Cáceres, Huelva, Córdoba e sobretudo Sevilha, enviaram grandes contingentes. No século XVI, Sevilha sozinha forneceu, provavelmente, cerca de quarenta por cento de todos os migrantes urbanos.

Muitos retornaram à Espanha nos primeiros anos. Afinal demoraram 28 anos até que as notícias da descoberta de Tenochtitlán começassem a modificar a mente da coroa sobre a importância de seus territórios do Novo Mundo. As ilhas revelaram-se um grande desapontamento, e mesmo depois de começarem as importantes conquistas no continente muitas pessoas voltaram para a metrópole. Aparentemente, a primeira geração de conquistadores na Nova Espanha e no Peru não tinha mentalidade de colonizador. De modo geral, o objetivo era acumular riqueza suficiente, quer por pilhagem quer extraindo dos índios capital excedente, e retornar à Espanha para uma vida de conforto, ou talvez subir na escala social pela compra de terras, casas, *mayorazgos*, ou mesmo, o ápice de todas as ambições, um título ou uma pequena posição no governo. Muitos conquistadores morreram nessa tentativa, outros jamais conseguiram o suficiente para voltar à pátria em grande estilo e se resignaram, como Bernal Díaz del Castillo, a uma vida de moderado conforto e considerável prestígio em algum recanto tranqüilo das terras recém-conquistadas. Mas alguns dos conquistadores transferiram sua riqueza para a Espanha e retornaram. E uns poucos, geralmente líderes como Cortés e Alvarado, cruzaram e recruzaram por diversas vezes o oceano. As gerações posteriores de migrantes continham colonizadores mais permanentes.

Uma vez encerrada a era da conquista, quando o funcionalismo tomou o lugar dos líderes de campanha, a migração para as Índias tornou-se até certo ponto menos espontânea. Um caso muito típico seria o deslocamento para as Índias de altos funcionários civis ou eclesiásticos recém-nomeados. Tais homens trariam consigo não só seus próprios dependentes imediatos, como membros da família, criados e escravos, mas também um enxame de parentes distantes, sócios subordinados de negócios, parasitas e amigos, que às vezes chegavam a cem pessoas ou mais. Todo esse pessoal subempregado mas ambicioso e com boas ligações tinha de ser colocado pelo servidor público o mais depressa possível, assim que se instalasse nas Índias, e isso causava um sério impacto na economia e na estrutura social da colônia.

A principal carga de retorno no início da história da *carrera* foi o ouro. Caracteristicamente, quando uma nova área era invadida, o metal previamente acumulado era tomado como butim dos habitantes nativos, especialmente das elites. Isso levou os espanhóis a procurar fontes locais de suprimento. Teve início o bateamento de ouro nos rios próximos, que se intensificaria gradualmente à medida que se espalhavam notícias sobre os melhores rios. Usualmente, os escravos índios forneciam a mão de-obra, mas alguns rios da Nova Espanha produziram tanto ouro, embora por curto tempo, que com os lucros obtidos foram importados escravos negros. Tal bateamento de ouro alcançaria seu apogeu em poucos anos, depois caiu a um nível muito baixo ou desapareceu. Raramente esses surtos fugazes ao longo de algum rio duravam mais de dez anos. Assim, a produção de ouro no meio século de descoberta e conquista passou por uma série de ciclos menores que se entrecruzam, sendo cada um um pouco mais amplo que o anterior devido à adição cumulativa de novos territórios, tesouros da elite e novos rios. Quando Santo Domingo entrou em seu apogeu por volta de 1510, Puerto Rico, Panamá e Cuba começaram a produzir. Quando sua produção passou a diminuir por volta de 1520, ou um pouco mais tarde, o México e a América Central entraram em cena e, quando atingiram o apogeu, o Peru principiou. A produção de ouro para o período colonial espanhol provavelmente atingiu seu nível mais alto um ou dois anos antes de 1550.

Conhecemos muito pouco sobre os níveis de produção. Uma parte pequena do precioso metal ficava retida no Novo Mundo, pelo menos em comparação com as porcentagens de prata que seriam retidas mais tarde, mas a nova burocracia imperial que se instituía na Espanha ainda não tinha desenvolvido um sistema regular que fornecesse estatísticas anuais. Pierre Chaunu estimou em 25-30 toneladas o ouro das ilhas que chegou à Espanha durante o primeiro ciclo. O México produzia vinte toneladas antes de 1540, e o Peru talvez a mesma quantidade antes do final do ciclo. Embora essas quantidades estejam longe de impressionar, o valor e prestígio do ouro era tal que causou enorme impacto sobre o comércio do Atlântico. Chaunu e outros observaram uma breve queda no comércio do Atlântico na década de 1550 e na Espanha entre 1550 e 1562. Talvez uma pausa num longo período de crescimento sob outros aspectos uniforme dê uma perspectiva melhor. Essa pausa da década de 1550 está próxima demais do final do ciclo do ouro para que possa ser ignorada. Pode-se explicá-la como sendo apenas o hiato entre o declínio da idade do ouro e o início da predominância da idade da prata. Era talvez mais a pausa entre a idade da pilhagem, da remoção das riquezas de superfície e dos excedentes previamente acumulados, e os ciclos seguintes imbricantes do tributo, da *encomienda* e da mineração de prata, empreendimentos todos que exigiam muito mais organização, investimento e envolvimento em termos de tempo e de energia.

O final do ciclo do ouro ocasionou um severo reajuste na economia das Índias, mas o alto valor do ouro também teve seus efeitos na Espanha. Embora as quantidades enviadas a Andaluzia pareçam pequenas, cresceram não obstante de modo lento e hesitante durante todo o meio século após 1492. Isso aos poucos chamou a atenção dos comerciantes, dos proprietários de navios e sobretudo da coroa para as Índias, uma região que na época de Colombo e seus sucessores imediatos parecera uma descoberta pobre e secundária. Inicialmente a coroa tivera com relação ao ouro uma atitude muito próxima do confisco, chegando a recolher dois terços do total que chegava à Espanha. Mais ou menos em 1504 percebeu que a indústria do ouro podia ter futuro e passou a estimulá-la. Em 1504, o tributo real foi fixado em um quinto, o famoso *quinto real.* (Com o passar do tempo as reduções para estimular a produção diminuíram o *quinto* para um décimo em quase toda parte e por último no Peru e no Alto Peru em 1736.)

O ouro foi também o principal estímulo para a criação precoce da *carrera* antes da conquista do México. Seu prestígio levou a coroa a estabelecer um comércio regular e administrado. Seu valor comparado à compacidade e densidade permitiu que apresentasse grande lucro em Sevilha mesmo no período de viagens intermitentes, sem programação e em caravelas muito pouco apropriadas ao transporte de carga.

Antes de 1550 o ouro também desempenhou papel importante na revolução de preços que se alastrou pela Espanha e depois pela maior parte do resto da Europa. Segundo Pierre Vilar e outros, a expansão econômica da Europa foi anterior ao fluxo do ouro americano e teve como base em grande parte fatores endógenos, tais como o crescimento da economia interna e o aumento demográfico. É possível que, entre as importações européias, as especiarias tenham exercido maior impacto que o ouro sobre o crescimento do final do século XV e do início do XVI. No entanto, embora se tenha tornado um fator significativo num período tardio dessa fase expansionista, o ouro americano esteve estreitamente vinculado à rápida elevação dos preços na primeira metade do século XVI, e essa elevação, por sua vez, estimulou ainda mais o volume da moeda em circulação, do comércio e das trocas.

O principal companheiro do ouro nos navios de retorno à Espanha eram as peles. Nos vinte anos posteriores a 1492, muitas peles de animais foram enviadas para a Espanha, e as quantidades dessas remessas se elevaram progressivamente por quase um século. As peles e o couro constituíram um comércio importante no século XVI, já que seu uso era muito mais difundido do que é hoje. Sem dúvida, a Espanha foi por muitos anos um dos principais produtores da Europa, mas a oferta do produto sempre foi pequena na Europa ocidental. Em muitas regiões os homens e sua agricultura competiram por espaço com os animais domésticos, reduzindo desse modo a quantidade de gado que produzia couro.

No Novo Mundo, o gado e os cavalos se espalharam por áreas imensas, multiplicaram-se rapidamente, encontraram poucos predadores naturais e pouca concorrência. Muitas vezes transformaram em pastagens os campos outrora cultivados e fertilizados de agricultores que haviam partido ou morrido. Em certa medida, o gado semi-selvagem preencheu o vácuo demográfico deixado pelos índios. No início do século XVI, havia pouquíssima procura por sua carne. Os espanhóis e os africanos eram pouco numerosos e os índios ainda não estavam acostumados com a carne bovina. Em conseqüência, era pequena a matança sistemática das melhores cabeças dos enormes rebanhos selvagens que apareceram nas ilhas maiores e no México e na América Central logo depois de sua conquista. Ao invés disso, os animais eram presos, mortos e esfolados onde e quando fosse necessário. Não havia sido investido qualquer capital na alimentação e cuidado, exceto talvez pelas gerações anteriores de índios. Nas ilhas gastava-se pouco com o transporte até os portos. Dessa forma, os couros, muitas vezes apenas parcialmente tratadas ou curtidos, podiam pagar o frete até a Europa e ainda apresentar um lucro pequeno mas regular.

O gado também passou por um ciclo demográfico aparentemente inevitável no Novo Mundo. As razões disso não são muito claras, mas no final do século XVI os colonos se queixavam de que o rebanho de gado estava diminuindo. É possível que uma quantidade grande demais tenha sido abatida perdulariamente para obtenção de couro. É provável que, em algumas regiões, os rebanhos nômades tenham exercido pressões malthusianas sobre a terra e sobre o próprio número pelo uso excessivo das pastagens. Além disso, com o crescimento das cidades espanholas e com as populações indígenas remanescentes assimilando o gosto pela carne bovina, surgiu uma oferta organizada de carne, a produção em massa de carne seca e de charque e uma gestão mais cuidadosa da matança. O resultado foi a decadência do comércio de couro.

Os primeiros anos de descoberta e conquista assistiram também à transferência de animais e plantas exóticas para o Velho Mundo. Feras e pássaros bizarros, plantas úteis e curiosas foram enviados para a Espanha. E o mesmo aconteceu com os vestígios das grandes civilizações ameríndias que, esperava-se, seriam de grande interesse para as cabeças coroadas e outros mecenas. Cocares de pena, peitorais e escudos, adornos de ouro, jade e prata que haviam escapado aos cadinhos dos *conquistadores* foram enviados à metrópole e terminaram nos museus e nas coleções reais da Europa central e ocidental. Os códigos manuscritos que não foram destruídos ou queimados por idolatria foram também enviados, embora alguns deles tenham cruzado o oceano muito mais tarde. Os animais e plantas exóticas com que os conquistadores provavam seus feitos e eram testemunhos das novas terras iriam revelar-se valiosíssimos para as modernas gerações de etno-historiadores, antropólogos e historiadores da arte. Finalmente, as pérolas de Margarita e de algumas outras pequenas ilhas tiveram alguma importância nos primeiros anos, e continuaram a seguir para a Espanha de modo intermitente durante todo o período colonial.

A grande era das frotas espanholas seguiu-se à conquista dos dois núcleos densamente povoados do continente, e ao início da mineração de prata em larga escala. Alcançou seu grande apogeu nos cerca de vinte anos depois da metade do século, um pouco mais cedo no México, mais tarde no Peru, e teve início seu lento declínio por volta de 1590, com certeza na década de 1620.

Os espanhóis do continente viviam do capital excedente extraído da sociedade indígena. Isso era feito por meio de duas instituições importantes: a *encomienda* e o tributo. A *encomienda*, pelo menos em teoria, um arranjo contratual pelo qual os índios eram confiados ao cuidado temporal e numa certa medida espiritual de um espanhol em troca de seu trabalho e parte das mercadorias excedentes, enfraqueceu gradativamente enquanto força econômica na medida em que a coroa conseguiu remover o elemento trabalho[4]. Somente em regiões mais periféricas, como o Paraguai, Tucumán ou Caracas antes do cacau e do açúcar, a *encomienda* continuou a ser um meio de forçar os índios a executar trabalho. O tributo, ou capitação índia, estava intimamente relacionado com a *encomienda*. Pago devido à sua situação de

4. Para um exame e discussão detalhadas do sistema de *encomienda*, ver *História da América Latina*, vol II, cap. 6 (Murdo J. MacLeod) e cap. 7 (Charles Gibson).

vassalagem e subjugação, o tributo era recolhido e passado para os *encomenderos* ou para a coroa. Depois que foi eliminada a obrigação do trabalho, o tributo tornou-se o principal tipo de relação entre os índios e os *encomenderos*. Os índios que não eram sujeitos a *encomiendas* privadas, aqueles que, na linguagem da época, estavam "na coroa", pagavam seus tributos diretamente aos funcionários locais ou reais.

Esse sistema funcionou bem numa era em que grandes números de índios forneciam capital a um pequeno número de conquistadores, mas começou a enfraquecer-se quando a população indígena declinou, a legislação real aumentou e a população de espanhóis e de *castas*, ou de sangue misto, cresceu. Um dos problemas presentes tanto na *encomienda* quanto no tributo era como hispanizá-los. A princípio, Cortés e seus homens preferiram dar continuidade ao sistema de Moctezuma. Este incluía alguns itens, como penas, obsidiana, ou peles de animais selvagens, que para os espanhóis tinham uso limitado. Esses itens logo foram eliminados. Mas quase todo tributo do período de pré-conquista havia sido recolhido na forma de produtos. O que se deveria fazer, por exemplo, com as enormes quantidades de milho entregues nos primeiros anos, juntamente com todo o tecido e feijão? Uma parte do milho podia ser usada como alimento e do algodão como roupa, mas mesmo então havia problemas de distribuição. Sequer a maioria dos espanhóis era composta de *encomenderos*, clérigos, ou funcionários reais. Por outro lado, não se podia esperar que a coroa ou os credores na Espanha recebessem pagamentos em montes de milho embolorado nas docas de Sevilha. De alguma maneira a parte da coroa e as outras porções do tributo enviadas à Espanha por indivíduos particulares tinham de ser transformadas em bens transportáveis, de preferência prata ou moeda, antes de ser enviadas às frotas. A dificuldade final estava no fato de o milho ser um produto básico do indígena, que os espanhóis somente consumiam quando o trigo estava muito caro ou faltava no mercado. Isso deu origem a dois problemas: como devolver à sociedade indígena uma parte do milho extraído como tributo, e como obrigar a sociedade indígena a pagar pelo menos uma pequena porção de seu tributo em forma de um produto agrícola europeu como o trigo.

Os espanhóis usaram muitos artifícios para hispanizar e em parte amoedar o tributo, para redistribuí-lo e preparar parte dele para a *carrera*, para uso da coroa e da Espanha. Dois desses artifícios se destacam em especial. Muito cedo, os *encomenderos* e os funcionários da coroa estabeleceram um sistema de leilões pelo qual alguns dos produtos de maior volume do tributo, como milho, feijão e tecido de algodão, eram vendidos àqueles que deles necessitassem em troca de moeda, prata ou, ocasionalmente, de outros produtos mais compactos ou de serviços mais necessários. Esse expediente servia a vários propósitos. Distribuía trigo e outros produtos básicos aos espanhóis, *mestizos* e *castas* que não eram *encomenderos*, ao clero, ou aos funcionários da coroa e devolvia alguns desses produtos à sociedade indígena, muitas vezes através de um ou dois intermediários. Havia, no entanto, alguns problemas inerentes, um dos quais era o armazenamento. Os *encomenderos* tendiam a reter seu milho até pouco antes da colheita seguinte, na esperança de assim obter preços melhores. Outro problema era o fato de os funcionários da coroa dominarem a maioria dos leilões, de modo que as moedas obtidas seguiam primeiramente para os cofres reais e eram canalizadas para a Espanha depressa demais para o bem da colônia, desmonetizando assim mais uma vez todo o sistema de trocas e fazendo-o voltar ao escambo. Foi possível remediar esse problema enquanto as minas de prata estavam em expansão, mas, quando a produção de prata começou a declinar, tornou-se um obstáculo sério às trocas e ao comércio em geral.

O segundo artifício resultou de experiência feita pelos *encomenderos* e funcionários com o próprio tributo. Na primeira metade do século XVI, os totais recolhidos em mercadorias foram gradativamente reduzidos, e aumentou-se o recolhimento em moeda. Num período isso foi longe demais, e o tributo passou a ser quase que inteiramente um imposto em dinheiro. No entanto, o governo recuou de sua posição e, no final do século XVI, fixou o tributo misto, mais ou menos a metade em produtos básicos e a metade em moeda.

Vários eram os motivos desses ajustes. Obviamente, se a moeda pudesse ser extraída diretamente da sociedade indígena, então o volume e a amplitude dos leilões de tributos poderiam ser reduzidos na mesma proporção, e o dinheiro iria diretamente para os cofres reais ou para os bolsos dos *encomenderos*. Ao mesmo tempo, se fossem tirados da sociedade indígena menos milho e outros produtos básicos, então menos produtos teriam de ser devolvidos aos índios após o processo de leilão. Mas era necessário que houvesse um equilíbrio entre a moeda e as mercadorias. Se o tributo fosse pago inteiramente em moeda, os índios poderiam ser tentados a afluir em massa, como comerciantes, às feiras dominadas pelos espanhóis e pelas *castas*, e os gêneros alimentícios baratos da agricultura indígena não entrariam nas cidades espanholas em quantidades suficientes. Se o tributo fosse pago inteiramente em produtos, os novos governantes teriam dificuldade em forçar os índios a vender suas mercadorias ou mão-de-obra, ou a viajar para locais de trabalho distantes. Em conseqüência dessas várias experiências, a *encomienda* e o tributo foram padronizados. Isso ajudou a reavivar o pequeno comércio indígena, estabeleceu um meio termo entre as necessidades da *carrera* e da coroa e as necessidades das novas elites coloniais, e garantiu grande parte do capital inicial que permitiu a alguns dos primeiros *encomenderos* mais previdentes livrarem-se de uma dependência baseada numa população indígena em declínio. Para nossos propósitos aqui, desempenhou um papel capital na coleta da prata e de outras moedas que iam para as poupanças particulares e para os cofres reais, e daí para os galeões rumo à Espanha.

As famosas minas de prata da Nova Espanha e do Peru eram, evidentemente, a grande fonte do metal para os navios que voltavam à Espanha. O ouro fora uma característica das ilhas e das baixadas, do período inicial e das conquistas. A prata provinha das minas de montanha e em seu início estava associada às grandes populações indígenas e, em menor grau, à *encomienda*. Mais tarde, as minas de prata, especialmente as de Potosí no Alto Peru, estariam estreitamente ligadas aos recrutamentos rotacionais de mão-de-obra indígena (*repartimientos* ou *mitas*). O México passava a depender mais do trabalho livre.

As minas eram uma grande fonte de impostos e de outras rendas para a coroa. As de Zacatecas e Guanajuato foram abertas em 1548 e 1558 e a de Potosí, que se desenvolveu um pouco mais lentamente a princípio, em 1546. Durante todo o século XVI a produção conjunta dessas áreas aumentou gradativamente e atingiu valores enormes. Da década de 1570 até a terceira década do século XVII Potosí foi provavelmente a mina mais rica do mundo.

O uso do mercúrio como amálgama para separar a prata dos outros minérios deu origem a uma indústria subsidiária. A perigosa mina de Huancavelica, no Peru, fornecia mercúrio às minas dessa área e enviava uma parte para o México pelo Pacífico. Outro fornecedor do México foi Almadén no oeste da Andaluzia, e no final do século XVI o mercúrio constituía uma parte grande das cargas da *carrera* que seguiam rumo oeste com destino a Veracruz.

Toda a produção de prata não ia para a Espanha, como aconteceu com o ouro. A crescente burocracia colonial espanhola e as economias locais passaram a precisar de mais prata para pagar salários, financiar o comércio e produzir moedas. A prata também era procurada pelo comércio intercolonial. O escambo não podia acompanhar um comércio cada vez mais complexo, e a prata e as moedas, destinadas em parte às frotas e à Espanha, entraram no comércio entre o México e o Peru, o México e a Guatemala, o México e a Venezuela, e o Peru e o Chile. Quando foi estabelecida a ligação entre Acapulco e Manila após 1567, o desvio da prata destinada à Espanha foi muito maior. Muitas das importações orientais para o México e o Peru foram pagas com a prata das minas de Zacatecas, Guanajuato e Potosí. A coroa foi incapaz de bloquear essas trocas coloniais, embora suas proibições tornassem sem dúvida mais lento seu crescimento.

No século XVI, tão grande foi o aumento da produção de prata, e tão volumoso foi o seu fluxo para a Espanha, que esse desvio em relação ao total embarcado não causou grande preocupação. Potosí aumentou sua produção até a década de 1590, produzindo nessa altura a metade, ou mais, de toda a prata espanhola. Até 1630 seu declínio foi bastante lento. Durante a maior parte do século a produção total do México cresceu, e somente na década de 1630 é que teve início um declínio mais acentuado.

Na década de 1530 a remessa de prata havia ultrapassado a de ouro em peso. Nessa década, foram embarcadas 86 toneladas de prata contra apenas quatorze de ouro. Entre 1560 e 1570, com a introdução no México do processo pátio* de amalgamação, a prata avançou muito em relação ao ouro em peso e em valor. A produção mexicana esteve à frente até cerca de 1575 e foi então ultrapassada pelos dois Perus, que agora usavam o mercúrio de Huancavelica. No decorrer do século aumentaram muito as rendas da coroa provenientes das Índias, compostas do quinto real, de uma parte do tributo indígena, das vendas e taxas de importação, de parte do dízimo eclesiástico e de alguns impostos e monopólios de menor monta, e na última década do século XVI era quatro vezes maior do que fora na década de 1560. É possível que a prata da coroa tenha constituído cerca de um quarto do total importado. No século XVI, a maior parte era destinada ao pagamento primeiramente dos banqueiros alemães e depois dos genoveses. No total, até 1600, as frotas haviam provavelmente transportado para a Espanha cerca de 25 mil

* *Processo pátio*: Processo de amalgamação no qual o minério de prata é misturado com sal, mercúrio etc. e revolvido por mulas puxadas num pátio. Cf. Bakewell, *História da América Latina*, vol. II, cap. 3.

toneladas de prata, uma tremenda quantidade a ser introduzida em tão pouco tempo numa Europa ocidental anteriormente faminta do metal. O fluxo de metais preciosos ocasionou enormes tensões e desarticulações nas economias hispano-americana, espanhola e européia.

No México e no Peru, o rápido crescimento da oferta de moeda antes de 1580 causou uma inflação nos preços. Embora o custo dos produtos básicos ainda parecesse baixo aos recém-chegados da metrópole, as pessoas estabelecidas havia muito no Novo Mundo sentiam o impacto e se queixavam disso. A elevação dos preços coincidiu com o declínio da população rural indígena, dois fatos que não deixavam de ter relação, e o resultado foi uma escassez de alimentos e a alta dos preços de produtos básicos nas cidades espanholas em desenvolvimento. Muitos cidadãos se mudaram para o campo a fim de fugir dessa inflação e garantir as próprias necessidades básicas fora do mercado urbano. Esse foi apenas um dos fatores que ocasionaram um amplo reajuste das colônias espanholas entre as décadas de 1580 e 1620.

O fluxo de prata para a Espanha, que alcançou seu primeiro apogeu por volta da década de 1590, com cerca de 11 milhões de pesos anuais, teve um impacto ainda maior em seu destino. Embora o metal precioso na América constituísse somente uma parte das rendas da coroa — talvez cerca de um quinto no final do século XVI — ainda assim a maneira como chegou à Espanha e sua natureza fizeram-no exercer um grande impacto político e psicológico. Chegou a Sevilha sob o toque de clarins, por assim dizer, tudo numa massa brilhante e usável. Não entrou e não saiu em gotas como os impostos de Castela. A coroa munia-se dos meios de executar projetos grandiosos e grandes pagamentos em moeda, atraindo dessa forma a atenção de muitas pessoas e a inveja de potências rivais. Os interesses, que iam de mercenários inativos a astutos banqueiros genoveses e alemães, ficaram impressionados com essas vantagens inesperadas, enormes e regulares. E o impacto psicológico da chegada anual da prata em Sevilha significou, assim, mais soldados para as campanhas reais, numa era anterior aos exércitos permanentes regulares, e credores mais ansiosos em conceder empréstimos para financiar os planos mais grandiosos da monarquia. Na economia européia, a prata constituiu a base de um sistema monetário que, nesse estágio inicial, ainda não era lastreada por papel-moeda nem por um sistema de crédito bastante completo. A cunhagem de moedas, em sua maior parte de prata ou de cobre, era o principal meio de expandir o meio circulante, e assim a prata americana era muito mais importante do que a mera quantidade enviada para a Espanha poderia sugerir.

Cabe observar que as grandes remessas de metal precioso americano por e para indivíduos particulares também tiveram seu papel. No final do século XVI, as remessas privadas foram duas e meia ou três vezes maiores que as enviadas à coroa, e parte delas chegou aos cofres da coroa via taxas domésticas, especialmente no caso de Castela. Além disso, também raras foram as ocasiões em que a coroa confiscou todo o metal à sua chegada, prometendo pagá-la mais tarde com juros. Não que tudo isso fosse bem administrado, mesmo para os padrões da época. As despesas excediam em muito as receitas, e isso em medida crescente, durante todos os reinados de Carlos V e de Filipe II. Em 1575, as finanças reais estavam em crise e foram à bancarrota quando foi anunciada, em 1596, a segunda suspensão dos pagamentos.

A prata também contribuiu para a progressiva elevação dos preços, que diminuiu um pouco depois de 1550, embora ainda desnaturando a economia espanhola. A elevação dos preços começou em Andaluzia, como era de esperar: lá é que a prata chegava, lá boa parte dela era cunhada e posta em circulação. Durante todo o século XVI a Andaluzia precedeu a Espanha na inflação dos preços, e o conjunto da Espanha precedeu a França e a Inglaterra. O influxo da prata afetou até mesmo a periferia européia, onde agora a abundância de moedas suprimia o escambo e sinalizava um câmbio de dinheiro.

A importação de todo esse metal foi contrabalançada por um crescente comércio de exportação espanhol. A maior das frotas e cargas foi despachada para o mar das Caraíbas em 1608. A Espanha era um país agrícola e o maior volume de suas exportações para as colônias era composto de grãos, vinho e óleo de Castela e Andaluzia, os produtos básicos mais procurados pelos colonos. Mas cabe notar que ainda havia um relativo equilíbrio, em comparação com o período posterior, entre a matéria-prima produzida na metrópole e os produtos manufaturados nacionais. Na verdade, mesmo no século XVI, grande número das exportações de Sevilha eram reexportações de produtos manufaturados da França e dos Países-Baixos, e os comerciantes do *consulado* de Sevilha, em sua maioria, não passavam de *testaferros*, testas-de-ferro, de casas comerciais ou banqueiros holandeses e genoveses. No entanto, durante grande parte do século XVI a Espanha enviou para a América grandes quantidades de produtos nacionais, inclusive mobília, utensílios de ferro, roupas rústicas e finas, simples e elaboradas, comida regional e especialidades artesanais. Na metade do século e mesmo depois, a produção da Espanha era quase suficiente para pagar a entrada de prata.

O crescimento do sistema de frotas na segunda metade do século XVI fortaleceu a crença no monopólio comercial. A Espanha e suas grandes corporações comerciais, ou *consulados*, de Sevilha, Cádiz, Veracruz e Lima passaram a depender de um sistema de comboio e comércio baseado na exclusão dos rivais, num cronograma rígido, em passagens estreitas onde o comércio pudesse ser fiscalizado — sendo Sevilha e Panamá as duas mais importantes — e na subordinação das colônias às prioridades da Espanha. Os estrangeiros e os produtos estrangeiros não foram tudo o que tentaram excluir. Os portos menores da Espanha e da América, como os da Galícia e do Río de la Plata, estavam rigorosamente, embora sem sucesso, proibidos de fazer parte do comércio das Índias.

A capacidade das frotas e a confiança que se tinha nelas também estimularam novas indústrias, comércios e rotas na própria América. A cochonilha, um corante vermelho-vivo, provinha de várias regiões da Mesoamérica, sobretudo de Oaxaca. Sua produção e embarque dependiam de vários fatores que não afetavam a mineração, como tempestades de granizo, ventos, ou doenças dos cactos e dos besouros produtores do corante. Em conseqüência disso, as colheitas, e portanto as quantidades enviadas, flutuavam muito de ano para ano. O maior embarque feito antes do final do século XVIII foi em 1587, e depois de 1595 verificou-se um visível declínio. Naturalmente, o valor das remessas é outra questão, pois os preços da cochonilha aumentaram rapidamente depois de 1604. A carga de 25 200 arrobas custava, em 1587, apenas 381 150 000 maravedis, ao passo que, em 1619, uma remessa de apenas 8 306 arrobas valia quase a mesma coisa, ou 373 370 000 maravedis.

O anil, um corante vegetal azul, nunca teve tanto valor quanto a cochonilha. Além de serem encontrados na Europa corantes azuis extraídos de vegetais, e de seu processo de fabricação ser mais simples que o da cochonilha, havia muito que o anil era importado do Extremo Oriente pelos portugueses e outros navegadores. No entanto, quantidades muito maiores eram enviadas de Veracruz e da baía de Honduras. O corante era produzido em muitas partes da Nova Espanha, da América Central, da Venezuela e das ilhas, mas a maior fonte estava em San Salvador e na Guatemala, na costa do Pacífico. O ciclo de produção do anil teve início mais lentamente, mas resistiu melhor que o da cochonilha, pelo menos no que diz respeito às remessas para Sevilha. Em 1614, o melhor ano, chegaram à Espanha cerca de 127 440 quilos. Os preços na Espanha flutuavam furiosamente, de acordo com a qualidade, a procura e as ofertas por parte de regiões concorrentes fora da América espanhola. A grande carga de 1614, por exemplo, valia 168 379 900 maravedis, enquanto que dois anos antes uma remessa muito menor valera 236 625 000 maravedis.

Outros produtos americanos que no século XVI acompanharam a prata até a Andaluzia compreendiam madeiras tintórias, muitas delas provenientes de Campeche, Isla de Términos e Tabasco, pau-brasil das grandes Antilhas, açúcar, a maior parte de Santo Domingo antes da década de 1590, pérolas e peles. Em 1589, chegaram à Espanha 143 734 peles, um total que só foi aproximado no século XVIII.

No final do século começaram a aparecer alguns artigos novos nos manifestos de cargas. Na década de 1580, sedas e damascos chineses foram enviados via Filipinas e Nova Espanha, em quantidades pequenas mas muito valiosas, e atingiram somas impressionantes na segunda década do século XVII. Em seguida, também declinaram. De tempos em tempos foram importados algodão, em grande parte para fabricação de velas, e a fibra de pita para calafetagem de juntas. Nos últimos trinta anos do século XVI e nos primeiros vinte do século XVII foi enviada de Veracruz, Campeche e da baía de Honduras, em quantidades bastante consideráveis, a salsaparrilha, uma raiz medicinal que se acreditava ser um medicamento para grande número de doenças. Há também menções passageiras a remessas de produtos como gengibre, âmbar, fumo — que no século XVIII alcançara enorme importância — e bálsamo. O chocolate e a baunilha, sua acompanhante, apareceram apenas ocasionalmente. Tiveram de esperar as mudanças do paladar europeu no século XVII, e eram populares apenas no Novo Mundo.

A prata e as frotas também estimularam o crescimento de uma indústria de embarque na costa do Pacífico e no mar dos Caraíbas. De modo geral a economia espanhola diversificou-se mais rapidamente que a do Peru, e desde a época de Cortés, uma pequena frota de navios levava produtos da Mesoamérica, como escravos indígenas, corantes e algodão para Guayaquil e Callao. No final do século XVI, o México também baldeava quantidades desconhecidas mas provavelmente consideráveis de sedas chinesas. Em troca, o Peru enviava prata, parte dela para as frotas que seguiam para a Espanha, e parte para pagar os comerciantes de Manila e do México. A prata do Peru nem sempre teve uma boa reputação, embora essa rejeição fosse, obviamente, relativa. Quando era cunhada no Peru, a moeda muitas vezes tinha peso abaixo do padrão, era adulterada por ligas, regravada e raspada. Mas a prata era suficientemente valiosa para criar um pequeno sistema autônomo de frotas. Uma vez por ano era enviada por uma frota protegida de Callao ao

Panamá, de onde era transportada através do istmo por *recuas* de mulas até Nombre de Dios, e depois até Portobelo, onde encontrava as frotas provenientes de Sevilha.

Muito antes do final do século, o Peru também estava enviando vinho, azeitonas e azeite para o Panamá e a Nova Espanha, para grande irritação dos comerciantes e funcionários reais na metrópole, que faziam grandes esforços para controlar esse comércio. Incapazes de fazê-lo, proibiram a importação do vinho e do azeite peruanos para o Panamá em 1614 e para a Nova Espanha em 1620. Em 1631 foi proibido todo comércio entre o México e o Peru, o que somente seria reativado oficialmente no século XVIII. As proibições não tiveram grandes efeitos, mas devem ter tido alguma importância na queda do volume e da freqüência das remessas na metade do século XVII.

As rotas costeiras mais curtas também floresceram ao longo do Pacífico depois da metade do século. Guayaquil enviava madeira e resina para Callao. O Chile enviava trigo. A Guatemala trocava seu cacau, praticamente um produto básico para os índios do México, por tecidos e prata mexicanos.

As remessas de prata também estimulavam o comércio no mar dos Caraíbas. Com exceção do tráfico de gêneros alimentícios que se desenvolveu em locais como Caracas e Costa Rica, parte dele especificamente para abastecer a *carrera*, havia também um considerável volume de negócios entre Veracruz e Havana. Havana, uma importante guarnição e porto da *carrera*, era abastecida com cereais, tecidos, armas e um subsídio em dinheiro do México. Havia também um considerável comércio de açúcar entre as ilhas e as montanhas do interior da Mesoamérica.

Muitos desses produtos, no entanto, eram meros anexos do comércio de prata. A *carrera*, com seus dois principais incentivos que eram as viagens de ida e volta a Veracruz e ao istmo do Panamá, viveu e morreu pela prata e pelas mercadorias espanholas e européias enviadas para pagá-la.

As *remesas* oficiais de prata para a Espanha parecem ter atingido seu pico em 1595. Mantiveram-se relativamente bem num nível mais baixo até 1619, depois foram caindo gradativamente, apesar de uma boa frota ocasional, de um acúmulo por vários anos da produção mineira, até que nas décadas de 1640 e 1650 se tornaram pequenas e intermitentes. Exceto por uma curta reativação na década de 1670, o declínio das importações oficiais continuou até o final do século. Naturalmente, o metal não-oficial era outra questão. O ano de 1595 foi também um dos melhores em termos de valor do total das mercadorias enviadas para a Espanha, embora se deva lembrar que o valor se manteve por muito tempo maior que o volume, porque, à medida que a prata se tornava mais escassa, seu preço subia rapidamente. (Entre 1660 e 1680 o ouro e a prata atingiram os preços mais altos desse século.) A remessa de maior valor dos séculos XVI e XVII chegou na frota de 1624, embora o total do metal enviado fosse menos da metade do remetido em 1595.

O volume e o valor das outras mercadorias enviadas para a Espanha atingiram o ápice um pouco mais tarde que a prata, provavelmente por volta de 1618 ou 1619, mas, quando chegou a queda, as cargas menores declinaram mais rapidamente que o metal. De fato, segundo parece, quando as frotas se tornaram pequenas e intermitentes, a coroa necessitada reservou espaço para a prata e excluiu os outros artigos. Assim, foram eliminadas cargas como a cochonilha, o anil e o açúcar.

Como as exportações do complexo de portos de Sevilha para a América, em sua maior parte pagas em prata, se equilibravam mais ou menos com as importações do tesouro, não é surpresa verificar que a exportação oficial de mercadorias espanholas e européias atingiu seu auge quase ao mesmo tempo. O melhor ano para as exportações espanholas legais antes do século XVIII, tanto em volume quanto em variedade, foi 1608. Depois disso, embora se mantivessem em geral melhor que as importações da América, o tamanho das frotas, a regularidade das viagens e o valor das mercadorias enviadas decaíram rapidamente.

Assim, o comércio atlântico atingiu uma série de pontos altos no período entre 1580 e 1620. Evidentemente, essas foram décadas de mudança e de reajuste na Espanha e em suas colônias. Meio século de crescimento chegava ao fim, manteve-se num nível mais baixo por alguns anos, antes de descer vertiginosamente ao patamar da metade do século. Atuavam aí muitos fatores diferentes mas inter-relacionados.

Os anos 1570 foi uma década crítica para a população indígena da Nova Espanha, que de qualquer forma vinha decaindo desde a época do primeiro contato. Agora, na década de 1570, uma série terrível de epidemias invadiu o território, reduzindo a população a uma fração do que havia sido na época da conquista. A produção e o comércio foram afetados de vários modos: o trabalho servil e o pagamento de tributos decaíram; os preços subiram; era necessário reter mais prata no Novo Mundo para pagar os preços mais altos; dessa forma, seguia para a Espanha uma menor quantidade do metal. No entanto, não são muito evidentes os efeitos da queda na oferta de mão-de-obra sobre as economias agrícolas, sobre o açúcar, a cochonilha e o anil. Nas ilhas o açúcar já passara a depender dos escravos negros. Presumivelmente, os outros dois produtos também sentiram o impacto, embora nunca tenham dependido tão intensamente da mão-de-obra como o açúcar. Por certo, a produção de ambos caiu vertiginosamente após a década de 1620, e provavelmente muito antes disso. Já a mineração da prata não parece ter sido afetada de modo imediato. O trabalho conscrito, ou *mita*, supriu Potosí adequadamente, e no México o crescente uso do trabalho livre e de escravos preencheu essa lacuna.

No entanto, as minas de prata foram assediadas por uma crise específica. A produção entrou em decadência: em Potosí após 1592, a queda estendeu-se por muito mais de um século, e na Nova Espanha, após cerca de 1630 até o final do século. Uma das causas foi a dificuldade de encontrar mercúrio disponível. As minas de Huancavelica começaram a entrar em declínio por volta de 1595. O mercúrio de Almadén na Espanha praticamente desapareceu quando o sistema de frotas começou a oscilar no início da década de 1630. Mais ou menos na mesma época, alguns dos maiores veios de prata passaram a ser explorados no norte da Espanha. Além disso, à medida que as populações indígenas desapareciam, os preços dos alimentos se elevavam e a alimentação dos mineiros custava mais. E no momento mesmo em que a produção mineira diminuiu, o declínio da população indígena forçou a população não-indígena a reter mais metal no Novo Mundo para pagar preços mais altos.

Ao mesmo tempo em que as colônias começaram a enviar menor volume de carga para a Espanha, também passaram a precisar menos de produtos europeus e a metrópole se mostrou cada vez mais incapaz de enviar as mercadorias que os colonos queriam comprar. É provável que tenha havido exageros na avaliação do volume de substituição de importações nas colônias durante essas décadas críticas, mas o México, o Peru e o Chile tornaram-se auto-suficientes em cereais e, em certa medida, em vinho, azeite, ferragens, artigos de madeira e móveis. Os espanhóis já não podiam contar com a população indígena para obter provisões básicas, e as fazendas e *haciendas* espanholas começaram a assimilar a falta. Essa redução da dependência da Espanha coincidiu com o declínio da metrópole. À medida que sua indústria se deteriorava, reduziam-se suas exportações que, em tais condições, passaram a ser constituídas mais e mais de matérias-primas e produtos primários, e menos e menos de produtos manufaturados. E eram justamente as matérias-primas e os gêneros alimentícios os produtos mais perecíveis na longa travessia do Atlântico, e aqueles de que as colônias menos necessitavam.

A decadência da Espanha nos séculos XVI e XVII foi amplamente discutida. O fraco governo não renunciou a nenhuma de suas extravagantes ambições, em Castela os tributos aumentavam continuamente, a indústria e a agricultura se deterioravam diante da ativa competição estrangeira, e na década de 1620, ou mesmo antes, as frotas e cargas que deixavam Sevilha eram controladas por comerciantes estrangeiros e constituídas por mercadorias estrangeiras. Para piorar sua desastrosa situação no século XVII, a Espanha foi afligida por uma nova série de epidemias virulentas, perdas de colheitas e fomes prolongadas. Sua coesão política foi abalada por revoltas na periferia, e uma série de derrotas no mar e nos campos de batalha europeus aniquilaram seu prestígio e poder de negociação. O metal das Índias, em quantidade reduzida e em chegadas esporádicas, passou rapidamente para as economias emergentes do noroeste da Europa. Não é então de admirar que o sistema de frotas, tão próspero e regular até a década de 1620, se tenha desmoronado rapidamente. Na metade do século, era apenas uma aparência do que havia sido, navegando no final da época, incapaz de uma vez de navegar por anos, formado por navios velhos e pouco seguros, muitos deles construídos no estrangeiro, e muitas vezes postergado simplesmente porque as cargas eram insuficientes ou de pouco valor, e assim não valia a pena enviá-las para a América. Na outra extremidade, as grandes feiras de Portobelo e Jalapa entravam em decadência, e muitos portos tropicais das Índias se tornavam cidades fantasmas.

Em tudo isso, a coroa e sua *Casa de Contratación* haviam desempenhado um papel pernicioso. Os confiscos de cargas foram especialmente danosos. Essas intrusões começaram no início do século XVI, quando, em várias ocasiões, Carlos V se apoderou do tesouro privado da América como medida desesperada para pagar exércitos ou credores. Na maioria dos casos, esses confiscos haviam sido pagos em *juros* ou asseguraram pagamentos anuais contra o fisco real. Após 1600, esses confiscos se tornaram corriqueiros e não se limitaram aos metais preciosos. Em alguns anos, toda carga que chegava a Sevilha era apreendida, e o pagamento era agora prometido em *juros* claramente sem valor vindos de um tesouro manifestamente em bancarrota.

Sem dúvida, tais interferências governamentais prejudicaram o comércio e a produção. Pode-se imaginar quão desencorajadora seria a expectativa de um confisco para os comerciantes nas colônias. Muitos deles, relutantemente ou de boa vontade, deixaram de reinvestir ou expandir seus recursos produtivos e se concentraram em se tornar pensionistas da coroa ou proprietários rurais. Outros, ainda tentando progredir financeiramente apesar dos tempos adversos, voltaram-se para o comércio local hispano-americano ou passaram a traficar com contrabandistas estrangeiros.

Muita coisa já foi dita sobre uma crescente independência e auto-suficiência hispano-americana no meio do século XVII. Evidentemente, houve alguma substituição de importações, especialmente no caso de alimentos básicos. Mas essa auto-suficiência deve ter tido um âmbito local, algum tipo de autonomia local, pois há poucos indícios de que tenha havido um aumento no comércio inter-regional hispano-americano após a terceira década do século XVII.

De fato, para onde quer que se olhe, encontram-se testemunhos de um declínio em tais comércios até a última década ou duas do século. A remessa de produtos peruanos para o Panamá, Realejo e Acapulco caiu consideravelmente depois que a prata de Potosí se tornou menos abundante. Boa parte dela era ilegal e isso impôs custos adicionais aos contrabandistas. Há poucos indícios de algum embarque comercial entre o México e o Peru por vários anos em volta da metade do século. (Deve-se notar que alguns estudiosos observam um aumento nas operações portuárias locais no Peru.) O comércio nas Filipinas também decaiu, à medida que as viagens dos galeões de Manila se tornaram mais esporádicas e, se se pode confiar nos comentadores dos meados do século, menos rendosas. A navegação entre as ilhas do mar dos Caraíbas também sofreu. Havana, que havia mantido um comércio intenso com Cartagena, Honduras, Santo Domingo, Yucatán e Veracruz nos primeiros anos do século, praticamente perdeu contato com todas essas cidades, à exceção de Veracruz, nas décadas de 1650 e 1660. Todas se haviam tornado auto-suficientes em produtos alimentícios básicos, mesmo em açúcar, e tinham muito pouco para trocar. Até a memória dessas relações comerciais outrora tão ativas desapareceu. Quando recomeçaram no final do século, para os participantes tratava-se de novas rotas e novos intercâmbios.

Houve exceções, evidentemente, mas, mesmo onde encontramos novos negócios em florescimento, tendem a reforçar a impressão de uma quase interrupção das trocas no terceiro quarto do século XVII. O cacau é um bom exemplo. Quando os índios da América Central e os cacaueiros desapareceram, as populações indígenas do México Central, ainda bastante numerosas e grandes consumidoras de chocolate, foram obrigadas a abastecer-se em outras localidades, muito mais distantes. Guayaquil começou a remeter sementes de cacau para o México no final do século XVI, mas em 1615 essa prática foi proibida por uma coroa ciumenta e pelo *consulado* de Sevilha, sob o pretexto de ser um subterfúgio — o que de fato era às vezes — para a introdução do vinho e do azeite peruanos. Isso não encerrou a questão. O cacau de Guayaquil era contrabandeado para Realejo e Sonsonate na América Central, recebia um novo rótulo de produto local e era enviado para Puebla e Cidade do México. Mas, por razões ainda não compreendidas, o próprio cacau de Guayaquil começou a escassear na metade do século XVII e não voltou a recuperar-se antes do final da década de 1680.

Caracas beneficiou-se com as dificuldades de Guayaquil e da América Central. Forçada pelo declínio do sistema de navegação a abandonar o papel de fornecedora de trigo para as frotas em Cartagena e Portobelo, na década de 1620 a região passou a enviar para Veracruz cacau silvestre. O comércio cresceu continuamente até por volta de 1660, e depois decaiu acentuadamente até 1670, somente voltando a alcançar os níveis anteriores em 1680. Após essa data, as exportações se recuperaram e cresceram rapidamente até bem depois de 1700.

Dois outros fatores asfixiaram o comércio inter-regional nas colônias a partir de mais ou menos 1630. O primeiro deles foi a pirataria. P. e H. Chaunu apresentaram boas razões para provar que ela exercera um efeito surpreendentemente pequeno sobre as atividades da *carrera*. Com exceção dos anos famosos mas raros em que os holandeses e ingleses capturaram toda frota que transportasse tesouros — como fez o almirante Piet Heyn na baía das Matanzas, perto de Havana, em 1628 —, a *carrera*, dizem eles, era suficientemente grande e estava suficientemente armada para combater, ou mesmo ignorar, quase todos os melhores navios. Outros estudiosos afirmam que os Chaunus subestimaram essas perdas, mas o efeito da pirataria sobre a navegação costeira foi evidentemente muito mais severo. Navios piratas isolados, ou pequenas frotas de duas ou três embarcações, que evitavam os galeões e as grandes cidades fortificadas, destruíam pequenas canoas, caravelas, e pinaças desarmadas e freqüentemente queimavam vilas menores, como Trujillo, Campeche ou Río de la Hacha. Depois de 1630 até quase o final do século XVII, quase não se encontra um relato de uma viagem marítima local no mar dos Caraíbas que não fale de pelo menos uma perseguição feita por um navio pirata. A *armada de barlovento*, uma frota de navios de combate que deveriam proteger o mar dos Caraíbas espanhol, revelou-se totalmente ineficaz. Não conseguiu cobrir uma área tão vasta e tinha uma tripulação insuficiente, era formada por navios-prisão velhos e nunca estava por perto quando necessário. Se os piratas nunca foram uma grande ameaça no Pacífico, sua presença no local inibiu o comércio costeiro espanhol de Valparaíso a Acapulco, durante todo o século XVII.

Os piratas fizeram com que o comércio passasse dos porões dos navios para o lombo das mulas. Antes da mecanização e das estradas empedradas, o transporte terrestre era evidentemente mais lento e mais caro. No continente hispano-americano, as rotas terrestres enfrentavam outros problemas. Se os comboios de mulas seguiam as trilhas de montanha, aumentavam as quebras, o tempo e a extensão das viagens e, conseqüentemente, os preços do transporte. Se as *recuas* seguiam rotas de planície, com algumas exceções como a costa do Peru ou a área em torno de Buenos Aires, estavam expostas à umidade dos trópicos, de modo que a passagem somente era possível na estação seca, que em alguns locais como Tabasco quase não existia. Isso poderia dar a impressão de que o comércio inter-regional diminuiu, tornou-se mais lento e reduziu-se às rotas interiores mais curtas. Isso era certamente o que as pessoas da época diziam.

O outro fator que sufocou o comércio inter-regional na metade do século foi a falta de moeda circulante. As colônias sofriam uma grande escassez de metal cunhado, com sérias conseqüências. Os comércios locais eram pequenos demais para desenvolver mecanismos elaborados de troca ou de crédito. Na verdade, o comércio estava apoiado em moedas de prata aceitas de modo geral, e sem esse suporte ele inevitavelmente declinava, porque era obrigado a utilizar substitutos volumosos, como sementes de cacau ou jarros de vinho, ou mesmo retroceder à troca direta, difícil de manter além de alguma distância.

Não podemos estar totalmente seguros do paradeiro da prata produzida no México e no Peru entre 1640 e 1680. Embora a *carrera* tivesse decaído, a coroa recolhia sua parte e seus tributos com notável eficiência, dadas as condições da época, e é muito possível que uma alta proporção da produção global de prata, mais alta do que acreditamos, estivesse sendo escoada para a Espanha. Na primeira parte do século, grandes quantidades de prata ficavam retidas no Novo Mundo. No entanto, esses estoques de moeda já haviam desaparecido por volta de 1650, exceto talvez no México Central. Parece pouco provável que estivesse indo para as Filipinas muito mais do que antes: provavelmente menos. O contrabando com entrelopos ainda não estava totalmente desenvolvido, como veremos. O comércio marítimo local, com exceção da rota Caracas—Veracruz, e talvez o comércio costeiro no litoral entre Guayaquil e Santiago do Chile, estava em eclipse.

Parte do problema reside na longa história de adulterações e falsificações no Peru. A cunhagem de moedas no Peru estivera sob suspeita desde a conquista e, à medida que a oferta de prata do sul decaiu, passou a ser mais e mais adulterada. Isso irritou a coroa que necessitava da prata e, por meio de suas autoridades coloniais locais, foi suficientemente tola para recorrer a uma série de recunhagens, revalorizações, desvalorizações, retiradas de circulação e, finalmente, a uma reemissão de *macacas* e *moneda recortada* suspeitas, o que na década de 1650 arruinou a confiança do comércio na moeda. O dinheiro mexicano permaneceu relativamente bem cunhado e controlado, e isso conduziu à ação inevitável da lei de Gresham*. Os mexicanos entesouravam a boa moeda, enviavam-na para a Espanha, ou reservavam-na para os negócios mais lucrativos. Os mercados locais estavam abertos às moedas adulteradas, raspadas, do Peru, em que ninguém confiava.

Os comerciantes crioulos, então, enfrentaram alguns problemas insolúveis a partir de 1630. A *carrera* não era confiável e estava em decadência havia pelo menos trinta ou quarenta anos. Quando conseguia partir em viagem, sua chegada a Sevilha podia atrair uma coroa predatória e em bancarrota, que confiscava as cargas e reembolsava anos de esforço com *juros* quase sem valor. Muitos outros tipos de comércio estavam moribundos, perseguidos por piratas, ou limitados a um âmbito muito restrito. A auto-suficiência local era em muitos casos uma espécie de autonomia em roupas e alimentos básicos. Com isso restava muito pouco para um comércio entre regiões autárcicas.

Para o proprietário rural que ainda estava interessado na agricultura comercial e para o comerciante que ainda sonhava com o comércio a longa distância, a solução era o estrangeiro. No entanto, antes que essa solução se impusesse por si mesma, o ansioso crioulo teve de esperar que acontecimentos e desenvolvimentos satisfizessem suas ambições. O contrabando em larga escala somente se desenvolveu completamente depois que as últimas

* Quando duas moedas estão em circulação num país, a moeda boa tende a ser entesourada ou exportada; popularmente, "a má tira de circulação a boa".

nações que chegaram no mar dos Caraíbas passaram por uma série de experiências e transições próprias. O contrabando como meio básico de comércio levou quase um século para desenvolver-se no mar dos Caraíbas e no rio da Prata. Vários obstáculos se interpuseram em seu caminho. Os principais deles foram a guerra e a pirataria. O contrabando e a pirataria, usualmente, excluem-se um ao outro, pois mesmo os contrabandistas precisam gerar uma confiança mínima em seus parceiros na costa.

O período entre 1620 e a década de 1680 foi a grande era da pirataria no mar dos Caraíbas, dos ataques navais europeus contra as possessões espanholas, de "nenhuma paz além da linha". As potências estrangeiras não haviam deixado à Espanha o desfrute exclusivo de seu novo império. Já em 1521, alguns corsários que operavam entre as Canárias haviam começado a atacar navios desgarrados que vinham da América e, quando se espalharam os rumores sobre as riquezas que chegavam a Sevilha, apareceram mais e mais piratas e corsários da Europa ocidental. As incursões esporádicas mas ousadas e destrutivas dos primeiros corsários franceses e depois as dos heróis isabelinos, Hawkins, Drake e Raleigh, provocaram grande inquietação na coroa espanhola, mas ela reagiu, dadas as condições da época, rápida e eficazmente. O *adelantado* e perito naval de Filipe II, Pedro Menéndez de Avilés, foi responsável pela organização, em 1575, de duas pequenas esquadras no mar dos Caraíbas, uma em Cartagena para proteger o istmo e uma em Santo Domingo para garantir a segurança das frotas que seguiam de viagem à Espanha pelo leste. Essas esquadras subsidiárias cumpriram bem sua função até que a *carrera* entrou em decadência. Foram muito mais eficientes que a frota defensiva itinerante do século XVII, a ineficaz *armada de barlovento*. A essa altura, a Espanha também dava início à construção de fortificações maiores nas Índias. Entre 1580 e 1620, sob a direção dos engenheiros militares italianos, Juan Bautista Antoneli, pai e filho, foram aos poucos sendo construídas sólidas defesas em vários portos importantes, como Havana, San Juan e Veracruz. Os custos desses fortes e dessas esquadras sem dúvida debilitaram os recursos da coroa, e as vilas menores e menos estratégicas, deixadas sem proteção, queixavam-se de que agora recebiam atenção maior e mais hostil da parte dos piratas, mas até a década de 1650, e mesmo um pouco depois, a Espanha conseguiu relativamente bem defender suas frotas e suas principais possessões.

Os primeiros adversários que tiveram algum resultado foram os holandeses. No final do século XVI, a Holanda era a única nação européia com suficiente poder naval para desafiar a Espanha e Portugal no Novo Mundo e nas Índias Orientais. A frota holandesa era a maior da Europa, duas vezes a da Inglaterra em 1560. A prolongada guerra de independência da Holanda contra a Espanha (1568-1648) deu aos holandeses um motivo adicional para seus ataques. Após 1590, quando começaram a aparecer os primeiros desgastes na *carrera*, os navios holandeses entraram no mar dos Caraíbas em números consideráveis. Os holandeses faziam pirataria nos mares e ataques às vilas coloniais espanholas, mas não era esse o principal motivo para que estivessem na região. Esperavam capturar a frota e, embora esse segundo propósito estivesse em contradição direta com o primeiro, queriam ingressar no comércio de peles, açúcar, chocolate e corantes. Durante vários anos tiveram relativo sucesso, negociando clandestinamente com a Venezuela e as ilhas do sul do mar das Antilhas. Também foram atraídos pelas grandes salinas na costa de Tierra Firme. O sal extraído, juntamente com a pesca na Terra-Nova, permitiu-lhes dominar o comércio europeu de salmão e bacalhau salgados, ambos produtos básicos da alimentação diária.

Parte dessas atividades terminou com o século XVI. Durante a trégua de doze anos na guerra entre Espanha e Holanda, entre 1609 a 1621, os holandeses retiraram do mar dos Caraíbas a maior parte de seus navios. Os ingleses, não tão numerosos, também assinaram um cessar-fogo com a Espanha. Tão logo terminaram as tréguas, as hostilidades no mar dos Caraíbas recomeçaram, e apareceu um novo processo ameaçador, a Companhia Holandesa das Índias Ocidentais (fundada em 1621), uma aliança que coligava interesses mercantis privados e poderosos com o apoio entusiasta e o suporte militar do Estado. Beneficiou-se de uma ação bem-sucedida em 1628, graças ao almirante Piet Heyn, e enviou uma enorme quantidade de navios, até oitenta num ano, para fustigar o comércio marítimo espanhol, atacar pequenos portos e comerciar aqui e ali, quando possível.

No entanto, tornava-se manifesto a alguns na Holanda e na Inglaterra que seria impossível desintegrar o império espanhol, por mais decadente que estivesse, por meio da pirataria, pela ação dos corsários e por ataques à *carrera*. Sir Francis Drake, de uma maneira um tanto desordenada, era o modelo de uma estratégia alternativa: a de capturar e controlar portos estratégicos e, assim, estrangular o sistema comercial espanhol. Imbuído há muitos anos de um grande ódio pela Espanha, Drake havia compreendido que o sistema espanhol de comércio monopolista nas Índias dependia de alguns gargalos estratégicos e que dois deles, pelo menos, o istmo do Panamá e Havana, eram bastante vulneráveis a ataques pelo mar. Mas, sem contar com apoio total de uma ambivalente Isabel, e com uma organização inferior e nenhuma base na região, realizou pouco mais que lucrativos ataques de surpresa e ocupações temporárias. Assim, atacou o Panamá em 1572, mas saiu com apenas a metade do ouro que veio buscar; tomou Santo Domingo em 1585 e mais uma vez saiu com uma soma desapontadora; abandonou no ano seguinte a ocupação de Cartagena, antes de recolher o resgate, devido à febre que atacou os membros de sua tripulação; e, num ato de desespero, por causa da falta de provisões e de mortes entre a tripulação, teve de retornar à Inglaterra após ultrapassar o istmo e Havana e incendiar a pequena St. Augustine na Flórida. Em 1596, morreu ao largo da costa do Panamá, quase à vista de Portobelo, ainda sem condições de realizar seu sonho de estrangular o sistema comercial espanhol pela captura e controle de seus gargalos. Sir Francis teve a imaginação, mas não os meios. Meio século mais tarde, Oliver Cromwell, que como ele odiava a Espanha, reviveu o plano de Drake. Uma expedição imensa para a época, com 2 500 homens a bordo dos navios, partiu em 1655 para capturar Santo Domingo e depois, se possível, Havana. Foi derrotada duas vezes fora das muralhas de Santo Domingo e, tentando evitar a desonra e voltar para a Europa com um prêmio de consolação, ocupou a ilha menor da Jamaica, base de um punhado de espanhóis e escravos. Numa espécie de reflexão tardia, a Inglaterra, assim como a Holanda e a França, havia capturado no mar dos Caraíbas pequenas extensões de território que a Espanha não considerara dignas de ocupação efetiva. Durante as décadas de 1630 e 1640, os holandeses ocuparam Curaçao e estabeleceram entrepostos comerciais nas ilhas próximas ao largo da Venezuela. Os franceses haviam ocupado Guadalupe, Martinica e ancoradouros na costa noroeste de Hispaniola. E agora os ingleses ocupavam Barbados e Jamaica, bem como Antígua. Não que a pirataria houvesse chegado ao fim. Uma longa e furiosa luta foi travada na Jamaica, por exemplo, entre a facção dos piratas, apoiados por alguns dos primeiros governadores e agricultores que queriam cultivar açúcar e anil na ilha sem sofrer qualquer competição do continente, e a facção dos comerciantes, que queriam estabelecer uma conexão de contrabando com as cidades espanholas de Cuba, Nova Espanha e América Central. Por cerca de trinta anos depois da ocupação inglesa de 1655, dos dias áureos de Port Royal e de Henry Morgan, a facção dos piratas e dos agricultores manteve o controle, e os comerciantes espanhóis locais nas terras próximas de Jamaica, ansiosos por comerciar com os ingleses, tiveram de aguardar melhores dias.

Houve toda uma série de razões logísticas e geopolíticas que explicam por que os adversários da Espanha não conseguiram tomar uma parte maior do império espanhol no século XVII e por que a pirataria e os ataques às colônias continuaram preferidos ao comércio de contrabando.

O primeiro obstáculo dos últimos a chegar era a geografia humana e epidemológica do mar dos Caraíbas. Os espanhóis haviam-se estabelecido na região em primeiro lugar e haviam-se entrincheirado, e isso não era um aspecto de pouca importância. As grandes cidades, como Cidade do México, Puebla e Bogotá, estavam situadas longe da costa, praticamente inacessíveis ao tamanho dos exércitos que os europeus podiam enviar pelo Atlântico nos pequenos navios da época. Sobretudo, as populações coloniais das Américas viviam, em sua maioria, longe das zonas de doenças tropicais virulentas, visitando portos marítimos como Veracruz, Portobelo ou La Guaira somente quando tinham de fazê-lo. Os europeus suficientemente loucos para viver nos trópicos morriam em grandes proporções, especialmente os recém-chegados da Europa. Na verdade, a expectativa na época era que os recém-vindos adoecessem, passassem por um processo de aclimatação nos primeiros meses. Somente se sobrevivesse aos primeiros ataques de febre (malária), disenteria ou "febre amarela", podia-se esperar que o imigrante prosperasse nas Antilhas. Os táticos espanhóis sabiam disso e usavam-no. Drake preferiu abandonar Cartagena a esperar pelo pagamento de seu pedido de resgate porque, quanto mais ficasse, mais seus marinheiros ingleses não-aclimatados morreriam de malária e disenteria. Penn e Venables, os líderes da expedição de Cromwell de 1655, não conseguiram tomar Santo Domingo em parte devido à própria incompetência, mas também porque foram suficientemente ingênuos para estabelecer um longo cerco da cidade nos pântanos ao redor, para deleite dos defensores espanhóis que sabiam o que lhes aconteceria se lá permanecessem. Em menos de uma semana, a disenteria e a febre começaram a abater os atacantes e os sobreviventes foram forçados a deixar o lugar. Muitos outros membros da mesma expedição viriam a morrer após a ocupação da Jamaica antes que se completasse sua aclimatação.

Outros fatores impediram o desenvolvimento de um amplo comércio de contrabando com o império espanhol. Os holandeses, e em menor grau os ingleses, conseguiram rebaixar muitos preços espanhóis do final do século XVI a até quase as guerras de independência, mas enfrentaram sérios problemas, mutuamente reforçadores, de oferta e procura, de armazenagem e estocagem, e de movimentação de mercadorias volumosas. Se a *Casa de Contratación* em Sevilha tinha dificuldades de prever as necessidades dos mercados de Veracruz, Portobelo e Lima com uma antecedência de seis meses, o que dizer dos comerciantes de Amsterdã, legalmente impedidos de acesso a informações comerciais das colônias e tendo muitas vezes de confiar em boatos furtivos captados, nas praias lúgubres, de piratas, contrabandistas ou renegados espanhóis? Tampouco podiam os entrelopos esperar conseguir estabelecer estoques no Novo Mundo à espera de que a procura e os preços oscilassem em seu favor. Antes de 1630 não possuíam quaisquer armazéns nas ilhas e somente muito mais tarde, quando o conflito entre os piratas e os comerciantes estava terminado, é que tiveram a idéia de empregar para esse fim as ilhas capturadas. Tampouco podiam os recém-chegados produzir em massa e garantir um suprimento em grande quantidade, o que teria baixado os preços e reduzido as perdas potenciais. Enfrentaram as mesmas restrições dos navios lentos com pouco espaço para carga, como fizeram os espanhóis, embora os holandeses, em especial, tenham tido navios melhores, e suas exportações tenham provindo de uma Europa que apenas estava começando a reestruturar-se para os primeiros estágios da revolução industrial. A produção em massa e a distribuição rápida no mercado ainda estavam muito distantes. Era geralmente muito mais fácil receber mercadorias do Novo Mundo e enviar produtos do norte europeu, via Sevilha, para uma região em que a bancarrota da Espanha e a decadência de sua agricultura, indústria e comércio haviam permitido que os estrangeiros capturassem e dominassem todos os negócios.

Acima de tudo, a pirataria, a devastação de portos e a captura de ilhas refletiram o modo de pensar da época. Companhias privilegiadas, como a Companhia Holandesa das Índias Ocidentais e a Compagnie de commerce de Colbert, tinham sido um começo, e o contrabando holandês de cacau era enviado da Venezuela para Amsterdã em grandes quantidades; mas a regra "nenhuma paz além da linha" havia permanecido por tempo demais para desaparecer rapidamente. Não se negociava com o inimigo se se tivesse força suficiente para apreender suas mercadorias e destruir suas frotas e cidades. "A guerra e o comércio ainda eram os vizinhos mais próximos", escreveu o Professor A. P. Thornton, "e aqueles que os viam como inimigos naturais estavam pensando de modo excessivamente radical para sua época"[5].

5. A. P. Thornton, "Spanish Slave-ships in the English West Indies, 1660-85", *Hispanic American Historical Review*, 35(3):384-385, 1955.

No final da década de 1680, várias mudanças significativas prepararam o caminho para o ingresso na era do contrabando ou do imperialismo informal. Na Jamaica, a classe mercantil venceu sua longa batalha contra os piratas e seus patrões, os agricultores mais protecionistas. O governador Lynch, um adepto da facção dos comerciantes, tomou o lugar do notório Henry Morgan como governador da Jamaica em 1681. O duque de Albermarle, que governou por pouco tempo, de 1687 a 1688, representou uma certa volta à política anterior e tendeu a favorecer os agricultores protecionistas e seus aliados piratas. Mas, com a morte de Albermarle, o governo inglês ordenou rapidamente um retorno ao encorajamento do comércio pacífico e do fornecimento de escravos africanos. A confiança mútua não foi construída da noite para o dia, mas em 1690 era patente que a grande era da pirataria havia terminado. Quando os comerciantes crioulos espanhóis se convenceram ainda mais de que os governantes estrangeiros das ilhas eram sinceros em seus esforços de capturar e enforcar os piratas remanescentes, sua confiança aumentou e com isso seu desejo de negociar com os inimigos da Espanha.

Assim, Barbados, Curaçao, St. Kitts, Jamaica — e, finalmente em 1685, Santo Domingo (o terço ocidental de Hispaniola) — todas capturadas como prêmios de consolação que não faziam muita falta à Espanha, e todas usadas durante muitos anos como áreas de plantio e refúgio de piratas, e somente incidentalmente como entrepostos e prisões para escravos, tornaram-se, um tanto para surpresa de seus colonos e governantes locais, parte da solução dos problemas que haviam retardado o desenvolvimento de um ativo contrabando: problemas de oferta e procura, peso, volume de mercadorias, distância e lucratividade. Jamaica e Curaçao, em especial, transformaram-se em armazéns e centros de comércio, locais onde as mercadorias e os escravos podiam ser estocados até que os preços e a procura estivessem altos nas colônias espanholas. Estavam próximos do mercado e podiam obter informações bastante precisas sobre ele. Os pequenos navios, tão limitados em tempo e em espaço para carga na longa rota do Atlântico, podiam transportar as mercadorias da Jamaica a Veracruz, ou de Curaçao a Cartagena, sem grandes custos adicionais.

Os adversários imperiais da Espanha atravessaram outra parte do comércio americano no século XVI: o tráfico de escravos africanos, necessários sobretudo como população substituta nas ilhas e nas costas tropicais onde a população indígena havia sido destruída. A Espanha havia administrado seu próprio comércio de escravos, mais ou menos, no século XVI. Não tinha locais de depósito, feitorias ou colônias na região costeira da África fornecedora de escravos, mas tinha como contratar intermediários privados que os adquiriam dos portugueses e holandeses. Embora de tempos em tempos algumas regiões se queixassem da escassez, a oferta parecia adequada à procura reduzida, e a anexação de Portugal por Filipe II ajudou a garantir o pronto acesso aos fornecedores. Até a revolta portuguesa de 1640, eram os concessionários portugueses que forneciam a maioria dos escravos necessários nas colônias, mas, depois de 1640, não mais podiam ser usados como fornecedores. No entanto, a procura agora era pequena e as colônias estagnadas, com poucos recursos monetários, não podiam fazer muitas aquisições. Permitiu-se que o *asiento*, ou sistema contratual de arrendamento, prescrevesse por mais de vinte anos, um outro sinal da fraqueza da Espanha e do declínio da produção.

Em 1663, o sistema de *asiento* foi restaurado. Inicialmente, progrediu muito lentamente nas mãos de credores inexperientes da coroa, dos banqueiros genoveses e dos comerciantes Grillo e Lomelín. O período do *asiento* de Grillo durou até 1678. Sua principal fonte de suprimento parece ter sido Curaçao, onde o preço dos escravos era menor que nas ilhas inglesas, e seu destino preferido era Portobelo, Veracruz e Havana. Entre 1685 e 1689, após mais alguns anos de tentativa de passar sem um *asiento*, a coroa espanhola, relutante, concedeu-o à firma holandesa de Coymans. As origens dessa firma não são claras, mas é possível que tenha sido uma fachada para um grupo de interesses maiores. De qualquer forma, por algum tempo Coymans continuou sendo apenas o primeiro passo do processo, e a coroa espanhola não tinha mais a quem recorrer se quisesse abastecer-se. Esses navios escravistas holandeses provenientes de Curaçao transportavam um grande número de mercadorias proibidas e, como em tantos outros aspectos, foram os pioneiros da nova era do contrabando.

Os franceses deram menos importância ao contrabando, embora também tenham participado dele através dos corsários, e antes de 1702 e da aliança formal entre a França e a Espanha concentraram-se muito mais em dominar o comércio legal que saía de Cádiz e de Sevilha. Nossas informações parecem indicar que, no final do século XVII, as mercadorias e o capital franceses forneciam bem mais que a metade das necessidades da *carrera* — quando ela navegava. Isso converteu os ingleses nos principais adversários dos holandeses e deixou-os desamparados. Tendo-se livrado de seus piratas, os ingleses invejavam a *entrée* dos holandeses no mercado colonial espanhol. Podiam ver que várias regiões sofriam de escassez de mão-de-obra e pareciam dispostas a pagar qualquer preço pelos escravos: talvez a crescente necessidade de escravos pudesse ser utilizada como meio de furar o monopólio espanhol. O governador Lynch, sempre astuto, sem dúvida queria usar o gambito do escravo e emitiu em 1683 uma proclamação onde convidava os navios espanhóis a navegar para a Jamaica, garantindo-lhes total proteção e acolhida cordial. Para seu infortúnio, o convite foi prematuro. Ainda havia suspeita demais em relação aos piratas e pouquíssimos escravos. Pouco depois tinha início o *asiento* de Coymans.

Na década de 1690, boa parte disso havia mudado; e os navios negreiros ingleses chegavam em números cada vez maiores da costa africana. A própria Jamaica absorvia mais escravos, e os franceses davam início a suas importações em massa para Santo Domingo, que estava prestes a tornar-se a maior de todas as colônias de açúcar. Uma parte dessa nova oferta de africanos era repassada sub-repticiamente para o território continental espanhol e para as ilhas maiores, acompanhada, é de supor, de alguns dos produtos da indústria inglesa. Embora fosse preciso manter as aparências, os registros espanhóis de alguns locais, como os pequenos portos da baía de Honduras, revelam que elas eram superficiais e pouco consistentes. Os funcionários espanhóis de todos os níveis estavam envolvidos.

Após a morte do último e patético Habsburgo espanhol, os Bourbons franceses ascenderam ao trono espanhol e teve início a aliança franco-espanhola. Em 1702 era concedido o *asiento* à Companhia Francesa da Guiné, e por cerca de onze anos a França não só dominou a *carrera* oficial, até mesmo fornecendo os navios de guerra para protegê-la, como também avançou no comércio escravista e assumiu grande parte do contrabando no Pacífico e no mar dos Caraíbas.

Quando, em 1713, chegou ao fim a guerra da sucessão espanhola, os ingleses também arrancaram algumas concessões. Pelo tratado de paz obtiveram direito limitado ao comércio legal de escravos. Um navio por ano, de propriedade da Companhia dos Mares do Sul, tinha permissão para vender escravos nas feiras anuais que se realizavam quando as *flotas* chegavam da Espanha. Esses direitos, que todos os envolvidos sabiam ser um modo de colocar um pé na porta, foram ampliados ainda mais em 1716, quando se concordou com que o navio anual fosse a Cartagena e Portobelo mesmo nos anos em que não havia frota nem feira, o que acabou por ser quase todos os anos. Os ingleses, sob o argumento de que os escravos tinham de receber cuidados antes da venda, logo construíram um recinto em Portobelo que quase imediatamente se transformou em armazém. O contrabando podia agora entrar livremente, e os ingleses raramente se preocupavam em escondê-lo. E não apenas nos portos autorizados. Em Buenos Aires, onde os comerciantes portugueses, holandeses e franceses abriram caminho para um comércio de contrabando clandestino com Potosí e Lima, a Companhia dos Mares do Sul construiu uma grande feitoria, ou posto comercial, embora nessa época quase não houvesse comércio de escravos na região.

Essas inovações juntas — a Jamaica e o Curaçao como armazéns e prisões de escravos, o escravo africano como uma *entrée* à revelia no mercado colonial — haviam garantido a base para a solução dos problemas de comércio direto entre as colônias espanholas e o noroeste da Europa. É possível, no entanto, que mudanças na Europa, especialmente na Inglaterra, tenham desempenhado um papel igualmente importante.

Entre 1660 e 1689, a navegação marítima inglesa cresceu rapidamente em quantidade e em tonelagem. Boa parte de seu crescimento se deve mais aos grandes navios transoceânicos que às pequenas embarcações costeiras. O aumento do número e da tonelagem dos navios que rumavam para as Índias Ocidentais e para a América é especialmente notável. Duplicou entre 1663 e 1686. Embora depois dessa época esse crescimento se tenha tornado um pouco mais lento, a reorientação do comércio inglês prosseguiu. O país mudava de maneira bastante rápida de uma ênfase no comércio com o continente para um comércio oceânico com o Oriente, o Ártico e as Américas. Também era digno de nota o crescimento do comércio inglês de reexportação. A Inglaterra assumiu o antigo papel de revendedora da Europa e fornecedora do mundo colonial que até então a Holanda ocupara.

À medida que aumentou o volume e a tonelagem e acumulou-se a eficiência da escala dos mapas, caíram os preços das cargas nas longas viagens. As mercadorias inglesas que na década de 1660 não compensavam o preço do transporte até a Jamaica podiam valer a pena em 1700. Naturalmente, eram mais baratas e mais numerosas quando os navios eram sobrecarregados em excesso. Estava resolvida parte do problema de equilibrar peso, volume, espaço de carga e tempo com lucratividade. Os comerciantes das cidades coloniais espanholas agora podiam reinvestir na mineração e na agricultura de exportação e vender seus produtos às nações emergentes do norte da Europa.

Os anos entre 1680 a 1720 na América espanhola foram pouco estudados e apresentam vários enigmas e paradoxos. Na Espanha, o reinado de Carlos II foi melancólico, mas estudos recentes revelam de modo convincente que o pior da depressão aconteceu no início e na metade do século. Depois disso, nas regiões periféricas teve início um lento mas importante processo de recuperação. O centro e o sul, isto é, as duas Castelas, a Andaluzia e Estremadura, as regiões da Espanha mais estreitamente ligadas às colônias, recuperaram-se mais lentamente devido às epidemias de 1676-1685 e a uma inflação acelerada que perdurou até cerca de 1686. A partir daí, as regiões centrais realizaram uma lenta expansão até o final do século.

A história da *carrera* nesse período é complexa. Sabemos que continuou a queda no número e na tonelagem dos navios que nessa época, em sua maioria, navegavam de Cádiz para as Índias e de volta a Cádiz. O volume do metal precioso oficial também continuou a diminuir, exceto por uma pequena recuperação na década de 1670, até um período já bem avançado do século XVIII. As remessas ilegais de metal, no entanto, parecem ter aumentado lentamente após 1670, decaindo por um curto período no início da década de 1680, para depois voltar a acelerar-se até o final do século. Grandes *indultos* e outros subornos eram pagos pelos *consulados* a uma coroa depauperada, e esta por sua vez os favorecia deixando de inspecionar as embarcações que chegavam e de processar comerciantes que eram manifestamente culpados de fraude e contrabando. Grande parte das informações provêm dos cônsules estrangeiros que residiam no sul da Espanha, uma fonte de informações muito diferente da usada em estudos dos anos anteriores, e isso cria um problema de comparabilidade. Não obstante, parece que de modo geral é admitido o aumento na quantidade de prata americana enviada à Espanha, necessitando apenas de exame e explicação complementares. Evidentemente, as frotas, ainda em decadência, atribuíam muita importância ao transporte dos metais preciosos, com a exclusão sem dúvida de outras cargas. O restabelecimento da mineração de prata e de mercúrio no Novo Mundo no final do século XVII deve ter tido também o seu papel nessa ênfase.

A recuperação foi mais marcante na década de 1690, mas o comércio legal decaiu intensamente entre 1700 e 1720, anos dominados pela guerra da sucessão espanhola, antes de retomar seu crescimento, na maior parte do século, na forma de um sistema diferente e mais livre de navios autorizados. Tão grande era a fragilidade durante a guerra que as frotas provenientes de Cádiz tinham de navegar sob proteção francesa. Nenhuma feira foi realizada em Portobelo entre 1708 e 1722, e as frotas que esporadicamente seguiam para Nova Espanha eram menores do que as da década de 1690. Nos velhos centros do império, sobretudo esse período de vinte anos presenciou muitos sinais de tensão. Revoltas, uma nova escassez de moeda, perdas de safras e fomes dominam o cenário do sul do México e da América Central.

Ainda assim, é evidente que também havia começado um novo período de expansão. A Espanha fazia enormes esforços, alguns deles pragmáticos, na sua maioria ilusórios, para reformar sua frota mercante e seu comércio marítimo e revitalizar a construção naval. Cádiz, um porto de águas profundas, substituiu Sevilha em definitivo. *Avisos*, ou navios de notícias, começaram a navegar com mais freqüência, aproximando mais a oferta e a procura.

Os comerciantes estrangeiros apareceram em pequenas cidades coloniais, onde não haviam sido vistos por quase um século. A produção de prata na Nova Espanha voltou a crescer e logo seria restabelecida no Peru. As exportações de cacau da Venezuela para a Nova Espanha, para a Espanha e para Curaçao alcançaram novos picos. Cresceu o comércio entre o México e o Peru, o México e as Filipinas, e o Peru e Buenos Aires. Havana estabeleceu rotas para muitos dos portos do mar dos Caraíbas. Novas regiões aumentaram de importância. Cuba, Puerto Rico e Santo Domingo, agora mais supridas de escravos, tornaram-se ilhas agrícolas, que negociavam açúcar com estrangeiros e com a metrópole. O contrabando foi o principal veículo de comércio quase em toda parte, embora também o comércio ilegal com a Espanha estivesse atingindo novos picos.

Em 1720, estava montado o palco para um novo período de expansão, embora grande parte desse crescimento tenha resultado das trocas ilegais com a metrópole ou do comércio com os adversários da Espanha. A América espanhola emergira de mais de meio século de quase isolamento e dera nova orientação a seus produtos e mercados, especialmente nas áreas antes periféricas, como Cuba, Venezuela e Buenos Aires. A tentativa da Espanha de livrar-se de seu atraso e sua letargia e de recuperar seu comércio colonial dos entrelopos estrangeiros constituiria uma grande parte da história do século XVIII.

A ligação entre a Espanha e suas colônias americanas pelo Atlântico foi ao mesmo tempo um dos principais resultados da expansão da Europa e o fortalecimento desse avanço europeu. Foi também tanto um resultado quanto um fortalecimento do mercantilismo monopolista. O propósito primacial das colônias era servir de base para a extração de mercadorias desejadas, e desse modo deviam ser excluídos outros exploradores rivais se fosse de todo possível. Essas políticas transformaram a América espanhola numa possessão dependente, apoiada na monocultura e orientada para as exportações, características que perduraram desde o período áureo do comércio de Sevilha até o presente. As saídas temporárias dessa dependência eram, e são, produzidas por fatores estranhos à América espanhola. A *carrera* foi a base dessa dependência da exportação durante os primeiros dois séculos de domínio espanhol, e suas necessidades impuseram à América espanhola uma estrutura de comunicação na qual todas as principais rotas conduziam das cidades, regiões agrícolas e galerias de mina para o porto marítimo. As áreas produtivas dentro de cada território colonial não precisavam estar interligadas. De fato, isso era mesmo desestimulado. Havia apenas um comércio inter-regional limitado — produtores monocultores apenas de matéria-prima têm pouca coisa para trocar um com o outro — e muitas nações da América Latina ainda hoje têm melhores comunicações com a Europa e a América do Norte do que com seus vizinhos próximos ou imediatos.

A *carrera* exerceu um profundo impacto sobre a economia européia. O ouro e a prata americanos causou pelo menos uma parte da revolução de preços na Europa. A criação de um mercado americano ajudou a estimular os negócios bancários dos genoveses, alemães e holandeses, a mineração em Idria, a indústria têxtil em Flandres, e o movimento de uma força de trabalho migrante na França rumo ao sul através dos Pireneus. Esse novo mercado, ao contrário dos mercados do Oriente, exigiu sobretudo bens de consumo europeus, e contribuiu desse modo para a mobilização de tradicionais forças de produção dentro da Europa. Depois da pausa, crise, ou reajuste do século XVII, a exportação de metais preciosos da América para a Europa, principalmente após a revivescência de Potosí, ajudaram a revitalizar o comércio europeu. Além do mais, nessa fase a Europa investiu pesadamente no plantio intensivo, sua criação capitalista de além-mar *par excellence.* Estudos de grandes plantios individuais de cana-de-açúcar revelam que quase tudo neles era trazido do Velho Mundo, a força de trabalho, os equipamentos, o gerenciamento e mesmo parte dos alimentos. Todo o empreendimento, numa medida muito maior que a *hacienda* ou mesmo a mineração de prata, foi controlado a partir do centro europeu.

Uma das principais questões provocadas pelo influxo dos metais preciosos americanos é: qual foi seu papel na criação de um "sistema mundial" europeu? Muitos autores acreditaram que a prata americana, ela mesma um resultado da expansão européia dos primeiros tempos, forneceu mais tarde a energia ou o lubrificante para a transmissão a uma grande parte do mundo de uma estrutura capitalista imposta pela Europa. O que ainda precisamos explicar de modo satisfatório é exatamente como isso foi feito. No século XVII, a Espanha, na expressão de Wallerstein, era um pouco mais que uma "esteira transportadora". A essa altura também, grande parte do metal seguia para Amsterdã e desempenhou papel importante no financiamento da expansão holandesa para o leste. Assim, de modo geral, a prata americana ajudou a financiar a penetração européia no mundo oriental. Sem dúvida, o metal americano acabou lá em grandes quantidades. Foi, na expressão de Braudel, a "necrópole" da prata americana. Nem todo ele foi para lá através da *carrera* e dos mercados do ocidente europeu. Uma parte veio diretamente pelo galeão de Manila. Outras quantidades ainda, cujo montante exato jamais será conhecido, fluíram para o Brasil através dos comerciantes portugueses em Lima e da base de contrabando em Colônia do Sacramento, e daí contornando o cabo da Boa Esperança para a Índia. Mas uma grande parte dele viajou através da Europa para pagar as especiarias do Oriente, os exércitos do Oriente e os subornos ao povo do Oriente. Os maiores detalhes de como a Europa usou o metal extraído do Extremo Ocidente para abrir novas áreas no Oriente ainda estão por revelar, mas a *carrera de Indias* constituiu, num sentido mais geral, uma parte muito grande do complexo de fatores que resultaram no surgimento do capitalismo, na revolução industrial e na hegemonia da Europa no mundo inteiro.

A Espanha dos Bourbons e seu Império Americano

O ESTADO BOURBON

SE A DECADÊNCIA da Espanha estava destinada a fornecer aos estudantes de política, de Montesquieu a Macaulay, múltiplas ocasiões de dar vazão à sua ironia liberal, as conseqüências práticas desse declínio ainda assombravam os homens de Estado dos Bourbons que se empenhavam em reconstruir o patrimônio dilapidado que os Habsburgos lhes haviam legado. Sobre a pura e total exaustão do país no final do século XVII poucas dúvidas existem. O reinado de Carlos II, *el hechizado* (1664-1700), revelou-se um completo desastre, uma melancólica história de derrota militar, bancarrota da coroa, retrocesso intelectual e fome generalizada. Por volta de 1700, a própria população descera a pelo menos um milhão abaixo de seu nível no reinado de Filipe II. Mais ou menos a única ressalva que a pesquisa recente oferece a esse quadro de deterioração generalizada é a de que o ponto mais baixo da crise ocorreu nos anos de 1680. Foi nessa década, quando uma série de más colheitas geraram fome em Castela, que foram tomadas as primeiras medidas para resolver os problemas financeiros da monarquia, através de uma rejeição parcial do pesado ônus das dívidas herdadas de reinados anteriores. Ao mesmo tempo a inflação progressiva causada pela repetida depreciação da moeda foi detida por um retorno ao ouro e à prata como padrão de valor. Por outro lado, alguns indícios sugerem que a Catalunha e Valência deram sinais de revivescência econômica muito antes da entrada em cena da nova dinastia. Nada disso, no entanto, obscureceria de alguma forma o fato de haver a Espanha perdido suas indústrias e estar reduzida à exportação de sua produção agrícola em troca de manufaturas estrangeiras. No comércio colonial, Cádiz era um mero entreposto de troca do metal precioso americano por mercadorias européias.

Por mais desesperadora que pudesse parecer a situação da economia, foi o enfraquecimento da coroa que ameaçou a sobrevivência do país. Derrotado pela França na luta pelo domínio na Europa, o Estado Habsburgo caiu vítima de adversários internos. Com a ascensão de Carlos II ao trono, um quase imbecil, a aristocracia territorial estendeu sua jurisdição senhorial a distritos e cidades inteiras e dominou os conselhos centrais da monarquia. Os famosos *tercios*, anteriormente as melhores tropas da Europa, deterioraram-se, convertendo-se em milícias locais recrutadas e comandadas pela nobreza. Por outro lado, a talentosa elite dos advogados, da qual os Reis Católicos e seus sucessores imediatos passaram a depender para a administração do reino, havia-se degenerado em mera *noblesse de robe* recrutada entre seis *colegiales mayores*. As Assembléias de Estado do reino de Aragão haviam-se oposto com sucesso à imposição de tributos na escala que se havia mostrado tão ruinosa a Castela. Em toda a Península, tanto o recolhimento de tributos quanto o fornecimento de armas e provisões foram entregues a contratantes particulares, entre os quais se destacavam vários comerciantes estrangeiros. Em suma, enquanto em toda a Europa continental o absolutismo dinástico terminara por basear seu novo poder num exército permanente e num comissariado fiscal, na Espanha a monarquia havia sofrido uma crescente perda de autoridade.

O preço final de uma coroa enfraquecida foi a guerra civil, a invasão estrangeira e a partilha do patrimônio dinástico. Isso porque a longamente esperada morte de Carlos II em 1700 precipitou uma guerra geral na Europa, na qual o prêmio principal era a sucessão ao trono espanhol. A escolha de Filipe de Anjou, neto de Luís XIV, feita pela corte, recebeu amplo apoio em Castela, onde suas tropas francesas foram muito bem recebidas. Mas o contestante Habsburgo, o arquiduque Carlos da Áustria, era apoiado pela Grã-Bretanha, pela Holanda, por Portugal, pelas províncias de Catalunha e Valência e por uma parte considerável da aristocracia de Castela, temerosas de que a nova dinastia pudesse tirar-lhes o poder. No conflito civil que se seguiu, a Península serviu de campo de batalha, sendo Madri tomada e retomada pelas forças oponentes antes que as tropas francesas assegurassem a vitória final dos Bourbons.

O papel relativamente passivo que a Espanha desempenhou na guerra que decidiu seu destino tornou-se totalmente manifesto no tratado de paz assinado em 1713 em Utrecht. Pois, numa compensação da sua renúncia ao trono espanhol, o imperador da Áustria recebeu os Países-Baixos, Milão, Sardenha e Nápoles. O rei da Sabóia foi agraciado com a Sicília. Pior ainda, a Grã-Bretanha conservou Gibraltar e Minorca e obteve o *asiento* por um período de trinta anos. Com essa cláusula foi dado à Grã-Bretanha o monopólio do tráfico de escravos africanos para todo o império espanhol e, ainda por cima, foi-lhe garantido o direito de enviar anualmente um navio com quinhentas toneladas de mercadorias para negociar com as colônias espanholas do Novo Mundo. Finalmente, Sacramento, uma colônia à margem leste do rio da Prata, situada num local ideal para contrabando, foi cedida a Portugal, fiel aliado da Grã-Bretanha. Se o tratado despojou a Espanha de suas possessões européias que haviam enredado a monarquia numa guerra constante, a quebra de seu monopólio do comércio colonial deveria revelar-se uma fonte poderosa de conflitos futuros.

A ascensão de Filipe V sob o perigo de guerra civil e de invasão estrangeira deu a seus conselheiros franceses as condições de lançar com notável rapidez as bases de um Estado absolutista. As revoltas da Catalunha e de Valência causaram a revogação de seus privilégios. Daí por diante, com exceção de Navarra e das províncias bascas, toda a Espanha estava submetida mais ou menos à mesma escala de tributos e leis. Igualmente importante, Filipe seguiu o exemplo do avô e excluiu a aristocracia dos altos Conselhos de Estado. Embora os *grandes* tivessem finalmente sido confirmados na posse de suas terras e jurisdição privada, não obstante não mais tinham influência sobre a direção da política da coroa. Do mesmo modo, a criação de Secretariados de Estado reduziu os *Consejos* tradicionais a funções consultivas e judiciais. Por outro lado, já em 1704 o velho sistema de *tercios* armados com piques foi substituído por regimentos no estilo francês, equipados de mosquetes e baionetas. Um corpo de guardas reais que servia em Madri, a separação entre as unidades de artilharia e de engenharia e a formação de uma classe de funcionários de carreira — todas essas reformas marcaram o início de um novo exército. Para financiar essa força, especialistas fiscais trazidos do exterior conseguiram duplicar a receita em 1711 de cinco milhões para 11,5 milhões de pesos, um feito devido em grande parte a um exame meticuloso das contas, à redução dos cargos oficiais, à rejeição de dívidas anteriores e à incorporação do reino de Aragão ao sistema fiscal comum. Com a chegada, em 1714, de Isabel Farnese de Parma, que seria a segunda esposa de Filipe, a rapidez da reforma diminuiu de maneira perceptível. Além disso, Isabel dissipou os recursos arduamente conseguidos da nova monarquia em meras aventuras dinásticas, conquistando feudos italianos para os dois filhos. Em conseqüência dos Pactos de Família com os Bourbons franceses, assinados em 1733 e 1743, a Paz de Utrecht foi em parte aniquilada. Ainda está por avaliar o preço pago pela Espanha nessas guerras. Em 1737 o embaixador inglês, sir Benjamin Keene, escreveu que o país estava "destituído de alianças e amigos estrangeiros, desequilibrado em suas finanças, com o exército em má condição e a marinha em situação pior, se é que é possível, e sem um ministro forte"[1]. A ascensão ao trono de Fernando VI (1746-1759) marcou o abandono da ambição dinástica em favor de uma política de paz no exterior e de austeridade interna. O fim do *asiento* britânico em 1748, seguido por um Tratado de Limites com Portugal (1750), que fixou as fronteiras dos vice-reinos do Peru e do Brasil, afastou fontes potenciais de atrito internacional. No entanto, foi somente com o advento de Carlos III (1759-1788) que a Espanha finalmente conseguiu um monarca ativamente empenhado na execução de um programa inteiro de reformas. Embora a renovação do Pacto de Família, em 1761, por Carlos III resultasse em derrota para a Espanha nos últimos estágios da Guerra dos Sete Anos, o restante de seu reinado foi marcado por notável aumento de prosperidade tanto na Península quanto nas colônias, e por breve período a Espanha voltou a ser mais uma vez uma potência européia.

Se as ambições e personalidades dos monarcas Bourbons influenciaram sem dúvida a direção da política, não obstante foi a elite ministerial que introduziu o que significou uma revolução administrativa. Na verdade, ainda não se sabe se a história desses anos deve ser escrita em termos de reis ou de ministros. Em particular, ainda estão por ser claramente avaliados os anais de José de Patiño (1727-1736) e do marquês de la Ensenada (1743-1754) em suas gestões como secretários de Estado. O conde de Floridablanca (1776-1792) e os outros ministros de Carlos III fundamentaram-se no trabalho desses homens. Até agora não temos uma caracterização completa dessa elite administrativa. Alguns aristocratas ainda alcançavam altos postos — o conde de Aranda é um exemplo —, mas a maioria dos ministros eram membros da pequena nobreza empobrecida ou plebeus. É surpreendente que no reinado de Carlos III a maioria dos ministros designados após 1766 tenham sido *manteistas*, advogados que não haviam conseguido entrar nos *colegios mayores*, de grande prestígio social, de Valladolid, Salamanca e Alcalá. Ao contrário da Inglaterra na mesma época, ou da Espanha dos Habsburgos, os

1. *Apud* Jean O. Maclachlan, *Trade and Peace with Old Spain, 1667-1750*, Cambridge, 1940, p. 101.

Bourbons apoiaram-se numa nobreza de serviços, conferindo títulos a seus servidores de confiança, tanto para recompensá-los quanto para fortalecer-lhes a autoridade.

É costume considerar a *Ilustración* espanhola uma parte do Iluminismo europeu, mas deve-se ter em mente que a maioria de suas principais figuras eram servidores públicos, ativamente envolvidos no governo de seu país. Não é de admirar que Jean Sarrailh tenha definido o modo de tratar essa *Ilustración* como "*dirigiste et utilitaire*". Atormentados pela glória do passado e pelo recente declínio da Espanha, afligidos pelo evidente contraste entre a crescente prosperidade da França e da Inglaterra e a fraqueza e o empobrecimento da Península, alarmados pela inércia da sociedade espanhola, todos esses homens contavam com a coroa para encontrar o remédio. O Estado absolutista era o instrumento essencial de reforma. Em conseqüência, os interesses provincianos ou os privilégios corporativos eram encarados com profunda suspeita. Enquanto que, na época dos Habsburgos, Mariana podia debater a justiça do tiranicídio e Suárez insistia na base contratual do governo, na era da Ilustração suas obras eram banidas por subversivas. Em contrapartida, a teoria do Direito Divino dos Reis tornava-se a ortodoxia virtual nos meios oficiais. Em resumo, os servidores do despotismo esclarecido não esqueceram a fonte de seu poder.

Se, com a nova ênfase na autoridade real, a aristocracia era simplesmente excluída dos conselhos de Estado, por outro lado a Igreja era severamente atacada. A tradição regalista na lei canônica, com sua insistência nos direitos da Igreja nacional contra as pretensões da monarquia papal e sua afirmação do papel eclesiástico do rei como vigário de Cristo, obteve uma vitória extraordinária na concordata de 1753, na qual o Papado cedeu à coroa o direito de fazer nomeações para todos os benefícios eclesiásticos na Espanha. Igualmente importante, a tradição erasmiana, outrora tão influente, voltou a florescer no grupo que a Igreja denominou de jansenistas. Em 1767, a ordem jesuíta, o principal bastião da Contra-reforma e defensora incondicional do papado, foi expulsa dos domínios espanhóis. De modo geral, as ordens religiosas eram consideradas mais um ônus para a sociedade que uma fortaleza espiritual. Por trás de toda essa visão podia-se encontrar a influência da França, uma mistura seiscentista incômoda de jansenismo e galicanismo.

A principal preocupação da elite administrativa, no entanto, foi o grande problema do progresso econômico. Como poderia a Espanha recuperar sua antiga prosperidade? Uma resposta preferida era a promoção da ciência e do conhecimento útil. O governo lançou um censo nacional que compilou uma vasta gama de estatísticas que abordavam todos os aspectos da vida econômica. Como medidas mais adequadas, foram construídos canais e estradas para abrir novas rotas para o comércio. E, da mesma forma que no século XVII a França e a Inglaterra, diante da hegemonia comercial da Holanda, haviam buscado medidas protetivas para defender e incentivar sua navegação, sua indústria e seu comércio, agora os ministros da dinastia Bourbon na Espanha tentavam resolutamente aplicar mais ou menos o mesmo conjunto de políticas para livrar a Península de sua dependência em relação às manufaturas do norte da Europa.

O ponto de partida de toda interpretação do mercantilismo espanhol do século XVIII é a obra *Theórica y Práctica de Comercio y de Marina*, um volumoso tratado que circulou pela primeira vez em 1724 e foi mais tarde publicado com sanção oficial em 1742 e novamente em 1757. Seu autor, Jeronimo de Ustariz, um *protégé* ministerial de Patiño, aceitou "a decadência e aniquilação desta monarquia" pura e simplesmente como "um castigo por nossa negligência e cegueira na organização do comércio". As taxas de importação absurdas e os impostos excessivos é que haviam destruído a indústria doméstica e tornado a Península dependente de manufaturas importadas do exterior. O remédio somente poderia provir de um estudo aprofundado e da aplicação da "nova máxima do Estado", ou, como se exprime numa outra passagem, de "*la nueva política*" da França, Inglaterra e Holanda, países cujo comércio havia crescido às custas da Espanha. Embora obviamente ligado aos *arbitristas*, os defensores espanhóis da reforma no século anterior, Ustariz buscou orientação prática no *Commerce d'Hollande* de Huet (obtivera uma tradução espanhola), nas taxas francesas de importação de 1664-1667, e nas Leis Inglesas de Navegação. Em particular, elogiava Colbert por ter sido "o ministro mais diligente e hábil, mais interessado no desenvolvimento do comércio e da navegação que a Europa já conheceu". Suas recomendações eram simples: insistia em dizer que as taxas de importação deviam distinguir sempre entre produtos primários e bens elaborados; que as mercadorias importadas deveriam sempre pagar impostos mais altos que as exportações de manufaturas nativas; e que sempre que possível deveriam ser eliminados os tributos internos. A premissa que se escondia por trás dessas recomendações era que uma sábia regulamentação das tarifas liberaria a energia produtiva da indústria espanhola. Em termos práticos, advogava uma política ativa de aquisição de equipamentos, munições e uniformes para as forças armadas, de tal sorte que todos esses produtos proviessem das fábricas e fundições espanholas. O principal propósito no caso era a criação de uma frota forte, cujos navios deviam ser construídos, armados e equipados em arsenais reais. Assim, se "o estabelecimento de fábricas na Espanha [é] a principal medida sobre a qual deve apoiar-se a restauração da monarquia", um pré-requisito essencial era uma expansão do poder armado da coroa[2].

O malogro do governo em modificar os métodos de produção agrícola e em desenvolver uma indústria manufatureira virou tema de vigoroso debate. A grande realização da nova dinastia foi, no entanto, a criação de um Estado burocrático, absolutista, dedicado ao princípio do aumento territorial. A revitalização da autoridade e dos recursos da monarquia precedeu claramente o despertar da economia. Na verdade, há motivos para crer que grande parte da renovação econômica, pelo menos em seu primeiro estágio, tinha origem nas necessidades da corte e das forças armadas. O fornecimento de uniformes e munição para o exército, a construção de navios de guerra em arsenais navais, o uso de oficinas de fundições de ferro do país para a fabricação de canhões, a provisão de produtos têxteis e tapeçarias de luxo para a corte e a mera concentração do consumo em Madri resultante do aumento de renda — a lista mais sumária testemunha o impacto que os gastos do governo exerceram em todas as esferas. No entanto, até agora, pouco se sabe sobre a revolução administrativa que está por trás da nova vitalidade do Estado. Todavia, se a prática colonial pode servir de guia, a principal inovação reside no recurso a funcionários de carreira, militares e civis, sujeitos a avaliações regulares e a promoções, que viviam não mais de propinas ou dos benefícios do cargo mas de salários fixos.

À testa do novo regime estavam os ministérios, os secretariados de Estado, do Tesouro, da Justiça, da Guerra, da Marinha e das Índias, que em lugar dos antigos conselhos dos Habsburgos eram a fonte principal da ação executiva. Nos primeiros anos, vários desses cargos foram agrupados nas mãos de um ministro poderoso; assim, não está claro quando cada secretariado adquiriu um corpo permanente de funcionários. Em nível provincial, o intendente era a figura mais importante, o símbolo da nova ordem. Empre-

2. Jeronimo de Ustariz, *Theórica y Práctica de Comercio y de Marina*, 3. ed., Madrid, 1757; as citações foram extraídas das pp. 4, 46, 96, 238.

gados inicialmente em tarefas específicas, somente em 1749 é que esses funcionários passaram a ser designados em toda a Espanha, encarregados do recolhimento de taxas, do serviço de intendência do exército, da execução de obras públicas e do incentivo geral à economia. Ao apoiar-se numa burocracia fiscal assalariada, a monarquia espanhola avançou em certa medida muito além da prática da França contemporânea, onde a venda de cargos e os arrendatários de impostos continuaram a dominar o sistema financeiro até a Revolução. O novo tipo de funcionário provou sem dúvida seu valor, pois a receita pública subiu progressivamente de meros cinco milhões de pesos em 1700 para cerca de 18 milhões na década de 1750, para depois subir a uma média de 36 milhões de pesos nos anos 1785-1790. É nesses números que encontramos o segredo da revivescência política da Espanha.

Como em todo Estado dinástico, a primeira necessidade que o orçamento atendia era a da família real e da corte. Não dispomos de estimativas sobre o custo de construção dos três novos palácios em Madri, Aranjuez e La Granja, mas sabemos que em 1787 o gasto total da "casa real" montou a cinco milhões de pesos, uma soma equivalente a 15 por cento de toda a receita. Em contrapartida, o programa de obras públicas, muito alardeado, obteve apenas 1,25 milhões de pesos. O item mais importante no orçamento eram as forças armadas, que absorviam cerca de sessenta por cento de toda a receita pública, um número que, se se incluíssem as despesas de guerra, sem dúvida se elevaria muito mais.

A formação, expansão e manutenção de um exército e uma marinha permanentes foram objeto de grande preocupação para o Estado Bourbon, mas até agora dispomos notavelmente de pouca informação sobre a organização e funcionamento dessas forças. Segundo a opinião geral, foi José de Patiño, primeiramente como intendente em Cádiz e depois como secretário de Estado, o principal responsável pela construção de navios de guerra nos arsenais da coroa. Depois disso, a guerra da Orelha de Jenkins (1739-1748) levou o marquês de la Ensenada a ampliar o programa: assim, nos anos de 1741-1761 a Espanha lançou ao mar 54 navios, armados com 3 688 canhões. No final do reinado de Carlos III, a marinha jactava-se de possuir 66 navios no mar apoiados pelo grupo usual de fragatas e paquetes.

Se a concentração do poder naval nascia das necessidades estratégicas do império, as dimensões das forças terrestres refletiam as ambições ultramarinas da dinastia. Em 1761, o exército regular contava com cerca de 60 mil homens, divididos em 50 445 soldados de infantaria, 5 244 de cavalaria, 1 329 de artilharia e 2 758 que serviam nas guarnições da África do Norte. As tropas eram recrutadas compulsoriamente, o que evitava o emprego dos mercenários estrangeiros encontrados em outros exércitos da época. Além disso, um terço pelo menos dos oficiais eram plebeus, em muitos casos promovidos nas fileiras; desse modo, somente os regimentos de guardas reais tinham alguma ambição de prestígio social. Não obstante, foi a formação desse corpo de oficiais, homens de alguma educação, habituados à disciplina e dependentes do serviço real para seu sustento, que forneceu ao Estado dinástico os indispensáveis agentes de governo. Viajantes estrangeiros comentaram que na província a mais alta autoridade eram os capitães gerais, os comandantes das brigadas regionais, aos quais estavam sujeitos os intendentes e outros magistrados civis.

Frederico, o Grande, da Prússia chegou a dizer que a Espanha era uma força européia de segunda categoria, comparável à Áustria e à Prússia, mas isso se deveu em parte ao fato de as guerras italianas de Filipe V haverem demonstrado que o poder armado da monarquia estava suficientemente restaurado para permitir o avanço do aumento territorial que esse rei esclarecido definia ser o princípio orientador do Estado absolutista. No entanto, destituída de suas possessões européias pelo Tratado de Utrecht, a Espanha agora dependia de seu vasto império americano para garantir-lhe um lugar no concerto da Europa. No Novo Mundo o Estado Bourbon conseguiu de maneira notável não só salvaguardar suas fronteiras, mas também explorar os recursos da colônia. A revitalização do poder espanhol durante o reino de Carlos III decorreu em grande parte do florescimento do comércio com as Índias e do aumento de receita daí resultante.

A REVOLUÇÃO NO GOVERNO

Tanto Alberoni quanto Patiño merecem o crédito de ter percebido que a chave da revivescência da Espanha devia ser buscada no Novo Mundo, mas as aventuras italianas de Isabel Farnese impediram que esses políticos levassem a cabo muitas mudanças no império americano. Da mesma forma, José del Campillo y Cossío, secretário do Tesouro, da Marinha e das Índias (1741-1743), elaborou um programa abrangente de reformas, destinado a renovar inteiramente o sistema de comércio e de governo do império, mas o final de sua administração foi dominado pelas exigências de guerra na

Europa e nas Índias. Somente em 1754, com a indicação de Julián de Arriaga para o secretariado da Marinha e das Índias, é que finalmente o império foi governado por um ministro com experiência da América (fora governador de Caracas), mas ainda tinha algumas outras tarefas administrativas que desviavam sua atenção. Até então toda a ênfase nos círculos ministeriais fora colocada sobre a Europa: a criação de um novo sistema de governo e o aprovisionamento das guerras italianas haviam absorvido praticamente toda a energia da elite administrativa.

No entanto, essa preocupação com o Velho Mundo havia conduzido a notável erosão do poder imperial na América. Na verdade, durante as primeiras décadas do século XVIII a Espanha fez pouco mais que repelir as incursões estrangeiras a seu território e consolidar sua posse nas fronteiras ameaçadas. Para compreender a magnitude da tarefa temos de retornar aos anos sombrios da década de 1680. Pois foi nessa década que os portugueses fundaram a Colônia de Sacramento no estuário do Prata e os franceses avançaram para o sul a partir do Canadá para fundar Nova Orleans. Mais ou menos na mesma época os bucaneiros ingleses e franceses queimaram e saquearam em sua passagem pelo istmo para atacar as praias do Pacífico. Cidade do Panamá, Cartagena, Veracruz e Guayaquil foram todas afinal capturadas e saqueadas por esses flibusteiros. No Novo México, os índios pueblos se rebelaram e expulsaram os colonos e os missionários de uma província que esteve sob ocupação efetiva por quase um século. A Espanha havia-se tornado tão fraca que, durante a Guerra da Sucessão, precisou pedir proteção de navios de guerra franceses para escoltar até à metrópole a frota do tesouro de Veracruz.

Igualmente importante, em todas as províncias do império, o governo passara a ser dominado por um pequeno grupo de interesses na colônia, formado pela elite crioula — advogados, grandes proprietários rurais e clérigos —, por alguns funcionários da Península com longo tempo de serviço e pelos grandes comerciantes de importação. Em todos os níveis da administração predominava a venda de cargos. A administração da cunhagem de moeda, o recolhimento das *alcabalas* (as taxas de consumo) e a própria manutenção dos *alcaldes mayores* e *corregidores* (os magistrados locais), todas essas tarefas eram arrendadas aos comerciantes das capitais do vice-reino e das províncias que controlavam o comércio de importação e o problema do crédito. Muito mais que os delegados formais da coroa, era o clero, o secular e o regular, que exercia a verdadeira autoridade dentro da sociedade, atuando como líderes intelectuais e espirituais da elite e como conselheiros e guardiães das massas.

A América Espanhola, *c.* 1790

Como nas últimas décadas do reinado dos Habsburgos na Espanha, o poder da coroa de obter recursos da sociedade estava limitado pela ausência de sanções militares eficazes. Se a nova dinastia pretendia tirar proveito de suas extensas possessões ultramarinas, tinha primeiramente de reconquistar o controle da administração colonial e depois criar novas instituições de governo. Somente então ela poderia introduzir as reformas econômicas.

O catalisador da mudança foi a guerra com a Grã-Bretanha. A entrada tardia da Espanha na Guerra dos Sete Anos (1756-1763) resultou em imediata derrota, com a tomada pelos britânicos de Manila e Havana. É verdade que no tratado de paz subseqüente esses portos foram devolvidos, mas a Espanha teve de ceder a Flórida à Grã-Bretanha e mais uma vez restituir a Portugal a Colônia do Sacramento. A compra da Louisiana à França era uma compensação muito pequena pela perda do apoio desse aliado no continente. Foi nesse momento que os ministros de Carlos se voltaram para o programa de reformas elaborado no *Nuevo Sistema de Gobierno Económico para la América*, de Campillo y Cossío (1743), um manuscrito que circulava desde 1743 e foi publicado, em 1762, como segunda parte da obra de Bernardo Ward, *Proyecto Económico*. Nele se defendia um retorno à prática da visita geral, introduzida pelos Habsburgos, à qual deveria seguir-se a criação de intendências permanentes. O texto continha igualmente muitas advertências sobre a riqueza e o poder excessivos da Igreja. Suas propostas na esfera política consistiam em aplicar na América reformas já introduzidas na Espanha, mas em seus efeitos sua implementação se revelou mais drástica. É que a revolução administrativa no império foi iniciada por soldados e funcionários enviados da Península. Não é de admirar que tenha sido chamada de "Reconquista das Américas".

A primeira medida nesse programa foi o fornecimento de uma força militar adequada, que seria uma salvaguarda contra ataques estrangeiros e sublevações internas. A queda de Havana e Manila em 1761 e a virtual eliminação do poder francês no continente sinalizaram a dimensão do perigo que provinha do exterior. Declarada a paz, Alejandro O'Reilly, proeminente general espanhol, foi enviado a Cuba para inspecionar as defesas e organizar uma milícia local. No ano seguinte, chegava a Nova Espanha um inspetor-geral, Juan de Villalba, à frente de dois regimentos enviados da Europa, incumbido da tarefa análoga de montar um exército de reserva da milícia. Em 1768, um regimento de tropas regulares era designado para servir permanentemente em Caracas. Um registro oficial de 1771 estimava que, em conseqüência dessa atividade, 42 995 soldados de diferentes categorias estavam na América espanhola, sendo 4 851 homens em Cuba, 2 884 em Puerto Rico e 4 628 em Buenos Aires. Nem todas as províncias eram tão afortunadas. Em Nova Granada, a revolta *comunero*, em 1781, atacou de surpresa as autoridades do vice-reino com apenas 75 soldados regulares da guarnição portuária de Cartagena. Por outro lado, somente após a rebelião de Tupac Amaru no Peru (1780-1781) é que a coroa designou dois regimentos para servir nesse vice-reino. Não é o lugar aqui de descrever a história do exército colonial. Basta dizer que, no final do século, o recrutamento local e as transferências significavam que a maioria esmagadora dos homens que serviam o exército eram americanos nativos e que uma boa parcela dos oficiais, de capitão para baixo, era constituída de crioulos. Os números dependiam dos recursos locais. Se a Nova Espanha no final se vangloriava de ter um exército de 9 971 homens, divididos em quatro regimentos de infantaria e dois de dragões, o Peru de seu lado tinha uma força de 1 985 soldados e o Chile apenas 1 249 homens, em sua maioria envolvidos na guarda das fronteiras. Era o círculo de fortificações na região do mar dos Caraíbas que exigia soldados da Europa, onde o insalubre porto de Cartagena mantinha uma guarnição de 2 759 homens.

Esta ênfase na força militar produziu retornos consideráveis. Em 1776, uma expedição de 8 500 homens cruzou o rio da Prata, tomou Sacramento pela terceira e última vez e expulsou os portugueses de toda a província da margem leste, uma vitória ratificada pelo Tratado de San Ildefonso (1777). Pouco depois, na Guerra de Independência Americana (1779-1783), outra força invadiu Pensacola, a faixa costeira adjacente a Louisiana, uma iniciativa que resultou na subseqüente cessão desse território pelos ingleses, juntamente com a Flórida. De modo análogo, na América Central, a fortaleza de Omoa foi recapturada e as colônias inglesas ao longo da costa do Mosquito, finalmente aniquiladas. Mais ou menos na mesma época algumas expedições foram preparadas na Nova Espanha para assegurar a posse efetiva das províncias de Sonora, Texas e Califórnia, ao norte. Nesse esforço para assegurar as fronteiras do seu império americano, a monarquia Bourbon finalmente mostrou a empresa ampla de uma verdadeira potência imperial.

Ao lado do recrutamento de regimentos coloniais em base permanente ocorreu a organização de inúmeras unidades milicianas. Reconhecidamente, às vezes essas forças tinham mais realidade no papel do que na prática, mas, apesar da crítica e da ocasional dissolução, acabaram por provar seu valor. Pois, se os 50 mil homens que supostamente serviam no exército de reserva do Peru raramente eram vistos em seus uniformes, em contrapartida os 22 277 soldados recrutados na Nova Espanha estavam relativamente bem armados e eram razoavelmente disciplinados. Já em Buenos Aires foram as milícias que conseguiram repelir as invasões inglesas de 1806-1807. Igualmente importante, a distribuição de títulos militares e privilégios legais era considerada um meio decisivo de estimular a lealdade da elite crioula. Na verdade, um viajante observou acerca das camadas privilegiadas na Venezuela: "No momento, procuram uma dragona com tanta avidez quanto antigamente buscavam a tonsura"[3]. Além disso, a existência das milícias garantiam ao Estado colonial sanções armadas contra agitações populares.

A monarquia afirmou seu poder sobre a Igreja de maneira dramática quando, em 1767, Carlos III seguiu o exemplo de Portugal e decretou a expulsão de todos os jesuítas de seus domínios. Era, naturalmente, uma medida que advertia a Igreja sobre a necessidade de obediência absoluta. Pois os jesuítas eram conhecidos por sua independência da autoridade episcopal, por sua intransigência em relação ao pagamento dos dízimos eclesiásticos, por sua devoção ao papado, por sua riqueza extraordinária e por sua habilidade em litígios com a burocracia real. No Paraguai, haviam estabelecido um virtual Estado dentro do Estado, governando 96 mil índios guaranis protegidos por sua própria milícia armada. Em outros lugares, como Sonora e as províncias amazônicas de Quito, a ordem dirigia uma série de unidades missionárias. Igualmente importante, em todas as principais cidades do império, os colégios jesuítas educavam a elite crioula. Além disso, ao contrário de outras ordens religiosas, os jesuítas preservavam uma relativa harmonia entre seus membros americanos e europeus. No todo, exerciam uma enorme influência sobre a sociedade colonial, uma influência escorada pela riqueza que aumentava em decorrência da administração eficiente de uma série de *haciendas* localizadas em cada uma das províncias importantes. Quando Carlos III, atendendo a seus ministros jansenistas, decretou a expulsão da ordem, a lealdade de seus súditos da colônia foi abalada até um limite máximo, pois seguiram para o exílio na Itália mais de

3. F. Depons, *Travels in South America during the Years 1801-1804*, London, 1807, 2 vols.; ver vol. I, p. 361.

mil jesuítas americanos, a própria nata da elite crioula[4]. Depois disso, em 1771, foram convocados em Lima e no México os Conselhos da Igreja da Província, com o propósito de endurecer a disciplina clerical e enfatizar a autoridade real sobre a Igreja. Todavia, embora tenham sido projetadas algumas reformas, poucos foram os resultados dessa atividade regalista. Os religiosos foram submetidos a uma inspeção geral. Os conventos de freiras foram exortados a introduzir refeições em comum. Foi abolida a jurisdição dos tribunais eclesiásticos sobre a herança de propriedades intestadas. As apelações legais contra os tribunais eclesiásticos foram aceitas pelas *audiencias* com freqüência cada vez maior. Mais importante, nas questões criminais, foi contestado o próprio princípio da imunidade eclesiástica de toda jurisdição real, e um punhado de sacerdotes foi efetivamente levado à prisão. Por outro lado, foi feita uma tentativa de regulamentar a coleta de dízimos. De modo geral, no entanto, essas medidas certamente irritaram o clero, mas surpreendentemente realizaram muito pouco no sentido de uma verdadeira mudança.

Um alcance muito maior e eficaz teve a reforma radical da administração civil. Em 1776, estabeleceu-se um novo vice-reino com a capital em Buenos Aires, cobrindo uma vasta região agora ocupada por Argentina, Uruguai, Paraguai e Bolívia. O resultado foi uma mudança radical no equilíbrio geopolítico do continente. Pois, com seu monopólio comercial já rompido pela abertura da rota comercial através do cabo Horn, Lima, a antiga capital de todo o império na América do Sul, sofreu uma grave perda de prestígio. A inclusão do Alto Peru no novo vice-reino, com o propósito de fornecer a Buenos Aires os lucros fiscais de Potosí, preparou o caminho para a divisão política permanente da zona andina. Em outros locais, as mudanças tiveram um impacto menos radical. O vice-reino de Nova Granada, criado em 1717 para garantir a defesa de Cartagena e da costa, fortaleceu-se ainda mais com a introdução de um capitão-geral em Caracas, auxiliado por um intendente, que era responsável pelo governo dos distritos venezuelanos. Finalmente, no norte da Nova Espanha, foi nomeado um comandante-geral com a tarefa de superintender as defesas e a administração de toda a região de fronteira; no

4. Para análise da expulsão dos jesuítas do Brasil, ver o estudo de Andrée Mansuy-Diniz Silva, neste volume, cap. 11, às pp. 477-518, e o estudo de Dauril Alden, *História da América Latina*, vol. II, cap. 12.

entanto, sua liberdade de ação estava limitada, pois continuava dependente financeiramente das remessas de renda pelo tesouro do México central.

Carlos III, adotando a proposta de Campillo, também revitalizou o antigo remédio que os Habsburgos usavam para curar o desgoverno colonial: a *visita general*. Além disso, José de Gálvez saiu-se tão bem em sua visita-geral na Nova Espanha (1765-1771) que primeiramente o Peru (1776) e depois Nova Granada (1778) foram submetidos a uma inspeção semelhante da máquina governamental. Através do estabelecimento do monopólio do fumo e de uma reorganização da coleta da *alcabala*, Gálvez assegurou um aumento imediato das remessas de renda para Madri. Foram tomadas medidas igualmente para aumentar a produção de prata mediante a isenção de taxas e a redução dos custos dos componentes sob monopólio, como o mercúrio e a pólvora. Gálvez superintendeu a expulsão dos jesuítas; reprimiu brutalmente as revoltas populares contra essa medida; e ainda liderou uma expedição para pacificar e colonizar Sonora. A recompensa por essa notável exibição de energia administrativa foi a designação para um posto no Conselho das Índias, seguida de uma nomeação vitalícia como secretário das Índias (1776-1787). Foi Gálvez o principal responsável pela criação do vice-reino de Buenos Aires e pela designação de seu apadrinhado, Juan Antonio de Areche, como visitante-geral do Peru. Como o conde de Floridablanca, seu protetor, esse pobre advogado malagueнho era um *manteista*, cujos serviços à coroa foram recompensados com o título de marquês de Sonora. Tão despótico quanto ambicioso, Gálvez atravessou a revolução no governo colonial com obstinada tenacidade. Do ponto de vista de Madri, os resultados foram impressionantes. Mas o preço foi a alienação da elite crioula. Pois Gálvez não fazia segredo de seu desdém pelos dons intelectuais dos espanhóis da América. Ao término de seu governo tornou-se famoso tanto por seu implacável nepotismo — seu irmão e seu sobrinho lhe sucederam como vice-reis da Nova Espanha — quanto por sua preferência por espanhóis da Península, com a exclusão de candidatos crioulos em todas as esferas e níveis do governo colonial. Não é de admirar que um crítico de alta posição tenha profetizado: "Gálvez destruiu mais do que construiu [...] sua mão destrutiva está preparando a maior revolução do Império Americano"[5].

Em nenhum outro lugar o impacto das novas políticas foi mais evidente do que na composição instável das *audiencias*, as altas cortes de justiça, cujos

5. *Apud* D. A. Brading, *Miners and Merchants in Bourbon Mexico, 1763-1810*, Cambridge, 1971, p. 39.

juízes aconselhavam os vice-reis em todas as questões importantes do Estado. Pois o reinado de Filipe V havia-se caracterizado pela perpetuação de todos os piores desmandos do último dos Habsburgos. Entre 1687 e 1712 e novamente durante a década de 1740, os cargos nas *audiencias* americanas eram oferecidos à venda a todo licitante qualificado. Em conseqüência, ricos advogados crioulos adquiriram magistraturas numa escala sem precedentes; desse modo, na década de 1760, as *audiencias* de Cidade do México, Lima e Santiago do Chile tinham uma maioria de espanhóis americanos, homens aparentados por ascendência ou por casamento à elite proprietária dessas capitais. Foi durante a década de 1740 que essa política alcançou seu apogeu, quando de um total de 66 nomeações judiciais 39 cargos foram vendidos, tendo cerca de 36 crioulos obtido postos por compra[6]. É verdade que Arriaga, ao se tornar ministro, impôs uma virtual interdição a todas as nomeações de crioulos, mas foi deixada a Gálvez a tarefa de reverter esse legado imprevisto do desgoverno passado. Em 1776-1777, Gálvez tomou medidas decisivas no sentido de ampliar o número de membros da maioria das *audiencias*, para depois, por meio de uma política resoluta de transferência, promoção e afastamento, quebrar o predomínio dos crioulos. Das 34 nomeações feitas nesses dois anos, somente duas contemplaram espanhóis da América. No final de seu período como secretário das Índias, os crioulos constituíam cerca de um terço a um quarto dos juízes das *audiencias* americanas, uma proporção que seria mantida até 1810.

Juntamente com essa revitalização do controle peninsular, ocorreu uma insistência renovada na promoção entre as *audiencias* e dentro delas, um sistema que foi interrompido pela venda de cargos. Mais uma vez, passou a ser regra para os juízes começar como *alcaldes del crimen* ou como *oidores* em tribunais menores, como Guatemala ou Santiago, e depois transferir-se para os tribunais vice-reais de Lima ou do México. Em 1785-1786 novas *audiencias* foram criadas em Caracas, Buenos Aires e Cuzco. Agora os conselheiros legais dos intendentes e dos vice-reis também estavam incluídos na escala de promoção. Igualmente importante, Gálvez criou um novo cargo judicial de *regente*, que devia substituir os vice-reis como presidentes das *audiencias*. O sistema era complementado pela transferência de regentes e de alguns *oidores* de nível mais alto para o Conselho das Índias, que pela primeira vez em sua longa história passou a incluir uma ampla proporção de membros com

6. Mark S. Burkholder e D. S. Chandler, *From Impotence to Authority: The Spanish Crown and the American Audiencias, 1687-1808*, Columbia, Miss., 1977, pp. 104-108, 157, 170, 196.

experiência oficial no império americano. Aqui, então, observamos a formação de uma verdadeira burocracia judicial, que baseava a sua autonomia da sociedade colonial no recrutamento de membros na Espanha.

A peça central da revolução no governo foi a introdução dos intendentes, funcionários que incorporavam todas as ambições administrativas e intervencionistas do Estado Bourbon. Para avaliar a importância dessa medida, deve-se lembrar que na esfera do governo local a prática dos primeiros Bourbons determinou muito mais uma deterioração que uma melhora em relação ao passado. Desde 1678, as magistraturas regionais — *alcaldes mayores* e *corregidores* — haviam sido postas à venda em Madri. Esses funcionários continuavam responsáveis pelo recolhimento dos tributos dos índios, mas tiveram reduzidos seus salários pela nova dinastia, ou, no caso da Nova Espanha, deixaram de receber pagamentos adicionais. Em conseqüência disso, sendo os rendimentos da justiça e outros benefícios insuficientes para garantir-lhes a subsistência, muitos magistrados se envolveram no comércio, distribuindo mercadorias e gado a crédito e emprestando dinheiro adiantado contra a produção de cochonilha, anil e algodão. A princípio ilegais, esses *repartimientos de comercio* foram finalmente reconhecidos em 1751 pela coroa desde que as autoridades vice-reais compilassem uma tabela de preços e valores de mercadorias para distribuição. Em atividade principalmente em zonas de povoamento indígena, onde os magistrados muitas vezes desfrutavam de um virtual monopólio do comércio, os *repartimientos* provocaram muitas vezes grande agitação popular. Pois a maioria dos *corregidores* tinha cinco anos apenas para recuperar o custo de seu cargo e reembolsar as grandes casas de importação de Lima e do México que lhes haviam fornecido dinheiro e mercadorias. Assim, de fato a autoridade judicial da coroa era comprada e empregada para a salvaguarda e a promoção do lucro no comércio.

Mais uma vez, foi José de Gálvez o responsável pela melhora radical desse malconcebido sistema de governo. Em 1768, com a colaboração do vice-rei Croix da Nova Espanha, Gálvez apresentou propostas para a total abolição dos *alcaldes mayores* e dos *repartimientos* e sua substituição por intendentes. Afirmava ele que os magistrados regionais oprimiam os índios e defraudavam a coroa da renda dos tributos. A premissa que se escondia atrás de seu relatório, elaborado no debate que se seguiu, era que, se os índios fossem liberados do monopólio coercitivo dos *alcaldes mayores* e dos *corregidores*, entrariam livremente no mercado como produtores e trabalhadores. No entanto, seus opositores alegavam que sem os *repartimientos de comercio* os índios retornariam a uma economia de subsistência ou simplesmente deixariam de cumprir todos os compromissos de crédito. De qualquer forma, as províncias ultramarinas do império estavam atrasadas demais para justificar a intervenção dos intendentes, que se revelariam caros e ineficazes. Apesar da introdução de um intendente em Cuba, em 1763, somente quando Gálvez assumiu a secretaria das Índias é que se conseguiu um progresso adicional. A onda de reformas chegou na década de 1780, iniciando-se, em 1782, com a nomeação de oito intendentes no vice-reino de La Plata, seguida dois anos mais tarde por outros oito no Peru e coroada pelo estabelecimento, em 1786, de doze intendências na Nova Espanha. Para a América Central foram designados cinco desses funcionários, para Cuba três, para o Chile dois e para Caracas um; Nova Granada e Quito não receberam nenhum.

Recrutados dentre um conjunto de militares e funcionários fiscais, em sua esmagadora maioria espanhóis da Península, os intendentes conseguiram um sucesso apenas limitado e de forma alguma satisfizeram as expectativas dos reformadores. Pois a nomeação de uma série de governadores de províncias não corrigiu as deficiências do governo local. Em nível regional, os *alcaldes mayores* e os *corregidores* foram substituídos por subdelegados, cujo meio de subsistência era cinco por cento dos tributos e das rendas da justiça. Em conseqüência, esses funcionários eram escolhidos entre a elite local ou então eram obrigados a envolver-se no comércio, ainda que não recebessem suporte financeiro das grandes casas de importação. Foi nas capitais das províncias que a reforma causou maior impacto. Pois aí os intendentes estavam em sua atividade máxima, pavimentando ruas, construindo pontes e prisões e reprimindo desordens populares. Auxiliados por um conselheiro legal e por funcionários do tesouro, o intendente era a prova viva do novo vigor executivo da monarquia. Libertada de sua antiga dependência do crédito mercantil, a administração colonial foi fortalecida enormemente pela nomeação de burocratas de carreira, que, em razão de sua origem peninsular, preservavam sua independência da sociedade que governavam.

Nas capitais de Lima, Buenos Aires e Cidade de México, Gálvez instalou *superintendentes subdelegados de real hacienda*, funcionários que liberavam os vice-reis de toda responsabilidade em questões do tesouro. Além disso, foi criada uma comissão central de finanças, com a tarefa de supervisionar as atividades dos intendentes e inspecionar todas as questões ligadas à cobrança da renda. Cabe salientar que a nomeação de superintendentes tinha o propósito de reduzir os poderes dos vice-reis, que na opinião de

Gálvez eram demasiado amplos. Sua idéia era estabelecer uma sistema tríplice onde os regentes chefiavam o judiciário, os superintendentes dirigiam o tesouro e os intendentes, e aos vice-reis cabiam a administração civil e as forças militares. No caso, uma série de disputas em torno de questões de receita levaram à abolição do cargo de superintendente em 1787, após a morte de Gálvez. O prestígio dos vice-reis era grande demais para que fosse tão facilmente diminuído. Além disso, a extraordinária expansão de todos os ramos do governo, quando aliada à nova dependência em relação ao exército, servia para aumentar a autoridade efetiva do *alter ego* do rei. O fato de a maioria dos vice-reis, após a ascensão de Fernando VI ao trono, ser constituída de oficiais de carreira das forças armadas ilustra ainda mais a natureza do novo Estado colonial.

Os intendentes foram menos eficientes do que se previra, em parte pelo fato de ter sido o sistema de receita amplamente reformado antes de sua chegada. As principais inovações foram a nomeação de uma burocracia fiscal assalariada e o estabelecimento de novos monopólios da coroa. Até então, o recolhimento do imposto de consumo, as *alcabalas*, havia sido arrendado (em troca de uma soma anual determinada por contrato) aos *consulados*, as associações de comerciantes e seus representantes nas províncias. Os tesouros, situados em portos ou em campos de mineração, administravam apenas as taxas alfandegárias e o tributo cobrado sobre a produção da prata. No entanto, em 1754 as *alcabalas* de Cidade do México foram outorgadas a funcionários assalariados e em 1776 o mesmo sistema de administração direta foi aplicado em toda a colônia. Daí por diante, todas as principais cidades foram aquinhoadas com um diretor e contador local, encarregado do imposto de consumo, auxiliado por um grupo de guardas. O mesmo sistema foi introduzido no Peru durante a *visita* de Areche e subseqüentemente estendido a outras partes do império. A outra grande inovação ocorreu em 1768 com a criação do monopólio do fumo na Nova Espanha. A área de plantio foi severamente restringida e todos os plantadores foram obrigados a vender sua produção ao monopólio, que fabricava os charutos em suas fábricas e os distribuía nas principais cidades através de uma rede de vendedores e seus assistentes. Em seu apogeu, o monopólio do fumo na Nova Espanha apresentou um movimento comercial da ordem de quase oito milhões de pesos, empregou uma força de trabalho de mais de 17 mil homens e produziu lucros líquidos de quase quatro milhões de pesos. Além disso, se em outras províncias do império as receitas nunca atingiram tais níveis — no Peru o monopólio vendia apenas fumo — elas sem dúvida constituíram uma fonte importante de renda adicional. Foi apenas, portanto, na inspeção mais rigorosa e no recolhimento dos tributos indígenas, onde o aumento nas rendas facilmente excedeu qualquer expansão populacional, que os intendentes e seus subdelegados desempenharam um papel perceptível.

De fato, a nomeação de uma burocracia assalariada, apoiada numa ampla legião de guardas, permitiu à monarquia espanhola extrair uma extraordinária colheita fiscal da expansão da atividade econômica resultante de suas reformas no comércio e do incentivo dado às exportações coloniais. Mais uma vez, foi Nova Espanha a precursora, com receitas do tesouro que subiram no curso do século de três para vinte milhões de pesos, concentrando-se esse crescimento em grande parte nos anos de 1765-1782, quando o orçamento bruto pulou de seis para 19,5 milhões de pesos. É significativo que os tributos indígenas tenham contribuído apenas com cerca de um milhão de pesos para esse total global, em comparação com os 4,5 milhões fornecidos pelo tributo da prata, pelas taxas de cunhagem de moeda e pelo monopólio de mercúrio, e com os quatro milhões de lucro obtidos com o monopólio do fumo. No total, após a dedução das taxas fixas e dos custos do monopólio, restavam cerca de 14 milhões de pesos, quatro milhões dos quais eram retidos para manutenção do governo e para as despesas militares na fronteira setentrional. Os dez milhões de pesos restantes eram enviados para o exterior, ou para financiar as fortalezas e guarnições do mar dos Caraíbas, das Filipinas e da América do Norte, ou diretamente para Madri. Nenhuma outra colônia deu tantos lucros a sua metrópole quanto a Nova Espanha. Em 1789, a receita bruta no Peru totalizava não mais de 4,5 milhões de pesos, sendo 1,2 milhões de pesos fornecidos pela indústria de mineração de prata, quase equivalente aos 920 mil pesos de tributos índios. Em compensação, na Nova Granada as taxas alfandegárias de 1,3 milhões eram o maior item de um orçamento total de 4,7 milhões, sendo o monopólio do fumo responsável por 953 mil pesos e os tributos indígenas, por irrisórios 166 mil pesos. De modo análogo, apesar da ainda numerosa população indígena do Alto Peru, o grosso da receita fiscal no vice-reino de La Plata — um total de 3,5 milhões — derivava da indústria de mineração e das taxas de alfândega. Manifestamente, na maioria das regiões do império, era a economia de exportação que produzia um volume de rendas para a coroa.

Nessas estimativas de receita deve-se buscar o verdadeiro significado das mudanças do governo colonial. De fato, a revolução administrativa criou um novo Estado absolutista, baseado, como na Europa, num exército permanente e numa burocracia profissional. Esse Estado estava voltado, assim como seus congêneres no Velho Mundo, para o princípio do aumento territorial, embora principalmente às custas dos portugueses na América do Sul e das tribos indígenas nômades da América do Norte. Mas diferia de seus modelos europeus, no sentido de que não conseguiu formar qualquer aliança verdadeira, fundada em interesses comuns, com os setores mais importantes da sociedade colonial. A influência da Igreja, até então o principal baluarte da coroa, foi combatida. O poder econômico das grandes casas de importação foi solapado. Mas, se os exércitos permanentes ofereciam sanções armadas contra agitações populares, os títulos e privilégios oferecidos pelas milícias eram um substituto muito pobre para qualquer real participação nos lucros ou no poder. Em suma, o preço da reforma foi a alienação da elite crioula. No entanto, do ponto de vista de Madri, suas retribuições foram consideráveis. Se, como veremos, a revitalização econômica da Península de forma alguma se equiparou às oportunidades oferecidas pelo crescimento do comércio colonial, a revolução administrativa permitiu à coroa colher um considerável lucro fiscal. Mais uma vez, é a Nova Espanha que melhor permite ver a dimensão da mudança. Enquanto, nos anos de 1766-1778, somente 3,94 milhões de pesos de um total de 11,93 milhões exportados legalmente da Nova Espanha foram destinados ao rei, no período de 1779-1791 não menos de 8,3 milhões de pesos de um total de 17,2 milhões consistiam de rendas enviadas para as colônias das Antilhas ou para Madri. A essa altura, até 15 por cento do orçamento real provinham das colônias, deixando de lado o dinheiro proveniente das taxas alfandegárias em Cádiz. É nesses valores, mais do que nas afirmações duvidosas da indústria e das exportações peninsulares, que encontramos a verdadeira base da revitalização da monarquia. Em última análise, o lucro fiscal do império e o monopólio comercial foram mais importantes para o Estado espanhol do que os retornos comerciais para a economia espanhola.

A EXPANSÃO DO COMÉRCIO COLONIAL

A revitalização da economia colonial, tanto quanto a da Península, nasceu da aplicação de políticas mercantilistas. O texto competente aqui foi a obra *Nuevo Sistema de Gobierno Económico para la America* (1743), da autoria de Campillo. O ponto de partida de sua análise foi uma comparação direta dos altos lucros obtidos pela Grã-Bretanha e pela França de suas ilhas produtoras de açúcar nas Antilhas com os retornos irrisórios do vasto império continental da Espanha. Para remediar esse lamentável estado dos negócios, ele defendia a introdução do *gobierno económico*, termo pelo qual se referia claramente às doutrinas e medidas associadas ao mercantilismo de Colbert. Em particular, advogou o fim do monopólio comercial de Cádiz e do sistema de frotas periódicas. Na América, a terra deveria ser distribuída aos índios e estimuladas a agricultura e a mineração da prata. Acima de tudo, Campillo via nas colônias um grande mercado inexplorado para a indústria espanhola: sua população, especialmente os índios, era o tesouro da monarquia. No entanto, para aumentar a demanda de manufaturas espanholas na colônia, era preciso incorporar os índios à sociedade através da remoção dos perniciosos monopólios e reformar o sistema corrente de governo. Era necessário também destruir a indústria colonial. No texto inteiro, Campillo empenhava-se em afirmar a supremacia do interesse público sobre o lucro privado, uma distinção personificada no contraste que ele traçou entre comércio "político" e comércio "mercantil".

Se a reforma ocorreu com muita lentidão, foi porque a Guerra de Sucessão e a subseqüente Paz de Utrecht abriram o império à navegação e ao contrabando estrangeiros. Com efeito, durante toda a primeira metade do século XVIII, a Espanha envolveu-se numa batalha desesperada para retomar o controle sobre o comércio colonial. O contrabando generalizara-se. Ainda assim, as grandes casas de importação do México e de Lima procuravam restringir o fluxo de mercadorias provenientes da Península a fim de salvaguardar seus ganhos com o monopólio. Se a Espanha quisesse obter lucro de suas possessões americanas, precisava primeiramente desalojar as manufaturas estrangeiras e o contrabando do lugar predominante que ocupavam no comércio atlântico e depois afastar a confederação mercantil de sua posição de comando dentro das colônias.

No começo, o desempenho comercial da Espanha foi lamentável. Em 1689, estimou-se que, das 27 mil toneladas de mercadorias enviadas legalmente para a América espanhola, somente 1,5 mil toneladas originavam-se da Península. O grosso das exportações de Cádiz consistia de produtos manufaturados enviados da França, da Inglaterra e da Holanda. Mesmo a receita fiscal proveniente das taxas alfandegárias era solapada pela alta incidência do comércio de contrabando no mar dos Caraíbas e a partir de Sacramento. Na verdade, com a Guerra de Sucessão desmoronou a última barreira contra os entrelopos, pois em 1704 o embaixador Amelot obteve a permissão para que navios mercantes franceses penetrassem no Pacífico e comerciassem livremente com o Peru e o Chile. No período de 1701-1724, 153 navios comerciais franceses pelo menos visitaram essas costas, e somente em 1716 cerca de dezesseis navios trouxeram mercadorias européias em tal abundância que os mercados permaneceram saturados por vários anos.

Diante desse desafio aberto ao monopólio comercial espanhol, as autoridades de Madri tentaram desesperadamente restaurar o antigo sistema de frotas periódicas a partir de Cádiz, no qual as feiras comerciais de Portobelo e Veracruz seriam os únicos pontos legais de entrada de mercadorias importadas. Para a América do Sul essa decisão significou o fechamento permanente da rota via cabo Horn e uma severa restrição aos desembarques em Buenos Aires. Para a Nova Espanha o velho sistema nunca chegou a desaparecer totalmente, visto que nos anos cruciais de 1699-1733 cinco comboios pelo menos chegaram a Veracruz. Além disso, a transferência da feira para Jalapa, em 1720, significou que as transações podiam agora ser realizadas numa agradável cidade sobre colinas pouco acima do porto. Em compensação, uma única frota levantou âncoras para Tierra Firme e, devido à entrada de mercadorias francesas baratas, a subseqüente feira de Portobelo revelou-se totalmente desastrosa para os comerciantes de Lima que adquiriram mercadorias.

A pressão diplomática acabou por obter a exclusão dos navios franceses dos portos coloniais, mas não houve como escapar dos comerciantes ingleses. Isso porque a Companhia dos Mares do Sul gozava de direitos legais, concedidos pelo Tratado de Utrecht, de enviar anualmente um navio mercante à América espanhola (cf. pp. 385-386). Posto que as mercadorias que ele transportava evitavam tanto as taxas alfandegárias de Cádiz quanto os custos de retenção no porto resultantes do atraso das partidas dos comboios oficiais, a Companhia podia facilmente baixar os preços para concorrer com os monopolistas espanhóis. Conseqüentemente, os navios ingleses de fato assaltavam de surpresa as feiras comerciais de Portobelo em 1722 e 1731 e em Jalapa em 1723 e 1732. Com efeito, na última feira de Portobelo cerca de metade dos nove milhões de pesos enviados de Lima foram diretamente para os cofres da Companhia dos Mares do Sul. Os expedidores de Cádiz que haviam acompanhado a frota ou se viram arruinados ou foram obrigados a permanecer nas colônias durante anos, esperando compradores para suas caras mercadorias. Foi exatamente esse desastre comercial que conduziu à supressão da frota de Tierra Firme. Além disso, o volume das mercadorias vendidas em Jalapa em 1736 ficou inegavelmente abaixo dos níveis anteriores[7]. Não foi por acaso, portanto, que as tentativas espanholas de impedir o contrabando inglês deram origem a hostilidades.

A Guerra da Orelha de Jenkins (1739-1748) marcou uma linha divisória no desenvolvimento do comércio colonial. Isso porque a destruição de Portobelo por Vernon pôs um fim a quaisquer esperanças futuras de restaurar a frota de Tierra Firme. Doravante, todo comércio ilegal com as ilhas do mar dos Caraíbas e com a América do Sul era realizado por *registros*, navios individuais que navegavam sob licença de Cádiz. Igualmente importante, foi aberta a rota do cabo Horn e mais navios foram autorizados a desembarcar em Buenos Aires. Com a acentuada queda nos preços, o comércio de todo o vice-reino do Peru com a Europa aumentou, pondo o Chile e a zona do rio da Prata em relações comerciais diretas com a Espanha. Na verdade, como a frota inglesa não conseguiu total sucesso em seu bloqueio, os próprios anos de guerra foram testemunha de uma certa expansão. O outro grande benefício que a guerra trouxe foi o fim dos entrelopos autorizados. No tratado de paz de 1750, a Companhia dos Mares do Sul, em troca de um pagamento de 100 mil libras esterlinas, renunciou ao *asiento* e ao direito de enviar um navio comercial por ano. Finalmente, após quatro décadas, a Espanha recuperara o exercício irrestrito de seu monopólio comercial no império americano.

Um elemento importante na revitalização do comércio espanhol durante as décadas intermediárias do século foi fornecido pela Companhia Real de Guipúzcoa, de Caracas, que Patiño havia fundado em 1728 com direitos exclusivos de comércio entre San Sebastian e Venezuela. Autorizada a manter barcos costeiros para combater o contrabando, em 1729, após a irrupção das hostilidades com a Grã-Bretanha, a companhia equipou não menos que oito navios de guerra e levantou um pequeno exército. Depois disso, a curva das exportações elevou-se acentuadamente, com as remessas de cacau aumentando mais de três vezes nos anos de 1711-1720 e na década de 1760. Além disso, enquanto no primeiro período a maior parte do cacau seguia para a Nova Espanha, na última década a Península recebeu 68 por cento de todos os embarques. O monopólio exercido pela companhia tornou-se cada vez mais entediante para a população venezuelana, mas somente em 1780 é que a

7. Geoffrey J. Walker, *Spanish Politics and Imperial Trade 1707-1789*, London, 1979, *passim*.

coroa abriu pela primeira vez a colônia a outros comerciantes, e então cinco anos depois dissolveu a companhia. O sucesso dessa aventura basca levou os ministros a patrocinar uma série de outras companhias, das quais as mais importantes foram a Companhia Habana (1740), criada para dirigir a exportação de fumo de Cuba, e a Companhia Barcelona (1755), para comerciar com as demais ilhas do mar dos Caraíbas. Mas a nenhuma dessas companhias foi concedido um monopólio de comércio, e assim logo soçobraram.

Se na América do Sul e nas Antilhas a década de 1740 anunciou uma nova era, em contrapartida, na Nova Espanha os direitos adquiridos dos *consulados*, as associações de comerciantes de Cádiz e do México, persuadiram a coroa a restabelecer o sistema de frotas. Em conseqüência, seis grandes comboios seguiram para Veracruz nos anos de 1757-1776. Todavia, embora o sistema revitalizado tenha dado segurança aos comerciantes da Península, a parte do leão nos lucros, assim declaravam os críticos, foi para os *almaceneros*, os grandes comerciantes de importação de Cidade do México. Na feira de Jalapa foram esses homens, muitas vezes com mais de cem mil pesos para gastar, que dominaram as transações, porque os expedidores de Cádiz, assustados com as despesas de armazenagem e proibidos de entrar mais colônia adentro, estavam em clara desvantagem, com mais motivos para vender do que os *almaceneros* tinham para comprar. Qualquer que tenha sido o balanço dos lucros, o sistema funcionou obviamente em detrimento dos produtores espanhóis e dos consumidores mexicanos, pois o volume de mercadorias era limitado em conseqüência dos altos preços. Essa retomada do sistema de frotas para a Nova Espanha — de longe a mais próspera das colônias — demonstra a natureza e o poder dos direitos adquiridos contra os quais a elite administrativa tinha de lutar. Os entrelopos estrangeiros afinal tinham sido expulsos dos portos coloniais, e a expansão ulterior do comércio espanhol dependia agora de uma luta direta contra as grandes casas de comércio do México e contra os expedidores de Cádiz.

O catalisador da mudança, mais uma vez, foi a guerra com a Grã-Bretanha, quando a entrada tardia da Espanha na Guerra dos Sete Anos resultou na tomada de Manila e Havana. Igualmente importante, a ocupação britânica de Havana promoveu um notável crescimento das exportações cubanas. A necessidade de reformas administrativas e comerciais era mais do que evidente. Em conseqüência, em 1765 as ilhas do mar dos Caraíbas foram abertas ao comércio com os nove principais portos da Península. Ao mesmo tempo, a prática absurda de cobrar as taxas alfandegárias por volume cúbico de mercadoria, chamada *palmeo*, foi substituída por um imposto *ad valorem* de seis por cento sobre todas as mercadorias expedidas. O êxito dessas medidas tornou possível a promulgação, em 1778, do famoso decreto de *comercio libre*, que finalmente aboliu o centro de comércio de Cádiz e o sistema de frotas. Daí por diante, o comércio entre os principais portos do império e a península foi feito por navios mercantes individuais. As novas restrições aplicadas na Nova Espanha foram eliminadas em 1789 e o monopólio da companhia de Caracas foi abolido em 1780. Ao mesmo tempo, as taxas alfandegárias em Cádiz foram reduzidas e as manufaturas espanholas passaram a gozar de prioridade.

O período entre a declaração de *comercio libre* e o rompimento do bloqueio naval inglês em 1796 revelou-se uma breve idade de ouro do comércio colonial. No período de uma década as exportações registradas triplicaram. Com o término da Guerra de Independência Americana (1779-1783), quantidades jamais imaginadas de mercadorias européias inundaram os portos. Somente em 1786, entraram em Callao nada menos que dezesseis navios, trazendo mercadorias no valor de 22 milhões de pesos, numa época em que o total anual de compras peruanas era de pouco mais de cinco mil pesos. O resultado a curto prazo desse afluxo foi naturalmente uma crise comercial. Por todo o império os preços caíram e os lucros diminuíram, à medida que os mercados foram saturados de produtos importados. Muitos dos comerciantes foram à falência e outros diluíram suas perdas retirando-se do comércio transatlântico, preferindo investir seu capital na agricultura e na mineração. Os metais preciosos desapareceram da circulação local à medida que grandes somas eram remetidas para o exterior, para financiar a maré montante de importações da Europa. Não é de admirar que os *consulados* do Chile ao México tenham clamado à coroa que limitasse o afluxo de mercadorias mediante um retorno ao velho sistema de entrada restrita. Sobre seus membros pesava a ameaça de ruína. Mas os vice-reis que investigaram o problema, particularmente Teodore de Croix no Peru e o conde de Revillagigedo na Nova Espanha, rejeitaram esse argumento fora de propósito. Fazendo eco a Campillo, sustentaram que não se devia confundir o interesse público com os lucros privados de um punhado de comerciantes. A expansão do comércio, diziam eles, trouxera grandes benefícios para o consumidor colonial e para os industriais espanhóis. Além disso, no caso do México, se os antigos *almaceneros* tinham agora investido seu capital na mineração e na compra de propriedades, tanto melhor, especialmente porque o papel que haviam desempenhado no comércio passara para uma nova raça de comerciantes, homens satisfeitos com um lucro relativamente pequeno sobre uma movimentação mais rápida das mercadorias. Em termos mais gerais, elaboraram-se estatísticas para demonstrar que o aumento na conta de importação era mais do que compensado pela curva ascendente da produção de prata. Quase não há dúvida de que esses anos testemunharam de fato um extraordinário florescimento das exportações para as colônias. O rápido desenvolvimento de Buenos Aires é uma confirmação da eficácia da nova política.

Poucas coisas impressionam as futuras gerações mais do que a convicção de sucesso, e os servidores de Carlos III não tardaram em jactar-se de suas realizações. Num memorando padronizado sobre a exportação de farinha de trigo do México para Cuba, o fiscal do tesouro, Ramón de Posada, após referir-se ao antigo esplendor da Espanha e a sua subseqüente decadência, exclamou: "Foi dado à superior sabedoria e à augusta proteção de Carlos III iniciar o esplêndido empreendimento de recuperar essa antiga felicidade". Contudo, se a infeliz experiência do mundo hispânico no início do século XIX levou os historiadores da época a aceitar essas afirmações pelo seu valor nominal, pesquisa recente alterou imensamente a imagem tradicional. Sobretudo, o papel da Península dentro do sistema comercial é que foi questionado. Em seu notável levantamento do comércio registrado entre Cádiz e a América nos anos de 1717-1778, Antonio García-Barquero González descobriu que, enquanto a marinha real era construída nos arsenais espanhóis, em compensação, a frota comercial que partia de Cádiz era formada por embarcações compradas no exterior. Embora pertencessem a proprietários locais, apenas 22 por cento dos navios foram construídos na Espanha, e outros 4,2 por cento vinham de estaleiros coloniais. Igualmente importante, parece que a maioria dos comerciantes de Cádiz eram pouco mais que agentes comissionados de negociantes estrangeiros residentes na cidade. O censo de 1751, realizado por ordem do marquês de la Ensenada, relacionou 162 comerciantes do exterior contra 218 espanhóis. Não obstante, os espanhóis eram responsáveis por dezoito por cento da renda declarada da comunidade comercial, estando os franceses claramente à frente com 42 por cento do total. Além disso, enquanto mais de um quinto dos comerciantes tinham rendimentos que variavam de 7 mil a 42 mil pesos por ano, somente dois espanhóis figuravam nessa lista. Em seus investimentos, que consistiam em grande parte de casas e propriedades na cidade de Cádiz, pode-se encontrar outra confirmação do âmbito restrito de suas operações financeiras.

Se os monopolistas de Cádiz acabam sendo meros intermediários que trabalham em troca de uma comissão, não deveria surpreender que no mesmo período a contribuição da indústria espanhola às exportações para as colônias fosse irrisória. Na verdade, medida em volume, a produção da Península representava 45 por cento das cargas destinadas à América, mas consistia de vinho, conhaque, azeite e outros produtos agrícolas. Em termos de valor, a parte da metrópole cai vertiginosamente. No cálculo mais generoso, as mercadorias espanholas embarcadas na frota de 1757 para a Nova Espanha representavam dezesseis por cento do valor total da carga. Em suma, no comércio colonial, a Espanha aparecia como um produtor de bens primários com pouca representação em termos de produtos elaborados para exportação[8]. Em outros locais, sabemos que nos anos de 1749-1751 as fábricas reais de Guadalajara e San Fernando, que produziam tecidos de lã de boa qualidade, exportaram não mais do que doze toneladas de uma produção estimada em mais de 10 mil.

Mas o que dizer dos anos depois de 1778? Decerto, foram publicadas estatísticas que mostravam que cerca de 45 por cento das exportações para as colônias provinham da Península. A nascente indústria têxtil da Catalunha, com sua maquinaria adquirida na Inglaterra, competia com eficiência nos mercados americanos. Na verdade, tratava-se no caso de uma indústria cujo crescimento derivava em grande parte do comércio colonial. Os projetos de Ustariz e Campillo produziram no caso bons resultados. Deve-se enfatizar, no entanto, que ainda em 1788 Cádiz era responsável por 72 por cento de todos os embarques para o império americano, e, se Barcelona havia elevado o valor de suas exportações de meros 430 mil pesos antes do *comercio libre* para 2,79 milhões em 1792, não obstante isso representava apenas dezesseis por cento de toda a exportação para as colônias. Não que se deva minimizar a importância dos mercados americanos, visto que em Barcelona, como em toda a Espanha, o comércio com a Europa estava baseado no vinho e em outros produtos agrícolas. O problema é que, se os produtos de algodão da Catalunha eram enviados diretamente de Barce-

8. Antonio García-Baquero González, *Cádiz y el Atlántico 1717-1778*, Sevilla, 1976, 2 vols.; ver vol I, pp. 235-237, 309, 319, 329-330, 489-495.

Tabela 1. O balanço do comércio espanhol em 1792 (milhões de pesos)

(i) A Península					
Exportações	19,84	**Importações**	35,74	**Déficit**	15,9
(ii) Comércio com as colônias					
Exportações		**Importações**		**Déficit**	
Produtos nacionais	11,15	Metais preciosos	21,01		
Produtos estrangeiros	10,32	Manufaturas	15,91		
Total	21,47	Total	36,92	15,45	

Fonte: José Canga Argüelles, *Diccionario de Hacienda*, Madrid, 1833, 2 vols., vol. I, pp. 639-645.

lona para as colônias, como era possível que Cádiz registrasse cerca de 45 por cento de suas exportações, em termos de valor, como produção espanhola? De fato, há indícios de um contrabando generalizado e de uma simples mudança de etiqueta[9]. Visto que o grosso das exportações registradas, medidas em valor, consistia de produtos têxteis, segue-se do que sabemos da indústria espanhola que uma proporção esmagadora dessas mercadorias vinha do exterior. Na verdade, mesmo o algodão da Catalunha e as sedas de Valência não estavam isentos da acusação de serem mercadorias francesas com etiquetas espanholas.

Do outro lado do Atlântico, a ênfase no crescimento baseado na exportação precisa menos de revisão. Aqui as provas são sem dúvida parciais e concentram-se nos últimos anos do século; não obstante, pouca dúvida existe de que o século XVIII testemunhou uma notável expansão do comércio transoceânico com a Europa. Algumas províncias, como o Chile e a Venezuela, até então isoladas e esquecidas, eram agora colocadas em contato direto com a Espanha através da abertura de novas rotas comerciais. Ao mesmo tempo, as

9. Barbara H. Stein e Stanley J. Stein, "Concepts and Realities of Spanish Eeconomic Growth 1759-1789", em *Historia Ibérica*, 1973, pp. 103-120.

indústrias de mineração situadas ao longo das cordilheiras da Sierra Madre e dos Andes experimentaram uma dramática revivescência de sua prosperidade. A base tradicional da expansão do comércio transatlântico precisa ser ressaltada. Nos anos de 1717-1778 os metais preciosos ainda eram responsáveis por 77,6 por cento do valor tributado de todos os embarques do Novo Mundo registrados em Cádiz, consistindo as cargas restantes de fumo, cacau, açúcar, anil e cochonilha. Com a promulgação do *comercio libre*, o ritmo das atividades econômicas acelerou, e as costas e ilhas do mar dos Caraíbas produziram uma safra maior do que nunca de produtos tropicais. Mesmo assim, na década de 1790, as remessas de metal precioso ainda representava mais de sessenta por cento do valor das exportações das colônias para a Península, um cálculo que não inclui as somas de dinheiro enviadas em nome do rei.

Nesse período a principal província no império americano era a Nova Espanha, que registrava exportações de mais de onze milhões de pesos em média nos anos de 1796-1820. A prata era responsável por 75,4 por cento do valor e a cochonilha por 12,4 por cento, e o açúcar contribuía com o restante. A região andina caracterizou-se por uma igual dependência do metal precioso para financiar seu comércio ultramarino, com uma produção total de mais de nove milhões de pesos que fluíam diretamente dos portos de Lima e Buenos Aires. Pois, se o último porto, elevado à condição de capital do vice-reino, podia vangloriar-se de exportações no valor de cinco milhões de pesos em 1796, apenas um quinto provinha das *estancias* dos pampas na forma de couros, carne seca e chifres; o restante consistia de moedas enviadas da fundição de Potosí. No Chile, a história era muito parecida: de um valor total de um milhão de pesos em exportações, o ouro e a prata eram responsáveis por 856 mil, contra 120 mil pesos representados pelo cobre. Mais ao norte, na Colômbia, o ouro compreendia noventa por cento das exportações, num valor de dois milhões. Na América Central, no entanto, as remessas de anil da Guatemala contribuíam com 1,2 milhões de pesos, uma soma próxima dos 1,4 milhões de pesos conseguido com a cochonilha mexicana e que excedia em muito os 250 mil pesos da produção anual estimada das minas de prata de Honduras. Deixando de lado os corantes, foi o crescimento na produção de açúcar, cacau e fumo que desafiou o predomínio dos metais no comércio atlântico da Espanha. Na década de 1790, o valor das exportações da Venezuela havia-se elevado a mais de três milhões de pesos, distribuídos entre cacau, anil e café. Mas a grande história de sucesso desses últimos anos do século foi a de Cuba, onde, junto com o tradicional cultivo do fumo, a produção de açúcar se expandiu enormemente após a revolução em Saint-Domingue (1789-1792). Se no início da década de 1790 as exportações eram estimadas em mais de três milhões de pesos, nos anos de 1815-1819 atingiram uma média de cerca de onze milhões, um total que se equiparava ao das exportações de prata da Nova Espanha.

Faz-se necessário um último comentário. Nos meados do século XVIII, Campillo havia apontado que as ilhas do mar dos Caraíbas produtoras de açúcar eram o padrão pelo qual se podia medir o desempenho comercial do império espanhol. Falta-nos até agora um levantamento geral do comércio colonial, uma tarefa dificultada muito mais pelos freqüentes bloqueios em períodos de guerra, que interrompiam o fluxo regular das mercadorias. À guisa de comparação internacional, talvez seja útil lembrar que nos anos de 1783-1787 a Grã-Bretanha importou das ilhas das Índias Ocidentais produtos no valor de 3 471,673 libras esterlinas por ano, uma soma equivalente a 17,3 milhões de pesos. De modo análogo, em 1789 as exportações de açúcar, algodão e café de Saint-Domingue eram estimadas em 27 milhões de pesos e uma outra fonte avaliava o valor total de produtos enviados das ilhas das Índias Ocidentais francesas em 30,5 milhões de pesos. Esses números dão uma idéia das realizações dos Bourbons. Pois, se reunirmos todas as estatísticas das províncias do império espanhol no Novo Mundo, a soma total das exportações no início da década de 1790 não excede 34 milhões de pesos. Podemos encontrar uma corroboração desses números num balanço do comércio da época, do ano de 1792, descrito como o ano mais bem conhecido do comércio espanhol (Tabela 1).

Generalizar a partir do comércio de um ano numa época de violenta flutuação poderia facilmente gerar uma confusão. Além disso, a tabela não elucida a relação entre a Península e o comércio colonial, embora se deva presumir que a maior parte das importações espanholas foram reenviadas para as colônias e que o déficit da Península na conta do comércio externo era saldado pela remessa de metais americanos. No entanto, não está muito clara a extensão com que o comércio colonial realmente subsidiou a balança comercial de pagamentos da Espanha. Ao mesmo tempo, a tabela omite todos os registros dos embarques de metais preciosos que chegam do Novo Mundo em nome do rei, o que significa que não leva em consideração os lucros fiscais do império. Avaliada pelo desempenho passado, a revivescência Bourbon foi sem dúvida notável, mas, se for julgada numa escala internacional, a expansão comercial parece muito menos impressionante.

Enquanto a Península obtinha um lucro apenas modesto da revitalização do comércio atlântico, muitas colônias americanas nasciam de novo. Para aguçar nossas perspectivas sobre as realizações dos Bourbons, precisamos voltar ao passado. Para propósito de comparação, a monarquia Habsburgo no Novo Mundo pode ser considerada um Estado sucessor erigido sobre alicerces construídos pela confederação asteca e pelo império inca. É inquestionável que foram o trabalho livre e o tributo dos índios que deram aos *encomenderos* e missionários as condições para criar um equivalente ultramarino da sociedade espanhola no período de pouco mais de uma geração. O que se deve enfatizar é o fato de que a experiência política pré-hispânica continuou a determinar a organização da sociedade colonial até uma época bem avançada do século XVII. A ênfase que os incas colocaram no trabalho forçado, em comparação com a preferência dos astecas pela cobrança de tributos, influenciou de modo decisivo a política do vice-reino. Se Potosí pôde funcionar como ponto de atração de toda a economia imperial, isso se deveu em grande parte ao fato de o vice-rei Toledo ter forçado uma vasta migração anual de mais de 13 mil índios para trabalhar nas suas minas. O fracasso da indústria de mineração mexicana em imitar o rival andino demonstra que foi irrelevante a importância da tecnologia espanhola: o agente decisivo da rápida expansão da produção foi a entrada maciça de força de trabalho fornecida pela *mita*. Em suma, o precedente inca autorizou Toledo a mobilizar a população rural para servir a economia de exportação. Em contrapartida, na Nova Espanha os contingentes de mão-de-obra eram recrutados nas imediações de cada mina, resultando que grande parte da indústria passou a depender dos trabalhadores livres e dos escravos africanos. A mola principal do sistema de comércio dos Habsburgos foi a revivescência de uma economia dirigida pela coroa nas montanhas andinas.

Entretanto no século XVIII o equilíbrio regional da atividade comercial havia-se deslocado dos centros de cultura andina e mesoamericana para as zonas de fronteira habitadas outrora por tribos nômades ou para as costas tropicais e ilhas do mar dos Caraíbas e do Pacífico. Os pampas do rio da Prata, as terras cultivadas do Chile central, os vales próximos a Caracas, as grandes plantações de Cuba, as minas e *haciendas* do México ao norte do rio Lerma — eram essas as regiões de rápido desenvolvimento tanto em população quanto em produção. A força de trabalho era constituída ou por trabalhadores assalariados livres recrutados na *casta* (semicasta) ou na comunidade crioula, ou, alternativamente, por escravos importados da África. Em oposição ao período dos Habsburgos, quando a coroa garantia a oferta de mão-de-obra, eram agora os comerciantes e empresários que adiantavam o dinheiro necessário para a compra de escravos ou para o pagamento de salários. A antiga economia de domínio baseada na ordem real somente sobreviveu na *mita* em Potosí e nos mal-afamados *repartimientos de comercio*, onde se usava da autoridade real para forçar a população índia ou ao consumo ou à produção de produtos de comércio. Mesmo aqui, pode-se afirmar que o elemento essencial foi o adiantamento de dinheiro pelos financiadores comerciais dos magistrados.

Enfatizar a mudança da localização regional da produção para exportação poderia sugerir que a remoção de todas as barreiras legais ao comércio entre os principais portos da Península e o império americano desempenhou papel decisivo na abertura de novas linhas de comércio. Mas seria errôneo supor que a simples chegada de mercadorias da Europa pudesse estimular a agricultura ou a mineração locais. Como demonstrou claramente a experiência inglesa depois da independência americana, a maior disponibilidade de produtos manufaturados nos portos americanos não provocou por si só uma oferta equivalente de mercadorias para exportação. Embora os governantes Bourbons se tenham apressado a louvar a expansão do comércio atlântico após o *comercio libre* como um resultado da política da coroa, a burocracia nesse caso, como costuma acontecer, simplesmente recebeu o crédito da labuta e da engenhosidade de outros homens. O agente decisivo que esteve por trás do crescimento econômico no período Bourbon foi uma elite empresarial composta de comerciantes, grandes agricultores e exploradores de minas. Era um grupo relativamente pequeno de homens de negócio das colônias, em parte imigrantes da Península, em parte crioulos, que aproveitaram as oportunidades que a abertura de novas rotas de comércio e os incentivos fiscais concedidos pela coroa ofereciam. Esses homens prontamente adotaram novas tecnologias onde quer que fossem viáveis e não hesitaram em investir grandes somas de capital em empreendimentos aventurosos que em alguns casos levariam anos para dar lucro. O surgimento dessa elite revela-se ainda mais extraordinário se pararmos para pensar que na Península a comunidade de comerciantes estava no geral satisfeita em agir como intermediários de comerciantes estrangeiros e oferecia pouca resistência à hegemonia da aristocracia territorial. Em contrapartida, no Novo Mundo os comerciantes financiaram ativamente o desenvolvimento de minas e de grandes plantações e às vezes investiram seu capital na produção para exportação.

A grande realização da era Bourbon foi sem dúvida a indústria mexicana de mineração da prata[10]. Já na década de 1690 a depressão de meados do século XVII foi superada, quando a cunhagem de moeda atingiu seu pico anterior de mais de cinco milhões de pesos. Daí por diante, a produção aumentaria progressivamente até alcançar 24 milhões de pesos em 1789, registrando a década de 1770 o crescimento mais rápido devido a novas descobertas e a incentivos fiscais. Com essa quadruplicação da produção no curso de um século, a indústria mexicana chegou a responder por 67 por cento de toda a produção americana de prata, e a produção de Guanajuato, o centro principal, equiparou-se à de todo o vice-reino ou do Peru ou de La Plata.

A coroa espanhola desempenhou um papel central no fomento desse dramático ressurgimento. O fato de as usinas mexicanas de refinamento dependerem da mina real de Almadén para a obtenção do mercúrio necessário para purificar a sua prata significou que, sem uma completa renovação dessa velha mina (onde na verdade a produção se elevou de meras 100 toneladas para mais de 900), a indústria teria permanecido manietada. Igualmente significativo, o visitante-geral José de Gálvez diminuiu pela metade o preço desse ingrediente indispensável e aumentou o fornecimento de pólvora, outro monopólio real, reduzindo seu preço de um quarto. Ao mesmo tempo, iniciou uma política de concessão de isenções e reduções de taxas nas renovações das licenças ou para novos empreendimentos de alto risco, que exigiam grande investimento de capital. Durante sua gestão como ministro das Índias, Gálvez criou um tribunal de minas, tendo à frente uma associação, que tinha jurisdição sobre todos os litígios dentro da indústria. Foi introduzido um novo código de minas e o tribunal tornou-se responsável por um banco central de financiamento destinado a afiançar os investimentos e as renovações. Esse conjunto de reformas institucionais foi concluído em 1792 com a fundação de um colégio de minas, em cujo corpo docente contavam-se mineralogistas trazidos da Europa. O imponente palá-

10. Para uma discussão complementar da mineração na América espanhola no século XVIII, ver Bakewell, *História da América Latina*, vol. II, cap. 3.

cio neoclássico que abrigou o tribunal e seu colégio externou a importância central da mineração de prata do México dentro do império Bourbon.

Entretanto, de modo algum as medidas do governo oferecem uma explicação suficiente da prosperidade da prata na Nova Espanha durante o século XVIII. Nessa época, a população da colônia estava em crescimento, de modo que o recrutamento de uma força de trabalho mediante a oferta de salários oferecia poucas dificuldades. Na verdade, os trabalhadores mineiros do México, em sua maioria mestiços, mulatos, crioulos pobres e índios migrantes, constituíram uma aristocracia do trabalho, livre, bem paga, altamente móvel, freqüentemente hereditária, que na maioria dos campos mineiros recebia, além do pagamento diário, uma parte do minério que extraíam. Mas o elemento decisivo na expansão deve ser encontrado na atividade e colaboração dos mineiros e dos investidores-comerciantes, que demonstravam tanto habilidade quanto tenacidade em empreendimentos aventurosos que às vezes requeriam anos de investimento antes de deram lucro. A indústria era sustentada por uma elaborada cadeia de crédito que ia dos bancos de prata e comerciantes-financistas de Cidade do México aos comerciantes e refinadores locais nos principais campos que, por sua vez, garantiam os próprios mineiros. A tendência no curso do século foi as minas individuais se tornarem maiores e, nos campos menores, um veio inteiro ser dominado por uma grande empresa.

A dimensão das operações e o tempo gasto eram muitas vezes extraordinários. Mais de vinte anos se passaram antes que o famoso conde de Regla obtivesse lucro de seus investimentos na Veta Vizcaína em Real del Monte, devido à necessidade de perfurar uma galeria de drenagem sob o veio com mais de 2 600 metros de extensão. Com os lucros enormes que resultaram Regla adquiriu uma cadeia de *haciendas* e, ao custo de quase meio milhão de pesos, construiu a grande usina de refinamento que ainda hoje existe como um monumento em sua honra. O maior empreendimento de todos, no entanto, foi a mina de Valenciana em Guanajuato, que na década de 1790 empregava mais de três mil trabalhadores. Com quatro poços e uma grande quantidade de túneis de trabalho que se disseminavam através do veio, a Valenciana parecia uma cidade subterrânea. O poço central octogonal, com quase 30 metros de circunferência e uma profundidade de mais de 550 metros, era uma construção revestida de pedra, servida por oito cabrestantes puxados por mulas, cujos entalhamento e faceamento custaram mais de um milhão de pesos. Em termos de força de trabalho e de investimento, pouquíssimas empresas na Europa podiam igualar-se à mina de Valenciana.

Que os incentivos do Governo não foram suficientes para fazer reviver uma indústria em declínio foi demonstrado pelo exemplo do Peru. Pois nas montanhas andinas o reflorescimento da mineração foi lento e limitado. Somente na década de 1730 é que a indústria começou a recuperar-se da depressão do século anterior. Mas, partindo de um nível baixo em torno de três milhões de pesos, a produção somente avançou para pouco mais de dez milhões de pesos na década de 1790, um patamar mantido por pouquíssimo tempo e que compreende os dois vice-reinos do Peru e de La Plata. A base desse reflorescimento foi o surgimento de novos campos, como Cerro de Pasco que trabalhava com mão-de-obra assalariada, e a sobrevivência de Potosí, através do trabalho subsidiado da *mita*. A coroa aplicou quase que as mesmas medidas que adotara no México: a redução do preço do mercúrio, o envio de uma missão técnica e a criação de uma associação e um tribunal de minas. Todavia, certos elementos essenciais não se concretizaram. A incapacidade da administração de Huancavelica de expandir a produção — na verdade ela declinou após 1780 — impôs severos limites à quantidade de mercúrio disponível para a indústria andina, uma vez que a Nova Espanha sempre desfrutou de direitos de preferência sobre todas as importações da Europa. Igualmente importante, a maioria das minas permaneceram pequenas, empregando apenas um punhado de trabalhadores. A indústria andina atrasou-se muito, em relação a seus rivais do norte, na aplicação da tecnologia disponível. Por trás dessa resposta limitada às novas oportunidades de lucro criadas por iniciativa do Governo estava uma escassez de capital para investimentos. Os grandes comerciantes de Lima haviam perdido sua posição de domínio no comércio da América do Sul e não tinham recursos para imitar seus congêneres do México. Seus rivais em Buenos Aires não fizeram nenhuma tentativa de investir na indústria andina. Assim, conquanto no final do século XVIII as minas do Alto e do Baixo Peru tenham produzido tanta prata quanto no reinado de Filipe II, a recuperação proveio não de alguma nova concentração de capital ou de mão-de-obra, e sim de novas descobertas e da mera sobrevivência de esforços anteriores. Ao mesmo tempo, os metais preciosos continuavam sendo os únicos produtos de exportação de alguma importância e o poder de compra gerado pela indústria ainda mantinha uma ampla escala de comércio inter-regional.

Tirantes as grandes plantações tropicais tocadas com trabalho escravo, os demais comércios de exportação baseavam-se no capital dos comerciantes que financiaram uma série de produtores, desde os índios das aldeias e os pequenos proprietários mestiços aos mineiros chilenos e aos *estancieros* dos pampas argentinos. A produção de cochonilha no sul do México foi desenvolvida por *repartimientos de comercio*, o que nesse caso significava simplesmente que o magistrado regional desembolsava dinheiro meio ano antes da colheita. Se a grande casa de importação de Cidade do México afastou-se dessas operações depois que os *repartimientos* foram proibidos pelo Código de Intendência de 1786, os comerciantes locais de Oaxaca e Veracruz continuaram a aplicar seu dinheiro nesse negócio. A mesma dominação dos comerciantes se pode observar no comércio do anil na América Central, onde os comerciantes de Cidade da Guatemala concediam crédito aos pequenos lavradores e aos grandes proprietários rurais, resultando que, mediante a execução das hipotecas, os comerciantes acabassem por envolver-se diretamente na produção para exportação. Na América Central, portanto, os dois corantes eram adquiridos principalmente mediante a colaboração dos pequenos lavradores e do capital dos comerciantes, com ou sem a intervenção da coroa.

No cone sul, no Chile e ao longo do rio da Prata, os comerciantes de Buenos Aires e Santiago financiaram os *estancieros* dos Pampas e os mineiros do norte do Chile. Tanto os gaúchos como os trabalhadores das minas recebiam um salário, embora a maior parte de suas vestimentas e bebidas geralmente proviessem de lojas controladas por seus empregadores. É difícil atribuir o crescimento das exportações nessas regiões a qualquer outra causa decisiva que não a simples abertura das rotas de comércio via o rio da Prata e o cabo Horn, aliada a um aumento populacional suficiente para garantir uma força de trabalho. Uma expansão como a que ocorreu foi importante para a economia local, embora até então sem muito peso no mercado internacional. A exportação de couros de Buenos Aires elevou-se rapidamente de cerca de 150 mil na metade do século para quase um milhão no final, quando os preços subiram de seis para vinte *reales* por quintal (58,758 kg). A indústria mineira no Chile foi em grande medida uma criação do século XVIII, quando o valor global de seu ouro, prata e cobre subiu de 425 mil pesos em média na década de 1770 para quase um milhão de pesos nos anos 1790.

Outras linhas importantes do comércio de exportação na América espanhola eram os produtos tropicais da região caribenha e o ouro da Colômbia.

A força de trabalho em todas essas regiões era assegurada principalmente pela importação de escravos da África. Na Colômbia, os trabalhos de lavagem do ouro em Popayán e Antioquia eram executados por mineradores que empregavam grupos relativamente pequenos de escravos e tinham seus negócios aventurosos financiados por comerciantes locais. A cunhagem em Bogotá subiu de 302 mil pesos em 1701 para mais de um milhão de pesos no início da década de 1790, complementados por um aumento da cunhagem em Popayán de 432 mil pesos em média nos anos anteriores a 1770 para quase um milhão de pesos em 1800. Apesar do fracasso da coroa na introdução das intendências em Nova Granada, seu comércio ultramarino equiparou-se em valor à produção para exportação do cone sul[11]. Mais bem-sucedido ainda foi seu vizinho, a Venezuela, onde a produção de cacau elevou-se continuamente durante o século, quando as exportações anuais subiram de menos de quinze mil fanegas (± 100 quilos) nos anos de 1711-1720 para mais de oitenta mil na década de 1790. As plantações de cacau eram de propriedade das grandes famílias de Caracas que formaram uma aristocracia de plantadores. A força de trabalho era constituída por escravos africanos que, na virada do século, atingiram um valor estimado de quinze por cento do total da população. Os longos anos de abandono antes do estabelecimento da Companhia de Caracas permitiram o desenvolvimento de uma grande população nativa, mulatos, mestiços e *isleños* das Canárias. Além dos vales das montanhas costeiras ficam as grandes planícies do interior de onde vieram a carne seca e as trinta mil mulas enviadas por mar às ilhas do mar dos Caraíbas.

A fênix do período final dos Bourbons foi Cuba. Isso porque, embora a ilha viesse produzindo açúcar e fumo desde o século XVI, somente depois da ocupação de Havana pelos ingleses em 1762 é que ela tentou seriamente imitar o padrão de produção encontrado nas possessões francesas e inglesas. A coroa agiu decisivamente no sentido de estimular a indústria açucareira mediante um aumento na importação de escravos, generosas concessões de terras aos plantadores e permissão de importar dos Estados Unidos farinha de trigo a preços baixos. Entre 1759 e 1789 o número de engenhos de açúcar subiu de 89 para 277 e no mesmo período a produção triplicou. Mas então,

11. Sobre esses números, cf. A. J. Macfarlane, "Economic and Political Change in the Viceroyalty of New Granada with Special Reference to Overseas Trade 1739-1810", Ph. D. Dissertation, London University, 1977.

com a revolução de Saint-Domingue e a subseqüente destruição de suas plantações, a indústria cubana ingressou num período de rápida expansão e mudanças técnicas, à medida que aumentavam os preços e os lucros. A aristocracia agrícola e os comerciantes de Havana eram mais empreendedores que seus congêneres do México: atentos a inovações técnicas, adotaram a energia a vapor em seus engenhos e variedades taitianas de cana-de-açúcar em suas plantações. No entanto, em última análise, o crescimento resultou da maciça aquisição de escravos africanos, cujos efetivos subiram de quase 86 mil em 1792 para cerca de 286 mil em 1827, registrando-se entradas anuais, a partir de 1800, de até 6 670 cativos. Se Cuba não participou da Insurreição após 1810, foi em boa parte por que o elemento servil compreendia na época quase um terço da população. No espaço de uma geração, Cuba havia criado um sistema econômico e uma sociedade que mais lembravam o Brasil que o restante da América espanhola. Os pequenos agricultores ainda dominavam o cultivo do fumo, mas estavam cada vez mais à mercê dos grandes plantadores que gozavam do apoio da administração colonial. Os lucros no caso eram extremamente altos. Se as exportações foram estimadas em cerca de cinco milhões de pesos na década de 1790, num espaço de mais uma década, atingiram onze milhões e daí por diante se equipararam ao comércio ultramarino registrado da Nova Espanha. A essa altura, Havana, com mais de setenta mil habitantes, havia-se tornado a segunda cidade da América espanhola.

Por mais dramática ou rápida que tenha sido a transformação econômica operada na América espanhola pela importação de escravos ou pelo investimento na mineração de poços profundos, a base tecnológica desse desenvolvimento permaneceu absolutamente tradicional. A aquisição de algumas máquinas a vapor não provocou uma revolução industrial. Aqui pode ser instrutiva a comparação entre as duas grandes indústrias coloniais. Pois, apesar do surgimento de grandes empresas capitalistas, tanto a mineração da prata quanto o plantio da cana-de-açúcar continuaram presos a um estágio de produção em que a força humana era a principal fonte de energia para a extração do minério e para o cultivo da cana-de-açúcar. Além disso, apesar do que eram às vezes notáveis concentrações de energia humana, todas as empresas — minas e engenhos — eram comandadas praticamente pelo mesmo conjunto de custos. Como argumentou o professor Moreno Fraginals, as grandes usinas açucareiras de Cuba, os *ingenios*, eram apenas ampliações quantitativas do antigo conjunto de pequenos engenhos. Do mesmo modo, na Nova Espanha, uma grande usina de refino apenas agregava sob o mesmo teto um número maior de engenhos de trituramento (*arrastres*). Em ambos os casos, o aumento na escala das operações trouxe pouca mudança, se é que trouxe alguma. Se a organização da produção se tornou mais eficiente é uma outra questão. Um estudo das plantações de cana-de-açúcar de Morelos verificou que do século XVI ao final do século XVIII ocorreu uma quadruplicação da produtividade, calculada pela relação entre produção e número de trabalhadores e animais de tiro empregados. Praticamente o mesmo crescimento ocorreu nos embarques no Atlântico norte durante esse período. Sem qualquer mudança significativa na tecnologia de navegação, uma melhora contínua na organização permitiu que tripulações menores lidassem com cargas maiores e gastassem muito menos tempo no porto[12]. Um processo análogo ocorreu sem dúvida na mineração de prata no México, onde a unificação de veios inteiros sob uma única direção tornou a drenagem menos dependente de contingências. Os aperfeiçoamentos no refino se disseminavam de um campo para o outro. No entanto, em última análise, tanto a plantação de cana-de-açúcar quanto a mineração de prata estavam subordinadas a uma aparentemente interminável reprodução das unidades de produção, sem qualquer redução significativa dos custos proveniente quer de inovações técnicas quer de aumento na escala de operação.

Um último comentário parece apropriado. Em 1789, o valor dos produtos expedidos da colônia francesa de Saint-Domingue quase chegou a igualar-se ao das exportações de todo o império espanhol no Novo Mundo. Esse feito notável originou-se do aumento de uma população escrava de mais de 450 mil, que em sua maior parte consistia de jovens do sexo masculino importados diretamente da África. Toda a colônia estava evidentemente preparada para produzir para a Europa. É claro que, se os lucros da exportação dos 14,5 milhões de habitantes da América Espanha mal excedeu o valor da produção de uma única ilha do mar dos Caraíbas, isso se deveu ao fato de que a grande massa de sua população encontrou trabalho e sustento na economia doméstica.

---

12. Manuel Moreno Fraginals, *The Sugar Mill: The Socio-economic Complex of Sugar in Cuba 1760-1860*, New York, 1976, p. 40; Ward Barrett, *The Sugar Hacienda of the Marqueses del Valle*, Minneapolis, 1970, pp. 66-70, 99-101; Douglass C. North, "Sources of Productivity Change in Ocean Shipping 1660-1850", *Journal of Political Economy*, 76:953-967, 1968.

O peso estratégico e o alto lucro do comércio atlântico atraíram a atenção tanto dos políticos da época quanto dos historiadores dos anos posteriores. Em contrapartida, as transações triviais do mercado doméstico americano praticamente não foram notadas, resultando que ciclos inteiros de atividade econômica, industriais e agrícolas, caíram no esquecimento. No entanto, todas as provas de que dispomos atestam a existência de um círculo ativo de troca, que no nível mais baixo consistia de operações de escambo nas aldeias ou entre elas, em suas esferas intermediárias se concentrava na demanda urbana de gêneros alimentícios, e em suas linhas mais lucrativas envolvia o comércio a longa distância e inter-regional de produtos manufaturados, gado e safras tropicais para o mercado. Muito antes do apogeu dos Bourbons, várias províncias de fronteira eram incentivadas à produção pela demanda de mercado das capitais vice-reais dentro do Novo Mundo. Em particular, o surgimento de uma indústria têxtil colonial atestava a força do reflorescimento econômico interno que antecedeu a época do crescimento liderado pela exportação. No entanto, o que recente pesquisa demonstrou sem qualquer sombra de dúvida é que a mola do crescimento e da prosperidade econômicos foi o aumento populacional. O século XVIII foi testemunha de uma recuperação significativa, embora limitada e desigual, da população indígena na Mesoamérica e, em menor extensão, nas montanhas andinas, junto com um crescimento explosivo da população hispano-americana (crioula) e de *casta* (semicasta) por todo o hemisfério, mas especialmente nas áreas outrora periféricas como a Venezuela, a Nova Granada, o Chile, a Argentina e o México ao norte do rio Lerma. Foi estimado que, em 1800, o império americano possuía uma população de 14,5 milhões, em comparação com uma população da Espanha de 10,5 milhões[13].

A grande massa dessa população colonial encontrava emprego e sustento na agricultura. No século XVIII, muitas aldeias indígenas, possivelmente a maioria, ainda possuíam terra suficiente para dar sustento a seus habitantes. Era esse certamente o caso de Oaxaca, de Yucatán, da serra Michoacán, das vastas regiões de Puebla, Huancavelica, Jauja e em torno do lago Titicaca, para mencionar apenas as províncias sobre as quais dispomos de dados. A

13. Para uma discussão detalhada da população da América espanhola no final do período colonial, ver Sánchez Albornoz, *História da América Latina*, vol. II, cap. 1.

maioria das comunidades indígenas produziam a maior parte de seus próprios alimento e roupas. A troca de mercadorias que realizavam raramente ia além da localidade onde habitavam e a produção para o mercado era limitada, embora a tendência das aldeias indígenas de manter-se entrincheiradas dentro de sua economia rural local tivesse sido contestada e rompida em parte diante das exigências que a coroa faria de tributo e trabalho servil, da invasão das terras da comunidade pelas grandes propriedades e dos mal-afamados *repartimientos de comercio.*

As grandes propriedades, ao contrário, estavam ajustadas, desde o início, à economia de mercado e, particularmente, à produção para as cidades. É verdade que a maioria das grandes plantações supriam as demandas européias, embora no Peru, como na Nova Espanha, a indústria do açúcar também abastecesse os mercados domésticos. No entanto, as *estancias* de criação de gado trabalhavam especialmente para os mercados domésticos; somente os couros da Argentina eram remetidos em grande quantidade para a metrópole. Entretanto, com exceção da criação extensiva de carneiro da *puna* andina, a maioria delas estavam localizadas em zonas fronteiriças a várias centenas de quilômetros longe de seus mercados. Assim, a cada ano mais de quarenta mil mulas eram tiradas de seus locais de criação nos pampas argentinos para serem enviadas à feira de negócios em Salta e de lá distribuídas para as montanhas andinas. Analogamente, os grandes rebanhos de carneiro de Coahuila e Nuevo León abasteciam a Cidade de México de carne (mais de 278 mil carneiros por ano na década de 1790) e de lã para as fiações em Querétaro. O Chile enviava gordura e chifres para Lima e a Venezuela despachava trinta mil mulas através do mar dos Caraíbas. Nessas regiões de fronteira, a força de trabalho, chamada de *guachos*, *llaneros* ou *vaqueros*, eram trabalhadores livres, atraídos por salários pagos em dinheiro ou em espécie, e, ao contrário dos escravos africanos nas plantações de cana, eles próprios constituíam um mercado significativo para a produção da indústria colonial. As *haciendas* que produziam cereais e outros alimentos básicos para a rede de capitais das províncias, campos de mineração e portos negociavam com mercadorias volumosas de baixo preço que não encontravam facilmente mercado devido ao custo do transporte. Na medida em que a expansão da economia de exportação ocasionou um aumento na população urbana, provocou também um aumento no cultivo de alimentos básicos. Ao mesmo tempo, o setor doméstico manteve seu próprio ritmo de produção, e os preços flutuaram de acordo com as variações anuais e sazonais da oferta, o que, pelo menos a curto prazo, tinha pouca relação com quaisquer mudanças na economia internacional.

A tendência nas *haciendas* era apoiar-se num pequeno núcleo de peões residentes no local e contratar mão-de-obra sazonal nas aldeias vizinhas ou entre os próprios rendeiros da propriedade. Já se sabe que, no México, muitos proprietários de terras cediam uma parte considerável de suas terras a rendeiros em troca de rendas pagas em dinheiro, em espécie, ou em troca de trabalho. Diferentemente, no Chile, os antigos rendeiros foram transformados em *inquilinos*, um arrendamento de serviço com a obrigação de fornecer trabalho ao proprietário da terra. Do mesmo modo, no Peru os *yanaconas*, ou peões residentes, eram pagos sobretudo pela cessão de terra para a cultura de subsistência. Somente na Nova Espanha foi mantido um equilíbrio entre peões, às vezes presos à propriedade por dívidas, e os rendeiros e meeiros que pagavam renda e forneciam mão-de-obra sazonal.

O desenvolvimento da grande propriedade foi, assim, acompanhado pelo surgimento de uma nova classe camponesa, composta de mestiços, mulatos, espanhóis pobres e índios aculturados. O grau de subordinação ao proprietário da terra variava de província para província. É verdade que, em muitas regiões do México, ao longo da costa do Peru e na fronteira do Chile, os primeiros colonizadores que ocuparam pequenas fazendas tiveram de vender suas propriedades e viram-se reduzidos à condição de rendeiros e meeiros. No entanto, mesmo nessas regiões, sobreviveram importantes núcleos de pequenos proprietários, de modo que tanto o vale de Putaendo no Chile quanto o Bajío no México abrigaram uma grande quantidade de minifúndios. Em outros locais, como em Antioquia e Santander na Nova Granada, a maior parte da região rural era ocupada por pequenos fazendeiros proprietários. Praticamente o mesmo era verdade em Arequipa no Peru ou em Costa Rica na América Central, ou nas zonas de plantio de fumo em Cuba. Essa nova classe camponesa ora competia com a grande propriedade, ora era forçada a depender de suas operações. Mas em todo o império o mesmo grupo social é que era largamente responsável pelo crescimento demográfico das regiões de fronteira que desempenharam um papel tão importante no reflorescimento Bourbon.

Ao lado desse padrão diversificado de produção na zona rural havia uma gama considerável de atividade industrial, rural e urbana. Para começar, a maioria das aldeias indígenas estavam acostumadas a fiar e tecer a própria roupa, sejam as lãs nas montanhas andinas ou o algodão na Mesoamérica.

Faziam também sua própria cerâmica. Reconhecidamente, na outra extremidade da escala social, a elite hispânica ostentava vestuários vistosos importados do outro lado do Atlântico, bebia vinhos e conhaque espanhóis e utilizava porcelanas produzidas na China e na Europa. Mas também uma ampla classe de famílias que residiam nas principais cidades, nos campos de mineração e nas regiões de fronteira, dependiam da indústria colonial para o fornecimento de suas roupas e outros artigos de uso doméstico. Já no século XVI grandes oficinas chamadas *obrajes* haviam sido instaladas na América para atender à crescente demanda de roupas baratas, um mercado doméstico que floresceu em virtude pura e simplesmente do custo do transporte marítimo. No entanto, além dessas empresas, apareceram também grande número de produtos rurais, principalmente roupas de algodão, que atendiam também ao mercado urbano.

Até o momento são insuficientes as provas de um levantamento completo da estrutura e dos ciclos da indústria e do comércio coloniais durante o século XVIII. A questão é sem dúvida complexa, porque teria de avaliar o forte impacto do comércio atlântico e registrar as mudanças decisivas no balanço do comércio regional no interior do império americano. O ponto de partida para qualquer análise situa-se nas décadas medianas do século XVII, época em que a crise na produção de prata e o fracasso do sistema de frota de Sevilha promoveram a expansão de uma economia doméstica que abastecia a crescente população hispânica e de *casta*. Sob todos os aspectos o século XVII foi a idade de ouro das *obrajes* de Puebla e Quito, a época em que seus finos tecidos de lã ditaram uma ampla distribuição por todo o império. No entanto, mesmo nesse estágio, existiam diferenças notáveis entre as duas indústrias, porque, enquanto em Puebla as *obrajes* estavam situadas nas cidades e operavam com uma força de trabalho variada, constituída de escravos africanos, criminosos sentenciados e aprendizes que não passavam de peões retidos por dívidas, em Quito as *obrajes* eram todas localizadas na região rural, instaladas nas grandes fazendas de criação de carneiros ou em aldeias indígenas, empregando uma força de trabalho recrutada entre os peões da propriedade ou operada por uma *mita* da aldeia para atender às obrigações tributárias.

A vitalidade dessa economia americana é demonstrada também pelo crescimento das exportações do Chile e da Venezuela. A partir da década de 1680 os *hacenderos* do Chile central começaram a embarcar grandes quantidades de trigo para Lima, com o volume registrado subindo de 11 556 fanegas em 1693 para 87 702 em 1734, valor que corresponde a 72 por cento do total de exportações. De modo análogo, as remessas de cacau da Venezuela tiveram início na década de 1660, quando as cargas anuais aumentaram de 6 758 fanegas para 14 848 na década de 1711-1720; a Nova Espanha absorvia noventa por cento dessas exportações. Em resumo, a decadência da Espanha, aliada ao contínuo crescimento da população colonial, permitiu o surgimento de uma economia especificamente americana baseada no comércio de longa distância e inter-regional de alimentos, metais preciosos e produtos manufaturados, onde Cidade do México e Lima funcionavam como centros dominantes no interior dessa rede comercial. Foi nesse período que se estabeleceu o padrão para o século XVIII. Na América do Sul, os tecidos que vinham de Quito, o conhaque e o açúcar dos vales litorâneos do Peru central, o trigo e a gordura do Chile, a coca e o açúcar dos vales semitropicais próximos a Cuzco, as mulas dos pampas argentinos, o mercúrio de Huancavelica e os metais preciosos de Potosí forneciam a espinha dorsal desse vasto mercado interno. Um intercâmbio semelhante predominava na Nova Espanha, onde *tierra adentro*, a região interior ao norte, fornecia metais preciosos, carne, couros e lã em troca de tecidos e produtos tropicais.

No entanto, deve-se enfatizar que o fluxo do comércio interno modificou-se drasticamente durante o período Bourbon. Na primeira metade do século XVIII, o renascimento da concorrência por parte da Europa e de outros centros coloniais solapou a prosperidade da indústria têxtil de Puebla e Quito a ponto de suas *obrajes* cessarem de operar. Na América do Sul, a abertura de novas rotas marítimas via cabo Horn reduziu drasticamente os preços dos tecidos importados. Ao mesmo tempo, novas *obrajes* foram abertas na região rural de Cajamarca e Cuzco, sendo a força de trabalho recrutada ou por proprietários de terras ou por *corregidores* em pagamento de tributo. O sucesso desses estabelecimentos em detrimento de Quito derivou provavelmente de sua maior proximidade dos mercados. Substituições análogas ocorreram na Nova Espanha, onde a indústria de Puebla foi destruída pela concorrência de Querétaro, que, em virtude de sua localização na orla do Bajío, estava melhor situada para adquirir sua lã das grandes *estancias* de Coahuila e Nuevo León e para abastecer seu mercado nas cidades mineiras do norte. Em 1790, Querétaro, com uma população de mais de trinta mil habitantes, havia-se tornado um importante centro manufatureiro, pois a indústria têxtil empregava pelo menos 3 300 trabalhadores distribuídos entre dezoito *obrajes*, que produziam tecidos finos de lã, ponchos e cobertores, e

327 oficinas (*trapiches*) que teciam principalmente roupas de algodão rústico. O surgimento desses novos centros levaram Quito e Puebla a buscar mercados alternativos ou iniciar novas linhas de produção. Na década de 1780, Quito havia deixado de produzir tecidos de boa qualidade para Lima, passando a trabalhar com tecidos rústicos de lã para o mercado de Nova Granada. Por outro lado, Puebla conseguiu recuperar uma certa prosperidade ao se especializar nos finos *rebozos*, ou xales, tecidos de algodão com um atraente brilho acetinado[14]. A essa altura, a indústria era dominada por um pequeno grupo de comerciantes que compravam o algodão de Veracruz, distribuíam-no a uma classe numerosa de tecelões independentes para fabricação e depois despachavam o tecido prônto para venda em Cidade do México. Calcula-se que nos anos de 1790-1805 Puebla tenha fornecido anualmente para a capital mais de um milhão de arráteis (500 toneladas) de tecido.

As mudanças no comércio regional de produtos agrícolas foram menos drásticas ou acentuadas que nos têxteis. Novamente Puebla sofreu, com suas produções de farinha severamente reduzidas em virtude da concorrência do Bajío nos mercados de Cidade do México e dos Estados Unidos em Cuba. Quase na mesma época, o cacau da Venezuela deixou de ser enviado para a Nova Espanha; na década de 1790, as exportações anuais, bastante aumentadas, de mais de oitenta mil fanegas foram remetidas quase que totalmente para a Península. Mas essa mudança no fluxo do comércio ofereceu uma oportunidade para a província costeira de Guayaquil, que agora detinha o mercado mexicano, com uma produção total que subiu de 34 mil fanegas em 1765 para mais de 150 mil em 1809. De modo semelhante, a concentração da cultura do fumo em Veracruz deu a Cuba as condições de atender às demandas do mercado mexicano. No cone sul, o comércio atlântico foi imposto sobre o padrão interno de comércio sem muitas distorções perceptíveis, porque, embora os metais preciosos chilenos logo se tenham tornado o produto de exportação mais valioso, as remessas de trigo e de gordura para Lima continuaram ainda a aumentar em volume, apesar de uma queda na curva de preços. Na região do rio da Prata o notável aumento nas exportações de couros de forma alguma prejudicou a criação de mulas para as montanhas andinas.

14. G. P. C. Thomson, "Economy and Society in Puebla de los Angeles 1800-1850", D. Phil. Dissertation, Oxford University, 1978; Robson B. Tyrer, "The Demographic and Economic History of the Audiencia of Quito: Indian Population and the Textile Industry 1600-1800", Ph. D. Dissertation, University of California, Berkeley, 1976.

Tabela 2. Valor da produção anual da Nova Espanha, c. 1810 (milhões de pesos)

Agricultura	106 285	(56%)
Manufaturados	55 386	(29%)
Mineração	28 451	(15%)
Total	190 122	(100%)

É tarefa arriscada determinar o equilíbrio entre o setor americano e o ultramarino da economia colonial. O secretário do consulado de Veracruz forneceu estimativas, recentemente revisadas, para o valor global da produção mexicana, subdividida por setores[15].

Esses números devem ser usados com precaução, uma vez que são simples extrapolações de um consumo mínimo hipotético da população e de forma alguma exprimem o valor das mercadorias que ingressaram realmente no mercado. Pode-se adiantar aqui um aspecto geral. Enquanto as plantações tropicais com sua força de trabalho servil geravam uma demanda relativamente pequena para a produção local, o setor mineiro, em contrapartida, fornecia um amplo mercado à indústria agrícola e à doméstica. Para tomar como exemplo um caso bastante conhecido: em Guanajuato, com cerca de 55 mil habitantes na década de 1790, a metade mais ou menos da população trabalhadora estava empregada nas minas e nos engenhos de refino de açúcar. A outra metade era constituída por artesãos e empregados domésticos. A uma distância de menos de dois dias de viagem ficava a cidade de Querétaro, onde a indústria têxtil e o monopólio do fumo também proporcionavam emprego a um número igualmente grande de trabalhadores e artesãos. Ambas as cidades ofereciam um valioso mercado para a agricultura local. Sem a exportação da prata, uma grande parte desse comércio entre a cidade e o campo e entre distritos e grandes cidades desapareceu, levando a

15. José María Quirós, *Memoria de Estatuto. Idea de la Riqueza que Daban la Masa Circulante de Nueva España sus Naturales Producciones*, Veracruz, 1817. Ver também Fernando Rosenzweig Hernández, "La Economía Novo-hispánica al Comenzar del Siglo XIX", *Ciencias Políticas y Sociales*, 9:455-493, 1963.

um esvaziamento parcial dos centros urbanos em favor da agricultura. É questionável se a mudança para têxteis de qualidade, em conseqüência de algum declínio na troca transatlântica da prata por tecidos europeus, poderia ter compensado a perda de um amplo mercado nas linhas de têxteis mais baratos e em alimentos. É evidente que o setor de exportações gerava altos lucros e tornava possível um acúmulo de capital numa escala inimaginável na economia doméstica. No entanto, grande parte desse capital era investido em seguida na compra e no desenvolvimento de propriedades rurais que sobreviveriam mediante a produção para o mercado doméstico.

Embora alguns historiadores tenham acolhido o lamento da época de que a onda de importações após o *comercio libre* drenou a moeda circulante do continente, deve-se enfatizar que sem um certo aumento nas remessas de metal precioso para a Europa a produção mineira teria decaído inevitavelmente em conseqüência da inflação ocasionada por uma superabundância de prata. Dessa forma, a era Bourbon constituiu um período relativamente curto de equilíbrio entre o setor externo e o interno da economia, no qual, se a curva ascendente da produção de prata sem dúvida ajudou a financiar a revivescência do poder militar da coroa e deu às colônias condições de importar da Europa grandes quantidades de tecido fino, também gerou uma extensão considerável de empregos que por sua vez criaram um mercado ativo para a indústria e a agricultura domésticas. Na verdade, foi a existência dessa complexa e variada economia interna que possibilitou o surgimento de uma sociedade colonial igualmente complexa e única.

OS ÚLTIMOS ANOS DO IMPÉRIO

Em 1788, o conde de Floridablanca, primeiro-ministro por mais de uma década, apresentara um relatório geral, no qual comemorava o sucesso das armas espanholas na recente guerra contra a Grã-Bretanha. Elogiava a tríplice expansão do comércio colonial e a duplicação da receita alfandegária em decorrência da declaração de *comercio libre*. O crédito público estava tão alto que os débitos contraídos durante a Guerra de Independência Americana haviam sido consolidados pelo Banco de San Carlos através da emissão de *vales*, obrigações que circulavam pelo valor nominal. O programa de obras públicas, particularmente a construção de estradas e canais, era uma fonte de orgulho especial. Essa imagem de um governo forte e esclarecido, que promovia ativamente a prosperidade de seus súditos, tanto na Península como na

América, não diminuiu com a ascensão ao trono de Carlos IV (1788-1808), uma vez que, sendo o rei orientado primeiramente por Floridablanca e depois pelo conde de Aranda, nenhuma mudança era evidente até 1792. É verdade que, na administração colonial, tornou-se aparente uma certa perda da eficácia executiva após a morte de Gálvez, quando em 1787 o ministério das Índias foi dividido primeiramente em dois departamentos e mais tarde, em 1792, virtualmente abolido, sendo suas funções distribuídas entre os vários ministérios, ficando o Conselho das Índias com a responsabilidade exclusiva do império americano. Todavia, ao nível da administração colonial, o governo do conde de Revillagigedo como vice-rei da Nova Espanha (1789-1794) e de Fray Francisco Gil de Taboada y Lemos como vice-rei do Peru (1790-1796) marcou o apogeu de um despotismo esclarecido no império americano.

Mas o renascimento Bourbon da monarquia espanhola sempre havia dependido da proteção assegurada pelo equilíbrio de poder na Europa. Por mais eficientes que tenham sido na guerra de fronteira ou em ação auxiliar, nem a esquadra espanhola nem o exército espanhol eram adversários para seus principais opositores do Velho Mundo. Em 1793, a coroa imprudentemente associou-se à aliança continental contra o regime revolucionário na França, apenas para sofrer uma derrota completa quando as tropas francesas avançaram pelos Pireneus. No final de 1795, a Espanha foi forçada a aceitar um acordo de paz, bem como a renovar a aliança tradicional e a ceder Santo Domingo. As conseqüências desse revés se revelaram incalculáveis, uma vez que a frota inglesa passava agora a impor um rigoroso bloqueio naval. Somente em 1789, 186 navios que partiram de Cádiz foram confiscados. A partir de então, exceto por uma curta mas muito útil Paz de Amiens (1802-1804), todo o comércio entre a Espanha e o império foi suspenso até que a invasão francesa de 1808 levantasse o sítio contra seus portos. Diante do apresamento de seus navios ou de anos de inatividade, muitas, senão a maioria, das principais casas de comércio de Cádiz foram forçadas a fechar. Ao mesmo tempo, a crise comercial provocou uma queda drástica de receita, de sorte que, com o orçamento já desequilibrado pelos altos custos da guerra contra a França, o tesouro mergulhou temerariamente em dívidas. Com o rápido crescimento do total de *vales* em circulação, o crédito público entrou em colapso. Todas as esperanças de uma recuperação imediata chegaram ao fim com a derrota e destruição da armada espanhola em cabo São Vicente (1798) e Trafalgar (1805). A perda de Trinidad para a Grã-Bretanha e a cessão de Louisiana a Napoleão foram mais uma ratificação da fraqueza da Espanha. Além disso, esses anos de humilhação internacional foram acompanhados por uma acentuada deterioração da qualidade de governo na metrópole. Desde 1792, Manoel Godoy, um ex-guarda do rei e o favorito da rainha, presidia como primeiro-ministro um regime que se caracterizava principalmente pela incompetência e pela corrupção. Figuras importantes da antiga elite administrativa, como Floridablanca e Jovellanos, foram encarcerados. Não é de admirar que muitos servidores públicos esclarecidos tenham recebido com satisfação o advento de José Bonaparte como um meio de fazer uma reforma.

Para o império americano a imposição do bloqueio inglês oferecia uma prova cabal da incapacidade da Espanha de proteger os interesses de seus súditos coloniais. No México, a produção da prata caiu verticalmente, quando os estoques de mercúrio escassearam, e várias minas foram obrigadas a suspender suas atividades. No entanto, os estoques em Almadén cresceram rapidamente, de forma que com a Paz de Amiens (1802) mais de quatro mil toneladas de mercúrio foram rapidamente embarcadas para Veracruz, uma quantidade suficiente para garantir uma produção de quatro anos. Se o impacto do bloqueio foi menos drástico que o esperado, isso deveu-se em grande parte ao fato de, em 1797, ter sido autorizada a entrada de mercadorias neutras em portos coloniais, uma liberdade que foi renovada nos anos de 1805-1807. Durante todo esse período o contrabando predominou. As mercadorias francesas foram efetivamente barradas no Atlântico, mas as mercadorias inglesas agora entravam em massa na América espanhola, quer por contrabando das Índias Ocidentais quer por intermédio dos comerciantes americanos. Ao mesmo tempo, Cuba desfrutava do direito excepcional de negociar diretamente com os Estados Unidos, exportando açúcar em troca de farinha de trigo e outras mercadorias. Por outro lado, as próprias restrições impostas pelo bloqueio garantiram um certo grau de proteção para as manufaturas coloniais, que em algumas províncias experimentaram um último crescimento antes do eclipse final. No entanto, esse próprio sucesso das colônias na preservação de sua prosperidade apesar da ruptura comercial com a metrópole punha evidentemente em questão o valor do vínculo imperial. Se a Grã-Bretanha agora substituíra a França como principal fonte de importações para a América espanhola, por que deveriam suas mercadorias ser enviadas para o Novo Mundo via porto de Cádiz, apenas para garantir um lucro fiscal para a coroa? Os *estancieros* de Buenos Aires e os agricultores da Venezuela, todos ganharam com o acesso direto aos mercados mundiais.

Além disso, deve-se lembrar que a revolução no governo introduzida por Gálvez e seus associados havia provocado uma série de revoltas populares. Na Nova Espanha o estabelecimento do monopólio do fumo, a formação da milícia e, mais importante, a expulsão dos jesuítas geraram tumultos urbanos e uma rebelião aberta. Somente a chegada anterior de regimentos de veteranos da Península deu a Gálvez condições de abafar o movimento com uma violência sem precedentes. Em 1780-1781, a aplicação de medidas semelhantes — o recolhimento mais eficiente de *alcabalas*, a supervisão rigorosa dos pagamentos de tributo e as restrições ao cultivo de fumo aliados aos altos preços — provocou revoltas generalizadas tanto em Nova Granada quanto nos planaltos andinos. No sul do Peru, José Gabriel Condorcanqui, um cacique local, assumiu o nome de Tupac Amaru, o último imperador inca, com o propósito de unir a classe camponesa indígena contra o regime colonial. Somente a defesa resoluta organizada por seu bispo crioulo salvou Cuzco do ataque e da invasão. Foram requisitadas forças expedicionárias de Lima e de Buenos Aires para sufocar a rebelião que se estendeu de Cuzco a La Paz. Em contrapartida, na Nova Granada, a revolta *Comunero* foi detida pela hábil negociação do arcebispo e do vice-rei interino, Antonio Caballero y Góngora, que cancelou os decretos fiscais mais impopulares e concedeu anistia aos líderes do movimento. O tema comum a todas essas rebeliões populares era o ressentimento contra as novas taxas impostas pelo Estado Bourbon. Mas, enquanto no México os crioulos ricos cooperaram com Gálvez para derrotar os rebeldes, no Peru vários caciques apoiaram Tupac Amaru em sua aventura e em Nova Granada as autoridades locais deixaram-se envolver na revolta de modo a melhor controlar os resultados. Em resumo, qualquer que tenha sido o grau de mobilização popular, o agente decisivo foi o envolvimento e a liderança da elite crioula.

A tradicional lealdade à coroa foi corroída pelo ataque dos Bourbons à Igreja. Pois a expulsão dos jesuítas foi seguida de uma série de medidas destinadas a abolir a jurisdição e a autonomia eclesiásticas. O Código dos Intendentes continha cláusulas que outorgavam a coleta do dízimo a juntas controladas por funcionários reais, uma inovação que enfrentou uma onda tão grande de protestos do clero que teve de ser cancelada. No entanto, em 1795 a coroa suspendeu a imunidade total que até então o clero desfrutara nos tribunais civis e decretou que em casos de crime grave os clérigos podiam ser processados por magistrados do rei. Não foi sem motivos que o bispo de Michoacán advertiu a coroa em 1799, lembrando que ataques semelhantes aos privilégios eclesiásticos na França haviam enfraquecido tanto a influência da Igreja que autorizaram os *philosophes* a prosseguir sem contestação seus planos de mudar a sociedade. Repetindo Montesquieu, declarou que, se a nobreza e a Igreja fossem solapadas, o destino da monarquia seria incerto. Não sendo impedido e sob urgente necessidade de receita, em 1804 Godoy introduziu o decreto de consolidação ou amortização, pelo qual toda propriedade eclesiástica deveria ser vendida e os rendimentos depositados no tesouro real, que daí por diante pagaria juros sobre o capital. Apesar do coro de protesto da parte de todas as principais instituições de Nova Espanha, o vice-rei José de Iturrigaray, um corrupto protegido de Godoy, apressou-se em aplicar uma medida que desfechou um lamentável golpe não só contra a Igreja, cuja renda se via ameaçada, mas também contra a classe rural em cujas propriedades a maior parte do capital eclesiástico era investida na forma de anuidades e de fundos de dotação.

A campanha contra a jurisdição e a propriedade eclesiásticas não deveria ser explicada simplesmente como um assalto a instituições corporativas que se haviam tornado demasiado ricas ou recebido privilégios indevidos. O ataque à Igreja assinalava a desintegração iminente da autoridade tradicional da coroa. Isso porque os sacerdotes sempre haviam pregado por todo o império que a obediência à monarquia era um mandamento divino. Sua residência no Escorial, que abrigava o mosteiro, o palácio e a sepultura, havia revestido os Reis Católicos de uma aura sagrada. Mas a dinastia Bourbon aos poucos dissipou o capital político e moral legado pelos Habsburgos, seus antecessores. O Direito Divino dos Reis ainda era diligentemente preservado, mas a doutrina havia progressivamente se afastado de sua base natural na teologia escolástica e na sensibilidade barroca. No final do século XVIII, as obras de Suárez e de Vitoria não eram mais lidas: o mundo hispânico se voltava agora para a França em busca de inspiração, embora tanto para a França de Bossuet e Port Royal quanto para a de Montesquieu e Raynal. O ciclo da arquitetura barroca que havia dominado as cidades e igrejas da América espanhola desde o final do século XVII chegou a um fim abrupto na década de 1790, com a proclamação do neoclássico como o único estilo aceitável. De um momento para outro, as glórias passadas se tornaram um embaraço antiquado. Os próprios clérigos se viam tão afetados pela nova atmosfera de pensamento quanto seus oponentes. Se nas primeiras décadas da era Bourbon os exercícios religiosos e a celebração litúrgica ainda floresciam, a ênfase se deslocou mais tarde para a moralidade prática, para as boas obras e para a educação. Em suma, a elite administrativa que serviu ao despotismo esclarecido minou as instituições e a cultura que haviam visto na monarquia um mandato do céu.

Considerada no contexto da posição da Espanha no concerto europeu, a revolução no governo e a expansão na economia de exportação constituíram uma desesperada ação de retaguarda, criada às pressas em Madri, para primeiramente afastar a expropriação britânica de possessões ultramarinas da Espanha, e mais tarde explorar os recursos da colônia no sentido de fortalecer a monarquia. Se as medidas tiveram um sucesso aparente, o preço foi a alienação permanente da elite crioula. Pois a constituição antiga, muito mais poderosa por não ser escrita, que havia pressuposto uma consulta sobre a taxação e uma consonância de interesses entre rei e povo, se esfacelara por depender agora de decreto executivo e de sanção militar. O uso em voga em Madri dos termos metrópole e colônias trazia pouco consolo a territórios que antes haviam sido definidos como os reinos ultramarinos de uma monarquia cristã universal. Para muitos espanhóis da América a prosperidade econômica desses anos, tão freqüentemente planejada por burocratas peninsulares em benefício de comerciantes *gachupín*, não era um consolo para a exclusão dos cargos públicos. Ao mesmo tempo, o estabelecimento das principais instituições da monarquia absolutista nas províncias mais importantes do império garantia à elite crioula um acesso à máquina do Estado suficiente para assegurar uma independência futura. Quando, em 1807, o vice-rei Iturrigaray levantou um exército de mais de quinze mil homens nas serras acima de Veracruz para defender-se de um ataque inglês, reuniu uma força recrutada na Nova Espanha, comandada em grande parte por funcionários crioulos e financiada inteiramente por renda angariada na colônia. De modo análogo, foi muito mais a milícia urbana que a guarnição regular que repeliu a invasão inglesa em Buenos Aires em 1806-1807. A reconquista da América tinha alienado o *establishment* colonial ainda que tenha fortalecido sua posição econômica e lhe assegurado um exército e uma burocracia. Com as lealdades tradicionais totalmente corroídas, e tendo diante de si o exemplo das Treze Colônias, não é de admirar que, quando chegaram as notícias da abdicação de Carlos IV, a elite crioula tenha buscado imediatamente obter voz no governo de seus países.

Longe de ser o coroamento natural de trezentos anos de desenvolvimento colonial, o final da era Bourbon foi um veranico, um frágil equilíbrio, facilmente rompido pelas mudanças no equilíbrio de poder na Europa. Uma vez mais, a Península serviu de campo de batalha para os exércitos contendores ingleses e franceses. Mas, enquanto na Guerra de Sucessão a sociedade colonial permanecera sonolenta e indiferente, em 1808, quando as baionetas francesas colocaram José Bonaparte no trono da Espanha, a elite crioula na maioria das províncias do império exigiu juntas de representantes para garantir uma base legal para o governo. Dessa maneira, os acontecimentos na Europa foram muito mais a oportunidade que a causa da sublevação política na América. Dois anos mais tarde, quando as *Cortes* se reuniram em Cádiz, incumbidas da tarefa de elaborar uma constituição para toda a monarquia, as províncias de ultramar ou exigiram autonomia imediata ou irromperam em revolta aberta.

PORTUGAL E O BRASIL: A ESTRUTURA POLÍTICA E ECONÔMICA DO IMPÉRIO, 1580-1750

PORTUGAL NO SÉCULO XVI era em primeiro lugar, para usar uma expressão de João Lúcio de Azevedo, uma "monarquia agrária". A terra, o principal componente de seu ativo, era mantida muito mais na forma da grande propriedade senhorial. O próprio rei era um proprietário de terras — *unus inter pares*. Tinha direito de revogar as outorgas de terra feitas no passado. Além do mais, as terras concedidas por ele somente podiam ser transferidas por herança pela linha do filho legítimo mais velho. Tais medidas mantiveram a coesão de suas grandes propriedades e asseguraram a obediência ao rei de seus proprietários titulares.

Na mesma época Portugal foi também chamado de "monarquia marítima". Possuidor de uma costa oceânica relativamente extensa, Portugal, no final da Idade Média, se havia utilizado do mar para o comércio costeiro e para viagens de longa distância. A pesca era um recurso expressivo e, para explorá-la, chegaram muito além das águas costeiras, até a Terra Nova. Os pântanos salinos de Aveiro, Lisboa e Setúbal supriam não só as necessidades de Portugal, como também as dos navios do Mediterrâneo que navegavam para o norte da Europa e o Báltico. Desse modo, Portugal conseguiu manter uma população maior do que seria possível se tivesse dependido tão-somente de sua agricultura e da exportação de cereais. Em seguida às Grandes Descobertas do século XV, as colônias das ilhas do Atlântico — Madeira e Açores — e os postos comerciais de Marrocos, das ilhas do Cabo Verde e da costa da Guiné passaram a fornecer a Portugal vários produtos, como madeira, açúcar e vinho, que depois eram reexportados para a Europa. Foi nesse momento que o ouro da Guiné, as especiarias da Índia e inicialmente o pau-brasil e, depois, o açúcar do Brasil transformaram a economia portuguesa.

Era o rei-comerciante, que detinha o monopólio do comércio, que dominava a estrutura social e econômica criada por esses desenvolvimentos. Ao sabor das circunstâncias, ele reservava-a para si mesmo ou arrendava-a, concedendo licenças a portugueses privados ou a comerciantes estrangeiros (*contratadores*) a quem se contentava em supervisionar. No século XVI, tinha agentes que o representavam na Antuérpia e em todo seu império marítimo em começo de expansão. Em Lisboa também estavam estabelecidos muitos comerciantes estrangeiros, sobretudo espanhóis, italianos e alemães. Os espanhóis eram predominantemente cristãos-novos que haviam fugido para Portugal quando os judeus e os mouros foram expulsos da Espanha em 1492, um evento extremamente auspicioso para Portugal, visto que haviam constituído por dois séculos a espinha dorsal da classe comercial portuguesa na Europa e no ultramar. Os grandes proprietários rurais que compunham a nobreza portuguesa, embora não hesitassem em envolver-se no comércio, pareciam mais interessados na expansão colonial porque precisavam de terra para seus filhos mais jovens. No ultramar, primeiramente nas ilhas do Atlântico e mais tarde no Brasil, esses filhos mais jovens, titulares de sesmarias ou mesmo de capitanias, converteram-se em produtores e exportadores de produtos agrícolas, particularmente de açúcar.

A estrutura social de Portugal era diferente de qualquer outra da Europa, não apenas por causa do importante papel que o rei desempenhava na economia e da falta de uma "burguesia nacional" no sentido comum do termo, mas também porque, como salientou Albert Silbert, Portugal não tivera a experiência de um sistema feudal. Tirante o fato de ser a "propriedade da coroa" um quinhão muito mais importante do poder econômico da alta e média nobreza do que qualquer herança patrimonial, o rei nunca havia renunciado a seus direitos e poderes (*direitos reais*) na esfera da justiça. Tampouco a organização do serviço militar se baseava nos vínculos feudais: esse serviço sempre fora geral e remunerado. A coroa portuguesa também ganhou força com o papel religioso e cultural que desempenhava. O rei, por exemplo, desfrutava de consideráveis poderes de padroado (*padroado real*), isto é, o direito de nomear candidatos para benefícios eclesiásticos, de apresentá-los, se fossem sacerdotes, à aprovação do bispo, ou, se fossem bispos, à aprovação do papa, pelo menos em suas possessões ultramarinas. Além disso, desempenhou um papel expressivo na Reconquista, de modo que, após a morte de Dom Sebastião em Alcácer Quebir, em 1578, o mito do Rei Cruzado, que se havia sacrificado pela Fé, tornou-se um elemento vigoroso do carisma vinculado à monarquia.

A posição financeira da coroa portuguesa também era relativamente forte. A renda do rei provinha de duas fontes, a tradicional e a colonial; é claro que esta última aumentou consideravelmente nos séculos XV e XVI. Durante as primeiras décadas do século XVI, os rendimentos do comércio colonial representaram 65-70 por cento da renda total do Estado. Por sua vez, o comércio colonial estimulou a agricultura e a economia das cidades e regiões costeiras de Portugal, aumentando ainda mais a renda fiscal da coroa. Nas primeiras décadas de sua colonização, a contribuição do Brasil para a receita real era insignificante (menos de 2 por cento em comparação com os 26-27 da Índia). Mas, com o início do grande ciclo do açúcar, nas décadas de 1570 e 1580, o Brasil, sobretudo a Bahia e Pernambuco, tornou-se e continuou sendo por muito tempo um dos pilares do império português[1].

PORTUGAL E O BRASIL, 1580–c. 1695

Qualquer descrição da administração do império português, que se espalhava pelo mundo inteiro, incluindo o Brasil, do final do século XVI ao final do século XVII, é muito complexa, porque, durante a primeira metade desse período, Portugal estivera unido à Espanha numa monarquia dual. Em 1580, Filipe II da Espanha, sobrinho de Dom João III (1521-1557), tornou-se Filipe I de Portugal. A ele sucederam Filipe III (Filipe II de Portugal) em 1598 e Filipe IV (Filipe III de Portugal) em 1621. Somente em 1640 os portugueses conseguiram sacudir o jugo dos Habsburgos e proclamaram rei o duque de Bragança, com o nome de Dom João IV. Enquanto as duas monarquias estiveram reunidas, os Habsburgos espanhóis respeitaram o conjunto das promessas feitas em Tomar, em 1581, de tal modo que permitiram uma considerável autonomia portuguesa e mantiveram os dois impérios como entidades distintas. Os cargos públicos, tanto na metrópole quanto nas colônias, estavam reservados aos súditos portugueses. O rei era representado em Lisboa às vezes por um "governador", outras vezes por um vice-rei. No entanto, as questões importantes eram reportadas a Madri, onde eram apresentadas perante o Conselho de Portugal (que se reunia no mesmo local que a Junta da Fazenda de Portugal). E pelo menos, a partir de 1631, um dos três secretários de Estado que faziam parte do Conselho passou a ostentar o título de "Secretário de Estado para a Índia e os Territórios Conquistados". Além disso, uma comissão de juristas criada para reformar o sistema legal elaborou um novo código para Portugal, as *Ordenações Filipinas*, promulgadas em 1603.

1. Para uma discussão do início da colonização no Brasil de 1500-1580, ver o estudo de H. B. Johnson neste mesmo volume, cap. 6, às pp. 241-281.

Em Lisboa, um Conselho de Estado não tinha poderes administrativos claramente definidos, de modo que os reis espanhóis mantiveram o sistema de dois secretários de Estado, uma para o reino e o outro para a "Índia", isto é, para as colônias, apesar de vários conflitos sobre jurisdição, até a criação do Conselho da Índia em 1604. Do mesmo modo mantiveram a Mesa de Consciência e Ordens, ao mesmo tempo tribunal e conselho para questões religiosas e responsável pela administração das nomeações eclesiásticas e pela prosperidade das ordens militares nas colônias e na metrópole. Foram preservados também o Desembargo do Paço, o supremo tribunal do reino e do império, que ocasionalmente aconselhava o rei em questões políticas e econômicas e jurídicas, e a Casa de Suplicação, a corte de apelações.

No reinado de Filipe I (Filipe II da Espanha), em 1591, os quatro Vedores da Fazenda foram substituídos por um Conselho da Fazenda, formado por um Vedor da Fazenda que presidia quatro conselheiros (dois deles advogados) e quatro secretários. Um dos secretários era responsável pelas questões coloniais, as quais ocupavam um lugar importante nas deliberações do conselho. Reunia-se toda manhã e, duas vezes por semana, também à tarde. Além disso, de 1623 em diante, mais uma tarde por semana era dedicada apenas às questões coloniais. A partir de 1604, o recém-criado Conselho da Índia foi investido de poderes para tratar de todas as questões ultramarinas, exceto as referentes a Madeira, aos Açores e aos fortes do Marrocos. Foram nomeados funcionários coloniais, cujos despachos eram encaminhados para o Conselho. No entanto, as expedições navais, a compra e venda de pimenta e o recolhimento das rendas reais, na verdade todas as questões econômicas ficaram a cargo do Conselho da Fazenda. Portanto, os poderes do Conselho da Índia eram limitados. Por ser uma criação do rei espanhol, foi olhado com desagrado pelos portugueses e, devido aos ciúmes da Mesa da Consciência, acabou por desaparecer em 1614.

Após a Restauração, Dom João IV conservou a maioria das instituições administrativas que encontrou em sua ascensão ao trono e ratificou as *Ordenações Filipinas.* No entanto, na esfera das finanças, o rei retomou o antigo sistema de Vedores da Fazenda, enquanto o Conselho da Fazenda parece ter continuado a exercer apenas as funções de tribunal. Foi mantido um único Secretário de Estado, mas, inspirado no Conselho da Índia (1604-1614), o rei criou, em 1642, um Conselho Ultramarino, composto de um presidente, o *Vedor da Fazenda da Repartição da Índia*, de vários conselheiros, de um advogado e de um secretário. A partir de novembro de 1645, o conselho passou a reunir-se às segundas, terças e quartas para discutir os negócios da Índia, às quintas e sextas, os do Brasil e aos sábados tratava das questões relativas às outras colônias; contudo, Madeira e os Açores estavam fora de sua esfera. Inevitáveis conflitos de jurisdição opuseram entre si o Conselho Ultramarino e os outros conselhos.

Na Lisboa quinhentista, a Casa da Índia e a Casa da Guiné e da Mina eram, ao lado da alfândega, os órgãos mais importantes do governo que estavam ligados primordialmente às questões fiscais. Instaladas na margem do rio, na extremidade oeste do atual Terreiro do Paço, ocupavam o andar térreo do palácio real. Ambas eram controladas pelo mesmo diretor e por três tesoureiros, um para as especiarias, um para a renda das especiarias e o terceiro para os demais negócios. Cinco secretários dividiam entre si o trabalho administrativo — três para a Casa da Índia e dois para a Casa da Guiné. As Casas recolhiam determinados tributos, ratificavam contratos aprovados com comerciantes e exploradores em nome do rei, organizavam a frota, supervisionavam a carga e a descarga das embarcações e faziam as vezes do rei em todas as tarefas necessárias ao desenvolvimento das colônias. Um *fator* estava em contato com demais fatores em todos os postos comerciais portugueses no mundo. Junto com eles, conduzia os negócios do "rei comerciante" e por meio deles ficava sabendo de que mercadorias o rei e seus súditos dispunham e que método de pagamento podia ser usado. Por fim, mantinha um registro de todos os navios portugueses que haviam partido de Lisboa e das cargas e passageiros que transportavam. Durante a união com a Espanha, o fator foi substituído por um provedor e as duas Casas foram fundidas numa única Casa da Índia, que de 1591 em diante passou à autoridade do Conselho da Fazenda. No século XVII, o papel fiscal da Casa tornou-se um tanto mais importante. Totalmente separado da Casa da Índia, o Armazém (ou Armazéns) da Guiné e das Índias era encarregado de todas as questões náuticas, como a construção e a equipagem de navios, o treinamento de pilotos e a edição de cartas marítimas, das quais eram conservadas cópias-padrão pelo próprio armazém. Os estaleiros navais estavam sob a sua autoridade. As tripulações dos navios do rei eram nomeadas pelo provedor dos Armazéns, mas tinham de ser registradas na Casa. Os gastos feitos pelos Armazéns, como na compra de materiais ou para pagamento de contas, eram pagos pelo tesoureiro da Casa.

Os territórios coloniais eram terras pertencentes à coroa ou aos beneficiários da coroa. No Brasil, onde fora instituído o governo real (às vezes denominado governo geral) em 1549, o primeiro governador, Tomé de Sousa (1549-1553), tinha autoridade sobre as áreas povoadas do país a partir de Salvador da Bahia, e era representado em cada capitania, ou por um capitão donatário ou, se a capitania tivesse sido resgatada pela monarquia, por um capitão-mor (às vezes um governador). Os poderes do governador do Brasil haviam sido definidos pelos regimentos de 1549. Como seus congêneres espanhóis, estavam sujeitos a uma inspeção (*visita*) durante seu período de governo e a uma inspeção final (*residência*) ao término de sua gestão. Os governadores gerais, sempre escolhidos dentre a nobreza portuguesa, mas, pelo menos a partir de 1640, com alguma experiência administrativa, permaneciam em seus postos por seis anos e meio em média no século XVI, por três anos e meio em média no século XVII e por um pouco menos de seis anos no século XVIII. Muitos capitães-mores, em sua maioria funcionários do exército, passavam vinte ou mesmo trinta anos no Brasil, mudando de um cargo para outro.

A autoridade do governador-geral foi diminuindo aos poucos à medida que os portugueses, nas últimas décadas do século XVI e na primeira metade do século XVII, foram adentrando pelo interior do Brasil e expandindo os extremos norte e sul da colônia muito além da linha de Tordesilhas, e quando sucessivas mudanças na estrutura administrativa da colônia foram impostas por Lisboa[2]. Os portugueses, por exemplo, com o apoio dos espanhóis, expandiram-se na década de 1580 para o norte, de Pernambuco para a Paraíba, às custas dos franceses e dos índios — e mais tarde até o Ceará. Em 1614-1615, expulsaram do Maranhão uma expedição francesa que lá havia chegado em 1612, sob o comando do Sieur de la Ravardière. Os portugueses se deslocaram depois até o Pará e fundaram Belém na foz do Amazonas, em 1616, embora por mais de uma década a ocupação do baixo Amazonas continuasse a ser disputada por franceses, ingleses, holandeses e espanhóis. As capitanias do Sul — Espírito Santo, Rio de Janeiro e São Vicente — foram por duas vezes separadas da Bahia (1572-1578 e 1608-1613) e administradas de forma distinta. De modo mais significativo ainda, em 1621 as recém-instituídas capitanias da coroa do Ceará, Maranhão e Pará e uma série de pequenas capitanias privadas se separaram, formando o Estado do Maranhão, tendo seu próprio governador-geral em São Luís do Maranhão. Boas razões geográficas

2. Para uma análise sobre a expansão territorial do Brasil a partir do final do século XVI, ver o estudo de Schwartz, *História da América Latina*, vol. II, cap. 9, e de John Hemming, mesmo volume, cap. 10.

impunham essa divisão do Brasil: era mais fácil viajar de São Luís ou Belém para Lisboa do que para a Bahia. O restante do Brasil, constituído pelas capitanias da coroa do Rio Grande do Norte até São Vicente e pelas demais capitanias privadas, chamava-se agora Estado do Brasil.

Em 1652, o Estado do Maranhão foi reunido novamente ao Estado do Brasil, voltando a separar-se dois anos depois; e em 1656 o Ceará retornava permanentemente ao Estado do Brasil. Em 1715, o Piauí tornou-se capitania da coroa dentro do Estado do Maranhão, cuja capital foi transferida em 1737 de São Luís para Belém. No Estado do Brasil, após a retomada de Pernambuco ao domínio holandês em 1654 (ver abaixo), o novo capitão-mor preocupou-se em assegurar sua autonomia em relação ao governador-geral da Bahia. Além disso, irrompeu um conflito em torno da autoridade sobre a capitania do Espírito Santo entre o governador-geral e Salvador de Sá, que havia sido nomeado governador e capitão-mor das capitanias do Sul. Inicialmente, em 1640-1641, fora nomeado um vice-rei, mas subseqüentemente o cargo havia desaparecido. Voltou a ser restabelecido em 1663, com a nomeação de Dom Vasco de Mascarenhas, conde de Óbidos, sobrinho do rei. Ele exigiu que nenhum decreto real fosse executado em qualquer capitania sem antes ter sido aprovado por ele, e enviou um regimento a todos os capitães-mores, que redefinia suas funções e lhes lembrava a sua subordinação exclusiva à Bahia e a nenhuma outra autoridade. Fazia-se igualmente uma advertência aos governadores de Pernambuco e do Rio de Janeiro sobre os exatos limites de seus poderes. O governador do Rio de Janeiro concordou, pelo menos no papel, mas o governador de Pernambuco não. No final do século XVII e início do século XVIII teve início um processo de reagrupamento das capitanias: as de tamanho médio passaram a capitanias subordinadas e seus capitães-mores foram sumetidos à autoridade dos colegas mais importantes, que adquiriram o título de "governador e capitão-mor" e administravam uma capitania-geral (Rio de Janeiro em 1698, São Paulo em 1709, Pernambuco em 1715). Segundo parece, a partir de 1720, o cargo de governador-geral na Bahia foi elevado permanentemente à categoria de vice-rei, passando a receber um estipêndio maior; no entanto, como vice-rei perdia seus poderes sobre a administração interna das capitanias-gerais, cujos titulares se reportavam diretamente a Lisboa. Teoricamente, permaneceram subordinados, mas o vice-rei somente podia intervir de fato em sua própria capitania-geral.

Os capitães donatários originais eram assessorados, em questões de justiça, pelos ouvidores, ou juízes da coroa. Em 1549 chegava à Bahia um ouvidor-geral junto com o primeiro governador. Em 1588, o regime espanhol decidiu instituir na Bahia uma Relação, uma corte suprema de apelações, semelhante à Relação do Porto, responsável pelo norte de Portugal, e à Relação da Índia. No entanto, o navio em que viajavam os magistrados enviados para instaurá-la foi afastado do curso por ventos e correntes, sendo finalmente descoberto em Santo Domingo. Somente em 1609 a coroa conseguiu implementar seus planos de instalação desse tribunal. Foi suprimido em 1626, em parte como medida econômica durante a guerra holandesa (ver p. 447), para ser restabelecido somente em 1652. Durante todo o século seguinte continuou sendo a única corte suprema do Brasil. (De acordo com a divisão administrativa do Brasil em dois estados em 1621, o Estado do Maranhão respondia diretamente à Casa da Suplicação em Lisboa.) A Relação da Bahia era presidida pelo governador-geral e compunha-se de um chanceler, de três desembargadores dos agravos (juízes da suprema corte), do ouvidor-geral, do provedor-mor dos defuntos e resíduos, responsável pela administração das propriedades dos mortos, e de dois desembargadores extravagantes (juízes extraordinários). Esses juízes da coroa eram assistidos por seis secretários, um doutor, um capelão, um meirinho e um guarda-mor encarregados do recolhimento das multas. Os ouvidores continuaram a atuar nas capitanias como juízes de primeira instância, e eram muitas vezes provedores de fazenda, responsáveis pela administração financeira e pelo recolhimento da renda da coroa.

Pode-se afirmar que a organização municipal de Salvador era típica da administração urbana no Brasil. O primeiro conselho municipal foi criado em 1549, na época da fundação da cidade. A mesa de vereação era composta de três vereadores, dois juízes ordinários e um procurador da cidade, eleitos anualmente por um período de três anos, como em Portugal. Após a Restauração (1640), pelo menos na Bahia, os artesãos da cidade passaram a ser representados por dois procuradores dos mesteres e um juiz do povo. Em 1696 foi suprimido o sistema eletivo e os juízes da Relação é que eram responsáveis pela escolha dos funcionários municipais para turnos de três anos. A presidência do conselho municipal não era mais ocupada pelos vereadores, um a cada vez, mas por um magistrado profissional da coroa, o juiz de fora. A nomeação de juízes ordinários foi abolida e daí por diante o senado da câmara passou a ser composto do juiz de fora, de três vereadores e do procurador. O secretário, ou escrivão da câmara, estava presente na prática e tinha voz ativa nas consultas. Embora todos fossem pagos pela

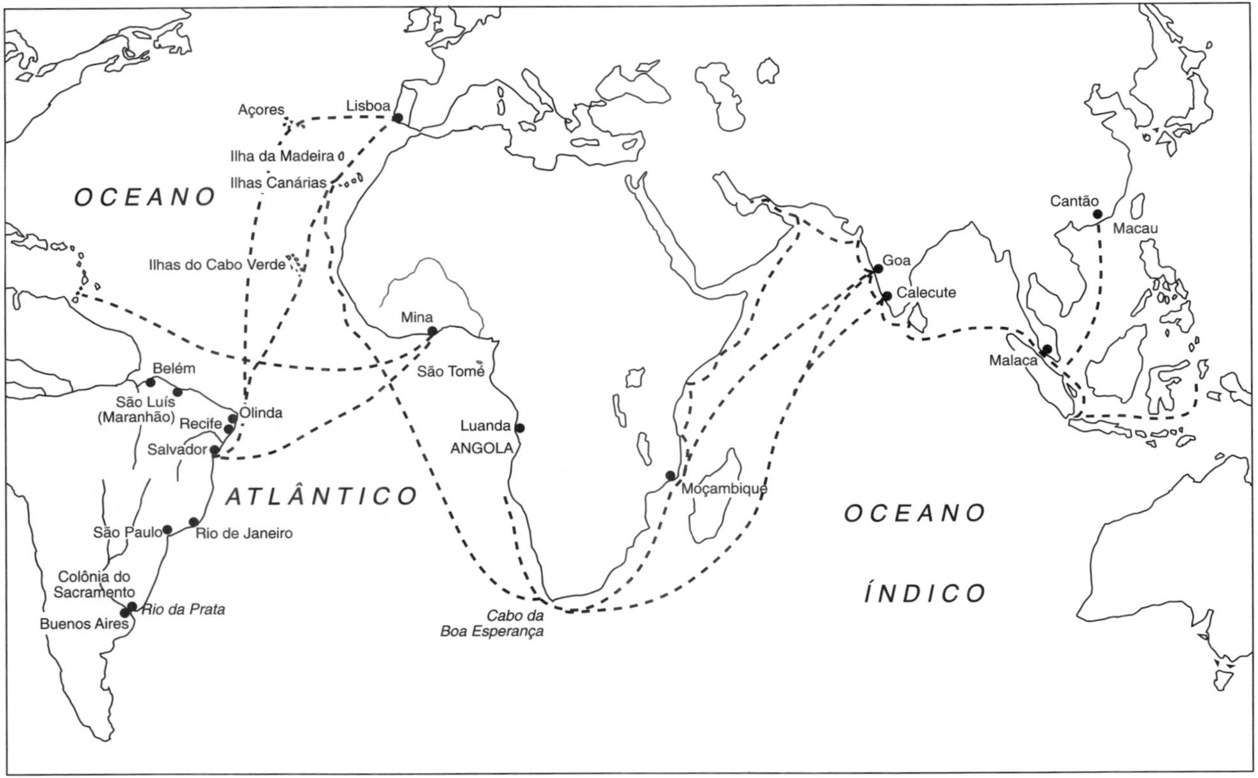

As principais rotas do comércio português, séculos XVI a XVIII

coroa, esses oficiais preservaram sua liberdade de expressão em relação ao vice-rei. O juiz do povo e os dois procuradores dos mesteres, já objetos de desconfiança, foram afinal suprimidos pelo rei em 1713 por solicitação dos vereadores. Aparentemente, os vereadores eram recrutados quase que invariavelmente dentre os senhores de engenho. No entanto, os titulares de cargos freqüentemente eram mudados — uma diferença importante em relação aos *regidores* na América espanhola, cujas responsabilidades se tornaram vitalícias e eram mais ou menos hereditárias.

Por longos períodos durante a segunda metade do século XVI e todo o século XVII grande parte da Europa esteve em guerra. No entanto, Portugal e seu império a princípio estiveram mais ou menos fora dos conflitos, mesmo depois da união à Espanha, embora seus navios, da década de 1570 até a de 1590, tenham sofrido ataques de corsários da Barbaria no triângulo Lisboa-Madeira-Açores e, crescentemente, na virada do século, de piratas holandeses, ingleses e franceses. Todavia, com o fim do armistício de doze anos (1609-1621) na longa e feroz guerra entre as Províncias Unidas e a Espanha, a recém-fundada Companhia Holandesa das Índias Ocidentais escolheu o império português como alvo primordial de suas operações militares e navais. Salvador da Bahia foi capturada em 1624 e em março de 1625 Salvador de Sá e Piet Heyn entraram em combate ao largo do Espírito Santo. A Bahia era recuperada em maio seguinte por uma esquadra conjunta portuguesa e espanhola e por uma força expedicionária sob o comando de Dom Fradique de Toledo. De março a junho de 1627, com o naufrágio da esquadra portuguesa em janeiro na baía de Biscaia, várias incursões de Piet Heyn incomodaram a costa brasileira. (Em 1628, o mesmo Piet Heyn capturou a frota espanhola da prata, em pleno mar dos Caraíbas.) A tomada de Recife, em 1630, por navios da Companhia Holandesa assinalou um novo estágio no conflito. Foi o prelúdio da conquista e ocupação, por um quarto de século, de todo o nordeste brasileiro do São Francisco até o Maranhão, incluindo aí Pernambuco, uma das duas mais importantes capitanias produtoras de açúcar. Em 1637, os holandeses também ocuparam São Jorge da Mina na costa da África Ocidental. Em 1638, uma grande esquadra portuguesa, sob o comando do conde da Torre, partiu para o Brasil, mas foi derrotada pelos holandeses, em 1640, ao largo de Itamaracá.

Portugal e Holanda fizeram um acordo de paz em 1641, em seguida à restauração dos Braganças. Mas a guerra continuou no Brasil e na África, com os holandeses tomando Luanda em agosto, Sergipe e Maranhão em novembro. Em 1642 o Maranhão revoltou-se contra os holandeses, que foram obrigados a se retirar em 1644. Em junho de 1645, donos de engenho em Pernambuco rebelaram-se contra os holandeses, mas em setembro um esquadrão sob o comando de Serrão de Paiva foi destruído em Tamandaré. Em 1647, van Schoppe ocupou por breve período a ilha de Itaparica, na entrada do Recôncavo Baiano, e os holandeses derrotaram uma expedição portuguesa que seguia para Angola. O ano de 1648 foi difícil, mas acabou por revelar-se decisivo. Duas esquadras portuguesas, sob o comando de Villa-Pouca e Salvador de Sá, haviam partido para o Brasil em 1647. Entrementes, a Espanha reconhecera finalmente a independência das Províncias Unidas e a esquadra de Witte de With chegou a Recife. No entanto, em abril (1648), a primeira batalha de Guararapes, perto de Recife, deu a vitória aos portugueses. Quatro meses mais tarde, Salvador de Sá recuperou Luanda, Benguela e São Tomé, na África. Em 1649 Francisco Barreto obteve outra vitória na segunda batalha de Guararapes. Os holandeses perdiam cada vez mais o controle do interior de Pernambuco, e em 1654 caiu o último forte holandês. O Brasil passava mais uma vez ao controle de Portugal. Holanda e Portugal fizeram um acordo de paz em 1661 e as hostilidades acalmaram-se pouco a pouco. Em 1668 a Espanha resolveu finalmente suas divergências com Portugal e reconheceu a Restauração dos Braganças.

Meio século de guerras — e mais de um século de pirataria — desgastou enormemente a administração e principalmente as defesas do império português na Ásia, na África e na América e exauriu os recursos de Portugal. Fortes foram construídos e reconstruídos; a Armada do Mar Oceano, a esquadra dos altos-mares, foi reorganizada em 1633; foram criadas frotas para a defesa da costa; foi necessário abastecer esquadrões navais e exércitos em vários continentes; os estaleiros navais trabalhavam a pleno vapor; tripulações navais e soldados eram arregimentados; mesmo estrangeiros eram conscritos, embora a maioria dos recrutas tenham sido originários de áreas tradicionalmente superpovoadas, como a região entre o Douro e o Minho, os Açores, a Madeira e a própria Lisboa. Somente a guerra para resgatar Pernambuco custou 500 mil cruzados por ano e os impostos e direitos em Portugal e por todo o império, embora tenham sido aumentados, não deram à coroa a renda necessária. Foi preciso buscar recursos por outros meios, inclusive empréstimos, voluntários ou forçados.

Os mapas e os diários de bordo dos séculos XVI e XVII que foram preservados revelam que os portugueses haviam descoberto pouco tempo antes as rotas atlânticas mais diretas entre a Europa e a América. Foram definidas por fatores climáticos e hidrológicos, tendo como base os ventos alísios nos trópicos e os ventos predominantes de oeste nas zonas temperadas norte e sul. A latitude era calculada com o auxílio do astrolábio, do quadrante e de outros instrumentos que mediam a altura do sol ou de uma estrela em relação ao horizonte ou ao pólo, corrigida de acordo com a estação do ano por tabelas que os cosmógrafos de Dom João II haviam elaborado. Todavia, a navegação nos séculos XVI e XVII estava longe de ser confiável. E as viagens eram ao mesmo tempo longas e incertas: por exemplo, levavam-se de dez a quatorze semanas para ir de Lisboa à Bahia. Além disso, a viagem era pouco confortável para os passageiros, amontoados como estavam em meio à carga e aos canhões. A comida era ruim e estragada, enquanto as tempestades e os naufrágios eram freqüentes. A ilha da Madeira e os Açores serviam de postos de parada; a primeira na viagem de ida, antes do difícil trecho atlântico das calmarias equatoriais, e os últimos antes da última parte da viagem a Lisboa, local em que piratas e corsários esperavam emboscados.

É claro que as embarcações que faziam o transporte comercial português no Atlântico eram navios transoceânicos, mas não eram certamente tão grandes quanto os navios reservados para o tráfico das Índias Orientais. A caravela e o navio, construídos para cargas pesadas, porém mais lentos e menores, eram as embarcações mais utilizadas. Durante a união com a Espanha, parece que os galeões portugueses projetados às vezes com base nas linhas gigantescas dos galeões espanhóis; conta-se entre eles o *Padre Eterno*, com capacidade para duas mil toneladas de carga e armado com 114 peças de canhão. Foi construído no Brasil — na baía da Guanabara — e visitou Lisboa pela primeira vez em 1665. Pierre e Huguette Chaunu, em sua pesquisa sobre o comércio atlântico de Sevilha, mostraram que o aumento no tamanho dos navios foi um fenômeno generalizado nesse período.

A exigência de Portugal de que o comércio das colônias ficasse restrito aos súditos nacionais não impediu que fossem autorizados e usados navios estrangeiros nem que os estrangeiros investissem nos empreendimentos coloniais portugueses. Portugal nunca possuiu uma frota mercante de tamanho suficiente para lidar sobretudo com o volumoso comércio de açúcar brasileiro. Nem a Mesa do Bem Comum dos Mercadores (a corporação dos comerciantes de Lisboa) conseguiu manter um rígido monopólio sobre o comércio colonial. Desde longa data os navios holandeses, tanto quanto os ingleses, os quais operavam sob licença portuguesa, vinham predominando no comércio brasileiro. Desde o final da Idade Média os ingleses vinham mantendo relações especiais com Portugal, importando especiarias, sal, frutas e vinho e exportando tecidos, mas a balança comercial era sempre favorável à Inglaterra. Os comerciantes ingleses estavam há muito estabelecidos em Lisboa gozando de privilégios especiais quando o desenvolvimento da economia colonial portuguesa transformou inteiramente o comércio inglês com Portugal. Já em 1595 o valor das importações inglesas de açúcar era muito superior ao das importações de especiarias. Após a união com a Espanha em 1580, que tinha um conceito mais "fechado" de império, foram impostos embargos esporádicos à navegação holandesa e inglesa nas colônias (o que serviu para aumentar o nível de comércio ilegal). Passaram a ser concedidas licenças muito mais facilmente aos comerciantes espanhóis do que às de outras nacionalidades. Contudo, os portugueses se mostraram temerosos de que os espanhóis pudessem assenhorear-se do comércio com o Brasil, numa época em que os holandeses já se haviam apropriado em parte do comércio das Índias Orientais e o comércio com os países do norte estava muito reduzido em virtude das taxas impostas ao sal. Desse modo, as tentativas espanholas de penetrar no sistema comercial português foram amplamente repelidas. Ao mesmo tempo os próprios portugueses tiravam proveito do afrouxamento das fronteiras políticas entre os dois impérios. Particularmente, os contratos para o comércio de escravos com a América espanhola abriram novos mercados aos comerciantes lusos. De modo geral, os comerciantes portugueses, na maioria da vezes cristãos-novos, se estabeleceram em Lima, Potosí, Cartagena e Cidade do México, assim como em Sevilha. Buenos Aires, sobretudo, tornou-se de fato uma feitoria portuguesa para o comércio ilegal com o Peru. Durante esse período a prata de Potosí era moeda comum no Brasil. Entrementes, os interesses holandeses eram protegidos em Lisboa pelo alemão Conrat Rott, que atuava como cônsul simultaneamente para os alemães e para os flamengos. Durante a primeira década do século XVII o número de navios holandeses no comércio brasileiro mais do que dobrou, e calcula-se que durante o armistício de doze anos (1609-1621) de uma metade a dois terços dos navios eram holandeses.

A extensão ao império português das hostilidades entre a Holanda e a Espanha após 1621 não só causou a perda do Nordeste do Brasil e de seu comércio, como também, especialmente após 1640, quando as atividades dos piratas holandeses se intensificaram, o comércio de Portugal com o restante do Brasil desintegrou-se fortemente. Os recursos navais portugueses — oito galeões, parte da esquadra hispano-portuguesa, que trafegavam ao largo da costa brasileira — eram totalmente inadequados para a proteção do comércio do açúcar. As perdas de navios mercantes aumentaram: 108 navios foram perdidos em 1647 e 141 em 1648, isto é, 249 navios de um total de trezentos em dois anos, ou 83 por cento. O rei tomou uma série de medidas desesperadas, como o envio da esquadra real do Tejo para o Brasil, a encomenda de navios na França, a tomada de empréstimos junto aos cristãos-novos para adquirir navios na Holanda, o convite aos estrangeiros a que enviassem barcos para o Brasil, a proibição da construção de navios pequenos e mesmo, em 1648, a interdição do transporte de açúcar enquanto os holandeses continuassem a mostrar a força que tinham no mar. Finalmente, por iniciativa do padre jesuíta Antônio Vieira, foi renovada a idéia muito discutida de uma companhia de monopólio comercial: em 10 de março de 1649, eram aprovados pela coroa os estatutos de uma Companhia Geral do Comércio. O comércio embarcado entre Lisboa e o Brasil estaria pela primeira vez restrito a um sistema de frotas e garantido por adequadas embarcações de escolta. A companhia deveria manter 36 galeões para a proteção do comércio marítimo.

O capital para a fundação da companhia proveio dos bens dos cristãos-novos condenados pela Inquisição e de contribuições de comerciantes de Lisboa. A administração da companhia foi confiada a uma junta de representantes, eleitos para um exercício de três anos dentre os comerciantes que haviam contribuído com pelo menos cinco mil cruzados. Foi subscrito o total de 1 255 000 cruzados (cruzado = 400 réis), que na prática se revelou insuficiente. O custo de um comboio (protegido pelos 36 galeões) era coberto pelos prêmios pagos contra as perdas: 600 réis por caixa de açúcar ou de fumo para segurar os navios e 1 400 réis por arroba de açúcar branco para segurar a carga. Esses prêmios deviam ser pagos aos agentes da companhia nas casas de alfândega do reino de Portugal, ao retorno dos navios. Outra fonte de renda da companhia era o transporte pelos navios de guerra de certas mercadorias, em especial das quatro mercadorias de que ela detinha o monopólio: vinho, farinha de trigo, azeite e bacalhau. Detinha também o monopólio do pau-brasil. Em resumo, a companhia desfrutava de um número considerável de privilégios e isenções.

Nesse entretempo, os tratados anglo-portugueses de 1642 e 1654, além de ratificar e ampliar a situação especial da feitoria inglesa em Lisboa, haviam concedido amplos privilégios aos comerciantes ingleses no comércio colonial português. Por exemplo, se a companhia precisasse de navios adicionais seria dada preferência aos comerciantes ingleses. As relações normais de comércio foram restabelecidas com os holandeses em 1661, com os franceses em 1667 e com os espanhóis em 1668.

A companhia foi bem recebida e seus estágios iniciais foram bastante promissores. Contudo, em pouco tempo surgiram muitas críticas sobre a origem judaica do capital da companhia, sobre o não-cumprimento por ela do contrato que assegurava a proteção dos 36 galeões e sobre a falta no Brasil dos quatro gêneros alimentícios de que ela detinha o monopólio. Entre 1662 e 1664 ela se transformou gradativamente numa companhia do Estado, administrada por uma Junta do Comércio, que em última análise estava sob a jurisdição do Conselho da Fazenda. Continuou, no entanto, a pagar dividendos aos acionistas. À medida que diminuíram as hostilidades e a pirataria no Atlântico, a companhia tornou-se mais eficiente e começaram a partir regularmente do Rio de Janeiro, por volta do final de março, frotas escoltadas que se reuniam aos navios de transporte de açúcar na Bahia em abril e chegavam em segurança a Lisboa em julho ou agosto. Uma companhia independente de comércio foi instituída no Maranhão em 1678.

A Companhia Geral do Comércio terminou por ser abolida por Dom João V em 1720, mas foi mantido o sistema de frotas. No século XVIII, havia três frotas distintas para cada um dos cinco portos coloniais, ainda que as frotas muitas vezes navegassem juntas e duas ou mais voltassem juntas. Além disso, partiam anualmente de Lisboa para portos importantes um ou dois navios tidos como leves e capazes de escapar da captura: eram naus de aviso ou naus de licença (navios autorizados com prioridade em receber carga). São Luís e Belém eram servidas irregularmente por um ou dois navios por ano até que o cacau passou a gerar um comércio mais intenso. O próprio sistema de frotas foi abolido em 1765-1766[3].

O comércio entre Portugal, o restante do império português e o Brasil foi dominado no sentido oeste-leste pelo comércio de escravos e no sentido

3. Para referências complementares sobre o sistema de frotas no século XVII ver o estudo de Andrée Mansuy-Diniz Silva, neste volume, cap. 11, pp. 477-518, e de Dauril Alden, *História da América Latina*, vol. II, cap. 12. O organizador deseja agradecer ao Prof. Dauril Alden sua ajuda na revisão final desta seção do capítulo.

leste-oeste pelo de açúcar. Para o fornecimento de escravos os comerciantes usavam duas regiões principais da África. A primeira era a África ocidental, onde o termo geral "sudaneses" designava diversas tribos como os uolofes, os mandingas, os songhais, os mossis, os hauçás e os peuls. De modo geral, os homens dessas tribos tinham constituição forte, eram usualmente criadores de gado, às vezes de religião islâmica; assim, tendiam a ser independentes e propensos à revolta. A outra região era a África central e equatorial, onde os homens das tribos bantos eram pequenos, mais submissos, de religião animista e, em sua maioria, agricultores de hábitos sedentários. No século XVI e início do XVII, a maioria dos escravos eram "sudaneses"; no século XVIII, a maioria eram bantos. A partir da metade do século XVII, houve também contingentes de bantos originários de Moçambique, na África oriental.

O comércio de escravos estava aberto a todos os portugueses sob pagamento de uma taxa. O recolhimento dessas taxas era arrendado, mediante um *asiento* (contrato), a um contratador, que estendia as avenças aos traficantes. De simples contrato que era a princípio, o *asiento* viria a tornar-se, no final do século XVII, um acordo submetido à lei pública internacional. Na América espanhola os *asientos* para suprimento de escravos eram bastante comuns, mas não os havia no Brasil, exceto talvez no final do período colonial, no Maranhão. O *asiento* constituía apenas uma permissão para o embarque de escravos da África: há exemplos deles em Angola, datados de 1573, e em Cabo Verde, datados de 1582 ou 1583. A compra era feita por intermediários; na Guiné, esses homens eram os *tanganhões* ou *lançados* (aventureiros que viviam como nativos) e em Angola *pombeiros* (africanos que já eram escravos dos grandes plantadores brancos e que atravessavam a selva em busca de escravos).

As condições de transporte nos navios de escravos, ou tumbeiros, eram repugnantes. Viajavam cheios em demasia, com até quinhentos escravos comprimidos numa única caravela. A duração da viagem variava, numa média, de 35 dias de Angola para Pernambuco, 40 dias para a Bahia e até 50 dias para o Rio de Janeiro. Os infelizes africanos viajavam tão espremidos entre si que as epidemias matavam muitos deles: às vezes até a metade do total. Na chegada ao Brasil os escravos sobreviventes eram cuidados por algum tempo a fim de que se recuperassem e, assim, tivessem aumentado seu valor; eram depois vendidos em leilão. Devido ao alto índice de mortes e aos perigos da viagem, os transportadores não tinham muito lucro, especialmente quando o preço dos escravos estava baixo. Em 1612, por exemplo, podia se comprar um homem escravo em boas condições e com menos de 25 anos no Brasil por 28$000 réis. No entanto, ao seu preço de compra na África já se somavam 4$000 de taxas e 9$600 de transporte, além da sua parte no custo das perdas dos mortos na viagem.

Não é fácil calcular o número de africanos transportados para o Brasil, visto que a burocracia portuguesa não era tão organizada quanto a espanhola e o comércio de escravos sofria um controle muito pequeno. As informações estão grandemente dispersas em vários arquivos. Não se conhece muita coisa sobre o papel do Brasil no comércio de escravos durante o século XVI.

Inicialmente, os senhores de engenho receberam autorização individual para adquirir seus próprios escravos na África, e em 1559 um decreto real limitou a 120 o tamanho de cada contingente. Ao que parece, por volta de 1570 havia de dois a três mil escravos negros no Brasil, e daí por diante o número cresceu rapidamente. Em 1575, Angola exportou doze mil "peças", quatro mil dos quais morreram durante a viagem. Entre 1580 e 1590, o padre Anchieta enumerava dez mil escravos negros em Pernambuco e três mil na Bahia. No entanto, dois outros observadores da mesma época chegaram a números diferentes. Na opinião de Fernão Cardim, havia somente dois mil escravos negros em Pernambuco e de três a quatro mil na Bahia, enquanto Gabriel Soares de Sousa apontava, respectivamente, quatro a cinco mil e quatro mil. Estima-se que o total de escravos negros que viviam no Brasil por volta de 1600 devia alcançar treze a quinze mil, distribuídos em 130 engenhos, onde 70 por cento da força de trabalho já seria constituída de negros. Para a primeira metade do século XVII, cerca de quatro mil escravos eram importados por ano. Entre 1650 e 1670 esse número aumentou para sete a oito mil por ano e depois declinou. Segundo Philip Curtin, a parte do Brasil no número total de escravos importados pela América entre 1601 e 1700 constituiu 41,8 por cento, enquanto a América espanhola, por exemplo, importou 21,8 por cento, as colônias inglesas 19,7 por cento e as colônias francesas 11,6 por cento[4].

No final do século XVII, o açúcar deixara de ser uma "droga do sertão" com uma oferta reduzida e se convertera em "alimento". E, durante um sécu-

4. Philip Curtin, *The Atlantic Slave Trade. A Census*, Madison, 1969, tabela 34, p. 119; para informações complementares sobre o comércio escravista no Brasil, período colonial, ver os estudos de Maria Luiza Marcilio e Dauril Alden, *História da América Latina*, vol. II, caps. 8 e 12.

lo a partir de 1570/1580, o Brasil era de longe o maior produtor e exportador de açúcar do mundo[5]. Até a crise da década de 1680 a tendência secular na produção brasileira de açúcar foi ascendente (o que é particularmente notável, pois o Brasil holandês não está incluído no cálculo). Além disso, em oposição ao padrão geral de "depressão" do século XVII, a produção crescente e abundante não afetou o movimento dos preços do açúcar que também estava em alta, do mesmo modo que o preço dos escravos. A crise do século XVII somente veio a afetar o Brasil seriamente no final do século.

O ciclo do açúcar no Brasil, que durou um século, pode ser dividido em várias fases:

(a) um período de expansão, que vai de *c.* 1570 a *c.* 1600; com o aumento do número de engenhos, aumentaram correspondentemente a produção e a exportação, e é possível discernir, por trás da lenta subida no preço do açúcar taxado, um movimento ascendente mais rápido dos preços no mercado livre;
(b) um patamar em que a produção se manteve em nível alto (15-20 mil toneladas métricas por ano, de mais de duzentos engenhos na década de 1620) até *c.* 1625; os preços declinaram ligeiramente na década de 1610, durante o armistício dos doze anos, mas voltaram a subir na década de 1620, quando recomeçou a guerra e os ataques dos holandeses desbarataram a navegação portuguesa no Atlântico e foram impostas taxas maiores para pagar a defesa;
(c) uma fase posterior de crescimento que durou até pouco antes de 1640;
(d) uma baixa da produção e da exportação *c.* 1640-1660, resultante da ocupação holandesa de Pernambuco e da subseqüente reorganização e relocalização da indústria açucareira pelos portugueses; os preços, no entanto, continuaram a subir devido à guerra e às várias outras taxas impostas aos produtos brasileiros, entre eles o açúcar;
(e) uma retomada do crescimento na década de 1660, em decorrência da criação da Companhia Geral do Comércio e do estabelecimento do sistema de frotas, do término da guerra e da retomada da produção de Pernambuco;

5. Para um exame detalhado sobre a indústria brasileira de açúcar, do final do século XVI até o final do século XVII, ver o estudo de Stuart B. Schwartz, *História da América Latina*, vol. II, cap. 9.

(f) o início de uma depressão *c.* 1680, quando os preços no mercado internacional de açúcar caíram durante as décadas de 1670 e 1680, em grande parte devido ao aumento da produção das Antilhas. (Os preços do açúcar caíram de 3$800 por arroba em 1654 para 1$300 em 1685.) Como acontecera em períodos anteriores de dificuldade comercial, os senhores de engenho tanto nas capitanias do Nordeste quanto nas capitanias mais marginais do Sul produziram menos, pararam de comprar escravos e dirigiram a força de trabalho existente para outras agriculturas comerciais menos vulneráveis às recessões do comércio internacional, para a criação de gado e a agricultura de subsistência. No entanto, verificar-se-ia que, apesar dessas mudanças e embora os próprios produtores não prosperassem, ainda assim os comerciantes obtinham lucros substanciais.

Grande parte do açúcar processado nos engenhos brasileiros era exportado para a Europa; e as remessas eram despachadas em nome dos senhores de engenho, dos lavradores ou dos comerciantes exportadores. Até 1640 cada navio transportava de 200 a 600 caixas, mas depois dessa data, com o aumento do tamanho dos navios, o número de caixas também deve ter aumentado. A parada em Lisboa era parte muitas vezes de uma viagem de volta; os navios que haviam trazido escravos da África retornavam a Lisboa com açúcar. O custo do frete era alto. Além disso, no período dos comboios, eram cobradas taxas de avaria para pagamento da proteção aos navios.

Além do comércio legal via Lisboa, feito por comerciantes portugueses e estrangeiros sob licença do rei, um ativo comércio de contrabando era dominado por ingleses, espanhóis (via Canárias), franceses (via La Rochelle) e por fim holandeses que, como vimos, tinham a parte do leão no comércio ilegal. Amsterdã tornou-se o entreposto do açúcar, que os navios holandeses mantinham abastecido por meio de uma combinação de corso, contrabando e comércio licenciado. Os arquivos de Amsterdã estão repletos de documentos sobre transações de açúcar que, como as de pau-brasil, eram cotadas na Bolsa. O açúcar chegava de todas as partes: das ilhas do Atlântico leste, do Brasil e da América Central e, quando não chegava refinado, era processado no local antes de ser reexportado para o norte da Europa. Esse tráfico atingiu seu ápice entre 1630 e 1654, quando o açúcar de Pernambuco, região ocupada pelos holandeses, era transportado diretamente para as Províncias Unidas. Por volta de 1650 o refino do açúcar absorvia grande parte do capital holandês. Um quarto das taxas alfandegárias recolhidas eram pagas pelo açúcar e cem navios estavam permanentemente ocupados em seu transporte. Os judeus, particularmente os judeus portugueses, desempenharam um papel importante nessa indústria, contra a opinião pública que muitas vezes preferira que fosse proibida a sua participação nesse negócio. Em 1665 revelaram-se alguns indícios de declínio em resultado dos esforços de Colbert para criar uma indústria francesa do açúcar. No século XVII, não havia refinarias em Portugal; assim, a metrópole deixava ao Brasil o trabalho de refinamento; na verdade, uma determinação real de 1559 havia proibido o refinamento de açúcar em Lisboa.

Entre as outras mercadorias envolvidas no comércio atlântico, o fumo era a mais importante. Na primeira metade do século XVII, a política de Portugal visava restringir o cultivo do fumo na metrópole e nas ilhas do Atlântico e estimular a produção brasileira. Em 1674, foi criada uma *Junta do Tabaco* para supervisionar o seu comércio, seguida de uma tentativa malsucedida de recolher os impostos através de um arrendatário designado pelo rei. Com o crescimento do comércio escravista no Brasil, o fumo e o rum brasileiros se converteram nas mercadorias mais usadas para trocar por escravos nas costas africanas. Por outro lado, durante o século XVII o algodão perdeu grande parte de sua importância inicial. Antonil sequer o menciona em sua *Cultura e Opulência do Brasil* (Lisboa, 1711). Já no final do século XVI, o frete pago pelo transporte do algodão cru para Lisboa equiparava-se aos custos de produção, provavelmente cerca de 2$000 mil-réis por arroba.

Muitos outros produtos, além dos escravos e marfim da África, eram importados para o Brasil. No século XVII e em particular no século XVIII, muitos navios que viajavam da Ásia para a Europa paravam na Bahia, trazendo sedas e outras mercadorias de luxo. Da Europa, naturalmente, vinham todas as manufaturas, entre as quais ferramentas, materiais para os engenhos (sobretudo utensílios de cobre), armas e têxteis, em sua maioria fabricados na França ou na Inglaterra; nesse comércio Lisboa era apenas um intermediário. Eram trazidos também alguns víveres, como a carne salgada, que, junto com o couro e a prata, vinha do rio da Prata, o peixe salgado e os vinhos, especialmente os do Porto e da Madeira que, como se alegava, melhoravam com a viagem marítima. Por fim, eram transportados os cereais, sobretudo o trigo que fazia os colonos portugueses se lembrar da mãe-pátria. Finalmente, o sal constituía uma parte notável no comércio atlântico. Era um produto essencial para a alimentação dos homens e dos animais, além de ser indispensável na conservação do peixe e da carne. A produção de sal era importante para Portugal, que dispunha de outras fontes de fornecimento, como as ilhas de Cabo Verde, Guiné e Angola. Diga-se que os índios brasileiros utilizavam um sal vegetal, e o gado encontrava ao longo do rio São Francisco um solo salgado que lambiam. Os colonizadores criaram salinas no Maranhão, entre o Rio Grande do Norte e o Ceará e entre a Paraíba e o Rio Grande do Norte, mas a produção era muito insuficiente e o Brasil foi obrigado a importar sal. Em 1632, o fornecimento de sal para o Brasil passou a ser controlado pelo Estado, um monopólio que só chegou ao fim em 1821. Em 1665 e novamente em 1690-1691 foram feitas tentativas de proibir a produção de sal no Brasil a fim de evitar a concorrência com o sal importado de Portugal.

PORTUGAL E O BRASIL, c. 1695-1750

A crise da indústria brasileira do açúcar na década de 1680, depois de um século de crescimento e prosperidade, desencadeou uma crise econômica em Portugal. A receita proveniente do comércio colonial caiu tanto que Portugal já não conseguia adquirir manufaturas do exterior (especialmente da Inglaterra) ou para a metrópole ou para as colônias. Esse fato explica a política econômica do conde de Ericeira, ministro-chefe de Dom Pedro II (1683-1706), que tentou proteger e promover a indústria portuguesa visando substituir as importações, enquanto ao mesmo tempo, em 1688, desvalorizava a moeda. A fim de obter piastras de prata espanholas nos mercados hispano-americanos, criou uma sociedade conjunta por ações com o intuito de negociar escravos na costa da Guiné. A piastra de prata ajudou até certo ponto a cobrir o déficit da balança portuguesa no comércio estrangeiro. Ericeira suicidou-se em 1692 e seu sucessor, o marquês de Fronteira, teve pouco tempo para dar prosseguimento a sua política antes que a economia luso-brasileira começasse sua recuperação. Uma das razões dessa retomada foi o aumento da demanda e dos preços não só dos produtos agrícolas brasileiros, principalmente do açúcar, mas também do algodão e das peles, bem como do próprio azeite de oliva e do vinho portugueses. Na virada do século as exportações do açúcar brasileiro apresentaram um movimento ascendente temporário, embora no momento a tendência a longo prazo fosse de queda. Conta-nos Antonil que, entre 1688 e 1706, o preço do açúcar branco subiu primeiramente de 800 ou 900 réis para 2$400 réis por arroba, caindo mais tarde para 1$600 réis. Segundo outras fontes, de 1688 a 1743 o preço do açúcar branco deve ter flutuado entre 1$200 e 1$400 réis. No entanto, foi o ouro que transformou a economia luso-brasileira e deu início a uma nova era. A crise econômica havia estimulado a busca de ouro no interior do Brasil. As expedições dos bandeirantes, que começaram com a de Fernão Dias Pais em 1674, tornaram-se mais numerosas e determinadas. Finalmente, em 1695, no rio das Velhas, entre a atual Ouro Preto e Diamantina, teve lugar a primeira descoberta expressiva de ouro. Durante os quarenta anos seguintes outras descobertas surgiram em Minas Gerais, na Bahia, em Goiás e no Mato Grosso.

Durante o longo reinado de Dom João V (1706-1750), a produção de ouro no Brasil e sua exportação para Portugal expandiu-se. Aumentou cinco vezes entre 1700 e 1720, cresceu continuamente de 1720 a 1735, aumentou intensamente no final da década de 1730 e mais modestamente de 1740 até 1755, quando começou a diminuir, embora a princípio de forma bastante lenta[6].

Cabe menção aqui também à descoberta das minas de diamante em Serro Frio, no norte de Minas. Sua produção logo se revelou suficiente para depreciar o valor dos diamantes no mercado internacional em 75 por cento. No total foram extraídos cerca de 615 quilos durante o século XVIII; a esses números devem ser acrescidos os diamantes extraídos na Bahia, em Mato Grosso e no Goiás. Durante algum tempo continuou sendo um item importante da balança comercial portuguesa.

As exportações de ouro e de diamantes em tão alta quantidade deram a Portugal condições de equilibrar seu balanço de pagamentos a curto prazo. Causaram igualmente o abandono das primeiras tentativas de industrialização — e de modernização e diversificação da agricultura — com danosas conseqüências a longo prazo. A reorganização da economia luso-brasileira com base no ouro, na primeira metade do século XVIII, também reforçou os

6. Para uma discussão detalhada da produção de ouro, ver o artigo de A. J. R. Russell-Wood, *História da América Latina*, vol. II, cap. 11, sobretudo a tabela 1, baseada em Virgílio Noya Pinto, *O Ouro Brasileiro e o Comércio Anglo-português*, São Paulo, 1979, p. 114. Para dados mais detalhados sobre as exportações de ouro, ver as tabelas em Michel Morineau, "Or brésilien et gazettes hollandaises", *Revue d'Histoire Moderne et Contemporaine*, 25:15-16, 18, jan.-mar. 1978.

Tabela 1. Padrões de Comércio entre Portugal e Inglaterra: 1700-1750
(Médias anuais)

Anos	Vinhos portugueses		Têxteis ingleses	
	Exportados para a Inglaterra (em milhares de £)	Porcentagem das exportações portuguesas para a Inglaterra	Exportados para Portugal (em milhares de £)	Porcentagem das exportações inglesas para Portugal
1701-1705	173	71	430	71
1706-1710	170	71	463	71
1711-1715	217	86	488	77
1716-1720	288	83	555	80
1721-1725	326	84	620	76
1726-1730	302	84	729	80
1731-1735	287	88	744	73
1736-1740	263	87	871	75
1741-1745	367	86	882	79
1746-1750	275	85	848	76
Total	2 668		6 630	

Fonte: H. E. S. Fisher, *The Portugal Trade 1700-1770*, London, 1971, Appendix I, pp. 142-143, "The Trade between England and Portugal, 1697-1773".

laços de Portugal com a Inglaterra. Os tratados de Methuen (1703) ratificaram uma relação comercial que já estava claramente definida, na qual os portugueses forneciam vinho e azeite de oliva, e os ingleses vendiam têxteis, outros produtos manufaturados e trigo. A Tabela 1 mostra que o vinho representava de 70 a 90 por cento das exportações portuguesas para a Inglaterra, e os têxteis, 78-80 por cento das exportações inglesas para Portugal. A Tabela 2 revela um enorme e crescente desequilíbrio comercial a favor da Inglaterra. O déficit foi compensado por uma venda de ouro e diamantes. É inegável também que uma grande proporção do ouro brasileiro que entrava na Europa era importado clandestinamente pelos ingleses. Também o comércio entre Lisboa e as Treze Colônias da América do Norte estava longe de ser desprezível. Resina, arroz, fumo e madeira eram alguns dos produtos americanos de que os portugueses necessitavam. Além disso, Lisboa era um porto de reabastecimento na rota de Londres para as Antilhas britânicas. O comércio do bacalhau entre Terra Nova e Portugal era intenso, e entre as Treze Colônias, a Madeira e Porto Santo o comércio era livre, pois as ilhas portuguesas, que faziam parte propriamente da África, não eram controladas pelas Leis de Navegação. Das ilhas portuguesas de Maio e Boavista, no arquipélago de Cabo Verde, remetia-se sal para Terra Nova, de tal modo que, em 1713, 120 embarcações eram empregadas em seu transporte. Quase toda mercadoria portuguesa que Portugal exportava era transportada em navios ingleses.

O ciclo brasileiro do ouro exerceu um grande impacto sobre outro aspecto do comércio atlântico: o tráfico de escravos africanos. Apesar da depressão nas regiões produtoras de açúcar, a demanda de mão-de-obra nas áreas produtoras de ouro manteve o nível do comércio negreiro. A Tabela 3 mostra que o número de escravos importados pelo Brasil aumentou de fato a partir de 1720 e mais ainda após 1730. Angola era o principal fornecedor de escravos ao Brasil, tal como vinha sendo desde que foi recuperada pelos portugueses em 1648. Segundo parece, essa parte do comércio escravista que era paga diretamente com produtos brasileiros (principalmente fumo e rum), e portanto fora do tráfico triangular entre a Europa, a África e o Brasil, se desenvolveu no decorrer do século XVIII. O tratado de *asiento* assinado entre a Inglaterra e a Espanha em 1713 deu aos ingleses a idéia de estabelecer um tratado análogo com Portugal. No entanto, os membros da Comissão de Comércio e Agricultura rejeitaram a idéia, sob a argumentação de que a participação da Inglaterra no tráfico brasileiro de escravos somente iria aumentar o número de escravos que entravam no Brasil, ocasionando, em conseqüência, uma redução no preço dos escravos e no do açúcar que produziam. Havia o risco de que o açúcar brasileiro se transformasse num concorrente perigoso para o açúcar das Antilhas britânicas que, junto com o açúcar da colônia francesa de Saint-Domingue, dominava agora o mercado internacional.

A crise econômica da década de 1680, o término do ciclo do açúcar e o início do ciclo do ouro deram novo impulso à expansão das fronteiras brasileiras. O Brasil deixava de ser um arquipélago costeiro e estava prestes a transformar-se num subcontinente. O extremo oeste em particular foi desbravado e colonizado durante a era do ouro, o que se refletiu na importante reorganização da administração colonial: em 1720 Minas Gerais foi separada

Tabela 2. Balanço Comercial entre Portugal e Inglaterra: 1701-1750
(Valor médio anual em milhares de £)

Anos	Exportações Portugal-Inglaterra	Importações Inglaterra- Portugal	Saldo
1701-1705	242	610	– 368
1706-1710	240	652	– 412
1711-1715	252	638	– 386
1716-1720	349	695	– 346
1721-1725	387	811	– 424
1726-1730	359	914	– 555
1731-1735	326	1 024	– 698
1736-1740	301	1 164	– 863
1741-1745	429	1 115	– 686
1746-1750	324	1 114	– 790
Total	3 209	8 737	

Fonte: Elizabeth Boody Schumpeter, *English Overseas Trade Statistics (1697-1808)*, Oxford, 1960, pp. 17-18.

Tabela 3. Importações de escravos para o Brasil, 1700-1750

Anos	Países de origem		
	Costa da Mina	Angola	Total
1701-1710	83 700	70 000	153 700
1711-1720	83 700	55 300	139 000
1721-1730	79 200	67 100	146 300
1731-1740	56 800	109 300	166 100
1741-1750	55 000	130 100	185 100
Total	358 400	431 800	790 200

Fonte: Philip Curtin, *The Atlantic Slave Trade*, Madison, 1696, p. 207.

da capitania-geral do Rio de Janeiro para formar uma nova capitania; em 1744 a capitania de Goiás e em 1748 a capitania de Mato Grosso foram separadas da capitania-geral de São Paulo. No sul, Salvador de Sá, a quem o rei havia outorgado, em 1658, as capitanias do Espírito Santo, Rio de Janeiro e São Vicente, tivera a idéia de criar uma "capitania de Santa Catarina" ao sul de São Vicente, numa tentativa de desenvolver o sul do Brasil e talvez reabrir a rota clandestina da prata proveniente de Potosí via Buenos Aires, da qual o comércio português se havia beneficiado consideravelmente no início do século XVII. Mas a idéia não foi levada avante. Em 1680, os portugueses haviam fundado Colônia do Sacramento na margem oeste do rio da Prata, para convertê-la em depósito do comércio de contrabando com Buenos Aires, que se tornava então um dos principais portos da América espanhola. Era um posto avançado vulnerável, capturado duas vezes pelos espanhóis antes que o Tratado de Utrecht (1713) o confirmasse como possessão portuguesa e, mesmo então, continuou sujeito a freqüentes ataques. Situada a apenas 25 quilômetros de Buenos Aires, do outro lado do estuário, Colônia do Sacramento ficava a centenas de quilômetros do Rio de Janeiro e dos outros principais portos brasileiros. Na época da navegação a vela, estava a menos de um dia de viagem de Buenos Aires, mas a sete dias de Santa Catarina e não menos de quatorze dias do Rio de Janeiro. Para compensar essa deficiência, teria sido necessária uma população adequada e uma forte defesa. No entanto, somente a partir de 1718 é que começaram a ser mandadas famílias para colonizá-la. A população total de Colônia do Sacramento provavelmente jamais ultrapassou três mil habitantes.

Todavia, os portugueses haviam começado a ocupar os vastos territórios que os separavam de Colônia e do rio da Prata. No final do século XVII, a costa de Santa Catarina fora ocupada a partir do mar em três pontos: São Francisco do Sul ao norte (1653), Laguna ao sul (1684) e Nossa Senhora do Desterro no centro da ilha de Santa Catarina, em frente ao território continental. E em 1783 foi aberta uma rota terrestre de São Paulo a Laguna. No século XVIII, a costa foi povoada por colonos provenientes dos Açores sob contratos semelhantes aos "contratos de serviço" das Antilhas francesas e britânicas. Em 1749 havia um total de 4 197 habitantes. Durante a primeira metade do século XVIII os portugueses também ocuparam áreas ao sul de Santa Catarina. Em 1737 foi fundada a cidade do Rio Grande na entrada da lagoa dos Patos. A administração do sul do Brasil foi então reorganizada, tendo sido Santa Catarina e o Rio Grande de São Pedro separados de São

Paulo, para se tornarem "subcapitanias" sob a autoridade da capitania-geral do Rio de Janeiro.

A decisão dos portugueses de se fixar nas terras ao sul foi uma conseqüência direta do conflito hispano-português na região do rio da Prata, que irrompeu novamente em 1723. Desde 1716 as relações se haviam exacerbado e os governadores de Buenos Aires e de Colônia do Sacramento se observavam atentamente e tentavam criar postos e povoações em outros pontos da margem esquerda do estuário, para garantir o seu próprio comércio de carne, couro e resina e conter a expansão do inimigo. Em 1723 Antônio Pedro de Vasconcelos, o governador de Colônia (1721-1749), apoiado pelo governador do Rio de Janeiro, Aires de Saldanha de Albuquerque, preparou uma pequena expedição de 150 homens, sob o comando de Manuel de Freitas de Fonseca, e fundou um povoado em Montevidéu, abaixo de Colônia, mas no ano seguinte tiveram de abandonar o porto por falta de recursos. Os espanhóis rapidamente se estabeleceram no local e fundaram, em 1726, a cidade portuária de Montevidéu. Sua presença tornou muito difíceis para os portugueses as comunicações entre Colônia e Laguna, Santos e Rio de Janeiro. As conseqüências a longo prazo foram enormes, pois, apesar de terem sido os portugueses os seus descobridores originais (1513) e os primeiros a ocupá-la permanentemente (1680), a Banda Oriental passava doravante a ser povoada em grande parte por espanhóis e, em vez de uma província "cisplatina" brasileira, acabou por tornar-se o estado do Uruguai, de língua espanhola.

No entanto, em 1729, parecia ter sido restaurada a paz entre a Espanha e Portugal. Dom José, o príncipe herdeiro de Portugal, havia-se casado com a infanta de Espanha, Mariana Vitória, e o príncipe de Astúrias, o futuro Fernando VI da Espanha, casara-se com a infanta de Portugal, Dona Maria Bárbara de Bragança, filha de Dom João V. Depois em 1735, um incidente sórdido que envolveu os servidores do embaixador português na Espanha, Pedro Álvares Cabral, provocou uma ruptura das relações diplomáticas; foi um evento que não produziu conseqüências militares na Europa, mas forneceu um bom pretexto para perturbar o *statu quo* no rio da Prata. O governador de Buenos Aires atacou Colônia do Sacramento; Antônio Pedro de Vasconcelos resistiu de outubro de 1735 a setembro de 1737 e somente um armistício assinado em Paris salvou os portugueses. Os dois países estavam agora determinados a resolver suas divergências. Não obstante, a disputa deveria continuar por mais trinta anos e só foi resolvida no reinado de Fernando VI da Espanha (1746-1759) — e mesmo então apenas temporariamente. Para tornar possível uma reconciliação, José de Carvajal y Lencastre, presidente do Conselho das Índias e primeiro-ministro na Espanha, reiterou a oferta de seu governo de trocar uma parte equivalente de seu território por Colônia do Sacramento. Carvajal tinha bons motivos para fazer essa oferta; a seu ver, o posto comercial de Colônia era responsável pela perda de boa parte da prata peruana que a Espanha vinha sofrendo. Para desenvolver a economia do rio da Prata, era preciso eliminar a competição portuguesa. No entanto, era importante evitar um conflito com Portugal, pois isso automaticamente fazia da Inglaterra um inimigo da Espanha.

Do lado português também havia muitos que desejavam a paz. Alexandre de Gusmão, um conselheiro real de grande reputação e experiente diplomata, nascido em Santos, conhecia muito bem o Brasil. Ele percebeu todas as vantagens que poderiam advir da paz com a Espanha, porém queria muito mais que a mera solução do problema de Colônia do Sacramento; buscava uma solução definitiva para todas as disputas de fronteira entre Portugal e a Espanha que levasse em conta as possessões *de facto* de ambas as potências na América do Sul. Não acreditava que Colônia tivesse algum futuro sob o controle de Portugal (uma visão não partilhada pelos comerciantes de Lisboa), mas acreditava que ainda se poderia extrair vantagens de sua capitulação. A seu ver, o futuro do Brasil devia ser pensado junto com o do Amazonas, uma região ainda pouco conhecida mas que muitos imaginavam, na esteira das noções preconcebidas da época, ser potencialmente mais rica apenas porque era mais quente. Acreditava-se que, ao contrário, por exemplo, das "extensões nevadas" do Canadá francês, a vasta região do Amazonas continha metais preciosos, plantas ou frutas raras e animais exóticos. No sul, Rio Grande de São Pedro tinha todas as vantagens e potencial econômicos e nenhum dos inconvenientes de Colônia do Sacramento e da margem esquerda do rio da Prata. O direito de Portugal aos territórios a leste do Uruguai, do mesmo modo que seu direito aos territórios do alto Amazonas e, no que diz respeito à questão, os de Minas Gerais, Goiás e Mato Grosso, era duvidoso e podia-se exigir o reconhecimento desse direito em troca de Colônia do Sacramento.

Para Carvajal isso parecia um alto preço a pagar. Além disso, o território reivindicado por Gusmão incluía as prósperas Sete Missões dos jesuítas, e ele sabia que a Companhia de Jesus se oporia à cessão desse território aos lusitanos. Contudo, era tão forte em Madri o desejo de um acordo que as condições portuguesas, que dependiam de pequena concessão na região amazônica e da renúncia total de todas as pretensões nas Filipinas, foram no final aceitas por Fernando VI.

O Tratado de Madri (1750), assinado após três anos de árduas negociações, foi o acordo mais importante sobre as possessões ultramarinas assinado entre os portugueses e os espanhóis desde o Tratado de Tordesilhas (1494). Os dois países finalmente abandonaram o princípio básico de Tordesilhas, que já não tinha qualquer relação com a realidade e adotaram o do *uti possidetis*, isto é, "cada um dos lados mantém o que ocupou". Todavia, quatro artigos essenciais eram exceções. Pelos artigos XIII e XV Portugal renunciava a todos os direitos a Colônia e reconhecia a supremacia espanhola sobre o rio da Prata, e pelos artigos XIV e XVI a Espanha abandonava todo o território a leste do rio Uruguai e se comprometia a evacuar as Sete Missões. Os limites das possessões espanholas e portuguesas — submetidos a uma definição precisa por uma comissão mista tanto no Amazonas quanto no sul — foram traçados no famoso "Mapa das Cortes". O Tratado de Madri, o "Tratado de Limites", deu a Portugal soberania sobre vastas áreas (mais da metade) da América do Sul e conferiu ao Brasil a forma que em grande parte foi mantida até hoje[7].

Os anos de 1580 a 1750 foram decisivos para o desenvolvimento do Brasil. Primeiramente o açúcar e depois o ouro, juntamente com o fumo, o algodão, o gado e os diamantes, lhe haviam dado uma configuração e no final conferiram-lhe uma posição privilegiada no império português. O sistema imperial português, que originalmente tivera sua base na África e no Oriente, passara a fundamentar-se essencialmente no Brasil e no Atlântico. E foi o Brasil que permitiu a Portugal equilibrar seu balanço de pagamentos com o mundo externo. Deu também a Portugal os meios e a autoridade de defender-se contra a Espanha, tanto na Península quanto na América do Sul, e reforçou as relações especiais entre Lisboa e Londres. Finalmente, foi o Brasil que deu a Portugal crescentes condições de manter sua influência política — e cultural — na Europa, uma posição notável para um país tão pequeno, tão atrasado e tão pobre.

Em 1750, Dom José I ascendeu ao trono e convocou o marquês de Pombal, que desempenharia um papel predominante em Portugal e no império por mais de um quarto de século. Ao mesmo tempo a produção de

7. Para um exame mais detalhado do Tratado de Madri, ver o estudo de Andrée Mansuy-Diniz Silva, neste volume, cap. 11, às pp. 477-518.

ouro no Brasil, e portanto a renda da coroa portuguesa, atingiu seu pico e depois começou a declinar acentuadamente. Foi o início de uma nova era para o mundo luso-brasileiro.

Portugal e o Brasil: A Reorganização do Império, 1750-1808

POR VOLTA de 1738, Dom Luís da Cunha, embaixador português em Paris, escrevia que, "para preservar Portugal, o rei precisa da riqueza do Brasil mais que da do próprio Portugal"[1]. Apesar da abundância e da diversidade de seus recursos naturais e manufaturas, de sua grande população e de seu poder naval e militar, Portugal não poderia ter sobrevivido se tivesse sido reduzido a seu território europeu. Durante dois séculos e meio a coroa portuguesa e uma grande parte da população havia extraído sua renda principal da exploração comercial dos recursos de suas possessões ultramarinas. Na metade do século XVIII, o Brasil era de longe a mais importante dessas possessões. Um breve estudo do império português mostrará quão exata continuava sendo a afirmação que fez Luís da Cunha por ocasião do advento de Dom José em 1750, e ajudará a explicar a política adotada com relação ao Brasil durante a segunda metade do século XVIII.

A leste do cabo da Boa Esperança, o Estado da Índia, que compreendia todas as possessões portuguesas da costa leste da África até Macau e Timor e era controlado a partir de Goa na costa oeste da Índia, vinha sofrendo tanto rebeliões e guerras locais quanto incursões de outras potências coloniais européias. Os portugueses havia muito tinham perdido seu monopólio de navegação e comércio no Oriente e a presença portuguesa no local estava restrita a alguns portos e postos comerciais. Assim, o Estado da Índia estava enfraquecido territorialmente — e também economicamente. Enfrentava violenta competição da parte da Inglaterra, da Holanda e da França na importação de mercadorias do Oriente (especiarias, sedas, produtos de algodão, porcelana, mobília e diamantes) e havia praticamente abandonado as importações de Moçambique (marfim, escravos, ouro) em benefício dos comerciantes indianos de Surat; o resultado disso foi que a coroa portuguesa

1. *Instruções Inéditas de D. Luís de Cunha a Marco Antônio de Azevedo Coutinho*, eds. Pedro de Azevedo e Antônio Baião, Coimbra, Academia das Sciencias de Lisboa, 1930, p. 218.

durante algum tempo recebeu menos do que gastava na manutenção e defesa dessas conquistas que nessa parte do mundo eram tudo o que sobrara de um passado glorioso.

Várias colônias portuguesas ao longo da costa oeste da África ou tinham sido atacadas repetidas vezes por estrangeiros ou eram o palco de rebeliões locais, nomeadamente as ilhas de Cabo Verde e Angola. O Brasil havia experimentado duas guerras civis (a Guerra dos Emboabas nas minas de ouro do rio das Mortes, 1708-1709, e a Guerra dos Mascates em Recife, 1710-1711) e dois ataques dos espanhóis ao posto avançado de Colônia do Sacramento na foz do rio da Prata (1706 e 1736). No entanto, essa parte ocidental do império, especialmente Angola e o Brasil, haviam obtido e continuavam a obter consideráveis ganhos territoriais.

Além disso, em termos econômicos, enquanto Angola e os territórios localizados no golfo da Guiné eram tratados mais e mais como reservatórios de trabalho escravo, de Minas Gerais, Mato Grosso e Goiás vinham ouro, e de Serro do Frio, diamantes; de Grão-Pará e Maranhão vinham café e cacau, que eram somados às tradicionais exportações do Brasil, representadas por açúcar, fumo, pau-brasil, madeira de lei, drogas medicinais e especiarias, óleo e barbatanas de baleia. Todo ano as frotas da Bahia, Pernambuco, Rio de Janeiro e Maranhão descarregavam açúcar e fumo em Lisboa, local de passagem obrigatória de todo o comércio do império. Somente uma parcela muito pequena desses produtos se destinava ao mercado da metrópole: o restante, somado aos vinhos do Porto e ao óleo de oliva, formava a parte principal das exportações de Portugal para os grandes mercados da Europa, onde essas mercadorias eram trocadas por produtos manufaturados e cereais que retornavam ao Brasil via Lisboa, onde eram desembarcados apenas os produtos essenciais à metrópole e ao restante do império. Crescentes quantidades de ouro brasileiro seguiam igualmente para os centros de comércio internacional, sobretudo Londres, não só de forma legal, para equilibrar o déficit comercial, mas também ilegal, em decorrência do contrabando e da fraude, práticas bastante comuns no Brasil, no rio da Prata e mesmo no próprio porto de Lisboa. Assim, na metade do século XVIII, o Brasil, graças a seus produtos e a seu comércio, tornara-se não só um elemento importante na riqueza da metrópole, mas também uma das principais fontes de renda do governo. Essa renda era extraída através de um complexo sistema fiscal que compreendia impostos sobre a produção, sobre o consumo, sobre a circulação interna, sobre as importações e as exportações, além de direitos temporários especiais. No entanto, é impossível avaliar com alguma precisão a parcela exata com que o Brasil contribuía, na metade do século, para a receita total de Portugal.

Durante a segunda metade do século XVIII e nos primeiros anos do século XIX — nos reinados de Dom José I (1750-1777), de Dona Maria I (1777-1792) e do Príncipe Regente Dom João (1792-1816) — a política colonial portuguesa foi colocada nas mãos de três homens notáveis: Sebastião José de Carvalho e Melo, Martinho de Mello e Castro e Dom Rodrigo de Souza Coutinho. O primeiro deles, mais conhecido pelo nome de Marquês de Pombal (1699-1782), um representante da baixa nobreza, fora ministro plenipotenciário junto a Londres e depois a Viena (1738-1749), antes de ingressar no serviço de Dom José I, primeiramente como Secretário de Estado da Guerra e dos Negócios Estrangeiros e mais tarde como Secretário de Negócios Internos e Presidente do Erário Régio — na prática, um primeiro-ministro encarregado dos assuntos mais importantes do império de 1750 a 1777; Martinho de Mello e Castro (1716-1795), filho de um governador de Moçambique e neto do conde de Galveas, vice-rei do Brasil, foi ministro plenipotenciário em Haia e em Londres (1751-1770) e depois Secretário de Estado da Marinha e de Ultramar (1770-1795); Dom Rodrigo de Souza Coutinho (1755-1812), filho de um governador de Angola e embaixador em Madri, foi ministro plenipotenciário português junto a Turim (1778-1796) e depois Secretário de Estado da Marinha e de Ultramar (1796-1801), presidente do Erário Régio (1801-1803) e, finalmente, Secretário de Estado da Guerra e dos Negócios Estrangeiros (1808-1812). Os três eram "estrangeirados", isto é, homens que haviam adquirido grande experiência nas cortes mais avançadas da Europa, e estavam imbuídos de um desejo ardente de levar para seu país os benefícios de suas experiências no exterior, a fim de elevá-lo ao nível das nações mais desenvolvidas intelectual e economicamente da época. Os três provinham da nobreza, embora de estratos diferentes da aristocracia; suas famílias tinham conexões passadas ou presentes com a administração colonial; todos haviam-se formado em direito pela Universidade de Coimbra; e suas políticas estavam baseadas numa firme crença no poder absoluto do rei, amparado por um governo "esclarecido". No que se refere à política colonial, seus objetivos eram idênticos: acreditavam que o Brasil era vitalmente importante para a própria sobrevivência da metrópole, e assim pretendiam estender seu território até onde fosse possível, reforçar sua estrutura administrativa, judicial e militar mediante o fortalecimento do poder absoluto da monarquia, e assegurar o desenvolvimento da economia brasileira dentro estritamente da estrutura do pacto colonial, em outras palavras, em proveito exclusivamente da metrópole. Todos tencionavam preservar a unidade interna do extenso território do Brasil e, sobretudo, a unidade do conjunto do império, o que foi conseguido com a instalação da corte portuguesa no Rio de Janeiro em 1808.

AS MUDANÇAS TERRITORIAIS NO BRASIL

O último grande ato do reinado de Dom João V fora o Tratado de Madri (1750) que, substituindo todos os tratados anteriores, de Tordesilhas em 1494 a Utrecht em 1713, tentara delimitar as fronteiras das possessões espanholas e portuguesas na América, África e Ásia com base na ocupação efetiva. Uma única exceção: Portugal renunciava a todos os direitos a Colônia do Sacramento e, em troca, a Espanha cedia uma área na margem leste do rio Uruguai ocupada até então pelos jesuítas e índios agrupados em aldeias: o chamado Território das Sete Missões; a Espanha deveria evacuá-la o mais rápido possível. Embora fosse obtido o acordo sobre as fronteiras, a troca dos territórios foi abertamente criticada tanto em Madri e Lisboa quanto na América do Sul. Pombal — o Secretário de Estado da Guerra e dos Negócios Estrangeiros de Dom José I — teve de dar execução a um tratado que não havia negociado nem aprovado. Duvidando de que o Território das Sete Missões fosse realmente cedido, decidiu não transferir a posse de Colônia do Sacramento até que as Sete Missões fossem totalmente evacuadas. De seu lado, a Espanha tinha fortes razões para suspeitar que os portugueses não renunciariam de fato a seus direitos sobre Colônia do Sacramento, um centro do contrabando de prata e estrategicamente importante para o controle do rio da Prata. Portanto, as negociações sobre a implementação do tratado aconteceram numa atmosfera de desconfiança mútua, e o mesmo no tocante ao trabalho de duas comissões mistas de engenheiros, matemáticos, cosmógrafos, cartógrafos e outros especialistas encarregados de realizar o levantamento geográfico no interior do Brasil para demarcar as fronteiras. De fato, a comissão do norte nunca chegou a iniciar seus trabalhos, e a do sul sofreu infindáveis dilações e disputas. Nesse meio tempo, no Território das Sete Missões os jesuítas espanhóis e os índios guaranis se recusavam a obedecer às ordens de evacuação e em 1754 rebelaram-se abertamente contra as tropas de Sua Majestade Católica. A Guerra dos Guaranis terminou em 1756 com o esmagamento da resistência organizada, mas a paz não voltou à

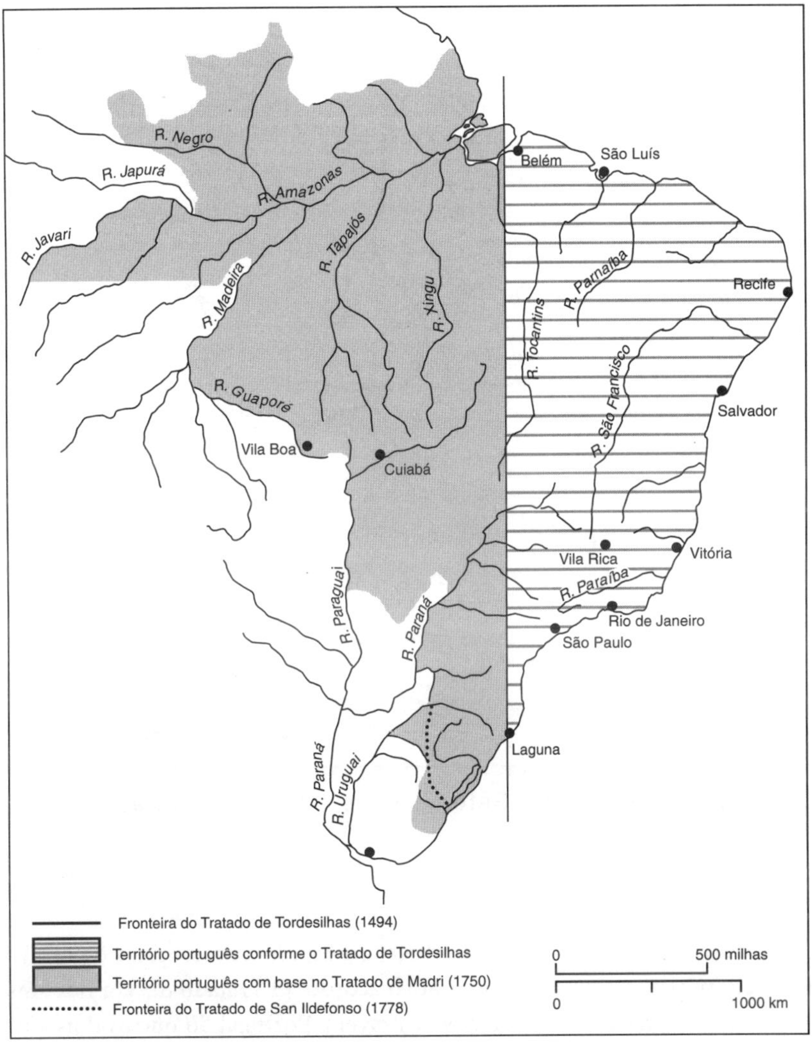

O Brasil antes e depois do Tratado de Madri, 1750

região. A suspeita mútua acentuou-se, as discussões foram-se tornando cada vez mais hostis e ficou claro que o Tratado de Madri não era exeqüível. Em 12 de fevereiro de 1761, foi anulado por um tratado assinado em Pardo.

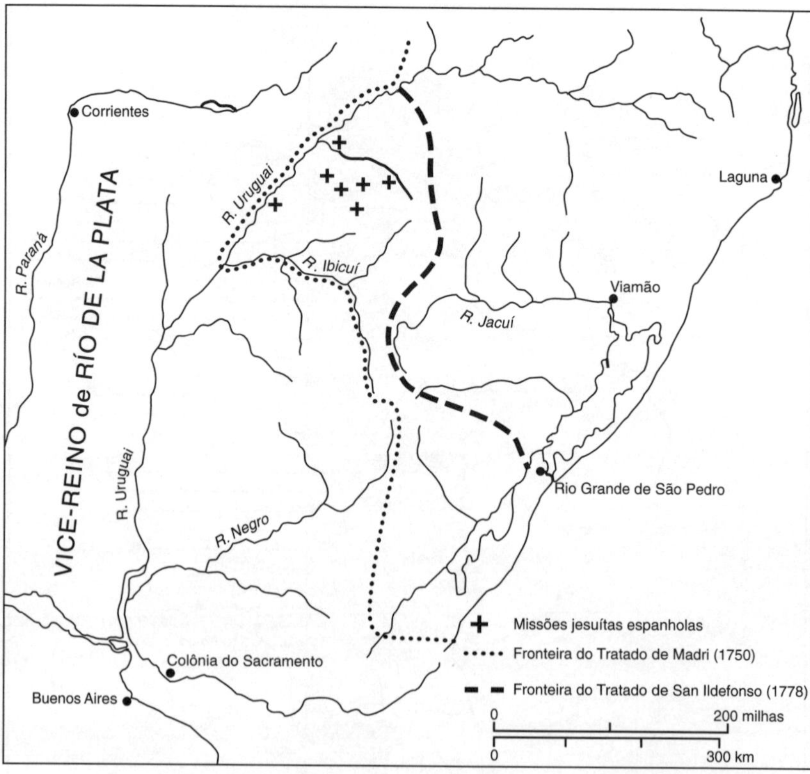

Os territórios trocados: Sete Missões e Colônia do Sacramento

As disputas territoriais entre Portugal e a Espanha prosseguiram por mais dezesseis anos antes de se chegar a novo acordo. O Tratado de San Ildefonso (1º de outubro de 1777) foi menos favorável a Portugal do que os dois anteriores, pois sua única vantagem era ter a soberania portuguesa sobre o Rio Grande de São Pedro e a ilha de Santa Catarina, perdendo tanto Colônia do Sacramento quanto o Território das Sete Missões. A esse tratado seguiram-se outras tentativas de fixar as fronteiras, tanto no norte quanto no sul, mas o avanço foi lento porque ambos os governos ainda alimentavam a esperança secreta de expandir-se. As notícias de que Portugal havia sido invadida pela Espanha em 1801 levaram a novo conflito bélico no sul da América do Sul entre sua Majestade Católica e sua Alteza Fidelíssima, quando os espanhóis tentaram sem sucesso estabelecer-se ao sul de Mato Grosso e os portugueses invadiram o Território das Sete Missões, realizando uma conquista vitoriosa que mais tarde o silêncio do Tratado de Badajoz (1801) iria ratificar.

Enquanto as operações militares continuavam no sul do Brasil durante todo o reinado de Dom José I, Pombal, prosseguindo a política iniciada por seu antecessor, Marco Antônio de Azevedo Coutinho, aproveitou-se das vantagens de Portugal nas regiões muito importantes do norte e do oeste, vastas áreas até então exploradas apenas parcialmente: o Estado do Maranhão, que fazia fronteira com colônias francesa, holandesa e espanhola ao norte do Amazonas, e a capitania de Mato Grosso, criada em 1748 e considerada "a chave e a defesa" do interior do Brasil do lado peruano[2]. É claro que, antes que as comissões mistas hispano-portuguesas dessem início a seu trabalho nas fronteiras, era necessário coletar tantas informações geográficas quantas possíveis, estimular novas descobertas e mesmo tomar posse de territórios que ainda não haviam sido ocupados por outras potências — em outras palavras, tinha de ser afirmada a soberania da coroa portuguesa sobre uma área mais ampla possível. Para isso, os portugueses reforçaram suas defesas, aumentando a rede de fortes ao longo do rio Amazonas e de seus principais afluentes e incentivando a ocupação de regiões ainda desertas ou cuja população fora dizimada por epidemias. Sobretudo, foram instalados nessas regiões colonos portugueses oriundos de áreas com excedente de mão-de-obra — os famosos casais dos Açores e da Madeira. Foi-lhes assegurada ajuda material e deles se esperava que trabalhassem sem o recurso ao trabalho escravo. Assim, foram criados ou restaurados os fortes de Gurupá, Macapá, São José do Rio Negro, São Joaquim, São Gabriel, São José dos Marabitanas, Itabatinga, Bragança e Príncipe da Beira, bem como a nova capital do Mato Grosso, Vila Bela, na margem leste do rio Guaporé.

No entanto, essas medidas relativamente simples não trouxeram uma solução adequada ao problema da colonização de regiões tão vastas. Isso foi particularmente válido na bacia do Amazonas, onde uma pequena população de origem portuguesa, pobres em sua maioria, vivia em meio a grande

2. Ver as instruções reais dadas em 1749 ao governador de Mato Grosso, e em 1751 ao governador do Estado do Grão-Pará e Maranhão, em Marcos Carneiro de Mendonça, *A Amazônia na Era Pombalina*, Rio de Janeiro, Instituto Histórico e Geográfico Brasileiro, 1963, 3 vols., vol. I, pp. 15-24 e 26-38.

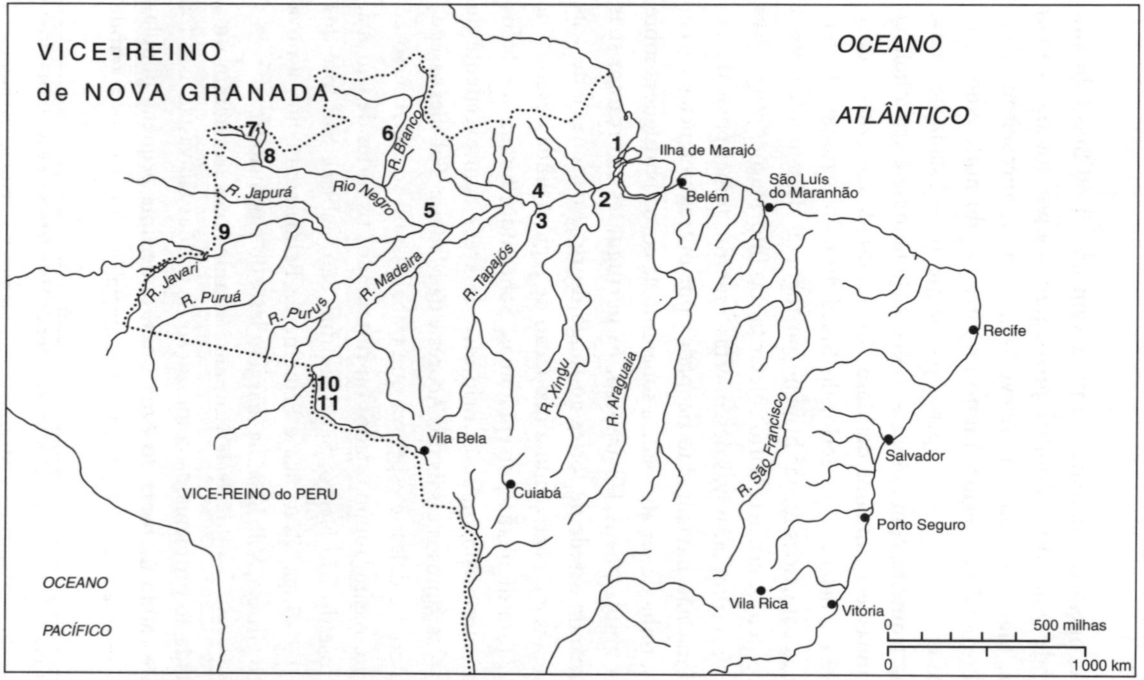

Legenda:

1. Forte Macapá
2. Forte Gurupá
3. Forte Tapajós
4. Forte Óbidos
5. Forte São José do Rio Negro
6. Forte São Joaquim
7. Forte São José dos Marabitanas
8. Forte São Gabriel da Cachoeira
9. Forte São Francisco Xavier de Itabatinga
10. Forte Bragança
11. Forte Príncipe da Beira

Os sistemas de defesa do norte e do oeste: Amazônia e Mato Grosso população indígena, parte da qual ainda se mantinha em liberdade fora da influência do poder colonial, enquanto o restante levava uma existência miserável ou nas aldeias dos jesuítas e de outros missionários ou em regime de escravidão — contrariamente à lei — no serviço de colonos privados. Pombal, ajudado por seu meio-irmão, Francisco Xavier de Mendonça Furtado, governador e capitão-mor do Estado do Grão-Pará e Maranhão, estabeleceu um conjunto de medidas relativas aos índios. Segundo Pombal,

> até agora não se achou outro modo de dominar as nações bárbaras e ferozes que não fosse o de civilizá-las e de se aliarem com elas os que as dominam: vivendo os conquistadores e os conquistados debaixo da união da sociedade civil, e da observância das mesmas leis, formando um só corpo sem distinção alguma. [...] se aí (no Brasil) se praticar com esses miseráveis índios o mesmo que aqui (em Portugal) praticaram os romanos, dentro de pouco tempo haverá no Pará tantos portugueses quantos são os bárbaros que hoje vivem nos matos, como nós vivemos alguns tempos..."[3].

O próprio Mendonça Furtado mostrou desejos de trazer casais dos Açores para as aldeias índias do Xingu e do Tapajós a fim de incentivar relações ativas entre os dois grupos — o que era proibido pela constituição das missões jesuíticas — e não hesitou em sugerir que os casamentos entre homens brancos e mulheres índias, longe de serem considerados vergonhosos, tornar-se-iam uma fonte de honra e privilégios, pois é este "o único meio de podermos povoar este largo Estado, e de dar a conhecer aos naturais dele que os honramos e os estimamos, sendo este o meio mais eficaz de trocarmos o natural ódio que nos têm pelo mau tratamento e desprezo com que os tratamos, em amor à boa fé, fazendo os interesses comuns, sem cujos princípios", concluía, "não é possível que subsista e floresça esta larga extensão de país"[4]. Ficam transparentemente evidentes nessas declarações os interesses do Estado, bem como a hostilidade subjacente do governo português para com os jesuítas e sua missão de converter e educar os índios. No entanto, não devemos duvidar da sinceridade dos "homens esclarecidos", ansiosos por salvar seus irmãos da "escuridão da barbárie" e por estabelecer com eles

3. Carta de Pombal a Mendonça Furtado, Lisboa, 15 de maio de 1753, em Carneiro de Mendonça, *A Amazônia na Era Pombalina*, vol. I, pp. 390-391.

4. Carta de Mendonça Furtado a Pombal, Pará, 11 de outubro de 1753, em Carneiro de Mendonça, *A Amazônia na Era Pombalina*, vol. I, p. 414.

um novo relacionamento, nem negar a importância e a coerência da legislação promulgada entre 1755 e 1758, com a finalidade de dar dignidade aos índios, libertá-los e educá-los e integrá-los à sociedade portuguesa. As aldeias foram convertidas em paróquias sob a jurisdição do clero secular. As maiores foram elevadas à condição de vilas, com uma administração local própria e um nome português em lugar do tupi: mais de setenta vilas foram criadas dessa maneira, com nomes como Alenquer, Barcelos, Borba, Chaves etc., em memória de cidades provincianas de Portugal.

Na metade sul do país foram feitas tentativas semelhantes de impedir invasores estrangeiros por meio de um programa de povoamento, embora sob formas diferentes. As defesas de Rio Grande de São Pedro e da ilha de Santa Catarina foram reforçadas, e casais dos Açores e migrantes de outras partes do Brasil foram ativamente encorajados a se fixar na região. Na capitania de São Paulo, Pombal procurou manter a soberania portuguesa sobre os territórios ocidentais, fundando povoados a cada 50 quilômetros, aculturando os índios e ensinando-os a trabalhar — em outras palavras, instalando "colônias de vilas e aldeias completas com juízes, vereadores e autoridades municipais (câmaras), à semelhança das fundadas por Francisco Xavier de Mendonça Furtado, no Pará"[5].

Finalmente, Pombal completou a reorganização administrativa do Brasil que se iniciara durante o reinado de Dom João V. O objetivo era criar uma estrutura administrativa e política que atendesse às necessidades estratégicas e geográficas decorrentes do Tratado de Madri e às novas realidades econômicas e aos problemas de comunicação que se originavam da exploração e colonização permanente do interior do Brasil. Basicamente, as medidas eram de dois tipos: primeiramente, foram formadas novas capitanias naqueles territórios que eram extensos demais e difíceis de administrar diretamente e, em segundo lugar, foram retomadas pela coroa as pequenas capitanias que ainda restavam nominalmente em mãos de particulares mas abandonadas muitas vezes por seus donatários.

As vicissitudes do Estado do Maranhão dão um bom exemplo do tipo de reorganização que ocorreu. O Estado era constituído por três capitanias da

5. Carta de Pombal a Dom Luís Antônio de Souza, governador de São Paulo, de 22 de julho de 1766 (manuscrito do Arquivo Histórico Ultramarino, Lisboa, *Conselho Ultramarino*, Códice 423 (São Paulo), "Estado Político n. 7").

coroa (Pará, Maranhão e Piauí) e seis pequenas capitanias privadas (Cabo do Norte, ilha Grande ou Marajó, Xingu, Cametá, Caeté e Cumá na periferia do delta do Amazonas), mas depois de 1751 sua estrutura foi radicalmente alterada, quando recebeu o título de Estado do Grão-Pará e Maranhão. Com isso era reconhecida oficialmente a importância estratégica e a força econômica superior do Pará. O Estado foi dividido em dois "governos", com um governador e um capitão-mor que residiam permanentemente em Belém do Pará, a capital a partir de 1737, e um governador "auxiliar" que morava na antiga capital, São Luís do Maranhão. Entre 1752 e 1754 as seis pequenas capitanias foram retomadas de seus donatários e incorporadas ao Estado, enquanto em 1755 a parte oeste da enorme capitania do Pará foi desmembrada para formar uma nova capitania subordinada, São José do Rio Negro, semelhante à capitania subordinada do Piauí, separada do Maranhão.

O Estado do Brasil foi reorganizado de modo semelhante, a partir de 1752. As últimas pequenas capitanias privadas foram retomadas de seus proprietários e incorporadas às capitanias da coroa mais próximas: Itamaracá a Pernambuco; Itaparica, Paraguaçu, Ilhéus e Porto Seguro à Bahia; Campos dos Goitacases ao Rio de Janeiro e Itanhaém a São Paulo. À capitania de São Paulo, que era subordinada à do Rio de Janeiro, foi devolvida a antiga condição de capitania-geral (1765). Finalmente, em 1763 a sede do governo foi transferida da Bahia (onde estivera desde 1549) para o Rio de Janeiro. Era uma conseqüência lógica de terem os centros de gravidade estratégicos, políticos e econômicos no Estado do Brasil, desde o final do século XVII, se deslocado do nordeste (Bahia e Pernambuco) para o centro (Minas Gerais, São Paulo e Rio de Janeiro) e para o sul (ilha de Santa Catarina, Rio Grande de São Pedro e Colônia do Sacramento). Por último, o desejo do governo de Lisboa de unificar todos os seus territórios sul-americanos se sobrepôs a toda e qualquer consideração das peculiaridades da imensa região da bacia amazônica. O Estado do Grão-Pará e Maranhão foi dissolvido em 1774. Suas capitanias foram depois transformadas em capitanias-gerais (Pará e Maranhão) e capitanias subordinadas (São José do Rio Negro e Piauí) e integradas ao Estado do Brasil ampliado.

A REORGANIZAÇÃO ADMINISTRATIVA

O processo de simplificação das divisões administrativas do Brasil não foi seguido por uma simplificação paralela da máquina administrativa do governo, quer na metrópole quer na colônia. Tampouco foram feitas quaisquer concessões a uma autonomia local. Durante toda a segunda metade do século XVIII, à medida que crescia a dependência econômica da metrópole com relação a sua colônia mais rica, a administração do império foi-se tornando cada vez mais complexa e a autoridade política, mais centralizada e reforçada.

Em Portugal, o novo governo de José I, logo dominado por Pombal, reagindo ao enfraquecimento da autoridade real durante os últimos anos do reinado de Dom João V, tomou várias medidas com o propósito de restabelecer o respeito pela autoridade do Estado e desestimular os conflitos que impediam o funcionamento uniforme do governo, bem como refrear as críticas ao rei e a seus ministros. Todos os indivíduos, facções e instituições que sofriam acusação ou mera suspeita, justificada ou não, de criticar o poder do Estado eram eliminados. A Mesa do Bem Comum dos Mercadores, a corporação dos comerciantes de Lisboa, que ousou protestar contra a criação de uma companhia comercial para o Grão-Pará e Maranhão, foi abolida com uma só penada em 1755; famílias aristocratas acusadas de tramar contra o rei foram torturadas ou condenadas à prisão perpétua (por exemplo, o julgamento dos Távoras e do Duque de Aveiro em 1759); outros nobres, altos funcionários civis, magistrados, sacerdotes e membros do clero que eram suspeitos ou acusados de conspiração, críticas, má administração ou corrupção foram presos ou exilados; e os jesuítas, que foram acusados de trair os princípios e objetivos básicos de sua missão, de acumular riquezas em excesso, de instituir um estado dentro do estado, de obstruir a implementação do Tratado de Madri, de deslealdade, e mesmo de traição, foram expulsos em 1759 do Brasil e de todo o império português[6].

Durante os reinados de Dom José I, Dona Maria I e do Príncipe Regente Dom João, uma longa campanha, que não foi totalmente bem-sucedida, procurou fortalecer e racionalizar a máquina do governo que afetava o Brasil. Já em 1736 a criação de três secretarias de Estado (Negócios Internos; Marinha e Ultramar; e Guerra e Negócios Estrangeiros) havia sido um movimento nessa direção, mas foi Pombal em grande parte o responsável pela implementação do sistema, e deu ao Secretário de Estado da Marinha e de Ultramar o controle efetivo sobre os outros órgãos metropolitanos que partilhavam a res-

6. Para discussão complementar sobre a expulsão dos jesuítas do Brasil, ver Dauril Alden, *História da América Latina*, vol. II, cap. 12.

ponsabilidade pelas questões coloniais. Esse órgão superior, sob o controle direto do rei, nomeava os principais funcionários da administração colonial (o vice-rei, os governadores das capitanias, os servidores da justiça e das finanças, e os postos mais altos do exército e da Igreja). Também supervisionava a política geral e emitia ordens sobre a economia e a administração da justiça, bem como sobre os problemas das missões. No entanto, algumas questões especializadas continuavam a percorrer os canais tradicionais dos conselhos e organizações existentes (como o Conselho Ultramarino, a Mesa da Consciência e Ordens, o Conselho da Fazenda, a Junta do Tabaco). Não desapareceu, portanto, a intricada teia de autoridade e funções superpostas, tão característica do velho regime. Foi ao contrário intensificada pela criação de novos órgãos administrativos instituídos para resolver os vários problemas que, de uma maneira ou de outra, surgiam com relação às questões coloniais. Entre os novos órgãos os mais importantes foram os que examinaremos abaixo. A Junta do Comércio (1755) teve o propósito original de incentivar e regulamentar o comércio e tudo o que se relacionava com o comércio e a navegação, inclusive a organização de frotas com destino ao Brasil e a prevenção do contrabando (ver p. 497). Essa comissão foi primordial na política pombalina de desenvolvimento industrial da metrópole (ver pp. 500-501). Foi um símbolo da estreita aliança entre os grandes comerciantes envolvidos no monopólio do fumo e o governo central; adquiriu poderes cada vez mais amplos até que, em 1788, foi elevada à condição de tribunal real, sob o título de Real Junta do Comércio, Agricultura, Fábricas e Navegações deste Reino e seus Domínios. O Erário Régio (1761) tinha total controle sobre todas as transações financeiras da metrópole e de suas colônias; o próprio Pombal foi seu primeiro presidente. Assumiu todas as funções da antiga Casa dos Contos, destruída no terremoto de 1º de novembro de 1755. O Erário Régio rompeu de duas maneiras com a tradição: em sua função centralizadora — importante do ponto de vista político — e na introdução de técnicas que ainda não eram comuns na contabilidade pública, como as partidas dobradas na escrituração comercial e o acolhimento sistemático das várias espécies de receita e despesa. O Erário estava dividido em quatro contadorias, cada uma responsável por uma parte do império; desse modo, a administração das finanças do Brasil dividia-se entre duas contadorias, com base nas duas principais divisões jurídicas (Bahia e Rio de Janeiro). Com a criação do Erário Régio em 1761 foi reformado o Conselho da Fazenda. Foi-lhe dada a função de tratar das disputas sobre a cobrança das rendas da coroa e continuou a controlar os Armazéns da Guiné e da Índia, seus estaleiros associados e a Casa da Índia, que fora reduzida a simples alfândega. Em 1790, o Conselho da Fazenda foi incorporado pelo Erário Régio. A Secretaria de Estado dos Negócios da Fazenda (1788) tinha jurisdição sobre todos os aspectos econômicos do império e, como o secretário titular era o presidente *de jure* do Erário Régio, era assegurado o funcionamento conjunto desses dois organismos. O Conselho do Almirantado (1795) era responsável pela marinha e, por conseguinte, pela organização de comboios para a frota mercante e de uma esquadra permanente para proteção da costa brasileira.

Dentro do Brasil, depois que a sede do governo foi transferida da Bahia para o Rio de Janeiro em 1763, tornou-se comum o governador-geral receber, através de carta-patente, o título de Vice-rei e Capitão-mor do Mar e Terra do Estado do Brasil. Ao detentor do cargo eram conferidos poderes tão amplos que parecia ter adquirido o poder absoluto do soberano, com autoridade sobre todas as capitanias. Na prática, sua única autoridade real, como antes, restringia-se à capitania onde residia — anteriormente a Bahia, agora Rio de Janeiro. Tinha controle somente sobre os governadores das capitanias subordinadas do Rio de Janeiro: todos os governadores de capitanias-gerais dependiam diretamente do Secretário de Estado da Marinha e de Ultramar em Lisboa, aos quais respondiam e dos quais recebiam ordens. Somente numa emergência podia o vice-rei solicitar deles ajuda militar direta.

As municipalidades representavam um setor importante da população nascida no Brasil e eram uma fonte potencial de conflitos com Lisboa. No entanto, o sistema estava agora tão centralizado que as Câmaras das capitais das capitanias estavam privadas até mesmo de um de seus poderes essenciais: na ausência do vice-rei ou do governador, o Senado da Câmara, originalmente, fora responsável pela administração interina dos negócios públicos, mas em 1770 Pombal retirou essa prerrogativa, optando por um governo temporário de três membros: o bispo ou decano, o Chanceler da Relação e o oficial de posto mais alto do exército — podendo o Ouvidor da Câmara substituir o bispo ou o Chanceler em caso de indisponibilidade de um deles.

A criação do Erário Régio em Lisboa acarretou uma importante reforma no concernente aos poderes dos provedores da fazenda, os principais administradores financeiros locais. A partir de 1767, as finanças de cada capitania principal deviam ser administradas por uma Junta da Fazenda, um órgão colegiado de cinco ou seis membros, entre os quais o provedor, presidido pelo governador. Essas juntas, independentes entre si, eram responsáveis pela cobrança e distribuição da renda real e, depois que o posto de Provedor-mor da Fazenda foi abolido, em 1770, passou a prestar contas somente ao inspetor-geral do Erário Régio em Lisboa. Desse modo, a criação dessas Juntas da Fazenda era o meio de estender ao Brasil as reformas tentadas em Portugal. Com a criação de órgãos especializados os provedores perderam parte de seus poderes; por exemplo, em 1751, o controle da qualidade do açúcar e do fumo na Bahia, no Recife, no Rio de Janeiro e em São Luís do Maranhão passou a ser feito pelas Mesas de Inspeção de Açúcar e Tabaco, e a administração dos estaleiros e depósitos de munição na Bahia, no Rio de Janeiro e no Recife foi transferida para o Intendente da Marinha e Armazéns Reais. É oportuno mencionar igualmente uma campanha para elevar o padrão da administração e erradicar o suborno e a extorsão: a definição dos direitos e deveres dos vários cargos e a introdução de salários fixos, colocando assim um ponto final no tradicional sistema de bônus pagos em dinheiro ou em espécie. No entanto, como os homens de negócios e os administradores locais estavam estreitamente envolvidos com a administração das finanças, ou por serem contratadores de impostos, ou por ocuparem determinados cargos, ou ainda por exercerem determinadas funções, servir na Junta da Fazenda, por exemplo, essa reforma não apresentou grande eficácia.

A primeira das medidas judiciais tomadas pelo novo governo de Dom José I foi instituir, em 1751, uma segunda Relação no Rio de Janeiro, com o propósito de garantir uma justiça mais rápida para os povos que viviam no sul, distantes da Relação da Bahia. Constituída de dez desembargadores, entre eles o ouvidor do cível e o ouvidor do crime, era presidida pelo governador. A Relação do Rio de Janeiro tinha jurisdição sobre as treze comarcas compreendidas pelas capitanias do sul e do interior e, como a Relação da Bahia, possuía ao mesmo tempo poderes administrativos e judiciais. A introdução, primeiro no Pará e em Pernambuco (1758) e depois em todo o Brasil (1765), de Juntas de Justiça favoreceram as tentativas de acelerar os procedimentos judiciais. Essas juntas eram compostas por um ou dois ouvidores, pelo juiz de fora e pelo governador da capitania. Foi obra também de Pombal a legislação elaborada para reduzir a corrupção no sistema judicial. Foram fixados os estipêndios dos magistrados e oficiais de justiça nas várias comarcas do Brasil, bem como dos magistrados nas Relações da Bahia e Rio de Janeiro (1754), aliviando com isso a pressão que sofriam prisioneiros e queixosos. Outra inovação digna de nota foi o abandono do direito romano pelo direito natural e internacional; conseqüentemente, os magistrados seculares não mais podiam basear suas decisões no direito canônico. Doravante, "nas questões temporais dentro de sua jurisdição", deviam seguir apenas "as leis de nosso país e as leis subsidiárias, juntamente com os costumes louváveis e as práticas legitimamente estabelecidas" (*Lei da Boa Razão*, 1769). Além dessa modernização dos conceitos jurídicos, outras decisões foram tomadas pela administração pombalina: a liberdade concedida aos índios no Brasil (1755 e 1759), a abolição da escravidão em Portugal (1761 e 1773), a extinção da discriminação entre "cristãos-velhos" e "cristãos-novos" (1768 e 1773), a transformação da Inquisição num tribunal dependente do governo (1769), e mesmo a reforma da Universidade de Coimbra (1772). Devemos ver nessas reformas uma tentativa de libertar Portugal do "obscurantismo" e colocá-lo entre as nações mais "esclarecidas" da Europa.

O Tratado de Madri concentrou sua atenção na defesa das fronteiras do Brasil e deu margem, como vimos, à construção e reparo das fortalezas do norte e do sul. Uma das preocupações do governo de Dom José I foram os problemas de organização militar em geral, a começar pelo recrutamento de tropas regulares na metrópole portuguesa (tropas de linha, tropas regulares, ou tropas pagas). Na verdade, desde o início do período de expansão ultramarina, Portugal adotara o hábito de enviar para as colônias regimentos formados em sua maioria de delinqüentes, vagabundos e outros elementos considerados indesejáveis na metrópole. Esses regimentos foram depois constituídos com base no alistamento mais ou menos compulsório de pessoal local, geralmente de qualidade semelhante. Em conseqüência, muitos foram os problemas causados não só pela falta de disciplina dentro dos regimentos mas também pelos distúrbios que freqüentemente suscitavam na comunidade, provocando inúmeras queixas da parte dos governadores.

Foi na década de 1760, em decorrência de sérias derrotas militares sofridas mais ou menos simultaneamente em várias partes do império português, que foram envidados os principais esforços no sentido de reformar o exército. Durante a Guerra dos Sete Anos, tropas espanholas invadiram o noroeste de Portugal, tomaram Colônia do Sacramento (outubro de 1762) a partir de Buenos Aires e desfecharam um ataque vitorioso contra a capitania do Rio Grande de São Pedro (abril de 1763). Foram derrotas particularmente sérias, pela ausência quase total de resistência por parte das tropas portuguesas, por sua falta de disciplina e pelo número excessivo de deserções. Numa tentativa de remediar esta situação, Pombal recorreu a seu aliado tradicional, a Inglaterra, que imediatamente enviou reforços para Portugal sob o comando de um dos oficiais de maior prestígio na época, o conde de Schaumburg-Lippe. Juntamente com os oficiais alemães e ingleses que o acompanharam, assumiu o comando das tropas portuguesas, até então mal organizadas, mal treinadas, mal equipadas e mal pagas. O conde introduziu reformas em toda a organização do exército, desde o recrutamento até o equipamento e as táticas; no entanto, essas reformas se limitaram a Portugal. Esse trabalho atingiu seu ápice alguns anos mais tarde, quando começaram a dar frutos as reformas do sistema educacional promovidas por Pombal; em outras palavras, os jovens da nobreza portuguesa, educados no Colégio Real dos Nobres em Lisboa (inaugurado em 1766) e depois na Universidade de Coimbra (reformada em 1772), adquiriram uma bagagem intelectual em matemática, física e artes militares, disciplinas indispensáveis à educação dos oficiais. No entanto, do reinado de Dom José I ao de Dom João VI, Portugal nunca teve um número suficiente de pessoal treinado, como se pode perceber pela presença permanente de oficiais estrangeiros — alemães, ingleses, franceses e outros — nos regimentos e esquadras portuguesas, tanto na metrópole quanto nas colônias.

No Brasil, Pombal, muito preocupado em proteger as ameaçadas capitanias do sul, enviou em 1767 ao Rio de Janeiro três dos melhores (e recém-reformados) regimentos portugueses, bem como dois especialistas militares, o general austríaco J. H. Böhm (que havia sido auxiliar do conde de Lippe em Portugal e recebeu o título de inspetor-geral das tropas do Brasil) e o general sueco J. Funk (que chegara a Portugal em 1764 vindo da Inglaterra). Sua função era restaurar as fortificações do Rio de Janeiro. O general Böhm, habituado a lidar com tropas européias em condições européias, não levou em bastante conta as condições sociais e mesmo climáticas do Brasil; seus métodos rígidos produziram às vezes resultados terríveis, severamente condenados pelo marquês de Lavradio, vice-rei do Brasil, sob cujas ordens serviu (1769-1779). Um dos seus erros mais graves, muito criticado, foi não ter compreendido a importância excepcional das tropas recrutadas no local, as únicas capazes de resolver o problema português de defesa de um império que era infinitamente maior do que a metrópole e estava espalhado pelo mundo inteiro. Já desde o início do primeiro governo geral (regimento de Tomé de Sousa, 1548), fora projetada uma força dessa espécie, dividida em dois tipos: primeiro, as tropas auxiliares, ou, a partir de 1796, milícias, arregimentadas por recrutamento não-pago e comandadas por oficiais do mesmo tipo, instruídos às vezes pelos oficiais dos regimentos portugueses; segundo, as tropas de reserva, chamadas ordenanças, que incluíam o restante da população masculina disponível e cuja atividade em tempo de paz estava restrita a exercícios ocasionais. As milícias eram chamadas muitas vezes a defender o seu território, enquanto os corpos de ordenanças eram mais incisivos na manutenção da ordem, dando apoio à ação da administração civil. Seus oficiais, escolhidos pelos governadores das capitanias a partir de listas elaboradas pelos Senados das Câmaras, de acordo com critérios de hierarquia social, reforçavam de fato essa hierarquia social, baseada na riqueza e na propriedade da terra.

Durante toda a segunda metade do século XVIII, os vários ministros encarregados da política colonial recomendavam aos governadores das capitanias brasileiras que reduzissem o número de isenções e privilégios que uma ampla parcela da população masculina invocava para eximir-se do serviço militar, e organizassem e treinassem os homens necessários para complementar os regimentos portugueses de tropa paga. Além disso, as capitanias deviam estar preparadas para ajudar-se mutuamente em caso de ataque do exterior; aliás, a partir de 1757, esse passou a ser um dos pontos essenciais das diretrizes de Pombal. Essas instruções, derivadas diretamente dos efeitos do Tratado de Madri, se incorporaram ao que seria chamado, alguns anos mais tarde, "o sistema fundamental que hoje governa a administração política, militar e civil de toda a América portuguesa, adaptado a cada capitania deste continente, de acordo com sua situação e circunstâncias" e foi invocado constantemente durante as últimas décadas do século XVIII[7].

A REORGANIZAÇÃO DA ECONOMIA

Um balanço da economia portuguesa na metade do século XVIII revela a desastrosa situação a que, paradoxalmente, o ouro e os diamantes brasileiros haviam conduzido o império durante os cinqüenta anos anteriores. Prisio-

7. Ver, por exemplo, as instruções aos governadores das capitanias de Mato Grosso (13 de agosto de 1771), Goiás (1º de outubro de 1771), São Paulo (20 de novembro de 1772 e 24 de janeiro de 1775), Minas Gerais (24 de janeiro de 1775), citadas por Marcos Carneiro de Mendonça, "O Pensamento da Metrópole Portuguesa em Relação ao Brasil", *Revista do Instituto Histórico e Geográfico Brasileiro*, 275:52-55, 1962, e as instruções ao governador de Minas Gerais (29 de janeiro de 1788), manuscrito da Biblioteca Nacional, *Coleção Pombalina*, códice 643, fº 168.

neiro das cláusulas do famoso Tratado de Methuen, assinado em 1703, Portugal abandonara pouco a pouco suas manufaturas incipientes em favor de um retorno à viticultura e à exportação de vinho e azeite de oliva. Tornava-se agora cada vez mais dependente do mundo exterior e, sobretudo, da Inglaterra, seu principal parceiro comercial e fornecedor de produtos manufaturados, e avalista tradicional de sua independência política. O ouro e os diamantes do Brasil, se tivessem sido investidos num esforço mais geral de desenvolvimento, poderiam ter estimulado uma melhor exploração dos recursos naturais de Portugal, de sua agricultura e mineração e, mais ainda, das manufaturas necessárias para atender ao aumento da demanda brasileira, decorrente do crescimento da população e da riqueza. Em vez disso, foram usados em gastos ostentatórios e, sobretudo, para financiar de maneira fácil um déficit cada vez maior na balança de pagamentos. Ao mesmo tempo, o ouro do Brasil, tanto o clandestino quanto o legal, constituiu um dos fatores do próprio crescimento industrial e comercial da Inglaterra. Por volta do final do reinado de Dom João V, o clima de tranqüilidade e falsa euforia de um longo período de paz já estava começando a desvanecer e eram cada vez mais aparentes os sinais de uma crise, que durante o reinado de José I apenas se acentuou. Lisboa foi destruída por um terremoto e incêndio em 1º de novembro de 1755 e a reconstrução se revelaria imensamente cara. Duas guerras dispendiosas com a Espanha, travadas nos territórios da fronteira sul do Brasil durante o terceiro quarto do século, comprometeram ainda mais os recursos de Portugal. E ao mesmo tempo a renda que a coroa arrecadava no Brasil diminuiu acentuadamente da década de 1750 à de 1770, em grande parte devido a uma queda de 50 por cento na produção das minas de ouro e de diamantes[8].

A política econômica sob Pombal

Pombal, que fora educado nas idéias dos pensadores mercantilistas ingleses da primeira metade do século XVIII e ficara impressionado com a riqueza e o poder da Inglaterra que tivera condições de observar de perto durante vários anos, foi sem dúvida o político de sua época que melhor compreendeu o sério desequilíbrio da economia portuguesa e suas causas. Todas as políticas de Pombal derivaram de duas preocupações principais: aumentar a

8. Sobre a mineração do ouro e do diamante no Brasil do século XVIII, ver A. J. R. Russell-Wood, *História da América Latina*, vol. II, cap. 11.

renda da coroa mediante o incentivo ao comércio, especialmente com o Brasil, e reduzir a qualquer preço o déficit da balança comercial global e, por conseguinte, a dependência econômica de Portugal para com a Inglaterra. Pombal, um pragmatista, encontrou suas armas no tradicional arsenal de idéias e políticas mercantilistas, mas tornou-as mais abrangentes e eficazes, adaptando-as a mudanças nas condições e tendências econômicas.

Considerando que o açúcar, o fumo, o ouro e os diamantes, os principais produtos brasileiros, desempenhavam um papel fundamental na balança comercial global de Portugal e na renda da coroa, Pombal voltou sua atenção primeiramente para eles, quando tentou estimular a economia mediante a introdução de medidas fiscais que controlassem produção, preços e custos de transporte. Com relação ao ouro, Pombal abandonou o imposto de capitação, que vigorara desde 1734, e retornou ao sistema de cobrança de 20 por cento do ouro em pó fundido compulsoriamente nas Intendências do Ouro e nas Casas de Fundição (alvará de 3 de dezembro de 1750 e regimento de 4 de março de 1751). Proibiu ao mesmo tempo o uso do ouro como moeda, bem como sua remoção da zona de mineração. Essas medidas tinham três objetivos: distribuir o ônus dos impostos de modo mais eqüitativo, tornar mais eficiente a repressão ao contrabando e aumentar a produção a fim de cumprir o compromisso de fornecer ao Tesouro Real uma cota anual (100 arrobas de ouro, cerca de 1 400 quilos). Quanto aos diamantes, sua altíssima produção provocou a queda dos preços no mercado europeu; além disso, apesar das severas penalidades, o contrabando de diamantes estava como que fora de controle. Levando em conta que os direitos eram pagáveis à coroa na forma de um imposto de capitação cobrado sobre cada escravo empregado, de acordo com um contrato que vigorava desde 1739, a administração do contrato foi modificada em 1753 a fim de manter os preços e estabilizar o mercado. Doravante, a mineração dos diamantes e seu comércio eram separados em dois contratos sob o estrito controle da coroa. O sucesso inicial desse novo arranjo revelou-se efêmero e o governo acabou por perder receita. Em conseqüência, em 1771 Pombal pôs fim ao sistema de contrato e instituiu uma inspetoria geral para diamantes. Ela prestava contas exclusivamente ao Erário Régio e tinha a função de administrar diretamente o monopólio real da mineração e da venda de diamantes.

Quanto ao açúcar e ao fumo, haviam sofrido uma taxação tão pesada que deixaram de concorrer com o açúcar e o fumo produzidos nas colônias inglesas, francesas e holandesas; assim, foram tomadas algumas medidas no sentido de diminuir as tarifas de exportação e reduzir os preços do frete (regimento da Alfândega do Tabaco de 16 de janeiro de 1751 e decreto de 27 de janeiro de 1751). Foram instituídas inspetorias na Bahia, no Recife, no Rio de Janeiro e em São Luís do Maranhão, para controlar a qualidade e o preço dessas duas mercadorias (as Mesas de Inspeção do Açúcar e Tabaco, criadas pelo alvará de 1º de abril de 1751). Foram feitos grandes esforços no sentido de desenvolver o cultivo desses produtos em novas áreas (por exemplo, o fumo na região do Rio de Janeiro e o açúcar na bacia do Amazonas). Pombal deu especial atenção ao fumo, um produto de exportação especialmente valioso, como se pode ver na regulamentação posterior com vistas a melhorar o cultivo, o processamento e o armazenamento do produto (alvará de 15 de julho de 1775).

Era evidente que, com o incentivo dado a todas essas indústrias, era necessário maior volume de mão-de-obra escrava; nesse sentido, foram feitas várias tentativas de canalizar o comércio escravista exclusivamente para o Brasil: em 1751 foi totalmente proibida a exportação de escravos para fora das colônias portuguesas, em 1761 todos os escravos enviados a Portugal foram libertados, duas medidas acompanhadas, logicamente, em 1773, da total abolição da escravatura em Portugal.

Finalmente, o desejo de obter lucros com todos os produtos do Brasil e de bloquear o contrabando (que havia atingido vastas proporções durante o reinado de Dom João V) levou a um fortalecimento do sistema de frotas: agora as frotas que navegavam entre os portos portugueses e brasileiros partiam em datas fixas (alvarás de 28 de novembro de 1753 e 25 de janeiro de 1755). Foram banidos (alvará de 6 de dezembro de 1755) os comissários volantes, comerciantes itinerantes que se dedicavam ao comércio de pequena monta entre Portugal e Brasil, cujas atividades eram difíceis de controlar.

A supressão dos comissários volantes fazia parte da política pombalina de criar um setor comercial altamente estruturado, no qual deviam ser deliberadamente eliminados os pequenos intermediários em benefício dos detentores de grandes somas de capital e deviam ser incentivadas as companhias de monopólio comercial, criadas segundo o modelo das da Inglaterra (especialmente a Companhia Inglesa das Índias Ocidentais), da Holanda e da Espanha. Em 1753, fora formada uma companhia com o objetivo de ampliar o comércio com a China e com a costa da Índia. Tratava-se da Companhia de Comércio do Oriente, cujo principal acionista era Feliciano Velho Oldemberg, um dos mais importantes comerciantes de Lisboa e famoso como produtor de fumo e como o homem que havia introduzido no Brasil os emigrantes dos Açores. Em 1755, foi abolida (decreto de 30 de setembro de 1755) a Mesa do Bem Comum dos Mercadores (corporação de comerciantes de Lisboa) (ver p. 488) e foi instituída a Junta do Comércio (decreto de 30 de setembro de 1755 e estatutos de 12 de dezembro de 1755) (ver p. 489). Na mesma década foram fundadas várias companhias de comércio: para o Brasil, para a metrópole portuguesa e para Moçambique.

Pela constituição das grandes companhias fica evidente que Pombal queria atrair homens que dispusessem de grandes somas de capital. Aos acionistas eram concedidos importantes privilégios sociais: os nobres recebiam garantias de que não perderiam sua condição social; os plebeus — funcionários do governo, comerciantes da metrópole e das colônias, proprietários rurais nas colônias — que subscrevessem um determinado número de quotas ganhavam acesso às ordens militares e oportunidades de enobrecimento; e aos estrangeiros era assegurada a participação em termos de igualdade com os cidadãos portugueses. As novas companhias tinham objetivos muito mais amplos que as companhias de comércio anteriores. Deveriam favorecer a construção de navios e a navegação e desenvolver vastas áreas do Brasil mediante o melhoramento dos métodos tradicionais de produção e a introdução de novas culturas. Pombal esperava também que, por meio dessas companhias, pudesse controlar toda a atividade econômica, evitar o excesso de produção, fixar preços à luz da concorrência internacional nos mercados europeus, garantir a qualidade dos produtos e, por fim, obter um melhor equilíbrio entre a importação de manufaturas e os meios de pagamento dessas mercadorias.

Foram criadas três companhias de monopólio comercial para o Brasil: a Companhia Geral do Comércio do Grão-Pará e Maranhão (1755-1778) foi criada, (*a*) para facilitar a introdução dos escravos africanos na bacia do Amazonas em substituição à força de trabalho local após a abolição da escravidão indígena (1755-1758), (*b*) para contribuir com o desenvolvimento agrícola de uma região potencialmente rica através da compra e do transporte de gêneros coloniais de primeira necessidade, novos e tradicionais e, mais tarde (*c*) para controlar e regulamentar as importações de produtos manufaturados da metrópole portuguesa, através de um monopólio de comércio e navegação. Seu papel foi extremamente importante no desenvolvimento do cultivo do arroz e do algodão, no aumento da produção de madeira e tinturas, bem como na produção de carne (defumada ou salgada) e couros. A Companhia Geral do Comércio de Pernambuco e Paraíba (1759-1779) seguia muito de perto o modelo da do Grão-Pará e Maranhão. Deveria ajudar a remediar a escassez de mão-de-obra agrícola mediante a importação de grandes contingentes de escravos africanos e contribuir para a revivescência da produção e exportação de açúcar. Esperava-se igualmente aumentar a exportação de couro, de fumo e de novos produtos, como o cacau. Do mesmo modo que em relação à companhia do Maranhão, esperava-se que mais tarde desenvolvesse o mercado colonial para as manufaturas portuguesas. Finalmente, a Companhia de Pesca da Baleia das Costas do Brasil (1765-1801) tomou o lugar do monopólio real arrendado. Aumentou a quantidade e a qualidade da baleia pescada e da extração de óleo e barbatanas de baleia, graças a um forte investimento de capital em mão-de-obra escrava e em equipamentos (barcos e ferramentas) para as novas bases de pesca. Incentivou também a pesca do cachalote, que até então não fora tentada no Brasil.

Durante o período de 1753-1765, o comércio colonial fora consideravelmente reorganizado: a navegação controlada, o capital concentrado, os monopólios reforçados. A maior parte do comércio colonial brasileiro nos portos de Belém do Pará, São Luís do Maranhão e Pernambuco era doravante monopolizado pelas frotas das companhias do Grão-Pará e Maranhão e de Pernambuco e Paraíba. Já não era tão importante a manutenção das frotas, que na prática servia agora apenas à Bahia e ao Rio de Janeiro. De qualquer modo, uma experiência de mais de dez anos patenteava mais uma vez os inconvenientes desse sistema rígido e sempre controverso: o não-estabelecimento de programas adequados de saídas dos navios em Portugal e no Brasil, a deterioração de produtos perecíveis, como o açúcar e o fumo, em decorrência dos longos períodos de espera, o problema conseqüente de venda desses produtos com lucro e as longas demoras no recebimento dos pagamentos, e o contrabando generalizado. Fracassaram todos os esforços da Junta do Comércio no sentido de reformar o sistema de frota. Assim, em 1765, numa medida que ilustra o pragmatismo de Pombal, as frotas foram abolidas. Embarcações licenciadas podiam navegar livremente de e para a Bahia, Rio de Janeiro e todos os outros portos onde as companhias não gozavam de direitos exclusivos. No ano seguinte, era revogado também o banimento do comércio costeiro entre os portos brasileiros.

Os historiadores costumam datar de 1769-1770 o início das políticas "industriais" de Pombal, dando com isso a impressão de que até então o ministro havia negligenciado a manufatura. De fato, as observações de Pombal mesmo antes de ingressar no governo de Dom José I em 1750 revelam que compreendia claramente a necessidade de estimular tanto um grande número de prósperas oficinas de pequena escala quanto as manufaturas de grande produção, como a famosa Real Fábrica das Sedas de Lisboa. A política "industrial" de Pombal se alicerçava em dois elementos fundamentais: (1) a obtenção de matéria-prima na própria metrópole ou nas colônias, e (2) a manutenção e o desenvolvimento de pequenas unidades manufatureiras cuja produção pudesse ser integrada ao trabalho de unidades maiores incumbidas dos processos de acabamento. A Junta do Comércio era o organismo encarregado de promover o desenvolvimento industrial, mediante o recrutamento de artífices estrangeiros, a criação de oficinas, fábricas e unidades produtivas maiores e a concessão de privilégios de manufatura e venda. Criada em 1755, foi-lhe dada a responsabilidade pela Real Fábrica das Sedas de Lisboa, que passava então por dificuldades financeiras. Isso indica claramente qual o destino final pelo menos de uma parte de sua produção, uma vez que, ao lado de representantes da própria junta, faziam parte da sua direção representantes da companhia do Grão-Pará e Maranhão e, alguns anos mais tarde, da companhia de Pernambuco e Paraíba. Durante a década de 1760 uma série de choques — as despesas de guerra na Europa e no sul do Brasil, o declínio progressivo das exportações de açúcar do Brasil, o início da queda da produção brasileira de ouro, a conseqüente diminuição da receita proveniente dos dízimos, do quinto e de outras taxas e direitos — alterou profundamente a base da estrutura econômica do império português. Era agora mais necessário do que nunca reduzir o déficit da balança comercial, especialmente mediante o incentivo à produção de manufaturas portuguesas que pudessem competir com as mercadorias inglesas e francesas em Portugal, no Brasil e em outras colônias. A Junta do Comércio pôs em execução, através de empréstimos, a política de substituição de importações que Pombal havia planejado com a criação de fábricas e oficinas. Nos anos de 1765-1766, mas tendo continuidade até o início do século XIX, foram criadas fábricas para a produção de mercadorias de algodão, linho, lã e seda, chapéus, produtos de couro, de metal e de vidro, tapeçarias, relógios de parede e de punho, botões, fivelas de metal, pentes de marfim e muitos outros artigos de luxo, em grande parte devido à iniciativa *privada*. Os anos de 1769-1770 não representaram, como é geralmente aceito, o ponto de partida da política "industrial" de Pombal, mas viram a culminação de uma iniciativa *oficial* que garantiu ajuda a um número muito pequeno de grandes fábricas, quer reorganizadas quer recém-formadas, e impôs diversas medidas protecionistas. Os manufatureiros portugueses tinham vínculos estreitos com as companhias comerciais brasileiras, que lhes forneciam as matérias-primas, por exemplo, para o tingimento e a tecelagem, e subseqüentemente transportavam os produtos acabados para o Brasil.

No Brasil as grandes companhias de comércio do norte e do nordeste ajudaram a melhorar a produção e exportação de produtos básicos tradicionais (cacau no Pará, açúcar em Pernambuco) e a introduzir novos produtos agrícolas para exportação (algodão no Maranhão, arroz e café no Maranhão e no Pará)[9]. As autoridades nas capitanias do sul e do centro também tentaram com algum sucesso estimular a agricultura tradicional (açúcar e fumo). Pombal também as encorajou, especialmente após 1765, a diversificar a agricultura e adaptar novos produtos que pudessem encontrar mercado na metrópole e estimular a política de substituição de importações. E receberam apoio ativo do extremamente enérgico vice-rei, o segundo marquês de Lavradio (1769-1779). Os agricultores receberam sementes e mudas trazidas da metrópole ou selecionadas no local e tiveram garantida a venda com lucros, sendo a própria coroa às vezes o principal comprador. Embora boa na intenção e no princípio, a política nem sempre funcionou na prática, porque a empresa privada era fraca e carecia de financiamento real: ocorreram sucessos e insucessos. O fumo foi um fracasso comercial. O produto de qualidade inferior produzido nas capitanias do Rio de Janeiro e de São Paulo somente podia ser comercializado no local ou na África. Fracassaram também o algodão e a seda, dos quais foram produzidas apenas quantidades insignificantes. O cânhamo, muito procurado para cordames de navios e para o qual Portugal dependia integralmente das importações estrangeiras, também fracassou como cultura. Foram feitas repetidas tentativas de cultivá-lo na capitania do Rio Grande de São Pedro, mas sem resultados, mesmo que o clima parecesse favorável. A cochonilha, um corante do qual a Nova Espanha era a principal fonte de fornecimento na Europa, apresentou um sucesso parcial no Rio Grande de São Pedro e na ilha de Santa Catarina. Por outro lado, assinalaram-se vários sucessos bastante expressivos. Cite-se, por exemplo, a grande expansão na produção de açúcar na região de Campos dos Goitacases, a nor-

9. Para uma análise completa do renascimento agrícola no Brasil na segunda metade do século XVIII, ver Dauril Alden, *História da América Latina*, vol. II, cap. 12.

Tabela 1. A Balança Comercial de Portugal com a Inglaterra: 1751-1775 (valor médio anual em £ 1 000)

Anos	Exportações Portugal-Inglaterra	Importações Inglaterra-Portugal	Saldo
1751-1755	272	1 098	– 826
1756-1760	257	1 301	–1 044
1761-1765	312	964	– 652
1766-1770	356	595	– 239
1771-1775	365	613	–248
Total	1 562	4 571	

Fonte: Elizabeth Boody Schumpeter, *English Overseas Trade Statistics (1697-1808)*, Oxford, 1960, pp. 17-18.

deste do Rio de Janeiro. Entre 1769 e 1778, o número de engenhos dobrou, a produção de açúcar aumentou 235 por cento e a da cachaça, 100 por cento. O trigo, já cultivado na capitania de São Paulo, foi introduzido sem dificuldades em Rio Grande de São Pedro, e o sucesso inicial na década de 1770-1780 foi o prelúdio do desenvolvimento lucrativo desse cereal. Finalmente, no governo do marquês de Lavradio, o arroz e o anil, já relativamente promissores desde a década de 1750 na capitania do Rio de Janeiro, passaram a ser protegidos, tendo os agricultores e comerciantes recebido um incentivo para adotarem sua produção. A exportação desses produtos para a metrópole começou então a se fazer em quantidades cada vez maiores.

As informações de fontes portuguesas ainda são insuficientes para que se possa fazer uma avaliação geral das políticas econômicas implantadas na época de Pombal, especialmente porque as estatísticas disponíveis são distorcidas pelo contrabando. Mas as estatísticas inglesas (ver Tabela 1) revelam uma tendência favorável na balança comercial entre Portugal e a Inglaterra.

O déficit de Portugal no início do período parece inusualmente grande, mas podemos observar que 25 anos mais tarde ele fora reduzido cerca de 70 por cento, com um aumento de apenas 34 por cento nas exportações e uma diminuição de pouco mais de 44 por cento nas importações. A queda acentuada na importação de produtos manufaturados, mais perceptível depois de 1765, ilustra o sucesso das políticas portuguesas, realizadas ao mesmo tempo, de substituição de importações de manufaturados e das grandes companhias coloniais. Por exemplo, 78 por cento das manufaturas importadas para o Brasil pela Companhia Geral do Comércio de Pernambuco e Paraíba, entre 1760 e 1777, eram produzidos pela Real Fábrica das Sedas em Lisboa, que administrava várias unidades responsáveis pela produção de uma variedade muito grande de mercadorias (sedas e vários produtos têxteis, botões, chapéus, pentes, relógios etc.)[10].

A política econômica depois de Pombal

A morte de Dom José I em 1777 provocou algumas mudanças políticas importantes. A ascensão de Dona Maria I foi imediatamente seguida da queda de Pombal (que na verdade renunciou por vontade própria), precipitada por uma poderosa reação — conhecida pelo nome de Viradeira — a 27 anos de tirania: prisioneiros políticos foram libertados e reabilitados, exilados políticos foram autorizados a retornar a Portugal — um sopro de liberdade atravessou o país. Contudo, a maioria dos homens que haviam ocupado cargos no governo na época de Pombal continuou no poder. Martinho de Mello e Castro, por exemplo, tinha sido Secretário de Estado da Marinha e de Ultramar e permaneceu no cargo até sua morte, em 1795. A política econômica seguiu as mesmas linhas gerais. Foram adotadas pouquíssimas medidas contrárias às políticas de Pombal, e algumas dessas medidas afetaram grandemente as duas companhias de comércio do Brasil. Desde sua fundação, essas companhias vinham se tornando cada vez mais impopulares entre os comerciantes de Portugal e do Brasil e entre os proprietários rurais das colônias, que faziam críticas a suas políticas de preços, especialmente com relação aos escravos, e a suas limitadas realizações durante duas décadas. A Companhia Geral do Comércio do Grão-Pará e Maranhão foi abolida em 1778 e a de Pernambuco e Paraíba em 1779. Foi estabelecido o livre comércio entre Portugal e o norte do Brasil. Em 1777, o controle das fábri-

10. Percentual calculado por Kenneth R. Maxwell, *Conflicts and Conspiracies: Brazil and Portugal 1750-1808*, Cambridge, 1973, p. 261, tabela 3. Sobre a Real Fábrica das Sedas, ver J. Borges de Macedo, *Problemas de História de Indústria Portuguesa no Século XVIII*, Lisboa, 1963, pp. 152-153.

cas em Portugal foi transferido da Junta do Comércio para um órgão criado especialmente para esse fim, a Junta de Administração das Fábricas do Reino; no entanto, dez anos mais tarde (1788) retornou-se à fórmula de Pombal, com uma única Real Junta de Comércio, Agricultura, Fábricas e Navegações (ver p. 489). Por outro lado, não só a política de substituição de importações e de expansão do comércio foi mantida com notável continuidade durante todo o reinado de Dona Maria I e a regência *de facto* de seu filho, Dom João, após 1792, mas também o princípio do pacto colonial foi reafirmado em várias ocasiões, tanto por Martinho de Mello e Castro quanto por seu sucessor, Dom Rodrigo de Souza Coutinho.

Na metrópole, a empresa privada sempre recebera preferência; assim, foram fundadas novas fábricas e foi transferida para indivíduos privados a administração dos lanifícios de Fundão, Covilhã e Portalegre (1788). Os esforços do próprio Estado se concentraram principalmente no incentivo à indústria da seda. Finalmente, novas tarifas protecionistas favoreceram a entrada nas colônias de produtos manufaturados na metrópole (1794 e 1797).

No Brasil, continuou-se a incentivar o desenvolvimento e a produção de produtos básicos novos e tradicionais, e as políticas econômicas iniciadas sob Pombal se beneficiaram de duas importantes mudanças geopolíticas. A primeira ocorreu após 1777, quando a Guerra de Independência dos Estados Unidos obrigou a Inglaterra a buscar novas fontes de matéria-prima para sua indústria de algodão em rápido desenvolvimento, sobretudo o próprio algodão e os corantes; a segunda ocorreu após 1789, quando a Revolução Francesa e o advento de Napoleão ao poder acarretaram a revolução em Saint-Domingue (e a destruição da principal indústria açucareira do mundo) e a guerra no continente europeu. Em conseqüência, Portugal encontrou no mercado internacional outros compradores lucrativos para seus produtos coloniais, como o açúcar (de Pernambuco, Bahia e cada vez mais do Rio de Janeiro), o fumo, o anil, a cochonilha e o cacau e, naturalmente, a procura elevou os preços. Além disso, a produção do arroz se expandiu rapidamente tanto no Rio de Janeiro quanto no Pará e no Maranhão, e a metrópole logo se tornou auto-suficiente. O arroz, como o anil, foi objeto de medidas protecionistas muito importantes entre 1777 e 1783. O café, cultivado em larga escala para consumo local, alastrou-se por todo o Brasil durante o século XVIII. Sua produção estava agora concentrada nas capitanias do Rio de Janeiro, São Paulo, Espírito Santo e Minas Gerais, cujas condições climáticas eram quase perfeitas. Por volta do final do século, as exportações para a metrópole e outros mercados europeus, especialmente do Rio de Janeiro, tornavam-se cada vez mais expressivas.

Nesse meio tempo, as várias formas ilegais de comércio (contrabando de ouro dentro e fora do Brasil, exportações ilegais de produtos coloniais e importações de manufaturados estrangeiros) minavam toda a política econômica portuguesa durante os anos difíceis de recuperação. Não eram esses, porém, os únicos problemas que o Brasil suscitava para um governo cada vez mais ansioso por preservar suas prerrogativas. Havia preocupação quanto à proliferação de pequenas oficinas que produziam todos os tipos de tecidos de luxo e bordados de ouro e prata. Essa produção local não apenas concorria com indústrias similares na metrópole, como também ameaçava a longo prazo gerar na mais rica das colônias de Portugal um desejo de independência política e econômica. A existência desses problemas levou Martinho de Mello e Castro a publicar simultaneamente, em 1785, dois alvarás, um dos quais tinha a finalidade de reforçar as medidas contra todas as formas de fraude e contrabando, enquanto o outro ordenava o fechamento de todas as oficinas e fábricas no Brasil que produzissem outros tecidos que não o algodão rústico para vestir escravos ou para embalagem de mercadorias exportadas. Com efeito, o segundo desses alvarás pode não ter tido o impacto que alguns historiadores admitiram. Mas a verdade é que ainda assim a política "pombalina" adotada por Mello e Castro ratificou a dependência política e econômica do Brasil para com a metrópole, em concordância com os princípios do sistema colonial mercantilista. Até a transferência da corte de Bragança para o Rio de Janeiro, em 1808, o pacto colonial nunca fora posto em questão pelo governo que, mesmo após a independência dos Estados Unidos da América e de Saint-Domingue, ou mesmo após as duas tentativas de revolta no Brasil, em 1789 e 1798, jamais admitiu a possibilidade de relaxar seu controle. No entanto, pode-se detectar o desenvolvimento de um espírito mais liberal, particularmente na atitude do sucessor de Mello e Castro, Dom Rodrigo de Souza Coutinho, que defendeu com argumentos um tanto diferentes a manutenção dos laços entre Portugal e o Brasil. Esses argumentos não mais se baseavam na autoridade de princípios mercantilistas clássicos, mas eram inspirados por um "mercantilismo influenciado pela Ilustração, mercantilismo ilustrado"[11] e por uma nova visão do império português.

11. A expressão é de Fernando Novais, em *Portugal e Brasil na Crise do Antigo Sistema Colonial (1777-1808)*, São Paulo, 1979, p. 230.

As primeiras tentativas de reforma do sistema educacional português haviam sido empreendidas por instigação de Pombal, e tiveram continuidade durante o reinado de Dona Maria I. Rapidamente produziram uma geração de homens providos de uma nova visão técnica, científica e filosófica, que, numa tentativa de introduzir reformas e progresso em Portugal, juntaram forças com uma geração mais velha de homens "ilustrados". Além das tradicionais instituições, como a Universidade de Coimbra, reformada em 1772, vários outros órgãos deram importante contribuição a esse movimento. De modo bastante curioso, foi no Brasil que se criou, em 1772, a primeira academia científica do império português. Foi a Academia Científica do Rio de Janeiro, fundada para incentivar o estudo das ciências naturais, da física, da química e da agricultura, e portanto desenvolver ou melhorar a economia do Brasil. Do mesmo modo que outra instituição que a seguiu alguns anos mais tarde (a Sociedade Literária, 1786-1794), a Academia Científica não sobreviveu por muito tempo (1772-1779), mas ajudou a promover a difusão de novos produtos para exportação. Em Lisboa, a Academia Real das Ciências, fundada em 1779, desempenhou importante papel ao despertar o interesse público pelo estudo de assuntos vinculados à economia e à indústria. Os primeiros três volumes das famosas *Memórias Econômicas da Academia das Ciências de Lisboa para o Adiantamento da Agricultura, das Artes e da Indústria em Portugal e suas Conquistas* foram publicados entre 1789 e 1791 na forma de uma série de artigos. Incluíam vários estudos relativos ao Brasil que ilustram a persistência do mercantilismo colonial, aliada a um desejo de melhora. Diversas monografias estudavam a caça à baleia, o algodão, os preços do açúcar, as matérias-primas que ainda necessitavam de exploração e os setores da economia que precisavam de desenvolvimento. Uma descrição "física e econômica" da região de Ilhéus na Bahia continha até mesmo um plano detalhado de desenvolvimento. A Academia de Ciências dedicou-se ao incentivo à agricultura, porém muito mais dentro de uma tendência geral que enfatizava o desenvolvimento agrário do que em decorrência de uma genuína influência fisiocrata[12]. Seu interesse também se

12. A questão é controversa: ver em especial Magalhães Godinho, *Prix et monnaies*, p. 284, e Albert Silbert, *Le Problème agraire portugais au temps des premières Cortès libérales 1821-1823*, Paris, 1968, p. 22. Aqui aceito as conclusões de Abílio Carlos d'Ascensão Diniz Silva, "La Formulation d'une politique de développement économique au Portugal à la fin du XVIIIe siècle", *Mémoire* para obtenção do diploma em Sciences Économiques,

voltou para a metalurgia, notadamente dando a dois jovens brasileiros formados na Universidade de Coimbra as condições de fazer longa viagem à Europa a fim de estudar os mais importantes estabelecimentos metalúrgicos e informar-se sobre teorias científicas da atualidade. Sendo uma sociedade científica, a academia não podia intervir diretamente na política econômica; assim, nada mais era do que o que se chama hoje um grupo de pressão. Por outro lado, alguns de seus membros ocuparam mais tarde cargos importantes no governo ou na administração e tomaram parte na elaboração de políticas públicas. Por exemplo, os dois especialistas em mineralogia e metalurgia que a Academia enviou à Europa assumiram postos importantes e de alta responsabilidade, um como inspetor-geral das minas de ouro e diamante do Brasil (Manuel Ferreira da Câmara) e o outro como inspetor-geral das minas de Portugal (José Bonifácio de Andrada e Silva).

Evidentemente, porém, seria no próprio governo que se iriam encontrar homens "ilustrados" capazes de formular políticas globais, de influenciar as decisões do soberano e de moldar o destino da nação. O mais importante desses homens, sobretudo para o Brasil, foi sem dúvida o sucessor de Martinho de Mello e Castro, Dom Rodrigo de Souza Coutinho. Como Secretário de Estado da Marinha e de Ultramar (1796-1801) e depois como presidente do Erário Régio (1801-1803), Dom Rodrigo de Souza Coutinho correspondia-se quase diariamente com o príncipe regente. Essas cartas, e as que escreveu aos vice-reis, governadores e outros funcionários no Brasil, religiosos e seculares, oferecem amplo testemunho do alto alcance de seus projetos e, em particular, de seus persistentes esforços para consolidar a posição preeminente do Brasil no império português. Foi incansável na tentativa de promover o progresso em cada aspecto da vida brasileira, sobretudo no setor econômico. Alguns de seus projetos foram uma continuação da obra de seus predecessores (por exemplo, as tentativas de introduzir culturas, como o cânhamo, e de desenvolver outras, como a canela, a pimenta, a cochonilha etc.). Alguns dos projetos, porém, eram bastante originais; por exemplo, pretendia fazer um levantamento cadastral do território; queria também introduzir o arado puxado a boi e popularizar a agricultura "científica" entre os proprietários rurais brasileiros por meio da distribuição de

Universidade de Paris-I, 1969, pp. 44-45 e 56-57, cujos pontos de vista se subordinam à análise das *Memorias Economicas* e às observações de Joseph A. Schumpeter, *History of Economic Analysis*, 6. ed., London, 1967, pp. 157-158.

panfletos sobre agronomia impressos em Lisboa e escritos em português ou traduzidos pelo intelectual brasileiro, frei Mariano da Conceição Veloso. Alguns dos outros projetos de Dom Rodrigo de Souza Coutinho buscaram estender o uso de máquinas de limpar e debulhar café e algodão e de uma nova tecnologia na produção de açúcar; proteger as florestas através do controle rigoroso da derrubada; incentivar a exploração do salitre; melhorar a produtividade das minas de ferro na capitania de São Paulo, desenvolver aí a nascente indústria do ferro e do aço e estender esses esforços às capitanias do Rio de Janeiro e de Minas Gerais; promover a instituição de bancos que oferecessem crédito e descontos à agricultura e ao comércio, bem como companhias de seguro; promover a liberdade de circulação de bens no interior brasileiro; e estabelecer carreiras regulares de barcos a vapor na rota entre a metrópole portuguesa e o Brasil. Suas idéias mais importantes aparecem em longo relatório sobre "o melhoramento dos domínios de Sua Majestade na América", que ele apresentou ao governo e ao Conselho de Estado em 1798, dois anos após ter sido nomeado Secretário Colonial[13].

Deixando de lado por enquanto os aspectos políticos desse importante documento, examinemos a proposta econômica com base nas próprias idéias do ministro e nos vários relatos de seus conselheiros. Com o risco de invadir um domínio teoricamente reservado ao presidente do Erário Régio, que era o único responsável pela administração financeira em todo o império, Souza Coutinho considerava ser parte de seu dever sugerir meios de remediar o lamentável estado das finanças reais. Não só propôs métodos de reformar sua administração, mas também de modificar a própria política fiscal. Sugeriu que em toda capitania a Junta da Fazenda administrasse todas as taxas diretamente. Em outras palavras, devia ser abolido o sistema "pernicioso" de contratos de impostos, uma experiência que já havia sido realizada com sucesso em Minas Gerais. Devia ser melhorada a escrituração contábil e elaboradas anualmente as estimativas e cálculos; e devia ser estudado um plano de substituir o dízimo por um imposto sobre a terra proporcional a seu rendimento líquido. A seguir, deviam ser abolidas a moeda local e a circulação de ouro em pó e substituídas por papel-moeda. No entanto, podiam continuar a ser usadas as moedas que tivessem o mesmo valor das que circulavam na metrópole. Deviam ser instala-

13. Publicado por Marcos Carneiro de Mendonça, *O Intendente Câmara, Manuel Ferreira da Camara Bethencourt e Sá, Intendente Geral das Minas de Diamantes 1764-1835*, Rio de Janeiro, 1933, pp. 268-290.

das nas capitanias de Minas Gerais e Goiás uma ou duas casas de cunhagem, ao mesmo tempo em que seriam abolidas as do Rio de Janeiro e da Bahia. Os distritos diamantinos deviam ser abertos e suas jazidas, exploradas livremente. No entanto, os diamantes ainda deviam ser vendidos exclusivamente a representantes autorizados da coroa. O imposto de 20 por cento seria reduzido a 10 por cento; o imposto sobre o sal seria totalmente abolido; todas as tarifas sobre importações e exportações seriam reduzidas a 4 por cento e seria introduzido um sistema preferencial para mercadorias da metrópole: 2 por cento sobre produtos manufaturados e total isenção para o ferro, o aço, os vinhos e o óleo de oliva. Os direitos a pagar sobre escravos negros seriam abolidos em todo o Brasil, com exceção dos portos, onde deviam ser reduzidos. Os impostos especiais de entradas sobre escravos negros e sobre vários produtos (ferro, aço, cobre, ouro em pó, azeite de oliva e vinhos) seriam abolidos na capitania de Minas Gerais. Para compensar a perda de renda resultante de todas essas mudanças seria introduzido um imposto de selo, já em vigor na metrópole, juntamente com impostos moderados sobre casas nas cidades costeiras e sobre todas as lojas, hospedarias e casas de bebida alcoólica. Seria reduzida também a taxa de capitação sobre todos os escravos. Seria introduzido um serviço postal em todo o interior do Brasil, cujos lucros iriam para a Fazenda Real; e, finalmente, seriam instituídas loterias, como na metrópole.

Para Souza Coutinho, influenciado como era por Adam Smith, a riqueza das nações dependia dos "produtos da terra, dos salários dos trabalhadores agrícolas e artífices, e da renda do capital acumulado que era usada ou para melhorar a terra e torná-la produtiva, ou para aumentar a força de trabalho, e nossa época é que dissimulara essa verdade inquestionável através das sutilezas da seita dos economistas" — em outras palavras, dos fisiocratas. Assim foi a partir de dentro do arcabouço de uma economia pré-liberal que Souza Coutinho fez suas tentativas de reformar o sistema fiscal de uma maneira que deveria afetar não apenas o Brasil, mas também todo o império: aliviando a pressão fiscal, ele esperava estimular a atividade econômica no Brasil, sem dúvida, mas também em Portugal, uma vez que qualquer aumento na produção das colônias também melhoraria o comércio na metrópole. De fato, estava em jogo a prosperidade de todo o império, visto que todo aumento na receita do Estado decorria basicamente do aumento nas rendas dos cidadãos privados.

Como bem se sabe, o governo do Príncipe Regente Dom João jamais se distinguiu pela tomada rápida de decisões; além disso, era grande a oposição a um programa ousado, suscetível de rebentar uma máquina administrativa atravancadora e os interesses entrincheirados de uma poderosa oligarquia financeira. Não nos devemos surpreender, portanto, com o fato de muitas das medidas propostas por Dom Rodrigo de Souza Coutinho em seu relatório de 1798 só terem sido postas em prática muito lentamente e muitas outras terem sido postergadas indefinidamente. Não obstante, o ministro conseguiu abolir o arrendamento dos impostos sobre o sal em 1801. O arrendamento do imposto sobre a pesca da baleia foi abolido em parte em maio de 1798 e em 1801 caiu completamente. A planejada redução das tarifas e a introdução de novos impostos foram modificadas para adequar-se às necessidades locais e às demandas do Tesouro.

Uma das preocupações especiais de Souza Coutinho era o declínio da produção de ouro. Sabemos que as regulamentações que regiam as várias etapas da produção e a cobrança do quinto não haviam mudado desde os tempos de Pombal, apesar dos levantes sociais provocados pela derrama, o injusto imposto compensatório, sobretudo em Minas Gerais em 1789, com a Inconfidência Mineira, uma malsucedida conspiração em prol da independência[14]. Finalmente, em 1803, alguns esforços tentaram revitalizar essa indústria básica, de acordo com as linhas sugeridas pelo ministro e seus conselheiros: seriam criadas em cada uma das capitanias envolvidas repartições do governo para troca de ouro em pó; seria transferida para Minas Gerais a casa da moeda do Rio de Janeiro e a da Bahia para Goiás; e seria instituída uma junta para administrar as minas e a cunhagem de moedas. Essa junta deveria ser composta principalmente por mineralogistas (proprietários de minas com experiência ou técnicos treinados). A presença de tais especialistas num trabalho conjunto com servidores civis mostra a existência de um novo espírito, refletido também no plano de fundar escolas locais de mineralogia e metalurgia à semelhança das escolas alemãs. Esperava-se que esse progresso tecnológico tirasse, assim, a produção de ouro da rotina em que se achava desde 1765. Para encorajar os esforços dos proprietários de minas, o quinto foi reduzido a 10 por cento. Quanto aos diamantes, foi abandonado o sistema despótico de isolar totalmente as áreas de jazidas de diamantes: foi reaberto o Distrito Diamantino, autorizada a prospecção de ouro no local e adotado um novo método de partilha e exploração das concessões. Os mineradores foram aconselhados a formar sociedades ou companhias, de modo a

14. Para uma discussão adicional sobre a Inconfidência Mineira, ver Dauril Alden, *História da América Latina*, vol. II, cap. 12.

terem seus lucros aumentados. No entanto, a venda de diamantes ainda era prerrogativa exclusiva da coroa: as pedras ou eram examinadas e compradas no principal centro diamantino (o Arraial do Tijuco) por uma junta de fazenda criada especialmente para esse fim, ou então, em áreas muito distantes desse centro, nas repartições do governo que haviam sido instaladas para a comercialização do ouro em pó.

Decerto, a demora na implementação dessas medidas reduziu muitas vezes seu impacto. As reformas chegaram tarde demais. No entanto, foram necessárias e ajudaram a preparar o caminho para as revoltas que deveriam sacudir o império após 1808.

Examinando o comércio de Portugal com a Inglaterra, no período de Pombal, com base nos dados ingleses, que apresentam uma série contínua até o ano de 1800, pode-se obter uma razoável idéia do sucesso da economia política dos sucessores de Pombal. No entanto, é oportuno comparar os resultados com as fontes portuguesas sobre a balança comercial, da qual temos uma série contínua a partir de 1796[15]. Essa série é particularmente interessante porque abrange todo o comércio de exportação português, não apenas com países estrangeiros, mas também com cada uma das colônias. Os números nos permitem avaliar a estrutura interna da economia do império português e estimar os esforços no sentido de sua reorganização. Assim, basear-nos-emos em dados ingleses para o período de 1776-1796 e em números portugueses para o período de 1796-1807.

A Tabela 2 (p. 513) mostra que, entre 1776 e 1795, havia a mesma tendência progressiva no comércio anglo-português que já fora observada no período de Pombal (ver Tabela 1, p. 502).

Entre 1776 e 1795, as exportações de Portugal para a Inglaterra aumentaram 90 por cento, enquanto as importações de produtos da Inglaterra cresceram apenas 13 por cento. Durante o período de 1791-1795, isso gerou a primeira inversão espetacular da balança comercial em favor de Portugal: a

15. Apontados e usados pela primeira vez por Adrien Balbi em seu famoso *Essai statistique sur le royaume de Portugal e d'Algarve*, Paris, 1822, 2 vols.; ver vol. I, pp. 401-445, esses dados comerciais aparecem em vários estudos mais recentes de vários historiadores, notadamente em Magalhães Godinho, Borges de Macedo, Silbert e, sobretudo, em Fernando Novais, *Portugal e Brasil*, pp. 285-296 e 306-391 (gráficos e valores), bem como em José Jobson de A. Arruda, *O Brasil no Comércio Colonial*, São Paulo, 1980.

balança que anteriormente havia sido negativa apresentava agora um grande superávit. Aproveitando-se das tendências internacionais que operavam em favor de seu comércio, Portugal conseguira claramente expandir seu comércio mediante a promoção de seus produtos coloniais. O algodão brasileiro, por exemplo, desempenhava um papel cada vez mais importante nas exportações portuguesas: entre 1781 e 1792 a exportação anual total do algodão brasileiro de Portugal para a Inglaterra subiu de 135 para 3 500 toneladas, enquanto que no mesmo período a França importou anualmente cerca de 620 toneladas[16].

Para o período de 1776-1795, as fontes portuguesas fornecem apenas dois conjuntos completos de números sobre o comércio, um deles relativo a 1776 e outro a 1777 (ver Tabela 3). Esses números indicam que estava ocorrendo uma mudança radical na estrutura econômica do império português, uma observação confirmada por dados posteriores (a partir de 1796).

A Tabela 3 nos mostra os começos da mudança, uma vez que o déficit no comércio português com outros países foi reduzido em quase 17 por cento, enquanto a balança em favor da metrópole em seu comércio com suas colônias diminuiu quase 54 por cento. O último número é particularmente importante, pois mostra claramente que as colônias tendiam a melhorar sua posição econômica em relação à metrópole; veremos mais tarde que a posição dominante do Brasil — para a qual temos dados precisos posteriores a 1796 — estava abrindo o caminho para a independência política e econômica da colônia.

Não é exagero dizer que o período de 1796-1807 parece ter sido a idade de ouro do comércio português. Em suas transações com os países estrangeiros Portugal desfrutou de um superávit constante em sua balança comercial, com exceção de 1797 e 1799. O valor médio anual das exportações aumentou cerca de 4 por cento e as importações apenas 2,6 por cento, como mostra a Tabela 4 (p. 514).

Se compararmos as Tabelas 4 e 5, podemos ver que as importações portuguesas da Inglaterra representavam 34 por cento do valor total de suas importações de países estrangeiros, e que as exportações de Portugal para a Inglaterra representavam 39 por cento do valor total de suas exportações para países estrangeiros. Isso mostra que, embora continuasse sendo um dos principais parceiros comerciais de Portugal, a Inglaterra não era mais o par

16. Sobre os dados ingleses, ver Maxwell, *Conflicts and Conspiracies*, *op. cit.*, p. 255, e sobre os dados franceses, ver Magalhães Godinho, *Prix et monnaies*, *op. cit.*, p. 361.

Tabela 2. Balança Comercial com a Inglaterra: 1776-1795
(valor médio anual em £ 1 000)

Anos	Exportações Portugal-Inglaterra	Importações Inglaterra-Portugal	Saldo
1776-1780	381	525	–144
1781-1785	340	622	–282
1786-1790	597	622	–25
1791-1795	724	594	+130
Total	2 042	2 363	

Fonte: Elizabeth Boody Schumpeter, *English Overseas Trade Statistics (1697-1808)*, Oxford, 1960, pp. 17-18.

Tabela 3. Balança Comercial Portuguesa: 1776-1777
(valor em mil-réis)

Anos	Portugal-Colônias	Portugal-Países Estrangeiros	Saldo
1776	+1 177 159	1 795 390	
1777	+545 329	–1 492 427	

Fonte: Fernando A. Novais, *Portugal e Brasil na Crise do Antigo Sistema Colonial (1777-1808), op. cit.*, p. 289.

ceiro quase exclusivo que fora por tanto tempo. Portugal mantinha relações comerciais regulares com cerca de quinze países, e o volume de negócios realizados anualmente com Hamburgo, a Rússia, a Espanha e a França, por exemplo, testemunha essa diversificação[17].

Depois de 1798 o comércio de Portugal com a Inglaterra sempre apresentou um saldo em favor de Portugal, e a partir de 1800 ocorreram mesmo algumas melhoras significativas, como se pode ver na Tabela 5 (p. 515).

17. Balbi, *Essai statistique*, *op. cit.*, vol. 1, pp. 431-442.

Tabela 4. Balança Comercial Portuguesa com Todos os Países Estrangeiros: 1796-1807 (valor em mil-réis)

Anos	Exportações Portugal-Países Estrangeiros	Importações Países Estrangeiros-Portugal	Saldo
1796	16 013 356	12 652 771	+ 3 360 585
1797	11 822 970	14 498 399	– 2 675 429
1798	15 053 960	14 729 238	+ 324 722
1799	17 688 107	19 755 284	– 2 067 177
1800	20 684 802	20 031 347	+ 653 455
1801	25 103 785	19 337 425	+ 5 766 360
1802	21 405 349	17 942 240	+ 3 463 109
1803	21 528 379	15 068 304	+ 6 460 075
1804	21 060 962	17 841 034	+ 3 219 928
1805	22 654 204	19 656 685	+ 2 997 519
1806	23 255 505	16 440 921	+ 6 814 584
1807	20 999 506	13 896 318	+ 7 103 188
Total	237 270 885	201 869 966	

Fonte: Novais, *Portugal e Brasil, op. cit.*, pp. 320 e 322.

Uma análise dos valores do comércio de Portugal de 1796 a 1807 também fornece informações detalhadas sobre a estrutura econômica do império português — tanto dentro de suas fronteiras quanto com relação aos países estrangeiros.

Se observarmos o quadro geral das relações comerciais de Portugal com suas colônias, notamos que Portugal apresentou um déficit na balança comercial na maioria dos anos, como podemos ver na Tabela 6 (p. 517).

Assim, as importações das colônias aumentaram anualmente numa média de 10 por cento. Por outro lado, a taxa de crescimento das exportações de Portugal para as colônias, que apresentara uma média de 17 por cento por ano até o final de 1799, declinou após esse ano até um pouco abaixo de 3 por cento por ano — um indício da crescente importância do comércio de con-

Tabela 5. Balança Comercial Portuguesa com a Inglaterra: 1796-1807
(valor em mil-réis)

Anos	Exportações Portugal-Inglaterra	Importações Inglaterra-Portugal	Saldo
1796	4 887 076	4 951 737	– 64 661
1797	3 979 976	4 627 613	– 647 637
1798	6 828 261	6 661 419	+ 166 842
1799	9 058 217	8 835 649	+ 222 568
1800	6 702 836	2 911 061	+ 3 791 775
1801	9 651 014	4 879 357	+ 4 771 657
1802	8 472 170	6 693 774	+ 1 778 396
1803	10 514 250	5 587 493	+ 4 926 757
1804	7 462 492	5 764 885	+ 1 697 607
1805	8 865 210	5 837 705	+ 3 027 505
1806	6 587 150	8 201 116	+ 1 613 966
1807	7 971 196	5 422 272	+ 2 548 924
Total	92 593 814	68 760 115	

Fonte: Novais, *Portugal e Brasil*, *op. cit.*, pp. 356 e 358.

trabando nas manufaturas inglesas. No final do período, a balança comercial mostrou um superávit global de 10,6 por cento em favor das colônias. Isso confirma amplamente a tendência perceptível a partir dos dados para 1776 e 1777, quando o saldo em favor da metrópole começara a declinar.

Esses números do comércio nos permitem avaliar também o lugar exato que o Brasil ocupou no volume total do comércio português: o Brasil sozinho era responsável por 83 por cento do valor total de bens importados por Portugal de suas colônias, e por 78,5 por cento das exportações portuguesas para suas colônias[18]. Mais surpreendentes ainda são as porcentagens relati-

18. Novais, *Portugal e Brasil*, p. 290. Ver também Dauril Alden, *História da América Latina*, vol. II, cap. 12, tabela 11, "Exportações Brasileiras para Portugal, 1796 e 1806", e tabela 13, "Balança Comercial entre Portugal e as Principais Capitanias Brasileiras, 1796-1806".

vas a cada parte do império português dentro do valor total das exportações portuguesas para países estrangeiros (100 por cento): produtos da metrópole, 27,43 por cento; produtos do Brasil, 60,76 por cento; produtos de outras colônias, 2,95 por cento[19].

Desse modo, apesar de certa revivescência do comércio português com aquelas suas colônias da Ásia, que em tempos anteriores haviam sido sua principal fonte de riqueza, é evidente a preponderância esmagadora do Brasil, quer observemos a estrutura interna da economia portuguesa quer a externa. O comércio internacional de Portugal devia seu saldo positivo às exportações dos produtos básicos brasileiros.

No final do século XVIII, quando já havia sido rompida a união da Inglaterra e da França com suas colônias americanas, foi levantada a questão da dependência do Brasil para com Portugal. No preâmbulo do relatório "sobre o melhoramento dos domínios de Sua Majestade na América", cujos aspectos econômicos foram examinados acima, Dom Rodrigo de Souza Coutinho (encarregado a partir de 1796 dos negócios coloniais) expunha suas idéias sobre o sistema político que ele considerava capaz de permitir a Portugal a manutenção de seu império ultramarino. Admitindo *a priori* que "a feliz posição de Portugal" de intermediário entre o norte e o sul da Europa tornava a união das colônias portuguesas com a metrópole "tão natural quanto era antinatural a união das outras colônias que declararam sua independência com a metrópole", o ministro defendia "o princípio sacrossanto e inviolável da unidade, a base da monarquia, que deveria ser ciosamente mantida, de modo que os portugueses, onde quer que nasçam, se possam considerar exclusivamente portugueses". Ele então continuou a expor seu corolário: era importante reforçar os laços comerciais entre a metrópole e suas colônias, sobretudo o Brasil, "a principal possessão de todas as que os europeus estabeleceram fora de seu continente, não por causa do que ele é agora, mas pelo que pode vir a tornar-se se pudermos desenvolver todas as vantagens oferecidas por seu tamanho, localização e fertilidade". Para assegurar a defesa do Brasil contra seus vizinhos, Dom Rodrigo recomendou que o país deveria ser dividido novamente em duas

19. Novais, *Portugal e Brasil*, pp. 292-293. Ver também Dauril Alden, *História da América Latina*, vol. II, cap. 12, tabela 12, "Origens das Exportações de Portugal para a Europa, a Barbária e os Estados Unidos, 1789, 1796, 1806".

Tabela 6. Balança Comercial Portuguesa com Todas as suas Colônias: 1796-1807 (valor em mil-réis)

Anos	Exportações Portugal-Colônias	Importações Colônias-Portugal	Saldo
1796	7 527 648	13 413 165	- 5 885 617
1797	9 651 734	5 519 870	+ 4 131 864
1798	12 418 654	12 802 090	- 383 436
1799	20 458 608	15 169 305	+ 5 289 303
1800	13 521 110	14 850 936	- 1 329 826
1801	13 133 542	17 527 723	- 4 394 181
1802	12 800 313	12 966 553	- 116 340
1803	12 741 308	14 193 353	- 1 452 045
1804	14 905 960	13 579 874	+ 1 326 086
1805	12 245 019	15 843 481	- 3 598 462
1806	11 313 313	16 103 966	- 4 789 653
1807	10 348 602	16 968 810	- 6 620 208
Total	151 065 811	168 939 226	

Fonte: Novais, *Portugal e Brasil, op. cit.*, pp. 310 e 312.

grandes regiões, dependendo cada uma de um centro militar, Belém do Pará no norte e Rio de Janeiro no sul, de acordo com um plano geopolítico que daria a Portugal "gradual e imperceptivelmente" as condições de "expandir até a verdadeira fronteira natural de nossas possessões na América do Sul, em outras palavras, a margem norte do rio da Prata" — o velho sonho expansionista que nenhum dos três tratados de fronteira assinados com a Espanha a partir de 1750 conseguira dissipar[20].

Alguns anos mais tarde, outro antigo sonho foi revivido por um homem de Estado ansioso por preservar da crescente pressão francesa a integridade do império português e a independência de seus governantes. Foi uma idéia do velho diplomata, Dom Luís da Cunha, que, em 1738, havia previsto que

20. *Memorandum* de Dom Rodrigo de Souza Coutinho, ver nota 13.

o rei de Portugal transferiria sua corte para o Brasil e assumiria um dia o título de Imperador do Ocidente[21]. Logo após a ruptura da Paz de Amiens (1802), Dom Rodrigo de Souza Coutinho e outros conselheiros, avaliando "os novos riscos e perigos iminentes" que ameaçavam a monarquia portuguesa, decidiram que o último recurso deixado ao príncipe regente era mudar-se para o Brasil[22]. No entanto, o sonho somente se tornou realidade quando a França invadiu Portugal. Em 28 de novembro de 1807, sob a proteção de uma esquadra inglesa, a família real e parte da corte deixou Portugal rumo ao Brasil.

Assim, a reorganização do império, que vinha avançando desde 1750, chegou a sua conclusão lógica por pressão de forças externas. O Brasil, já então a mais importante unidade econômica do império português de amplitude mundial, tornou-se seu centro político de 1808 até 1821, quando o ex-príncipe regente, Dom João VI, rei de Portugal e do Brasil desde 1816, retornou a Lisboa.

O passo dado em 1807 fora decisivo, mas não no sentido imaginado por Souza Coutinho. Longe de servir de base para a "total reintegração da monarquia", o Brasil iniciou o processo de desintegração do império português, quando proclamou sua independência em 1822.

---

21. *Instruções Inéditas de D. Luis da Cunha a Marco Antônio de Azevedo Coutinho, op. cit.*, p. 211.

22. Carta de Dom Rodrigo de Souza Coutinho ao Príncipe Regente Dom João, de 16 de agosto de 1803, em Angelo Pereira, *D. João VI Príncipe e Rei*, Lisboa, 1953-1957, 4 vols.; ver vol. I, pp. 127-136. Essa hipótese, totalmente rejeitada na época pelo governo português, foi analisada em todas as suas conseqüências um ano mais tarde pelo almirante inglês Donald Campbell, num importante relatório ao Foreign Office: ver Andrée Mansuy, "L'Impérialisme britannique et les relations coloniales entre le Portugal e le Brésil: un rapport de l'Amiral Campbell au *Foreign Office* (14 août 1804)", *Cahiers des Amériques Latines*, 9-10:138, 147-148, 152 e 186-189, 1974; ver também Maxwell, *Conflicts and Conspiracies, op. cit.*, pp. 233-239.

3

A Igreja na América

A Igreja Católica na América Espanhola Colonial

A TRANSPLANTAÇÃO DA IGREJA CATÓLICA PARA O NOVO MUNDO

PARA COMPREENDER plenamente a instalação e a organização da Igreja católica nas Américas no século XVI, faz-se necessário primeiramente examinar as condições da Península Ibérica na época. No final da Idade Média, os reinos ibéricos haviam passado por uma experiência decisiva: a reconquista do território cristão das mãos do invasor islâmico. Seria simplificar demais identificar a Reconquista diretamente ao modelo geral da cruzada, mas houve nela a mesma interação de empresa mundana e propósito religioso. Estava presente também a idéia de que a fé poderia e deveria ser propagada por meios militares. Pode-se até mesmo afirmar, na linha de Américo de Castro, que os castelhanos participantes da Reconquista haviam absorvido de seus adversários muçulmanos algumas idéias e crenças, sobretudo, o messianismo religioso. Dentro de seus territórios, os governantes dos reinos hispânicos, por muitos séculos, haviam manifestado relativa tolerância para com seus súditos não-cristãos. Entretanto, a partir do começo do século XV, passou-se a insistir continuamente na sua assimilação ao corpo da Cristandade. Em 1492, judeus espanhóis foram forçados a escolher entre serem batizados cristãos ou banidos dos domínios de Fernando e Isabel; os mouros enfrentaram a mesma escolha em Castela, em 1520, e em Aragão, em 1526. Nessa época, a Espanha já estava bem distante da atitude missionária que indivíduos como Raimundo Lúlio mantiveram no século XIII; o surgimento do Estado moderno exigia pelo menos a fachada de uniformidade de crença. Ao mesmo tempo, as idéias propostas por juristas italianos, a partir do século XIV, sobre a justificação secular do Estado, segundo as quais a autoridade do Governo devia controlar todas as forças da sociedade, inclusive as eclesiásticas, obtinham crescente aceitação. Naturalmente, tais modelos de sociedade não reservavam qualquer lugar à teocracia, ou seja, ao agostinianismo na política, qualquer lugar especial à visão de que o papa era *dominus orbis*.

No século XV, na ausência de uma classe burguesa poderosa, as próprias coroas de Portugal e Castela tomaram a dianteira na expansão de seus domínios além da Península: aquela na Madeira, nos Açores e ao longo da costa ocidental da África, esta nas ilhas Canárias. Foram esses os lugares em que se testaram as soluções para os problemas que a conquista da América acarretaria mais tarde. O que era ocupação legítima? Como os conquistadores deviam tratar os conquistados? Que deveres missionários tinham os soberanos, e quais eram seus direitos de padroado?

Quando Colombo chegou pela primeira vez às Antilhas, o papado já vinha há mais de meio século intervindo em expedições de exploração e conquista, tanto de Portugal quanto de Castela. Nas bulas *Romanus Pontifex*, do papa Nicolau V (1455), e *Cum dudum affligebant*, de Calisto III (1456), por exemplo, o papado centralizou seu interesse nos problemas humanos e religiosos das populações conquistadas, enquanto ao mesmo tempo conferia legitimidade às conquistas. No caso das Índias espanholas, as bulas *Inter caetera* (1493) e *Eximiae devotionis* (1493 e 1501), de Alexandre VI, *Universalis ecclesiae* (1508), de Júlio II, e *Exponi nobis* (1523), de Adriano VI, outorgadas à coroa de Castela, definiam o arcabouço básico do trabalho de evangelização católica na América.

Em troca dessa legitimação de direitos que reivindicavam num continente conquistado ou explorado apenas em parte, os monarcas católicos eram obrigados a promover a conversão dos habitantes das terras recém-descobertas e a proteger e manter a Igreja militante sob o *patronato* real. A coroa de Castela assumiu o controle da vida da Igreja num grau até então desconhecido na Europa (exceto na recém-recuperada Granada). A política eclesiástica tornou-se mais um aspecto da política colonial coordenada após 1524 pelo Conselho das Índias. A coroa reservava-se o direito de indicar candidatos aos cargos eclesiásticos em todos os níveis e assumiu a obrigação de pagar salários e construir e dotar as catedrais, as igrejas, os mosteiros e os hospitais com os dízimos cobrados sobre a produção agrícola e pecuária. A coroa reservava-se igualmente o direito de autorizar o envio de pessoal eclesiástico para as Índias e, em 1538, ordenava explicitamente que toda e qualquer comunicação entre Roma e as Índias devia ser submetida à aprovação do Conselho (o *pase regio*, ou *exequatur*). E, enquanto, de um lado, Filipe II fracassava, em 1560, em sua tentativa de criar dois patriarcados com poderes soberanos na América, Pio V, em 1568, malograva em seu empenho de enviar núncios papais às Índias. À Igreja na América fora confiada uma missão prática: apressar a submissão e a europeização dos índios e pregar a lealdade à coroa de Castela. Qualquer resistência por parte da Igreja ao cumprimento dessa função era considerada um problema político e seria tratada de maneira correspondente.

Tal arranjo, logicamente, era desejável para o Estado, não tanto assim para a Igreja. Por que justamente a Igreja se permitia submeter-se de pés e mãos aos interesses da coroa espanhola? Muitas eram as razões, entre as quais podemos enumerar as seguintes: a preocupação dos papas mundanos do Renascimento, especialmente Alexandre VI, o papa Borgia de Valência, com o engrandecimento da família, com a política européia e, após 1517, com a maré montante do protestantismo; a falta de meios de que Roma sofria para organizar e financiar a propagação da fé no Novo Mundo sem o recurso a auxiliares políticos; o zelo chauvinista de muitos eclesiásticos espanhóis, que reconheciam ter o rei da Espanha de qualquer forma muito mais a lhes oferecer que o papa na distante Roma. Sob o *patronato* real, o clero desfrutava de um grau surpreendente de tolerância religiosa, fazendo com que seus membros fossem ouvidos em todos os processos do governo. Entretanto, em comparação com as oportunidades que as autoridades da Igreja tiveram na Espanha e na América de desafiar o sistema sob o qual trabalhavam, o número de vezes que o fizeram foi insignificante.

O primeiro cenário dos conflitos de consciência que sofreram as autoridades foram as Antilhas. Em 1509, o rei Fernando havia legalizado a *encomienda*, o sistema pelo qual os índios eram distribuídos entre os colonos, os quais podiam exercer sobre eles direitos quase vitalícios, embora não fossem de fato oficialmente escravos. Em dezembro de 1511, o frade dominicano Antonio de Montesinos denunciou do púlpito os colonos: "Todos vocês se encontram em estado de pecado mortal, e vão viver e morrer nele, por causa da crueldade e da tirania que estão infligindo a essas vítimas inocentes". Com este ataque eram traçadas as linhas da primeira batalha entre o evangelho e o colonialismo, na luta que seria um pára-raios para a vida da Igreja na América. A primeira reação do governo foi emitir as Leis de Burgos em 1512, as quais inauguraram uma série de tentativas, por parte das autoridades, de mediação entre os dois interesses incompatíveis. Dois anos mais tarde, Bartolomé de Las Casas, frade dominicano, pároco e *encomendero* em Cuba, iniciou sua grande defesa dos índios que perduraria até sua morte em 1566. Essa primeira etapa (antilhana) do colonialismo espanhol na América serviu para colocar em relevo uma contradição inerente: se as bulas papais transformaram a conversão dos nativos numa justificativa para a soberania espanhola, então as mesmas pessoas ora responsáveis pelo esforço missionário se viam cada vez mais tomadas do dever de censurar os objetivos sociais e econômicos da empresa colonial.

As duas décadas após 1519 representam a fase decisiva na dominação da América por parte de Castela. A partir de sua base nas Antilhas, os espanhóis conquistaram o México e a América Central e depois rumaram para o sul, a partir do Panamá e de Venezuela via Pacífico, para conquistar o império inca. Os conquistadores pisaram num mundo desconhecido. A expansão territorial significou a descoberta de sociedades complexas, organizadas de acordo com sistemas totalmente estranhos aos da Europa. Além disso, suas estruturas religiosas estavam funcionalmente enraizadas na vida dessas sociedades. Somente depois que o horizonte geográfico e humano se descortinara de forma tão esmagadora é que a Igreja percebeu a dimensão da tarefa de evangelização que agora se exigia dela no Novo Mundo. Os próprios conquistadores foram impelidos em parte por fervor religioso a executar suas ações titubeantes. Estavam convencidos de que, ao subjugar populações antes desconhecidas da Cristandade, estariam servindo igualmente ao seu monarca como vassalos, a sua fé como missionários e a si mesmos como homens de honra. Uma vez estabelecida a autoridade espanhola, as ordens missionárias entraram em cena para evangelizar os povos conquistados. Os frades, por sua vez, eram sempre apoiados pela espada repressiva da autoridade. Assim, a conquista militar e política chegou em primeiro lugar, seguindo-se depois a conquista espiritual. Tanto a Igreja quanto o Estado tinham necessidade dos serviços que se prestavam mutuamente.

Durante a segunda metade do século XV e a primeira metade do XVI, a Península Ibérica foi palco de movimentos reformistas de grande intensidade. Os próprios monarcas católicos estavam determinados a reformar o episcopado através de uma seleção mais rigorosa de candidatos e de um uso mais austero do padroado. Os homens que escolhiam para bispos tinham profundos conhecimentos de teologia e eram zelosos na observância da disciplina eclesiástica: os protótipos foram Alfonso Carrillo, Hernando de Acuña e Pedro González de Mendoza. Mais tarde, Hernando de Talavera, Diego de Deza e, sobretudo, Francisco Jiménez de Cisneros, cardeal de Toledo e confessor de Isabel, se conformaram a esse ideal do episcopado espanhol. A realização de sínodos diocesanos, como os de Aranda de Duero em 1473 e de Sevilha em 1478, objetivava igualmente restaurar e revigorar a prática cristã. No século XVI, em meio aos primeiros sinais do cisma luterano, encontramos uma das maiores figuras dentro da tradição reformista do catolicismo espanhol: Juan de Avila, professor de teologia, místico, pregador, diretor espiritual e conselheiro. Os ventos da reforma e da restauração da antiga obediência sopraram também nos mosteiros, atingindo especialmente a ordem franciscana e a dominicana.

No âmbito da atividade missionária na América, as idéias reformadoras da Península já haviam sido apreendidas na confluência das correntes do milenarismo e do utopismo. Para muitos, o Novo Mundo era a oportunidade que a Providência oferecia para o estabelecimento do verdadeiro "reino do evangelho", ou "cristianismo puro": a restauração da Igreja primitiva. Marcel Bataillon descobriu indícios de joaquinismo (de Joaquim de Flora, místico do século XII) entre os primeiros franciscanos a chegar ao México. John Leddy Phelan ressaltou as influências milenaristas na obra do franciscano Geronimo de Mendieta, por exemplo[1]. Homens como frei Juan de Zumárraga, primeiro bispo e arcebispo do México, Dom Vasco de Quiroga, frei Julian Garcés e o próprio Bartolomé de Las Casas foram todos profundamente influenciados pelo espírito humanista de Erasmo e pela *Utopia* de Thomas More.

A própria Companhia de Jesus, fundada em 1540, era fruto do ideal reformador. Assim também foi sua intervenção na América. Os jesuítas viajaram leves, livres da bagagem do passado. Procuraram implantar um cristianismo isento dos erros que desfiguraram a Fé na Europa. Seu impulso utópico acabou por florescer plenamente no século XVII, com suas chamadas Reduções jesuíticas (principalmente no Paraguai). Sua deferência para com Roma e sua estrutura fortemente hierárquica também se conformaram ao modelo de cristianismo recomendado pelo Concílio de Trento (1545-1563)[2].

Costuma-se afirmar que a reforma tridentina não teve influência na América, porque a Igreja das Índias não participou das decisões. Trata-se de

1. Marcel Bataillon, "Evangélisme et millénarisme au Nouveau Monde", em *Courants religieux et humanisme à la fin du XVe et au debut de XVIe siècles*, Paris, 1959, pp. 25-36; J. L. Phelan, *The Millenial Kingdom of the Franciscans in the New World*, Berkeley, 1956.

2. Ver M. Bataillon, "D'Erasme à la Compagnie de Jésus: Protestation et intégration dans la Reforme catholique au XVIe siècle", *Archives de la Sociologie des Religions*, 24:57-81, 1967.

uma conclusão demasiado formalista. Recentemente, revelou-se possível apontar uma série de aspectos do catolicismo na América nos quais o Concílio de Trento desempenhou um papel que, direta ou indiretamente, viria a mostrar-se decisivo. Embora não se possa apontar nenhum cânon adotado no Concílio que tenha sido dirigido especificamente para as condições americanas, o espírito de Trento é observável em muitas das formas assumidas pela Igreja que então se organizava na América espanhola[3].

Decerto, a evangelização nas Índias foi afetada negativamente pelas tendências ratificadas pelo concílio. Assim, a liturgia continuou a ser realizada em latim. O acesso dos fiéis à Palavra de Deus era restrito. O Concílio revelou-se exageradamente sensível à ortodoxia teológica. As estruturas eclesiásticas foram consolidadas, e a vida da Igreja continuou em grande parte nas mãos do clero — uma situação que, na América, foi agravada pelo complexo de superioridade racial que determinava o comportamento da maioria dos colonos, leigos ou clérigos.

Ao mesmo tempo, a reação no Concílio de Trento à secessão dos protestantes na Europa promoveu ou enfatizou todo um conjunto de práticas que diferenciavam claramente a Igreja católica do protestantismo. Apesar de na época não existirem protestantes na América, as procissões, as venerações dos santos, as devoções observadas em nome das almas do purgatório e as indulgências, por exemplo, constituíram características proeminentes do cristianismo nas Índias. Os aspectos externos e institucionais foram até certo ponto enaltecidos em detrimento da experiência pessoal.

A Igreja do Novo Mundo era, assim, o resultado da confluência de duas correntes. Uma foi a transladação das características da Igreja da Península Ibérica na era dos descobrimentos; a outra foi a ratificação dessas características pelo Concílio de Trento. Seguindo as linhas mestras estabelecidas pelo Concílio de Trento, um decreto real, a *Ordenanza del Patronazgo* (1574), reafirmou a autoridade episcopal. O bispo tornou-se a pedra angular da vida eclesiástica em cada diocese. Não apenas o clero secular, mas igualmente o clero regular, através da paróquia ou da *doctrina*, foram colocados paulatinamente sob a autoridade do bispo local.

E não se pode negar que Trento, e as tradições reformistas que, como vimos, o antecederam na Península Ibérica, contribuíram para o surgimento

3. Sobre este ponto, ver, por exemplo, Juan Villegas, *Aplicación del Concilio de Trento en Hispanoamérica, 1564-1600: Provincia Eclesiástica del Perú*, Montevideo, 1975.

de um tipo de bispo diferente do prelado da Idade Média e da Renascença. A América espanhola pode arrogar-se o mérito da existência de uma plêiade notável de homens firmemente devotados à difusão do evangelho sob as mais desfavoráveis circunstâncias. Eram pobres, devotos, rigorosos na educação teológica que haviam recebido, extremamente cônscios de seus deveres e pouco inclinados a deixar-se impressionar pela interferência do poder civil. Não é de modo algum uma coincidência que as condições coloniais tenham levado a maioria deles a se destacar como defensores de índios: Antonio de Valdivieso na Nicarágua, Juan del Valle em Popayán, Pedro de la Pena em Quito, Alfonso Toríbio de Mogrovejo em Lima e Domingo de Santo Tomás em La Plata são apenas alguns dos nomes dentre os muitos que merecem menção[4].

Finalmente, o Concílio de Trento deve receber o crédito de uma tradição conciliar e sinodal que se desenvolveu na América. Onze concílios provinciais foram celebrados no continente entre 1551 e 1629, a maioria em Lima e em Cidade do México, mas também em La Plata (Chuquisaca) e em Santo Domingo. Nenhum foi convocado durante o século e meio seguinte, uma prova em si mesmo de que a Igreja estava agora bem estabelecida. O número de sínodos diocesanos realizados foi até maior: há indicações de que, apenas em 1555 e 1631, foram convocados mais de 25 deles. A importância dos sínodos é ao mesmo tempo maior e menor que a dos concílios. Menor porque geralmente se destinavam à aplicação da legislação decidida ao nível provincial correspondente. Maior porque tomaram decisões que se aplicavam a uma área específica, e porque deles participavam uma parcela expressiva do clero responsável pela implementação das decisões.

A Igreja enquanto instituição na América espanhola, como na Espanha, funcionava através de seus bispados. As dioceses foram estabelecidas como uma decorrência da conquista militar ou — bem mais tarde no período colonial — do crescimento da importância econômica de determinadas regiões. A primeira diocese — Santo Domingo — foi criada em 1504; na metade do século XVI, segundo mostra a Tabela 1, já existiam quase a metade das dioceses, da mesma forma que naquela data já havia ocorrido a ocupação básica de todo o território efetivamente colonizado pela Espanha. Não

4. Ver E. D. Dussel, *Les Evêques hispanoaméricains, défenseurs et évangelisateurs de l'indien*, Wiesbaden, 1970.

Tabela 1. Fundação de Dioceses na América Espanhola

Século XVI	1504-1550	22	31
	1551-1600	9	
Século XVII			5
Século XVIII			6
Século XIX			3

só foram relativamente poucas as dioceses instituídas após 1600, como também nenhuma delas constituiu um centro importante de organização eclesiástica. (A única exceção, e mesmo assim relativa, foi Buenos Aires, uma diocese fundada em 1620.)

Que importância teria uma diocese na sociedade colonial? Em si mesma, constituía um centro administrativo autônomo, que cuidava de consagrações, de nomeações e do funcionamento judicial da Igreja. Entre outras coisas, era responsável pela obra missionária, pela legislação dentro do sínodo diocesano e pela instrução dos padres nos seminários. Com relação à autoridade civil, indicava candidatos aos benefícios, interagia com a estrutura administrativa civil em todos os níveis e era encarregada de executar as leis emanadas das autoridades políticas — o Conselho das Índias, o vice-rei e a *audiencia.* A esse respeito, a multiplicação de dioceses significou a proliferação de centros de atividade e iniciativa eclesiásticas e de responsabilidade pela empresa colonizadora de Castela. Em cada diocese, o bispo trabalhava em estreita ligação com o capítulo da catedral, que cuidava da administração no caso de uma vacância prolongada; isso ocorria com freqüência nas sedes episcopais americanas por causa da morte ou da transferência do ocupante do posto. Outro órgão central da diocese era o seminário, com sua função potencialmente dupla de colégio-hospedaria para estudantes universitários de humanidades e religião, e de seminário para a formação do clero.

No plano local, a base da organização da Igreja era a paróquia, uma instituição oriunda da Europa, onde já havia experimentado uma longa evolução desde sua origem na antiga Roma. O Concílio de Trento ratificou-a como célula básica da vida católica. A paróquia enraizou-se na América ao lado do episcopado: com este, ela constituiu a Igreja fora dos muros das casas religiosas (mesmo quando, como ocorria muitas vezes, as próprias paróquias eram confiadas aos frades). A paróquia teve de adaptar-se às condições americanas: os missionários — em sua imensa maioria, membros das ordens religiosas — estabeleceram unidades evangélicas, as chamadas *doctrinas*, enquanto o clero secular fundou paróquias para os espanhóis. Os primeiros eram em sua maioria rurais, os últimos totalmente urbanos. As *doctrinas* desempenhavam as tarefas de civilização e proselitismo dos nativos, inclusive o ensino das doutrinas do cristianismo a adultos e crianças, colocando restrições a certos sacramentos, ficando atentos a certas práticas idólatras e reprimindo-as, organizando as vidas sociais dos *conversos* e assim por diante. As paróquias assumiram a tarefa pastoral de transplantar e proteger a Verdadeira Fé na comunidade espanhola[5].

É reconhecida de maneira geral a extraordinária importância das ordens religiosas na introdução do cristianismo na América espanhola. Muitas são as razões concretas para isso: por exemplo, maior zelo missionário e maior "manuseabilidade" de grupos específicos de trabalhadores. Em contrapartida, a massa do clero secular era moral e intelectualmente decadente e sua obra, difícil de coordenar. Desde a primeira década do século XVI, os monarcas católicos tinham uma política clara para a América. Decidiram descartar-se dos monges como tais: os monges eram medievais por natureza e inadequados à missão de pastores das congregações. Resolveram também prescindir das ordens militares, que predominavam nos territórios peninsulares reconquistados aos mouros. Em seu lugar, recorreram aos serviços das ordens mendicantes, o produto sazonado da nova civilização urbana do final da Idade Média e da Renascença. E, entre os frades, deram preferência aos "reformados", ou "observantes": não só estavam predispostos à aventura da pregação do evangelho, como também não tinham pretensões senhoriais, haviam feito voto de pobreza e mostravam-se zelosos pela conversão.

Falar dos mendicantes na evangelização da América é falar das quatro grandes ordens — os franciscanos, os primeiros a chegar ao México (1524) e ao Peru (1534), os dominicanos, os agostinianos e os mercedários — que tinham uma ação bastante visível na estrutura de qualquer cidade da América espanhola colonial. Cada ordem rapidamente tecia uma grande

5. Ver Constantino Bayle, *El Clero Secular y la Evangelización de América*, Madrid, 1950; Pedro Borges, *Métodos Missionales en la Cristianización de América*, Madrid, 1960.

quantidade de vínculos em todos os níveis da sociedade local dos colonos — através das ordens terceiras, das confrarias, dos conselhos de curadores, dos rendeiros de propriedades rurais, das capelas dotadas, das escolas, das famílias com filhos ordenados, do culto público, das festas de santos etc. Logo (1568-1572) os jesuítas se juntaram a essas quatro ordens: haviam sido fundados recentemente na Europa, mas eram extraordinariamente móveis. Pode-se dizer, sem exagero, que a maior parte do ônus da cristianização da América recaiu sobre essas cinco ordens religiosas. Formaram a reserva estratégica da Igreja, fornecendo homens para a obra missionária na linha de frente, onde quer que fossem abertas novas áreas de colonização. No caso dos jesuítas, a proselitismo veio somar-se à importância de sua contribuição no campo educacional.

Sendo os últimos a entrar em cena, outro grupo de ordens apresentou características diversas, mas se devotaram em grande parte ao atendimento aos doentes e aos pobres das cidades. Sua própria existência atestava as novas necessidades de uma sociedade colonial cada vez mais complexa. Os Irmãos Hospitalares da Ordem de São João de Deus estavam presentes na América desde 1602 e se espalharam notadamente pela Nova Espanha e Peru. Depois podemos citar os hipolitanos (a partir de 1594), os antoninos (a partir de 1628) e os belemitas (a partir de 1655) — ordens todas fundadas em solo americano, na Nova Espanha. Apenas os belemitas se expandiram em certa medida por todo o continente.

Outras ordens ocupavam-se de um trabalho pastoral semelhante — os carmelitas, os hieronimitas, os trinitários e os mínimos — apesar de estarem representados por grupos diminutos em algumas poucas cidades. Mesmo assim, Filipe III ordenou seu retorno à Espanha, porque não possuíam autorização real para permanecer na América. Por outro lado, a partir da segunda metade do século XVII, os capuchinhos deitaram firmes raízes em várias missões na Venezuela — Cumaná, Llanos de Caracas, Guyana e Maracaibo. Na mesma época, os oratorianos fundaram casas no Panamá, em Lima, em Cuzco e, no final do século XVIII, em Chuquisaca[6]. Em virtude de seu caráter excepcional, podemos mencionar aqui a presença restrita dos beneditinos de Montserrat. Estavam presentes em Lima desde 1592 e em Cidade do México desde 1602. Mas limitaram-se a estimular o culto da

6. Constantino Bayle, "Ordenes Religiosas, no Misioneras, en Indias", *Missionalia Hispanica*, I:517-558, 1944.

Virgem Negra de Montserrat, à qual deviam sua consagração, e à coleta de oferendas para seu mosteiro. Isso contrastava fortemente com o que acontecia no Brasil, onde chegaram a desenvolver uma intensa obra pastoral, educacional e cultural.

Nos primeiros dias da colonização castelhana da América, os padres tomaram a decisão de viajar para o Novo Mundo individual e espontaneamente. Entretanto, com o passar do tempo, surgiu um mecanismo processual, que até certo ponto era o resultado da progressiva arregimentação por parte da coroa da "passagem para as Índias". Em grande medida, os seculares continuaram a atuar individualmente durante todo o período colonial; os regulares, por outro lado, da segunda metade do século XVI em diante, atuavam dentro de uma estrutura organizacional de preenchimento das vacâncias no campo missionário. O lado americano do esforço de prover de homens as missões era ele mesmo baseado numa "missão" — o envio de um ou mais representantes da ordem na América, com a tarefa de descobrir na Europa os irmãos de religião que desejassem viajar para as Índias e lá trabalhar. Esses representantes temporários — *procuradores* — geralmente estavam incumbidos de outras missões para a província que lhes havia confiado a responsabilidade do recrutamento. Visitavam as casas da respectiva ordem na Europa numa viagem de propaganda, com a prévia permissão do geral e dos respectivos provinciais, que davam a autorização para a migração tão logo os envolvidos tivessem formalmente concordado em partir.

A extremidade européia do sistema de recrutamento centralizava-se no comissário-geral, ou vigário-geral da ordem, ou procurador para as Índias. No caso dos franciscanos e dos agostinianos, os comissários-gerais representavam poderes reais, intermediários entre a sede das ordens na cúria em Roma e as respectivas províncias na América. Ao mesmo tempo, atuavam como os principais elos entre as províncias de suas ordens na América e os organismos centrais do Estado castelhano. Entretanto, os vigários-gerais dos jesuítas eram meros executores, ou agentes, de pedidos vindos das Índias. Em todos os casos, um ou outro desses funcionários era a alavanca essencial para a obtenção de qualquer autorização que se requeresse ou do Conselho das Índias ou da Casa de la Contratación em Sevilha ou Cádiz[7].

7. Luis Arroyo, "Comisarios Generales de Indias", *Archivo Ibero Americano*, 12:129-172, 258-296, 429-473, 1952; Félix Zubillaga, "El Procurador de la Compañia de Jesús en la Corte

O envio de missionários à América era, em última análise, uma questão de política imperial. Assim, por exemplo, somente quando a coroa aquiescia na prática, é que as ordens religiosas obtinham permissão para arregimentar irmãos de fora da Espanha — estrangeiros, em toda a complexa variedade que esse termo conota. Em princípio, os regulares estavam sujeitos às mesmas exigências que o clero secular, mas havia variações na prática. Desde o início do século XVII, por exemplo, os jesuítas receberam um número crescente de autorizações que lhes permitiam enviar seus sacerdotes à América de qualquer parte dos domínios associados à coroa de Castela, e mesmo dos domínios atuais e passados do Sacro Império Romano. Assim, entre os jesuítas que iam para a América podemos encontrar flamengos, napolitanos, sicilianos, milaneses, bávaros, boêmios, austríacos e outros não-espanhóis. Entretanto, às vezes eles o conseguiam, aparentemente camuflando suas verdadeiras identidades com sobrenomes castelhanizados. Por outro lado, no caso das outras ordens que trabalhavam na América, parece que o recrutamento de não-espanhóis era mais raro, talvez porque sua estrutura fosse orientada em termos mais locais, ou talvez porque fossem inspirados por um nacionalismo mais patente[8].

Assim que era ratificada pelas autoridades competentes a decisão dos missionários de aceitar o chamado, viajavam para Sevilha — ou, mais tarde, para Cádiz — ou para Puerto de Santa Maria, Jérez de la Frontera, ou San Lúcar de Barrameda, onde aguardavam a autorização da Casa de la Contratación para o embarque. Tinham também de esperar o navio que os transportaria ao Novo Mundo. Esse período de espera podia durar quase um ano, mas, no final, depois que a coroa havia pago suas passagens transatlânticas e os custos de sua manutenção, os missionários embarcavam sob a chefia do procurador que havia vindo à Europa recrutá-los. Tão logo alcançavam o porto com segurança — algo com que não se podia contar, porque tanto o

de España" (1570), *Archivum Historicum Societatis Iesus,* 15:1-55, 1947; *idem*, "El Procurador de las Indias Occidentales de la Compañia de Jesus (1574); Etapas Históricas de su Erección", *Archivum Historicum Societatis Iesu,* 22:367-417, 1953; Q. Fernandez, "El Vicario General de Indias: Una Controversia Jurisdiccional entre el General Andrés de Fivizzano (1592-8) y el Provincial de Castilla Fray Gabriel de Goldarez (1592-6)", *Miscellanea Ordinis S. Augustini Historica,* 41:25-63, 1978.

8. Ver Lázaro de Aspurz, *La Aportación Extranjera a las Misiones del Patronato Regio,* Madrid, 1946.

naufrágio quanto a captura por piratas eram riscos bastante reais — eram distribuídos entre as casas religiosas da província em questão. Assim, eram incorporados à grande máquina político-eclesiástica da América: haviam-se tornado novos missionários sob o patrocínio da coroa de Castela. As engrenagens haviam-se endentado produtivamente[9].

A partir da segunda metade do século XVII, encontramos uma variação com relação aos franciscanos. Dentro da Península Ibérica, foram fundados colégios missionários, com a intenção de educar aqueles rapazes que desde o início de suas carreiras religiosas planejassem trabalhar na América ou na África. Um exemplo foi o famoso Colégio de Escornalbou, fundado em 1686 pelo grande missionário da Nova Espanha, Antoni Llinás.

Não existem estatísticas completas da freqüência ou do tamanho dessas expedições de recrutamento de missionários, mas sabemos que variavam de acordo com a época, com a ordem e mesmo com as diferentes províncias dentro de uma ordem. Às vezes, a expedição tinha como destino final uma província exclusiva; em outras ocasiões, conduzida por um ou vários procuradores, recrutava pessoal para mais de uma província. Algumas províncias enviavam uma expedição de recrutamento a cada três ou cinco anos; em outros casos, a busca de recrutas tornou-se esporádica, ou mesmo desnecessária, à medida que as províncias americanas se tornaram inteiramente crioulizadas.

Desde o início reconheceu-se a necessidade de um clero engajado no próprio local. Entretanto, embora os crioulos se somassem cada vez mais aos peninsulares, a Igreja permaneceu esmagadoramente branca durante todo o período colonial. Algumas tentativas iniciais de criar um clero nativo (indígena) para a Nova Espanha — por exemplo, o Colégio de Santa Cruz em Tlatelolco, fundado em 1536 e dirigido pelos franciscanos, para a educação dos filhos da aristocracia indígena — produziram resultados tão escassos que pareceram justificar uma avaliação derrotista das possibilidades. A maioria dos frades missionários e dos prelados diocesanos, profundamente etnocêntricos, adotaram uma posição absolutamente negativa sobre a questão da aptidão dos índios para o sacerdócio católico.

Os índios eram, assim, virtualmente excluídos das ordens sagradas, embora os cânones elaborados pelos concílios provinciais e sínodos diocesa-

9. Pedro Borges, "Trámites para la Organización de las Expediciones Misioneras a America (1780)", *Archivo Ibero-Americano*, 26:405-472, 1960.

nos jamais tenham aludido, graças à influência do Concílio de Trento, a qualquer recusa explícita de sua ordenação. Os mestiços (meio espanhóis, meio índios) estavam de qualquer forma, na maioria dos casos, excluídos da ordenação, devido ao impedimento representado por seus nascimentos ilegítimos. Em 1576, o papa Gregório XIII concedeu a candidatos mestiços uma dispensa desse impedimento, em virtude, como ele mesmo disse, "da grande escassez de sacerdotes que conhecessem uma língua indígena"; no entanto, na prática, persistiu a exclusão e a porta aberta pelo papa não foi utilizada. Nem a política geral da Congregação para a Propagação da Fé, em Roma, após 1622, nem a condenação da persistente exclusão dos índios e mestiços pelo Colégio dos Cardeais, em 1631, mudou de alguma forma a situação. Somente na segunda metade do século XVIII, seguindo um conjunto de diretrizes da coroa, é que podemos identificar números expressivos de sacerdotes índios ou mestiços em muitas dioceses. Alguns chegaram a cônegos das catedrais. Entretanto, mais freqüentemente constituíram uma espécie de clero de "segunda categoria", que era relegado a paróquias rurais remotas e tinham negadas a maioria das perspectivas de ascensão[10].

As ordens religiosas femininas nasceram em solo americano, em muitos casos pelo menos, e se mostravam não como algo transplantado da metrópole mas como um produto local autônomo. Ocorria o que se pode chamar de re-fundação das ordens, sem nenhuma afiliação jurídica, mas apenas espiritual, aos conventos da Península. Todas as ordens femininas na América espanhola — franciscanas, agostinianas, carmelitas — levavam uma vida monástica, contemplativa, não sendo nem missionárias nem ligadas à educação. Sua função missionária, no que diz respeito à "república dos Índios", era insignificante. Tendo sido fundadas na América, as ordens femininas eram compostas, em sua esmagadora maioria, de crioulas e, em menor quantidade, de mestiças. Os conventos femininos desempenharam

10. Werner Promper, *Priesternot in Latëinamerika,* Louvain, 1965, pp. 107-117; Juan Alvarez Mejía, "La Cuestión del Clero Indígena en la Época Colonial", *Revista Javeriana,* 44:224-231, 1955; 245:57-67, 209-219, 1956; Juan B. Olaechea Labayen, "Sacerdotes Indios de América del Sur en el Siglo XVIII", *Revista de Indias,* 29:371-391, 1969; *idem,* "La Ilustración y el Clero Mestizo en América", *Missionalia Hispanica,* 33:165-179, 1976; Guillermo Figuera, *La Formación del Clero Indígena en la Historia Eclesiástica de América, 1500-1810,* Caracas, 1965.

um papel na educação e nas obras de caridade, de considerável importância para as filhas do setor crioulo da sociedade. Preparavam as moças para o casamento e recebiam como membros permanentes aquelas que não se casassem ou não pudessem casar-se. Entretanto, as mulheres índias não eram aceitas como iguais dentro da vida do convento. Algumas mulheres nativas eram admitidas, mas constituíam uma camada inferior da irmandade, que cuidava das tarefas manuais dentro do convento. As índias e as mestiças eram mais encontradiças entre as beatas, uma espécie algo inferior de vida religiosa que apareceu primeiro na Nova Espanha, logo após a conquista espanhola, e serviu para evangelizar as mulheres e elevá-las culturalmente, bem como capacitá-las a devotar-se às obras sociais. Algumas jovens crioulas e mestiças engajavam-se numa vida religiosa formal fora das ordens estabelecidas, embora, em alguns casos, pertencessem a uma ordem terceira (franciscana). Transformavam a casa que possuíam em convento, onde se dedicavam à oração e a formas mais ou menos extremas de penitência; por vezes também se dedicavam a obras de caridade. Duas das mulheres americanas que foram canonizadas oficialmente pertenciam a essa categoria: Santa Rosa de Lima (1586-1617) e Santa Mariana de Jesus (1618-1645). Ambas correspondem a um tipo ibérico peculiar de devoção, que em si tinha pouca ligação com os problemas específicos do cristianismo na América espanhola[11].

Finalmente, talvez seja útil destacar uns poucos representantes individuais do primeiro século de evangelização, contanto que tenhamos em mente que não podem representar todo o variado espectro do cristianismo inicial da América. Concentremo-nos em quatro personalidades entre o episcopado hispano-americano nesse primeiro estágio, o missionário. Apesar das circunstâncias diferentes, tinham algo em comum: plenamente conscientes de qual seria o trabalho, todos estavam preparados para assumir a missão de estabelecer uma Igreja cristã na América, apesar das amarras ao colonialismo com que ela se viu sobrecarregada desde o início.

11. Fidel de Lejarza, "Expansión de las Clarisas en América y Extremo Oriente", *Archivo Ibero-Americano*, 14:131-190, 265-310, 393-455, 1954-1955; e 15:5-85, 1955-1956; Josefina Muriel de la Torre, "Conventos de Monjas en Nueva España, Oaxaca y Guadalajara", *Arte en América y Filipinas*, 2:91-96, 1949; Aurelio Espinosa Pólit, *Santa Mariana de Jesús, Hija de la Compañia de Jesús*, Quito, 1957.

Bartolomé de Las Casas, um frade dominicano (1484-1566), foi efetivamente bispo de Chiapas por apenas um ano (1545-1546). Suas realizações estão em outra esfera. Em 1514, teve seus olhos abertos para a realidade da América, e daí por diante devotou o restante meio século de sua vida à defesa dos índios, lutando contra a forma que estava assumindo o sistema colonial. Lutou como padre secular, como frade, como bispo, como conselheiro da corte, como polemista, como historiador e como representante dos índios. Aliou-se à coroa para anular os privilégios dos colonos; exerceu pressão sobre a consciência dos frades para que deixassem de absolver os *encomenderos*; propagou, através de escritos, sua própria visão do que deveriam ser as Índias; profetizou a destruição da Espanha em castigo pelas crueldades que infligira a índios inocentes. É verdade que aquiesceu na importação de escravos africanos para impedir a escravização de nativos americanos. Algumas afirmações de seus panfletos e histórias eram, sem dúvida, exageradas. Sua grandeza, entretanto — intocada por seus detratores — está na forma com que denunciou o processo histórico do qual fazia parte e se dissociou dele. Na medida em que a obra de vida de Las Casas estava fundamentada em suas convicções de cristão, frade e bispo, inclui-se entre os grandes reformadores e "libertadores" da história da Igreja[12].

Vasco de Quiroga (1470-1565) chegou pela primeira vez à América como padre, mas como titular de um cargo leigo, o de *oidor* na *audiencia* do México, onde pouco tempo depois pôde avaliar a degradação a que estavam sujeitos os indígenas na sociedade urbana colonial. Em 1532, fundou, nas redondezas da capital, para atendê-los, o Hospital de la Santa Fe, uma instituição que aliava funções de caridade, de saúde e bem-estar, de educação e de catequese. Sua experiência no México iria repetir-se em Michoacán, cidade da qual foi eleito bispo em 1538. Moldados nos ideais platônico, humanista e evangélico, os hospitais renovaram, no contexto do sistema colonial, a fraternidade da comunidade indígena que esse sistema havia destruído: os residentes usufruíam, entre outras coisas, de propriedade comum, trabalho coletivo, instrução religiosa e profissional, igualdade de condição econômica e administração comunitária de sua produção. Para prover trabalhadores para o campo missionário, fundou o seminário de São Nicolau, nas proximidades da catedral de Pátzcuaro: por volta de 1576, mais de duzentos

12. Sobre Las Casas, ver também neste volume os estudos de J. H. Elliott, caps. 4 e 7, às pp. 135-194 e pp. 283-337.

sacerdotes já se haviam ordenado nesse estabelecimento. Quiroga representa o perfilhamento de políticas nativistas sem opressão, destinadas a libertar os índios da exploração dos *encomenderos*. Colocou também em prática uma alternativa missionária que não dependia nem de servidão econômica, nem de hispanização[13].

Domingo de Santo Tomás, um frade dominicano (1499-1570), foi um típico teólogo e missionário mendicante. Tinha uma longa experiência do Peru, aonde chegara em 1540. Em Lima, tornou-se professor de teologia, especialista em questões relacionadas com os nativos, e foi correspondente e informante de Las Casas. Em 1555 seguiu como representante dos índios para a Espanha, onde permaneceu até 1561, durante as intermináveis e tortuosas negociações entre os colonos, os índios e a coroa sobre a perpetuidade das *encomiendas*. Anteriormente, havia viajado pela região montanhosa do Peru e setores de Charcas, em busca de procurações dos índios que tinham permissão de "comprar" sua liberdade das *encomiendas* e, sob uma atmosfera altamente carregada de hostilidades, coletando os fundos necessários para que o fizessem. Durante o período em que residiu na Espanha, publicou a primeira gramática da língua quíchua (1560). Causou uma forte impressão na corte e, em 1562, foi indicado para a diocese de La Plata em sucessão a Tomás de San Martin, seu irmão em religião e na luta pelos direitos indígenas. Participou do Segundo Concílio Provincial Peruano em 1567.

São Turíbio de Mogrovejo (1538-1606) formou-se nas universidades de Valladolid e Salamanca. Trabalhou na Inquisição de Granada, até que Filipe II o escolheu para nada menos que o arcebispado de Lima (1580). Durante todo um quarto de século de administração da Igreja peruana, executou uma imensa tarefa de organização. Vários Concílios Provinciais Peruanos foram realizados sob sua direção — o terceiro em 1582, o quarto em 1591 e o quinto em 1601; da mesma forma, os dez primeiros sínodos diocesanos de Lima (1582, 1584, 1585, 1586, 1588, 1590, 1592, 1594, 1602 e 1604). Realizou visitas pastorais a sua enorme arquidioce nos anos de 1581, 1582, 1584-1588, 1593, 1601 e 1605-1606. Sem dúvida, Mogrovejo personificava várias das principais características da visão que um bispo modelar tinha do Concílio de Trento. Entre elas estava a consciência de que a responsabilida-

13. Fintan B. Warren, *Vasco de Quiroga and his Pueblo Hospitals of Santa Fe*, Washington, D.C., 1963; M. Bataillon, "Utopia e Colonização", *Revista de História*, 100:387-398, 1974; "Don Vasco de Quiroga, Utopien", *Moreana*, 15:385-394, 1967.

de pelo que ocorria sob sua jurisdição não podia ser delegada. Isso o levou repetidamente a confrontos com os vice-reis e a *audiencia*, e até com o próprio Filipe II, por seu chamado "crime" de informar diretamente o papa sobre a situação da Igreja nas Índias[14].

A CONSOLIDAÇÃO DA IGREJA

Na primeira metade do século XVII, a Igreja em todos os seus aspectos, regular e secular, clerical e laico, havia sido transplantada da Península Ibérica para as colônias americanas. Após 1620, por exemplo, não foram criados novos bispados até 1777. O lema era, em todos os sentidos, estabilização e consolidação. Com efeito, a Igreja estava agora vivendo do rendimento que podia extrair do grande investimento em esforços que realizara no século XVI.

Somente numa área específica se pode falar com correção de crescimento: a fundação de universidades. Se tivermos em mente que apenas duas universidades patrocinadas pelo governo (a de Cidade do México e a de Lima) e três particulares (as de Santo Domingo, Quito e Bogotá) foram criadas no século XVI, a expansão da educação superior no século XVII foi decisiva. E foram as ordens religiosas que em grande parte assumiram essa responsabilidade. Os jesuítas fundaram universidades em Santiago do Chile, Córdoba, La Plata, Cuzco, Quito, Bogotá e Mérida (Yucatán); os dominicanos em Santiago do Chile, Quito, Guatemala; os franciscanos em Cuzco. Em contrapartida, no século XVIII, a maioria das universidades — Santiago do Chile, Caracas, Mérida (Maracaibo), Havana, Guadalajara, León (Nicarágua) — foram fundadas pelo episcopado. Segundo a opinião geral, uma parcela significativa dessas chamadas universidades nada mais eram que instituições para a educação do clero; a maioria oferecia instrução apenas em filosofia e teologia; apenas umas poucas possuíam cadeiras de direito canônico ou civil; um número ainda menor contava com cadeiras de línguas indígenas ou clássicas; e até em pleno século XVIII pouquíssimas eram as universidades que ofereciam ensino de medicina ou de ciências naturais. Mesmo numa grande universidade como a de Cidade do México, os juristas e os teólogos ainda pre-

14. Vicente Rodríguez Valencia, *Santo Toribio de Mogrovejo, Organizador y Apóstol de Sur-América*, Madrid, 1956-1957, 2 vols.

ponderavam esmagadoramente: ainda em 1793, a universidade possuía 172 professores de direito, 124 de teologia e apenas doze de medicina. As universidades da América espanhola colonial pouco realizaram em termos de ensino e pesquisa originais, e pouco ofereceram no campo da apreciação crítica da sociedade. Como a Igreja que as mantinha, sua função social era conferir legitimidade ao sistema colonial. Entretanto, cada um desses centros acadêmicos fomentou uma certa atividade intelectual em sua área e lançou as bases de algum tipo de tradição local de pensamento avançado[15].

Outro fenômeno do século XVII foi a atitude muito mais rígida que foi adotada para com a prática religiosa dos nativos nas zonas centrais de hegemonia colonial. Até certo ponto, pode-se dizer que no século anterior o ideal da igreja local e o cultivo de um certo grau de diálogo intercultural havia tido precedência sobre a pregação do evangelho, mas no século XVII verificou-se, com preocupação, que as religiões pagãs haviam sobrevivido e continuavam a afetar as vidas dos nativos de milhares de formas diferentes. Existem numerosos testemunhos que demonstram o que se poderia considerar uma falha parcial dos métodos de evangelização que haviam sido empregados. Poderia logicamente parecer que a conclusão deveria ser a de desfechar uma nova campanha missionária, a fim de frustrar esse sincretismo crescente, mas a realidade foi bastante diferente. Permitiu-se que a época dos grandes missionários se tornasse uma coisa do passado, sendo substituída por um sistema pastoral conservador e rotineiro. Tomou-se a decisão de destruir o que quer que pudesse ser visto como testemunho de falhas passadas.

Tal concepção ficou particularmente evidente nas várias campanhas empreendidas, durante a primeira metade do século XVII, "para extirpar a idolatria" nos Andes. A descoberta aparentemente casual de que certas práticas pagãs haviam persistido na região desencadeou uma guerra feroz, conduzida por métodos inquisitoriais. A pregação contra a idolatria seria realizada sistematicamente em cada povoado; aqueles considerados culpados eram denunciados às autoridades, e ou se "reconciliavam", ou eram julgados como "contumazes". O resultado foi o aprisionamento, a destruição física de todo símbolo considerado idólatra e duros castigos aos chamados feiticeiros. Os índios se viram efetivamente aterrorizados e obrigados a viver suas

15. Ver Agueda María Rodríguez Cruz, *Historia de las Universidades Hispanoamericanas: Período Hispánico*, Bogotá, 1973, 2 vols.; John Tate Lanning, *Academic Culture in the Spanish Colonies*, New York, 1940; Francisco Esteve Barba, *Cultura Virreinal*, Barcelona, 1965.

vidas numa duplicidade esquizofrênica. Exteriormente, tornaram-se cristãos, ao passo que interiormente continuavam adeptos de credos religiosos indígenas, cada vez mais desvirtuados e desorganizados. É difícil superestimar o impacto dessa introspecção do esforço missionário. Sem dúvida, segundo parece, esses episódios apenas reforçaram o distanciamento dos indígenas do mundo dos colonos, tão freqüentemente notado como uma das principais características de sua atitude para com os brancos[16].

Como na Espanha, o instrumento para lidar com a dissensão religiosa foi a Inquisição, que fora instalada por Fernando e Isabel. Ela fora transferida para a América pelo menos em 1519 e, mais tarde, funcionou através de tribunais em Lima (fundado em 1570), em Cidade do México (fundado em 1571) e em Cartagena (fundado em 1610). Entretanto, rigorosamente falando, a Inquisição não tinha jurisdição sobre os índios. Sua principal tarefa era suprimir o judaísmo e o protestantismo (bem como a feitiçaria e o desvio sexual).

Quando aqueles judeus que se recusaram a ser batizados como cristãos foram expulsos da Espanha em 1492, alguns deles se refugiaram em Portugal, embora mesmo aí não tenham desfrutado de segurança duradoura. Chegaram às colônias de Castela ou diretamente, sob as mais estranhas variedades de camuflagem, ou indiretamente, via Brasil. Em conseqüência disso, na sociedade colonial da América espanhola os termos "português" e "judeu" chegaram a ser considerados sinônimos. Parece que muitos dos judeus terminaram por integrar-se pacificamente aos colonos e nunca atraíram a atenção, como se pode ver pelo número reduzido de processos movidos contra eles pela Inquisição. Outros permaneceram num estado de criptojudaísmo. Dos criptojudeus que caíram nas mãos da Inquisição, talvez os mais dignos de nota tenham sido os do grupo liderado por Luis de Carvajal de Pánuco. O auto-de-fé de 1596 referia-se a 80 hereges, entre os quais 25 eram chamados judaizantes. Nove dos parentes de Carvajal morreram na fogueira; ele próprio teve sua sentença comutada para banimento das Índias. Os anais da Inquisição estão repletos de casos isolados de portugueses que foram acusados de ser judaizantes, especialmente nas cidades portuárias como Veracruz, Cartagena, Buenos Aires e Lima, e em grandes centros

16. L. Millones, "Introducción al Estudio de las Idolatrías", *Aportes*, 4:47-82, 1967; Pierre Duviols, *La Lutte contre les religions autochthones dans le Pérou colonial: l'extirpation de l'idolâtrie*, Lima e Paris, 1971.

comerciais como Potosí. Freqüentemente, entretanto, não foi possível provar contra eles a prática clandestina da religião judaica. Em períodos de crescimento do antagonismo aos *conversos* — particularmente quando Portugal estava em luta pela recuperação de sua independência de Castela (1640-1667) — bastava ser português para atrair suspeitas. Uma forma de discriminação sofrida pelos portugueses nas mãos das autoridades coloniais era a de serem multados em *composiciones*, repetidos pagamentos em dinheiro com o objetivo de regularizar sua residência presumivelmente ilegal nas colônias. A coroa espanhola recorreu regularmente a essa exação para solucionar suas freqüentes crises financeiras.

Tendo em vista a repressão sangrenta que a Inquisição espanhola infligia a quem quer que fosse suspeito da mínima inclinação, ou simpatia, por doutrinas luteranas ou de outra origem protestante, não é de todo surpreendente a existência de alguns testemunhos de uma presença protestante substancial nos domínios espanhóis de ultramar. Quase todos os casos nessa categoria que chegaram à Inquisição diziam respeito a estrangeiros — ingleses, franceses, holandeses, belgas e alemães. Não está absolutamente claro, mesmo na época, se o real motivo do julgamento foi mais religioso que político, como, por exemplo, nos julgamentos realizados na Nova Espanha no século XVI, em que quase todos os acusados eram homens do mar ou piratas dos navios de Gaspard de Coligny, Jean Ribault, John Hawkins, Francis Drake e outros. Fora esses casos, houve comunidades protestantes de curta duração na Venezuela sob os Welsers, em 1528-1546, e no istmo do Panamá em 1698-1700, na época em que se instalou uma colônia escocesa no local.

A Inquisição na América espanhola interpôs realmente sua autoridade contra negros, escravos e homens livres, punindo-os tanto por algumas práticas "supersticiosas" quanto por alguma tendência à rebelião. A partir disso, pode-se discernir por que pareceu aos escravos que a prática de alguma parte da religião africana de que podiam lembrar-se, enquanto se escondiam por trás de uma fachada de conformismo ao catolicismo, podiam manter vivas tanto a esperança de libertação quanto a afirmação de identidade que lhes estava sendo negada na sociedade colonial. Para o clero, evangelizar os escravos negros era uma preocupação marginal, apesar de algumas notáveis exceções, como os bispos Pedro de Carranza, de Buenos Aires, e Julián de Cortázar y Torres, de Tucumán, e os jesuítas Alonso de Sandoval e Peter Claver, os dois heróis de Cartagena, o grande porto de chegada de novos escravos. Numerosas confrarias formadas exclusivamente de negros proporcionavam oportunidades de formas de expressão religiosa nas quais podiam exercer plenamente as práticas sincréticas.

O processo de consolidação das instituições eclesiásticas coloniais, que, segundo tudo indica, caracterizaram o século XVII, correspondeu a uma importante mudança material: foi a era em que se constituíram as propriedades patrimoniais das ordens religiosas e das paróquias seculares. Inicialmente, duas eram as formas básicas de propriedade: dinheiro e terras. Essas propriedades originaram-se de legados dos colonos, a fonte mais comum da riqueza da Igreja a partir do século XVI. À morte, o colono às vezes deixava em legado um montante de capital para uma determinada casa religiosa em troca dos serviços espirituais prestados pelo legatário, quer como doação para a celebração de missa pelo morto, quer como dote para as filhas ainda não casadas, quer ainda como alguma outra espécie de dotação. Se o legado fosse em dinheiro, o legatário geralmente o investia em *censos*, na época a forma mais usual de crédito. Se o legado fosse em forma de propriedade, o legatário utilizá-la-ia diretamente, ou a arrendaria a terceiros, como ocorreu no caso de muitas *haciendas*, propriedades urbanas e minas. O caráter institucional das ordens religiosas explica como acumulavam patrimônio; este quase sempre aumentava e raramente diminuía. Em tais circunstâncias, não é de admirar que cada ordem religiosa, e até cada casa, chegasse a exercer um considerável poder financeiro e econômico. É conhecido o caso dos jesuítas, que foram expulsos das Índias em 1767 e tiveram suas "temporalidades" confiscadas pelo Estado. Estudos modernos das *haciendas* de propriedade dos jesuítas[17], por exemplo, enfatizaram sua administração profissional (que incluía o uso de trabalho escravo) e contribuíram para dar a impressão de que a Companhia de Jesus era uma instituição imensamente poderosa. Mas nesse sentido não foi nenhuma exceção entre as ordens religiosas.

A Igreja secular possuía também um patrimônio agrário, baseado exatamente no mesmo fundamento que o dos frades. Além disso, arrecadava dízimos dos brancos e mestiços e mesmo, em certo grau, dos índios, que constituíam uma forma de taxação para manter as folhas de pagamento do bispa-

17. Por exemplo, Germán Colmenares, *Haciendas de los Jesuitas en el Nuevo Reino de Granada, Siglo XVIII*, Bogotá, 1969; Pablo Macera, *Instrucciones para Haciendas de Jesuitas en el Peru*, Lima, 1965; Herman W. Konrad, *A Jesuit Hacienda in Colonial Mexico: Santa Lucia 1576-1767*, Stanford, 1980.

do, do capítulo e da paróquia. As somas recolhidas dessa forma variavam bastante de uma diocese para outra, de acordo com a densidade demográfica da região e o grau de prosperidade econômica. (Na década de 1620-1630, por exemplo, a arrecadação do dízimo podia variar entre sessenta mil pesos e menos de dez mil pesos, de acordo com a diocese.) O montante obtido com os dízimos tornou-se um fator importante para a posição das dioceses na hierarquia. Com o passar do tempo, a arrecadação de dízimos foi arrendada a leigos em troca do pagamento imediato de uma soma em dinheiro. Em muitos lugares, o volume dos legados recebidos e dos investimentos feitos gerava uma situação que deu aos bispados a condição de operar como instituições financeiras. Começaram utilizando os rendimentos dos legados em bens imóveis para manter as obras de caridade (*juzgados de capellanias*) e acabaram por se tornar a principal fonte de crédito e de investimento de capital na América espanhola colonial[18].

Outro testemunho da estagnação em que a Igreja havia mergulhado no século XVII foi o estreitamento de visão, a canalização das energias para uma multiplicidade de disputas internas e domésticas, que foram amplamente registradas nas crônicas históricas sobre a Igreja. Muitos processos se referem a questões de jurisdição entre os bispos e o poder civil, que iam do fundamental ao trivial, e outros entre os bispos e o clero secular e as ordens religiosas. (Basta lembrar a pendência de Cárdenas contra os jesuítas no Paraguai, ou a de Parafox contra os jesuítas de Puebla.) As casas religiosas também moveram processos entre si sobre supostas difamações, ou em defesa de seus respectivos dependentes. Dentro de uma ordem religiosa específica, crioulos e espanhóis da Península contestaram questões ligadas ao governo da ordem que deveriam ser estabelecidas de Madri ou de Roma, que muitas vezes eram orientadas no sentido da prática artificial da *alternativa*: isto é, a alternância no cargo, em que os grupos assumiam por turnos a direção de cada jurisdição. Temos aqui o que provavelmente constitui uma das mais reveladoras características da mentalidade religiosa barroca na América[19].

Enquanto no século XVII a administração central da Igreja parecia cochilar nas ensolaradas montanhas do conservadorismo pastoral, tinha lugar a

18. Ver, por exemplo, Michael P. Costeloe, *Church Wealth in Mexico*, Cambridge, 1967.

19. A. Tibesar, "The Alternativa: A Study in the Spanish-Creole Relations in Seventeenth-Century Peru", *The Americas*, II:229-283, 1955.

mais importante expansão da vanguarda missionária, graças aos regulares, principalmente os jesuítas e os franciscanos, as ordens que haviam permanecido fora do círculo vicioso da inércia e da estagnação, e que jamais interromperam totalmente seus esforços missionários, apesar de freqüentemente terem sofrido insucessos ou mesmo descontinuidades. Os jesuítas, a última grande ordem religiosa a ingressar na obra de conversão da América, justamente por esse motivo, desfrutaram das melhores perspectivas de se estabelecer no campo missionário. Assim, por exemplo, desde o início, revelaram uma notável relutância em assumir *doctrinas* nas zonas centrais de ocupação colonial, e os poucos que acabaram por aceitar, como Juli, ao lado do lago Titicaca, assumiram-nas sob restrições significativas. Duas espécies de áreas problemáticas atraíam os jesuítas: as comunidades prejudicadas pelo fato de que poucos religiosos viviam fora dos muros de seus conventos, e aquelas onde a Igreja era excessivamente dependente dos patronos e estava estreitamente envolvida com os *encomenderos.*

As Reduções jesuíticas, que datam da primeira década do século XVII, encarnavam uma clara alternativa aos métodos existentes de evangelização pastoral e marcaram uma ruptura com os conceitos que haviam prevalecido desde o período de experimentação missionária na primeira metade do século XVI e um retorno ao mundo de Las Casas e Quiroga[20]. Os jesuítas têm o mérito histórico de ter praticado amplamente um modelo de evangelização que contrastava com a fórmula predominante na época da pregação do evangelho, e ao mesmo tempo de colonização e hispanização dos *conversos*, como se os evangelizadores tivessem de ser a transmissão da máquina de integração. As Reduções proclamavam desafiadoramente a necessidade de construir uma sociedade paralela à dos colonos, livre da interferência tanto destes quanto de uma administração civil sensível aos interesses destes. Como se recusavam a atuar como reservatórios de mão-de-obra para os colonos, as Reduções estavam aptas a estabelecer uma evangelização baseada no interesse pela personalidade integral do *converso.* Seu objetivo não era apenas doutrinar, mas fortalecer a vida social e econômica dos índios em todos os aspectos. A Tabela 2 pode nos dar uma idéia aproximada das proporções da "experiência sagrada" em toda a América espanhola.

20. Ver A. Echanove, "Origen y Evolución de la Idea Jesuítica de Reducción", *Missionalia Hispanica*, 12:95-144, 1955, e 13:497-540, 1956; X. Albó, "Jesuitas y Culturas Indígenas", *América Indígena*, 26:249-308, 395-445, 1966.

Tabela 2. Reduções Jesuíticas na América Espanhola

Área Missionária	Início da Atividade	Número de Centros	Número de Índios nas Reduções em 1767
Paraguai	1607	40	*c.* 130 000
Moxos	1682	15	18 500
Mainas	1700	32	19 200
Los Llanos e Casanare	1659	36	?
Tarahumara, Sonora e Sinaloa	1614	40	*c.* 40 000
Califórnia	1695	19	*c.* 22 000

O caráter efetivamente utópico do sistema de Reduções torna-se claro a partir dos muitos antagonismos que provocou — da parte dos competidores coloniais espanhóis, das autoridades civis, dos colonos (privados do acesso à mão-de-obra indígena) e da igreja diocesana, entre outros. Como princípio básico, a evangelização através do sistema de Reduções adotava a crença de que "se deve fazer homens antes de se poder fazer cristãos". Mas deve-se também reconhecer que o sistema estava fadado a um sucesso menos que limitado pelo fato de que "exigia que o chamado mundo cristão das colônias aceitasse que os índios eram integralmente homens, e totalmente livres, sem sofrer nem injustiças nem exploração", como afirmava Bartomeu Meliá. A hostilidade para com as Reduções seria um dos fatores por trás da expulsão dos responsáveis por elas no final do século XVIII.

Em toda parte no campo missionário, também é claramente visível um ciclo renovado de evangelização franciscana. A ordem tinha uma tradição missionária e de ensino que remontava aos primeiros dias nas Antilhas; tinha notáveis realizações a seu crédito, como podemos concluir, se lembrarmos, por exemplo, da obra de Zumárraga, Sahagún, ou Motolinía. A ordem havia passado também por um processo de crioulização, com uma atenuação de seu ardor evangélico. Apesar de ter sido, entre todas as ordens, a que contou com um maior número de missionários em atividade, desde a metade do século XVII foi forçada a voltar a depender de voluntários provindos da Espanha para auxiliar no novo e no antigo campo missionário.

Tabela 3. Colégios Franciscanos na América Espanhola

Colégio	Ano da Fundação	Missões Servidas pelo Colégio
Querétaro	1683	Zacatecas, Nayarit, Texas
Cidade do México	1731	Tamaulipas, Tarahumara, Califórnia
Ocopa	1734	Huallaga, Ucayali, Urubamba, Apolobamba
Chillán	1754	Araucania, Chiloé
Tarija	1755	Chiriguanos
Moquegua	1795	Santa Ana del Cuzco, Karabaya, Apolobamba
Tarata	1795	Yuracarés, Guarayos

O revivescimento do impulso missionário franciscano assumiu desde o início cores de renovação. Em 1683, o frei maiorquino Antoni Llinás liderou um grupo de franciscanos espanhóis que transformou o convento de Querétaro no primeiro Colégio Apostólico para a Propagação da Fé, cujo propósito explícito era a obra missionária. Foi o início de toda uma rede de colégios similares por toda a América, como pode ser visto na Tabela 3[21]. Do mesmo modo que os jesuítas haviam em certa medida sido inspirados pelos franciscanos na Nova Espanha do século XVI, os franciscanos do final do século XVII e do século XVIII adotaram muitos dos métodos missionários dos jesuítas. Isso os colocou em violento confronto com os colonos, como, por exemplo, em Chiriguanos. Após a partida dos jesuítas em 1767, os franciscanos aumentaram suas responsabilidades e assumiram, e algumas vezes ampliaram, muitas das missões jesuítas, freqüentemente em associação com outras ordens: Califórnia (partilhada com os dominicanos), Los Llanos de Orinoco (apesar de terem os dominicanos assumido as missões em Casanare), Chiriguanos e algumas das do Paraguai (onde outras foram assumidas pelos dominicanos e pelos mercedários). De qualquer forma, no final do período colonial, estava na mão dos franciscanos a

21. Isidro Félix de Espinosa, *Crónica de los Colegios de Propaganda Fide de la Nueva España,* 2. ed., Washington, 1964; Félix Saiz Díez, *Los Colegios de Propaganda Fide en Hispano-América,* Madrid, 1969.

maior parte da obra missionária — do sul do Chile à Califórnia, Arizona e Novo México.

OS EFEITOS DO NOVO REGALISMO SOBRE A IGREJA NO FINAL DO SÉCULO XVIII

Um intenso conflito de ideologias, com profundas repercussões políticas e eclesiásticas, teve lugar no século XVIII na América espanhola, exatamente como ocorreu na Espanha contemporânea. Já vimos que, em decorrência de uma série de concessões pontifícias, a coroa, a partir do século XVI, exerceu o padroado sobre a Igreja da América espanhola. Durante o século XVII, alguns ambiciosos tratados teóricos em defesa do regalismo foram escritos por Juan de Solórzano Pereira, Pedro Frasso e Juan Luis López, entre outros. Com o advento dos Bourbons franceses, o regalismo foi consideravelmente fortalecido pelo galicanismo. Os tratados do século XVIII, de autoria, por exemplo, de Álvarez de Alren, Rivadeneyra e Manuel Josef de Ayala, adotaram o ponto de vista de que o padroado eclesiástico era uma prerrogativa inalienável de soberania, uma conseqüência do direito divino dos reis. O galicanismo foi ao mesmo tempo reformista em sua tendência e ilustrado em seu temperamento, devotado à erudição crítica e profundamente interessado na educação em todos os níveis. Seu programa derivava das idéias de homens como Mabillon, Bossuet, Fleury, Alexandre e Van Espen, e da entusiasmada colaboração de Feijóo, Barbadinho, Macanaz, Mayans e outros, na Península Ibérica. Nas Américas, o galicanismo encontrou defensores em Toribio Rodríguez de Mendoza em Lima, José Pérez Calama no México e em Quito, Espejo y Santa Cruz também em Quito, Moreno y Escandón em Bogotá, José Antonio de San Alberto em Córdoba (Tucumán) e La Plata e Fabián y Fuero e Manual Abad y Queipo na Nova Espanha, para citar apenas alguns[22].

Reformadores da Ilustração viram nos jesuítas um obstáculo sério a uma maior afirmação do poder do Estado sobre a Igreja. Os jesuítas ocupavam posições de amplo poder no campo educacional e, de modo mais geral, em questões de consciência. A expressão "doutrina jesuíta" acabou se tornando

22. Mario Góngora, "Estudios sobre el Galicanismo y la 'Ilustración Católica' en América Española", *Revista Chilena de Historia y Geografía*, 125:5-60, 1957. E Mario Góngora, *Studies in the Colonial History of Spanish America*, Cambridge, 1975, pp. 194-205.

virtualmente sinônimo de suspeita de deslealdade à coroa e aos direitos que ela agora reclamava. Fora alegado que a doutrina tomista sobre as origens populares da soberania, formulada, por exemplo, por Francisco Suarez (1548-1619) e Juan de Mariana (1536-1624), seria um fundamento para tal suspeita, mas, na verdade, a tradição escolástica era comum a toda a Igreja. Se os jesuítas se tornaram odiosos à classe governante na época do despotismo esclarecido, as razões devem ser buscadas alhures. Uma possível explicação era a estrutura hierárquica rígida da Companhia, que, desde sua fundação, a tornara quase impermeável à manipulação por parte de Madri. De todas as ordens, os jesuítas eram os mais independentes da autoridade episcopal, os mais devotados ao papado, os mais resistentes à burocracia real. Eram pelo menos tão poderosos e ricos na Espanha quanto nas colônias, de forma que o tema — sobre o qual seus críticos continuamente repisaram — do chamado Estado dentro de um Estado no Paraguai não passava de uma escusa política. Os políticos espanhóis nada mais fizeram que enfunar suas velas com ventos que já sopravam com força tempestuosa na França, em Portugal e na Áustria. Além disso, deve-se observar igualmente que, quando o governo espanhol aproveitou a oportunidade de demolir o sólido patrimônio socioeconômico que os jesuítas haviam construído — tanto *haciendas* quanto colégios e missões — aqueles setores da sociedade e do clero cujos interesses estavam sendo atendidos não precisaram imitar ninguém mais para expressar seus próprios desejos sentidos havia muito.

A campanha antijesuítica avançava claramente a partir da metade do século XVIII. Todas as táticas concebíveis foram desenvolvidas contra eles. Finalmente, Carlos III, ouvindo seus ministros jansenistas, descarregou o peso total de seus temores e suspeitas na Sanção Pragmática de 27 de fevereiro de 1767, pela qual, seguindo o exemplo de Portugal (1759), expulsou de seus domínios todos os membros da ordem, tanto na Europa quanto na América. As conseqüências não poderiam deixar de ser calamitosas, apesar da inquestionável determinação do Estado e de muitos bispos a ocupar o lugar deixado vago pelos jesuítas. Universidades, colégios e missões perderam seus quadros nas pessoas de mais de 2 500 padres, na maioria crioulos, todos eles cosmopolitas, bem qualificados, disciplinados e eficientes. Com efeito, a derrocada dos jesuítas foi a derrocada da única força dentro da Igreja capaz de questionar as aspirações autoritárias do novo regalismo. Sem os jesuítas, a Igreja ficou praticamente indefesa diante do Estado e teve de entrar desarmada no período subseqüente de pré-independência.

O regalismo em sua ofensiva, tendo-se livrado da Companhia de Jesus, agora avançava no sentido de colocar o aparelho eclesiástico sob um controle ainda mais rígido do Governo. Carlos III primeiramente proibiu o ensino e depois a defesa pública da "doutrina jesuíta". Em 1768-1769, convocou uma série de concílios provinciais da Igreja na América espanhola "para exterminar as perniciosas doutrinas novas, substituindo-as pelas doutrinas antigas e sólidas". Quatro concílios, o primeiro depois de mais de um século e meio, se reuniram em 1771-1774, mas os resultados foram pouco relevantes. O concílio do México não foi tão obsequioso ao monarca e realmente pediu ao papa que convertesse os jesuítas num clero secular. Em Bogotá, os procedimentos foram tão ambíguos que as decisões foram inconclusivas e tiveram de ser declaradas nulas. Em Lima, o concílio ocupou-se da reforma do clero, mas, ao denunciar a "doutrina jesuítica", como foi convocado a fazer, deixou de apresentar a virulência que a autoridade civil esperava, ao que Madri replicou com extrema falta de interesse em aprovar ou ratificar as determinações dos prelados do concílio. Finalmente, em La Plata, o concílio tornou-se um campo de batalha entre o metropolita local, que defendia a aceitação da convocação real, e seu irmão de Buenos Aires, que permanecia pouco impressionado por ela. O que a assembléia de La Plata realmente produziu foi uma das primeiras formulações dessa característica essencial do comportamento democrático — um reconhecimento de que a minoria era obrigada a acatar as decisões da maioria[23].

Durante as últimas décadas do domínio colonial espanhol, a Igreja (especialmente o alto clero predominantemente espanhol) era mais dependente do Estado e subordinada a ele do que jamais fora. Na revolta tributária dos *comuneros*, nas províncias de El Socorro, Tunja, Sogamoso, Pamplona e Los Llanos de Nova Granada, em março de 1780, os protagonistas foram os crioulos (embora, como em outros lugares, eles tenham usado os índios e os mestiços para defender seus interesses). O representante da autoridade colonial que teve de enfrentar a crise foi o arcebispo Caballero y Góngora, de Bogotá. Sua estratégia foi uma obra-prima de maquiavelismo. Primeiro, pareceu aceitar as exigências dos insurretos, enquanto esses pensavam estar conduzindo os rebeldes à vitória. Mais tarde, denunciou os acordos assinados e deixou a repressão correr livre quando as autoridades se sentiram com

23. A. Soria-Vasco, "Le Concile Provincial de Charcas de 1774 et les Déclarations des Droits de l'Homme", *L'Année Catholique*, 15:511, 1971.

vantagem militar para fazê-lo[24]. Na mesma época, o Peru estava sendo sacudido pela mais profunda comoção que algum dia atingiu a sociedade andina: milhares de índios e mestiços rebelaram-se contra os abusos coloniais, os antigos e os recentes. Agosto de 1780 assistiu à irrupção de uma revolta aberta na região central da Audiencia de Charcas (Alto Peru): Chayanta, Yampara, Purqu e Aullagas; novembro de 1780 nas regiões de Cuzco, Arequipa, Huamango e Puno; e março de 1781 as de La Paz, Oruro, Cochabamba e Chuquisaca. De que lado se alinhou a Igreja? Os poucos sacerdotes que lutaram ao lado dos rebeldes ou mostraram simpatias por eles fizeram-no por necessidade. Por outro lado, entretanto, desde o início, toda a classe clerical intuitivamente identificou seu destino ao da minoria branca e se deixou usar pelo poder civil repressor como instrumento de "pacificação" (isto é, de subjugação) dos não-brancos. A profundidade da divisão entre os dois lados forneceu indícios adicionais de que a Igreja estava lá para servir muito mais ao Estado colonial que aos índios. Surgiram algumas especulações sobre as supostas simpatias tupamaristas do bispo crioulo de Cuzco, Juan Manuel de Moscoso y Peralta; a verdade, no entanto, é que nunca demonstrou tal simpatia; o que ocorreu foi apenas uma conspiração entre um cônego local e dois funcionários da coroa, Benito de la Mata Linares e Jorge de Escobedo. Se existiram tais simpatias em algum lugar entre o baixo clero ou entre os missionários, sua doutrinação pelas autoridades da Igreja tê-los-ia educado a mascarar com sucesso tais sentimentos.

Todavia, por volta de 1808-1810 e com a crise final do sistema colonialista, não era muito segura a lealdade do baixo clero predominantemente crioulo à coroa. Estavam cada vez mais ressentidos com o monopólio virtual dos altos postos eclesiásticos pelos peninsulares. Muitos de seus privilégios, especialmente o *fuero eclesiastico* que lhes dava imunidade em relação à jurisdição civil, estavam sendo impugnados. E uma série de medidas, que culminaram no decreto de consolidação ou amortização, lançado em 26 de dezembro de 1804, tentaram (com um sucesso apenas limitado, deve-se dizer) apropriar-se dos bens imóveis e do capital das fundações religiosas e capelas. Os vigários de paróquias dependiam da renda dessas doações para suplementar seus baixos salários. Para a enorme massa de clérigos que não

24. O papel do arcebispo Caballero y Góngora na supressão dos *comuneros* de Nova Granada foi examinado por John L. Phelan, *The People and the King: The Comunero Revolution in Colombia, 1781*, Madison, 1978.

tinham qualquer benefício sob o padroado real (estimados em quatro quintos do clero secular na Nova Espanha no final do século XVIII), como também para um grande número de membros do clero regular, eram essas a única fonte de renda. O baixo clero desempenhou um papel importante em algumas das revoluções em prol da independência, mais acentuadamente nas revoltas de Hidalgo e Morelos no México (1810-1815). Conquanto a rejeição da autoridade tradicional da coroa em toda a América espanhola, durante a segunda e terceira décadas do século XIX, tenha inevitavelmente posto em questão a autoridade da Igreja, por mais estreitos que fossem os vínculos entre ambas, a última, é claro, sobreviveu às guerras de independência. Mas o mesmo aconteceu com o conceito de *patronato*. Os governantes das novas repúblicas estavam tão determinados quanto havia sido a coroa espanhola a controlar a Igreja católica mediante a reivindicação e o exercício do direito de fazer nomeações para cargos eclesiásticos e ao mesmo tempo a limitação de seu poder e privilégios e a redução de sua propriedade. O relacionamento entre a Igreja e o Estado foi uma questão política central na maioria das repúblicas hispano-américanas durante todo o século XIX.

A Igreja Católica no Brasil Colonial

A HISTÓRIA da Igreja no Brasil esteve tradicionalmente aberta a duas interpretações básicas. São interpretações irreconciliáveis, pois representam os pontos de vista de dois setores da sociedade que estiveram em conflito permanente desde o estabelecimento da Igreja cristã no país. A primeira interpretação decorre da atitude dos colonizadores originais. Podemos sintetizá-la melhor nas palavras de Dom João III a Tomé de Sousa, o primeiro governador-geral do Brasil: "O principal motivo que me levou a colonizar o Brasil é converter os povos que lá vivem à nossa santa fé católica"[1]. De acordo com esse ponto de vista, a colonização do Brasil pelos europeus foi motivada acima de tudo por prioridades espirituais, pois visava à conversão dos índios, à expansão da Igreja e à difusão da fé verdadeira entre aqueles que viviam na escuridão. A segunda interpretação é atribuível àquelas pessoas que sofreram as conseqüências das necessidades de mão-de-obra por parte dos colonizadores europeus. Foram em sua maioria os índios, os africanos trazidos como escravos e seus descendentes já nascidos escravos no Brasil. Segundo o cronista Claude d'Abbeville, um velho índio chamado Momboré-Uaçu relatou aos colonizadores franceses no Maranhão em 1612: "Os portugueses mandaram buscar seus padres, que chegaram e ergueram cruzes e começaram a ensinar o nosso povo e a batizá-lo. Mais tarde, os portugueses disseram que nem eles nem seus padres podiam viver sem escravos para servi-los e trabalhar para eles"[2]. Essa visão equipara evangelização a exploração e escravidão.

O processo de evangelização no Brasil colonial, disseminado no curso de três séculos, realizou-se em cinco movimentos, ou ciclos, correspondentes às

1. Citado em E. Hoornaert, "A Evangelização e a Cristandade durante o Primeiro Período Colonial", em *História da Igreja no Brasil*, Petrópolis, 1977, p. 24.

2. Claude d'Abbeville, *Histoire de la mission des Pères capucins de l'Ile de Maragnon et terres circonvoisines.*

cinco áreas de colonização: a faixa litorânea (especialmente o Nordeste); seu interior; o Maranhão e o Pará (o Amazonas); Minas Gerais e o Oeste; e São Paulo e o Sul. A atividade missionária foi empreendida por quatro ordens religiosas — jesuítas, franciscanos, carmelitas e beneditinos — sob a égide do Padroado Real em Lisboa, e por duas outras ordens: capuchinhos e oratorianos, que dependiam da *Propaganda Fide* em Roma (fundada em 1622 com o objetivo de centralizar a obra missionária da Igreja católica e contestar o padroado em Portugal e o *patronato* na Espanha). Em seu *Diálogo sobre a Conversão do Gentio* (1556), o primeiro tratado teológico que surgiu da experiência missionária no Brasil, o jesuíta Manuel da Nóbrega defendia a concepção de que a conversão do índio só era possível depois que ele estivesse subjugado. Assim, a cooperação entre os soldados e os missionários recebeu um caráter de legitimidade. As religiões indígenas eram consideradas idolatria. Os missionários procuravam exorcizar todo vestígio do que fosse encarado como idolatria, superstição ou desvio da "santa fé católica". Sofrendo muitas vezes consideráveis adversidades, os missionários fizeram contato com os índios a fim de persuadi-los a abandonar seus falsos caminhos. Mais tarde, o famoso jesuíta Antônio Vieira (1608-1697), em seus inúmeros textos, apresentou sua concepção da colonização no Brasil: segundo ele, o processo de colonização fazia parte do desígnio geral de Deus de permitir que todos os povos do mundo conhecessem a verdadeira fé. No dizer de Vieira, era impossível a evangelização sem a colonização. Por esse motivo, acreditava-se que "a descoberta" e a "conquista" das Índias tinham sido a obra do próprio Deus, e eram mesmo consideradas o maior acontecimento da história da salvação depois da criação do mundo e do advento de Cristo.

Foi durante o reinado de Dom João III (1521-1557) que Portugal começou a ver no Brasil um ambiente adequado à produção de açúcar. Entretanto, porque a cana-de-açúcar somente podia ser cultivada na úmida zona tropical costeira, o rápido crescimento do açúcar na colônia limitou-se principalmente à faixa costeira nordeste entre Natal e Salvador, com centros menores na região próxima a Vitória, Rio de Janeiro, São Vicente e Santos no Sul, e São Luís do Maranhão no Norte. O açúcar continuou sendo a mais importante cultura de mercado em toda a história do Brasil colonial, e as demandas de açúcar acarretaram o uso de um sistema de trabalho com base na escravidão, primeiramente indígena e depois africana. As tradições profundamente arraigadas do catolicismo português permea-

Tabela 1. Jesuítas no Brasil[3]

1540	6 jesuítas	todos estrangeiros
1574	110 "	14% brasileiros
1610	165 "	17% "
1654	170 "	34% "
1698	304 "	37% "
1732	362 "	45% "
1757	474 "	44% "

ram toda a ideologia do capitalismo agrário no Brasil. No entanto, as práticas religiosas estavam intricadamente ligadas à estrutura patriarcal da família nas grandes plantações de cana-de-açúcar e centralizavam-se na capela, no oratório privado e na devoção aos santos. Geralmente não era requerida a presença de sacerdotes missionários. As ordens religiosas dirigiram suas atividades prioritariamente para a conversão dos índios e, pode-se dizer, à transformação de seu modo de vida e de trabalho de modo a se adequarem às novas prioridades do Estado colonizador português.

Desde o início, os jesuítas foram os mais atuantes nas regiões costeiras. Os seis primeiros chegaram em Salvador da Bahia junto com o governador Tomé de Sousa em 1549, menos de uma década depois da fundação da Companhia e mais de duas décadas antes de sua entrada no México[4]. As experiências de Manuel da Nóbrega (1517-1570) e José de Anchieta (1534-1597) na faixa litorânea brasileira foram anteriores às de Matteo Ricci (1551-1610) em Macau e de Roberto de Nóbili (1577-1656) em Goa. O crescimento da comunidade jesuíta no Brasil foi rápido, e o número dos jesuítas já nascidos no país aumentou progressivamente até a repentina expulsão da Ordem em 1759 (ver Tabela 1).

Os jesuítas organizaram sua atividade missionária através da associação de seus colégios, que se situavam no litoral, às povoações indígenas e às aldeias missionárias. Os colégios, pelo menos numa etapa inicial, prepara-

3. Hoornaert: "A Evangelização", *op. cit.*, p. 46.

4. Sobre a chegada dos jesuítas ao Brasil e suas atividades até 1580, ver o estudo de H. B. Johnson, neste volume, cap. 6, às pp. 241-281.

vam missionários para o serviço nas aldeias. A rede de aldeias teve início em 1553 na região próxima a Salvador da Bahia, por solicitação do terceiro governador-geral, Mem de Sá; contudo, com a queda vertiginosa da população indígena[5] e o crescimento da demanda de mão-de-obra por parte das plantações de cana-de-açúcar, os jesuítas, no intuito de proteger os índios do sistema escravista, tentaram mais tarde estabelecer suas missões longe dos centros de colonização. Foi o que aconteceu no Amazonas e no sertão do Nordeste. Na faixa costeira, os jesuítas, como outras ordens, começaram a cuidar mais precipuamente da população branca das cidades e de seus escravos negros.

Nunca houve qualquer atividade missionária voltada especificamente para os negros. Ao contrário, considerava-se que o escravo africano fazia parte por direito de uma família patriarcal, à cuja testa estava um senhor branco. Desde o início, o ensino cristão foi feito em português e, nesse sentido, contrastava com o método de ensino a que estavam submetidos os índios, que era realizado num tipo de *lingua franca* tupi criada pelos jesuítas especialmente para essa finalidade. Os próprios jesuítas tinham seus escravos negros, não só em seus colégios como também em suas fazendas e nos aldeamentos. Aqueles entre eles que ousaram criticar esse estado de coisas, como Gonçalo Leite (1545-1603) e Miguel Garcia (1550-1614), foram rapidamente repatriados[6].

Os franciscanos também trabalhavam num sistema tripartite, que envolvia conventos próximos à costa, fazendas e aldeamentos no interior. Na verdade, todas as ordens dependentes do padroado possuíam fazendas, pois esse era um meio de obter uma certa independência econômica dentro do sistema colonial português. A partir de 1585, a ordem franciscana expandiu-se ao longo da faixa costeira a partir de Olinda e se concentrou principalmente no trecho entre Paraíba e Alagoas; mas não podemos esquecer os conventos de Salvador, Espírito Santo e Rio de Janeiro. As atividades dos franciscanos eram menos vigorosas do que as dos jesuítas, e certamente menos radicais, pois preocupavam-se sobretudo em oferecer "orientação espiritual" aos habitantes de Olinda, Igaraçu, Itamaracá, Goiana, Salvador,

5. Sobre o declínio da população indígena, ver Maria Luíza Marcílio, *História da América Latina*, vol. II, cap. 8.

6. Serafim Leite, *História da Companhia de Jesus no Brasil*, 10 vols., Rio de Janeiro, 1938-1950, vol. II, pp. 227, 229.

Rio de Janeiro, São Vicente e Santos. Raramente os franciscanos entraram no debate sobre a "liberdade indígena". Ao contrário, freqüentemente defenderam uma "guerra justa" contra os índios (por exemplo, durante a campanha contra os caetés em 1560). Além disso, assumiam por vezes a responsabilidade de dirigir os povoados que a administração colonial havia confiscado dos jesuítas, como aconteceu na Paraíba em 1585. Durante a segunda metade do século XVIII, os frades franciscanos no Brasil chegaram a mais de mil. Mas, após 1767, seu número e importância diminuíram, como ocorreu aliás com todas as ordens religiosas no Brasil.

Os carmelitas, que chegaram ao Brasil em 1580, estabeleceram igualmente fazendas e aldeamentos. Possuíam também um número considerável de escravos africanos. A ordem expandiu-se para o norte a partir de sua base em Olinda por todo o Pernambuco, a Paraíba, o Maranhão, o Pará e Amazonas, onde, na primeira metade do século XVIII, administrou uma importante rede de aldeias. Mais para o sul, os carmelitas atuaram na Bahia, no Rio de Janeiro, em Santos, em Santa Catarina, em São Paulo e em Minas Gerais.

Os beneditinos chegaram à Bahia em 1581. De lá espalharam-se para o Rio de Janeiro (1585), Olinda (1592), Paraíba (1596) e São Paulo (1598). No Sul, chegaram até São Vicente (1643), Santos e Sorocaba (1660) e Jundiaí (1668). A ocupação holandesa do Nordeste (1630-1654) teve um efeito desastroso sobre a ordem, mas, na metade do século XVIII, havia cerca de duzentos monges beneditinos no Brasil; depois dessa época, o número começou a decrescer. A ordem beneditina não administou muitos aldeamentos, mas o centro de suas atividades eram os mosteiros e as fazendas. Para sobreviver, a ordem dependia de grande número de escravos, os chamados "escravos dos santos".

O sertão atrás do cinturão do açúcar foi desbravado no século XVII, ao longo dos rios navegáveis, do São Francisco e seus afluentes, do Parnaíba e do Paranaíba, em parte devido à demanda de mão-de-obra indígena. Quatro ordens religiosas — capuchinhos, oratorianos, jesuítas e franciscanos — participaram das expedições que partiram de Pernambuco e da Bahia e forneceram missionários para trabalhar com os índios. Os capuchinhos — franceses, ou mais precisamente bretões, antes de 1698 e da ruptura das relações diplomáticas entre Portugal e a França e, a partir de 1705, italianos — atuavam desde 1646 no sertão de Pernambuco. Aos poucos fundaram hospitais em Olinda (1649), Recife (1659) e Rio de Janeiro (1653), a fim de financiar sua obra junto aos índios. Os capuchinhos eram "missionários apostólicos", isto é, dependiam diretamente da *Propaganda Fide* em Roma, em oposição aos "missionários reais", cujo suporte provinha do padroado em Lisboa. E os capuchinhos eram populares. Os italianos, em particular, utilizaram o sistema de missões itinerantes recomendado pelo Concílio de Trento, muito bem aceito pelo povo. Os missionários mais importantes do período bretão foram Martinho e Bernardo de Nantes e, no período italiano, Apolonio de Todi, Clemente de Adorno, Carlos José de Spezia e Anibal de Gênova. A oposição à escravidão índia enunciada por Martinho de Nantes colocou-o em conflito com os grandes proprietários rurais da região. Os oratorianos, que também atuavam no interior de Pernambuco desde 1669, eram portugueses. Cuidavam de quatro aldeias que, antes da ocupação holandesa, haviam estado sob a responsabilidade dos jesuítas e franciscanos. No entanto, o movimento missionário oratoriano durou pouco. A partir de 1700, envolveram-se principalmente com a assistência espiritual aos colonos brancos e a seus escravos, à medida que os índios praticamente desapareceram do sertão de Pernambuco. Os franciscanos também atuavam no sertão, ao longo do vale do São Francisco. Em 1657, receberam do rei o encargo de cuidar das novas missões localizadas entre a Bahia e a Paraíba. Finalmente, os jesuítas também atuaram no sertão. Na verdade, foram a primeira ordem a penetrar sertão adentro, pois durante a década de 1650 já havia um colégio jesuíta às margens do baixo São Francisco defronte a Penedo. Suas aldeias no sertão contavam com excelentes missionários, como Jacob Roland, José Coelho, Jǫão de Barros, Antônio de Oliveira e Luís Vicêncio Mamiani, que desenvolveram planos para a construção de aldeias longe das cidades, das fazendas e dos engenhos de açúcar. A localização dos aldeamentos missionários próximo dos centros de colonização foi responsável pela destruição de grande parte da população índia da faixa litorânea. No sertão, os índios sobreviveram melhor por causa da abundância de terras não-ocupadas.

No Estado do Maranhão, que abrangia a totalidade da região amazônica, os missionários foram, na verdade, capelães militares, pelo menos no início. A cidade de São Luís do Maranhão foi recuperada aos franceses em 1615, por uma expedição que incluía dois carmelitas. Logo em seguida, expedições militares instalaram um posto avançado em Belém (1616) e começaram a penetrar o vasto sistema fluvial do Amazonas, construindo fortes em Gurupá, Pauxis (hoje Óbidos), Tapajós (hoje Santarém), São José do Rio Negro (hoje

Manaus), e outros nas nascentes dos rios Negro, Branco, Solimões e Madeira. Os missionários acompanhavam as expedições militares e tentavam arrebanhar nas aldeias missionárias os muitos índios encontrados, sempre que possível sem violência. A maioria dos municípios modernos da região do Amazonas derivam dessas aldeias, situadas usualmente nas junções dos rios, ou em áreas ricas de ervas, especiarias e outros produtos naturais das florestas — salsaparrilha, cravo, canela, cacau, anil, borracha, diferentes tipos de óleos e amendoins, todos conhecidos e utilizados pelos índios.

Três ordens religiosas predominaram na região amazônica: os carmelitas (a partir de 1615), os franciscanos (a partir de 1617) e os jesuítas (a partir de 1638). Também aqui os mais atuantes foram os jesuítas. Desde o início, os missionários entraram em conflito com os colonos portugueses que possuíam os escravos índios, pois o Estado do Maranhão era mais pobre do que o Estado do Brasil e não tinha, portanto, acesso tão fácil à mão-de-obra escrava africana. Os jesuítas conseguiram desfrutar de considerável poder administrativo e de influência na economia regional, baseada na coleta de produtos naturais — executada não propriamente por mão-de-obra escrava, mas através de uma espécie de trabalho forçado peculiar da região e conhecido pelo nome de repartição, descrita pelo cronista jesuíta João Daniel. Vários períodos de conflito opuseram colonos e jesuítas no tocante ao uso do trabalho indígena; no Maranhão, um deles acarretou a expulsão de Antônio Vieira em 1661. Entre 1667 e 1678, outros conflitos e levantes sociais surgiram em Belém do Pará, seguidos de um período de relativa calma, até a época em que Portugal, durante o reinado de Dom José I (1750-1777), empenhou-se em aplicar uma política no Maranhão e Pará que desencadeou um conflito com os missionários e resultou na expulsão de 155 jesuítas da região, em 1759 (juntamente com 474 do Brasil).

Durante a primeira metade do século XVIII, os carmelitas desempenharam um papel importante em suas missões ao longo das margens dos rios Negro e Solimões. Determinados aspectos de suas atividades requerem pesquisa adicional: por exemplo, seu papel nas disputas fronteiriças entre Portugal e a Espanha, sua suposta participação na "Guerra de Ajuricaba" (1723-1727) e sua atitude em face do trabalho forçado indígena. Três ramos diferentes dos franciscanos portugueses foram convocados pelo rei para trabalhar na região amazônica: Piedade em 1683, Nossa Senhora da Conceição em 1706 e Santo Antônio em 1717. Os Irmãos da Misericórdia (mercedários), de origem espanhola, também participaram da atividade missionária no Amazonas, a partir de seu grande convento de Belém. O rei gastou grandes somas de dinheiro para instaurar essas missões, que se distribuíram após 1693 da seguinte maneira: os jesuítas ao longo da margem norte do Amazonas; os franciscanos e os mercedários, na margem sul; os carmelitas na região do alto Amazonas, acima do povoado de São José do Rio Negro (atual Manaus).

O Norte do Brasil foi o grande campo da ação missionária. Na segunda metade do século XVIII, cerca de 50 mil índios estavam estabelecidos em aldeias, a maioria delas sob o controle dos jesuítas e franciscanos. Na década de 1750, entretanto, não só os jesuítas foram expulsos, mas também sob a legislação de Pombal (1755-1758), primeiramente aplicada no Maranhão e no Pará e depois no resto do Brasil, as aldeias foram transformadas em paróquias, os párocos substituíram os missionários, o tupi foi trocado pelo português e os próprios missionários foram restringidos à obra de evangelização de tribos não-contatadas[7].

A atividade missionária nas áreas de mineração de ouro e de diamantes — os atuais estados de Minas Gerais, Goiás e Mato Grosso do Sul — durante a primeira metade do século XVIII foi singular, no sentido de ser restrita ao clero secular. Isso decorreu de políticas específicas desenvolvidas pela coroa. Foi necessário manter um controle rígido da exportação de ouro e diamantes para Portugal e de todo o comércio oficial, e o contrabando teve de ser erradicado. Isso explica em grande parte a interdição da entrada de missionários em Minas (1711), e a remoção dos jesuítas que se haviam estabelecido em Ribeirão do Carmo (hoje Mariana) em 1721. O Estado português temia a independência das ordens religiosas. Por esse motivo, a atividade religiosa no período da mineração foi restrita ao clero secular e às organizações laicas, as chamadas "ordens terceiras". A área de mineração se caracterizou, portanto, por igrejas e não por conventos. Os jesuítas não tinham ordem terceira, o que explica por que a influência mais radical e menos tradicionalista dos jesuítas foi mínima nas áreas de mineração.

No Sul, na metade do século XVI, os jesuítas e os franciscanos atuavam na área de São Vicente. Padres seculares fundaram a primeira Santa Casa de Misericórdia do Brasil, uma organização beneficente que viria a espalhar-se por todo o país. A fundação de um colégio jesuíta em São Paulo de Pirati-

7. Ver John Hemming, *História da América Latina*, vol. II, cap.10.

ninga, em janeiro de 1554, marcou o início de uma expansão sertão adentro. O colégio, construído às margens do rio Anhembi, estava muito distante da costa, onde os índios eram escravizados e forçados a trabalhar nos engenhos de açúcar. Muitas aldeias indígenas foram construídas na cercanias da comarca de São Paulo, e houve uma tentativa, por parte dos jesuítas, de criar alguma coisa ao longo de suas missões no Paraguai. Nos conflitos que se seguiram, os beneditinos, cujo mosteiro foi construído com o dinheiro de um caçador de escravos, Fernão Dias Paes Leme, se aliaram aos colonos, e os jesuítas aos índios. Os franciscanos e os carmelitas entraram posteriormente em cena e se aliaram aos colonos. No início do século XVII, São Paulo era uma cidade pobre, com uma população mista de europeus e índios, que falava principalmente o tupi. Não havia produtos de exportação, e as únicas atividades econômicas eram a agricultura de subsistência, alguma criação de gado e o tráfico de escravos índios. O conflito entre colonos e jesuítas tornou-se público e estes foram expulsos em 1640; retornaram somente em 1653 sob a condição de não se envolverem em "questões indígenas" e se limitarem a seu "ofício pastoral".

Muitas das grandes expedições dos bandeirantes para preia de escravos eram acompanhadas por capelães, entre elas a comandada por Antônio Raposo Tavares, que de São Paulo seguiu rumo oeste e sul. Foram, entretanto, os jesuítas espanhóis (de Assunção) que tomaram a dianteira das atividades missionárias na região entre São Paulo e o rio da Prata, do início até a metade do século XVI e novamente no final do século XVII e início do XVIII[8].

As ordens regulares cujos membros eram europeus, ou pelo menos de orientação cultural européia, foram assim responsáveis pela abertura sucessiva de novas áreas de evangelização. Receberam apoio financeiro do padroado, mas tentaram tornar-se mais independentes, criando suas próprias fontes de renda na forma de fazendas, plantações, criação de gado, engenhos de açúcar e escravos, geralmente obtidos por doação, herança ou promessas dos fiéis. As propriedades religiosas ocupavam espaço considerável tanto nas cidades, onde o "patrimônio dos santos" usualmente fazia parte do núcleo original do povoado, quanto no sertão. A riqueza das ordens religiosas no Brasil ficou manifesta no tamanho de seus conventos e mosteiros e na sun-

8. Ver Stuart B. Schwartz, *História da América Latina*, vol. II, cap. 9, e John Hemming, *História da América Latina*, vol. II, cap. 10.

tuosidade de suas igrejas barrocas, ricamente ornamentadas de ouro. O clero devotava-se em grande extensão a questões de dinheiro, comprando e vendendo, e usando os juros de empréstimos para as boas obras. Os espaçosos corredores de alguns conventos pareciam saguões de banco. Apenas uma minoria dos padres se envolvia de fato nas atividades missionárias. Em 1765, por exemplo, havia 89 padres carmelitas distribuídos por cinco casas religiosas na Amazônia. Desses apenas oito viviam e trabalhavam como "vigários dos rios Negro e Solimões, ocupados no serviço da Igreja e de Sua Alteza o Rei"[9]. A partir do final do século XVIII, o número de membros do clero regular declinou, mas as propriedades das ordens religiosas (exceto as dos jesuítas e em menor grau as dos mercedários) continuaram intatas. Num relatório de 1870, foi descoberto que os beneditinos, com apenas 41 monges em onze mosteiros, possuíam sete engenhos de açúcar, mais de 40 fazendas, 230 casas e 1 265 escravos; os carmelitas, com 49 frades em quatorze conventos, possuíam mais de quarenta fazendas, 136 construções e 1 050 escravos; entretanto, os franciscanos, com 85 frades em 25 conventos, possuíam apenas quarenta escravos[10].

A organização da Igreja secular no Brasil dependia do padroado real. O direito de padroado fora concedido à coroa portuguesa pelo papado, sob a condição de que o rei estimulasse e protegesse ativamente os direitos e a organização da Igreja em quaisquer terras que viessem a ser descobertas. Foi, portanto, com o padroado e os impostos reais (taxa de dez por cento sobre tudo o que a terra produzisse) que se financiou a expansão do catolicismo no Brasil. O governo português contou com outros meios para controlar a Igreja. A *Mesa de Consciência e Ordens*, por exemplo, fazia todas as nomeações eclesiásticas no império português. Devido à predominância do padroado, a influência de Roma no Brasil foi modesta. Os decretos do Concílio de Trento somente seriam aplicados ao país no século XIX.

No Brasil, a organização das dioceses e paróquias foi lenta, e durante muito tempo teve pouca influência sobre as práticas católicas. Entre 1551 e 1556, havia apenas uma diocese no Brasil, em Salvador da Bahia. Em 1676-1677, foram criadas três, em Pernambuco, no Rio de Janeiro (que era res-

9. A. Prat, *Notas Históricas sobre as Missões Carmelitas*, Recife, 1940, p. 139.

10. H. Fragoso, "A Igreja na Formação do Estado Liberal: 1840-1875", em *História da Igreja no Brasil*, Petrópolis, 1980, p. 201.

ponsável por Minas Gerais, Mato Grosso e Goiás, como também por São Paulo) e em São Luís do Maranhão. A última estava sob a autoridade direta de Lisboa. Na primeira metade do século XVIII, foram criadas mais três dioceses: no Pará (1719), também dependente de Lisboa, em Mariana (1745) e em São Paulo (1745). O surgimento dessas dioceses foi simultâneo ao desbravamento do sertão e a sua incorporação ao sistema colonial. Desse modo, o número de dioceses permaneceu o mesmo até a independência, em 1822. As dioceses, prelazias e paróquias permaneciam vagas por longos períodos de tempo. Poucos bispos faziam as visitas pastorais que o Concílio de Trento recomendara, em grande parte devido às longas distâncias e aos perigos da viagem[11]. A prática efetiva do catolicismo não foi, portanto, afetada em grande extensão pela hierarquia eclesiástica. Foi realizado um sínodo em Salvador em 1707, e as *Primeiras Constituições do Arcebispado da Bahia* foram o único exemplo de legislação eclesiástica criada no Brasil durante o período colonial.

O clero secular era responsável pela administração dos sacramentos, como o batismo, o casamento, a confissão anual na Quaresma, os ritos funerários e as missas de sétimo dia. Esses sacramentos eram ministrados a toda a população, e não apenas aos grupos que os aceitavam livremente. Eram, em outras palavras, obrigatórios. Uma parte do clero secular percorria as capelas das diferentes confrarias nas cidades, enquanto a outra parte atendia às paróquias das cidades e do interior do país. Essas paróquias, principalmente depois da legislação de Pombal, em 1755, coincidiam com as antigas aldeias missionárias, os acampamentos dos bandeirantes, os engenhos de açúcar e as propriedades agrícolas. O vigário devia fazer visitas regulares às diferentes capelas, por todo seu território, comumente vasto, para ministrar os sacramentos à população. Viajava a cavalo, ou às vezes numa rede carregada por escravos. A pregação, normalmente, era reservada aos missionários do clero regular, enquanto os vigários de paróquia cuidavam dos problemas disciplinares e ministravam os sacramentos. O clero secular estava dividido em alto clero — que compreendia o arcebispo, os bispos e outros dignitários, que eram pagos com os recursos eclesiásticos do padroado — e o baixo clero, que abrangia os capelães e os curas de paróquia, os quais viviam mais próximos do povo e compartilhavam suas privações. São escassos os textos

11. Sobre os primeiros bispos no Brasil colonial, ver o estudo de H. B. Johnson neste volume, cap. 6, às pp. 241-281.

sobre o clero secular no Brasil durante os três primeiros séculos. Existem grandes lacunas em nosso conhecimento sobre sua vida, sua observância das regras do celibato, seu envolvimento em rivalidades políticas e lutas populares, seus recursos financeiros e sua situação geral. Como muitos de seus membros eram mestiços, foram objeto de preconceito racial e cultural; e foi isso também que impediu a manutenção de registros sobre suas atividades.

Os leigos infiltraram-se na Igreja do Brasil através das confrarias, das irmandades e das ordens terceiras, organismos que o Brasil herdou de Portugal e que floresceram especialmente em Minas Gerais. As irmandades refletiam as características raciais, sociais e ideológicas das diferentes camadas da sociedade. Havia irmandades negras (do Rosário, de São Benedito, Santa Ifigênia), mestiças (da Conceição, do Amparo, do Livramento, do Patrocínio) e brancas (do Santíssimo Sacramento, São Francisco, do Carmo, da Santa Casa de Misericórdia). Havia irmandades de proprietários de terras, de comerciantes, de soldados, de artesãos e de escravos. Todas elas revelavam suas próprias personalidades e aspirações particulares durante suas festas, procissões e através das promessas que faziam. Não há dúvida de que a tradição católica no Brasil tinha características essencialmente leigas.

Para compreender o processo pelo qual se desenvolveu uma sociedade cristã no Brasil, é importante reconhecer os problemas que Portugal enfrentou ao assumir o empreendimento colonial na América. Havia inimigos, tanto internos quanto externos, dos quais o Brasil católico tinha de se defender. Outros países europeus, especialmente a França, a Holanda e a Inglaterra, competiam com Portugal pela hegemonia no Atlântico sul. Durante esse longo período de rivalidade, o Catolicismo ajudou a definir a política portuguesa, que era considerada ortodoxa e mesmo apóstólica, enquanto os desígnios dos concorrentes de Portugal eram considerados hereges, depravados e impuros, porque esses competidores eram protestantes. O passaporte para entrar na colônia era de cunho religioso: somente os católicos tinham acesso a ela. Os padres que mostrassem desejo de trabalhar no Brasil eram cuidadosamente investigados: nenhum clérigo deixava Portugal sem a explícita licença do Rei, concedida somente após uma entrevista pessoal e um juramento de lealdade. Os missionários deviam reunir-se em Lisboa, e eram transportados exclusivamente em navios portugueses. Exigiam-se as mesmas formalidades de missionários estrangeiros. Os bispos que residiam no Brasil não podiam corresponder-se diretamente com Roma e, na prática, jamais faziam a tradicional visita pastoral ao Vaticano, devido à distância e ao custo. Não havia praticamente nenhuma comunicação entre Roma e a Igreja do Brasil. Tudo passava por Lisboa, em obediência à política portuguesa de monopólio do comércio e das comunicações com sua colônia.

Dentro do próprio Império português, os cristãos-novos (judeus que haviam sido obrigados a converter-se e seus descendentes) eram objeto de uma legislação discriminatória[12]. Além do mais, embora a Inquisição jamais se tenha instalado permanentemente no Brasil, foram tomadas medidas repressivas pelos oficiais visitantes do Tribunal naquelas cidades consideradas mais suscetíveis de perigo: Salvador, Olinda, Rio de Janeiro e Belém. Os suspeitos eram conduzidos a Portugal para serem julgados perante o Tribunal do Santo Ofício. No entanto, as autoridades portuguesas geralmente preferiam métodos de manipulação à repressão direta, e para tanto contavam com as instituições eclesiásticas. O catolicismo era a única religião oficial do Brasil, e a devoção religiosa era virtualmente obrigatória. A "devoção forçada", como a chamou Antônio Vieira, era útil ao Estado português, porque controlava o acúmulo de capital pela burguesia local e canalizava o dinheiro para inócuas exibições de ostentação religiosa. Os corpos dirigentes de muitas irmandades, ou confrarias, nas cidades brasileiras tornaram-se entidades mais ou menos burocráticas, cuja função era angariar fundos junto às classes dos comerciantes e proprietários rurais para fins religiosos. (Um produto típico dessa espécice de atividade foi o famoso Triunfo Eucarístico, celebrado em Ouro Preto em 1733.) Por outro lado, a Santa Casa de Misericórdia, que existia em todas as principais cidades, era ao mesmo tempo capelania, hospital, orfanato, pensionato para moças casadouras, escola médica, farmácia, capela funerária, casa de artistas, bem como proprietária de construções, plantações e engenhos. Pode-se dizer igualmente que foi o primeiro banco das cidade, oferecendo uma taxa de juros de 6 por cento.

A Igreja foi um agente de controle social no Brasil colonial de diversos modos importantes. Tome-se, por exemplo, o papel dos conventos de freiras, financiados pelo padroado. Muitos proprietários de terras, quando o casamento de suas filhas constituía uma ameaça à integridade de suas posses, tentavam mantê-las internas em conventos. Segundo pesquisas efetuadas no arquivo do Convento do Desterro em Salvador, 77 por cento das

12. Sobre os cristãos-novos na sociedade do Brasil colonial, ver Stuart B. Schwartz, *História da América Latina*, vol. II, cap. 9.

filhas de 53 famílias baianas, durante o período de 1680-1797, entraram para o convento, oito por cento permaneceram em casa sem se casar e apenas quatorze por cento delas se casaram. Conta-se mesmo o caso de um fidalgo, José Pires de Carvalho, que conseguiu colocar todas as suas filhas no convento. A divisão social entre escravos e homens livres foi transferida intata para esses conventos. Em Desterro, em 1764, por exemplo, cada freira branca de véu negro era servida por duas ou mais "freiras de véu branco", que na verdade eram escravas negras[13].

A Igreja foi chamada a criar uma clima geral de concordância com a escravidão. Antônio Vieira, por exemplo, criou uma justificação teológica para a escravatura, quando comparou a África ao Inferno, onde o negro era escravo tanto de corpo quanto de alma, e o Brasil ao Purgatório, onde a alma dos negros era libertada através do batismo e pronta a ingressar no Céu depois da morte. Os jesuítas colocaram em prática essa teoria da "transmigração das almas", quando participaram do comércio de escravos. Além de dispositivos teológicos, o ensino moral serviu também aos interesses dos senhores de escravos: instilaram nos escravos o ideal da resignação e aos senhores ensinaram os benefícios que ganhariam com a prática da caridade e do paternalismo. O sistema pelo qual eram ministrados os sacramentos também regulamentava e legitimava a instituição da escravidão: antes de embarcar para o Brasil, os escravos recém-adquiridos tinham de ser batizados. Com relação ao casamento, os vínculos conjugais contraídos na África eram rompidos sem hesitação e os escravos eram no Brasil condenados em teoria a uma vida de celibato[14]. Deve-se enfatizar que, exceto pelos sacerdotes individualmente, os escravos não encontravam dentro da Igreja apoio ou defesa de seus interesses.

Os jesuítas, apesar de defenderem a escravidão negra e mesmo usufruírem dela, foram praticamente os únicos que conseguiram manter um certo grau de independência com relação ao Estado e, em sua tentativa vitoriosa de criar um modelo eclesiástico alternativo, contrapuseram um certo desafio ao sistema colonial. Numa sociedade em que a educação não recebia qualquer estímulo do Estado, em que a devoção religiosa tinha prioridade sobre

13. Ver Susan Soeiro, "The Social and Economic Role of the Convent Women and Nuns in Colonial Bahia, 1677-1800", *Hispanic American Historical Review*, 54:209-232, 1974.

14. O papa Gregório XIII decretou em 1585 que os casamentos africanos podiam ser anulados (Direito Canônico, Código de 1917, Cânon 1125, Documento VI do Apêndice).

a educação e em que não havia imprensa, universidade ou livre circulação de livros, os jesuítas lograram criar uma importante rede educacional através de seus seminários, suas missões e aldeias. Os colégios preparavam os candidatos para o ingresso na Companhia de Jesus, no clero secular e mesmo nas atividades laicas. No século XVI, cinco colégios foram fundados em Salvador, no Rio de Janeiro, em Olinda, em São Paulo e em Vitória. O século XVIII testemunhou a criação de mais três: em Recife, em São Luís do Maranhão e em Belém do Pará. Uma segunda iniciativa dos jesuítas foi a criação de seminários menores em Belém da Cachoeira (1686), em Aquiraz (1727) e em Paranaguá (1729). Finalmente, os jesuítas foram responsáveis pela criação de seis seminários tridentinos, ou diocesanos, em São Paulo (1746), em Salvador (1747), na Paraíba e em Mariana (1748), em Belém do Pará (1749) e em São Luís do Maranhão (1752). Dois outros seminários diocesanos foram fundados, aparentemente sem influência jesuíta, no Rio de Janeiro (1740) e em Olinda (1800). Fora isso, os jesuítas dedicaram tempo e energia consideráveis à tarefa de catequizar os índios. Para isso criaram métodos de ensino que incluíam vocabulários e gramáticas da língua tupi. Com relação aos africanos, o jesuíta Pedro Dias publicou em 1697 uma *Introdução à Língua de Angola*.

Luís dos Santos Vilhena, cronista baiano do final do século XVIII, relata como a coroa gastou vinte e seis vezes mais na catedral de Salvador do que em missões no sertão, e vinte vezes mais com os sacerdotes que cuidavam do bem-estar espiritual dos colonos do que com os missionários[15]. Contudo, os jesuítas conseguiram, particularmente na Amazônia, entre 1652 e 1759, aproveitar bem seus próprios recursos financeiros adquiridos com suas fazendas de gado, suas plantações de cana-de-açúcar, algodão e cacau e com o controle do comércio de produtos naturais das florestas. Criaram uma economia independente do Estado e, ao fazê-lo, feriram as suscetibilidades daqueles que se ressentiam cada vez mais do poder temporal das missões, tanto no Estado do Maranhão quanto no do Brasil. Ao mesmo tempo, durante o século XVII, os jesuítas haviam gerado um conjunto de defensores encarniçados dos índios, como João Felipe Bettendorff, Pedro de Pedrosa e, sobretudo, Antônio Vieira. Localizadas como eram longe das cidades, das grandes fazendas e dos engenhos de acúçar, as missões puseram em relevo toda uma série de problemas relacionados com o colonialismo. Tornaram-

15. Citado por Hoornaert: "A Evangelização", *op. cit.*, p. 36.

se, portanto, subversivos ao sistema, o que culminou na famosa expulsão dos jesuítas em 1759. Outros fatores, é claro, contribuíram, como a ideologia da Ilustração, o absolutismo da monarquia portuguesa, bem como certos abusos financeiros de que as missões eram acusadas. No entanto, não se pode duvidar de que a aliança entre a Igreja e o Estado foi questionada e mesmo contestada pelos jesuítas e pagaram o preço disso[16].

A longo prazo, no entanto, as atividades das organizações religiosas populares talvez tenham constituído uma contestação mais eficaz ao sistema do que as dos jesuítas. Tais organizações eram dos mais variados tipos: os quilombos, comunidades de escravos fugidos, que cumpriram um papel importante na evangelização em vastas áreas do Brasil, pois a religião comumente praticada era o catolicismo; os cultos clandestinos de origem africana ou indígena, nos quais se preservavam formas antigas de devoção e organização religiosa, anteriores à colonização européia; as irmandades negras nas cidades; as festas, tanto na celebração do carnaval quanto nos dias santos; os movimentos religiosos criados entre as classes mais pobres em torno das beatas (mulheres que, sem ingressar num convento, escolhiam o celibato e, conseqüentemente, a liberdade numa sociedade dominada por homens). Essas manifestações de crença religiosa popular exigiam considerável capacidade de organização, uma boa medida de dissimulação, esperteza e, sobretudo, aquela particular característica brasileira de improvisação espontânea. Nunca eram abertamente subversivas, pelo menos no plano religioso. Não obstante, tais práticas significavam que o catolicismo imposto pelo colonizador era gradualmente redefinido por um povo brasileiro imbuído de um forte desejo de resistência. O fato de jamais terem logrado criar um modelo alternativo para o desenvolvimento da Igreja no Brasil pode ser atribuído, entre outras coisas, à má vontade ou à incapacidade da hierarquia de reagir.

16. Para discussão complementar das razões que estão por trás da expulsão dos jesuítas do Brasil, ver o estudo de Andrée Mansuy-Diniz Silva, neste volume, cap. 11, pp. 477-518, e Dauril Alden, *História da América Latina*, vol. II, cap. 12.

Ensaios Bibliográficos

1. A MESOAMÉRICA ANTES DE 1519

UMA BIBLIOGRAFIA abrangente, que trata da arqueologia e da etno-história da Mesoamérica e do norte do México, foi preparada por Ignacio Bernal em sua *Bibliografía de Arqueología y Etnografía de Mesoamérica y Norte de México, 1514–1960* (México, D.F., 1962). Numa série de artigos publicados nos volumes XIV e XV (1975), editados por Howard F. Cline, do *Handbook of Middle American Indians*, ed. Robert Wauchope (Austin, Texas, 1969–1976, 16 vols.), John B. Glass, Donald Robertson, Charles Gibson & Henry B. Nicholson fornecem descrições de muitas fontes indígenas que chegaram até nós, isto é, manuscritos pictóricos e outros na tradição histórica nativa. Uma valiosa obra de referência, que proporciona uma cronologia da erudição náhuatl de 1546 a 1980 e oferece um catálogo das obras impressas em náhuatl (cerca de 2 961 itens), foi reunida por Ascensión H. de León-Portilla, *Tepuzlahcuilolli: Impresos en Náhuatl: Historia y Bibliografía*, 2 vols. (México, D.F., 1988). John Frederick Schwaller, em *Estudios de Cultura Náhuatl* (18:315–383, 1986), fornece um guia indispensável aos manuscritos em náhuatl existentes na Newberry Library (Chicago), na Latin American Library de Tulane University e na Bancroft Library da University of California de Berkeley. Sobre os manuscritos náhuatl que se encontram na John Carter Brown Library (Providence, Rhode Island) e na Nettie Lee Benson Latin American Collection na University of Texas de Austin, ver *Estudios de Cultura Náhuatl* (21: 311–338, 1991).

As obras dos cronistas espanhóis, mestiços e índios dos séculos XVI e XVII que contêm referências básicas à época pré-colombiana foram objeto de várias análises e avaliações críticas, embora não exista um estudo abrangente que os examine a todos de maneira sistemática. Pode-se encontrar um estudo genérico em Francisco Esteve Barba, *Historiografía Indiana* (Madrid, 1964). Uma série de estudos sobre as obras de autores como Bernardino de

Sahagún, Antonio de Herrera & Juan de Torquemada estão incluídos em "The Guide to Ethnohistorical Sources", em *Handbook of Middle American Indians*, vol. 12 (Austin, Texas, 1973). A Universidade Nacional do México publicou edições críticas de algumas fontes indígenas e das crônicas do século XVI: *Textos de los Informantes Indígenas de Sahagún, Códices Matritenses*, editados por Angel María Garibay & Miguel León-Portilla, 4 vols. (México, D.F., 1958–1969); *Poesía Náhuatl*, editada por A. M. Garibay, 3 vols. (México, D.F., 1964, 1965 e 1968); *Apologética Historia Sumaria*, de Bartolomé de Las Casas, 2 vols. (México, D.F., 1967); *Memoriales*, de Toribio de Benavente Motolinía (México, D.F., 1971); *Obras Históricas*, de Fernando de Alva Ixtlilxóchitl, 2 vols. (México, D.F., 1975–1977), editadas por Edmundo O'Gorman *et al.*; e *Monarquía Indiana*, de Juan de Torquemada, editada por M. León-Portilla *et al.*, 7 vols. (México, D.F., 1975–1980). Importantes também sobre Sahagún são a excelente tradução inglesa e revisão, feitas por Mauricio J. Mixco, do estudo clássico de 1952 de Luis Nicolau d'Olwer, *Fray Bernardino de Sahagún, 1499–1590* (Salt Lake City, 1987) e um conjunto de ensaios excitantes em J. Jorge Klor de Alva, H. B. Nicholson & Eloise Quiñones Keber (eds.), *The Work of Bernardino de Sahagún: Pioneer Ethnographer of Sixteenth-Century Aztec Mexico* (Austin, Texas, 1988). Uma edição valiosa de *Historia de los Indios de la Nueva España*, de Motolinía, foi preparada por Georges Baudot (Madrid, 1985). Importante também é uma edição fac-similar em náhuatl-inglês de Alonso de Molina, *Confesionario Mayor en la Lengua Mexicana y Castellana* (México, D.F., 1984), com um ensaio introdutório de Roberto Moreno.

Uma contribuição que merece atenção especial é a edição e tradução inglesa, preparada por Arthur J. O. Anderson & Charles E. Dibble, da fonte enciclopédica para o estudo das culturas do México central, *Florentine Codex*, 12 vols. (Santa Fe, N. M., 1950–1982). Importantes contribuições incluem a publicação de duas edições bilíngües (inglês-náhuatl e espanhol-náhuatl) do registro colonial antigo da municipalidade índia de Tlaxcala: ver James Lockhart, Frances Berdan & Arthur J. O Anderson (trads. e eds.), *The Tlaxcalan Actas: A Compendium of the Records of the Cabildo of Tlaxcala, 1545–1627* (Salt Lake City, 1986); e Eustaqio Solís *et al.* (trads. e eds.), *Actas de Cabildo de Tlaxcala, 1547–1567* (México, D.F., 1985). O primeiro seleciona vinte e cinco sessões, enquanto o último representa as minutas completas de 184 sessões do Conselho indígena. Ambas as edições incluem ensaios históricos. No caso dos maias, nenhuma edição posterior suplantou o trabalho de Alfred M. Tozzer como editor, tradutor e comentador da crônica de Diego de Landa, *Relación de las Cosas de Yucatán* (Cambridge, Mass., 1941), embora mereça menção a edição e tradução inglesa feita por Anthony R. Pagden, *The Maya: Diego de Landa's Account of the Affairs of Yucatán* (Chicago, 1975).

Os resultados da pesquisa arqueológica na Mesoamérica são registrados e descritos por Gordon R. Willey & Jeremy A. Sabloff, *A History of American Archaeology* (San Francisco, 1974), e por Ignacio Bernal, *Historia de la Arqueología en México* (México, D.F., 1979). Um volume editado por Norman Hammond, *Mesoamerican Archaeology. New Approaches* (Austin, Texas, 1974), inclui vários textos que tratam de alguns dos programas de pesquisa. Os volumes II, III, IV, X e XI de *The Handbook of Middle American Indians* (1965, 1966 e 1971) incluem várias sínteses excelentes sobre a arqueologia das diversas áreas do norte e do sul da Mesoamérica. O primeiro volume de uma nova série, intitulada "Supplement to the Handbook of Middle American Indians", cobre a pesquisa na área durante a década de 1970: *Archaeology*, editada por Jeremy A. Sabloff, com a assistência de Patricia A. Andrews (Austin, Texas, 1981).

Foram publicadas nas décadas recentes algumas pesquisas confiáveis sobre a evolução cultural da totalidade da Mesoamérica. Wigberto Jiménez Moreno reviu um trabalho publicado anteriormente que esclarece enormemente o tema: "Mesoamerica before the Toltecs", em *Ancient Oaxaca*, editado por John Paddock (Stanford, Calif., 1968). O esforço conjunto de vários especialistas, sob a coordenação de José Luis Lorenzo, Alberto Ruz, Ignacio Bernal & Miguel León-Portilla, resultou numa ampla seção, dedicada ao passado mesoamericano, nos primeiros três volumes da *Historia de México*, 11 vols. (México, D.F., 1974). Entre as contribuições feitas em termos de teoria pode-se mencionar o pequeno volume editado por William T. Sanders & Barbara J. Price, para demonstrar que a civilização pode ser entendida como um resultado de adaptação ecológica: *Mesoamerica: The Evolution of a Civilization* (New York, 1968). Na mesma tendência, ver Angel Palerm, *México Pre-hispánico: Ensayos sobre Evolución Ecológica* (México, D.F., 1990).

Durante as últimas décadas, foram extremamente abundantes mas de qualidade irregular as publicações sobre áreas, períodos ou aspectos específicos dentro da evolução cultural da Mesoamérica. Sobre as origens, o desenvolvimento e a difusão da cultura olmeca, ver Michael D. Coe, *Americas's First Civilization* (New York, 1968), Ignacio Bernal, *The Olmec World*

(Berkeley, 1969), Robert J. Sharer & David C. Grove, *Regional Perspectives on the Olmec* (Cambrigde, Engl., 1989) e Jacques Soustelle, *The Olmecs: The Oldest Civilization in Mexico* (Norman, Okla., 1985). Michael D. Coe publicou uma síntese bem documentada, *The Maya* (London, 1966; ed. rev., 1980). Ver também as contribuições clássicas de J. Eric S. Thompson, *The Rise and Fall of Maya Civilization* (1954; 2. ed., Norman, Okla., 1967); *Maya Hieroglyphic Writing: An Introduction* (Norman, Okla., 1970); *A Catalog of Maya Hieroglyphs* (Norman, Okla., 1962); e *Maya History and Religion* (Norman, Okla., 1970). Entre trabalhos mais recentes, ver John S. Henderson, *The World of the Ancient Maya* (Ithaca, N.Y., 1981); Norman Hammond, *Ancient Maya Civilization* (Cambridge, Engl., 1982); T. Patrick Culbert & Don S. Rice, *Precolumbian Population History in the Maya Lowlands* (Albuquerque, N. Mex., 1990); e William F. Hanks & Don S. Rice, *Word and Image in Maya Culture: Explorations in Language, Writing and Representations* (Salt Lake City, 1990). *Ancient Oaxaca*, editado por John Paddock (Stanford, 1968), inclui importantes contribuições sobre a cultura zapoteca e a mixteca. Também da lavra de John Paddock, ver "Tezcatlipoca in Oaxaca", *Etnohistory*, 32(4): 309–325, 1985. Também é proveitoso o estudo expandido da Alta Mixteca, de autoria de Ronald Spores (a partir do original de 1967), *The Mixtecs in Ancient and Colonial Times* (Norman, Okla., 1984). Outros povos são examinados em Shirley Gorenstein & Helen Perlstein Pollard, *The Tarascan Civilization: A Late Prehispanic Cultural System* (Nashville, Tenn., 1983); Elio Masferrer Kan, "Las Condiciones Históricas de la Etnicidad entre los Totonacos", *América Indígena*, 46(4): 733–749, 1986; William R. Fowler Jr., *The Cultural Evolution of Ancient Nahua Civilizations: The Pipil-Nicarao of Central America* (Norman, Okla., 1989) e Miguel León-Portilla, *The Aztec Image of Self and Society: An Introduction to Nahua Culture,* editado e com uma introdução de J. Jorge Klor de Alva (Salt Lake City, 1992).

Várias reproduções fac-similares excelentes de livros ou "códices" dos mesoamericanos nativos, tanto pré-colombianos quanto do início do período colonial, facilitam o estudo dessas fontes: *Codex Cospi*, *Codex Borbonicus*, *Codex Borgia*, com um comentário de K. A. Novotny (Graz, 1968, 1974, 1978); *Codex Egerton*, *Codex Land*, *Codex Fejervary Mayer*, com uma introdução de C. A. Burland (Graz, 1965, 1966, 1971); *Codice Xolotl*, com um estudo introdutório de Charles E. Dibble, 2 vols. (México, D.F., 1980).

As culturas do México central, em especial as que se sucederam na construção das metrópoles de Teotihuacán, Tula e Tenochtitlán-México, foram objeto de crescente atenção. As atas da XI Mesa Redonda da Sociedad Mexicana de Antropología inclui vários textos importantes sobre a metrópole clássica, *Teotihuacán*, 2 vols. (México, D.F., 1966–1972). Com relação ao desenvolvimento do urbanismo no período teotihuacano, o projeto de mapeamento chefiado por René Millon resultou em várias contribuições. Ver, por exemplo, "Teotihuacan: Completion of Map of Giant Ancient City in the Valley of Mexico", *Science*, 170:1977–1982, 1970, e "The Study of Urbanism in Teotihuacan", em Norman Hammond (ed.), *Mesoamerican Archaeology. New Approaches* (London, 1974), pp. 313–334. Para estudos etno-históricos abrangentes sobre os toltecas, ver Nigel Davies, *The Toltecs: Until the Fall of Tula* (Norman, Okla., 1977), e *The Toltec Heritage* (Norman, Okla., 1980). Uma contribuição arqueológica substancial é dada por Richard A. Diehl, *Tula: The Toltec Capital of Ancient Mexico* (New York, 1983), e o artigo de Janice Dewey, "Huémac: El Fiero de Cincalco", *Estudios de Cultura Náhuatl*, 16: 183–192 (1983), é uma análise das fontes míticas sobre esse rei tolteca.

Sobre as estruturas socioeconômicas e políticas predominantes na Mesoamérica central na época do contato com os espanhóis, ver Manuel M. Moreno, *La Organización Política y Social de los Aztecas* (México, D.F., 1962); Friedrich Katz, *Situación Social y Económica de los Aztecas durante los Siglos XV y XVI* (México, D.F., 1966); Pedro Carrasco, "Social Organisation in Ancient Mexico", *Handbook of Middle American Indians*, 10:349–375 1972; Johanna Broda, Pedro Carrasco *et al.*, *Estratificación social en la Mesoamérica Prehispánica* (México, D.F., 1976); Pedro Carrasco & Joanna Broda (eds.), *Economía Política e Ideología en el México Prehispánico* (México, D.F., 1978); Pedro Carrasco, "La Economía Prehispánica de México", em Enrique Florescano (ed.), *Ensayos sobre el Desarrollo Económico de México y América Latina (1500–1950)* (México, D.F., 1979). Sobre a formação do Estado entre os toltecas, os chichimecas e os mexicas, ver Brigitte Boehm de Lameiras, *Formación del Estado Prehispánico* (Zamora, Méx., 1986). Angel Palerm, *Obras Hidráulicas Prehispánicas* (México, D.F., 1973), focaliza o papel da irrigação no desenvolvimento da Mesoamérica, fazendo uso das idéias expressas por Karl A. Wittfogel. Ver também Warwick Bray, "Land Use, Settlement Patterns and Politics in Prehispanic Mesoamerica, a Review", em Peter J. Ucko, Ruth Tringham & G. W. Dimbleby (eds.), *Man, Settlement and Urbanism* (London, 1970).

Além de sua pesquisa arqueológica na região de Oaxaca e de suas edições em fac-símile com a "leitura" de vários códices mixtecas, Alfonso Caso escreveu diversos estudos sobre os astecas e sobre os sistemas de calendários na Mesoamérica central, entre eles *Los Calendarios Prehispánicos* (México, D.F., 1967). A culminação de um trabalho de muitos anos sobre o calendário asteca e as fundações religiosas é Michel Graulich, *Mythes et rituals du Mexique ancien préhispanique* (Bruxelles, 1987). Uma síntese útil dos calendários mesoamericanos é Gordon Brotherson, *A Key to the Mesoamerican Reckoning of Time: The Chronology Recorded in Native Texts,* British Museum Occasional Paper (London, 1982). As muitas contribuições pioneiras de Eduardo Noguera no campo da cerâmica culminaram numa obra básica de referência, *La Cerámica Arqueológica de Mesoamérica* (México, D.F., 1975). O volume de Ignacio Marquina, *Arquitectura Prehispánica* (México, D.F., 1960) apresenta a abordagem clássica desse tema.

As criações literárias dos grupos de fala náhuatl foram pesquisados por Angel María Garibay, cuja *Historia de la Literatura Náhuatl,* 2 vols. (México, D.F., 1953–1954), continua sendo um marco nesses estudos. Uma coletânea dos trabalhos de Garibay foi publicada em seu *Sabiduría de Anáhuac,* selecionados e apresentados por Gonzalo Pérez Gómez (Toluca, Méx., 1986). Um guia geral para as produções literárias nativas dos maias, dos nahuas e dos mistecas é dado em M. León-Portilla, *Precolumbian Literatures of Mexico* (Norman, Okla., 1969; 2. ed., 1986). Ver também Gordon Brotherston, *Book of the Fourth World: Reading the Native Americans through their Literature* (Cambridge, Engl., 1992). Apresentam interesse igualmente uma transcrição completa e tradução para o inglês do chamado Huehuetlatolli, um texto náhuatl-espanhol conservado na Bancroft Library em Berkeley; Frances Karttunen & James Lockhart (eds.), *The Art of Nahuatl Speech: The Bancroft Dialogues* (Los Angeles, 1987); James M. Taggart, *Nahuatl Myth and Social Structure* (Austin, Tex., 1983); e Gary H. Gossen (ed.), *Symbol and Meaning Beyond the Closed Community: Essays in Mesoamerican Ideas* (Albany, N.Y., 1986). Uma coletânea de textos da tradição nativa da Mesoamérica, traduzidos do náhuatl, maia, quiche e mixteca, incluindo mitos de criação, exemplos do "mundo antigo", poesia e a saga de Quetzalcóatl, foi editada por Miguel León-Portilla, J. O. Arthur Anderson, Charles E. Dibble & Munro S. Edmonson, *Native Mesoamerican Spirituality* (New York, 1980).

A religião e a visão de mundo na Mesoamérica foram melhor abordados durante as duas últimas décadas através da análise dos manuscritos nativos e dos achados da arqueologia. Um trabalho pioneiro nesse campo é o de J. Eric S. Thompson, *Sky Bearers, Colors and Directions in Maya and Mexican*

Religion (Washington, D.C., 1934). O volume de Alfonso Caso, *The Aztecs: People of the Sun* (Norman, Okla., 1958), mantém seu valor de introdução à religião dos astecas. Por sua tese provocadora sobre o papel da "ideologia" nas sociedades humanas, ver a obra comparativa de Geoffrey W. Conrad & Arthur A. Demarest, *Religion and Empire: The Dynamics of Aztec and Inca Expansionism* (Cambridge, Engl., 1984). Um volume indispensável de dezoito ensaios, igualmente com aspirações comparativas, é George A. Collier, Renato I. Rosaldo & John D. Wirth (eds.), *The Inca and Aztec States, 1400–1800: Anthropology and History* (New York, 1982). Vários textos do grande estudioso das civilizações mexicanas, Eduard Seler, incluídos em suas *Gesammelte Abhandlungen*, 5 vols. (Berlin, 1902–1923), também apresentam considerável importância para o estudo da religião e da visão de mundo na Mesoamérica. *Aztec Thought and Culture. A Study of the Ancient Nahuatl Mind* (Norman, Okla., 1963), e *Time and Reality in the Thought of the Maya* (Boston, 1972), de M. León-Portilla, fornecem análise de textos considerados de importância fundamental para o estudo da visão de mundo desses dois povos. Outros textos dignos de menção sobre aspectos diversos da civilização mexica são: Jerome A. Offner, *Law and Politics in Aztec Texcoco* (Cambridge, Engl., 1983); Susan D. Gillespie, *The Aztec Kings: The Construction of Rulership in Mexican History* (Tucson, Ariz., 1988); Ross Hassig, *Aztec Warfare: Imperial Expansion and Political Control* (Norman, Okla., 1988); a síntese, feita em 1980, por Alfredo López Austin, sobre a medicina e a cultura política dos nahuas, traduzida para o inglês com o título de *The Human Body and Ideology: Concepts of the Ancient Nahuas*, 2 vols. (Salt Lake City, 1988); Bernard R. Ortiz de Montellano, *Aztec Medicine, Health and Nutrition* (New Brunswick, N.J., 1990); e os três ensaios em Johanna Broda, David Carrasco & Eduardo Matos Moctezuma (eds.), *The Great Temple of Tenochtitlan: Center and Periphery in the Aztec World* (Berkeley, 1988). Estudos ricos em novas concepções são os de Thomas S. Barthel, "Algunos Princípios de Ordenación en el Panteón Azteca", *Traducciones Mesoamericanísticas*, 2:45–78 (1968), e a tentativa de classificação das várias divindades elaborada por Henry B. Nicholson, "Religion in Pre-Hispanic Central Mexico", em *Handbook of Middle American Indians*, vol. 10 (1972), pp. 305–446.

Um excelente levantamento da cultura dos habitantes do México central antes da chegada dos espanhóis aparece em Warwick Bray, *Everyday Life of the Aztecs* (London, 1968). Para uma boa análise geral, ver Nigel Davies, *The Aztecs* (London, 1973) e do mesmo autor, *The Aztec Empire: The Toltec*

Resurgence (Norman, Okla., 1987). Um relato bem escrito e especulativo é o de Inga Clendinnen, *Aztecs: An Interpretation* (Cambridge, Engl., 1991). Finalmente, o volume muito aguardado de James Lockhart, *The Nahuas after the Conquest: A Social and Cultural History of the Indians of Central Mexico* (Stanford, Cal., 1992), mapeia os povos indígenas na era colonial de diversos modos interessantes.

2. AS SOCIEDADES ANDINAS ANTERIORES A 1532

Um dos primeiros inventários das fontes para uma etno-história andina é a obra de Phillip A. Means, *Biblioteca Andina* (1928), Transactions da Connecticut Academy of Arts and Sciences, vol. 29, pp. 271–525. Continua sendo uma discussão proveitosa dos relatos de testemunhas oculares da invasão européia. Compilações mais recentes por parte de historiadores peruanos são Rubén Vargas Ugarte, *Manual de Estudios Peruanistas* (5.ed., Lima, 1959), e Raúl Porras Barrenechea, *Los Cronistas del Perú* (Lima, 1962).

Iniciada em 1956, a Biblioteca de Autores Españoles, publicada em Madri pela Real Academia através de suas Ediciones Atlas, empreendeu novas edições de muitos dos cronistas europeus: por exemplo, Bernabé Cobo, *Historia del Nuevo Mundo* (1653; Madrid, 1956). Cada obra recebeu uma nova introdução, embora de qualidade desigual; os textos em si são cuidadosamente reproduzidos. Dois títulos bastante primitivos, de cuja existência se suspeitava mas que se haviam mantido inacessíveis, finalmente vieram à tona: a segunda parte que faltava do relato feito por Juan de Betanzo dos eventos na corte inca durante os últimos anos antes de Pizarro foi localizada por María Martín Rubio numa coleção particular nas Baleares: *Suma y Narración de los Incas* (1551; Madrid, 1987); o historiador jesuíta Carmelo Sáenz de Santa Maria reproduz a última parte que faltava de Pedro Cieza de León, *Guerras Civiles Peruanas* (1552; Madrid, 1985).

Em alguns casos, os textos familiares são baseados em cópias dos manuscritos originais, presumivelmente perdidos; os copistas muitas vezes tinham pouca familiaridade com as línguas andinas, de modo que os nomes de locais e de indivíduos são grafados incorretamente e às vezes de maneira irreconhecível. A procura dos originais resultou em novas edições, bastante melhoradas, de, por exemplo, Juan de Matienzo, *Gobierno del Peru* [1567], publicado pelo Institut Français d'Études Andines (Lima, 1967). A segunda edição de *Historia del Nuevo Mundo*, de Bernabé Cobo, localizada em Sevilha, foi traduzida e editada por Ronald Hamilton com o título de *Inca Religion and Customs* (Austin, Tex., 1990).

Os textos nas línguas andinas estão catalogados em Paul Rivet & G. de Créqui-Montfort, *Bibliographie Aymara et Kichua*, 4 vols. (Travaux et Mémoires, Institut d'Éthnologie, Paris, 1951–1956). A maioria desses textos são de um período bastante tardio. Até agora foi localizado um número muito menor de textos em quíchua e em aimará do que os que temos no México em náhuatl. Uma exceção expressiva é a tradição oral do povo yauyo de Huarochirí, publicado numa edição bilíngüe por Hermann Trimborn, *Quellen und Forschungen zur Geschichte der Geographie und Völkerkunde*, vol. 4 (Leipzig, 1939). Como essa edição foi quase totalmente destruída durante a guerra, Trimborn, em colaboração com Antje Kelm, elaborou uma retradução, *Francisco de Avila*, uma edição bilíngüe anotada do texto quíchua, *Quellenwerke zur alten Geschichte Amerikas aufgezeichnet in den Sprachen der Eingeborenen*, vol. 8 (Berlin, 1967). A tradução mais antiga para o espanhol, feita por Toribio Mejía Xesspe, continua inédita; outra empreendida por José María Arguedas, *Dioses y Hombres de Huarochiri* (Lima, 1966), foi reimpressa comercialmente várias vezes com a omissão do original quíchua. George I. Urioste preparou uma nova tradução para o espanhol, *Hijos de Pariya Qaqa: La Tradición Oral de Waru Chiri* (Syracuse, N.Y., 1983). Uma edição francesa feita por Gerald Taylor, *Rites et traditions de Huarochiri* (Paris, 1980), foi seguida por uma edição peruana, ampliada, do mesmo autor: *Ritos y Tradiciones de Huarochirí del Siglo XVII* (Lima, 1987). Uma nova tradução para o inglês foi preparada por Frank Salomon & George I. Urioste: *The Huarochirí Manuscript: A Testament of Ancient and Colonial Andean Religion* (Austin, Tex., 1991), que inclui um ensaio introdutório de Salomon carregado de informações.

Devemos também a Paul Rivet a primeira edição em fac-símile do primeiro livro escrito por um autor andino de que se tem conhecimento, Felipe Guaman Poma de Ayala, *Nueva Corónica y Buen Gobierno* [1615] (Paris, 1936; reimpresso em 1968 e 1988). Uma edição crítica, com índices, traduções do material em quíchua e uma transcrição de todo o manuscrito, organizada por J. V. Murra & Rolena Adorno, foi publicada em 3 volumes no México em 1980 (reimpr. 1987). Esta foi então reproduzida na Espanha por Historia 16 (1986). Foram publicados dois estudos interpretativos desta "carta": um de autoria de Rolena Adorno: *Guaman Poma: Writing and Resistance in Colonial Perú* (Austin, Tex., 1986) e outro de Mercedes López-

Baralt, *Icono y Conquista: Guaman Poma de Ayala* (Madrid, 1988), os quais acentuam a importância dos 400 desenhos incluídos na "carta".

María Rostworowski de Diez Canseco é pioneira na publicação e interpretação de registros administrativos e processuais do século XVI (por exemplo, estudos de pesos e medidas, de propriedade da terra, dos senhores étnicos do litoral). Nos últimos anos ela tem enfatizado o fácil acesso aos materiais andinos oriundos de regiões costeiras, publicados pelo Instituto de Estudios Peruanos: *Señoríos Indígenas de Lima y Canta* (Lima, 1978); *Recursos Naturales Renovables y Pesca, Siglos XVI y XVII* (Lima, 1981); *Estructuras Andinas del Poder: Ideología Religiosa y Política* (Lima, 1986). Esses são coroados por uma ambiciosa *Historia del Tahuantinsuyu* (Lima, 1988), que se tornou um *best-seller* no Peru.

Waldemar Espinoza Soriano editou uma série de úteis textos regionais que ele havia coletado no Archivo de Indias, Sevilha: por exemplo, "Los Huancas, Aliados de la Conquista: Tres Informaciones Inéditas sobre la Participación Indígena en la Conquista del Perú [1558–1561]", em *Anales Científicos* da Universidade de Huancayo, Peru, 1971–1972. Ver também seu livro, *La Destrucción del Imperio de los Incas* (Lima, 1973).

Registros administrativos antigos, úteis tanto para a etnografia quanto para a história, foram publicados por periódicos de Lima, entre eles a *Revista del Museo Nacional*, o *Bulletin* do Institut Français d'Études Andines, *Historia y Cultura* e *Histórica*. J. V. Murra editou três inspeções setecentistas de grupos étnicos andinos, dois publicados no Peru e um terceiro na Espanha. Esses textos foram analisados em sua coletânea, *Formaciones Económicas y Políticas del Mundo Andino* (Lima, 1975); uma edição revisada está em preparo pelo Instituto Indigenista Interamericano no México.

Algumas fontes sobre os Andes setentrionais foram selecionadas e publicadas na Colección Pendoneros de Otavalo, Ecuador (editadas por Segundo Moreno): por exemplo, Udo Oberem, *Los Quijos* (Otavalo, 1980), e a primeira versão em espanhol, feita por Frank Salomon, do que se tornou *Native Lords of Quito in the Age of the Incas* (Cambridge, Engl., 1986). Com relação ao Sul, a primeira Audiencia de Charcas, ver a coletânea que trata dos aimarás, editada por Xavier Albó, *Raices de América* (Madrid, 1988); Thérèse Bouysse-Cassagne, *La Identidad Aymara: Aproximación Histórica* (La Paz, 1987); e várias publicações de Thierry Saignes, autor que enfatiza as relações entre as populações das montanhas e as planícies amazônicas: *Los Andes Orientales: Historia de un Olvido* (Cochabamba, 1985) e *L'Inca, l'espagnol et les sauvages,* escrito em colaboração com F. M. Renard-Casewitz & A. C. Taylor-Descola (Paris, 1986).

Análises estruturais de materiais simbólicos e religiosos dos Andes foram elaboradas por R. T. Zuidema, *The Ceque System of Cuzco: The Social Organization of the Incas* (Leiden, 1964). Uma atualização dessa obra de grande influência é *La civilisation inca au Cuzco* (Paris, 1985) e na tradução inglesa, *Inca Civilization in Cuzco* (Austin, Tex., 1990). Uma antologia recente das idéias de Zuidema é *Reyes y Guerreros: Ensayos de Cultura Andina,* compilada por Manuel Burga (Lima, 1989). J. V. Murra & Nathan Wachtel editaram um número especial de *AESC,* 33:5–6, 1978, sobre a "antropologia histórica" dos Andes; trad. ingl., *Anthropological History of Andean Polities* (Cambridge, Engl., 1986).

Além das análises mais antigas da sociedade inca, como a de Heinrich Cunow, "Das Peruanische Verwandtschaftssystem und die Geschlechtsverbände der Inka", em *Das Ausland* (Berlin, 1891), Clements Markham, *The Incas of Peru* (London, 1912), Louis Baudin, *L'Empire socialiste des Incas* (Paris, 1928), John H. Rowe, "Inca Culture at the Time of the Spanish Conquest", em Julian H. Steward, *Handbook of South American Indians,* vol. 2 (Washington, D.C., 1946), ou J. V. Murra, *The Economic Organization of the Inka State* (1955; Greenwich, Conn., 1980), existem estudos que utilizam novas fontes ou introduzem novas questões. Ver, por exemplo, Franklin Pease García Yrigoyen, *El Dios Creador Andino* (Lima, 1973), Juergen Golte, *La Racionalidad de la Organización Andina* (Lima, 1980) e Irene Silverblatt, *Moon, Sun and Witches: Gender Ideologies and Class in Inca and Colonial Peru* (Princeton, N.J., 1987). Waldemar Espinoza editou uma coletânea que reúne muitos e diversos pontos de vista em *Modos de Producción en el Imperio de los Incas* (Lima, 1978), entre eles a opinião de Emilio Choy de que se tratava de um sistema escravista, e a tese de Virgilio Roel de que existiu um modo de produção especificamente inca. Uma interpretação do mito inca das origens é Gary Urton, *The History of a Myth: Pacariqtamba and the Origin of the Inkas* (Austin, Tex., 1990). Ver também Henrique Urbano & Pierre Duviols (eds.), *C. de Molina, C. de Albornoz: Fábulas y Mitos de los Incas* (Madrid, 1989). Um número especial de *Etnohistory* (34(1), 1987) foi dedicado à diversidade nos domínios incas.

A arqueologia da região andina é resumida por Luis G. Lumbreras, *The People and Cultures of Ancient Peru* (Washington, D.C., 1974). Ver também Lumbreras, *Chavín de Huantar en el Nacimiento de la Civilización Andina*

(Lima, 1989). Uma antologia mais antiga em inglês ainda é útil: *Peruvian Archaeology* (Palo Alto, Cal., 1967), um manual abrangente editado por John H. Rowe & Dorothy Menzel. Inclui importante ensaio de Rowe sobre a arte de Chavín. Rowe tem dedicado a maior parte de seu tempo em deslindar a posição de Cuzco tanto no tempo quanto na qualidade de centro urbano. Ele edita *Ñawpa Pacha*, o periódico do Institute of Andean Studies da University of California de Berkeley.

Recentemente os arquitetos fizeram importantes progressos na descrição, medição e interpretação do urbanismo andino. Jorge Hardoy, *Ciudades Precolombinas* (Buenos Aires, 1964) recebeu várias edições em diversas línguas. Graziano Gasparini & Louise Margolies, *Arquictetura Inka* (Caracas, 1977; trad. ingl., *Inca Architecture*, de Patricia J. Lyon, Bloomington, Ind., 1980) é um importante levantamento dos monumentos e cidades, com base em novas plantas e fotografias. Santiago Agurto, *La Traza Urbana de la Ciudad Inca* (Cuzco, 1980) constitui um novo e prolongado estudo da arquitetura de Cuzco.

O mais conservado dos centros administrativos incas, Huánuco Pampa, foi estudado intensamento por uma equipe chefiada por Craig Morris. Para um relatório preliminar, em colaboração com Donald E. Thompson, ver *Huánuco Pampa: An Inca City and its Hinterland* (London, 1985). Foram mapeados perto de cinco mil edifícios, dos quais 497 são armazéns de mercadorias. John Hyslop especializou-se no estudo das obras públicas incas. Após pesquisas de campo nas cinco repúblicas andinas, Hyslop afirma que o sistema viário cobria pelo menos vinte mil quilômetros; é, no seu entender, uma das maiores obras públicas do mundo pré-industrial: ver seu trabalho, *The Inka Road System* (London, 1984). Ver também sua obra, *Inka Settlement Planning* (Austin, Tex., 1990). Heather Lechtman & Ana María Soldi publicaram o primeiro volume de um manual sobre a tecnologia andina: *Runakunap Kawsayninkupaq Rurasqankunaqa* [*A Tecnología en el Mundo Andino*] (México, D.F., 1981).

Uma característica especial da historiografia andina é a busca de explicações da rápida ruína do Estado inca após 1532. Ver John Hemming, *The Conquest of the Incas* (London, 1970), e Nathan Wachtel, *Vision des vaincus* (Paris, 1971), traduzido para o inglês com o título de *The Vision of the Vanquished* (Hassocks, Sussex, 1977). Ver também a obra mais recente de N. Wachtel, *Le retour des ancêtres* (Paris, 1990). No Peru, enfatizou-se especialmente o apoio que os europeus receberam das comunidades políticas andinas que se rebelaram contra os incas. Waldemar Espinoza, *La Destrucción del Imperio de los Incas* (Lima, 1973), e Edmundo Guillén Guillén, *Versión Inca de la Conquista* (Lima, 1974), levantam questões que merecem melhor atenção. James Lockhart, *The Men of Cajamarca: A Social and Biographical Study of the First Conquerors of Peru* (Austin, Tex., 1972), continua sendo a melhor introdução ao encontro dos dois mundos.

As primeiras instituições coloniais e seu efeito sobre a população andina foram investigados em 1946 por George Kubler, "The Quechua in the Colonial World", em *Handbook of South American Indians*, vol. 2 (Washington, D.C., 1946). James Lockhart, *Spanish Peru (1532–60): A Colonial Society* (Madison, Wis., 1968), e Josep Barnadas, *Charcas (1535–65)* (La Paz, 1979), são introduções modernas ao início do domínio europeu. São análises ulteriores que focalizam regiões mais estreitas: Steve J. Stern, *Peru's Indian Peoples and the Challenge of Spanish Conquest: Huamanga to 1640* (Madison, Wis., 1982); Steve J. Stern (ed.), *Resistance, Rebellion and Counsciousness in the Andean Peasant World (18th to 20th Centuries)* (Madison, Wis., 1987) e Karen Spalding, *Huarochirí: An Andean Society under Inca and Spanish Rule* (Stanford, Cal., 1984).

Há relativamente muito pouco a relatar sobre comparações entre os povos dos Andes e os da Mesoamérica: esforços preliminares nessa direção incluem George A. Collier, Renato I. Rosaldo & John D. Wirth (eds.), *The Inca and Aztec States: 1400–1800: Anthropology and History* (New York, 1982) e Geoffrey W. Conrad & Arthur A. Demarest, *Religion and Empire: The Dynamics of Aztec and Inca Expansionism* (Cambridge, Engl., 1984).

Os processos econômicos que afetavam a população andina são analisados por C. Sempat Assadourian, "La Producción de la Mercancía Dinero en la Formación del Mercado Interno Colonial", em Enrique Florescano (ed.), *Ensayos sobre el Desarrollo Econômico de México y América Latina (1500–1975)* (México, D.F., 1979). Assadourian também contribuiu com um ensaio em Olivia Harris, Brooke Larson & Enrique Tandeter (eds.), *La Participación Indígena en los Mercados Surandinos* (La Paz, 1987). A demografia colonial das populações andinas foi estudada por Nicolás Sánchez-Albornoz, *Indios y Tributos en el Alto Perú* (Lima, 1978).

Notáveis fontes primárias sobre as mudanças nos Andes são os registros das campanhas do século XVII para "extirpar a idolatria", analisadas por Pierre Duviols, *La lutte contre les réligions autochtones dans le Pérou colonial* (Lima-Paris, 1971), obra que foi traduzida para o espanhol (Lima, 1977).

Um notável conjunto de atas inquisitoriais que tratam de eventos de Cajatambo, Peru, apareceram em *Cultura Andina y Represión — Procesos y Visitas de Idolatrías y Hechicerías: Cajatambo, Siglo XVII*, editadas e comentadas por Duviols (Cuzco, 1986).

Incorporar os milênios andinos às histórias nacionais do Equador, Bolívia e Peru foi uma tarefa que não pareceu tão estranha na década de 1920 a estudiosos como Domingo Angulo, Romeo Cúneo-Vidal, Jacinto Jijón y Caamaño, Rigoberto Paredes ou Luis E. Valcárcel. Nas décadas posteriores, as continuidades entre antes e depois de 1532 se tornaram menos evidentes. Mais recentemente, a idéia de uma historiografia andina que abrangesse ao mesmo tempo as civilizações pré-colombianas e os séculos pós-europeus voltaram à tona novamente nas obras de Jorge Basadre, Ramiro Condarco, Alberto Crespo, Pablo Macera e Silvia Rivera. A dimensão andina de uma história nacional é o tema de Franklin Pease, *Del Tawantinsuyu a la Historia del Perú* (Lima, 1978).

3. OS ÍNDIOS DO BRASIL EM 1500

O primeiro português a escrever sobre o Brasil foi Pero Vaz de Caminha em sua famosa carta a Dom Manoel, de 1º de maio de 1500. Ver *A Carta de Pero Vaz de Caminha* (Rio de Janeiro, 1943), traduzida para o inglês em *The Voyages of Pedro Alvares Cabral to Brasil and India* (Hakluyt Society, 2nd ser., vol. 81, 1937, pp. 3–33). Posteriormente, no século XVI, temos as valiosas crônicas de Gabriel Soares de Sousa, *Tratado Descriptivo do Brasil em 1587* (São Paulo, 1938), e de Pero de Magalhães de Gandavo, *Tratado da Terra do Brasil* e *História da Província de Santa Cruz* (1576) (São Paulo, 1980), traduzidas para o inglês por John B. Stetson Jr., *The Histories of Brazil*, 2 vols. (New York, 1922). Material essencial pode ser encontrado nas cartas de Nóbrega, de Anchieta e outros jesuítas, que são mais fáceis de consultar na excelente coletânea de Serafim Leite, *Cartas dos Primeiros Jesuítas do Brasil*, 3 vols. (São Paulo, 1954–1958), ou, com um quarto volume, *Monumenta Brasiliae* (*Monumenta Historica Societatis Jesu*, pp. 79–81, 87; Roma, 1956–1960); para todo o período, é de fundamental importância a obra monumental, em dez volumes, do mesmo autor, *História da Companhia de Jesus no Brasil* (Lisboa e Rio de Janeiro, 1938–1950), que publicou um bom resumo dessa obra em *Suma Histórica da Companhia de Jesus no Brasil* (Lisboa, 1965); existem também antologias dos escritos de José de

Anchieta, das quais a melhor é a editada por Antônio de Alcântara Machado (Rio de Janeiro, 1933). Um bom cronista jesuíta é Fernão Cardim, cujas obras *Do Clima e Terra do Brasil* e *Do Princípio e Origem dos Índios do Brasil* (*c.* 1584) subsistiram apenas na tradução inglesa de Richard Hakluyt dos originais apreendidos, em Samuel Purchas, *Hakluytus Posthumus or Purchas His Pilgrimes* (London, 1625). Para uma edição moderna, ver os *Tratados da Terra e da Gente do Brasil*, ed. Capistrano de Abreu (Rio de Janeiro, 1925). Um jesuíta anônimo escreveu um bom relato das campanhas portuguesas no sentido de ampliar as fronteiras ao norte de Pernambuco, "Sumário das Armadas que se Fizeram [...] na Conquista do Rio Paraíba (*c.* 1587)", *RIHGB*, 36(1) (1873). As duas mais importantes histórias dos primórdios do Brasil são a do franciscano Vicente do Salvador, *História do Brasil* (1627, com várias edições a partir desta nos *ABNRJ*, 13, 1885–1886, que é particularmente boa com relação ao Norte e ao Pará; e a do jesuíta Simão de Vasconcellos, *Chronica das Cousas do Brasil* e *Chronica da Companhia de Jesus do Estado do Brasil* (Lisboa, 1663), prejudicada por ser demasiado hagiográfica. As cartas e o registro de campanha de Mem de Sá também são importantes: *ABNRJ*, 27 (1905).

Foi dito muitas vezes que os demais europeus eram observadores mais perspicazes dos índios brasileiros do que os portugueses. São dignos de menção dois missionários franceses e um mercenário alemão, os quais estiveram entre os tupinambás ou tamoios do Rio de Janeiro na metade do século XVI: o franciscano André Thevet, *Les singularitez de la France Antarctique* (Paris, 1558) e *La Cosmographie universelle* (1575), ambos publicados em Suzanne Lussagnet, *Les Français em Amérique pendant la deuxième moitié du XVIe siècle: Le Brésil et les brésiliens* (Paris, 1953); Jean de Léry, *Histoire d'un voyage faict en la Terre du Brésil* (La Rochelle, 1578, e edições modernas e traduções); Hans Staden, *Wahrhaftige Historie und Beschriebung eyner Landtschafft der wilden, nacketen, grimmigen, menschfresser Leuten, in der newen Welt America gelegen...* (Marburg, 1557, e edições e traduções modernas, inclusive duas em inglês: Hakluyt Society, 1st ser., vol. 51, 1874, e London, 1928). Outro alemão forneceu interessantes informações sobre as tribos do sul do Brasil: Ulrich Schmidel, *Wahrhaftige Historie einer wunderbaren Schiffart* (Frankfurt-am-Main, 1567, e edições recentes, das quais a melhor é Graz, 1962, e tradução para o inglês em Hakluyt Society, 1st ser., vol. 81, 1889). O corsário inglês Anthoine Knivet fornece muitas informações sobre as tribos e a escravidão no final do século: suas

Admirable Adventures and Strange Fortunes... estão em *Purchas His Pilgrimes*, part 2, book 6, chap. 7. O filho de um nobre irlandês, Bernard O'Brien conta de tribos recém-contatadas do baixo Amazonas no começo do século XVII, em seu relato ao Rei da Espanha, trad. T. G. Mathews, em *Caribbean Studies*, 10(1): 89–106 (1970). O dominicano espanhol, frei Gaspar de Carvajal, fornece informações essenciais sobre as tribos encontradas no Amazonas durante a primeira descida de Francisco de Orellana em 1542: *Descubrimiento del Río de las Amazonas* (muitas edições modernas, e a melhor tradução inglesa está em New York, edição de 1934); espanhóis como Toribio de Ortigüera e Francisco Vázquez, Custódio Hernández, López Vaz e muitos outros deram alguma informação em seus relatos da descida do Ursúa-Aguirre em 1561; e Cristóbal de Acuña complementa essas informações iniciais em seu *Nuevo Descubrimiento del Gran Río de las Amazonas* (1641, muitas edições modernas e tradução inglesa em Hakluyt Society, 1st ser., vol. 24, 1859). Dois outros observadores franceses admiráveis descreveram os índios do Maranhão durante a breve colônia francesa no local (1612–1615): Claude d'Abbeville, *Histoire de la mission des Pères Capucins en l'Isle de Maragnan...* [Paris, 1614]; e Yves d'Evreux, *Voyage dans le nord du Brésil* (1614; Paris, 1864).

Existem relativamente poucas interpretações modernas dos índios às vésperas da conquista. As mais importantes são os livros de Alfred Métraux, *La civilisation matérielle des tribus Tupi-Guaraní* (Paris, 1928) e *La religion des Tupinambá et ses rapports avec celle des autres tribus Tupi-Guaraní* (Paris, 1928), juntamente com seus artigos sobre os tupis e outras tribos no *Journal de la Société des Américanistes de Paris* e suas contribuições para o *Handbook of South American Indians*, vols. 1 e 3, e, mais particularmente, os estudos de Florestan Fernandes da sociedade tupinambá e do papel que a guerra representava nela, *Organização Social dos Tupinambá* (1948; São Paulo, 1963) e *A Função Social da Guerra na Sociedade Tupinambá* (São Paulo, 1952). Sobre a arqueologia do Amazonas, são estudiosos proeminentes Betty J. Meggers, Clifford Evans e Curt Nimuendajú. Mais recentemente, foram apresentadas algumas teorias audaciosas em Donald W. Lathrap, *The Upper Amazon* (London, 1970). Sobre a população indígena no Brasil por volta de 1500, ver William M. Denevan, "The Aboriginal Population of Amazonia", em W. M. Denevan (ed.), *The Native Population of the Americas in 1492* (Madison, Wis., 1977), e John Hemming, *Red Gold: The Conquest of the Brazilian Indians* (London, 1978), apêndice.

A história dos índios durante o período imediatamente posterior à conquista aparece com alguma extensão nas obras clássicas de Robert Southey (1810–1819), Francisco Adolpho de Varnhagen, João Capistrano de Abreu, Sérgio Buarque de Holanda, Caio Prado Júnior e João Fernando de Almeida Prado. Ver, sobretudo, Alexander Marchant, *From Barter to Slavery* (Baltimore, Md., 1942), e Georg Thomas, *Die Portugiesische Indianerpolitik in Brasilien, 1500–1640* (Berlin, 1968), trad. portuguesa, *Política Indigenista dos Portugueses no Brasil, 1500–1640* (São Paulo, 1984); e uma excelente análise da escravidão indígena no século XVI em Urs Höner, *Die Versklavung der brasilianischen Indianer: Der Arbeitsmarkt in Portugiesisch-America im XVI. Jahrhundert* (Freiburg im Braunsgau, 1980). Hemming, *Red Gold*, procura apresentar uma história coerente e abrangente do tratamento a que foram submetidos os índios brasileiros de 1500 a 1760. A *História dos Índios no Brasil*, editada por Manuela Carneiro da Cunha (São Paulo, 1992), é uma obra recente importante de erudição cooperativa. Os capítulos mais relevantes no que se refere aos índios às vésperas da conquista são os de Carlos Fausto sobre os tupinambás, de John Manuel Monteiro sobre os guaranis do sul do Brasil, de Maria Hilda Paraíso sobre os botocudos e de Beatriz Dantas e outros sobre as tribos do Nordeste.

A antropologia social das tribos do Brasil antes da conquista européia deve ser inferida por referência a estudos sobre as tribos modernas. Existe uma vasta literatura de tais estudos, com monografias sobre a etnografia de todas as principais tribos sobreviventes. O *Handbook of South American Indians* [*HSAI*], ed. Julian Steward (6 vols., Washington, D.C., 1946–1950) ainda é uma obra útil, embora tenha sido publicada na década de 1940. Os volumes mais relevantes são o vol. 1 sobre "Marginal Tribes", o vol. 3 sobre as tribos da floresta tropical e o vol. 6 sobre tópicos como lingüística e geografia social. Há ensaios importantes ou listagens de tribos em *Indians of Brazil in the Twentieth Century*, editado por Janice H. Hopper (Washington, D.C., 1967). Artur Ramos, *Introdução à Antropologia Brasileira: As Culturas Indígenas* (Rio de Janeiro, 1971), e Julio César Melatti, *Índios do Brasil* (Brasília, 1970), fornecem bons estudos introdutórios sobre as tribos brasileiras, e o problema da aculturação e da assimilação é abordado por Egon Schaden, *Aculturação Indígena* (São Paulo, 1969), e por Darcy Ribeiro, *Os Índios e a Civilização* (Rio de Janeiro, 1970). A obra de Herbert Baldus, *Bibliografia Crítica da Etnologia Brasileira*, 2 vols. (São Paulo, 1954; Hanover, Alem., 1968), é útil, embora esteja agora desatualizada. Pode contar com alguma informação histórica dos primórdios na excelente série, *Povos Indígenas no Brasil*, que está sendo publicada pelo Centro Ecumênico de Documentação e Informação em São Paulo, embora tenham aparecido até agora apenas alguns volumes regionais.

Entre as muitas monografias antropológicas sobre as tribos modernas que elucidam as condições anteriores à conquista, são notáveis os trabalhos de Curt (Unkel) Nimuendajú, por causa de sua longa experiência prática na convivência com as tribos e de seu conhecimento da história e arqueologia dessas comunidades: por exemplo, *The Apinayé*, traduzido por Robert H. Lowie (Washington, D.C., 1939); *The Serente*, traduzido por Lowie (Los Angeles, 1942); *The Eastern Timbira*, traduzido por Lowie (Berkeley, 1946); *The Tukuna*, traduzido por William D. Hohenthal (Berkeley, 1952) e suas contribuições ao volume 3 do *Handbook of South American Indians.* Alguns outros estudiosos poderiam ser mencionados: sobre os bororos, Cesar Albisetti & Angelo Jayme Venturelli, *Enciclopédia Bororo*, 2 vols. (Campo Grande, 1962); sobre as tribos do Tocantins, Roberto da Mata & Roque de Barros Laraia, *Índios e Castanheiros; A Empresa Extrativa e os Índios no Médio Tocantins* (São Paulo, 1967); sobre os terenas e os tucunas, Roberto Cardoso de Oliveira, *O Processo de Assimilação dos Terêna* (Rio de Janeiro, 1960), e *O Índio e o Mundo dos Brancos: A Situação dos Tukúna do Alto Solimões* (São Paulo, 1964); vários artigos no *Boletim do Museo Paraense Emílio Goeldi* (Belém), nos quais William H. Crocker escreve sobre os canelas, Protásio Frickel sobre os tiriós e Expedito Arnaud & Eduardo Galvão sobre as tribos do rio Negro; sobre os xavantes, David Maybury-Lewis, *Akwê-Shavante Society* (Oxford, 1967), e G. Giaccaria & A. Heide, *Auwê uptabi — uomine veri — vita Xavante* (Torino, 1971; trad. portuguesa, São Paulo, 1972); sobre os caingangues, Jules Henry, *Jungle People: A Kaingang Tribe of the Highlands of Brazil* (New York, 1941); sobre os índios do Nordeste, Estevão Pinto, *Os Indígenas do Nordeste* (São Paulo, 1935); sobre os urubus, Francis Huxley, *Affable Savages: An Anthropologist among the Urubu Indians of Brazil* (New York, 1957); sobre os mundurucus, Robert Francis Murphy, *Headhunter's Heritage: Social and Economic Change among the Mundurucú Indians* (Berkeley, 1960); sobre os tapirapés, Charles Wagley, *Welcome of Tears: The Tapirapé Indians of Central Brazil* (New York, 1978). Ver também Thomas Gregor, *Mehinaku* (Chicago, 1977); Betty Mindlin, *Nós paiter: Os Suruí de Rondônia* (Petrópolis, 1985); Ellen Basso, *The Kalapalo Indians of Central Brazil* (New York, 1973). Europeus que viajaram pela Amazônia no século XIX, notadamente os alemães J. B. von Spix, C. F. P. von Martius, Karl von den Steinen e Theodor Koch-Grünberg, também dão indicações sobre as sociedades tribais da região antes de serem contatadas.

4. A CONQUISTA ESPANHOLA E A COLONIZAÇÃO DA AMÉRICA

O artigo de Charles Julian Bishko, "The Iberian Background of Latin American History: Recent Progress and Continuing Problems", *HAHR*, 36:50–80 (1956), é uma admirável introdução às ferramentas bibliográficas básicas e identifica as áreas em que se necessita de mais pesquisa, bem como aquelas nas quais foi feito um trabalho relevante. O *Índice Histórico Español* (Barcelona, 1953–), que pode ser considerado uma seqüência da obra indispensável de Benito Sánches Alonso, *Fuentes de la Historia Española e Hispano-americana*, 3 vols., 3. ed. (Madrid, 1952), com a vantagem adicional de incluir rápidos comentários sobre os livros e artigos que relaciona, infelizmente tem apresentado sinais de deterioração nos últimos anos.

Existe atualmente uma boa seleção de livros de caráter geral sobre a Península Ibérica no final da Idade Média e início da Era Moderna, embora a Espanha esteja muito mais bem servida nesse aspecto do que Portugal. A obra clássica de Roger B. Merriman, *The Rise of the Spanish Empire in the Old World and the New*, 4 vols. (New York, 1918–1934; reimpr. 1962), ainda é útil, sobretudo para a história política e institucional, mas em muitos aspectos foi superada por obra mais recente. É mais fraca nas áreas de história econômica e social, onde deveria ser complementada pela obra de Jaime Vicens Vives, *An Economic History of Spain* (Princeton, N.J., 1969), e pelos vols. 2 e 3 de *Historia Social y Económica de España y América* (Barcelona, 1957), um empreendimento feito em colaboração e editado por Vicens Vives. Uma obra mais recente é V. Vázquez de Prada, *História Económica y Social de España*, vol. 3: *Los Siglos XVI y XVII* (Madrid, 1978). A Espanha medieval enquanto sociedade de fronteira é examinada por A. MacKay, *Spain in the Middle Ages* (London, 1977), e a Espanha do final da Idade Média é examinada muito mais detalhadamente por J. N. Hillgarth, *The Spanish Kingdoms, 1250–1516*, 2 vols. (Oxford, 1976–1978). Uma obra estimulante que reconstitui as influências da Península medieval sobre Nova Espanha é Luis Weckman, *La Herencia Medieval de México* (México, D.F., 1984). Sobre os séculos XVI e XVII, ver Antonio Domínguez Ortiz, *The Golden Age of Spain, 1516–1659*

(London, 1971); J. H. Elliott, *Imperial Spain, 1469–1716* (London, 1963); e os estudos recentemente revistos de John Lynch, *Spain, 1516–1598* (Oxford, 1991) e *The Hispanic World in Crisis and Change, 1598–1700* (Oxford, 1992). J. H. Elliott (ed.), *The Hispanic World* (London, 1991), publicado nos Estados Unidos com o título de *The Spanish World* (New York, 1991), oferece uma útil introdução à história e civilização espanholas.

Existe uma série de bons estudos sobre o período colonial na América espanhola, que começam com a conquista e o início da colonização e oferecem uma útil orientação bibliográfica: C. H. Haring, *The Spanish Empire in America* (New York, 1947); J. H. Parry, *The Spanish Seaborne Empire* (London, 1966); Charles Gibson, *Spain in America* (New York, 1966); Richard Konetzke, *Süd- und Mittelamerika, I. Die Indianerkulturen Altamerikas und die spanisch-portugiesische Kolonialherrschaft* (Fischer Weltgeschichte, vol. 22, Frankfurt, 1965); Francisco Morales Padrón, *Historia General de América* (2. ed., Madrid, 1975); Guillermo Céspedes, *Latin America: The Early Years* (New York, 1974). Sínteses valiosas mais recentes em inglês compreendem James Lockhart & Stuart B. Schwartz (eds.), *Early Latin America: A History of Colonial Spanish America and Brazil* (Cambridge, Engl., 1983); e Lyle N. McAlister, *Spain and Portugal in the New World, 1492–1700* (Minneapolis, Minn., 1984). Em espanhol, ver particularmente Guillermo Céspedes del Castillo, *Historia de España*, vol. VI: *América Hispánica (1492–1898)* (Barcelona, 1983).

A esses trabalhos gerais deve-se acrescentar estudos mais especializados sobre aspectos particulares da relação entre a Espanha e a América. Na área das leis e das instituições, J. M. Ots Capdequí, *El Estado Español en las Indias* (3. ed., México, 1957), e Silvio Zavala, *Las Instituciones Jurídicas en la Conquista de América* (Madrid, 1935), continuam sendo estudos muito úteis sobre os fundamentos jurídicos do domínio espanhol. O mesmo tema é explorado com grande riqueza de detalhes por Mario Góngora, *El Estado en el Derecho Indiano* (Santiago de Chile, 1951). Mário Góngora, *Studies in the Colonial History of Spanish America* (Cambridge, Engl., 1975), reúne uma série de seus ensaios sobre diferentes aspectos da Espanha nas Índias e revela o quanto o entendimento da sociedade e das instituições espanholas pode contribuir para a compreensão do desenvolvimento histórico da América hispânica. Também podem ser encontrados em Alfonso García Gallo *et alii*, *Estructuras, Gobierno, y Agentes de Administración en la América Española: Siglos XVI, XVII y XVIII*, em *Trabajos del VI Congreso del Instituto Interna-*

cional de Historia del Derecho Indiano (Valladolid, 1984), inúmeros ensaios sobre temas administrativos e institucionais. Durante muitos anos, Earl J. Hamilton, *American Treasure and the Price Revolution in Spain, 1501–1650* (Cambridge, Mass., 1934), foi o ponto de partida de toda discussão sobre a relação econômica entre a Espanha e a América, e, apesar das críticas que refletem a mudança de tendência no estudo da história econômica, ainda continua uma obra de importância fundamental. No entanto, seu tema foi ampliado e sob muitos aspectos modificado pelo volumoso estudo de Pierre e Huguette Chaunu sobre o comércio atlântico de Sevilha, *Séville et l'Atlantique, 1504–1650*, 8 vols. (Paris, 1955–1959). Diferentes aspectos da relação entre a Espanha e as Índias são rapidamente examinados e sumarizados em J. H. Elliott, *The Old World and the New, 1492–1650* (Cambridge, Engl., 1970), que dá atenção especial à interação cultural entre ambas. Alguns dos temas discutidos nesse livro, juntamente com muitos outros, foram abordados numa conferência internacional proferida na University of California, em Los Angeles, em 1975. Os textos da conferência, que incluem alguns importantes ensaios pioneiros, foram publicados sob o título de *First Images of America*, editados por Fredi Chiappelli, 2 vols. (Los Angeles, 1976).

O volume do material sobre a descoberta e a conquista da América é enorme. Um possível modo de abordá-las é através dos dois volumes, publicados na coleção "Nouvelle Clio", de Pierre Chaunu, *L'Expansion européenne du XIIIe au XVe siècle* e *Conquête et exploitation des Nouveaux Mondes* (Paris, 1969). Eles não só contêm longas bibliografias, como também discutem alguns dos problemas que dominaram o debate histórico recente. Os impérios marítimos ibéricos são colocados no contexto geral da expansão ultramarina européia em G. V. Scammell, *The World Encompassed* (London e Berkeley, 1980). Ver também as obras de J. H. Parry, notadamente *The Discovery of South America* (London, 1979).

Uma grande dose de tempo e energia foi investida, especialmente no século XIX, na publicação de coletâneas documentárias de material sobre a descoberta, a conquista e a colonização da América. Temos à disposição, portanto, um grande *corpus* de documentos impressos, embora sua edição freqüentemente deixe muito a desejar. Entre as coletâneas mais importantes estão a *Colección de Documentos Inéditos Relativos al Rescubrimiento, Conquista y Organización de las Antiguas Posesiones Españolas de América y Oceania*, 42 vols. (Madrid, 1863–1884), e sua seqüência, *Colección de Documentos Inéditos Relativos al Descubrimiento, Conquista y Organización de las*

Antiguas Posesiones Españolas de Ultramar, 25 vols. (Madrid, 1885–1932). Um guia indispensável para essas duas coleções é Ernst Schäfer, *Indice de la Colección de Documentos Inéditos de Indias...* (Madrid, 1946). Outra grande série espanhola, a *Colección de Documentos Inéditos para la Historia de España*, 112 vols. (Madrid, 1842–1895), contém igualmente importante material americano, que pode ser melhor localizado através de Julián Paz, *Catálogo de la Colección de Documentos Inéditos para la Historia de España*, 2 vols. (Madrid, 1930–1931). Richard Konetzke, *Colección de Documentos para la Historia de la Formación Social de Hispanoamerica, 1493–1810*, 3 vols. (Madrid, 1953–1962), é uma seleção extremamente valiosa de documentos relativos ao tema do governo e da sociedade no mundo colonial espanhol. Mais recentemente, John H. Parry & Robert G. Keith prepararam com muito esforço uma coletânea acessível aos leitores de língua inglesa. *New Iberian World: A Documentary History of the Discovery and Settlement of Latin America to the Early Seventeenth Century* (New York, 1984), consiste de cinco volumes (2 600 páginas) de documentos e extratos de fontes impressas. Ambas as secções e seleções vêm precedidas de introduções contextuais.

A descoberta, a conquista e a colonização do Novo Mundo também podem ser abordadas através de relatos impressos da época. Um novo guia bibliográfico importante desse material está sendo preparado atualmente na John Carter Brown Library da Brown University, Providence, Rhode Island, contendo extensas notas de antigas obras sobre as Américas: *European Americana: A Chronological Guide to Works Printed in Europe Relating to the Americas, 1493–1776*, ed. John Alden. O volume I, que abrange o período 1493–1600, foi publicado em 1980, e o volume II, que abarca 1600–1650, em 1982. Muitas das antigas histórias e descrições das Américas são discutidas em Francisco Esteve Barba, *Historiografía Indiana* (Madrid, 1964), enquanto Colin Steele, *English Interpreters of the Iberian New World from Purchas to Stevens, 1603–1726* (Oxford, 1975), é um estudo bibliográfico que relaciona e descreve traduções inglesas de livros espanhóis e portugueses sobre o Novo Mundo.

Durante o século XIX e o início do século XX, um grande esforço de pesquisa acadêmica foi devotado a relatos narrativos e descritivos sobre a descoberta e a conquista da América e a estudos biográficos dos exploradores e *conquistadores* individuais. Na segunda metade do século XX, o interesse se deslocou para questões como o meio social dos *conquistadores* enquanto grupo coletivo, e para a organização e o financiamento de viagens de descoberta e colonização. Mas foi mantida a velha tradição, em especial por Samuel Eliot Morison, tanto em sua biografia clássica de Colombo, *Admiral of the Ocean Sea*, 2 vols. (Boston, 1942), quanto em *The European Discovery of America*, cujo volume que trata das viagens para o sul (New York e Oxford, 1974) aborda o Novo Mundo ibérico. A grande onda de novos estudos sobre Colombo preparados para saudar o Quinto Centenário levará algum tempo para ser digerida, mas são dignas de menção sem dúvida a transcrição e tradução de Oliver Dunn & James E. Kelley Jr., *The* Diario *of Christopher Columbus's First Voyage to America, 1492–1493; Abstracted by Fray Bartolomé de las Casas* (Norman, Okla., 1991); B. W. Ife (ed. e trad.), *Christopher Columbus: Journal of the First Voyage, 1492* (Warminster, 1991); e David Henige, *In Search of Columbus: The Sources for the First Voyage* (Tucson, Ariz., 1991). Uma nova biografia muito vívida é *Columbus*, de Felipe Fernández-Armesto (Oxford, 1991). Delno C. West & August Kling, *The* Libro de las Profecías *of Christopher Columbus: An En Face Edition* (Gainesville, Fla., 1991), concentram-se num interessante tomo da biblioteca de Colombo, enquanto Juan Manzano Manzano, *Los Pinzones y el Descubrimiento de América* (Madrid, 1989), focaliza o papel dos irmãos originários de Palos que embarcaram na primeira viagem de Colombo. J. H. Parry, *The Age of Reconnaissance* (London, 1963), é um levantamento abrangente da história da descoberta e colonização européias no ultramar, e a coletânea de ensaios de Charles Verlinden, *The Beginnings of Modern Colonization* (Ithaca, N.Y., e London, 1970), contém importantes informações sobre a transferência das técnicas coloniais do Mediterrâneo para o Atlântico, e sobre o papel dos genoveses nos estágios iniciais da colonização. Outras informações úteis sobre o papel do empresário nos empreendimentos coloniais podem ser encontradas em Guillermo Lohmann Villena, *Les Espinosa. Une famille d'hommes d'affaires en Espagne et aux Indes à l'époque de la colonisation* (Paris, 1968). Numa linha semelhante, ver o estudo de importante *encomendero* da região de Quito, da autoria de Javier Ortiz de la Tabla Ducasse, "De Hidalgo Castellano a Empresario Colonial: Rodrigo Salazar, Encomendero y Obrajero de Quito, 1510–1584", *Anuario de Estudios Americanos*, 42: 43–126 (1985).

Wilcomb E. Washburn, "The meaning of 'Discovery' in fifteenth and sixteenth centuries", *HAHR*, 68:1–21 (1962), é uma pesquisa sugestiva do que significou a descoberta para os europeus da época. Uma investigação um tanto semelhante foi realizada por Edmundo O'Gorman em sua obra controversa, *The Invention of America* (Bloomington, Ind., 1961), que, como o título sugere, substitui o conceito de "descoberta" pelo de "invenção". Tzvetan Todorov, *The Conquest of America* (New York, 1984), cria mais controvérsia com uma corajosa interpretação semiótica da conquista, focalizando principalmente a Mesoamérica. John C. Super, *Food, Conquest and Colonizations in Sixteenth-Century Spanish America* (Albuquerque, N. Mex., 1988), é uma obra excêntrica e pioneira que se concentra em temas relacionados com alimentos e agricultura.

A melhor introdução ao período "ilha" da descoberta é Carl O. Sauer, *The Early Spanish Main* (Berkeley, 1966). Ursula Lamb, *Frey Nicolás de Ovando, Gobernador de las Indias, 1501–1509* (Madrid, 1956), é um importante estudo de tentativa e erro nas primeiras medidas espanholas de colonização do Novo Mundo. A reedição, por Manuel Ballesteros, de Gonzalo Fernández de Oviedo y Valdés, *Sumario de la Natural Historia de las Indias* (Madrid, 1986), é bem-vinda e inclui uma introdução biográfica sobre esse importante autor. A história posterior das Antilhas é contada admiravelmente por Kenneth R. Andrews, *The Spanish Caribbean: Trade and Plunder, 1530–1630* (New Haven, Conn., e London, 1978); e, como sempre, pode-se colher informações fascinantes em Pierre & Huguette Chaunu, *Séville et l'Atlantique*, citado acima.

Sobre o movimento espanhol para o interior da América, Mario Góngora, *Los Grupos de Conquistadores en Tierra Firme, 1509–1530* (Santiago de Chile, 1962), constitui um exame importante do meio social e da composição dos bandos de *conquistadores*. Juan Friede, *Los Welser en la Conquista de Venezuela* (Caracas e Madrid, 1961), examina o aspecto comercial no processo de conquista e colonização, como também o faz Enrique Otte, *Las Perlas del Caribe: Nueva Cádiz de Cubagua* (Caracas, 1977). Murdo J. MacLeod, *Spanish Central America: A Socioeconomic History, 1520–1720* (Berkeley, 1973), investiga temas semelhantes durante todo o período colonial. A primeira edição inglesa de José de Oviedo y Baños, *The Conquest and Settlement of Venezuela*, traduzido e editado por Jeanette Johnson Varner (Berkeley, 1987), foi grandemente aplaudido com relação ao período colonial. José Ignacio Avellaneda, "The Men of Nikolaus Federmann: Conquerors of the New Kingdom of Granada", *TA*, 43(4): 385–394 (1987), é um estudo prosopográfico dos 106 homens que co-fundaram Bogotá antes da chegada dos *encomenderos* e funcionários locais na antiga Nova Granada. Juan Rodríguez Freyle, *Conquista y Descubrimiento del Nuevo Reino de*

Granada: El Carnero, editado por Jaime Delgado (Madrid, 1986), é um relato curioso, quase picaresco, originário do século XVII.

Richard Konetzke, *Descubridores y Conquistadores de América* (Madrid, 1968), se volta para a conquista do México via o mar dos Caraíbas e para a primeira penetração no continente. Sobre a conquista do México em particular, as cartas de Cortés e a obra de Bernal Díaz del Castillo, *Conquest of New Spain,* fornecem excelente registro dos acontecimentos do ponto de vista espanhol, mas devem ser lidos com precaução. A compilação mais apropriada das cartas e documentos de Cortés está em Hernán Cortés, *Cartas y Documentos,* ed. Mario Hernández Sánchez-Barba (México, 1963), mas faz-se urgente o estabelecimento de uma edição crítica. Hernán Cortés, *Cartas y Documentos,* ed. Mario Hernández Sánchez-Barba (México, D.F., 1963), é uma compilação conveniente das cartas e papéis de Cortés, *Letters from Mexico,* trad. e ed. por A. R. Pagden (Oxford, 1972; reimpr. New Haven, Conn., 1986), uma moderna tradução inglesa abreviada, com a vantagem de apresentar notas e comentários, *Cartas de Relación,* ed. Angel Delgado Gómez (Madrid, 1993), uma indispensável edição crítica. Discorrendo em 1 501 páginas, uma biografia detalhada de Cortés, da autoria de José Luis Martínez, *Hernán Cortés* (México, D.F., 1990), promete quatro volumes acessórios de documentos. Nos últimos anos, sob o estímulo da antologia de textos compilados de fontes indígenas por Miguel León-Portilla, *Visión de los Vencidos* (México, D.F., 1959; traduzida para o inglês com o título de *The Broken Spears,* London, 1962), verificou-se um crescente interesse pela conquista do ponto de vista dos conquistados. Não existe até o momento outro estudo abrangente sobre a conquista do México desse ponto de vista que se compare a Nathan Wachtel, *La Vision des vaincus. Les Indiens du Pérou devant la conquête espagnole, 1530–1570* (Paris, 1971; traduzida para o inglês com o título de *The Vision of the Vanquished,* Hassocks, Sussex, Engl., 1977).

Com relação aos aspectos militares da conquista, Alberto Mario Salas, *Las Armas de la Conquista* (Buenos Aires, 1950), discute com detalhes as armas e os métodos de guerra dos conquistadores e conquistados, enquanto C. H. Gardiner examina o importante tema do poderio naval em *Naval Power in the Conquest of Mexico* (Austin, 1956). Juan Marchena Fernández, "Flandes en la Institución Militar de España en Indias", *Revista de Historia Militar,* 29(58): 59–104 (1985), constitui uma discussão interessante de como o conhecido de projetos navais, organização militar e fortificações desenvolvidos nos Países-Baixos influenciaram as práticas espanholas no Novo Mundo.

Sobre a guerra e a conquista em outras partes do México e da América Central, são especialmente úteis os trabalhos citados a seguir: Robert S. Chamberlain, *The Conquest and Colonization of Yucatán* (Washington, D.C., 1948), e do mesmo autor, *The Conquest and Colonization of Honduras* (Washington, D.C., 1953). A primeira seção de Inga Clendinnen, *Ambivalent Conquests: Maya and Spaniard in Yucatan, 1517–1570,* (Cambridge, Engl., 1987), fornece uma nova síntese sobre o assunto. Um ponto de partida útil para o estudo da conquista da região da Guatemala é Jesús María Añoveros, "Don Pedro de Alvarado: Las Fuentes Históricas, Documentación, Crónicas, y Bibliografía Existente", *Mesoamérica,* 6(13): 243–282 (1987). Sobre o norte e noroeste da Nova Espanha, Philip Wayne Powell, *Soldiers, Indians and Silver. The Northward Advance of New Spain, 1550–1600* (Berkeley e Los Angeles, 1952), e Edward H. Spicer, *Cycles of Conquest: The Impact of Spain, Mexico and the United States on the Indians of the South-west, 1533–1960* (Tucson, Ariz., 1962). Uma obra importante sobre um bando menor conhecido de *conquistadores* é Ignacio Avellaneda, *Los Sobrevivientes de la Florida: The Survivors of the De Soto Expedition* (Gainesville, Fla., 1990). E olha do mesmo modo para o norte Marc Simmons, *The Last Conquistador: Juan de Oñate and the Settling of the Far Southwest* (Norman, Okla., 1991). Ramón A. Gutiérrez, *When Jesus Came, the Corn Mothers Went Away: Marriage, Sexuality and Power in New Mexico, 1500–1846* (Stanford, Cal., 1991), examina a conquista e seu impacto sobre os índios pueblos.

A literatura sobre a conquista do Peru é no conjunto menos satisfatória que os estudos sobre a conquista do México, mas duas contribuições ao volume 2 do *Handbook of South American Indians* (Washington, D.C., 1946) fornecem um ponto de partida admirável: J. H. Rowe, "Inca Culture and the Time of the Spanish Conquest", e G. Kubler, "The Quechua in the Colonial World". John Hemming, *The Conquest of the Incas* (London, 1970), é uma esplêndida narrativa na tradição de Prescott, e é particularmente boa no que diz respeito à continuação da resistência inca depois que terminou a "conquista". James Lockhart fornece uma prosopografia dos conquistadores em *The Men of Cajamarca* (Austin, Tex., 1972), que pode ser considerada um prelúdio a seu *Spanish Peru, 1532–1560* (Madison, Wis., 1968). Um tanto datada mais ainda assim uma valiosa ferramenta de referência para a pesquisa andina, Raúl Porras Barrenechea, *Los Cronistas del Perú, 1528–1650, y Otros Ensayos,* editado por Franklin Pease, sofreu uma revisão bem-vinda de Oswaldo Holguín Callo (Lima, 1986). Igualmente bem-vindas são novas edições acadêmicas, com proveitosos ensaios introdutórios, de algumas das mais importantes crônicas da conquista em publicações de Historia 16 de Madri: três de Pedro Cieza de León, *La Crónica del Perú,* editado por Manuel Ballesteros (Madrid, 1984), *El Señorío de los Incas,* editado por Manuel Ballesteros (Madrid, 1985) e *Descubrimiento y Conquista del Perú,* editado por Carmelo Sáenz de Santa María (Madrid, 1986); bem como da testemunha ocular Francisco de Xérez, *Verdadera Relación de la Conquista del Perú,* editado por Concepción Bravo (Madrid, 1985). Uma importante descoberta de um manuscrito completo da crônica de Cuzco de 1551, escrita por Juan de Betanzos (até então eram conhecidos apenas 18 dos 82 capítulos), foi publicada sob o título de *Suma y Narración de los Incas,* transcrito e editado por María del Carmen Martín Rubio (Madrid, 1987). A obra se baseia no testemunho da esposa inca de Betanzos, Cuxirimay Ocllo (batizada com o nome de Angelina Yupanqui). Sobre as guerras araucanas no Chile, ver Alvaro Jara, *Guerre et société au Chili. Essai de sociologie coloniale* (Paris, 1961). Ver também o ensaio bibliográfico do capítulo 5 deste volume. Três de nossas fontes mais antigas sobre a região amazônica foram coligidas na edição de Rafael Díaz dos relatos de Gaspar de Carvajal, Pedro Arias de Almesto & Alonso de Rojas, *La Aventura del Amazonas* (Madrid, 1986).

George M. Foster, *Culture and Conquest* (Chicago, 1960), é um sugestivo estudo antropológico sobre os problemas de aculturação no mundo colonial espanhol, um tema notavelmente investigado, com relação à população indígena do México, por Charles Gibson, *The Aztecs under Spanish Rule* (Stanford, Cal., 1964). José Durand, *La Transformación Social del Conquistador,* 2 vols. (México, D.F., 1953), estuda a transformação do conquistador em colono. As esperanças, os temores e as preocupações dos primeiros colonizadores são vividamente revelados em suas cartas, selecionadas, editadas e traduzidas para o inglês por James Lockhart & Enrique Otte, *Letters and People of the Spanish Indies: The Sixteenth Century* (Cambridge, Engl., 1976). Enrique Otte recentemente transcreveu e editou uma coletânea bem maior em sua obra, *Cartas Privadas de Emigrantes a Indias, 1540–1616* (Sevilla, 1988). Richard Konetzke, "La Formación de la Nobleza de Indias", *Estudios Americanos,* 3:329–337 (1951), é fundamental.

Sobre a população, a terra e as cidades no período imediatamente posterior à conquista, ver em *História da América Latina,* vol. II (São Paulo, no prelo), os ensaios bibliográficos aos capítulos 1, 2, 4 e 5; sobre a Igreja, ver neste volume o ensaio bibliográfico do capítulo 12. Sobre o tema da "conquista espiritual", merecem ser menção especial: Robert Ricard, *La "Conquête spirituelle" du Mexique* (Paris, 1933), e John L. Phelan, *The Millennial Kingdom of the Franciscans in the New World* (2. ed., Berkeley e Los Angeles, 1970).

5. OS ÍNDIOS E A CONQUISTA ESPANHOLA

A historiografia ocidental, dominada durante muito tempo por uma concepção eurocêntrica do desenvolvimento histórico, dedicou considerável atenção às façanhas dos *conquistadores*, mas só recentemente começou a examinar a "visão dos vencidos". No entanto, apesar de contarem mais de um século, ainda são úteis as obras de William H. Prescott, *History of the Conquest of Mexico*, 3 vols. (New York, 1847) e *History of the Conquest of Peru*, 2 vols. (London, 1847). Vale o mesmo para outras obras clássicas, da autoria de Georg Friederici, *Der Charakter der Entdeckung und Eroberung Amerikas durch die Völker der alten Welt*, 3 vols. (Stuttgart, 1925–1936), e de Robert Ricard, *La Conquête spirituelle du Mexique: Essai sur l'apostolat et les méthodes missionnaires des ordres mendiants en Nouvelle-Espagne de 1523–1524 à 1572* (Paris, 1933). Para uma discussão completa dos trabalhos publicados sobre a conquista, ver o ensaio bibliográfico anterior deste volume. Poder-se-ia mencionar aqui um estudo importante que revê as antigas concepções: Ruggiero Romano, *Les mécanismes de la conquête coloniale: Les conquistadores* (Paris, 1972). Ver igualmente de Tzvetan Todorov, *The Conquest of America* (New York, 1984), uma original interpretação semiótica da conquista na Mesoamérica, e de S. L. Cline, a interessante reavaliação de uma fonte fundamental, "Revisionist Conquest History: Sahagún's Revised Book XII", em *The Work of Bernardino de Sahagún: Pioneer Ethnographer of Sixteenth-Century Mexico,* editado por Jorge Klor de Alva, H. B. Nicholson e Eloise Quiñones Keber (Albany, N.Y., 1988), pp. 93–106.

Em décadas recentes a pesquisa etno-histórica realizou notável progresso com relação à Mesoamérica e aos Andes. De um lado, a obra de Angel M. Garibay, Miguel León-Portilla, Gonzalo Aguirre Beltran, Pedro Carrasco e outros e, de outro, a de John V. Murra, María Rostworowski de Diez Canseco, Tom Zuidema e outros transformaram nosso conhecimento das sociedades americanas antes e depois da conquista: temos hoje perspectivas totalmente novas sobre a reação indígena à invasão européia. As duas antologias de Miguel León-Portilla, particularmente *Visión de los Vencidos:*

Relaciones Indigenas de la Conquista (México, D.F., 1959; traduzida para o inglês com o título de *The Broken Spears,* London, 1962), e *El Reverso de la Conquista: Relaciones Aztecas, Mayas e Incas* (México, D.F., 1964) foram revelações absolutas. Acrescentem-se a estas Miguel León-Portilla, *Los Franciscanos Vistos por el Hombre Náhuatl: Testimonios Indígenas del Siglo XVI* (México, D.F., 1985), e David Damrosch, "The Aesthetics of Conquest: Aztec Poetry before and after the Conquest", *Representations,* 33: 101–120 (Winter, 1991). Nathan Wachtel, *La Vision des vaincus: Les Indiens du Pérou devant la conquête espagnole, 1530–1570* (Paris, 1971; traduzido para o inglês com o título de *The Vision of the Vanquished,* Hassocks, Sussex, Engl., 1977), deu prosseguimento a essa linha de investigação.

Trabalhos de síntese, com uma perspectiva comparativa, como Alberto Mario Salas, *Las Armas de la Conquista* (Buenos Aires, 1950), ou Friedrich Katz, *The Ancient American Civilizations* (New York, 1972), infelizmente são muito raros. A maior parte da pesquisa atual se restringe a áreas limitadas, geralmente no plano regional. O que segue abaixo é apenas um levantamento seletivo; ver também no vol. II de *História da América Latina* (São Paulo, no prelo) o ensaio bibliográfico ao cap. 10. Às obras bem conhecidas de Charles Gibson, *Tlaxcala in the Sixteenth Century* (New Haven, Conn., 1952), e *The Aztecs under Spanish Rule: A History of the Indians of the Valley of Mexico, 1519–1810* (Stanford, Cal., 1964), Juan Friede, *Los Quimbayas bajo la Dominación Española, 1559–1810* (Bogotá, 1963), e Jean Borde & Mario Góngora, *Evolución de la Propiedad Rural en el Valle de Puanque* (Santiago de Chile, 1956), podemos agora acrescentar, sobre o México, William B. Taylor, *Landlord and Peasant in Colonial Oaxaca* (Stanford, Cal., 1972), John K. Chance, *Race and Class in Colonial Oaxaca* (Stanford, Cal., 1978) e *Conquest of the Sierra: Spaniards and Indians in Colonial Oaxaca* (Norman, Okla.,1989), e Ida Altman & James Lockhart (eds.), *Provinces of Early Mexico* (Los Angeles, 1976). Entre muitas outras obras notáveis mais recentes sobre a Mesoamérica, ver Louise M. Burkhart, *The Slippery Earth: Nahua-Christian Moral Dialogue* (Tucson, Ariz., 1989) e James Lockhart, *The Nahuas after the Conquest* (Stanford, Cal., 1992). Merecem menção igualmente Serge Gruzinski, *La colonisations de l'imaginaire: Sociétés indigènes et occidentalisation dans le Mexique Espagnol, XVIe–XVIIIe siècle* (Paris, 1988; trad. ingl., *The Conquest of Mexico,* Cambridge, Engl., 1993). Tanto Nancy M. Farriss, *Maya Society under Colonial Rule: The Collective Enterprise of Survival* (Princeton, N.J., 1984), quanto Inga Clendinnen, *Ambivalent*

Conquest: Maya and Spaniard in Yucatan, 1517–1570 (Cambridge, Engl., 1987) são obras essenciais e altamente recomendadas. W. George Lovell, *Conquest and Survival in Colonial Guatemala: A Historical Geography of the Cuchumatán Highlands, 1500–1821* (Montreal, 1985) e Grant D. Jones, *Maya Resistance to Spanish Rule: Time and History on a Colonial Frontier* (Albuquerque, N. Mex., 1989) apresentam uma certa largueza de vistas.

Com relação aos Andes merecem menção os inúmeros artigos de Waldemar Espinoza Soriano, especialmente sobre a *mita*, sua publicação do *Memorial de Charcas: "Chrónica" Inédita de 1582* (Lima, 1969) e seu estudo da aliança dos huancas com os invasores espanhóis, *La Destrucción del Imperio de los Incas: La Rivalidad Politica y Señorial de los Curacazgos Andinos* (Lima, 1973). Sobre a região equatoriana, ver as excelentes obras de Udo Oberem, "Don Sancho Hacho, ein cacique mayor des 16. Jahrhunderts", *JGSWGL*, 4:199–225 (1967); "Trade and Trade Goods in the Ecuadorian Montaña" em Patricia J. Lyon (ed.), *Native South Americans* (Boston, 1974); *Los Quijos: Historia de la Transculturación de un Grupo Indígena en el Oriente Ecuatoriano, 1538–1958*, 2 vols. (Madrid, 1971); e *Notas y Documentos sobre Miembros de la Familia del Inca Atahuallpa en Siglo XVI: Estudios Etnohistóricos del Ecuador* (Guayaquil, 1976); e o estudo pioneiro de Frank Salomon, *Los Señores Étnicos de Quito en la Época de los Incas* (Otavalo, 1980). Em relação aos Andes meridionais, ver Josep M. Barnadas, *Charcas: Orígenes Históricos de Una Sociedad Colonial* (La Paz, 1973). Sobre o Chile, ver Leonardo León, *Lonkos, Curakas and Zupais: The Collapse and Re-making of Tribal Society in Central Chile, 1536–1560* (London, Institute of Latin American Studies, research paper, 29, 1992). Num plano mais genérico, são importantes as contribuições de Franklin Pease, *Los Últimos Incas del Cuzco* (Lima, 1972), e *Del Tawantinsuyu a la Historia del Perú* (Lima, 1978); de Karen Spalding, *De Indio a Campesino: Cambios en la Estructura Social de Perú Colonial* (Lima, 1978), e de Nicolás Sánchez-Albornoz, *Indios y Tributo en el Alto Perú* (Lima, 1978). São duas monografias etno-históricas importantes e influentes Karen Spalding, *Huarochirí: An Andean Society under Inca and Spanish Rule* (Stanford, Cal., 1984) e Steve J. Stern, *Peru's Indian Peoples and the Challenge of Spanish Conquest: Huamanga to 1640* (Madison, Wis., 1982). Um exame sumário mas cheio de idéias novas dos principais eventos em Cajamarca em 1532 é o que apresenta Sabine MacCormack, "Atahualpa y el Libro", *Revista de Indias,* 48: 693–714 (1988). Rolena Adorno, *Guaman Poma: Writing and Resistance in*

Colonial Peru (Austin, Tex., 1986) reconstitui as influências dessa importante crônica. Uma coletânea de ensaios de Kenneth J. Andrien & Rolena Adorno (eds.), *Transatlantic Encounters: Europeans and Andeans in the Sixteenth Century* (Berkeley, 1991) investiga temas antigos e novos. Também merece menção a obra notável de Teresa Gisbert, *Iconografia y Mitos Indígenas en el Arte* (La Paz, 1980), que associa material iconográfico, tanto pré-colombiano quanto colonial, a um exame dos mitos e crenças nativas: inaugura perspectivas totalmente novas sobre a antropologia histórica da arte. Finalmente, um número especial da *AESC* (septembre-décembre, 1978), editado por John V. Murra & Nathan Wachtel, é dedicado a "l'anthropologie historique des sociétés andines"; trad. ingl. John V. Murra & Nathan Wachtel (eds.), *Anthropological History of Andean Politics* (Cambridge, Engl., 1986).

Esse florescimento da pesquisa etno-histórica estimulou, tanto em relação à Mesoamérica quanto aos Andes, inúmeras publicações de fontes, com um completo aparato acadêmico: por exemplo, *Beyond the Codices*, editado por Arthur J. O. Anderson, Frances Berdan & James Lockhart (Berkeley e Los Angeles, 1976); e a publicação de duas edições bilíngües (inglês-náhuatl e espanhol-náhuatl) dos primeiros registros coloniais da municipalidade indígena de Tlaxcala: James Lockhart, Frances Berdan & Arthur J. O. Anderson (trads. e eds.), *The Tlaxcalan Actas: A Compendium of the Records of the Cabildo of Tlaxcala, 1545–1627* (Salt Lake City, 1986) e Eustaqio Celestino Solís *et al.* (trads. e eds.), *Actas de Cabildo de Tlaxcala, 1547–1567* (México, D.F., 1985). Ver também uma nova edição bastante útil da obra apologética do final do século XVI de Diego Muñoz Camargo, *Historia de Tlaxcala,* editada por Germán Vásquez (Madrid, 1986). Sobre os Andes, ver Garci Diez de San Miguel, *Visita Hecha a la Provincia de Chucuito (1567),* editada por John V. Murra & Waldemar Espinosa Soriano (Lima, 1964); Iñigo Ortiz de Zúñiga, *Visita a la Provincia de León de Huánuco (1562),* editada por John V. Murra, 2 vols. (Huánuco, 1967–1972); *Tasa de la Visita General Francisco de Toledo,* editada por Noble D. Cook (Lima, 1975); *Visita General de Perú por el Virrey don Francisco de Toledo: Arequipa, 1570–1575,* editada por Alejandro Málaga Medina (Arequipa, 1974); *Collaguas I,* editada por Franklin Pease (Lima, 1977). Ver também edições críticas de *Rites et Traditions de Huarochirí: Manuscrit quechua du début du 17e siècle,* editada por Gerald Taylor (Paris, 1980), publicada em espanhol com o título de *Ritos y tradiciones de Huarochirí: Manuscrito Quechua de Comienzos del Siglo*

XVII (Lima, 1987), e que inclui um importante estudo biográfico, de autoria de Antonio Acosta, do mais famoso extirpador de idolatria, Francisco de Avila. Uma versão inglesa recente foi finamente editada e traduzida por Frank Salomon & George L. Urioste: *The Huarochirí Manuscript: A Testament of Ancient and Colonial Andean Religion* (Austin, Tex., 1991). Salomon faz o seu prefácio com um ensaio contextual informativo e substancioso. Outra fonte primária essencial para os Andes é Felipe Guaman Poma de Ayala, *El Primer Nueva Corónica y Buen Gobierno*, editada por John V. Murra & Rolena Adorno, 3 vols. (México, D.F., 1980; reimpr. em brochura, Madrid, 1987). Sob essa mesma rubrica pode ser classificada uma admirável publicação de Silvio Zavala, *El Servicio Personal de los Indios en el Perú (Extractos del Siglo XVI)*, vol. 1 (México, D.F., 1978). Luis Millones coligiu uma série de documentos e estudos importantes sobre o movimento Taqui Ongo no Peru do centro-sul na década de 1560: *El Retorno de las Huacas: Estudios y Documentos sobre el Taki Onqoy, Siglo XVI* (Lima, 1990). Finalmente, de imensa importância para os estudiosos da história religiosa do Peru é um extraordinário grupo de julgamentos por idolatria, realizados no século XVII, numa província do arcebispado de Lima, compilados por Pierre Duviols (ed.), *Cultura Andina y Represión: Procesos y Visitas de Idolatrías y Hechicerías Catajambo, Siglo XVII* (Cuzco, 1986).

Sobre as "fronteiras", além do estudo comparativo de Edward H. Spicer, *Cycles of Conquest: The Impact of Spain, Mexico and the United States on the Indians of the Southwest, 1533–1960* (Tucson, Ariz., 1962), existe uma série de estudos mais específicos: Philip Wayne Powell, *Soldiers, Indians and Silver: The Northward Advance of New Spain, 1550–1660* (Berkeley, 1952); Jack D. Forbes, *Apache, Navaho, and Spaniards* (Norman, Okla., 1960); uma obra recente sobre a conquista e os índios pueblos, Ramón A. Gutiérrez, *When Jesus Came, the Corn Mothers Went Away: Marriage, Sexuality and Power in New Mexico, 1500–1846* (Stanford, Cal., 1991); R. E. Latcham, *La Capacidad Guerrera de los Araucanos: Sus Armas y Métodos Militares* (Santiago de Chile, 1915), e *La Organisación Social y las Creencias Religiosas de los Antiguos Araucanos* (Santiago de Chile, 1922); Robert C. Padden, "Cultural Change and Military Resistance in Araucanian Chile, 1550–1730", *South-Western Journal of Anthropology* (1957), pp. 103–121; Alvaro Jara, *Guerre et société au Chili: Essai de sociologie coloniale: La transformation de la guerre d'Araucanie e l'esclavage des Indiens du début de la Conquête espagnole aux débuts de l'esclavage légal (1612)* (Paris, 1961).

A melhor introdução geral às fontes e à bibliografia sobre a história do Brasil colonial é a obra de José Honório Rodrigues, *História da História do Brasil*, I: *Historiografia Colonial* (2. ed., São Paulo, 1979). Ver também José Honório Rodrigues, *Historiografia del Brasil, Siglo XVI* (México, D.F., 1963). Igualmente útil é Rubens Borba de Moraes, *Bibliografia Brasileira do Período Colonial* (São Paulo, 1969), um catálogo de obras de autores brasileiros publicadas antes de 1808. Ver também Rubens Borba de Moraes, *Bibliographia Brasiliana: A Bibliographical Essay on Rare Books about Brazil Published from 1504 to 1900 and Works of Brazilian Authors Published Abroad before the Independence of Brazil in 1822*, 2 vols. (Amsterdam, 1958; rev. e ampliado, Rio de Janeiro e Los Angeles, 1983). Joaquim Veríssimo Serrão, *A Historiografia Portuguesa*, 3 vols. (Lisboa, 1972-1974) coloca os primeiros historiadores do Brasil em seu contexto português. Francis A. Dutra discute as fontes e a bibliografia em inglês sobre o Brasil colonial em *A Guide to the History of Brazil, 1500–1822* (Santa Barbara, Cal., 1980).

Para quem deseja uma orientação em coleções mantidas em arquivos com relação ao Brasil do século XVI (e XVII) o melhor ponto de partida é o apêndice bibliográfico em Frédéric Mauro, *Le Portugal, le Brésil, et l'Atlantique au XVIIe siècle (1570–1670): Etude Economique* (Paris, 1983), publicado originalmente em 1960 com um título ligeiramente diferente. Importantes fontes foram transcritas e publicadas como apêndices aos vários capítulos de Carlos Malheiro Dias (ed.), *História da Colonização Portuguesa do Brasil*, 3 vols. (Porto, 1921–1924). Outro material de fontes pode ser encontrado disperso pelos *Anais da Biblioteca Nacional do Rio de Janeiro* (Rio de Janeiro, 1876–) e pelos volumes da série "Documentos Históricos" (Rio de Janeiro, 1928–), publicados pela mesma instituição. Muitos documentos relevantes foram também transcritos nos volumes de *As Gavetas da Torre do Tombo*, 12 vols. até o momento (Lisboa, 1960–).

Relatos padronizados da história do Brasil que incluem estudos do século XVI são o clássico do século XIX (1857) de Francisco Adolfo Varnhagen (enriquecido com notas de João Capistrano de Abreu e Rodolfo Garcia): *História Geral do Brasil* (5 vols., 9. ed., São Paulo, 1975); o clássico de Capistrano de Abreu, *Capítulos da História Colonial* (4. ed., Rio de Janeiro, 1954); *História da Colonização Portuguesa do Brasil*, editada por Carlos Malheiro Dias (citada acima), uma obra coletiva sobre o período até 1580 que reflete a melhor erudição portuguesa de sua geração; Pedro Calmon, *História do Brasil*, 7 vols. (Rio de Janeiro, 1959); Sérgio Buarque de Holanda (ed.), *História Geral da Civilização Brasileira*, I: *A Época Colonial*, 2 vols. (São Paulo, 1960). Harold B. Johnson & Maria Beatriz Nizza da Silva (eds.), *O Império Luso-Brasileiro,* vol. I: *1560–1620* (Lisboa, 1992; volume 6 da *Nova História da Expansão Portuguesa,* editada por Joel Serrão & A. H. Oliveira Marques), fornece novos dados sobre o crescimento da economia durante este período. Um relato mais antigo do período até 1580, com ênfase nas relações econômicas entre os colonizadores e os índios, aparece em Alexander Marchant, *From Barter to Slavery* (Baltimore, 1942). Eulália M. L. Lobo escreveu um denso mas excelente panorama da administração colonial brasileira e enriqueceu-o com comparações com exemplos espanhóis: *Processo Administrativo Ibero-americano* (Rio de Janeiro, 1962). Sérgio Buarque de Holanda fornece um relato atraente de um aspecto da ideologia imperial em seu *Visão do Paraíso: Os Motivos Edênicos no Descobrimento e Colonização do Brasil* (Rio de Janeiro, 1959). Eduardo Hoornaert editou uma coletânea de estudos sobre a Igreja no Brasil colonial: *História da Igreja no Brasil, Primeira Época* (Petrópolis, 1977).

O avanço português no Atlântico durante o século XV gerou uma farta literatura, distinta da do Brasil colonial e vasta demais para ser coberta em detalhe. Para uma introdução geral nessa área, ver Vitorino Magalhães Godinho, *A Economia dos Descobrimentos Henriquinos* (Lisboa, 1962), com uma bibliografia crítica proveitosa. Poderia ser complementada, bibliograficamente, pela lista mais exaustiva publicada em Bailey W. Diffie & George D. Winius, *Foundations of the Portuguese Empire, 1415–1580* (Minneapolis, 1977), pp. 480–516. Os fatos essenciais da expansão são dados na obra-padrão de Damião Peres, *História dos Descobrimentos Portugueses* (2. ed., Coimbra, 1960), e em Luís de Albuquerque, *Introdução à História dos Descobrimentos* (Coimbra, 1962), com ênfase em matérias técnicas. Pólos contrastantes de interpretação são oferecidos por Duarte Leite, *História dos Descobrimentos*, 2 vols. (Lisboa, 1958–1961) — crítica, cética e denunciadora — e pela síntese de Jaime Cortesão, *Os Descobrimentos Portugueses*, 2 vols. (Lisboa, 1958–1961), que dá um curso mais livre à imaginação histórica, às vezes com resultados dúbios. A tradição de Duarte Leite encontra seqüência na obra de Luís de Albuquerque. Ver seu livro de ensaios, *Crônicas de História de Portugal* (Lisboa, 1987) e *Portugal no Mundo* (Lisboa, 1989). Manuel Nunes Dias, *O Capitalismo Monârquico Português*, 2 vols.

(Coimbra, 1963–1964) apresenta uma riqueza de dados, nem sempre totalmente digeridos. Um ensaio estimulante que tenta definir algumas características fundamentais da vida no Brasil colonial e descobrir sua proveniência ibérica é Sérgio Buarque de Holanda, *Raízes do Brasil* (6. ed., Rio de Janeiro, 1971).

Os eventos metropolitanos durante o século XVI podem ser abordados através do excelente e interpretativo volume de A. H. de Oliveira Marques, *História de Portugal*, 2 vols. (Lisboa, 1973) — preferível à edição anterior em inglês — bem como através de um trabalho coletivo mais antigo editado por Damião Peres *et al.*, *História de Portugal*, 8 vols. (Barcelos, 1928–1938). Joaquim Veríssimo Serrão, *História de Portugal, III (1498–1580)* (Lisboa, 1978), é valioso principalmente por sua riqueza de referências bibliográficas. A. H. de Oliveira Marques também escreveu a melhor exposição de caráter genérico de Portugal no final da Idade Média: *Portugal na Crise dos Séculos XIV e XV* (Lisboa, 1986), pondo ênfase nos temas sociais e econômicos. No tocante à referência geral, o *Dicionário de História de Portugal*, editado por Joel Serrão, 4 vols. (Lisboa, 1961–1971) continua sendo a ferramenta básica.

Sobre o reinado de Dom Manuel, o Venturoso, ainda não existe um bom estudo auxiliar, mas os relatos mais antigos são fundamentais: Damião de Góis, *Crónica do Felicíssimo Rei D. Manuel*, ed. David Lopes, 4 vols. (Coimbra, 1949–1955) e Jerónimo Osório, *Da Vida e Feitos d'El Rey D. Manuel*, 3 vols. (Lisboa, 1804–1806), uma tradução de seu *De Rebus Emmanuelis Gestis* (Lisboa, 1571). Sobre o reinado do sucessor de Dom Manuel, temos Alfredo Pimenta, *D. João III* (Porto, 1936), bem como dois relatos do século XVII: Fr. Luís de Sousa, *Anais de D. João III*, ed. M. Rodrigues Lapa, 2 vols. (Lisboa, 1938), e Francisco de Andrade, *Chrónica de ... Dom João III...*, 4 vols. (Coimbra, 1796). Além disso, boa parte da correspondência sobre negócios imperiais entre Dom João III e o conde de Castanheira (Antônio de Ataíde) foi editada e publicada (no original português) por J. D. M. Ford & L. G. Moffatt, *Letters of John III, King of Portugal, 1521–1557* (Cambridge, Mass., 1931). Dom Sebastião e seu sucessor, o cardeal-rei Dom Henrique, encontraram seu biógrafo em José Maria de Queiroz Velloso, *D. Sebastião, 1554–1578* (3. ed., Lisboa, 1945) e *O Reinado do Cardeal D. Henrique* (Lisboa, 1946), obras que apresentam a história essencial.

Vitorino Magalhães Godinho examinou a estrutura e o funcionamento do império, considerado em seu todo, em vários artigos impressos em sua coletânea de *Ensaios II: Sobre a História de Portugal* (2. ed., Lisboa, 1978) e de modo mais abrangente em *Os Descobrimentos e a Economia Mundial* (2. ed., Lisboa, 1963, 4 vols.), um tratamento "braudeliano" do tema. Dispomos agora de uma pesquisa excelente da antiga economia das ilhas do Atlântico em Alberto Vieira, *O Comércio Inter-insular nos Séculos XV e XVI: Madeira, Açores e Canárias* (Funchal, 1987). Não deve ser subestimado o curto mas soberbo volume de autoria do decano dos geógrafos portugueses: Orlando Ribeiro, *Aspectos e Problemas da Expansão Portuguesa* (Lisboa, 1962). José Sebastião da Silva Dias abordou a cultura e a vida intelectual portuguesas do século XVI em excelente estudo, *A Política Cultural da Época de D. João III*, 2 vols. (Coimbra, 1969), enquanto ainda continua útil um trabalho mais antigo de Hernani Cidade, *A Literatura Portuguesa e a Expansão Ultramarina*, I (2. ed., Coimbra, 1963).

A "descoberta" do Brasil por Cabral gerou muita controvérsia sumarizada com eficiência pelo finado Samuel Eliot Morison, *The European Discovery of America: The Southern Voyages 1492–1616* (New York, 1974), pp. 210–235. As viagens que se seguiram à de Cabral foram cuidadosamente organizadas por Max Justo Guedes, *História Naval Brasileira*, 2 vols. (Rio de Janeiro, 1975–1979), I/1, pp. 179–245. Tanto Marchant, *From Barter to Slavery*, quanto a *História da Colonização Portuguesa do Brasil* fornecem bons relatos da viagem da nau *Bretoa*, enquanto outra viagem dos primórdios sob os auspícios dos Fuggers é recontada em *Tidings out of Brazil (Cópia der Newen Zeytung ausz Presillg Landt)*, trad. Mark Graubard (Minneapolis, Minn., 1957). Rolando Laguarda Trías elucida o conflito hispano-português em torno da região do rio da Prata na *História Naval Brasileira*, I/1, pp. 249–348. Seu relato das viagens de Christóvão Jaques retoma o trabalho anterior de António Baião & C. Malheiro Dias na *História da Colonização Portuguesa do Brasil*, III, pp. 59–94. É também responsável pela melhor abordagem moderna da expedição de Martim Afonso de Sousa, cuja fonte primária — um diário da viagem do irmão de Martim, Pero Lopes de Sousa — foi abundantemente editada com documentação suplementar por Eugénio Castro (ed.), *Diário da Navegação de Pero Lopes de Sousa (1530–1532)*, 2 vols. (Rio de Janeiro, 1940). Pouca pesquisa se fez sobre a exportação primária do Brasil antigo — o pau-de-tinta que deu nome ao país — mas Ferdinand Mauro oferece um estudo sucinto do assunto em *Le Portugal, le Brésil et l'Atlantique*, e este pode ser complementado por Bernardino José de Souza, *O Pau-brasil na História Nacional*, (2. ed., São Paulo, 1978). Mircea Buescu escreveu uma série de estudos estimulantes e perspicazes sobre a economia do Brasil antigo: *Exercícios de História Econômica do Brasil* (Rio de Janeiro, 1968); *História Econômica do Brasil: Pesquisas e Análises* (Rio de Janeiro, 1970); *300 Anos de Inflação* (Rio de Janeiro, 1973). Um pouco ultrapassado, mas ainda útil em parte, é o clássico de Roberto C. Simonsen, *História Econômica do Brasil, 1500–1820* (4. ed., São Paulo, 1962). A influente obra de Celso Furtado, *Formação Econômica do Brasil* (Rio de Janeiro, 1959), é, como Mauro observa secamente, um "ensaio teórico". Também de algum interesse, embora insuficientemente crítico, é José Gonçalves Salvador, *Os Cristãos-novos e o Comércio no Atlântico Meridional, 1530–1680* (São Paulo, 1978).

O período de colonização é talvez a menos bem estudada das várias fases da história setecentista do Brasil e faltam boas análises. Algumas concessões donatárias estão impressas na *História da Colonização Portuguesa do Brasil* (III, pp. 257–283, 309–423), e são analisadas com competência por Paulo Merêa num capítulo que as acompanha; as histórias subseqüentes das capitanias são rapidamente discutidas em todos os relatos gerais, mas o tópico ainda carece de uma síntese atualizada. Dignas de consulta, no entanto, são as obras de João Fernando de Almeida Prado, *Primeiros Povoadores do Brasil, 1500–1530* (São Paulo, 1935); *Pernambuco e as Capitanias do Nordeste do Brasil*, 4 vols. (São Paulo, 1941); *Bahia e as Capitanias do Centro do Brasil, 1530–1626*, 3 vols. (São Paulo, 1945–1950); *São Vicente e as Capitanias do Sul do Brasil, 1501–1531* (São Paulo, 1961); e *A Conquista da Paraíba* (São Paulo, 1964). Um relato geral pouco crítico, mas competente, é Elaine Sanceu, *Captains of Brasil* (Barcelos, 1965). Dos escritores mais antigos, Vicente do Salvador, *História do Brasil*, a primeira história do Brasil (1627), ed. Capistrano de Abreu & Rodolfo Garcia (3. ed., São Paulo, 1931), Gabriel Soares De Sousa, *Tratado Descritivo do Brasil em 1587*, publicado primeiramente no Rio de Janeiro em 1851, ed. Francisco A. de Varnhagen, (4. ed., São Paulo, 1971), e Fernão Cardim, S.J., *Tratados da Terra e Gente do Brasil*, são os que mais fornecem informações sobre o desenvolvimento das várias capitanias depois da colonização. José António Gonçalves de Melo reeditou (em colaboração com Cleonir Xavier de Albuquerque) as cartas de Duarte Coelho, donatário de Pernambuco: *Cartas de Duarte Coelho a El Rei* (Recife, 1967), com um valioso estudo introdutório, enquanto muitas das outras cartas sobre as primeiras povoações, que eram enviadas a Portugal, foram publicadas como apêndices a vários capítulos da *História da Colonização Portuguesa do Brasil*, III, pp. 257–283, 309–323. Teixeira da Mota sumariza quase tudo o que se conhece acerca do donatário mais bem-sucedido antes de partir para o Brasil em *Duarte Coelho, Capitão-mor de Armada no Atlântico, 1531–1535* (Lisboa, 1972), e Francis Dutra analisa o conflito entre os donatários e a coroa em "Centralization vs. Donatarial Privilege", em Dauril Alden (ed.), *Colonial Roots of Modern Brazil* (Chicago, 1973).

As relações entre os índios e os portugueses podem ser acompanhadas na excelente e detalhada investigação (com farta bibliografia) de John Hemming, *Red Gold: The Conquest of the Brazilian Indians, 1500–1760* (London, 1978), enquanto a evolução da política portuguesa com relação aos nativos brasileiros é delineada por Georg Thomas, *Die portugiesische Indianerpolitik in Brasilien, 1500–1640* (Berlin, 1968); trad. port. *Política Indigenista dos Portugueses no Brasil, 1500–1640* (São Paulo, 1984). Uma abordagem clássica do principal grupo indígena encontrado pelos colonizadores portugueses é Florestan Fernandes, *Organização Social dos Tupinambá* (São Paulo, 1963). O papel dos jesuítas na conversão e aculturação dos tupis é narrada em detalhe por Serafim Leite, *História da Companhia de Jesus no Brasil*, 10 vols. (Lisboa e Rio de Janeiro, 1938–1950), enquanto as fontes principais — as cartas dos missionários jesuítas — foram publicadas em quatro volumes pelo mesmo estudioso: *Monumenta Brasiliae* (Roma, 1956–1960). Esse prolífico historiador também nos deu, entre outros, o *corpus* de Nóbrega em *Cartas do Brasil e Mais Escritos do P. Manuel da Nóbrega* (Coimbra, 1955), bem como um estudo sobre a fundação e a história inicial de São Paulo, tão intimamente ligada à atividade jesuíta: *Nóbrega e a Fundação de São Paulo* (Lisboa, 1953). Mais referências aos jesuítas podem ser encontradas no ensaio bibliográfico do cap. 13 deste volume. Outras obras sobre a história dos primórdios de São Paulo são Jaime Cortesão, *A Fundação de São Paulo — Capital Geográfica do Brasil* (Rio de Janeiro, 1955), e Vitorino Nemésio, *O Campo de São Paulo, a Companhia de Jesus e o Plano Português do Brasil, 1528–1563* (Lisboa, 1954). Menor atenção foi dada à região do Norte, que seria mais tarde o Estado do Maranhão, mas H. C. Palmatory, *The River of the Amazons, its Discovery and Early Exploration, 1500–1743* (New York, 1965) servirá de introdução ao tema.

Um breve estudo introdutório do desafio francês à posse portuguesa do Brasil aparece em Michel Mollat, "As Primeiras Relações entre a França e o Brasil: Dos Verrazano a Villegaignon", *Revista de História*, 24:343–358 (São Paulo, 1967), enquanto o problema da pirataria pode ser abordado por meio da coleção de documentos *Course et Piraterie*, publicados pela Commission Internationale d'Histoire Maritime (Paris, 1975); igualmente valiosas são as páginas relevantes em Michel Mollat, *Le Commerce maritime normand à la fin du Moyen Âge* (Paris, 1952). Mais detalhes são encontrados em Paul Gaffarel, *Histoire de Brésil français au XVIe siècle* (Paris, 1878), e, mais recentemente, em Charles-André Julien, *Les Voyages de découverte et les premiers établissements (XV–XVI siècles)* (Paris, 1948). Sobre o nascimento e a queda da colônia de Villegaignon no Rio de Janeiro, temos agora um estudo abrangente e atualizado de Philipe Bonnichon & Gilberto Ferrez, "A França Antártica", em *História Naval Brasileira*, II, pp. 402–471. Dois relatos da época sobre a colônia (que também fornecem muita informação de primeira mão sobre os índios) são o do calvinista Jean de Léry, *Histoire d'un voyage faict en la terre du Brésil* (La Rochelle, 1578), e o do franciscano André Thevet, *Les Singularitéz de la France Antartique autrement nommée Amérique* (Paris e Antuérpia, 1558). O governador que expulsou do Rio os franceses e solidificou o domínio português encontrou seu biógrafo em Herbert Ewaldo Wetzel, *Mem de Sá, Terceiro Governador Geral (1557–1572)* (Rio de Janeiro, 1972).

Para uma visão da sociedade e da economia brasileira por volta de 1580, deve-se consultar Frédéric Mauro, *Le Portugal, le Brésil et l'Atlantique.* A versão original em francês é preferível à recente tradução portuguesa, *Portugal, o Brasil e o Atlântico,* 2 vols. (Lisboa, 1988), que está eivada de gralhas e erros. A obra de Mauro pode ser complementada pelo rico e definitivo estudo sobre a indústria do açúcar, parte do qual se aplica ao século XVI, da autoria de Stuart Schwartz, *Sugar Plantations in the Formation of Brazilian Society* (Cambridge, Engl., 1985). Os escravos africanos, cuja importação para o Brasil ajudou a alimentar o surto do açúcar, pode ser estudado através de uma série de obras, das quais a mais acessível é talvez Kátia M. de Queirós Mattoso, *Être esclave au Brésil: XVIe–XIXe siècle* (Paris, 1979) que traz uma bibliografia que conduzirá o leitor a outras obras sobre o assunto. (Existe uma tradução em inglês: *To Be a Slave in Brazil,* New Brunswick, N.J., 1986.) Embora trate primordialmente da importação de escravos para a América espanhola, a melhor descrição do tráfico e de como ele operou pode ser encontrada em Enriqueta Vila Vilar, *Hispano-América y el Comércio de Esclavos: Los Asientos Portugueses* (Sevilla, 1977).

Finalmente, para uma "macrovisão" estimulante do Brasil no século XVI num contexto mundial existe o ensaio especulativo de Pierre Chaunu, "Place et rôle du Brésil dans les systèmes de communications et dans les mécanismes de croissance de l'économie du XVIe siècle", *Revue d'Histoire Economique et Sociale*, 48: 460–482 (1970).

7. A ESPANHA E A AMÉRICA NOS SÉCULOS XVI E XVII

Além dos estudos gerais de Domínguez Ortiz, Elliott e Lynch, relacionados no ensaio bibliográfico do cap. 4 deste volume, existe uma série de estudos mais especializados sobre a sociedade e o governo espanhóis que devem ser levados em conta por alguém que se interesse em acompanhar a relação entre a Espanha e suas possessões na América nos séculos XVI e XVII. O melhor relato conciso sobre o reinado de Carlos V é dado por H. G. Koenigsberger, "The empire of Charles V in Europe", no vol. 2 de *The New Cambridge Modern History* (Cambridge, Engl., 1958). Há duas biografias recentes de Filipe II: Peter Pierson, *Philip II of Spain* (London, 1975), e Geoffrey Parker, *Philip II* (Boston e Toronto, 1978). Mas sem sombra de dúvida o trabalho mais importante sobre a era de Filipe II é Fernand Braudel, *La Méditerranée et le monde méditerranéen à l'époque de Philipp II*, 2 vols. (2. ed., Paris, 1966), traduzido para o inglês com o título de *The Mediterranean and the Mediterranean World in the Age of Philip II*, 2 vols. (London, 1972–1973), que é especialmente útil para acompanhar a mudança do centro de gravidade do poder espanhol do Mediterrâneo para o Atlântico, no decorrer do reinado de Filipe. I. A. A. Thompson, *War and Government in Habsburg Spain, 1560–1620* (London, 1976), é uma pesquisa pioneira sobre a organização da Espanha para a guerra e sobre as pressões impostas pela guerra ao sistema administrativo espanhol. Para um estudo sobre o general que personificou a "lenda negra" para a maior parte da Europa protestante, ver William S. Maltby, *Alba: A Biography of Fernando Alvarez de Toledo, Third Duke of Alba, 1507–1582* (Berkeley, 1983). O período é investigado em Henry Kamen, *Spain 1469–1714: A Society of Conflict* (London e New York, 1983).

Uma boa introdução à agricultura e ao direito de propriedade em Castela no século XVI é David E. Vassberg, *Land and Society in Golden Age Castile* (Cambridge, Engl., 1984). Sobre o clima religioso e social em terras espanholas, bons pontos de partida são uma série de ensaios em Stephen Haliczer (ed.), *Inquisition and Society in Early Modern Europe* (London e Sydney, 1987) e Henry Kamen, *Inquisition and Society in Spain* (London, 1984). Marcel Bataillon, *Erasme et l'Espagne* (Paris, 1937; ed. revista, Genève, 1991), com duas edições em espanhol, 2 vols. (México, D.F., 1950 e 1966), apesar de sua idade, continua importante para o período posterior ao Concílio de Trento, enquanto William A. Christian, *Local Religion in Sixteenth-Century Spain* (Princeton, N.J., 1982) é indispensável como introdução às práticas populares regionais. Um livro difícil, mas que, não obstante, está cheio de informações sobre a Igreja no final do século XVI e início do XVII é A. D. Wright, *Catholicism and Spanish Society under the Reign of Philip II and Philip III* (Lampeter, Gales, 1991). Sobre as expectativas sociais para as mulheres e a realidade da vida das mulheres, Mary Elizabeth Perry, *Gender and Disorder in Early Modern Seville* (Princeton, N.J., 1990) oferece um começo.

Problemas relativos ao declínio da Espanha são discutidos por J. H. Elliott em *Spain and its World, 1500–1700* (New Haven, Conn., e London, 1989). A posição da Espanha na primeira metade do século XVII é tratada com consideráveis detalhes na obra de J. H. Elliott sobre o primeiro-ministro de Filipe IV, *The Count-Duke of Olivares: The Statesman in an Age of Decline* (New Haven, Conn., e London, 1986). Uma biografia política é R. A. Stradling, *Philip IV and the Government of Spain, 1621–1665* (Cambridge, Engl., 1988). Há uma abordagem brilhante do tema do declínio em Pierre Vilar, "Le temps du Quichotte", *Europe*, 34 (1956). O reinado de Carlos II, o período menos conhecido da história da Espanha sob os Habsburgos, é discutido por Henry Kamen, *Spain in the Later Seventeenth Century* (London, 1980), enquanto R. A. Stradling examina as vicissitudes do poder espanhol em *Europe and the Decline of Spain* (London, 1981).

John Lynch, *The Hispanic World in Crisis and Change, 1598–1700* (Oxford, 1992), tem o grande mérito de vincular a história da Espanha do século XVII à da América espanhola, mas há uma necessidade urgente de um estudo abrangente e sistemático sobre essa relação no decorrer dos séculos XVI e XVII como um todo. Pierre & Huguette Chaunu, *Séville et l'Atlantique*, 8 vols. (Paris, 1958–1959), realizam tal estudo de maneira maciça no que se refere à relação comercial, mas muitos outros aspectos dessa relação, tanto no plano institucional quanto no pessoal, mal começam a ser explorados. Vívidos retratos de diferentes personagens coloniais aparecem nas partes 1 e 2 da ambiciosa obra de David A. Brading, *The First America: The Spanish Monarchy, Creole Patriots, and the Liberal State, 1492–1867* (Cambridge, Engl., 1991). Um útil estudo sobre os emigrantes é Ida Altman, *Emigrantes and Society: Extremadura and Spanish America in the Sixteenth*

Century (Berkeley, 1989). E uma contribuição importante, a culminação de uma obra de muitos anos, é Enrique Otte (transcr. e ed.), *Cartas Privadas de Emigrantes a Indias, 1540–1616* (Sevilla, 1988). Cerca de 650 cartas, a maioria do último quarto do século XVI, aumentam a seleção menor de cartas publicadas anteriormente em inglês por Enrique Otte & James Lockhart, *Letters and People of the Spanish Indies* (Cambridge, Engl., 1970). Alguns ensaios pioneiros sobre a emergência de identidades na América que foram, sob muitos aspectos, distintas das da mãe-pátria, aparecem em Nicholas Canny & Anthony Pagden (eds.), *Colonial Identity in the Atlantic World, 1500–1800* (Princeton, N.J., 1987). Algum indício de outras possibilidades é sugerido pela obra incompleta e em muitos aspectos deficiente de Manuel Giménez Fernández, *Bartolomé de Las Casas*, 2 vols. (Sevilla, 1953–1960), que coloca sob um microscópio as políticas da coroa com relação às Índias entre 1516 e 1523 e o papel de seus conselheiros e funcionários na formulação e implementação dessas políticas, mas que é distorcido pela hostilidade obsessiva contra Fernando, o Católico, e seus homens. Sobre o reinado de Filipe II, o título de José Miranda, *España y Nueva España en la Época de Felipe II* (México, D.F., 1962), promete bastante, mas o livro consiste de duas seções separadas, uma sobre a Espanha e a outra sobre a Nova Espanha, e, embora cada uma em separado constitua um excelente ensaio, o vínculo entre as duas nunca é desenvolvido.

Em vista da escassez de estudos que examinem os desenvolvimentos simultâneos na metrópole e nas colônias, as sugestões bibliográficas que se seguem incluem obras tanto sobre a Espanha quanto sobre a América espanhola.

J. H. Parry, *The Spanish Theory of Empire in the Sixteenth Century* (Cambridge, Engl., 1940), e Silvio Zavala, *La Filosofía Política en la Conquista de América* (México, D.F., 1947), são úteis introduções à teoria espanhola do império, bem como o capítulo 2 de Mario Góngora, *Studies in the Colonial History of Spanish America* (Cambridge, Engl., 1975). J. A. Fernández-Santamaria, *The State, War and Peace* (Cambridge, Engl., 1977), é um exame detalhado da teoria política espanhola na primeira metade do século XVI e inclui análises das atitudes para com as Índias, enquanto Venancio Carro, *La Teología y los Teólogo-juristas Españoles ante la Conquista de Indias* (Sevilla, 1945), aborda diretamente o problema da conquista da América no pensamento escolástico.

As teorias espanholas do império são discutidas por Colin M. MacLachlan em *Spain's Empire in the New World: The Role of Ideas in*

Institutional and Social Change (Berkeley, 1988). H. G. Koenigsberger, *The Practice of Empire* (Ithaca, N.Y., 1969), embora voltado para o governo da Sicília sob Filipe II, levanta questões de importância geral para a compreensão da prática administrativa espanhola. Também apresenta interesse Horst Pietschmann, *El Estado y su Evolución al Principio de la Colonización Española de América* (México, D.F., 1989). O órgão mais importante da administração do Novo Mundo espanhol era o Conselho das Índias, e a composição e a história institucional desse conselho são examinadas em detalhe na obra clássica de Ernst Schäfer, *El Consejo Real y Supremo de las Indias*, 2 vols. (Sevilla, 1935–1947), ao qual se pode acrescentar o volume de ensaios de D. Ramos e outros, *El Consejo de las Indias en el Siglo XVI* (Valladolid, 1970). Aspectos da administração financeira são discutidos por Ismael Sánchez-Bella, *La Organización Financiera de las Indias, Siglo XVI* (Sevilla, 1968).

Uma massa esplêndida de documentos para o estudo dos vice-reis do México e do Peru durante o período Habsburgo foi atualmente posta à disposição por Lewis Hanke, *Los Virreyes Españoles en América durante el Gobierno de la Casa de Austria*, Biblioteca de Autores Españoles, vols. 233–237 (Madrid, 1976–1978) com relação ao México, e vols. 280–285 (Madrid, 1978–1980) no tocante ao Peru. Vários vice-reis receberam estudos individualizados, dos quais são especialmente dignos de nota os seguintes: Arthur S. Aiton, *Antonio de Mendoza: First Viceroy of New Spain* (Durham, N.C., 1927); Roberto Levillier, *Don Francisco de Toledo: Supremo Organizador del Perú*, 2 vols. (Buenos Aires, 1935–1940); María Justina Sarabia Viejo, *Don Luís de Velasco: Virrey de Nueva España 1550–1564* (Sevilla, 1978). Os desafios e preocupações de um importante vice-rei do Peru nos meados do século XVII, Luis Enríquez de Guzmán, são analisados sucintamente em Peter T. Bradley, *Society, Economy and Defence in Seventeenth-Century Peru: The Administration of the Count of Alba de Liste (1655–1661)* (Liverpool, 1992).

O melhor estudo sobre uma *audiencia* é J. H. Parry, *The Audiencia of New Galicia in the Sixteenth Century* (Cambridge, Engl., 1948), e Woodrow Borah escreveu um rico estudo sobre o Tribunal Indígena Geral da *audiencia* do México, *Justice by Insurance: The General Indian Court of Colonial Mexico and the Legal Aides of the Half-Real* (Berkeley, 1983), mas no geral conhece-se muito pouco sobre os juízes e funcionários espanhóis nas Índias. Peggy K. Liss, *Mexico under Spain, 1521–1556* (Chicago, 1975), além de sintetizar um período complexo na história do México, mostra como a coroa aos poucos impôs sua autoridade sobre uma sociedade de *conquistadores.* Richard L. Kagan, *Students and Society in Early Modern Spain* (Baltimore, 1974), é um estudo pioneiro sobre a base educacional dos homens que administraram a Espanha e a América, mas pouquíssimos desses homens ainda são conhecidos como personalidades individuais. Isso torna ainda mais valiosa a obra de John Leddy Phelan, *The Kingdom of Quito in the Seventeenth Century* (Madison, Wis., 1967), que examina os contrastes entre os ideais e a prática da burocracia espanhola através de um estudo sobre a carreira do Dr. Antonio de Morga, presidente da *audiencia* de Quito de 1615 a 1636. Um outro modo de acesso a esses juízes e funcionários é através de seus próprios escritos, dos quais são especialmente reveladores Alonso de Zorita, *The Lords of New Spain,* traduzido e editado por Benjamin Keen (London, 1965), e Juan de Matienzo, *Gobierno del Perú,* editado por Guillermo Lohmann Villena (Paris e Lima, 1967).

Outros úteis estudos de diferentes aspectos da administração colonial espanhola são Guillermo Lohmann Villena, *El Corregidor de Indios en el Perú bajo los Austrias* (Madrid, 1957), e J. H. Parry, *The Sale of the Public Office in the Spanish Indies under the Hapsburgs* (Berkeley, 1953), um tema que também é estudado em Mark A. Burkholder & D. S. Chandler, *From Impotence to Authority. The Spanish Crown and the American Audiencias, 1687–1808* (Columbia, Mo., 1977). Para uma análise mais completa da bibliografia sobre a Igreja, ver o ensaio bibliográfico do cap. 12 deste volume, e sobre o desenvolvimento urbano e a administração municipal, ver o ensaio bibliográfico do cap. 2 de *História da América Latina,* vol. II (São Paulo, no prelo).

O tratamento que os espanhóis deram aos índios foi e ainda permanece fonte de controvérsia entre os contemporâneos. Como mostrou Sverker Arnoldsson em sua *La Leyenda Negra: Estudios sobre sus Orígenes* (Göteborg, 1960), a "lenda negra" da crueldade espanhola é anterior à conquista da América, mas os relatos dos massacres e maus-tratos infligidos aos índios muito fizeram para determinar a imagem da Espanha na consciência européia. Isso por sua vez provocou por parte da Espanha e de seus defensores uma "lenda branca". Charles Gibson examina ambas em sua antologia, *The Black Legend: Anti-Spanish Attitudes in the Old World and the New* (New York, 1971). Para uma representação visual da "lenda negra", ver as gravuras de Theodore deBry, recentemente reproduzidas num esplêndido volume, *America deBry, 1590–1634* (Berlin, 1990; ed. espanhola, Madrid, 1992).

A teoria e a prática espanhola com relação ao tratamento dos povos indígenas da América foi fonte de intenso estudo e acalorado debate na historiografia dos últimos cinqüenta anos, um debate centrado particularmente, embora não exclusivamente, na figura controversa de Bartolomé de Las Casas. A bibliografia sobre Las Casas é atualmente enorme, como se pode observar pela seleção de títulos no final de Juan Friede & Benjamin Keen, *Bartolomé de Las Casas in History* (DeKalb, Ill., 1971), uma seleção de ensaios sobre diferentes aspectos de sua carreira e reputação. Uma figura central na controvérsia sobre Las Casas foi Lewis Hanke, que se empenhou mais do que ninguém em trazer à atenção dos países de língua inglesa as aspirações e realizações de Las Casas, e cujos livros, *The Spanish Struggle for Justice in the Conquest of America* (Philadelphia, 1949) e *Aristotle and the American Indians* (London, 1959) injetaram nova vida ao debate do século XVI para os leitores do século XX. O grande hispanista francês Marcel Bataillon, cujo monumental estudo sobre a influência de Erasmo na Espanha, *Erasmo y España*, mencionado acima, tem também importantes implicações para a América do século XVI, escreveu uma série de ensaios cuidadosamente fundamentados sobre Las Casas e seus escritos, os quais foram reunidos num único volume em *Études sur Bartolomé de las Casas* (Paris, 1965). Dentre uma vasta bibliografia, além da obra de Giménez Fernandez, *Bartolomé de Las Casas,* citado acima, dois livros merecem menção especial: Juan Friede, *Bartolomé de Las Casas: Precursor del Anticolonialismo* (México, D.F., 1974), e Angel Losada, *Fray Bartolomé de Las Casas a la Luz de la Moderna Crítica Histórica* (Madrid, 1970). Uma biografia mais recente que incorpora a pesquisa moderna é Philippe-Ignace André-Vicent, *Bartolomé de Las Casas: Prophète du Nouveau Monde* (Paris, 1980). Igualmente útil entre as obras recentes é Marianne Mahn-Lot, *Bartolomé de Las Casas et le droit des Indiens* (Paris, 1982) e Anthony Pagden, "Ius et Factum: Text and Experience in the Writings of Bartolomé de Las Casas", *Representations,* 33: 147–162 (Winter 1991). Angel Losada também se dedicou a estudar e editar os trabalhos do rival de Las Casas, Sepúlveda.

No entanto, Las Casas e Sepúlveda são apenas dois dos muitos espanhóis do século XVI, alguns bastante conhecidos e outros quase desconhecidos, que discutiram as capacidades e o *status* dos índios e o tratamento que mereciam. Os trabalhos de algumas dessas figuras somente agora começam a tornar-se acessíveis para estudo, graças aos esforços de estudiosos como Ernest J. Burrus, cujo *The Writings of Alonso de la Vera Cruz,* 5 vols. (Roma,

St. Louis, Mo., e Tucson, Ariz., 1968–1976) mostra as possibilidades. Outros documentos contemporâneos de grande interesse estão publicados em José A. Llaguno, *La Personalidad Jurídica del Indio y el III Concilio Provincial Mexicano (1585)* (México, D.F., 1963). Joseph Höffner, *Christentum und Menschenwürde: Das Anliegen der Spanischen Kolonialethik im goldenen Zeitalter* (Trier, 1947), permanece uma investigação útil sobre as teorias espanholas do século XVI sobre os índios. A melhor exposição genérica das atitudes escolásticas espanholas para com os índios é Anthony Pagden, *The Fall of Natural Man: The American Indian and the Origins of Comparative Ethnology* (Cambridge, Engl., 1982). Uma focalização interessante da resistência missionária do século XVI a qualquer extensão da autoridade real nas Índias que não salientou e apoiou a evangelização intensiva pelos padres é dada por Demetrio Ramos em "La Crisis Indiana y la Junta Magna de 1568", *JGSWGL*, 23: 1-61 (1986).

Um dos principais problemas no estudo da controvérsia em torno dos índios é determinar que efeitos, se os houve, a teorização teve sobre a prática colonial; e aqui uma obra como a de Juan A. & Judith E. Villamarin, *Indian Labor in Mainland Colonial Spain America* (Newark, Del., 1975), serve de lembrete salutar do fosso que separava os ideais da realidade. A eficácia, ou o contrário, da teoria e da legislação sobre o comportamento nas Índias e a questão geral da relação entre a sociedade de colonizadores e a *república de los indios* ainda requer muito estudo no plano local, do tipo empreendido por Juan Friede em seu *Vida y Luchas de Don Juan del Valle, Primer Obispo de Popayán y Protector de Indios* (Popayán, 1961), ou Eugene E. Korth, *Spanish Policy in Colonial Chile: The Struggle for Social Justice, 1535–1700* (Stanford, Cal., 1968). Muitos dos excelentes ensaios em Kenneth J. Andrien & Rolena Adorno (eds.), *Transatlantic Encounters: Europeans and Andeans in the Sixteenth Century* (Berkeley, 1991) focalizam ao mesmo tempo velhos e novos temas na região andina.

Sobre a conexão marítima entre a Espanha e as Índias, a *carrera de Indias*, e o comércio colonial, ver o ensaio bibliográfico seguinte deste volume.

Problemas de guerra, de defesa e de taxação deverão assomar amplamente em qualquer tentativa de mapear a mudança de relação entre a Espanha metropolitana e as Índias nos séculos XVI e XVII. A. P. Newton, *The European Nations in the West Indies, 1493–1688* (London, 1933, reimpr., 1966), continua sendo um útil exame em linhas gerais das incursões dos europeus do Norte no mundo colonial espanhol. Deve ser complementado por Kenneth R. Andrews, *The Spanish Caribbean: Trade and Plunder, 1580–1630* (New Haven, Conn., e London, 1978) e também pela excelente reavaliação, do mesmo autor, de *Drake's Voyages* (London, 1967). São igualmente recomendados Paul E. Hoffman, *The Spanish Crown and the Defense of the Caribbean, 1535–1585: Precedent, Patrimonialism and Royal Parsimony* (Baton Rouge, La., e London, 1980) e Carla Rahn Phillips, *Six Galleons for the King of Spain: Imperial Defence in the Early Seventeenth Century* (Baltimore, 1987). Peter Gerhard, *Pirates on the West Coast of New Spain, 1575–1742* (Glendale, Cal., 1960), examina o crescente perigo provocado pela pirataria no Pacífico. Sobre as reações a esses ataques, Roland D. Hussey, "Spanish Reaction to Foreign Aggression in the Caribbean to about 1680", *HAHR*, 9:286–302 (1929), continua valiosa. A defesa do istmo do Panamá é examinada por Guillermo Céspedes del Castillo, "La Defensa Militar del Istmo de Panamá a Fines del Siglo XVII y Comienzos del XVIII", *Anuario de Estudios Americanos*, 9:235–275 (1952), enquanto Günter Kahle, "Die Encomienda als militärische Institution im kolonialen Hispanoamerica", *JGSWGL*, 2:88–105 (1965), investiga o declínio e a queda do papel militar do *encomendero*. Exames detalhados dos problemas de defesa num plano local, bem como das conseqüências do ataque inimigo, podem ser encontrados em J. A. Calderón Quijano, *História de las Fortificaciones en Nueva España* (Sevilla, 1957); Enriqueta Vila Vilar, *Historia de Puerto Rico, 1600–1650* (Sevilla, 1974); Frank Moya Pons, *Historia Colonial de Santo Domingo* (3. ed., Santiago, Rep. Dom., 1977); e C. R. Boxer, *Salvador de Sá and the Struggle for Brazil and Angola, 1602–1688* (London, 1952). O projeto de Olivares para a União de Armas é rapidamente discutido em J. H. Elliott, *The Revolt of the Catalans* (Cambridge, Engl., 1963), cap. 7, enquanto Fred Bronner examina as tentativas de introduzi-la no Peru em "La Unión de Armas en el Perú: Aspectos Político-legales", *Anuario de Estudios Americanos*, 24:1133–1171 (1967), mas o projeto ainda exige uma abordagem mais ampla. Sobre a introdução da *alcabala* nas Índias, Robert S. Smith, "Sales Taxes in New Spain, 1575–1770", *HAHR*, 28:2–37 (1948), é fundamental.

O século XVII é o menos conhecido, e o menos estudado, de todos os séculos da história espanhola. Graças ao trabalho pioneiro de Woodrow Borah, *New Spain's Century of Depression* (Berkeley e Los Angeles, 1951), os aspectos mais sombrios do século tenderam a ser enfatizados, às custas de suas características mais criativas e formativas. A tese de Borah é examinada à luz da pesquisa mais recente de P. J. Bakewell em sua introdução da tradução espanhola, *El Siglo de la Depresión en Nueva España* (México, D.F., 1975). Um estudo importante sobre o Peru a partir da perspectiva do sistema e pensamento imperiais é Kenneth J. Andrien, *Crisis and Decline: The Viceroyalty of Peru in the Seventeenth Century* (Albuquerque, N. Mex., 1985). J. I. Israel, *Race, Class and Politics in Colonial Mexico, 1610–1670* (Oxford, 1975), discute alguns dos processos em funcionamento na sociedade mexicana do século XVII, e o mesmo faz José F. de la Peña, *Oligarquía y Propiedad en Nueva España, 1550–1624* (México, D.F., 1983), que examina o tema da consolidação de uma elite, com base numa rica documentação nova. Um aspecto importante da questão crioula é analisado por A. Tibesar em "The Alternativa: A Study in Spanish-Creole Relations in Seventeenth-Century Peru", 11: 229–283 (1955), mas de modo geral foram elaborados mais trabalhos em relação a Nova Espanha do que ao Peru sobre a formação de uma sociedade de colonizadores com seu próprio senso crescente de identidade. Irving A. Leonard, *Baroque Times in Old Mexico* (Ann Arbor, 1959), e Jacques Lafaye, *Quetzalcóatl and Guadalupe: The Formation of Mexican National Consciousness, 1531–1813* (Chicago, 1976) e D. A. Brading, *The First America*, mencionado acima, são notáveis contribuições recentes a um tema de fundamental importância para a compreensão da eventual ruptura com a Espanha.

8. A ESPANHA E A AMÉRICA: O COMÉRCIO ATLÂNTICO, 1492-1720

Apesar da grande quantidade de trabalhos recentes sobre a história da navegação e do comércio oceânicos entre a Espanha e a América espanhola antes de 1720, esse material é desigual tanto em termos de disponibilidade quanto no nível de sofisticação. Alguns aspectos, eras e episódios são bem conhecidos; outros, tais como as conexões entre certas áreas específicas e a *carrera*, quase não foram estudados. No entanto, alguns outros, como as dimensões e o significado do contrabando, nunca serão talvez conhecidos com precisão. O tema também se envolveu numa espécie de cabo-de-guerra entre o romance e a estatística. Alguns autores enfatizaram os tesouros, os piratas, os furacões, os galeões e as proezas arrojadas no Meno espanhol. A outra escola contou os navios, as tripulações, as travessias, os preços, as cargas, até que os gráficos e tabelas reduziram todo o épico a banalidade.

A literatura sobre a expansão da Europa é imensa e existem vários tipos de abordagem. Uma das mais imaginativas e abrangentes é a de Pierre

Chaunu, *L'expansion européenne du XIIIe au XVe siècle* (Paris, 1969), um excelente exemplo da ênfase que o autor coloca na economia e na geografia. Outro levantamento geral, ligado mais estreitamente aos homens e aos acontecimentos, é Boies Penrose, *Travel and Discovery in the Renaissance, 1420–1620* (Cambridge, Mass., 1952). Carlo Cipolla, em seu divertido *Guns, Sails and Empires: Technological Innovation and the Early Phases of European Expansion, 1400–1700* (New York, 1966), resume o que sabemos sobre o que as vantagens materiais representaram no desenvolvimento marítimo da Europa. John. H. Parry, *Europe and a Wider World, 1415–1715* (London, 1959), explica as primeiras rotas, os navios, a navegação e o comércio.

As explorações portuguesas produziram um enorme volume de estudos, como se pode observar pelo exame da bibliografia na excelente pesquisa de Bailey W. Diffie & George D. Winius, *Foundations of the Portuguese Empire, 1415–1580* (Minneapolis, Minn., 1977). Os textos portugueses da época são relacionados e discutidos rapidamente em Joaquim Barradas de Carvalho, "A Literatura Portuguesa de Viagens (Séculos XV, XVI, XVII)", *Revista de História*, 40(81): 51–74 (São Paulo, 1970).

O melhor talvez da recente safra de livros sobre Colombo é Felipe Fernández-Armesto, *Columbus* (London, 1991). Igualmente útil por sua descrição da época é William D. Phillips & Carla Rahn Phillips, *The Worlds of Christopher Columbus* (Cambridge, Engl., 1992). A obra de Samuel Eliot Morison, *The European Discovery of America*, 2 vols. (New York, 1971, 1974), especialmente o volume 2 sobre as viagens para o sul, contém um rico material sobre as primeiras viagens, os navios, as tripulações, os métodos de navegação e a vida no mar (ver particularmente o cap. 8, "The Mariner's Day"). Para uma relação sucinta da nova pesquisa sobre Colombo, ver ensaio bibliográfico ao cap. 4 deste volume.

Foram publicados dois manuais de navegação do período: Pedro de Medina, *Libro de Cosmographía*, publicado pela primeira vez em 1538, traduzido para muitas línguas, e soberbamente editado e traduzido numa moderna edição em fac-símile com o título de *A Navigator's Universe: The Libro de Cosmographía of 1538*, por Ursula Lamb (Chicago, 1972); e Diego García de Palacio, *Instrucción Náutica para Navegar*, publicado primeiramente no México em 1587 e em Madri, em fac-símile, em 1944. Ver também José María López Piñero, *El Arte de Navegar en la España del Renacimiento* (Barcelona, 1979).

Sobre o ambiente espanhol do século XVI, ver o ensaio bibliográfico do cap. 7 deste volume e, especialmente, os trabalhos de Fernand Braudel, John H. Elliott e John Lynch.

A melhor análise sucinta da preeminência do sudoeste da Ibéria e do papel desempenhado pelas ilhas de ponto de parada é a de Pierre Chaunu, *Conquête et exploitation des nouveaux mondes (XVIe siècle)* (Paris, 1969). John H. Parry, *The Spanish Seaborne Empire* (New York, 1966), é um relato oportuno, explicado com clareza dos mesmos determinantes. O mapa da p. 40 é eloqüente. O capítulo 2 explica como Sevilha veio a dominar o porto americano, tanto no contexto espanhol quanto no andaluz. Contém também a história dos primórdios da *Casa de Contratación* e muitos outros dados sobre a história das Índias. A importância precoce e contínua das Canárias é abordada em Francisco Morales Padrón, *El Comercio Canario-Americano (Siglos XVI, XVII y XVIII)* (Sevilla, 1955). Uma obra mais recente é Felipe Fernández-Armesto, *The Canary Islands after the Conquest: The Making of a Colonial Society in the Early Sixteenth Century* (New York, 1982). Existem muitos relatos de viagens. O divertido, mas também angustiante relato de Tomás de la Torre foi publicado diversas vezes, mais recentemente com o título de *Desde Salamanca, España, hasta Ciudad Real, Chiapas: Diario de Viaje, 1544–1545* (México, D.F., 1945).

A conexão atlântica entre a Espanha e o Novo Mundo até a metade do século XVII foi examinada exaustivamente e com assombroso detalhamento por Pierre & Huguette Chaunu. Sua volumosa obra, *Séville et l'Atlantique, 1504–1650*, 13 vols. em 8 (Paris, 1955–1960), é a única fonte indispensável a respeito da *carrera*. O volume 7, *Construction Graphique*, é extremamente informativo em seu impacto virtual, na medida em que discute os ventos, as correntes, as viagens, as distâncias no tempo, os navios, os grandes movimentos de navios, as cargas e as origens e destinos das cargas. O volume 8:1 estuda a evolução dos tipos de navios; a navegação; mais uma vez e extensivamente as razões do complexo portuário Andaluz-Guadalquivir e de seu predomínio; as ilhas que serviam de ponto de parada; e o papel da *carrera* no desenvolvimento de cada parte da América espanhola. O volume 8:2, que na verdade são dois volumes, discute os macromovimentos, os grandes ciclos do comércio espanhol no Atlântico e a inflação dos preços. Do começo ao fim, e de diversas formas, os autores discutem os determinantes de tamanho e da velocidade dos navios, a duração das viagens, e o peso, o volume e a lucratividade das cargas.

Esses determinantes são discutidos de modo mais compacto por L. Denoix em "Caractéristiques des navires de l'époque des grandes découvertes", em *Ve Colloque d'Histoire Maritime* (Paris, 1966). Outro texto básico sobre a Espanha, a *carrera* e a América espanhola é Clarence H. Haring, *Trade and Navigation between Spain and the Indies in the Time of the Hapsburgs* (Cambridge, Mass., 1918; reimpr. Gloucester, Mass., 1964). Os trabalhos de J. Everaert, Antonio García-Baquero Gonzáles, Lutgardo García Fuentes, Henry Kamen e Michel Morineau, que continuam a história da *carrera* até depois de 1650 até sua extinção no final do século XVIII, são discutidos no contexto abaixo.

Outros aspectos de Sevilha e da *carrera* podem ser encontrados em Ruth Pike, *Enterprise and Adventure: The Genoese in Seville and the Opening of the New World* (Ithaca, 1966), que talvez exagere na defesa de sua tese, e na obra de um contemporâneo, Joseph de Veitia Linaje, *Norte de la Contratación de las Indias Occidentales*, primeiramente publicada em Sevilha em 1672 e reimpressa em Buenos Aires em 1945. Uma tradução para o inglês foi publicada pelo capitão John Stevens em 1702, e republicada em fac-símile em 1977. As leis que regiam o sistema de *flota* em seu início podem ser encontradas no volume IV de Diego Encinas, *Cedulario Indiano*, 4 vols. (primeiramente publicados em 1506; fac-símile, Madrid, 1945).

Sobre o período insular de descobertas e colonização e o ciclo do ouro, ver, além dos Chaunu, os trabalhos de Carl O. Sauer e Kenneth R. Andrews citados no ensaio bibliográfico do cap. 4 deste volume.

Sobre o início da migração espanhola para o Novo Mundo, ver a obra de Peter Boyd-Bowman & Magnus Mörner citada em *História da América Latina*, vol II, ensaio bibliográfico do cap. 1.

O tráfico de escravos de índios na Nicarágua é discutido por David R. Radell em "The Indian Slave Trade and the Population of Nicaragua during the Sixteenth Century", em *The Native Population of the Americas in 1492*, William M. Denevan (ed.) (Madison, Wis., 1976), pp. 67–76. William L. Sherman, *Forced Native Labor in Sixteenth-Century Central America* (Lincoln, Nebr., 1979), discordaria de Radell, e do presente autor, sobre o volume do tráfico e os números envolvidos.

Os seguintes trabalhos fornecem um relato geral sobre a *encomienda* e o tributo: Lesley Byrd Simpson, *Exploitation of Land in Central Mexico in the Sixteenth Century* (Berkeley e Los Angeles, 1952); Silvio Zavala, *La Encomienda Indiana* (Madrid, 1945); e José Miranda, *El Tributo Indígena en la*

Nueva España (México, 1951). Ver também *História da América Latina*, vol. II, ensaios bibliográficos dos caps. 5 e 6. Sobre a queda da população indígena, ver *História da América Latina*, vol. II, ensaio bibliográfico do cap. 1 e sobre a mineração da prata, *História da América Latina*, vol. II, ensaio bibliográfico do cap. 3.

Woodrow Borah & Sherburne Cook iniciaram o estudo da inflação de preços no México em seu *Price Trends of Some Basic Commodities in Central Mexico, 1531–1570* (Berkeley e Los Angeles, 1958), enquanto o clássico de Earl J. Hamilton, *American Treasure and the Price Revolution in Spain, 1501–1650* (Cambridge, Mass., 1934), fez o mesmo com relação à Espanha. Um estudo moderno sobre o metal precioso americano e sobre a revolução de preços é o de Pierre Vilar, *Oro y Moneda en la Historia (1450–1900)* (Barcelona, 1969; tradução para o inglês, London, 1976).

A cochonilha enquanto produto do comércio atlântico é o tema de Raymond L. Lee, "American Cochineal in European Commerce, 1526–1625", *Journal of Modern History* [*JMH*], 23:205–224 (1951). Sobre o anil, ver Manuel Rubio Sánchez, *Historia del Añil o Xiquilite en Centro América*, 2 vols. (San Salvador, 1976, 1978). Sobre a pesca de pérolas, ver Enrique Otte, *Las Perlas del Caribe* (Caracas, 1977). A obra dos Chaunus traz muitas informações sobre essas e outras cargas menores que atravessavam o Atlântico.

Woodrow Borah estudou as primeiras ligações entre o México e o Peru em *Early Colonial Trade between Mexico and Peru* (Berkeley e Los Angeles, 1954). Sobre o pequeno comércio da Venezuela com Cartagena e o comércio muito mais extenso do cacau com Veracruz, ver os dois livros de Eduardo Arcila Farías, *Economía Colonial de Venezuela* (México, D.F., 1956), e *Comercio entre Venezuela y México en los Siglos XVI y XVII* (México, D.F., 1950). Os modelos do comércio de Havana são descritos em detalhe em Levi Marrero, *Cuba, Economía y Sociedad*, 13 vols. até agora (San Juan, P.R., e Madrid, 1972–1980). William Lytle Schurz, *The Manila Galleon* (New York, 1959), é uma história clássica da conexão das Filipinas. Pierre Chaunu, *Les Philippines et le Pacifique des Ibériques (XVIe, XVIIe, XVIIIe siècles): Introduction méthodologique et indices* (Paris, 1960), enfatiza o econômico e o quantificável nesse comércio.

Sobre a defesa das Índias contra as incursões dos europeus do Norte, ver o ensaio bibliográfico do cap. 7 deste volume.

Sobre a bibliografia acerca do comércio de escravos para a América espanhola, a obra clássica é Georges Scelle, *La Traite négrière aux Indes de Castille*,

2 vols. (Paris, 1906), mas sobre as estruturas formais do comércio, ver Jean-Pierre Tardieu, *Le Destin de noirs aux Indies de Castille: XVIe–XVIIIe siècles* (Paris, 1984) e, sobre o aspecto administrativo e comercial, Marisa Vega Franco, *El Tráfico de Esclavos con América: Asientos de Grillo y Lomelín, 1663–1674* (Sevilla, 1984). Um volume abrangente é Herbert S. Klein, *African Slavery in Latin America and the Caribbean* (Oxford, 1986).

O surgimento do contrabando em seus vários aspectos pode ser seguido em Curtis Nettels, "England and the Spanish American Trade, 1680–1715", *JMH*, 3:1–32 (1931); A. P. Thornton, "Spanish Slave-ships in the English West Indies, 1660–85", *HAHR*, 35:374–385 (1955); Sergio Villalobos R., "Contrabando Francés en el Pacífico, 1700–1724", *Revista de Historia de América*, 51:49–80 (1961); e Vera Lee Brown, "Contraband Trade as a Factor in the Decline of Spain's Empire in America", *HAHR*, 8:178–189 (1928). Uma recente onda de livros sobre o contrabando inclui: Celestino Andrés Arauz Monfante, *El Contrabando Holandés en el Caribe durante la Primera Mitad del Siglo XVIII*, 2 vols. (Caracas, 1984); Hector R. Feliciano Ramos, *El Contrabando Inglés en el Caribe y el Golfo de México* (Sevilla, 1990); Zacarías Moutoukias, *Contrabando y Control Colonial en el Siglo XVII: Buenos Aires, el Atlántico, y el Espacio Peruano* (Buenos Aires, 1988); e um ensaio até então inédito de um comerciante crioulo, José Ignacio de Pombo, *Comercio y Contrabando en Cartagena de Indias, 2 de Junio de 1800* (Bogotá, 1986). Outras tendências desse período na região do mar dos Caraíbas foram habilmente sumarizadas nos primeiros capítulos de Geoffrey J. Walker, *Spanish Politics and Imperial Trade, 1700–1789* (London, 1979).

John H. Elliott examina o declínio da Espanha numa série de ensaios perspicazes em *Spain and its World, 1500–1700: Selected Essays* (New Haven, Conn., e London, 1989), e com maior detalhe ainda em seu estudo sobre o primeiro-ministro e favorito de Filipe IV, *The Count-Duke of Olivares: The Statesman in an Age of Decline* (New Haven, Conn., e London, 1986). Se houve um declínio nas colônias coincidente ou vinculado, ou algum declínio, foram questões sujeitas a debate. Sobre as visões contrárias, ver, por exemplo, Woodrow Borah, *New Spain's Century of Depression* (Berkeley e Los Angeles, 1951), e John Lynch, *The Hispanic World in Crisis and Change, 1598–1700* (Oxford, 1992). Pierre & Huguette Chaunu, *Séville et l'Atlantique*, mostram de modo categórico que a *carrera* declinou da década de 1620 até a metade do século e talvez além.

Dois autores, usando interpretações e relatórios diplomáticos diferentes, descobriram uma elevação acentuada nas importações espanholas de metal precioso americano após cerca de 1670 até o final do século. São eles J. Everaert, *De internationale en koloniale Handel der Vlaamse Firma's te Cadiz, 1670–1700* (Bruges, 1973), especialmente p. 395, e Michel Morineau, *Incroyables gazettes et fabuleux métaux: Les retour de trésors américaines d'aprés les gazettes hollandaises (XVIe–XVIIIe siècles)* (Paris e London, 1985). Henry Kamen discute esses achados e os estágios da recuperação demográfica, econômica e comercial da Espanha em *Spain in the Later Seventeenth Century, 1665–1700* (London e New York, 1980). O declínio da *carrera* oficial a níveis ainda menores, 1650–1700, e suas ligeiras revivescências efêmeras, são investigados em Lutgardo García Fuentes, *El Comercio Español con América, 1650–1700* (Sevilla, 1980). Aqueles que desejam acompanhar o trajeto espanhol no Atlântico até um pouco mais tarde devem ler María del Carmen Borrego Plá, "Tráfico Comercial de España com Indias (1700–1714)" em *La Burguesía Mercantil Gaditana (1650–1868)* (Cádiz, 1976), pp. 145–150; Antonio García-Baquero Gonzálvez, *Cádiz y el Atlántico, 1717–1778: El Comercio Colonial Español bajo el Monopolio Gaditano*, 2 vols. (Sevilla, 1976); e o valioso estudo sobre o comércio legal com as Índias, de autoria de John Fisher, *Commercial Relations between Spain and Spanish America in the Era of Free Trade, 1778–1796* (Liverpool, 1985).

As mudanças nos padrões de transporte e de navegação ingleses podem ser seguidas em Ralph Davis, *The Rise of the English Shipping Industry in the 17th and 18th Centuries* (London, 1962), do mesmo autor, *The Rise of the Atlantic Economies* (Ithaca, N.Y., 1973), e em seus dois artigos sobre o comércio exterior inglês entre 1660 e 1775 em W. E. Minchington (ed.), *The Growth of English Overseas Trade in the 17th and 18th Centuries* (London, 1969). Um bom livro sobre os outros principais concorrentes é Jonathan I. Israel, *Dutch Primacy in World Trade, 1585–1740* (Oxford, 1989). Ver igualmente, de modo mais genérico, James D. Tracy (ed.), *The Rise of Merchant Empires: Long-Distance Trade in the Early Modern World* (Cambridge, Engl., 1990).

São inúmeras as teorias sobre o papel da *carrera* espanhola na história da Europa e da América, e não é possível relacioná-las todas aqui. Sobre alguns desses impactos de longa duração, os seguintes trabalhos são sugestivos: Stanley J. & Barbara H. Stein, *The Colonial Heritage of Latin America: Essays in Economic Dependence in Perspective* (New York, 1970), e o provocativo

Immanuel Wallerstein, *The Modern World System*, 3 vols. até agora (New York e London, 1976–1989). A obra maciça de Fernand Braudel, *Civilisation matérielle, économie et capitalisme, XVIe–XVIIIe siècle*, 3 vols. (Paris, 1979), é longo, repetitivo e desorganizado, mas tem muitas passagens brilhantes, inclusive várias discussões gerais sobre as implicações mais amplas, de dimensões mundiais, da *carrera* e do metal precioso da América colonial.

9. A ESPANHA DOS BOURBONS E SEU IMPÉRIO AMERICANO

Sobre a Espanha no século XVIII, ver John Lynch, *Bourbon Spain 1700–1808* (Oxford, 1989), Gonzalo Anes, *El Antiguo Régimen: Los Borbones* (Madrid, 1975) e Antonio Domínguez Ortiz, *Sociedad y Estado en el Siglo XVIII Español* (Madrid, 1976). Henry Kamen, *The War of Sucession in Spain 1700–15* (London, 1969) ainda é valioso. O impacto da Ilustração e do Despotismo Esclarecido é discutido em Richard Herr, *The Eighteenth-Century Revolution in Spain* (Princeton, N.J., 1958), em Jean Sarrailh, *L'Espagne éclairée de la seconde moitié du XVIIIe siècle* (Paris, 1954) e em Antonio Mestre, *Ilustración y Reforma de la Iglesia: Pensamiento Político-religioso de Don Gregorio Mayáns y Siscar (1699–1781)* (Valencia, 1968). Sobre o jansenismo, consultar Joël Saugnieux, *Le Jansénisme espagnol du XVIIIe siècle: Ses composantes et ses sources* (Oviedo, 1975). A obra clássica de Marcelino Menéndez Pelayo, *Historia de los Heterodoxos Españoles,* 2 vols. (3. ed., Madrid, 1976) ainda é digna de consulta. Sobre a economia há Jordi Nadal & Gabriel Tortella (eds.), *Agricultura, Comercio Colonial y Crecimiento Económico en la España Contemporánea* (Barcelona, 1974), Gonzalo Anes, *Las Crisis Agrarias en la España Moderna* (Madrid, 1970), e David R. Ringrose, *Transportation and Economic Stagnation in Spain 1750–1850* (Durham, N.C., 1970), e *Madrid and the Spanish Economy 1560–1850* (Berkeley e Los Angeles, 1983)

Sobre a revolução no governo, ver a primeira parte de D. A. Brading, *Miners and Merchants in Bourbon Mexico 1763–1810* (Cambridge, Engl., 1971), John Lynch, *Spanish Colonial Administration 1782–1810: The Intendant System in the Viceroyalty of the Río de la Plata* (London, 1958), Luis Navarro García, *Intendencias de Indias* (Sevilla, 1959), J. R. Fisher, *Government and Society in Colonial Peru: The Intendant System 1764–1814* (London, 1970) e Jacques A. Barbier, *Reform and Politics in Bourbon Chile, 1755–1796* (Ottawa, 1980). Sobre seu impacto em Nova Granada, ver John

Leddy Phelan, *The People and the King: The Comunero Revolution in Colombia, 1781* (Madison, Wis., 1978). Sobre o Peru, ver Scarlett O'Phelan Godoy, *Rebellions and Revolts in Eighteenth-Century Peru and Upper Peru* (Cologne, 1985). Sobre a burocracia e a participação dos crioulos, ver Mark A. Burkholder & D. S. Chandler, *From Impotence to Authority: The Spanish Crown and the American Audiencias 1687–1821* (Columbia, Miss., 1977), Susan Migden Socolow, *The Bureaucrats of Buenos Aires, 1769–1810: Amor al Real Servicio* (Durham, N.C., 1987), e o indispensável *Biographical Dictionary of Audiencia Ministers in the Americas, 1687–1821,* ed. Mark A. Burkholder & D. S. Chandler (Westport, Conn., 1982). A campanha contra a Igreja é tratada por Nancy M. Farriss, *Crown and Clergy in Colonial Mexico 1759–1821: The Crisis of Ecclesiastical Privilege* (London, 1968) e D. A. Brading, "Tridentine Catholicism and Enlightened Despotism in Bourbon Mexico", *JLAS,* 15(1):1–22 (1983). Vários livros tratam do exército: Juan Marchena Fernández, *Oficiales y Soldados en el Ejército de América* (Sevilla, 1983); Christon I. Archer, *The Army in Bourbon Mexico 1760–1810* (Albuquerque, N. Mex., 1977), Leon G. Campbell, *The Military and Society in Colonial Peru 1750–1810* (Philadelphia, 1978), e Allan J. Kuethe, *Military Reform and Society in New Granada 1773–1808* (Gainesville, Fla., 1978) e do mesmo autor, *Cuba, 1753–1815: Crown, Military and Society* (Knoxville, Tenn., 1986). Sobre o impacto das reformas dos Bourbons sobre a elite crioula, ver D. A. Brading, *The First America: The Spanish Monarchy, Creole Patriots and the Liberal State 1492–1867* (Cambridge, Engl., 1991) e seu artigo "Government and Elite in Late Colonial Mexico", *HAHR,* 53(3): 389–414 (1973).

O comércio com a América é tratado por Geoffrey J. Walker, *Spanish Politics and Imperial Trade 1707–1789* (London, 1979), e por Antonio García-Baquero González, *Cádiz y el Atlántico 1717–1778,* 2 vols. (Sevilla, 1976), e *Comercio Colonial y Guerras Revolucionarias* (Sevilla, 1972). No entanto, ver também J. R. Fisher, *Commercial Relations between Spain and Spanish America in the Era of Free Trade, 1778–1796* (Liverpool, 1985), Javier Ortiz de la Tabla Ducasse, *Comercio Exterior de Veracruz 1778–1821* (Sevilla, 1978), Carlos Daniel Malamud, *Cádiz y Saint Malo en el Comercio Colonial Peruano (1668–1725)* (Cadiz, 1986), Barbara H. & Stanley J. Stein, "Concepts and Realities of Spanish Economic Growth 1759–1789", *Historia Ibérica,* 1:103–119 (1973), e Josep M. Delgado *et al.*, *El Comerć entre Catalunya i America (Segles XVIII i XIX)* (Barcelona, 1986).

Sobre o período final da economia colonial, o ponto de partida deve ser Alexander von Humboldt, *Essai politique sur le Royaume de la Nouvelle-Espagne*, 2 vols. (Paris, 1807–1811), uma obra-prima disponível também em inglês e em espanhol, e *Voyage aux régions equinoxiales de Nouveau Continent fait en 1799, 1801, 1802, 1803 et 1804* (Paris, 1807). Essas duas obras apresentam um grande volume de informações e foram traduzidas para o inglês e para o espanhol. Sobre a mineração colonial, ver D. A. Brading, *Miners and Merchants in Bourbon Mexico*, mencionado acima; J. R. Fisher, *Silver Mines and Silver Miners in Colonial Peru 1776–1824* (Liverpool, 1977); Rose Marie Buechler, *The Mining Society of Potosí, 1776–1810* (Syracuse, N.Y., 1981); Enrique Tandenter, "Forced and Free Labour in Late Colonial Potosí", *Past and Present,* 93:98–136 (1981), e D. A. Brading & Harry E. Cross, "Colonial Silver Mining: Mexico and Peru", *HAHR*, 52(4):545–579 (1972). Sobre Cuba, existe o trabalho de Manuel Moreno Fraginals, *The Sugar Mill: The Socioeconomic Complex of Sugar in Cuba 1760–1860* (New York, 1976). Sobre a América Central, ver Troy S. Floyd, "Bourbon Palliatives and the Central American Mining Industry 1765–1800", *TA*, 18:103–125 (1903), e "The Indigo Merchant: Promotor of Central American Economic Development 1700–1800", *Business History Review*, 39:466–488 (1965). Sobre a Venezuela, ver E. Arcila Farías, *Comercio entre Venezuela y Mexico en los Siglos XVII y XVIII* (México, D.F., 1950) e P. Michael McKinley, *Pre-revolutionary Caracas: Politics, Economy and Society 1777-1811* (Cambridge, Engl., 1985). Sobre a Colômbia, ver A. D. Mcfarlane, "Economic Change in the Viceroyalty of New Granada with Special Reference to Overseas Trade 1739–1810" (Ph. D. Dissertation, London University, 1977) e a importante análise da província de Antioquia, feita por Ann Twinam, *Miners, Merchants and Farmers in Colonial Colombia* (Austin, Tex., 1982). Em relação ao Peru temos W. Kendall Brown, *Bourbons and Brandy: Imperial Reform in Eighteenth-Century Arequipa* (Albuquerque, N. Mex., 1986) e uma síntese geral das economias do Baixo e do Alto Peru por Jaime R. Ríos Burga, *Ciclos Produtivos en el Espacio Peruano Colonial, Siglos XVI–XIX: Una Aproximación a una Síntesis Cuantitativa* (Lima, 1986). Sobre o Chile, ver Marcello Carmagnani, *Les Mécanismes de la vie économique dans une société coloniale: Le Chili 1680–1830* (Paris, 1973); Sergio Villalobos, *El Comercio y la Crisis Colonial* (Santiago de Chile, 1968); Mario Góngora, *Orígen de los "Inquilinos" de Chile Central* (Santiago de Chile, 1960) e Armando de Ramón & José Manuel Larrain, *Orígenes de la Vida Económica*

Chilena, 1659–1808 (Santiago de Chile, 1982). Sobre a região do rio da Prata, ver o capítulo introdutório de Tulio Halperín-Donghi, *Politics, Economics and Society in Argentina in the Revolutionary Period* (Cambridge, Engl., 1975); Susan Migden Socolow, *The Merchants of Buenos Aires 1778–1810: Family and Commerce* (Cambridge, Engl., 1978) e Jery W. Cooney, *Economía y Sociedad en la Intendencia del Paraguay* (Asunción, 1990). Sobre o México há o trabalho de Brian R. Hamnett, *Politics and Trade in Southern Mexico 1750–1821* (Cambridge, Engl., 1971) e Guy P. C. Thomson, *Puebla de los Angeles: Industry and Society in a Mexican City, 1700–1850* (Boulder, Colo., 1989). Sobre o Equador, ver Robson B. Tyrer, *Historia Demográfica y Económica de la Audiencia de Quito: Población Indígena y Industria Textil 1600–1800* (Quito, 1988); Michael T. Hammerly, *Historia Social y Económica de la Antigua Provincia de Guayaquil 1763–1842* (Guayaquil, 1973); e María Luisa Laviana Cuetos, *Guayaquil en el Siglo XVIII: Recursos Naturales y Desarollo Económico* (Sevilla, 1987).

O lucro fiscal do império pode ser avaliado a partir de John J. Tepaske & Herbert S. Klein, *The Royal Treasuries of the Spanish Empire in America*, 3 vols. (Durham, N.C., 1982) e dos mesmos autores, *Ingresos y Egresos de la Real Hacienda de Nueva España*, 2 vols. (México, D.F., 1986). No entanto, ver também D. A. Brading, "Facts and Figments in Bourbon Mexico", *BLAR*, 4:61-64 (1985); Nils Jacobsen & Hans-Jürgen Puhle (eds.), *The Economies of Mexico and Peru during the Late Colonial Period, 1760–1810* (Berlin, 1986); e Michel Morineau, *Incroyables gazettes et fabuleux métaux: Les retours des trésors américains d'aprés les gazettes hollandaises (XVIe–XVIIIe siècles)* (Paris e Londres, 1985).

10. PORTUGAL E O BRASIL: A ESTRUTURA POLÍTICA E ECONÔMICA DO IMPÉRIO, 1580–1750

As seguintes histórias gerais de Portugal são indispensáveis: em inglês, H. V. Livermore, *A New History of Portugal* (London, 1966); em português, A. de Oliveira Marques, *História de Portugal*, 2 vols. (Lisboa, 1972–1973; com traduções para o inglês e para o francês), e Joaquim Verissimo Serrão, *Historia de Portugal*, 12 vols. (Lisboa, 1977–1990); em francês: A. A. Bourdon, *Histoire de Portugal* (Paris, 1970), curta, mas muito boa, e Y. Bottineau, *Le Portugal et sa vocation maritime. Histoire et civilisation d'une nation* (Paris, 1977), escrita com estilo e sutileza, preservando o equilíbrio entre estruturas subjacentes e acontecimentos. Deve-se mencionar também o utilíssimo *Dicionário de História de Portugal*, ed. Joel Serrão, 4 vols. (Barcelos, 1961–1971), a grande obra de Damião Peres, *História de Portugal*, 8 vols., (Barcelos, 1928–1938) e os vols. 1 e 5 de Fortunato de Almeida, *História de Portugal* (Coimbra, 1922–1931), que consiste de uma descrição das instituições portuguesas e seu desenvolvimento. A. Silbert, *Le Portugal méditerranéen à la fin de l'Ancien Régime*, 2 vols. (Paris, 1966), é muito útil para o estudo da estrutura agrária e social. Sobre o império português, pode-se iniciar com C. R. Boxer, *The Portuguese Seaborne Empire, 1415–1825* (London, 1969), e *Four Centuries of Portuguese Expansion 1415–1825: A Succint Survey* (Johannesburg, 1965). V. Magalhães Godinho, *L'Économie de l'empire portugais aux XVe et XVIe siècles* (Paris, 1969), foi ampliada a partir da obra portuguesa, *Os Descobrimentos e a Economia Mundial*, 2 vols. (Lisboa, 1963–1965; 2. ed., 4 vols., 1983). Ver também as contribuições de V. Magalhães Godinho para a *New Cambridge Modern History*: "Portugal and Her Empire", vol. 5 (1961), pp. 384–397, e "Portugal and Her Empire, 1680–1720", vol. 6 (1970), pp. 509–540. F. Mauro, *Le Portugal et l'Atlantique au XVIIe siècle 1570–1670: Étude économique* (Paris, 1960; 2. ed., 1983, sob o título de *Le Portugal, le Brésil et l'Atlantique au XVIIe siècle;* trad. port., 2 vols., Lisboa, 1989), é fundamental e traz uma oportuna bibliografia que pode ser consultada. Ver também V. Magalhães Godinho, "Le Portugal – les flottes du sucre et les flottes de l'or (1670–1770)", *AESC* (1950), pp. 184–197, reimpresso em *Ensaios 2* (Lisboa, 1978), pp. 293–315. Para material complementar, ver B. T. Duncan, *Atlantic Islands: Madeira, the Azores and the Cape Verdes in the XVIIth Century, Commerce and Navigation* (Chicago, 1972); *Os Açores e o Atlântico (Séculos XIV–XVII), Actas do Colóquio Internacional*, 1983 (Instituto Histórico da Ilha Terceira, Angra, 1984); *Os Açores e as Dinâmicas do Atlântico, Actas do II Colóquio*, 1988 (Angra, 1989); *Actas do I Colóquio Internacional de História de Madeira*, 1986, 2 vols. (Funchal, 1989); *Actas do II Colóquio*, 1989 (Funchal, 1990). João Lúcio de Azevedo, *Épocas de Portugal Económico* (2. ed., Lisboa, 1973) permanece muito útil. Em relação ao Brasil, F. Mauro, *Le Brésil du XVe à la fin du XVIIIe siècle* (Paris, 1977) atualiza o tema e fornece informação bibliográfica. Ver também F. Mauro, *Histoire du Brésil* (2. ed., Paris, 1978), uma obra bastante exígua. Recente e interessante é Luis de Albuquerque, *Portugal no Mundo* (Lisboa, 1989); e Vitorino Magalhães Godinho, *Mito e Mercadoria, Utopia e Prática de Navegar, Séculos XIII–XVIII* (Lisboa, 1990), uma nova edição de artigos antigos mas importantes. Ver também F. Mauro, "Recent Works on the Political Economy of Brazil in the Portuguese Empire", *LARR*, 19(1): 87–105 (1984).

Existe também uma série de monografias essenciais para a compreensão do papel de Portugal na América e suas repercussões no Velho Mundo. Sobre a política de Portugal no Atlântico, ver C. R. Boxer, *Salvador de Sá and the Struggle for Brazil and Angola 1602–1686* (2. ed., Westport, Conn., 1975), e *The Golden Age of Brazil, 1695–1750* (Berkeley, 1962), e Dauril Alden, *Royal Government in Colonial Brazil* (Berkeley, 1968), do qual uma parte importante é dedicada a questões de diplomacia e guerra. Para um estudo da administração portuguesa na América, ver Stuart B. Schwartz, *Sovereignty and Society in Colonial Brazil: The Judges of the High Court of Bahia, 1586–1750* (Berkeley, 1974); também J. N. Joyce, "Spanish Influence on Portuguese Administration: A Study of the Conselho da Fazenda and Habsburg Brazil" (tese de Ph. D. inédita, University of Southern California, 1974). Sobre a economia política portuguesa e o papel que o Brasil nela desempenhava, J. B. de Macedo, *Problemas de História da Indústria Portuguesa no Século XVIII* (Lisboa, 1963) é um trabalho importante. Também a nova edição de V. Magalhães Godinho, *Ensaios II: Sobre História de Portugal* (Lisboa, 1978). Uma contribuição importante é Carl Hanson, *Economy and Society in Baroque Portugal, 1668–1703* (Minneapolis, Minn., 1981). Ver igualmente James C. Boyajian, *Portuguese Bankers at the Court of Spain 1626–1650* (New Brunswick, N.J., 1983) e J. R. do Amaral Lapa, *A Bahia e a Carreira da Índia* (São Paulo, 1966). Sobre a diplomacia portuguesa na América, deve-se consultar: A. P. Canabrava, *O Comércio Português no Río da Prata, 1580–1640* (São Paulo, 1944), Luis Ferrand de Almeida, *A Diplomacia Portuguesa e os Limites Meridionais do Brasil*, I, *1493–1700* (Coimbra, 1957), J. Cortesão, *Raposo Tavares e a Formação Territorial do Brasil* (Rio de Janeiro, 1958) e do mesmo autor, *Alexandre de Gusmão e o Tratado de Madrid*, 5 vols. (Rio de Janeiro, 1950–1963). Sobre o Norte, ver H. C. Palmatory, *The River of the Amazons: Its Discovery and Early Exploration, 1500–1743* (New York, 1965), e Mario Meireles, *História do Maranhão* (São Luís, 1960).

Sobre questões náuticas, ver as diversas publicações dos vários congressos portugueses, como o Congresso da História da Expansão Portuguesa no Mundo, o Congresso do Mundo Português, o Congresso dos Descobrimentos Henriquinos; também A. Marques Esparteiro, *Galeotas e Bergantins Reais* (Lisboa, 1965); N. Steensgaard, *Carracks, Caravans and Companies* (Copenhagen, 1973), da qual foi lançada uma nova edição com o título: *The*

Asian Trade Revolution of the Seventeenth Century: The East India Companies and the Decline of the Caravan Trade (Chicago, 1974); Sousa Viterbo, *Trabalhos Náuticos dos Portugueses nos Séculos XVI e XVII* (Lisboa, 1900); H. Leitão & J. V. Lopes, *Dicionário da Linguagem de Marinha Antiga e Actual* (2. ed., Lisboa, 1974); A. Fontoura da Costa, *A Marinharia dos Descobrimentos* (Lisboa, 1933); a obra de Virginia Rau sobre comerciantes estrangeiros em Lisboa, por exemplo, "Os Mercadores e Banqueiros Estrangeiros em Portugal no Tempo de D. João III, (1521–1587)", em *Estudos de Historia Economica* (Lisboa, 1961), pp. 35–62; finalmente, todos os estudos que apareceram nas publicações da Junta de Investigações Científicas do Ultramar, particularmente as do Centro de Estudos de Cartografia Antiga, Secção de Coimbra e Secção de Lisboa.

Sobre as exportações do Brasil, especialmente o açúcar e o ouro, ver *História da América Latina*, vol. II, ensaios bibliográficos dos caps. 9 e 11; Philip D. Curtin, *The Rise and Fall of the Plantation Complex: Essays on Atlantic History* (Cambridge, Engl., 1990); Stuart B. Schwartz, *Sugar Plantations in the Formation of Brazilian Society: Bahia, 1550–1835* (Cambridge, Engl., 1985); Vera Ferlini, *Terra, Trabalho e Poder: O Mundo dos Engenhos no Nordeste Colonial* (São Paulo, 1986). John A. Hall, "World System Holism and Colonial Brazilian Agriculture: A Critical Case Analysis", *LARR*, 19(2):43–69 (1984), contesta a teoria de Wallerstein segundo a qual a agricultura brasileira foi moldada muito mais por um "capitalismo comercial e patrimonial" preexistente do que pela economia capitalista do mundo que emergia.

Sobre o comércio de escravos para o Brasil, deve-se destacar: M. Goulart, *Escravidão Africana no Brasil* (São Paulo, 1950); G. Scelle, *Histoire politique de la traite négrière aux Indes de Castille*, 2 vols. (Paris, 1906); Philip Curtin, *The Atlantic Slave Trade* (Madison, Wis., 1969); H. S. Klein, "The Portuguese Slave Trade from Angola in the 18th Century", *Journal of Economic History*, 33(4): 894–917 (1972), e *The Middle Passage. Comparative Studies in the Atlantic Slave Trade* (Princeton, N.J., 1978); E. G. Peralta Rivera, *Les Mécanismes du commerce esclavagiste au XVIIe siècle* (tese de terceiro ciclo, Ecole des Hautes Etudes en Sciences Sociales, Paris, 1977); P. Verger, *Flux et reflux de la traite des nègres entre le golfe du Bénin et Bahia de Todos os Santos du XVIIe au XIXe siècle* (Paris, 1968), e "Mouvements de navires entre Bahia et le Golfe de Bénin XVIIe–XIXe siècles", *Revue Française d'Histoire d'Outre-Mer*, 55:5–36 (Paris, 1968); E. Vila Vilar, *Hispano America y el Comercio de Esclavos: Los Asientos Portugueses* (Sevilla, 1977); finalmente, K. Polanyi,

Dahomey and the Slave Trade: An Analysis of an Archaic Economy (Seattle, 1966). Ver também José Gonçalves Salvador, *Os Magnatas do Tráfico Negreiro: Séculos XVI e XVII* (São Paulo, 1981). A excelente tese de Felipe de Alencastro, *Le Commerce des vivants* (Université de Paris X, 1986) continua inédita. Sobre o dinheiro, ver A. C. Teixeira de Aragão, *Descripção Geral e Histórica das Moedas Cunhadas em Nome dos Reis de Portugal*, 3 vols. (Lisboa, 1874–1880), e N. C. da Costa, *História das Moedas do Brasil* (Porto Alegre, 1973). Sobre as guerras no mar, A. Botelho de Sousa, *Subsídios para a História das Guerras da Restauração no Mar e no Além Mar*, vol. I (Lisboa, 1940), e W. J. Van Hoboken, *Witte de With in Brazilie 1648–1649* (Amsterdam, 1955). Sobre as instituições, Marcelo Caetano, *Do Conselho Ultramarino ao Conselho do Império Colonial* (Lisboa, 1943); *Regimento das Casas das Índias e Minas*, ed. Damião Peres (Coimbra, 1947); Gustavo de Freitas, *A Companhia Geral do Comércio do Brasil* (São Paulo, 1951).

Sobre as relações estrangeiras, as duas obras clássicas são E. Prestage, *The Diplomatic Relations of Portugal with France, England and Holland from 1640 to 1668* (Watford, Engl., 1925), e E. Brasão, *A Restauração: Relações Diplomáticas de Portugal de 1640 a 1668* (Lisboa, 1939). Ver também Charles Verlinden, *Les Origines de la civilisation atlantique* (Paris, 1966), e F. Mauro, *Études économiques sur l'expansion portugaise, 1500–1900* (Paris, 1970). Sobre a Espanha e o império espanhol, ver os trabalhos de E. J. Hamilton, P. & H. Chaunu, e outros, citados nos ensaios bibliográficos dos caps. 4, 7 e 8 deste volume. Com relação à França, não existe uma obra abrangente, apenas capítulos ou artigos em várias publicações. Ver, em especial, os numerosos artigos de J. Soares de Azevedo sobre o comércio francês em Lisboa. I. S. Revah, *Le Cardinal de Richelieu et la restauration de Portugal* (Lisboa, 1950) merece menção. Uma boa obra é Jean-François Labourdette, *La Nation française à Lisbonne de 1669 à 1790: Entre colbertisme et libéralisme* (Paris, 1988).

Sobre as relações de Portugal com a Inglaterra, ver V. M. Shillington & A. B. Wallis Chapman, *The Commercial Relations of England and Portugal* (London, 1908; reimpr., New York, 1970), a obra-padrão; sir Richard Lodge, "The English Factory at Lisbon", *Transactions of the Royal Historical Society*, 16:210–247 (4th ser., 1933); A. R. Walford, *The British Factory in Lisbon* (Lisboa, 1940); Alan K. Manchester, *British Preeminence in Brazil, its Rise and Decline* (Chapel Hill, N.C., 1933); R. Davis, "English Foreign Trade 1660–1700", *Economic History Review*, 7:150–166 (1954), e "English Foreign

Trade, 1700–1774", *Economic History Review*, 15:285–303 (1962); Elizabeth Brody Schumpeter, *English Overseas Trade Statistics (1697–1808)* (Oxford, 1960); H. E. S. Fisher, *The Portugal Trade: A Study of Anglo-Portuguese Commerce 1700–1770* (London, 1971); A. D. Francis, *The Methuens and Portugal, 1691–1708* (Cambridge, Engl., 1966); S. Sideri, *Trade and Power: Informal Colonialism in Anglo-Portuguese Relations* (Rotterdam, 1970); C. R. Boxer, "Brazilian Gold and British Traders in the First Half of the Eighteenth Century", *HAHR*, 49(3): 454–472 (1969); e Virgílio Noya Pinto, *O Ouro Brasileiro e o Comércio Anglo-português: Uma Contribuição aos Estudos de Economia Atlântica no Século XVIII* (São Paulo, 1979). Esses devem ser complementados por Michel Morineau, *Incroyables gazettes et fabuleux métaux: Les retours des trésors américains d'aprés les gazettes hollandaises (XVIe–XVIIIe siècles)* (Paris, 1985).

Sobre os aspectos diplomáticos e políticos da presença holandesa no Brasil, ver C. R. Boxer, *The Dutch in Brazil* (2. ed., Hamden, 1973); P. Agostinho, "A Política Vieira e a Entrega de Pernambuco", *Espiral* (janeiro–março, 1965), pp. 122–134; C. R. Boxer, "Portuguese and Dutch Colonial Rivalry", *Studia*, 2:7–42 (1958); Evaldo Cabral de Mello, *A Guerra do Açúcar* (São Paulo, 1983); Rubro Veio, *O Imaginário da Restauração Pernambucana* (Rio de Janeiro, 1986); F. Mauro, *Origens da Desigualdade entre os Povos de América* (São Paulo, 1986); Johannes M. Postma, *The Dutch in the Atlantic Slave Trade* (Cambridge, Engl., 1990); J. M. Campos, *A Restauração em Portugal e no Brasil* (Lisboa, 1962); V. Rau, "A Embaixada de Tristão de Mendonça Furtado e os Arquivos Holandeses", *Anais da Academia Portuguesa de História*, 8:93–160 (2ª ser., 1958); G. D. Winius, "India or Brazil: Priority for Imperial Survival During the Wars of the Restoration", *Journal of the American-Portuguese Cultural Society*, 1(4–5):34–42 (1967). Finalmente, A. Wiznitzer, *Jews in Colonial Brazil* (New York, 1960) merece menção.

11. PORTUGAL E O BRASIL: A REORGANIZAÇÃO DO IMPÉRIO, 1750–1808

Para uma abordagem geral do império português durante o período de 1750–1808, duas obras são fundamentais: C. R. Boxer, *The Portuguese Seaborne Empire, 1415–1815* (London, 1969), capítulos 6 e 7, e *The Golden Age of Brazil 1965–1750: Growing Pains of a Colonial Society* (Berkeley,

1962), capítulo final. Entre os livros úteis estão A. H. Oliveira Marques, *História de Portugal desde os Tempos mais Remotos até o Governo do Sr. Marcelo Caetano*, 3 vols. (Lisboa, 1972), vol. I, capítulos 8 e 9; Joaquim Veríssimo Serrão, *História de Portugal*, vol. 6: *O Despotismo Iluminado (1750–1807)* (Libos, 1982); Joel Serrão & A. H. Oliveira Marques (eds.), *A Nova História da Expansão Portuguesa*, vol. 8: *O Império Luso-brasileiro, 1750–1822* (ed. Maria Beatriz Nizza da Silva) (Lisboa, 1986); Jean-François Labourdette, *Le Portugal de 1780 à 1802* (Paris, 1985); e *História Geral da Civilização Brasileira*, ed. Sérgio Buarque de Holanda, vol. I: *A Época Colonial*, 2 tomos (São Paulo, 1960), e vol. II: *O Brasil Monárquico*, tomo I: *O Processo de Emancipação* (1962). Determinados estudos sobre reinados individuais, apesar das limitações de sua época e gênero, também merecem atenção: Simão José da Luz Soriano, *História do Reinado de El-Rei D. José e da Administração do Marquês de Pombal*, 2 vols. (Lisboa, 1867); João Lúcio de Azevedo, *O Marquês de Pombal e sua Época* (2. ed., Lisboa, 1922), um precoce estudo crítico; Alfredo Duarte Rodrigues, *O Marquês de Pombal e os seus Biógrafos* (Lisboa, 1947), que sumariza os trabalhos anteriores; Caetano Beirão, *Dona Maria I (1777–1792)* (4. ed., Lisboa, 1944), infelizmente ainda é a melhor obra sobre os anos pós-Pombal; e Angelo Pereira, *D. João VI Príncipe e Rei*, 4 vols. (Lisboa, 1953–1957), vol. I: *A Retirada da Família Real para o Brasil (1807)*. Mais recentemente, apareceram diversas obras excelentes baseadas em pesquisa de arquivos extremamente importante. Dauril Alden, *Royal Government in Colonial Brazil, with Special Reference to the Administration of the Marquis of Lavradio, Viceroy, 1769–1779* (Berkeley, 1968), está particularmente interessado na estrutura do poder real no Brasil na era Pombal e nas atividades de um administrador ilustrado, e, mais genericamente, na história econômica, militar e política das capitanias do Sul. Kenneth R. Maxwell, *Conflicts and Conspiracies: Brazil and Portugal 1750–1808* (Cambridge, Engl., 1973), dá uma nova contribuição ao estudo das tensões entre a metrópole e a colônia e dos primeiros movimentos rumo à independência do Brasil, notadamente em 1789. Fernando A. Novais, *Portugal e Brasil na Crise do Antigo Sistema Colonial (1777–1808)* (São Paulo, 1979) nos oferece uma importante investigação do colonialismo mercantilista e das políticas econômicas do governo português no final do século XVIII e começo do século XIX. Como o trabalho de Boxer, *Golden Age*, fazia com relação ao período precedente, essas três últimas análises penetrantes são uma linha divisória na historiografia do Brasil colonial.

Mais especificamente, sobre a redefinição territorial do Brasil, J. Cortesão, *Alexandre de Gusmão e o Tratado de Madrid (1750)*, 5 vols. (Rio de Janeiro, 1950–1963), fornece uma documentação extremamente rica sobre o Tratado de Madri, seus antecedentes e algumas de suas conseqüências, acompanhada de um comentário muitas vezes polêmico. Dauril Alden, *Royal Government*, já citado, pp. 59–275, faz uma análise extremamente lúcida e imparcial do mesmo tema, focalizando especialmente todas as negociações e operações militares desde o Tratado de Madri até o Tratado de San Ildefonso (1777) e depois. Sobre a ocupação, a defesa e a colonização da região do Amazonas e a política indígena do governo, Marcos Carneiro de Mendonça publicou os documentos fundamentais em *A Amazônia na Era Pombalina (Correspondência Inédita do Governador e Capitão General do Estado do Grão Pará e Maranhão, Francisco Xavier de Mendonça Furtado, 1751–1759*, 3 vols. (Rio de Janeiro, 1963); ver também João Lúcio de Azevedo, *Os Jesuítas no Grão Pará* (Lisboa, 1901), e "Política de Pombal Relativa ao Brasil", em *Novas Epanáforas: Estudos de História e Literatura* (Lisboa, 1932), pp. 7–62; mais recentemente, Manuel Nunes Dias, "Política Pombalina na Colonização da Amazônia 1755–1777", *Studia*, 23:7–32 (1968), juntamente com seu estudo exaustivo sobre um dos instrumentos da política de Pombal, a Companhia de Comércio do Grão-Pará e Maranhão (ver abaixo). Entre as obras de Arthur Cezar Ferreira Reis, ver especialmente *A Política de Portugal no Valle Amazônico* (Belém, 1940).

Sobre a reorganização das instituições políticas, falta um bom estudo de ordem geral. Essa é a principal lacuna na historiografia portuguesa e a única alternativa é recorrer às fontes. O melhor ensaio geral é o capítulo sobre a administração, a justiça e o exército em Caio Prado Júnior, *Formação do Brasil Contemporâneo: Colônia* (8. ed., São Paulo, 1965), traduzida por Suzette Macedo com o título de *The Colonial Background of Modern Brazil* (Berkeley, 1967). Ver também os trabalhos de Alden e Maxwell citados acima, e *História Administrativa do Brasil*, vol. 5: Hélio de Alcântara Avellar, *Administração Pombalina* (Brasília, 1983). Apesar de suas muitas omissões até agora no que se refere à descrição e análise das estruturas administrativas, o *Dicionário de História de Portugal* (ed. Joel Serrão), 4 vols. (Lisboa, 1961–1971), tem sua utilidade. Merecem menção também os artigos de Marcelo Caetano, "As Reformas Pombalinas e Pós-pombalinas Respeitantes ao Ultramar: O Novo Espírito em que são Concebidas", *História da Expansão Portuguesa no Mundo*, 3 vols. (Lisboa, 1940), vol. III, pp. 251–260, e José

Gonçalo de Santa Ritta, "Organização da Administração Ultramarina no Século XVIII", em *Congresso do Mundo Português* (Lisboa, 1940), vol. VIII, pp. 123–153.

Deve-se enfatizar a importância fundamental dos textos de leis e decretos, que foram bastante utilizados neste capítulo. Na ausência de uma edição completa, é necessário recorrer a compilações, como: *Collecção das Leys, Decretos e Alvarás que Comprehende o Feliz Reinado del Rey Fidelissimo D. José I Nosso Senhor, desde o Anno de 1750 até o de 1777*, 4 vols. (Lisboa, 1777), e Antônio Delgado da Silva, *Collecção da Legislação Portugueza desde a Última Compilação das Ordenações. Legislação de 1756 a 1820*, 6 vols. (Lisboa, 1830–1835). Ver também a obra de Hélio de Alcantara Avellar citada acima.

Sobre a reorganização da economia, além de consultar as fontes manuscritas, é indispensável recorrer a obras da época, entre as quais ver especialmente as seguintes: *Memorias Economicas da Academia Real das Sciencias de Lisboa para o Adiantamento da Agricultura, das Artes e da Industria em Portugal e suas Conquistas*, 5 vols. (Lisboa, 1789–1815; reimpr., 1989), analisado por Abílio Carlos d'Ascensão Diniz Silva, "La Formulation d'une politique de développement économique au Portugal à la fin du XVIIIe siècle" (Mémoire para o diploma em Sciences Économiques, Universidade de Paris I, 1969); *Obras Econômicas de J. J. da Cunha de Azevedo Coutinho (1794–1804)*, editadas por Sérgio Buarque de Holanda (São Paulo, 1966); Jacome Ratton, *Recordaçoens de* [...] *sobre Occurrencias do seu Tempo em Portugal* [...] *de Maio 1744 a Setembro de 1810* (London, 1813); os discursos, memorandos, relatórios e cartas de Dom Rodrigo de Souza Coutinho, publicados pelo Marquês de Funchal, *O Conde de Linhares, Dom Rodrigo Domingos Antonio de Souza Coutinho* (Lisboa, 1908), e por Marcos Carneiro de Mendonça, *O Intendente Câmara, Manoel Ferreira da Câmara Bethencourt e Sá, Intendente Geral das Minas e dos Diamantes, 1764–1835* (Rio de Janeiro, 1933); Adrien Balbi, *Essai statistique sur le Royaume de Portugal et d'Algarve*, 2 vols. (Paris, 1822); José Accursio das Neves, *Noções Historicas, Economicas e Administrativas sobre a Produção e Manufactura das Sedas em Portugal* [...] (Lisboa, 1827), e *Variedades sobre Objetos Relativos às Artes, Commercio e Manufacturas*, 2 vols. (Lisboa, 1814–1817).

Entre os estudos sobre história econômica que datam da primeira metade do século XX, não devem ser esquecidos dois clássicos: João Lúcio de Azevedo, *Épocas de Portugal Económico* (2. ed., Lisboa, 1973), e Roberto C. Simonsen, *História Econômica do Brasil 1500–1820* (6. ed., São Paulo, 1969).

Entre trabalhos recentes que abordam o período inteiro, dois estudos muito bem documentados deram uma contribuição fundamental: a obra pioneira de história quantitativa, Vitorino Magalhães Godinho, *Prix et monnaies au Portugal 1750–1850* (Paris, 1955), e Kenneth R. Maxwell, *Conflicts and Conspiracies* (citado acima).

Além desses, devemos recorrer a obras que tratam de temas específicos e períodos particulares, entre os quais a era Pombal é claramente o período mais estudado, notavelmente por Jorge Borges de Macedo, *A Situação Econômica no Tempo de Pombal* (1951; 2. ed., Lisboa, 1982), um trabalho sugestivo e bem documentado,, e pelo Visconde de Carnaxide, *O Brasil na Administração Pombalina (Economia e Política Externa)* (São Paulo, 1940), um estudo controverso. Ver também J. Borges de Macedo, "Portugal e a Economia 'Pombalina'. Temas e Hipóteses", *Revista de História,* 19:81–99 (São Paulo, 1954). Sobre o sistema de frotas, ver V. Magalhães Godinho, "Portugal, as Frotas do Açúcar e as Frotas do Ouro 1670–1770", *Ensaios,* 2 (Lisboa, 1968), pp. 293–315 (original em francês em *AESC* (1950), pp. 184–197). Ver também Eulália Maria Lahmeyer Lobo, "As Frotas do Brasil", *JGSWGL,* 4:465–488 (1967); Albert-Alain Bourdon, "Le Marquis de Pombal et la réorganisation des flottes de commerce entre le Portugal et le Brésil (1753–1766)", Universidade de Lisboa, *Revista da Faculdade de Letras,* 6:182–197 (3ª ser., 1962); e especialmente Virgílio Noya Pinto, *O Ouro Brasileiro e o Comércio Anglo-português (Uma Contribuição aos Estudos de Economia Atlântica no Século XVIII)* (São Paulo, 1979). Sobre o período pós-pombalino, há agora o trabalho de Fernando A. Novais, *Portugal e Brasil* (citado acima), bem como o de José Jobson de A. Arruda, *O Brasil no Comércio Colonial* (São Paulo, 1980), uma análise detalhada das balanças comerciais dos últimos anos desse período.

Sobre os monopólios e as companhias comerciais, além dos estudos exaustivos de Manuel Nunes Dias, *Fomento e Mercantilismo: A Companhia Geral de Comércio do Grão Pará e Maranhão (1755–1778)* (São Paulo, 1971), e José Ribeiro Júnior, *Colonização e Monopólio no Nordeste Brasileiro: A Companhia Geral de Pernambuco e Paraíba (1759–1780)* (São Paulo, 1976), ver o artigo de Jorge Borges de Macedo, "Companhias comerciais", em *Dicionário de História de Portugal,* vol. I, pp. 637–644, que fornece tanto uma síntese quanto uma boa bibliografia, e dois estudos penetrantes de Myriam Ellis: *O Monopólio do Sal nos Estados do Brasil (1631–1801)* (São Paulo, 1955) e *A Baleia no Brasil Colonial* (São Paulo, 1969). Sobre o tráfico de escravos, consultar os trabalhos citados no ensaio bibliográfico do cap. 10 deste volume e, mais particularmente para o final do século XVIII, Antônio Carreira, *As Companhias Pombalinas de Grão-Pará e Maranhão e Pernambuco e Paraíba* (2. ed., Lisboa, 1983).

Sobre a política industrial, Jorge Borges de Macedo, *Problemas de História da Indústria Portuguesa no Século XVIII* (1963; 2. ed., Lisboa, 1982), e a análise de Fernando A. Novais, "A Proibição das Manufacturas no Brasil e a Política Econômica Portuguesa do Fim do Século XVIII", *Revista de História,* 33(67):145–166 (São Paulo, 1966). Sobre a política de desenvolvimento de produtos tradicionais e de novos produtos coloniais, ver *História da América Latina,* vol. II, ensaio bibliográfico do cap. 12.

O comércio internacional de Portugal, nomeadamente com a Inglaterra, foi tema de diversas boas análises, como a de H. E. S. Fisher, *The Portugal Trade: A Study of Anglo-Portuguese Commerce, 1700–1770* (London, 1971), cujas estatísticas podem ser complementadas, para os anos de 1770–1808, com as de E. B. Schumpeter, *English Overseas Trade Statistics (1697–1808)* (Oxford, 1962), pp. 17–18; ver também Sandro Sideri, *Trade and Power: Informal Colonialism in Anglo-Portuguese Relations* (Rotterdam, 1970); o estudo mais recente de Virgílio Noya Pinto, *O Ouro Brasileiro e o Comércio Anglo-português* (citado acima); e François Crouzet, "Angleterre-Brésil, 1697–1850: Un siècle et demi d'échanges commerciaux", em *Histoire, Economie, Société* 9(2):287-317 (Paris, 1990). Para referência, José de Almada, *A Aliança Inglesa: Subsídios para o seu Estudo,* 2 vols. (Lisboa, 1946). As conseqüências de curto e longo prazo do famoso Tratado de Methuen foram objeto de violenta controvérsia. Ver o sólido estudo de A. D. Francis, *The Methuens and Portugal, 1691–1708* (Cambridge, 1966), e a investigação de Jorge Borges de Macedo, "Methuen", em *Dicionário de História de Portugal,* vol. III, pp. 49–55. Sobre o comércio franco-português, que foi estudado menos intensamente, Vitorino Magalhães Godinho, *Prix et monnaies* (citado acima), pp. 321–371, e Frédéric Mauro, "L'Empire portugais et le commerce franco-portugais au milieu du XVIIIe siècle", em seus *Études économiques sur l'expansion portugaise* (Paris, 1970), pp. 81–95. A mais recente análise sobre esse tema é Jean-François Labourdette, *La Nation française à Lisbonne de 1669 à 1790: Entre colbertisme et libéralisme* (Paris, 1988). Sobre o final do período, Jorge Borges de Macedo, *O Bloqueio Continental: Economia e Guerra Peninsular* (Lisboa, 1962).

No que se refere à história quantitativa, além da obra de Magalhães Godinho, de Novais e de Arruda, há três textos de conferências publicados em Centre National de la Recherche Scientifique, *L'Histoire quantitative du Brésil de 1800 à 1930* (Paris, 1973): Fernando A. Novais, "Notas para o Estudo do Brasil no Comércio Internacional do Fim do Século XVIII e Início do Século XX (1796–1808)", pp. 59–75, Harold B. Johnson Jr., "Money and Prices in Rio de Janeiro (1760–1820)", pp. 39–57, e Kátia M. de Queirós Mattoso, "Os Preços na Bahia de 1750 a 1930", pp. 167–182. Queirós Mattoso também escreveu "Conjoncture et société au Brésil à la fin du XVIIIe siècle", *Cahiers des Amériques Latines*, 5:33–53 (1970), enquanto Johnson também é autor de "A Preliminary Enquiry into Money, Prices and Wages 1763–1823", em *The Colonial Roots of Modern Brazil*, editada por Dauril Alden (Berkeley, 1972).

Sobre Pombal, a maioria das obras já mencionadas têm algo a dizer. Ver também Francisco José Calazans Falcon, *A Época Pombalina (Política Econômica e Monarquia Ilustrada)* (São Paulo, 1982). Uma série de valiosas publicações apareceu por ocasião do aniversário dos duzentos anos da morte de Pombal, em 1982, especialmente: *O Marquês de Pombal e o seu Tempo*, Instituto de História e Teoria das Idéias da Faculdade de Letras de Coimbra (*Revista de História das Idéias*, IV, 1982); *Como Interpretar Pombal? No Bicentenário da sua Morte* (Lisboa, 1983); e Joaquim Veríssimo Serrão, *O Marquês de Pombal: O Homem, o Diplomata e o Estadista* (Lisboa, 1982).

12. A IGREJA CATÓLICA NA AMÉRICA ESPANHOLA COLONIAL

A historiografia da Igreja na América espanhola colonial acha-se em estado muito mais primitivo que a historiografia da América espanhola colonial em geral. Somente nos últimos anos ela emergiu de parte de seu atraso acumulado, prometendo um futuro melhor.

Um série de histórias gerais da Igreja no mundo inteiro incluem capítulos, mais ou menos abrangentes, dedicados à América Latina: os volumes XVI a XIX da *Histoire de l'Église depuis les origines jusqu'à nos jours* (Paris, 1948–1960), editada por Augustin Fliche e outros; os volumes V a VIII de Hubert Jedin, *Manual de Historia de la Iglesia* (Barcelona, 1974–1978); o volume III de *The Christian Centuries: A New History of the Catholic Church*, editada por Louis-Jacques Rogier, R. Aubert & M. D. Knowles (London, 1964–); e os volumes III e IV da *Historia de la Iglesia Católica* (Madrid, 1954–1963), de Bernardino Llorca, Ricardo García Villoslada & Francisco Javier Montalbán. Ver também vols. II, III e IV de Simon Delacroix, *Histoire universelle des missions catholiques* (Paris, 1956–1959). Do ponto de vista protestante podemos citar K. S. Latourette, *A History of the Expansion of Christianity* (New York e London, 1938–1953).

Uma série de trabalhos se limitam especificamente à América Latina: Leandro Tormo Sanz, *Historia de la Iglesia en América Latina*, vols. I e III (Madrid, 1962–1963), A. Ybot León, *La Iglesia y los Eclesiásticos en la Empresa de Indias*, 2 vols. (Barcelona, 1954–1963), e León Lopétegui, Félix Zubillaga & Antonio de Egaña, *Historia de la Iglesia en la América Española desde el Descubrimiento hasta Comienzos del Siglo XIX*, 2 vols. (Madrid, 1965–1966) restringem-se ao período colonial, embora em alguns casos se estendam até cobrir o período das Guerras de Independência. Por seu lado, Richard Patee, *El Catolicismo Contemporáneo Hispanoamericano* (Buenos Aires, 1951), oferece-nos o período cronológico mais extenso. Enrique D. Dussel, *Hipótesis para una Historia de la Iglesia en América Latina* (Barcelona, 1967) que foi transformada — e ampliada — na *Historia de la Iglesia en América Latina* (Barcelona, 1972), mostra uma marcada preferência pelo século XX. C. R. Boxer, *The Church Militant and Iberian Expansion, 1440–1770* (Baltimore, 1978), trata seletivamente de uma série de problemas históricos e inclui a Ásia e a África bem como a América Latina. Hans Jürgen Prien, *Die Geschichte des Christentums in Lateinamerika* (Göttingen, 1978), é a única obra que pode ser considerada totalmente abrangente. No entanto, merece menção o ambicioso projeto que a Comisión de Estudios de Historia de la Iglesia en América Latina vem pondo em prática desde 1973: a publicação simultaneamente em espanhol (Salamanca), em português (Petrópolis) e em inglês (New York), de 11 volumes de *Historia General de la Iglesia en América Latina*, tendo E. D. Dussel como editor geral. Existem alguns excelentes ensaios sobre a evangelização e a influência eclesiástica sobre a vida no período colonial em *Iglesia, Religión y Sociedad en la Historia Latinoamericana (1492-1945)*, 2 vols. (Szeged, 1989). Ainda valiosa enquanto exame das relações entre o Estado e a Igreja é William Eugene Shiels, *King and Church: The Rise and Fall of the Patronato Real* (Chicago, 1961). Uma recente síntese compacta é Ismael Sánchez Bella, *Iglesia y Estado en la América Española* (Pamplona, 1990). Arnold J. Bauer (comp.), *La Iglesia en la Economía de América Latina, Siglos XVI al XIX* (México, D.F., 1986) é uma coleção de amplitude mundial de artigos publicados anteriormente, juntamente com uma introdução substancial do compilador e alguns novos ensaios. A história eclesiástica da América Latina carece de um trabalho bibliográfico básico de referência e de um periódico histórico.

Há uma série de estudos dedicados à história da Igreja, em países específicos, mas infelizmente são variáveis em âmbito e em fontes de informação. Entre eles sobressaem Mariano Cuevas, *Historia de la Iglesia en México*, 5 vols. (El Paso, Tex., 1921–1928); Rubén Vargas Ugarte, *Historia de la Iglesia en el Perú*, 5 vols. (Lima e Burgos, 1953–1962); Emilio Lisson Chaves (ed.), *La Iglesia de España en el Perú: Colección de Documentos para la Historia de la Iglesia en el Perú*, 5 vols. (Sevilla, 1943); Cayetano Bruno, *Historia de la Iglesia en la Argentina*, 8 vols. (Buenos Aires, 1966–1971); C. Jilva Cotapos, *Historia Eclesiástica de Chile* (Santiago de Chile, 1925); e José María Vargas, *Historia de la Iglesia en el Ecuador durante el Patronato Español* (Quito, 1962); e os volumes apropriados sobre a *Historia Eclesiástica* em *Historia Extensa de Colombia*, editada por Juan Manuel Pacheco C.

Existem também histórias das ordens religiosas que atuavam nas colônias espanholas na América. Aqui, também, a qualidade historiográfica é extremamente desigual, indo, de um lado, de trabalhos críticos impecáveis, como as séries mexicana, peruana e brasileira dos *Monumenta Historica Societatis Jesu*, até, de outro, à literatura de edificação e apologias. Sobressaem M. I. Pérez Alonso, *La Compañía de Jesús en México: Cuatro Siglos de Labor Cultural, 1572–1972* (México, D.F., 1975); Serafim Leite, *História da Companhia de Jesus no Brasil*, 10 vols. (Rio de Janeiro e Lisboa, 1938–1950); Juan Manuel Pacheco, *Los Jesuitas en Colombia*, 2 vols. (Bogotá, 1959–1962); Alberto E. Arizas, *Los Dominicos en Venezuela* (Bogotá, 1971); Avencio Villarejo, *Los Agustinos en el Perú, 1548–1965* (Lima, 1965); Andrés Millé, *La Orden de la Merced en la Conquista del Perú, Chile y Tucumán, 1218–1804* (Buenos Aires, 1958); E. de Palacio & J. Brunet, *Los Mercedarios en Bolivia* (La Paz, 1976).

Por razões facilmente compreensíveis, a evangelização tornou-se um tema extremamente atraente. Robert Ricard, *La Conquête spirituelle du Mexique: Essai sur l'apostolat et les méthodes missionaires des Ordres Mendiants en Nouvelle Éspagne, de 1523 à 1572* (Paris, 1933), publicado em inglês com o título de *The Spiritual Conquest of Mexico: An Essay on the Apostolate and the Evangelizing Methods of the Mendicant Orders of New Spain: 1523–1572* (Berkeley, 1966), inaugurou um vasto campo de pesquisa em relação à transferência do cristianismo da Europa para a América. Um aspecto do fenômeno foi investigado por John Leddy Phelan, *The Millennial*

Kingdom of the Franciscans in the New World (Berkeley, 1956). Muitas das conclusões de Ricard foram, no entanto, contestadas ou elaboradas. Ver, por exemplo, J. Jorge Klor de Alva, "Spiritual Conflict and Accomodation in New Spain: Toward a Typology of Aztec Responses to Christianity", em *The Inca and Aztec States 1400–1800: Anthropology and History,* editado por G. A. Collier, R. I. Rosaldo & J. D. Wirth (New York, 1982), pp. 345–366. Também apresentam interesse no tocante a esse período missionário inicial em Nova Espanha o trabalho curto mas importante de Miguel León-Portilla, *Los Franciscanos Vistos por el Hombre Náhuatl: Testimonios Indígenas del Siglo XVI* (México, D.F., 1985); José Catalá & Jaime Vilchis Reyes, "Apocalíptica Española y Empresa Misional en los Primeros Franciscanos en México", *Revista de Indias,* 45(176):421–447 (1985), um excelente refinamento da obra mais antiga de Marcel Bataillon e John Leddy Phellan; uma coletânea de 33 ensaios apresentados, em 1985, numa conferência realizada em La Rábida, Espanha, com o título de *Congreso Internacional sobre Franciscanos en el Nuevo Mundo* (Madrid, 1985) e uma edição fac-similar da correspondência de Motolinía, *Epistolario, 1526–1555,* editado por Javier O. Aragón (México, D.F., 1986); a excelente tradução e revisão, feitas por Mauricio J. Mixco, do estudo clássico de 1952 de Nicolau d'Olwer, *Fray Bernardino de Sahagún, 1499–1590* (Salt Lake City, 1987 e, sobre o mesmo tema, um conjunto de ensaios estimulantes em J. Jorge Klor de Alva, H. B. Nicholson & Eloise Quiñones (eds.), *The Work of Bernardino de Sahagún: Pioneer Ethnographer of Sixteenth-Century Aztec Mexico* (Austin, Tex., 1988). Igualmente importantes são um novo fac-símile de um manual de confissão náhuatl-espanhol, com um ensaio introdutório valioso de Roberto Moreno: Alonso de Molina, *Confesionario Mayor en la Lengua Mexicana y Castellana* (México, D.F., 1984) e, de modo mais geral, a extensa edição de textos de catecismo e estudos, feita por Juan Guillermo Durán (ed.), *Monumenta Catechetica Hispanoamericana (Siglos XVI–XVIII)* (Buenos Aires, 1984).

Sobre a história religiosa nos Andes, ver Fernando de Armas Medina, *La Cristianización del Peru, 1532–1600* (Sevilla, 1953), no qual são dadas muitas informações importantes sobre a prática e a organização eclesiásticas. Johann Specker, *Die Missionsmethode in Spanisch-Amerika im 16. Jahrhundert mit besonderer Berücksichtigung der Konzilien und Synoden* (Schöneck-Beckenried, 1953), empreende a sistematização dos primeiros decretos conciliares latino-americanos. Ver também Pedro Borges, *Métodos*

Misionales en la Cristianización de América (Madrid, 1960). Constantino Bayle, *El Clero Secular y la Evangelización de América* (Madrid, 1950), e E. D. Dussel, *El Episcopado Hispano Americano, Defensor y Evangelizador del Indio, 1504–1620*, 9 vols. (Cuernavaca, 1964–1971), e num único volume *Les Évêques hispano-americains, defenseurs et évangelisateurs de l'indien 1503–1620* (Wiesbaden, 1970).

Sobre Bartolomé de Las Casas e a importância religiosa, teológica e cultural das controvérsias que envolvem sua vida, ver os trabalhos citados no ensaio bibliográfico do cap. 7 desde volume.

É imensa a bibliografia disponível sobre as reduções jesuítas, refletindo uma velhíssima polêmica. Ver, por exemplo, o estudo pioneiro de Magnus Mörner, *The Political and Economic Activities of the Jesuits in the La Plata Region: The Habsburg Era* (Stockholm, 1953), Bartomeu Melía, *La Création d'un langage chrétien dans les reductions des Guarani au Paraguay* (Strasbourg, 1969), e, entre os artigos de Melía, "Las Reducciones Jesuíticas del Paraguay: Un Espacio para una Utopia Colonial", *Estudios Paraguayos*, 6:157–168 (1978). Louis Necker, *Indiens Guaranis et chamanes franciscaines: Les premières réductions du Paraguay, 1580–1800* (Paris, 1979), avaliou a continuidade entre os esforços missionários dos franciscanos e a aplicação geral de seu método pelos jesuítas. Importante obra sobre a região Mojos dominada pelos jesuítas (atual Beni no leste da Bolívia) inclui uma segunda edição do estudo de 1944 de José Chávez Suárez, *Historia Boliviana*, 4(2):135–166 (1984), e a síntese de David Block, "La Visión Jesuítica de los Pueblos Autóctonos de Mojos, 1667–1700", *Historia Boliviana* 6(1-2):73–88 (1986). Para um sumário da vasta pesquisa sobre as missões guaranis, ver Branislava Susnik, "La Cultura Indígena y su Organización Social dentro de las Misiones Jesuíticas", *Suplemento Antropológico*, 19(2): 7–17 (1984).

O recente interesse pela exploração etno-histórica produziu algum efeito sobre a imagem que podemos perceber da aculturação religiosa da população indígena. Pierre Duviols, *La Lutte contre les religions autochtones dans le Pérou colonial: L'extirpation de l'idolatrie entre 1532 et 1660* (Lima e Paris, 1971), traduzido para o espanhol com o título de *La Destrucción de las Religiones Andinas* (México, D.F., 1977), continua sendo um ponto de partida fundamental para o estudo dos esforços da Igreja limenha de extirpar a idolatria no curso do século XVI e primeira metade do século XVII. Nathan Wachtel, *La Vision des vaincus: Les indiens du Pérou devant la conquête espagnole* (Paris, 1971), traduzido para o inglês, *The Vision of the Vanquished: The Spanish Conquest of Peru through Indian Eyes, 1530–1570* (Hassocks, Sussex, 1977), e Jacques Lafaye, *Quetzalcoatl et Guadalupe* (Paris, 1974), traduzido para o inglês, *Quetzalcóatl and Guadeloupe* (Chicago, 1977), foram igualmente importantes para inaugurar o estudo dos complexos efeitos da evangelização desigual e da sobrevivência dos sistemas de crença indígenas.

Além da enorme e sempre crescente bibliografia sobre o México, deve ser dada especial atenção a Inga Clendinnen, *Ambivalent Conquests: Maya and Spaniard in Yucatán, 1517–1570* (Cambridge, Engl., 1987). Também merece menção o desafiador estudo das antigas fontes doutrinais no México, de autoria de Louise M. Burkhart, *The Slippery Earth: Nahua-Christian Moral Dialogue* (Tucson, Ariz., 1989). Para uma nova edição inglesa de importante fonte primária sobre um período ligeiramente posterior, ver J. R. Andrews & R. Hassig (trads. e eds.), *The Treatise of Ruiz de Alarcón (1629)* (Austin, Tex., 1984), obra considerada um manual para confessores de índios e extirpadores de idolatria. Serge Gruzinski, *La Colonisation de l'imaginaire: Sociétés indigènes et occidentalisation dans le Mexique espagnol, XVIe–XVIIIe siècle* (Paris, 1988) está disponível em inglês com o título de *The Conquest of Mexico* (Cambridge, Engl., 1993). Os primeiros quatro capítulos do mesmo autor, *Man-Gods in the Mexican Highlands: Indian Power and Colonial Society, 1520–1800* (Stanford, Cal., 1989) explora quatro extraordinários estudos de caso dos índios coloniais. Sobre a Mesoamérica, Nancy M. Farriss, *Maya Society under Colonial Rule: The Collective Enterprise of Survival* (Princeton, N.J., 1984), forneceu um retrato poderoso do mundo indígena no período colonial. Outrossim, uma tradução de Fr. Andrés de Avendaño y Loyola, *Relation of Two Trips to Petén: Made for the Conversion of the Heathen Ytzaex and Cehaches* (Culver City, Cal., 1987), foi preparada por Charles P. Bowditch & Guillermo Rivera.

Em relação à América do Sul, a maioria das melhores obras mais recentes focalizaram os Andes peruanos e bolivianos. Existe uma série de edições acadêmicas de uma das fontes mais importantes sobre a religião andina colonial: em espanhol, ver Gérald Taylor (ed. e trad.), *Ritos y Tradiciones de Huarochirí: Manuscrito Quechua de Comienzos del Siglo XVII* (Lima, 1987), que inclui um importante estudo biográfico do mais famoso extirpador de idolatria, Francisco de Ávila, por Antonio Acosta; uma versão inglesa foi preparada por Frank Salomon & George L. Urioste (eds. e trads.), *The*

Huarochirí Manuscript: A Testament of Ancient and Colonial Andean Religion (Austin, Tex., 1991). Esta edição traz um ensaio introdutório informativo escrito por Salomon. Luis Millones coligiu uma série de documentos e estudos importantes sobre o ainda fascinante movimento Taqui Ongo da década de 1560, *El Retorno de las Huacas: Estudios y Documentos sobre el Taki Onqoy, Siglo XVI* (Lima, 1990). Duas discussões provocantes, e muito diferentes, dos temas religiosos peruanos do século XVI são Sabine MacCormack, " 'The Heart Has Its Reasons': Predicaments of Missionary Christianity in Early Colonial Peru", *HAHR*, 65(3):443–466 (1985), e Carlos Sempat Assadourian, "Las Rentas Reales, el Buen Gobierno y la Hacienda de Dios: El Parecer de 1568 de Fray Francisco de Morales sobre la Reformación de las Indias Temporal y Espiritual", *Histórica*, 9(1):75–130 (1985). Ver também o último estudo de Sabine MacCormack, *Religion in the Andes: Vision and Imagination in Early Colonial Peru* (Princeton, N.J., 1991). Sobre as fascinantes questões que ele coloca, ver a obra sobre as primeiras construções de igrejas e sobre as vilas, de autoria de Valerie Fraser, *The Architecture of Conquest: Building in the Viceroyalty of Peru, 1535–1635* (Cambridge, Engl., 1990). O estudo de Norman Meiklejohn, *La Iglesia y los Lupaqas durante la Colonia* (Cuzco, 1988) concentra-se sobre os efeitos da primeira evangelização colonial entre os falantes do aimará na margem norte do lago Titicaca. Outra importante coletânea para os estudiosos da história religiosa do Peru é um extrordinário grupo de julgamentos por idolatria do século XVII compilados por Pierre Duviols (ed.), *Cultura Andina y Represión: Procesos y Visitas de Idolatrías y Hechicerías, Cajatambo, siglo XVII* (Cuzco, 1986). Para um ensaio de resenha crítica que contesta a interpretação interpretativa de Duviols, ver Antonio Acosta, "La Extirpación de las Idolatrías en el Perú: Origen y Desarrollo de las Compañas; a Propósito de *Cultura Andina y Represión*", *Revista Andina*, 5(1):171–195 (1987).

Sobre a Inquisição, Henry Kamen, *Inquisition and Society in Spain in the Sixteenth and Seventeenth Centuries* (London, 1985), é um estudo de caráter geral mais recente, embora ainda se possa aprender muito com Henry Charles Lea, *A History of the Inquisition in Spain*, 4 vols. (New York, 1906–1907) e *The Inquisition in the Spanish Dependencies* (New York, 1908). Outra obra é Mary Elizabeth Perry & Anne J. Cruz (eds.), *Cultural Encounters: The Impact of the Inquisition in Spain and the New World* (Berkeley, 1991). Richard E. Greenleaf examina a Inquisição mexicana em

Zumárraga and the Mexican Inquisition 1536–1543 (Washington, D.C., 1961), e *The Mexican Inquisition in the Sixteenth Century* (Albuquerque, N. Mex., 1969). Para o período seguinte, ver Solange Alberro, *Inquisition et société au Mexique, 1571–1700* (México, D.F., 1988). Sobre o Peru, o estudo clássico é José Toribio Medina, *Historia del Tribunal del Santo Oficio de la Inquisición de Lima (1569–1820)* (Santiago de Chile, 1887).

Sobre o *Patronato Real* e sua fonte, as bulas papais de doação, devemos considerar clássicas as obras, por exemplo, de Manuel Giménez Fernández, *Nuevas Consideraciones sobre la Historia, Sentido y Valor de las Bulas Alejandrinas de 1943 Referentes a las Indias* (Sevilla, 1943), e de Alfonso García Gallo, "Las Bulas de Alejandro VI y el Ordenamiento Jurídico de la Expansión Portuguesa y Castellana en África e Indias", *Anuario de Historia del Derecho Español*, vols. 27 e 28 (1957–1958). Ver também os importantes estudos de Pedro de Leturia, reunidos no vol. 1 de suas *Relaciones entre la Santa Sede y Hispanoamerica*, 3 vols. (Roma e Caracas, 1959), e o trabalho de seu discípulo, Antonio de Egaña, *La Teoría del Regio Vicariato Español de Indias* (Roma, 1958), para o século XVII, e também, com relação aos desenvolvimentos regalistas e galicanos no século XVIII, Alberto de La Hera, *El Regalismo Borbónico* (Madrid, 1963).

Um estudo completo da estrutura da Igreja antiga e dos padrões de carreira do clero nos primeiros tempos do México colonial é John Frederick Schwaller, *The Church and Clergy in Sixteenth-Century Mexico* (Albuquerque, N. Mex., 1987), enquanto sobre a riqueza da Igreja ver do mesmo autor, *Origins of Church Wealth in Mexico: Ecclesiastical Revenues and Church Finances, 1523–1600* (Albuquerque, N. Mex., 1985) e, a partir de ângulo diferente, Victoria Hennessey Cummins, "Imperial Policy and Church Income: The Sixteenth-Sentury Mexican Church", *TA*, 63(1):87–103 (1986). Uma contribuição importante é a magistral biografia de autoria de Stafford Poole, *Pedro Moya de Contreras: Catholic Reform and Royal Power in New Spainb, 1571–1591* (Berkeley, 1987). Uma importante monografia sobre a Igreja no fim do período colonial no México, e especialmente sobre o ataque pela coroa ao *fuero eclesiastico*, é Nancy M. Farriss, *Crown and Clergy in Colonial Mexico 1759–1821: The Crisis of Ecclesiastical Privilege* (London, 1968). A obra importante mais recente sobre as regiões da América Central, além do estudo de Clendinnen e de outros citados acima, inclui o livro bem documentado sobre a fundação e composição das paróquias, de Adriaan C. van Oss, *Catholic Colonialism: A Parish History of*

Guatemala, 1524–1821 (Cambridge, Engl., 1986); as três primeiras décadas de atividades missionárias na Guatemala são focalizadas por Antonio G. Aguirre, *Francisco Marroquín y Bartolomé de Las Casas: Heraldos de Cristo en Guatemala, 3 Junio 1530 a 18 Abril 1563* (Cidade da Guatemala, 1983); e José Zaporta Pallarés, *Vida Eclesial en Guatemala, a Fines del Siglo XVII, 1683–1701* (Cidade da Guatemala, 1983), um relato da vida religiosa do século XVII do ponto de vista de um bispo mercedário de Guatemala, Andrés de las Navas y Quevedo (1683–1701).

Finalmente, algumas investigações interessantes sobre a Igreja e sua influência sobre a sociedade são uma coletânea de nove ensaios reunidos por Asunción Lavrin (ed.), *Sexuality and Marriage in Colonial Latin America* (Lincoln, Nebr., 1989); Patricia Seed, *To Love, Honor and Obey in Colonial Mexico: Conflicts over Marriage Choice, 1574–1821* (Stanford, Cal., 1988); e, pelo que esclarece acerca dos vínculos familiais e matrimoniais no mundo hispânico antes do Concílio de Trento, Alexandrina Parma Cook & Noble David Cook, *Good Faith and Truthful Ignorance: A Case of Transatlantic Bigamy* (Durham, N.C., 1991).

13. A IGREJA CATÓLICA NO BRASIL COLONIAL

Dois volumes da *História da Igreja no Brasil* (Petrópolis, 1977 e 1980) já foram publicados. O primeiro contém dois estudos sobre o período colonial: E. Hoornaert, "A Evangelização e a Cristandade durante o Primeiro Período Colonial", e R. Azzi, "A Instituição Eclesiástica durante o Primeiro Período Colonial". São igualmente importantes as relevantes seções do estudo amplo e bem documentados de Hans-Jürgen Prien, *Die Geschichte des Christentums in Lateinamerika* (Göttingen, 1978).

Certas fontes são especialmente importantes para a compreensão dos temas básicos da Igreja no Brasil entre 1500 e 1800. Claude d'Abbeville, *Histoire de la mission des Pères Capucins de l'Ile de Maragnon et terres circonvoisines* (Paris, 1614; Rio de Janeiro, 1975); João Daniel, "Tesouro Descoberto do Máximo Rio Amazonas, 1757–1776", *ABNRJ*, 2 vols. (Rio de Janeiro, 1976); Miguel Garcia, "Carta ao Pe. Geral Aquiviva, da Bahia: Sobre Graus e Ressaibos da Universidade do Colégio da Bahia: Sobre a Liberdade dos Índios, de que era Defensor, Tornando-se-lhe Intoleráveis as Confissões dos Moradores, 1583", excertos em Serafim Leite, *História da Companhia de Jesus no Brasil*, 10 vols. (Rio de Janeiro, 1938–1950), vol. I, p. 98; vol. II, pp.

227, 440; Gonçalo Leite, "Carta ao Pe. Geral contra os Homicidas e Roubadores da Liberdade dos Índios do Brasil" (Lisboa, 1586), excertos em *História da Companhia de Jesus no Brasil*, vol. II, p. 229; Martin de Nantes, "Relation succinte de la mission du père Martin de Nantes, predicateur capucin, missionaire apostolique dans le Brésil, parmi les indiens appellés Cariris" (Quimper, 1705; Rio de Janeiro, 1979); Manuel da Nóbrega, "Diálogo sobre a Conversão do Gentio, 1556–1557", em Serafim Leite, *Monumenta Brasiliae*, 4 vols. (Roma, 1956–1960), vol. II, pp. 317–344; Dom Sebastião Monteiro da Vide, "Constituições Primeiras do Arcebispado da Bahia, Propostas e Aceitas em o Sinodo Diocesano que o Dito Senhor Celebrou em 12 de Junho de 1707" (Lisboa, 1719; Coimbra, 1720; São Paulo, 1853); Antônio Vieira, "Informação que por Ordem do Conselho Ultramarino Deu sobre as Coisas do Maranhão ao Mesmo Conselho o Padre António Vieira" (Lisboa, 1678), *RIHGB*, 72(1):72 (1910); "Regulamento das Aldeias do Pará e Maranhão ou 'Visita' do P. António Vieira", em *História da Companhia de Jesus no Brasil*, vol. IV, pp. 106–124. Um guia útil é J.C. de Macedo Soares, "Fontes da História da Igreja Católica no Brasil", *RIHGB*, 220: 7-338 (1952).

Com relação ao processo de evangelização, o movimento missionário jesuíta foi registrado por Serafim Leite na *História da Companhia de Jesus no Brasil* e nos *Monumenta Brasiliae* já citados. Sobre as atividades missionárias de outras ordens religiosas, temos apenas estudos parciais. Sobre os franciscanos, podemos citar V. Willeke, *Missões Franciscanas no Brasil* (Petrópolis, 1974); sobre os carmelitas, A. Prat, *Notas Históricas sobre as Missões Carmelitas* (Recife, 1940), e M. M. Wermers, "O Estabelecimento das Missões Carmelitanas no Rio Negro e no Solimões 1695–1711", em *V Colóquio Internacional de Estudos Luso-brasileiros* (Coimbra, 1965); sobre os capuchinhos, M. Nembro, *Storia dell'attivitá missionária dei Minori Cappuccini nel Brasile, 1538–1889* (Institutum Historicum Ordinis Fratrum Minorum Cappuccinorum, Roma, 1958)e P. V. Regni, *Os Capuchinhos na Bahia*, 3 vols., (Salvador, 1988); sobre os beneditinos, J. G. de Luna, *Os Monges Beneditinos no Brasil* (Rio de Janeiro, 1974); sobre os oratorianos, A. Rupert, "A Ação Missionária do Oratório no Brasil e a Propaganda", em *S. C. De Propaganda Fide Memoria Rerum, 1622–1972* (Roma, 1972), vol. II, pp. 1 121–1 130. Um importante estudo de caráter geral é J. O. Beozzo, *Leis e Regimentos das Missões* (São Paulo, 1983). Sobre a expulsão dos jesuítas, além da obra de Serafim Leite, ver D. Alden, "Economic Aspects of the

Expulsion of the Jesuits from Brazil: A Preliminary Report", em *Conflict and Continuity in Brazilian Society*, editado por Henry H. Keith & S. F. Edwards (Columbia, S. C., 1969), pp. 25–65.

O *Padroado* foi estudado por Charles M. de Witte, "Les bulles pontificales et l'expansion portugaise au XVe siècle", *Revue d'Histoire Ecclésiastique*, 48:683–718 (1953). Um bom exame do efeito do *Padroado* sobre as finanças das igrejas é O. de Oliveira, *Os Dízimos Eclesiásticos do Brasil nos Períodos da Colônia e do Império* (Belo Horizonte, 1964). No entanto, o melhor estudo ainda é a famosa "Introdução" do livro de Cândido Mendes de Almeida, *Direito Civil Eclesiástico Brasileiro* (Rio de Janeiro, 1860–1873).

Sobre a questão dos cristãos-novos, ver, com relação a Portugal, A. Saraiva, *Inquisição e Cristãos-novos* (Porto, 1969) e, com relação ao Brasil, A. Novinsky, *Cristãos-novos na Bahia* (São Paulo, 1972). Um estudo escrito no início do século mostra como o sistema de repressão operava até mesmo contra os missionários: Barão de Studart, "O Padre Martin de Nantes e o Coronel Dias d'Avilla", *Revista da Academia Cearense*, 7: 41–55 (1902).

A política da Igreja com relação aos índios foi amplamente estudada por John Hemming, *Red Gold: The Conquest of the Brazilian Indians* (London, 1978). Ver também o notável estudo de C. de A. Moreira Neto, *Índios da Amazônia: Da Maioria à Minoria (1750–1850)* (Petrópolis, 1988). A política da Igreja com relação aos negros é mencionada em diversas passagens do volumoso estudo de Pierre Verger, *Flux et reflux de la traite des nègres entre le golfe de Benin et Bahia de Todos os Santos du XVIIe siècle* (Paris, 1968). Ver também A. J. Saraiva, "Le Père Antoine Vieira SJ et la question de l'esclavage des noirs au XVIIe siècle", *AESC* (1967).

A vida e o pensamento de Antônio Vieira, o jesuíta mais famoso do período, foi tema de dois interessantes estudos: M. Haubert, *L'Eglise et la défense des 'sauvages'* (Bruxelles, 1964), e R. Cantel, *Prophétisme et messianisme dans l'oeuvre d'António Vieira* (Paris, 1960). O lúcido artigo sobre Vieira de José Honório Rodrigues, "Vieira, Doutrinador do Colonialismo Português", foi reimpresso em sua *História e Historiografia* (Petrópolis, 1970), pp. 34–55. Ver também *História da América Latina*, vol. II, ensaio bibliográfico ao cap. 10.

Existe uma série de boas monografias sobre as irmandades religiosas. Ver, por exemplo, F. Teixeira de Salles, *Associações Religiosas no Ciclo de Ouro* (Belo Horizonte, 1953). Também J. Scarano, *Devoção e Escravidão: A Irmandade de N. S. do Rosário dos Pretos no Distrito Diamantino no Século*

XVIII (São Paulo, 1976). Sobre a Santa Casa de Misericórdia, há o estudo de C. B. Ott, *A Santa Casa de Misericórdia da Cidade do Salvador* (Rio de Janeiro, 1960) e A. J. R. Russel-Wood, *Fidalgos and Philanthropists* (London, 1968). Sobre beatos e beatas, ver D. Monteiro, *Os Errantes do Novo Século* (São Paulo, 1974); H. Fragoso, "As Beatas do Padre Ibiapina: Uma Forma de Vida Religiosa para os Sertões do Nordeste", em E. Hoornaert (ed.), *Padre Ibiapina e a Igreja dos Pobres* (São Paulo, 1984), pp. 85–106; R. Azzi, "Ermitães e Irmãos: Uma Forma de Vida Religiosa no Brasil Antigo", *Convergência,* 9:370–383 e 430–441 (1976); E. Hoornaert, "De Beatas a Freiras", em R. Azzi (ed.), *A Vida Religiosa no Brasil: Enfoques Históricos* (São Paulo, 1983), pp. 61–73; S. V. da Silva (ed.), *A Igreja e o Controle Social nos Sertões Nordestinos* (São Paulo, 1988), especialmente os dois primeiros capítulos; C. da Costa E Silva, *Roteiro de Vida e de Morte* (São Paulo, 1982).

Sobre o cristianismo popular, ver J. Scarano, *Devoção e Escravidão* (São Paulo, 1976); C. Boschi, *Os Leigos e o Poder* (São Paulo, 1986); Laura de Mello e Souza, *O Diabo e a Terra de Santa Cruz* (São Paulo, 1986); R. Azzi, *O Catolicismo Popular no Brasil* (Petrópolis, 1978); C. Rodrigues Brandão, *Sacerdotes de Viola* (Petrópolis, 1981) e *Os Deuses do Povo* (São Paulo, 1980); E. Galvão, *Santos e Visagens* (São Paulo, 1976); e I. Alves, *O Carnaval Devoto* (Petrópolis, 1980).

Sobre as religiões africanas e o Cristianismo, ver Associação Ecumênica de Teólogos do Terceiro Mundo, *Identidade Negra e Religião* (Rio de Janeiro, 1986); A. A. da Silva, "A Antiga e a Nova Evangelização Vistas pelos Afro-americanos", em P. Suess (ed.), *Queimadura e Semeadura* (Petrópolis, 1988), pp. 203–218; J. O. Beozzo, "As Américas Negras e a História da Igreja", em *Escravidão Negra e a História da Igreja na América Latina* (Petrópolis, 1987), pp. 61 e ss.; J. M. Lima Mira, *A Evangelização do Negro no Período Colonial Brasileiro* (São Paulo, 1983); E. Hoornaert, "A Leitura da Bíblia em Relação à Escravidão Negra no Brasil Colônia", em *Estudos Bíblicos,* 17: 11–29 (1988).

Sobre o sincretismo religioso, ver dois artigos de J. Comblin: "Situação Histórica do Catolicismo no Brasil", *Revista Eclesiástica Brasileira* (1966), pp. 574–601, e "Tipologia do Catolicismo no Brasil", *Revista Eclesiástica Brasileira* (1968), pp. 46–73. Ver também o ensaio de J. Comblin, "Sujeitos e Horizontes Novos", em *Queimadura e Semeadura,* citado acima, e duas contribuições de E. Hoornaert: *Formação do Catolicismo Brasileiro, 1500–1800*

(Petrópolis, 1974) e "A Evangelização segundo a Tradição Guadalupana", *Revista Eclesiástica Brasileira* (1974), pp. 524–525.

Finalmente, duas coletâneas de ensaios sobre a história da vida religiosa no Brasil editadas por R. Azzi merecem menção: *A Vida Religiosa no Brasil: Enfoques Históricos* (São Paulo, 1983) e *Os Religiosos no Brasil: Enfoques Históricos* (São Paulo, 1986).

Índice Remissivo

Título	*História da América Latina*
	América Latina Colonial – vol.1
Autor	Leslie Bethell
Produção	Cristina Fino
	Marcos Keith Takahashi
	Ricardo Campos Assis
	Ana Lúcia Novaes
Projeto Gráfico e Capa	Ana Luisa Escorel
Editoração Eletrônica	Ponto & Linha
Editoração de Texto	Gerson Oliveira de Souza
Revisão de Texto	Geraldo Gerson de Souza
Revisão de Provas	Myrian Kobayashi Yamamoto
	Maria Cecília Garcia
	Ligia Mitiko Kawano
Ilustrações	Ponto & Linha
Arte-final	Julia Yagi
	Andrea Yanaguita
Divulgação	Maria Helena Arrigucci
	Mônica Cristina G. dos Santos
	Flavia Cristina Moino
Secretaria Editorial	Rose Pires
	Eliane Reimberg
Formato	15 x 23 cm
Mancha	26,5 x 41,5 paicas
Tipologia	Minion 10/13,5
Papel	Cartão Supremo 450 g/m² (capa)
	Pólen Rustic Areia 85 g/m² (miolo)
Número de Páginas	688
Tiragem	3 000
Fotolito	Ponto & Linha
Impressão	Imesp